pedago

Teorias da Aprendizagem

O que o professor disse

Tradução da 6ª edição norte-americana

Guy R. Lefrançois

The University of Alberta

Tradução: Solange Aparecida Visconte

Revisão Técnica: José Fernando B. Lomônaco
Professor Associado (Livre-Docente)
do Instituto de Psicologia da
Universidade de São Paulo
Membro Titular da
Academia Paulista de Psicologia

CENGAGE Learning

Austrália • Brasil • Japão • Coreia • México • Cingapura • Espanha • Reino Unido • Estados Unidos

CENGAGE Learning

Teorias da aprendizagem – o que o professor disse
Tradução da 6ª edição norte-americana
2ª edição brasileira

Guy R. Lefrançois

Gerente editorial: Noelma Brocanelli

Editora de desenvolvimento: Gisela Carnicelli

Supervisora de produção gráfica: Fabiana Alencar Albuquerque

Editora de aquisições: Guacira Simonelli

Especialista em direitos autorais: Jenis Oh

Assistente editorial: Joelma Andrade

Título original: Theories of Human Learning: What the Professor Said
ISBN-13: 978-1-111-83014-4
ISBN-10: 1-111-83014-2

Tradução da 5ª edição norte-americana: Vera Magyar

Tradução da 6ª edição norte-americana: Solange A. Visconte

Revisão técnica: José Fernando B. Lomônaco

Cotejo: Luicy Caetano de Oliveira e FZ Consultoria

Revisão: Fábio Gonçalves, Fernanda Santos e Beatriz Simões

Diagramação: PC Editorial Ltda.

Capa: BuonoDisegno

Imagem de capa: Anita Ponne/Shutterstock

ISBN-13: 978-85-221-2504-3
ISBN-10: 85-221-2504-X

Cengage Learning
Condomínio E-Business Park
Rua Werner Siemens, 111 – Prédio 11 – Torre A – Conjunto 12
Lapa de Baixo – CEP 05069-900 – São Paulo – SP
Tel.: (11) 3665-9900 – Fax: (11) 3665-9901
SAC: 0800 11 19 39

Para suas soluções de curso e aprendizado, visite **www.cengage.com.br**

Impresso no Brasil.
Printed in Brazil.
1 2 3 4 5 6 7   21 20 19 18 17

Este livro é dedicado à minha avó, Emerilda Francoeur, *e a um velho senhor,* Hervé Lefrançois, *que me ensinaram coisas que, de outro modo, eu nunca teria aprendido.*

(*Nota do editor: esta é a máxima*[1] *do professor, sua impressão digital, selo e assinatura – tudo aquilo que, ele insistiu, é necessário para autenticar e oficializar um documento. A tradução em latim deste lema* fronti nulla fides, *significa, mais ou menos, "não se pode julgar um livro pela sua capa"*.)

[1] Expressão latina que também pode ser traduzida livremente como "As aparências enganam", "Não creias no que parece" ou "Quem vê cara, não vê coração" (NRT).

Sumário

PARTE UM: *Ciência e Teoria*

PARTE DOIS: *Teorias Predominantemente Behavioristas*

PARTE CINCO: Resumo

Nota da Editora: Este livro possui material complementar para professores disponível na página do livro no site da Cengage: www.cengage.com.br.

Leia Isto Primeiro

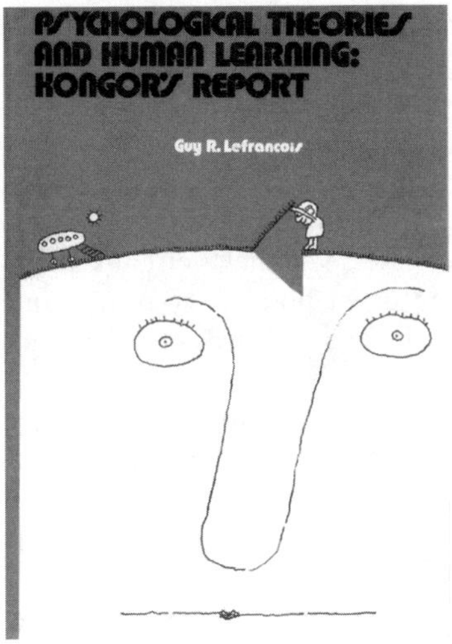

... não apenas porque está no início do livro, mas porque, se não o fizer, ficará imaginando que diabos está acontecendo.

Vou direto ao ponto: alguns de vocês podem não acreditar nisso, mas eu não escrevi este livro. A bem da verdade, a primeira edição foi escrita por Kongor, um cientista behaviorista que veio de – bem, você não iria mesmo acreditar em mim se eu lhe dissesse, e afinal, isso já não importa mais.

Este relatório foi publicado em 1972 com o título *Psychological Theories and Human Learning: Kongor's Report.*

Uma década mais tarde, os leitores começaram a reclamar, dizendo que alguns dos escritos originais de Kongor eram imprecisos, irrelevantes ou ofensivos. Fui então forçado a preparar sozinho a segunda edição, publicada em 1982.

Acontece que, quase duas décadas após a visita de Kongor, alguém chamado Kro rastejou para fora do lodo mole em frente à minha cabana, afirmando que ele estava ali para atualizar o relatório original de Kongor, o que ele fez. Aquela foi a terceira edição: *Psychology Theories and Human Learning: Kro's Report*, publicada em 1995.

Alguns anos depois, um Velho Senhor irrompeu em minha sala de estar, sem ter sido convidado, insistindo que havia atualizado, corrigido, aperfeiçoado absolutamente e melhorado as edições anteriores. Aquela foi a quarta edição: *Theories of Human Learning: What the Old Man Said.*

E apenas cinco anos depois disso, no final de uma tarde de quinta-feira, uma Velha Senhora, furiosa, chegou até mim montada em um jumento. "As coisas mudam. A ciência não para", ela murmurou. "Por isso, vou dar a você a próxima edição, *Theories of Human Learning: What the Old Woman Said.*

Eu pensei que fosse verdade. Mas não. Apenas alguns meses antes, encontrei um bilhete em minha bota de borracha, dizendo: "Estarei em minha cabana

no final do inverno". Isso era tudo, exceto pela assinatura, que não consegui entender.

Foi onde tudo começou.

Este livro é o que um homem, que disse que eu devia chamá-lo de *Professor*, foi transmitindo para mim ao longo de um período de muitas semanas.[1] Escrevi somente este prefácio, o epílogo, algumas notas de rodapé e algumas pequenas inserções (sempre em itálico). O restante, organizado em 12 capítulos, é o que ele leu em um manuscrito amassado e rasgado. Ele insistiu que eu gravasse suas palavras enquanto ele as lia e que eu também fizesse anotações manuscritas. "Para as futuras gerações", ele disse, quando perguntei o porquê do pedido.

Não alterei nada do que ele escreveu, eu era apenas um escrivão. Até que ele ordenou que eu desligasse o gravador. Se o que ele dissesse naquelas circunstâncias me parecesse importante, eu poderia colocar o que lembrasse, ou o que pudesse decifrar das minhas anotações, nas notas de rodapé.

O Professor deixou bem claro que, embora estivesse lendo todas aquelas palavras que comporiam o livro, nem todas eram dele, isso também valia para os pensamentos. Pediu-me que explicasse que esta é uma revisão, uma atualização e uma correção das cinco primeiras edições. Disse que muitas de nossas palavras e exemplos ainda estão nesta sexta edição, e que ele poderia ter feito melhor se tivesse tido tempo para começar do zero.

Os poucos comentários que fiz nesta sexta edição, sempre em itálico ou no pé das páginas, servem apenas para dizer algo sobre o professor, para descrever onde ele estava e o que fazia num momento ou em outro. Raramente lhe fiz perguntas; algumas vezes ele respondeu, muitas outras, não. Quando o fez, incluí o que lembrei de suas respostas – mas apenas nas notas de rodapé.

O *que* Há *de* Novo *na* Sexta Edição?

Esta sexta edição é um levantamento e interpretação de algumas das mais importantes teorias e descobertas da psicologia da aprendizagem. Inclui um exame detalhado das principais teorias behavioristas e cognitivas, avaliação de cada uma delas juntas, com uma discussão de suas aplicações práticas mais importantes. Também apresenta uma significativa atualização das atuais pesquisas relacionadas ao cérebro e também de modelos simbólicos e conexionistas (modelos de redes neurais).

[1] Naturalmente, Professor não era seu nome real, e eu não tenho ideia de qual era.

Além disso, considera os mais recentes e úteis modelos de memória, motivação e aprendizagem social cognitiva.

A ênfase em todo o livro está na relevância e nas implicações práticas de tópicos, na clareza da apresentação e na manutenção de um grande interesse.

O livro foi escrito principalmente para estudantes da aprendizagem humana, professores, consultores, assistentes sociais, psicólogos que atuam em empresas, enfermeiras, psicólogos sociais, numismáticos, médicos, advogados, dentistas, engenheiros, donas de casa, espeleólogos, fazendeiros, juízes, pescadores, plantadores de árvores, assopradores de vidro, vagabundos, físicos especialistas em plasma, poetas, filósofos, digitadores, aposentados, ativistas ambientais e avós – e todos os outros interessados – mais ou menos nessa ordem.

Agradecimentos

O professor queria que eu transmitisse os agradecimentos dele para cerca de 500 pessoas diferentes que mereciam vencimentos, créditos, aplausos e muitos beijos. Eu disse que não havia espaço, que isto não é uma enciclopédia. Ele disse que tudo bem, mas que era preciso dizer obrigado à Editora Cengage Learning, ao editor executivo (Jon-David Hague), ao editor assistente (Philip Hovanessian), à assistente editorial (Sheli DeNola), ao amigo e consultor editorial (Ken King), ao gerente de projeto de produção (Dewanshu Ranjan), à designer de capa (Denise Davidson), sua avó (Emerilda Franceur), o sujeito que lhe emprestou o barco, à empresa que limpava o escritório – e então eu disse: "ôôôpa, chega, você está tentando incluir todos os 500?". Ele disse que não, mas que, por favor, agradecesse aos revisores, que foram tão competentes e hábeis (Jerome Wagner, Loyola University, Lakeshore; Joseph Luzzi, William Paterson University; Karl Bailey, Andrew University; Robert Wilson, Marshall University).

O professor também me pediu para ressaltar que ele não é responsável por nenhum erro ou mal-entendido que apareçam no texto. "Se alguns erros se insinuaram", disse ele, "é culpa dos revisores, editores e das outras pessoas envolvidas". Isso, claro, é pura mentira. O professor é totalmente responsável por quaisquer fraquezas e falhas do livro.

Guy R. Lefrançois

P.S.: Muito obrigado a Claire, que conseguiu fotografar Kro, e a Claire e Liam, que chegaram mais perto do que qualquer outra pessoa para conseguir fotos reconhecíveis do Velho Senhor e da Velha Senhora. Eu mesmo tirei a fotografia do Professor, com minha câmera oculta, de infravermelho e ativada por movimentos, utilizada para fotografar a vida selvagem. Foi a única maneira de conseguir (veja nas páginas finais do livro).

Sobre o Revisor Técnico

José Fernando Bitencourt Lomônaco é Mestre, Doutor e Livre-Docente pelo Instituto de Psicologia da Universidade de São Paulo. Lecionou durante muitos anos a disciplina Psicologia da Aprendizagem no curso de Psicologia da USP. Atualmente é Professor Colaborador no Programa de Pós-Graduação em Psicologia Escolar e do Desenvolvimento Humano do IPUSP, onde orienta dissertações de mestrado e teses de doutorado. Sua principal área de interesse teórico e de pesquisa é a Psicologia Cognitiva, com especial ênfase sobre o processo de formação de conceitos. É autor de livros na área de Psicologia da Aprendizagem e tem vários artigos publicados em revistas científicas. É membro da Academia de Psicologia de São Paulo.

CAPÍTULO UM

Aprendizagem Humana: Ciência e Teoria

Os dois motivos básicos da pesquisa na área das ciências comportamentais são desenvolver teorias científicas e solucionar problemas que ocorrem no cotidiano.
R. Hastie (2001)

Não são as coisas que não sabemos que nos causam problemas. Mas aquilo que você sabe que não é.
Artemus Ward

Quando fui dar de comer aos pássaros naquela manhã fria de março, vi fumaça saindo da chaminé. Logo pensei: "Pronto, alguém entrou na cabana!". Abri a porta cuidadosamente, perguntando: "Quem está aí?".

Sentado em frente ao fogão aquecido, com um gato caolho enrodilhado no colo, estava um homem que eu nunca havia visto antes. "Pegue seu gravador e seu notebook *e preste atenção", disse ele, como se nos conhecêssemos há muito tempo. "Mudanças importantes aconteceram desde a última edição." E me abanou um maço de páginas amarfanhadas, e percebi que ali estava o cara que tinha deixado um bilhete nas minhas botas há tanto tempo que eu quase me esqueci.*

"O quê... de onde você... quem...?", balbuciei, alvoroçado, a cabeça cheia de perguntas inacabadas. Mas ele ignorou todos os meus questionamentos e novamente mandou que eu pegasse o gravador, porque estava pronto para começar. "Podemos bater um papo mais tarde", disse. "Nós poderemos conversar quando eu não tiver mais nada de importante para dizer." Achei que ele estava zombando de mim. Fui buscar o gravador e o liguei. Então, o homem começou a falar. Eis o que ele disse:

O que o Professor Disse: Este Livro

"Este livro", explicou ele, enquanto arrumava um maço de páginas manuscritas sobre seu joelho, "resume o conhecimento e as crenças dos psicólogos sobre a aprendizagem humana". O gato caolho, que sempre foi muito arredio ao toque, aproximando apenas o suficiente para se alimentar, aconchegou-se sob os manuscritos. "O livro apresenta uma visão histórica do desenvolvimento das teorias psicológicas relacionadas à aprendizagem humana", continuou o professor. "Ele descreve os princípios mais importantes e as aplicações práticas de cada teoria" e, além disso, avalia os principais pontos fortes e fracos dessas teorias".

Objetivos

"Diga aos seus leitores", o professor falou, "que este primeiro capítulo é uma espécie de preâmbulo: define os termos mais importantes e prepara o terreno para o que vem a seguir. Explique aos leitores que, após estudar este capítulo, eles deverão ter claro os seguintes aspectos:

- *Qual o significado do termo* aprendizagem.
- *Como as teorias são desenvolvidas e podem ser avaliadas. O que significam termos como* estruturalismo, funcionalismo, behaviorismo e cognitivismo.
- *Quais são os principais métodos de coleta de informação em psicologia.*
- *Algumas vantagens e limitações desses métodos.*

Psicologia e Aprendizagem

Vou começar pelo início, *disse o professor*. **Psicologia**[1] é a ciência que estuda o comportamento e o pensamento humanos. Busca saber como a experiência afeta o pensamento e a ação; explora os papéis da biologia e da hereditariedade; examina a consciência e os sonhos; acompanha como se dá a transformação de crianças em adultos; investiga as influências sociais. Basicamente, tenta explicar como as pessoas pensam, agem e sentem.

Claro que este livro não engloba toda a psicologia. Limita-se às teorias psicológicas que lidam com a aprendizagem e com o comportamento humano – e com a aprendizagem animal também, porque os estudos com animais, nessa área, estão intrinsecamente ligados ao desenvolvimento das teorias de aprendizagem humana. É fundamental, portanto, saber, desde o início, o que é aprendizagem.

Conhecimento e Consciência

O que aprendemos? O que sabemos? O que é conhecimento?

Essas questões definem o ramo da filosofia conhecido como **epistemologia**. A epistemologia questiona o modo como conhecemos o mundo. Também indaga como sabemos que aquilo que achamos que é real efetivamente é.

Alguns dos antigos filósofos gregos, como Aristóteles (384-322 a.C.), responderam a essas perguntas com uma teoria que propunha que tudo o que existe fora de nós, no mundo, tem uma cópia na **mente**. O que acontece, explicou Aristóteles, é que o ato de perceber alguma coisa resulta numa cópia de algo que, de algum modo, *passamos a conhecer*. Assim, não conhecemos a realidade diretamente; tudo o que conhecemos é, de forma indireta, resultado da percepção das cópias da realidade. Conhecemos não tanto por causa de nossos sentidos, argumentava Aristóteles, porém mais como resultado de nossa razão. Dessa forma, as pessoas instruídas, cujas mentes presumivelmente são mais capazes de raciocinar, conhecem a realidade de forma mais precisa do que as pessoas menos cultas. "As raízes da educação são amargas", disse Aristóteles, "mas o fruto é doce".

[1] As palavras em negrito estão definidas no glossário ao final do livro. Ao contrário da maior parte do texto, os itens do glossário e as notas de rodapé não são palavras do professor, mas minhas (GRL).

Platão (428-347 a. C.), outro filósofo grego bastante conhecido e que foi, na verdade, mestre de Aristóteles, também acreditava que conhecemos apenas ideias (embora ele e Aristóteles discordassem sobre a natureza delas). Daí a importância de educar as pessoas, de transformá-las em pensadores e filósofos. "E por que não dizer", perguntava Platão, "que as mentes mais bem dotadas, quando mal-educadas, tornam-se as piores?" (Platão, 1993, p. 491).[2]

Entretanto, perguntavam-se outros filósofos como saber o que é a *realidade* externa, se tudo o que temos são cópias dela em nossa mente. Talvez, sugeriram alguns, a realidade só exista em nossas mentes – uma crença denominada *idealismo* em oposição ao *materialismo*.

Para o materialismo, tudo o que existe é físico (ou material), enquanto para o idealismo as ideias são a única realidade conhecida.

Essas questões são o cerne de um grande tema em psicologia: o **problema mente-corpo**. Basicamente, ele gira em torno da relação entre mente e corpo. Como alguma coisa puramente física, tal como um gato, produz algo puramente mental, por exemplo, a *ideia* de um gato? E como a ideia de um gato pode se traduzir num ato, como aquele de procurar pelo gato?

O filósofo e matemático francês René Descartes (1596-1650) apresentou a primeira e mais influente solução para esse problema ao criar a famosa frase: *Penso, logo existo*. Descartes chegou a esse *insight* fingindo que tudo o que ele pensava não era real – era simplesmente um sonho. Ele escreve,

> Imediatamente depois, percebi que, enquanto tentava achar que "tudo era falso, era necessário que eu, que estava pensando, fosse alguma coisa. E vendo que essa verdade "Penso; logo existo" era tão sólida que as suposições mais extravagantes dos céticos não conseguiriam derrubá-la, julguei não ser necessário ter escrúpulo para aceitá-la como primeiro princípio. (Anscombe e Geach, 1954, p. 31-2)

Penso, logo existo. Essa sentença em latim, idioma pelo qual estudaram os filósofos e os cientistas da época de Descartes, é *Cogito, ergo sum*. É por isso que esse princípio também é comumente lembrado como o *Cogito* de Descartes. Uma conclusão muito importante que advém desse princípio, segundo Descartes, é que todas as ideias vêm de Deus porque os humanos, claro, não são suficientemente perfeitos para criá-las por si próprios (Vrooman, 1970). Por consequência, a mente e o corpo devem estar separados, insistiu Descartes. Ademais, a existência das ideias prova que aquilo que pensamos estar errado na verdade está errado mesmo, porque Deus, com certeza, não nos daria ideias falsas. Assim, as ideias são puras e inatas porque vêm de Deus. Em contraposição, o corpo é físico ou material; seu funcionamento é como o de uma máquina.

Segundo Descartes, existem duas espécies de substâncias básicas no mundo: a material e a imaterial. A material inclui coisas como corpos, morcegos e bebidas, tudo aquilo que existe no espaço e tudo o que pode ser comparado às máquinas em seu funcionamento. A imaterial inclui a mente, ou, para usar o que Descartes considerava um termo equivalente, a alma. A alma está mais próxima de Deus do que a máquina. Assim, mente e corpo são coisas fundamentalmente diferentes e separadas. Essa postura *cartesiana* (referente a Descartes) é rotulada de **dualismo**. Descartes é classificado como *dualista interativo* porque acreditava que, apesar de mente e corpo estarem separados (serem *duais*, em outras pala-

---

[2] Nesta obra, as referências são citadas de acordo com as normas da American Psychological Association (APA), ou seja, nome(s) do(s) autor(es) seguido pelo ano da publicação pertinente. A lista de referências bibliográficas no fim do livro oferece informação completa sobre a fonte.

vras) estão, de certa forma, ligados no cérebro. O cérebro permite ao corpo influenciar a mente e vice-versa, daí a designação *dualismo interativo*.

Descartes achava que a comunicação entre corpo e mente era regulada por um pequeno órgão do cérebro conhecido como **glândula pineal**. Por que a glândula pineal? Porque até onde Descartes sabia, essa glândula era a única estrutura do cérebro que não tinha duplicata. A maioria das estruturas cerebrais é duplicada em cada metade do cérebro (chamada *hemisfério*; ver o Capítulo 5, que discorre sobre a anatomia e as funções cerebrais). Hoje sabemos que Descartes estava enganado sobre as funções da glândula pineal.

As especulações do filósofo sobre mente e corpo permeavam um problema muito importante para os psicólogos: O que é a consciência? Colocado de outro modo, como as sensações físicas são traduzidas no mundo subjetivo de forma que nos tornam conscientes da realidade?

Um meio de contornar essa questão é ignorar mente ou consciência, que não podem ser observadas diretamente, e considerar as leis que governam o comportamento humano observável. Na verdade, essa solução embasou boa parte das pesquisas e teorias recentes sobre aprendizagem.

O *que* É *Aprendizagem?*

Pergunte a qualquer pessoa o que é aprendizagem e a resposta mais frequente terá algo a ver com aquisição de informação. Se eu lhe disser que aquele pássaro ali é um pica-pau de peito vermelho e, na próxima vez que você vir esse pássaro, identificá-lo corretamente como um pica-pau de peito vermelho, seria possível concluir que você aprendeu algo. Nesse caso, a natureza da informação adquirida é óbvia. Observe também que seu comportamento mudou como resultado da experiência. Dessa forma, a experiência específica de eu ter lhe dito que o pássaro é um pica-pau de peito vermelho afeta sua resposta quando você vê de novo um pássaro dessa espécie.

Disposição

Em muitos casos, o que é adquirido durante a aprendizagem não é tão óbvio. Por exemplo, se o professor Toch rir sarcasticamente das tentativas de Helen de pronunciar a palavra "procrastinar", alguns de seus outros alunos, consequentemente, podem ficar mais hesitantes em tentar pronunciar palavras difíceis. Eles aprenderam a ser cautelosos. Explicando de outro modo, tem havido uma mudança na **disposição** deles – ou seja, em sua inclinação de fazer ou não fazer algo –, em vez de uma mudança observável em seu comportamento real. Mudanças na disposição têm a ver com **motivação**, um assunto que será discutido em detalhes no Capítulo 10.

Capacidade

A aprendizagem envolve não somente mudanças na disposição, mas também na capacidade – isto é, mudanças nas habilidades ou no conhecimento necessário para fazer alguma coisa. Assim como as mudanças na disposição, as mudanças na capacidade nem sempre são observadas diretamente. Por exemplo, vários alunos do professor Toch podem ter aprendido bem como pronunciar a palavra "procrastinar" quando ele corrigiu Helen. Mas essas mudanças podem não ser aparentes, a menos que esses alunos tenham a oportunidade de manifestá-las. A inferência de que as disposições ou capacidades se modificaram – em outras palavras, de que a aprendizagem ocorreu – sempre terá como base o **desempenho**.

Desempenho

Os psicólogos buscam evidência da aprendizagem nas alterações que ocorrem no comportamento das pessoas, como resultado da experiência. Entretanto, nem todas as mudanças comportamentais são exemplos de aprendizagem. Se alguém bate forte na sua cabeça ou o faz ingerir drogas, seu comportamento pode mudar de maneira radical. É possível que isso tenha acontecido com um estudante que aparentemente pensou ter encontrado um casal de dragõezinhos no armário e por essa razão saiu pela rua gritando por socorro. Eis uma mudança drástica no comportamento, mas dizer que se trata de um exemplo de aprendizagem é ampliar o termo além dos limites razoáveis.

As mudanças de comportamento que são resultado temporário de cansaço ou ingestão de drogas, por exemplo, não ilustram a aprendizagem. Da mesma maneira, as mudanças biologicamente determinadas, como o crescimento ou a maturação sexual, ou as que resultam de lesão ou doença (especialmente no cérebro ou em outras partes do sistema nervoso) não são exemplos de aprendizagem.

Definição

Em suma, aprendizagem é definida como toda mudança relativamente permanente no potencial de comportamento, que resulta da experiência, mas não é causada por cansaço, maturação, drogas, lesões ou doença. No sentido estrito, claro, a aprendizagem não é definida pelas mudanças reais ou potenciais no comportamento. Em vez disso, a aprendizagem é o que acontece ao organismo (humano ou não humano) como resultado da experiência. As mudanças comportamentais são simplesmente evidências de que a aprendizagem ocorreu (veja a Figura 1.1).

Note que a definição especifica mudanças no *potencial* para o comportamento, e não simplesmente mudanças no comportamento. Por quê? Porque, como vimos, os efeitos permanentes da experiência nem sempre são aparentes. E isso é verdadeiro mesmo para os

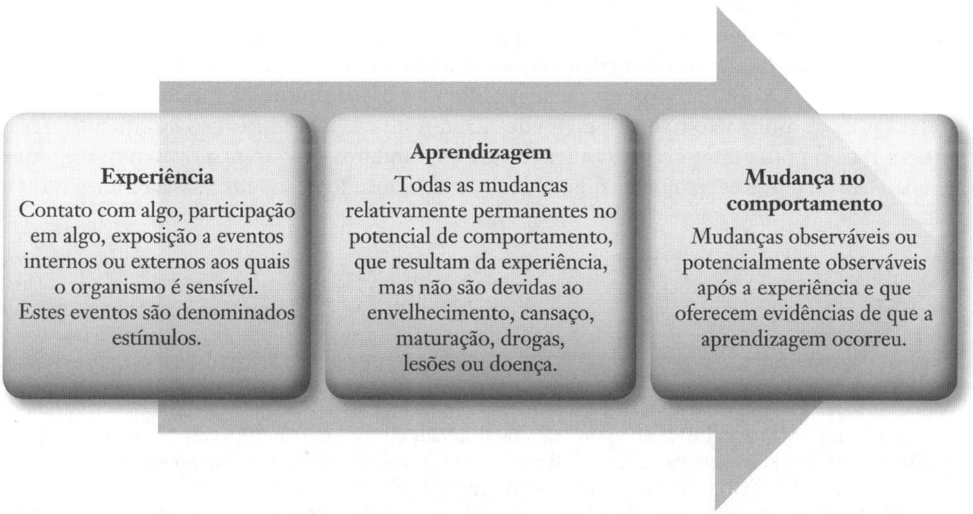

***Figura* 1.1** A evidência da aprendizagem é encontrada nas mudanças observáveis ou potencialmente observáveis do comportamento, como resultado da experiência. Contudo, a aprendizagem é um processo neurológico interno invisível.

animais. Em um experimento clássico, Buxton (1940) manteve, por várias noites, ratos em grandes labirintos. Havia caixas na entrada e na saída, mas não havia comida nem qualquer outra recompensa nas caixas de saída. Após algumas noites no labirinto, não havia evidência de que os ratos tinham aprendido algo. Mais tarde, Buxton colocou uma pequena porção de comida nas caixas de saída e posicionou os ratos nas caixas de entrada. Mais da metade deles correu direto para as caixas de saída sem cometer nenhum erro! Isso indicou que os ratos tinham aprendido bastante durante as primeiras noites no labirinto. No entanto, era uma aprendizagem mais **latente** do que efetiva, ou seja, ela não ficou evidente no desempenho até que houve uma mudança nas *disposições* – no caso, na motivação para atravessar o labirinto.

Portanto, a aprendizagem implica mudanças na capacidade – ou seja, na *potencialidade* para fazer algo – e também na disposição – na *inclinação* para o desempenho. A evidência de que a aprendizagem aconteceu pode depender também da oportunidade para agir; daí a necessidade de definir a aprendizagem como uma mudança no potencial para o comportamento, em vez de simplesmente uma mudança no comportamento. À medida que você lê este livro, por exemplo, algumas mudanças surpreendentes podem ocorrer nas suas capacidades. O fato de a maioria dessas mudanças permanecer latente, evidenciando-se apenas quando há a oportunidade de ação – em um exame, por exemplo –, não as faz menos reais.

Teoria[3]

O comportamento é algo complicado; há vários tipos de fatores que determinam o que você faz (ou não faz). A tarefa principal dos psicólogos da aprendizagem é entender o comportamento e a mudança comportamental. Desse entendimento advém a capacidade de prever e, algumas vezes, de controlar duas funções úteis e importantes. Por exemplo, as previsões dos professores sobre o bom desempenho dos alunos são críticas no que se refere a tomar decisões relativas ao ensino e à avaliação.

Para entender algo tão complicado quanto o comportamento, os psicólogos precisam simplificar a fim de descobrir a regularidade e a previsibilidade e para inventar metáforas (comparações). O homem procura ordem onde não há nenhuma, segundo Francis Bacon (talvez porque ainda não tivesse percebido que a mulher é tão culpada disso quanto o homem). Bacon podia estar certo ao afirmar que os humanos procuram a ordem mesmo que ela não exista; que eles têm necessidade de ordem. Contudo, já assumimos há muito tempo

---

[3] A esta altura, o professor me perguntou se eu precisava de um descanso, se deveríamos continuar depois. Eu disse que não, que estava tudo bem e realmente achava que o leitor ainda não precisava de uma pausa. "Bem, eles não vão pedir", ele disse, "porque os estudantes são assim". "Além disso", continuou, "os mais brilhantes devem estar, agora mesmo, se fazendo alguns questionamentos filosóficos, de modo que deveriam dar uma paradinha".

Quando lhe perguntei quais seriam esses questionamentos filosóficos, ele respondeu "livre-arbítrio e determinismo". Disse que estes eram grandes temas em filosofia e psicologia. "Determinismo", explicou ele, "é a crença de que todos os comportamentos resultam de causas identificáveis – mesmo que não as conheçamos – e não do exercício do livre arbítrio". "Muitos filósofos acham as duas coisas incompatíveis", disse, referindo-se ao determinismo e livre-arbítrio. Segundo ele, os teóricos da aprendizagem sabem muito bem que o comportamento é determinado. "Essa é uma daquelas afirmações fundamentais da ciência", disse, balançando a cabeça, e eu não soube dizer se era porque estava triste ou confuso. "Então quer dizer que não há livre-arbítrio?", perguntei, e ele respondeu, "Bem, essa é uma questão filosófica". E então voltou para suas anotações.

que existe uma ordem considerável no mundo. Essa certeza guiou nossa pesquisa e coloriu nossas teorias, alardeiam Ballou, Matsumoto e Wagner (2002). Descobrir essa regularidade e tentar explicá-la é construir uma teoria. "Teorias são afirmações sistemáticas de princípios que explicam os fenômenos naturais", afirmam Sommer e Sommer (2002, p. 3).

Os homens gostam de construir teorias, de acordo com Stagner (1988). Anos atrás, eles urdiram teorias sobre as luzes no céu, sobre por que os bebês se parecem com os pais, sobre o formato da Terra. Geralmente essas teorias eram expressas em metáforas: o Sol é uma carruagem que atravessa os céus; sonhos são as aventuras da alma que anda em mundos paralelos enquanto o corpo dorme. As modernas teorias científicas, frequentemente, também podem ser explicadas com metáforas e entendidas como tal: o coração é uma bomba; o cérebro, um computador; o olho, uma câmera. No Capítulo 6 falaremos mais detalhadamente sobre as metáforas em psicologia.

Teorias, Princípios, Leis e Crenças

Teoria científica é um conjunto de afirmações relacionadas, cuja principal função é resumir e explicar as observações feitas. De maneira bem simples, a construção de uma teoria funciona assim: os teóricos partem de certas hipóteses (crenças não comprovadas) sobre o comportamento humano, com base, talvez parcialmente, em suas observações sobre a regularidade e a previsibilidade do comportamento. Como resultado, desenvolvem explicações sobre o que observam, o que os leva a acreditar que certas relações existem – *se* isso, *então* aquilo. Essas afirmações *se-então* ou as previsões fundamentadas são chamadas de **hipóteses**. Isso posto, o teórico vai em busca de observações (dados) para testar a validade das hipóteses. Como observa Rues Chemeyer (2009), as teorias mais úteis na pesquisa científica são aquelas que levam a hipóteses que podem ser testadas. Hipóteses não testáveis não têm lugar nas teorias científicas. As hipóteses fundamentadas em evidências permitem aos teóricos fazer generalizações – afirmações que resumem as relações e se tornam parte integrante da teoria. Algumas dessas afirmações podem tomar a forma de princípios; outras são expressas como leis; outras, ainda, acabam se tornando simples crenças.

Princípios são afirmações que se referem a alguma previsibilidade na natureza ou, mais importante para a psicologia, no comportamento. Por exemplo, os princípios da aprendizagem descrevem fatores específicos que afetam a aprendizagem e a retenção. Um princípio geral da aprendizagem, que discutiremos mais detalhadamente nos próximos capítulos, pode ser expresso desta forma: os comportamentos que são seguidos por certas consequências agradáveis, como alimento, sexo ou elogio, tornam-se mais prováveis. Como destacam Pashler e Medin (2002), há muito os teóricos anseiam por princípios simples desse tipo para poder explicar os diversos aspectos do comportamento humano. Esse princípio, por exemplo, parece evidente. É fato que os pássaros procuram por comedouros no inverno; que os cachorros alimentados, acariciados ou elogiados logo aprendem a rolar; que as crianças recompensadas por terem estudado bastante continuam a fazê-lo. Entretanto, como veremos no Capítulo 5, nem todas as crianças estudam mais mesmo quando são elogiadas ou quando recebem notas altas; nem todos os cachorros aprendem espontaneamente a rolar no chão para receber um osso como recompensa; e alguns pássaros passam longe dos comedouros no inverno. Por definição, os princípios são probabilísticos e incertos. Embora costumem representar conclusões consensuais, com base em provas sólidas, são provisórios e estão sujeitos a mudanças caso surjam novas evidências.

Isso não se aplica às leis. **Leis** são afirmações cuja exatidão está além da dúvida razoável. São conclusões baseadas no que parecem ser observações inegáveis e de lógica inquestionável. Ao contrário dos princípios, as leis, por definição, não admitem exceções e dúvidas. A afirmação $E = mc^2$, por exemplo, é uma lei. Todavia, leis não devem ser confundidas com *verdade*; porque qualquer lei pode ser refutada desde que se apresentem contra ela evidências contrárias suficientes. Por definição, a verdade nunca pode ser considerada não verdadeira.

Crenças são afirmações de caráter mais privado e pessoal do que os princípios e as leis. Por exemplo, a ideia de que os ruivos são mais propensos à raiva do que as pessoas morenas é uma crença, não um princípio ou lei. Perceba que, como os princípios e as leis, as crenças tentam descrever fatos gerais. Infelizmente, costumam ser consideradas tão universais quanto os princípios (ou até mesmo as leis). As crenças formam-se bem cedo na vida, destaca Pajares (1992), e nem sempre estão apoiadas em observações objetivas ou em uma lógica confiável. Além disso, tendem a se manter, mesmo diante de forte contradição. Atuam como uma espécie de filtro, por meio do qual as pessoas veem e compreendem o mundo; as crenças guiam o pensamento e a ação.

Erros Comuns e as Crenças Populares

Todas as sociedades desenvolveram um grande número de crenças sobre o comportamento humano. Essas crenças são parte daquilo que Kelley (1992) chama de **psicologia bubba** (*bubba* significa avó),[4] termo que indica uma espécie de psicologia do senso comum que, algumas vezes, recebe o nome de psicologia *implícita* ou *ingênua*.

As crenças da psicologia do senso comum frequentemente são corretas. Se não fossem, as pessoas se surpreenderiam com o que os outros dizem e fazem. Muitas pessoas conhecem o suficiente do comportamento humano para conseguir prever algumas coisas, por exemplo, os que estão tristes poderão chorar, os que estão eufóricos poderão sorrir e gargalhar e os que foram insultados poderão cometer desmandos.

Todavia, também com bastante frequência, as crenças da psicologia do senso comum estão erradas. Pode parecer óbvio, por exemplo, que muitas pessoas não sonham, que algumas mulheres são mais predispostas do que outras a gerar filhos homens e que a maioria das pessoas é suficientemente altruísta para tentar ajudar alguém que está sendo estuprado, assaltado ou espancado. Entretanto, na verdade, todas as pessoas normais sonham, embora nem sempre consigam lembrar-se disso; é o esperma do homem, e não o óvulo da mulher, que determina o sexo da criança; e alguns estudos indicam que muitas pessoas não tentarão ajudar quem está sendo estuprado, assaltado ou espancado – até mesmo assassinado (por exemplo, as pesquisas de Darley e Latané, 1968).

Equívocos Comuns sobre a Aprendizagem e o Cérebro

Por serem com frequência errôneas ou grosseiramente incorretas, as crenças pessoais podem ser muito perigosas para a ciência. Equívocos comuns, conforme argumentam Hamza e Wickman (2008), geralmente interferem na aprendizagem.

Mesmo profissionais educados e treinados, frequentemente, são vítimas de falsas crenças. E o mesmo acontece com os estudantes, muitos dos quais iniciam os seus cursos de psicologia com diversas crenças falsas que resistem teimosamente à extinção. Por exemplo,

[4] Em nosso meio, tal denominação não faz nenhum sentido e pode ser vantajosamente substituída por "psicologia do senso comum" (NRT).

tendemos a acreditar que existe um modo comum, normal, de pensar e aprender – que todos pensamos e aprendemos de modo idêntico e que a tarefa da pesquisa em aprendizagem é descobrir estes modos de aprender. Na realidade, as coisas não são tão simples. Por exemplo, existem diferenças importantes nos **estilos de aprendizagem** (veja o Capítulo 10) de diferentes pessoas. O aspecto importante é que a aprendizagem não é um processo fixo, invariável em todos os alunos. Não apenas o organismo humano é caracterizado por uma notável *plasticidade* (ou seja, uma capacidade marcante de mudar), mas também por muitas maneiras de pensar e aprender.

Relacionado a isto, somos propensos a acreditar no indivíduo médio. Sendo assim, pensamos que crianças com seis anos de idade são de um modo, que crianças de nove anos são dessa ou daquela outra maneira, e que as pessoas de 50 anos são ainda de outra maneira. Mas, se pensarmos a esse respeito, saberemos que existem profundas diferenças individuais entre crianças de seis anos, de nove anos e adultos de 50 anos; que cada pessoa é única. O aluno médio (e a criança média) é uma invenção matemática que torna nosso estudo e nossa aprendizagem mais fáceis. Como veremos neste livro, a maioria das teorias de aprendizagem descreve o aluno médio – um indivíduo mítico, prototípico. Mas como verificamos, a maioria das teorias também exige uma explicação para as a diferenças individuais.

Além disso, muitas pessoas têm sérios conceitos equivocados a respeito do papel e do funcionamento do cérebro. Por exemplo, existe uma crença comum de que utilizamos somente cerca de 10% de nosso cérebro. Porém, na verdade, não existem evidências que apoiem esta crença (*The ten-percent myth*, 2010). Muitos também creem que os hemisférios direito e esquerdo do cérebro têm funções distintas e claramente separadas. Como veremos no Capítulo 5, esta crença está incorreta. Embora algumas funções tendam a ser mais localizadas em um hemisfério do que em outro, a maior parte das habilidades está dividida nos dois hemisférios. Além do mais, se um hemisfério for danificado, especialmente se o dano ocorrer no início da vida da pessoa, o hemisfério intacto geralmente assumirá as atividades que anteriormente estavam localizadas no hemisfério danificado.

Outro conceito errado comum é o de que o cérebro não se modifica e de que não se forma nenhum neurônio (célula nervosa) novo após o nascimento do indivíduo. Na verdade, o cérebro modifica-se ao longo da vida. Os neurônios formam novas conexões, há fortalecimento ou enfraquecimento das conexões existentes, ou perda de conexões. E, embora alguns neurônios morram, atualmente existem evidências de que alguns deles se dividem. Existem também evidências de que novos neurônios podem ser formados em algumas partes do cérebro (um processo denominado **neurogênese**), embora não seja prontamente aparente que eles se formem na parte do cérebro diretamente envolvida com processos cognitivos superiores (Kornack e Rickey, 2001; Rakic, 2002).

Propósitos das Teorias

Claro está, entretanto, que nem todas as crenças pessoais são equivocadas. Um aspecto que as teorias satisfazem é prover uma base para julgar a exatidão ou a utilidade das crenças. A função mais importante de uma teoria é simplificar e organizar as observações, e oferecer uma base para previsões. A utilidade de uma teoria na psicologia depende muito do quanto ela é capaz de prever. Assim, uma teoria que tenta explicar como os humanos aprendem por meio da experiência deve fornecer uma base sólida para prever os efeitos mais prováveis das diferentes experiências. Do mesmo modo, essa teoria deve levar a sugestões que ajudem a organizar as experiências de forma a alterar o comportamento nas direções desejadas.

Além de sua utilização prática para prever e controlar o comportamento, as teorias sugerem os fatos[5] (observações) que são mais importantes, bem como as relações entre os fatos que são mais significativas (Thomas, 2005). Os teóricos podem, entretanto, ter ideias diametralmente opostas sobre o que é importante, de modo que um grande número de teorias emerge na mesma área de investigação. Embora sejam bem diferentes entre si, nenhuma é totalmente incorreta, mas algumas podem ser mais úteis do que outras. Em última análise, uma teoria não pode ser avaliada em termos de certo ou errado. Deve, em vez disso, ser julgada, principalmente, por sua utilidade.

Características das Boas Teorias

As boas teorias, na psicologia, não devem ser apenas úteis, explica Thomas (2005), elas também precisam ser avaliadas segundo outras qualidades:

1. Elas devem resumir e organizar fatos importantes (observações). As teorias são baseadas nas observações e devem refleti-las precisamente.
2. Uma boa teoria deve ser clara e compreensível.
3. As teorias devem simplificar, elas têm de impor ordem onde, de outro modo, se instalariam a complexidade e o caos. Em outras palavras, as teorias devem ser parcimoniosas. Uma afirmação **parcimoniosa** é aquela que explica um fato da maneira mais simples e concisa possível. O *princípio da parcimônia*, também chamado de **navalha de Occam**, afirma que, quando houver duas teorias competindo para explicar ou resumir um conjunto de observações, a melhor é a menos complexa. De acordo com isso, uma teoria parcimoniosa é a que descreve todas as relações importantes nos termos mais simples e mais precisos possíveis. Diz-se que às teorias desnecessariamente detalhistas e complexas falta parcimônia.[6]
4. Uma teoria deve ser útil tanto para prever quanto para explicar. Na verdade, uma das características mais importantes de uma boa teoria é que ela deve levar a previsões potencialmente falsas, ou seja, que sejam passíveis de ser falsas. E isso porque uma teoria que não leva a previsões passíveis de ser falsas não pode ser comprovada como incorreta, nem como correta.
5. Como vimos anteriormente, as previsões e as explicações baseadas em uma teoria devem ter alguma utilidade em termos da aplicação no mundo real – por exemplo, na educação ou na terapia – ou no desenvolvimento posterior dessa teoria.
6. As teorias devem ser internamente coerentes, e não contraditórias. Teorias mal formuladas, algumas vezes, resultam em explicações e previsões contraditórias. Tais teorias não podem ser facilmente testadas e são de utilidade limitada.

---

[5] Quando argumentei com o professor que, nesta época politicamente correta, não seria adequado apontar alguns grupos como exemplo de algo que pode parecer negativo, ele retrucou que não estava nem um pouco interessado nisso. "Se o livro não é politicamente correto", disse, usando aquilo que eu logo aprendi a reconhecer como uma variação de uma de suas expressões favoritas, "azar o deles".

[6] "Você poderia explicar isso melhor, esse negócio de parcimônia", perguntei ao professor, que deu aquele seu sorriso irônico. Disse que a preferência humana por parcimônia e simplicidade parece ser altamente reveladora. "Do quê?", perguntei a ele, que sorriu de novo sardonicamente. "De limitações intelectuais", respondeu. "De limitações evidentes na grande capacidade para entender o caos e na aversão ao detalhe e à complexidade. E de uma obstinada relutância em separar razão e emoção." "Não entendi", eu disse, e ele retrucou que a simplicidade impressiona mais as pessoas que a complexidade.

7. As teorias não devem ser baseadas em um grande número de **suposições** (crenças aceitas como fatos, mas não verificáveis). As teorias com base em muitas suposições são de difícil avaliação. E se as afirmativas nas quais se baseiam não são válidas, as teorias podem ser enganosas. Ainda mais que, como já foi destacado nas notas de rodapé anteriores, as teorias científicas são, no geral, baseadas na suposição incontestável do **determinismo** – em outras palavras, elas são baseadas na suposição de que o comportamento resulta de relações previsíveis entre causas e efeitos identificáveis, mais do que naquilo que se poderia chamar de *livre-arbítrio*.
8. Por fim, uma boa teoria deve ser instigante e oferecer explicações satisfatórias. As teorias que têm o maior impacto em sua área são, quase sempre, aquelas que dão espaço tanto à contestação quanto à aprovação. Teorias assim resultam, geralmente, em pesquisas destinadas a corroborar, refutar ou elaborar. Diz-se que elas têm grande valor **heurístico**, pois remetem a novas pesquisas e a novas descobertas.

Essas avaliações estão resumidas na Tabela 1.1 e exemplificadas com a respeitável teoria dos resíduos formulada pela vovó Francoeur.[7]

***Tabela* 1.1** *Critérios de uma boa teoria aplicados à teoria dos resíduos da vovó Francoeur. Esta teoria defende, em parte, que o esterco de cavalo estimula as batatas e as cenouras, que os dejetos das galinhas fortalecem os repolhos e que o excremento seco de vaca estimula as flores.*

Critérios de uma boa teoria	Teoria da vovó Francoeur
Reflete os fatos?	Sim, se as cenouras, as batatas e as outras plantas comportam-se como esperado nas condições específicas.
É clara e compreensível?	Bastante clara e compreensível, exceto para os muito burros, que raramente são chamados a julgar teorias.
É útil para prever e para explicar?	Muito. A teoria, por exemplo, permite ao agricultor prever na primavera o que acontecerá no outono, dependendo do fertilizante usado. E as predições são falsificáveis. Dessa forma, a teoria pode ser testada diretamente.
Tem aplicação prática?	Sim, perfeitamente, para aqueles envolvidos no crescimento das coisas vegetais.
É consistente?	Infelizmente não. A vovó algumas vezes argumentou que dejetos de galinha são melhores adubos para as batatas do que esterco de cavalo.
É baseada em muitas suposições não verificáveis?	Não. A afirmação na qual ela se baseia pode ser verificada – ou falseada.
É satisfatória e instigante?	Ah, sim!

[7] A vovó em questão é a minha própria. Quando eu era jovem, meus primos e eu tínhamos uma palavra menos educada para definir o que o professor chamava de teoria dos resíduos da vovó. Nós a chamávamos de teoria da [...] da vovó. (Censurado pelo conselho editorial.)

A Ciência e o Desenvolvimento das Teorias Psicológicas

Muitas das crenças mais refratárias e difundidas sobre o comportamento humano, geralmente baseadas no que se convencionou chamar de **senso comum**, estão erradas; o senso comum nem sempre faz sentido. Gilovich (1991), por exemplo, destaca que há cerca de 20 vezes mais astrólogos do que astrônomos na América do Norte. Mas isso sem que haja provas de que as crenças e as previsões da astrologia têm validade. Do mesmo modo, mais pessoas acreditam em **fenômenos paranormais**, um conjunto de fenômenos que a ciência não conseguiu verificar, do que na evolução, teoria que conta com enorme suporte científico. A astrologia e a crença no paranormal são parte daquilo que, em geral, rotulamos coletivamente como **pseudociência** (Smith, 2010).

Uma das mais importantes tarefas da psicologia é determinar quais crenças a respeito do comportamento humano fazem sentido. Como a psicologia pode conseguir isso? A resposta, em uma única palavra, é **ciência.**

O que É Ciência?

Em certo sentido, ciência é o conjunto de informações relacionadas a um campo de estudo. A ciência da física é o conjunto de informações relativas à natureza e às propriedades da matéria e a ciência da psicologia é o conjunto de informações relativas à natureza e às propriedades do pensamento e do comportamento humanos.

Em um outro sentido, ciência é um meio de lidar com a informação. A abordagem científica da informação fica evidente (a) na atitude de buscar conhecimento que enfatize a réplica, a objetividade e a consistência; e (b) no conjunto de métodos para obter e analisar as observações, concebido para garantir que as conclusões sejam objetivas, precisas e generalizáveis.

A ciência é a mais poderosa ferramenta da psicologia para separar o fato da ficção.

Regras do Método Científico

Um modo útil de encarar o significado da palavra ciência é pensar nela como uma atitude, e não apenas como mais um dos vários ramos do conhecimento ou uma série de receitas para adquirir e sistematizar o conhecimento. Como atitude, a ciência insiste na objetividade, na precisão, na réplica; aceita como válidas apenas aquelas observações coletadas de forma a permitir que outros possam repeti-las em circunstâncias similares.

Essa visão da ciência resulta num conjunto claro de métodos para coletar informação. Esses métodos, juntos, compõem o que se costuma denominar de método científico. Por mais de 100 anos, ressaltam Haslam e McGarty (2001), as ciências sociais usaram o método científico para reduzir a incerteza e buscar conhecimento.

O método científico pode ser resumido em cinco regras:

1. Faça a Pergunta

As pessoas mais recompensadas são sempre as que trabalham mais? A punição é eficiente para eliminar comportamentos indesejáveis? São os adolescentes que mais utilizam as redes sociais e as comunicações eletrônicas mais bem ajustados do que aqueles que utilizam menos? Eles são mais solitários? Mais felizes? Mais inteligentes? Menos inteligentes? Não há escassez de perguntas no estudo da aprendizagem e do comportamento. Como método, a ciência não julga a trivialidade ou a importância das questões, simplesmente exige que as indagações sejam claras.

Recusa-se de modo absoluto a pular para as conclusões. Certos procedimentos têm de ser seguidos e certas etapas lógicas têm de ser consideradas.

Na prática, o primeiro passo dos pesquisadores após identificarem o problema é levantar o que já se sabe sobre ele. Geralmente isso se faz com pesquisa em bibliotecas, por meio de computadores ou de consultas a outras fontes, como especialistas ou profissionais da área.

2. Desenvolva uma Hipótese

Uma vez que o pesquisador científico tenha levantado informações relevantes como pano de fundo, seu próximo passo é chegar a uma conclusão provisória ou hipótese, uma conjectura fundamentada que guia a pesquisa. No geral, toma a forma de previsão ou de afirmação de relações. Hipóteses são frequentemente baseadas em teorias. Por definição, são *não provadas e falsificáveis*. Em consequência, o resultado de uma investigação científica pode levar à *rejeição* de uma hipótese.

3. Colete Observações Relevantes

O estudo científico de todos os fenômenos começa sempre pelas observações, base de toda ciência. Afinal, as observações são aquilo que a ciência tenta explicar e compreender.

A ciência sugere vários meios de obter observações. O mais poderoso deles é o **experimento** (que será visto logo adiante). Algumas vezes, os experimentos fazem uso de **levantamentos**, que são meios de fazer observações referentes a comportamentos, crenças, atitudes e outras características de uma amostra representativa de uma população. Levantamentos usam **questionários** (listas de questões predeterminadas às quais o sujeito responde), **entrevistas** (nas quais os investigadores fazem perguntas aos participantes) ou diferentes tipos de teste e medição (por exemplo, testes de inteligência ou de personalidade, ou medição de peso e altura).

4. Teste a Hipótese

A finalidade de coletar observações é determinar a validade da hipótese. O ponto principal do trabalho é responder às questões que inspiraram a pesquisa desde o início.

Se as conclusões devem ser válidas, as observações precisam ser precisas e significativas. A ciência está muito preocupada com a possibilidade de que as observações sejam apenas uma ocorrência casual – em outras palavras, que elas não *signifiquem* muito. Por esse motivo, os pesquisadores usam um ou mais procedimentos matemáticos especiais para separar os eventos casuais daqueles que são **significantes**. Resumindo, esses procedimentos *estatísticos* nos ajudam a determinar a probabilidade de que aquilo que é observado não seja simplesmente uma ocorrência casual. Muitas conclusões científicas são baseadas na suposição de que as observações que raramente ocorrem ao acaso devem ter alguma causa identificável.

5. Chegue a uma Conclusão e Compartilhe

Na pesquisa científica, as conclusões podem comprovar ou refutar a hipótese que guiou a investigação. Algumas vezes, claro, os resultados são obscuros ou contrários ao esperado. Frequentemente os resultados da pesquisa sugerem outra pergunta em vez de uma resposta, ou levam a outra hipótese. Assim, as conclusões são mais provisórias do que finais. Outras vezes, uma série de observações e conclusões inesperadas deriva em mudanças maiores nas teorias nas quais as hipóteses foram baseadas.

E se a ciência deve progredir, os resultados dessas pesquisas devem ser compartilhados. Um princípio fundamental da ciência acadêmica é que seus frutos pertencem a todos.

Experimentos

O **experimento**, diz Gould (2002), é a ferramenta mais poderosa da ciência para determinar com confiança a validade de uma hipótese. Um experimento é uma situação na qual o investigador manipula sistematicamente algum aspecto do ambiente (chamado de **variável**) para determinar o efeito dessa ação em algum resultado importante. O que é manipulado é a **variável independente**; o efeito do controle ou da manipulação reflete-se na **variável dependente**.

Consideremos, como exemplo, a hipótese de que "recompensar a aprendizagem em curso tem efeito positivo na aprendizagem subsequente". O primeiro passo para conduzir um experimento que vai testar essa hipótese é definir os termos abstratos nela envolvidos, de tal forma que eles possam ser manipulados, controlados e medidos. Essas definições são chamadas **definições operacionais**. As definições operacionais geralmente implicam definir alguma coisa pelos meios usados para mensurá-la. Por exemplo, a fome pode ser operacionalmente definida em termos do número de horas sem comer, e "aprendizagem subsequente" pode ser operacionalmente definida pelo desempenho em um teste específico que se segue a uma experiência de aprendizagem claramente definida. Da mesma forma, uma definição operacional de "recompensas da aprendizagem em curso" pode se referir a resultados objetivos e mensuráveis, como receber dinheiro ou prêmios, algum privilégio, ou ser alvo de elogios verbais. Além disso, as definições operacionais devem especificar outros detalhes, como se o aprendiz tinha ou não expectativa de ser recompensado, e assim por diante. Portanto, um experimento simples, montado para examinar essa hipótese (*se as recompensas para aprendizagem em curso têm efeito positivo na aprendizagem subsequente*) deve consistir em um arranjo pelo qual alguns aprendizes são pagos pelas suas notas e outros não, todos são subsequentemente expostos a uma experiência de aprendizagem e o desempenho do grupo recompensado é comparado ao do grupo não recompensado. Nesse caso, a *variável independente* (que é controlada pelo experimentador) é a recompensa financeira; a *variável dependente* é o desempenho subsequente do aprendiz (veja a Figura 1.2).

Identificar as variáveis dependente e independente é uma tarefa relativamente simples quando o experimento se baseia na afirmação *se-então*. O objetivo de um experimento é determinar se é verdade que "se isso acontece, então aquilo acontece". A parte do "se" da equação é representada pelo que é controlado ou manipulado – daí a(s) variável(eis) *independente(s)*; e a parte do "então", pelas consequências ou resultados – daí a variável(eis) *dependente(s)*. Praticamente, qualquer hipótese pode ser expressa como uma afirmação se--então. Portanto, o exemplo anterior pode ser expresso assim: *se* um aprendiz é consistentemente recompensado pelo seu bom desempenho, *então* sua aprendizagem subsequente melhorará.

Amostragem e Grupos de Comparação

Uma etapa importante na realização da maior parte dos experimentos em psicologia é selecionar os participantes (geralmente chamados de *sujeitos*). É óbvio que muito raramente os pesquisadores conseguem conduzir suas investigações com toda a **população** na qual têm

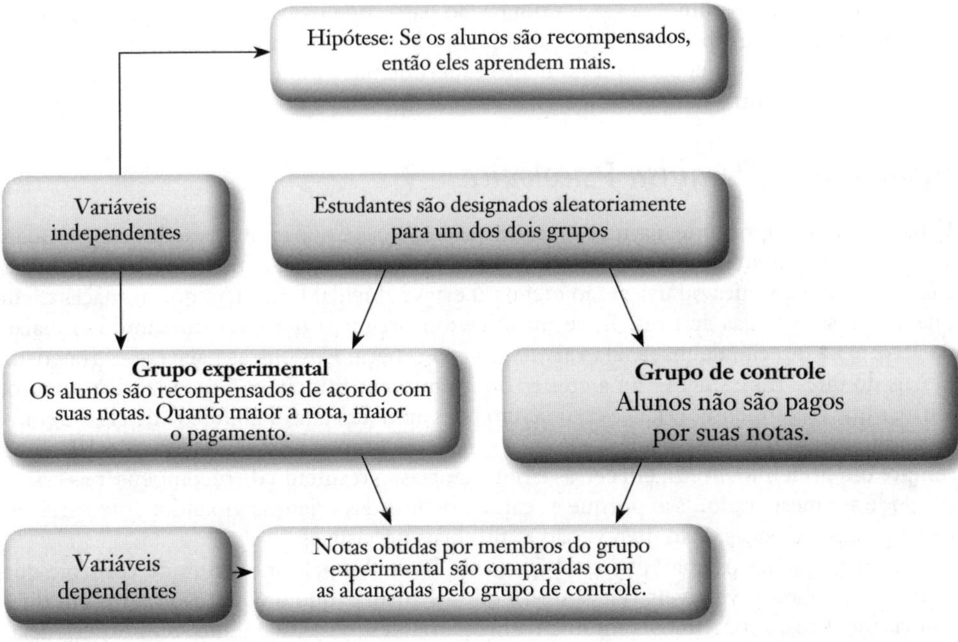

***Figura* 1.2** Um experimento simples destinado a testar uma hipótese. Observe que a hipótese pode ser verbalizada como informações se-então. O *se* da afirmação é a variável independente (neste caso, o pagamento que os estudantes do grupo experimental recebem); a parte *então* é a variável dependente (neste caso, as notas obtidas pelos membros do grupo experimental).

interesse (por exemplo, *todos* os alunos da quinta série; *todos* os homens canhotos; *todas* as crianças de três anos). Em vez disso, eles o fazem com grupos pequenos (às vezes até mesmo com uma única pessoa), – chamados de **amostra** – *selecionados* na população mais ampla.

Num experimento, é muito importante que os participantes sejam selecionados **aleatoriamente** dentro da população para a qual os pesquisadores querem generalizar. Seleção aleatória significa que todo mundo tem a mesma probabilidade de ser um participante. Seleção *não aleatória*, por sua vez, significa que os participantes podem ser escolhidos como voluntários ou selecionados em instituições e salas de aula.

O problema com a seleção não aleatória dos sujeitos é que algum viés pode ser introduzido. Por exemplo, as pessoas que se apresentam como voluntárias para os experimentos podem ser mais destemidas do que as outras – e as conclusões dos pesquisadores, nesse caso, podem acabar sendo válidas apenas para aqueles que são destemidos. Do mesmo modo, estudantes podem ser completamente diferentes de não estudantes (como também é o caso dos que pertencem ou não a uma instituição) no que diz respeito a interesses, motivação, experiência e outras características. Como resultado, as conclusões baseadas nos estudos com amostragem não aleatória podem não ser válidas para o restante da população.

Após selecionar os participantes, o pesquisador os distribui aleatoriamente em dois grupos. Como mostra a Figura 1.2, estes grupos são chamados de **grupos experimentais** ou **grupos de controle** (os grupos de controle algumas vezes são chamados de grupos de comparação ou de não tratamento). Esses dois grupos são o mais semelhante possível, exceto pelo fato de que os membros do grupo experimental receberam algum *tratamento* *experimental* (como recompensa pelas notas), ao passo que os membros do grupo de controle não. Sem um grupo de controle, é impossível o pesquisador saber, com certeza, se as alterações observadas depois do tratamento experimental foram causadas pelo tratamento e não por algum outro fator.

Avaliação da Pesquisa Psicológica

Uma limitação importante nas investigações psicológicas é que as observações com as quais a psicologia lida nem sempre são fatos inegáveis. De certa forma, as observações, nas outras ciências, como química ou física, são menos abertas à dúvida. É um fato que as maçãs caem quando se soltam das árvores. E, se um Newton preguiçoso estiver dormindo embaixo da árvore, na direção da maçã, ela vai *atingi-lo* na cabeça. Em outras palavras, a gravidade é mais do que simplesmente uma crença ou mesmo um princípio: é uma lei. Entretanto, afirmar que recompensar crianças por serem boas aumenta a probabilidade de elas se comportarem bem é mais um princípio do que uma lei. Como veremos no Capítulo 10, não é sempre um princípio direto; em certas circunstâncias, o resultado de recompensar as crianças pode ser inesperado. Isso porque as características das crianças são altamente variáveis e complexas; as maçãs, pelo menos, são muito mais previsíveis.[8]

As investigações psicológicas também ficam limitadas pelo montante de controle que se deve ter sobre as variáveis relevantes. Pode-se afirmar que dois ratos criados em duas gaiolas idênticas, submetidos à mesma rotina diária desde o nascimento, têm experiências comparáveis. A mesma afirmação não pode ser feita com tanta certeza em relação a duas crianças criadas em lares diferentes. Isso porque seus pais, amigos, irmãos, parentes e vários outros aspectos importantes de seus universos são diferentes, consequentemente suas experiências também o são. O controle na experimentação psicológica precisa levar em conta essas e várias outras diferenças importantes entre os sujeitos.

Consideremos o exemplo que se segue:

Problema: Determinar a relação entre a privação de sono e o desempenho na solução de problemas.

Sujeitos: Todos os estudantes de uma escola particular são selecionados para o estudo. Eles são divididos aleatoriamente em dois grupos.

Hipótese: Os sujeitos que sofrem privação de sono terão um desempenho pior num teste de solução de problemas.

Tratamento experimental: Permite-se que um grupo durma normalmente; o outro é mantido acordado a noite toda. Pela manhã, o teste é ministrado a todos os sujeitos e os resultados apresentados pelos dois grupos são comparados.

Resultados: O grupo que não dormiu saiu-se muito pior.

---

[8] Quando eu disse ao professor que isso poderia ficar pouco claro para as pessoas, e que poderia ser interpretado como se não devêssemos pôr muita fé no resultado das investigações psicológicas, ele disse: "Não, não é bem assim". Explicou que não se deveria inferir desses comentários que os fatos físicos são mais "factuais" do que os psicológicos. "Na verdade", disse ele, "neste mundo caótico e relativista, a palavra *fato* – seja ele físico ou psicológico – é um conceito estatístico de probabilidade variável". "O ponto", concluiu ele, "é que é relativamente simples observar uma maçã caindo, mas é muito difícil avaliar tais aspectos como os efeitos das recompensas, a ligação das crianças com suas mães, ou como as punições afetam cachorros, gatos, pessoas, e assim por diante."

A conclusão de que a privação de sono está relacionada à capacidade de solucionar problemas está confirmada? A resposta é sim, desde que outras variáveis relevantes também tenham sido controladas. Por exemplo, se o grupo que dormiu era em média mais ou menos inteligente, se era composto de homens ou mulheres, ou se teve algum treinamento prévio, essas variáveis poderiam explicar as diferenças de desempenho no teste. Portanto, não seria lógico concluir que o sono é o fator significante. Em razão de os participantes terem sido *designados* aleatoriamente para os dois grupos, há uma probabilidade maior de que eles sejam parecidos em cada uma dessas importantes variáveis.

A seleção aleatória e a atribuição a grupos é um dos meios de parear grupos em variáveis importantes – e também de ter certeza de que a amostra é representativa da população. Outra possibilidade é tentar parear os grupos diretamente, assegurando-se de que a composição deles seja bastante similar no que diz respeito a variáveis como inteligência, sexo, treinamento prévio etc. Na verdade, é praticamente impossível, na experimentação psicológica, considerar todas as variáveis importantes. Os pesquisadores têm de estar cientes de que os resultados dos experimentos nem sempre significam o que parecem significar. A ciência insiste que tanto os pesquisadores quanto os consumidores da pesquisa pensem criticamente. Por último, a ciência pede, ao interpretar e avaliar a pesquisa científica, que se façam as seguintes perguntas:

Cometi a Falácia Nominal?

Luria (1968) conta o caso de S., cuja memória era tão impressionante que ele era capaz de se lembrar com absoluta precisão do mais trivial detalhe – não apenas por minutos, horas ou dias, mas por décadas. Ele parecia nunca esquecer, mesmo os sons menos significativos e as palavras mais sem sentido. "Sim, sim", dizia, quando Luria pedia que ele lembrasse de algum parágrafo confuso ou de uma complexa tabela de dígitos que aprendera anos atrás. "Essa era uma série que você me deu quando estivemos no seu apartamento... você estava usando um terno cinza e me olhou assim..." (Luria, 1968, p. 12).

Por que S. se lembrava tão bem das coisas? Você supõe que era porque ele tinha o que se chama popularmente de *memória fotográfica*? Ou ele se lembrava tão bem de tudo porque era um **mnemonista** profissional?

Nenhuma dessas possibilidades está correta. Na verdade, não chegam nem mesmo a ser uma explicação. S. lembrava das coisas não porque era um mnemonista ou porque tinha memória fotográfica. Esses são apenas rótulos para alguém com boa memória; não explicam por que a pessoa tem memória tão excepcional. Tudo o que fazem é dar um *nome* a alguma coisa; nada dizem sobre o que realmente está por trás do desempenho. A afirmação de que nomes são explicações é o que se denomina **falácia nominal**.

Falácias nominais são muito comuns. Por exemplo, se você acha que algumas crianças têm dificuldade de aprender porque são mentalmente retardadas ou porque são incapazes de aprender, você incorreu no erro da falácia nominal. Dizer que as crianças têm dificuldade de aprendizagem porque são incapazes ou mentalmente retardadas é não dizer nada sobre o porquê dessas dificuldades.

A Amostra É Representativa?

As amostras nas quais as conclusões se baseiam têm de ser representativas dos grupos para os quais elas são generalizadas. Os investigadores tentam selecionar as amostras que *não têm viés* (cujas características são, o mais possível, as mesmas da população em geral) utilizando seleção aleatória sempre que possível. Algumas vezes, no entanto, a pesquisa é limitada a grupos, como o de estudantes de uma escola ou de uma classe, de internos em instituições ou de residentes de um conjunto habitacional. Nesses casos, para assegurar que uma amostra representa uma população maior, é necessário comparar as duas em variáveis importantes como idade, sexo, formação educacional. Se a amostra for *tendenciosa* (diferente da população), as conclusões devem ser aplicadas apenas à amostra na qual foi baseada.

Os Sujeitos São Confiáveis?

É possível que a pesquisa resvale em problemas de memória. Os participantes conseguem lembrar bem do seu quarto aniversário? Lembram com que idade menstruaram pela primeira vez? E a primeira ejaculação? Conseguem lembrar que roupa o ladrão usava? A cor dos olhos dela?

Algumas vezes, o problema tem a ver com honestidade. Os questionários que esquadrinham a intimidade das pessoas são especialmente vulneráveis à distorção deliberada. E se há alguma coisa a ganhar ou a perder pela apresentação de uma certa imagem, esse detalhe também tem de ser levado em conta pelo consumidor crítico da pesquisa.

Há Possibilidade de um Viés do Sujeito?

Em um estudo histórico, Roethlisberger e Dickson (1939) tentaram melhorar a produtividade de um grupo de funcionários da Hawthorne Electric alterando aspectos do ambiente de trabalho. Na série de experimentos, os pesquisadores adotaram ações, tais como aumentar ou diminuir o número de períodos de trabalho, esticar ou encurtar os intervalos de descanso, aumentar ou diminuir a iluminação e oferecer ou cancelar os bônus. Estranhamente, não obstante o que os pesquisadores faziam, a produção aumentava. Ao que parece, os sujeitos responderam ao fato, que era de seu conhecimento prévio, de que estavam sendo estudados. Talvez quisessem apenas agradar o pesquisador.

Pesquisas mais recentes mostram que, aquilo que é chamado **efeito Hawthorne** não é frequentemente aparente ou muito significativo, além de que o conceito é complexo e nem sempre muito útil (veja Chiesa e Hobbs, 2008). No entanto, ainda pode ser um importante fator em algumas pesquisas psicológicas. Os participantes dos experimentos costumam ficar ansiosos por agradar o pesquisador; consequentemente, as respostas podem, em alguns casos, ser enganosas. Para se resguardar dessa possibilidade, não se costuma comunicar aos sujeitos que eles fazem parte de grupos experimentais, ou eles são comparados a outros que acham que fazem parte do experimento, quando na verdade não fazem.

Há Possibilidade de um Viés do Pesquisador?

Margaret Mead, famosa antropóloga/socióloga, acreditava piamente que as culturas moldam as pessoas. Seus estudos de habitantes isolados da Nova Guiné cobriram três tribos muito diferentes (Mead, 1935). Entre os canibais Mundugummor, tanto homens quanto mulheres eram rudes, agressivos e muito masculinos comparativamente aos padrões norte-americanos. Em contrapartida, ambos os sexos na tribo agrícola de Arapesh pareciam ser mais femininos (não competitivos, não agressivos, acolhedores, emotivos). Em uma terceira tribo, a Tchambuli, os homens passavam a maior parte do tempo se enfeitando e ensaiando novas danças, enquanto as mulheres providenciavam a comida, ou seja, parecia haver uma inversão dos papéis sexuais. Essa é uma incontestável evidência do poder da cultura em moldar importantes características como masculinidade e feminilidade, enfatizou Mead.

Não é bem assim, argumenta Freeman (1983). Após seis anos de pesquisa em Samoa, onde Mead conduziu muitos de seus trabalhos sobre cultura, Freeman encontrou poucas evidências de diferenças culturais tão surpreendentes quanto aquelas descritas por Mead. Suas observações e conclusões, escreve ele a respeito da colega, eram altamente subjetivas e pouco documentadas. Freeman acredita que Mead estava tão convencida da importância da cultura, que sua crença a cegou para a evidência contraditória.

Do mesmo modo que os sujeitos algumas vezes não sabem que são participantes de um grupo experimental ou de controle, para evitar que sejam tendenciosos, também os observadores do experimento podem desconhecer quem é sujeito experimental e quem não é. Isso é chamado de **procedimento simples-cego**. Já o **procedimento duplo-cego** é aquele em que nem os sujeitos nem os pesquisadores sabem quais sujeitos receberam quais tratamentos. Por exemplo, os testes podem ser avaliados e interpretados sem que o pesquisador saiba se as pessoas testadas são ou não parte de um grupo experimental.

Participantes de Investigações Psicológicas

Mesmo os psicólogos primordialmente interessados no comportamento humano usam animais como sujeitos experimentais. Podemos citar, por exemplo, algumas investigações psicológicas bem conhecidas, como:

- Bebês macacos foram separados das mães ao nascerem e criados em jaulas com modelos inanimados de "mães" feitos de arame, nos quais foram colocadas máscaras grotescas no lugar da face.
- Moscas-varejeiras tiveram o nervo entre o cérebro e os intestinos rompido, de modo que comiam até arrebentarem.
- Minhocas foram treinadas, devolvidas ao solo e devoradas por outras minhocas.
- Ratos receberam choques elétricos.
- Gatos engaiolados viam e sentiam cheiro de (presumíveis) nacos de peixe (difíceis de obter).

Essas investigações nos abasteceram de informações potencialmente úteis sobre o apego dos bebês, os mecanismos que controlam a fome, a natureza da memória, a relação entre consequências negativas e a aprendizagem, e o papel da tentativa e do erro na aprendizagem. Servem como bons exemplos de uma das vantagens de usar animais nas investigações psicológicas: muitos dos procedimentos, algumas vezes usados com animais, não podem, por razões éticas, ser realizados com humanos.

Usar animais em vez de seres humanos na pesquisa psicológica tem várias outras vantagens importantes: por exemplo, a experiência do animal pode ser cuidadosamente controlada; o que não é frequente no caso dos sujeitos humanos. A maioria dos animais consegue reproduzir muitas gerações em um período relativamente curto e, claro, os pares podem ser selecionados de acordo com os requisitos da investigação. Isso pode ser muito útil nos estudos sobre influências genéticas. Já os humanos se reproduzem bem mais devagar e insistem em escolher seus próprios pares.

Em muitos casos, os resultados dos estudos com animais podem ser generalizados, pelo menos em tese, para os humanos. Mesmo assim, sempre há a possibilidade de as conclusões baseadas na pesquisa animal não serem aplicáveis às pessoas. Por último, a psicologia está mais interessada mesmo é nas pessoas.[9]

A Ética nas Pesquisas com Animais

Nesta época de maior sensibilidade, consciência, compaixão e senso político, alguns dos procedimentos usados nos experimentos, como aqueles anteriormente mencionados, são considerados inaceitáveis segundo fundamentos morais e éticos. Como explica Tannenbaum (2001), muitos se opõem ao uso de animais em pesquisas. Argumentam que mesmo que o objetivo da ciência seja melhorar o bem-estar humano, isso não justifica causar dor e sofrimento a um animal (e até mesmo sacrificá-lo). O uso de animais em vez de humanos, argumentam outros, revela que os animais têm menos valor do que os humanos. Muitos dos ativistas que defendem os direitos dos animais acham que eles não apenas devem ser protegidos da dor e do sofrimento como também têm direito ao prazer e à felicidade. Outros acreditam que em nenhuma circunstância os animais devem ser maltratados em nome da ciência (por exemplo, veja Enserink, 2008; Knight, 2008).

Do outro lado desse aspecto tão controverso e emocional estão aqueles que insistem em que os benefícios advindos dessas pesquisas justificam a utilização de animais em certas circunstâncias (Brody, 2001). Os pesquisadores que utilizam animais precisam ser mais ativos na educação pública, sugere Morrison (2001), para que os benefícios potenciais dessas pesquisas se tornem bem visíveis e para demonstrar que os animais podem ser tratados de forma humanitária e ética.

A Association for the Study of Animal Behavior (diretrizes para o tratamento de animais em pesquisa e ensino comportamentais, 2006) bem como a American Psychological Association (APA, 2010, disponível online em: <http://www.apa.org/science/anguide.html>) apresentam princípios que orientam a conduta dos cientistas que utilizam animais em suas pesquisas. Dentre eles estão:

- A pesquisa deverá ter um propósito científico claro, com benefícios potenciais positivos para os seres humanos e outros animais.
- O cuidado com animais deve seguir as leis e os regulamentos existentes.
- Toda pesquisa com animais deve ser supervisionada por um psicólogo treinado no trato com animais de laboratório.
- Todo esforço deve ser feito para minimizar a dor e o sofrimento dos animais.

[9] Aqui o professor parou e pediu que eu desligasse o gravador. Disse que isso, na verdade, não fazia parte do livro, mas queria explicar que, ao longo da história, muitos humanos não mediram esforços para demonstrar que eles eram fundamentalmente diferentes dos animais não humanos e muitos dedicaram tempo e esforço tentando descobrir exatamente em que eles diferem. Ele disse que alguns propuseram que é a *alma* que separa os dois; outros sugeriram que era a *linguagem* ou a *consciência*. Outros, ainda, afirmaram que algum criador fez os humanos à sua imagem e que isso explica a diferença básica. Ele ressaltou que alguns psicólogos argumentam que, uma vez que os humanos e os não humanos são diferentes, os animais não são bons sujeitos nas investigações sobre o comportamento humano; outros creem que, de muitas formas, eles são bem parecidos e, pelo fato de certos procedimentos experimentais serem mais bem realizados com animais, faz sentido usá-los na pesquisa psicológica.

- Os animais devem ser submetidos à cirurgia, dor ou desconforto somente quando justificado pelo valor potencial da pesquisa.
- Se o animal precisar ser sacrificado, isso deve ser feito de maneira rápida e indolor.

Seres Humanos como Sujeitos

Sujeitos humanos raramente são expostos a dores e sofrimentos tão óbvios quanto aqueles imputados aos macacos cuja participação em experiências requer que desenvolvam úlceras induzidas, ou aos coelhos que são expostos a cosméticos alergênicos. Contudo, há tratamentos experimentais com humanos que são psicologicamente estressantes; alguns até resultam em consequências negativas duradouras. Por causa disso, a American Psychological Association (APA) criou um conjunto de instruções que visa orientar a conduta na pesquisa com humanos (*Princípios éticos dos psicólogos e código de conduta, 2010*).

Na prática, quase todas as investigações conduzidas nas escolas norte-americanas, seja com animais, seja com humanos, estão sujeitas à aprovação de comissões de ética. O propósito dessas comissões é assegurar que os padrões éticos apropriados estão sendo respeitados – já que a função deles é justamente proteger os participantes. Os princípios da APA para pesquisa com participantes humanos incluem o seguinte:

- O pesquisador é responsável pela avaliação da viabilidade ética da pesquisa.
- Pesquisadores precisam determinar se os sujeitos estão "em risco" ou em "risco mínimo".
- Antes da investigação, todos os participantes devem estar cientes dos aspectos da pesquisa que podem afetar sua disposição de participar.
- Quando uma investigação requer que os participantes sejam enganados, os pesquisadores precisam (a) determinar se os benefícios potenciais do estudo justificam o uso do logro; (b) se outras abordagens não enganosas poderiam fornecer respostas às mesmas questões; e (c) oferecer aos participantes uma explicação "plausível" o mais rápido possível.
- Os participantes devem ter liberdade de não participar.
- Os participantes devem ser protegidos de perigos ou desconfortos físicos e mentais. Os procedimentos que possam resultar em dano aos participantes só devem ser usados quando a sua não utilização tiver consequências ainda mais danosas ou quando os benefícios potenciais forem muito significativos, e depois que todos os participantes tiverem dado seu consentimento.
- Caso possa *haver* consequências danosas para os participantes, o pesquisador é responsável pela remoção e pela correção delas.
- As informações sobre os participantes são confidenciais e não podem ser divulgadas, a menos que tenha havido acordo prévio entre pesquisadores e sujeitos.

O princípio mais importante que fundamenta essas diretrizes é o do *consentimento informado*. As pessoas precisam ser conscientizadas da natureza e do propósito da pesquisa e devem ter completa liberdade de não participar. Isto é especialmente importante quando os investigadores estão em posição de poder sobre os possíveis participantes – como é o caso de alunos ou residentes em lares para idosos.

Teoria da Aprendizagem: Um Breve Panorama

Como a aprendizagem envolve mudanças de comportamento que resultam da experiência, a psicologia da aprendizagem é baseada em observações de comportamento e mudança de comportamento. Não é surpresa que os termos **teoria da aprendizagem** e *teoria do comportamento* geralmente são sinônimos na literatura psicológica.

As teorias da aprendizagem (ou teorias do comportamento) resultam das tentativas de psicólogos no sentido de organizar as observações, hipóteses, palpites, leis, princípios e suposições que têm sido apresentados sobre o comportamento humano. Naturalmente, as primeiras teorias da aprendizagem eram, de muitas maneiras, um pouco mais simples do que as teorias desenvolvidas mais recentemente. As teorias têm se tornado cada vez mais complexas com as novas descobertas e com o reconhecimento de que as primeiras teorias não davam conta de todos os fatos. Contudo, as primeiras teorias continuam a ter uma profunda influência nas teorias e pesquisas atuais.

Estruturalismo e Funcionalismo

Os primeiros psicólogos direcionavam grande parte de seus esforços à compreensão de processos mentais, como o raciocínio, a imaginação e o sentimento que define a consciência (a **mente**, em outras palavras). Os mais importantes entre estes primeiros psicólogos são Wilhelm Wundt, na Alemanha, e William James, nos Estados Unidos. Duas escolas de psicologia resultaram de seus trabalhos escritos.

O **estruturalismo**, a abordagem associada com Wundt, direcionou esforços à divisão dos processos mentais em seus componentes mais básicos. O objetivo do estruturalismo era compreender os elementos – isto é, a estrutura – da consciência. O estruturalismo dependia muito da **introspecção** (o exame que uma pessoa faz de seus próprios sentimentos e motivos, e a generalização a partir destes) como uma forma de descobrir aspectos sobre a aprendizagem e o comportamento humanos. Lembre-se de que Descartes também utilizou esta abordagem. Trata-se de uma abordagem que difere drasticamente dos métodos mais objetivos da ciência que finalmente dominaram a psicologia.

O **funcionalismo**, a abordagem associada a James, foi, em grande parte, uma reação norte-americana ao estruturalismo. Muito influenciado pelo trabalho de Charles Darwin, este método tentou compreender processos mentais observando os propósitos que impulsionam o comportamento – isto é, a função de comportamento. As teorias de Darwin referentes à seleção natural sugeriam que todas as características de uma espécie serviam a algum propósito adaptativo; isto explica porque tais características têm sobrevivido. Da mesma maneira, assume-se que a consciência tem um propósito que geralmente é evidente no comportamento. Desse modo, os funcionalistas acreditavam veementemente que a mente não podia ser explicada observando-se seus elementos (sua estrutura). Em vez disso, eles focaram as razões (ou *propósitos*) para um comportamento. Eles viam o estruturalismo como demasiadamente mentalista para ter alguma utilidade, e foram muito críticos dessa abordagem. O funcionalismo também utilizou a introspecção como um de seus principais métodos de pesquisa. Contudo, James e seus seguidores lidaram muito menos com conceitos mentalistas do que a escola estruturalista. Além disso, eles se basearam na teoria evolucionista de Darwin ao tentarem explicar o comportamento em termos de estímulos.

Embora o estruturalismo e o funcionalismo utilizassem a introspecção para desenvolver suas ideias, ambos perceberam a necessidade de tornar a psicologia mais científica. Na verdade, o estabelecimento de um laboratório psicológico em Leipzig, na Alemanha, por Wundt, em 1879, é considerado o início da psicologia como *ciência*. Embora Wundt e seus seguidores tenham continuado a lidar com conceitos *mentalistas*, como consciência, sensação, sentimento, imaginação e percepção, eles tentaram utilizar os métodos mais objetivos da ciência para estudá-los.

Em parte por causa de sua excessiva dependência da introspecção e dos interesses altamente subjetivos da escola estruturalista, ela não durou muito além da morte de Edward Bradford Titchener, um de seus principais proponentes nos Estados Unidos. O funcionalismo, todavia, teve uma profunda influência no subsequente desenvolvimento da psicologia. Sua influência é especialmente evidente nas teorias que se preocupam principalmente com o comportamento.

Classificações das Teorias da Aprendizagem

No início dos anos 1900, os psicólogos (especialmente nos Estados Unidos) haviam começado a rejeitar temas difíceis e subjetivos, tais como mente e pensamento; em vez disso escolheram concentrar-se nos aspectos mais objetivos do *comportamento*. Essa orientação ficou conhecida como **behaviorismo** e deu origem a teorias de aprendizagem envolvidas principalmente com eventos objetivos, como estímulos, respostas e recompensas. Os *estímulos* (condições que levam ao comportamento) e as *respostas* (comportamento corrente), argumentam os teóricos behavioristas, são os únicos aspectos do comportamento que podem ser observados; daí, que são as variáveis objetivas que podem ser usadas para desenvolver a ciência do comportamento. O behaviorismo (comportamentalismo), explica Moore, “enfatizou estímulos (s) e respostas (r) publicamente observáveis, e ignorou processos iniciados centralmente, supostamente inobserváveis, como a consciência” (2010, p. 143). As teorias behavioristas incluem as de Pavlov, Watson e Guthrie (Capítulo 2); Thorndike e Hull (Capítulo 3); e Skinner (Capítulo 4). Outras teorias, que compartilham muitas crenças dos behavioristas, mas usam mais conceitos biológicos (Capítulo 5) ou mentais (Capítulo 6), servem como transição para a segunda divisão principal das teorias – o **cognitivismo**.

Os psicólogos cognitivos estão interessados na atividade mental humana, e especificamente no processamento de informações, na representação e autoconscientização (Garnham, 2009). As teorias de Gestalt, com seu interesse na percepção e na consciência, são importantes exemplos iniciais das teorias cognitivas (Capítulo 6). Outros exemplos incluem Bruner, Piaget e Vygotsky (Capítulo 7).

Os enfoques mais recentes sobre processamento de informação, evidenciado nos modelos computadorizados de pensamento (Capítulo 8), assim como as investigações atuais sobre memória (Capítulo 9) e motivação (Capítulo 10) e aprendizagem social (Capítulo 11), são indiscutivelmente cognitivos (veja a Tabela 1.2).

A principal importância da distinção entre os enfoques behavioristas e cognitivos é que permite uma classificação simples das explicações da aprendizagem humana, o que facilita o entendimento, a lembrança e a aplicação das teorias da aprendizagem. Convém não esquecer, entretanto, que behaviorismo e cognitivismo são apenas rótulos para teorias extremamente complexas. Mesmo aquelas que podem parecer muito diferentes entre si compartilham ideias comuns; poucas são exemplos de uma única abordagem teórica.

Tabela 1.2 Principais divisões da teoria da aprendizagem

	Variáveis de interesse	Teóricos representativos
ABORDAGENS INICIAIS		
Estruturalismo	A Mente Sentimentos Sensações Experiência imediata "Elementos do pensamento"	Wundt Titchener
Funcionalismo	A Mente Propósito do comportamento Ajustamento ao meio ambiente Fluxo de consciência	James Dewey
ABORDAGENS POSTERIORES		
Behaviorismo	Estímulos Respostas Reforçamento Punição	Thorndike Pavlov Guthrie Watson Skinner Hull
A transição: o início do cognitivismo moderno	Psicologia evolucionista Sociobiologia Estímulos Respostas Reforçamento Propósito Objetivos Expectativa Representação	Rescorla-Wagner Wilson Hebb Tolman Koffka Köhler Wertheimer
Teorias cognitivas	Representação Autoconsciência Processamento da informação Percepção Organização Tomada de decisão Resolução de problemas Atenção Memória, cultura e linguagem Modelos de computador Redes neurais Processamento da informação Modelos de computador Redes neurais Processamento da informação Modelos de memória e motivação Teoria da aprendizagem social	Bruner Piaget Vygotsky Bandura

Prévia do Livro

O professor disse que estávamos prestes a encerrar o Capítulo 1, mas, antes de irmos para o Capítulo 2, ele apresentaria uma prévia dos 11 capítulos restantes. Explicou que oferecia esses resumos como se fossem aperitivos. Assim, deveriam aguçar seu apetite, saciá-lo completamente, se seu apetite é pequeno, ou deixá-lo quase doente. Ele achou que alguns leitores poderiam ir diretamente para a entrada, e avisou que não haveria sobremesa – e provavelmente nem vinho para acompanhar –; e riu tão repentinamente que o gato caolho saltou de seu colo e correu sem nem olhar para trás.

Capítulo 2. Primórdios do Behaviorismo: Pavlov, Watson e Guthrie

Dizem que Watson gostava de impressionar os amigos com demonstrações da inteligência de seu cachorro. Uma noite, durante o jantar, ele se ajoelhou no chão com o animal e se pôs a latir como um cão inteligente faria. O cachorro ouviu educadamente e então comeu. Na noite seguinte, Watson fez a mesma coisa. Ajoelhou, latiu e uivou e, de novo, o cachorro olhou-o atentamente e voltou-se para comer sua refeição. Watson estava tentando ensinar o cachorro a latir – não apenas por latir, mas de um modo mais inteligente – para pedir sua refeição. O procedimento, chamado condicionamento, funcionou pela metade. Ao fim de duas semanas, o cachorro ainda não latia, mas se recusava terminantemente a comer, a menos que Watson ajoelhasse e latisse. Por quê?

Capítulo 3. Os Efeitos do Comportamento: Thorndike e Hull

Alguns professores reclamam que seus alunos dormem quando eles apresentam suas brilhantes palestras sobre Hull. Acham que os alunos se aborrecem, mas talvez a maioria deles sofra apenas de um choque de símbolos.

O que significa: ${}_SE_R = {}_SH_R \times D \times V \times K$?

Capítulo 4. Condicionamento Operante: O Behaviorismo Radical de Skinner

Certa vez, um psicólogo brilhante decidiu que mostraria a um rato como deveria comer. “Báááá”, resmungou sua avó, “ratos já sabem como comer”. Não era isso o que seu neto queria dizer; ele pretendia ensinar o rato a comer adequadamente, usando colher, sentando-se à mesa e mastigando com a boca fechada. Esperava também que o rato, de vez em quando, limpasse a boca delicadamente com um guardanapo, após engolir o alimento.

O psicólogo tentou e quase se deu bem. Infelizmente, ambos, o rato e a avó, morreram bem velhinhos, antes de ele terminar seu programa de aprendizagem.

Como o rato foi treinado?

Capítulo 5. Psicologia Evolucionista: Aprendizagem, Biologia e Cérebro

Quando ele era bem mais jovem e ainda vivia com sua avó, Lefrançois disse que comia uma porção de coelhos – dezenas a cada inverno.[10] Uma noite, talvez porque o ensopado já estivesse passado, ou o leite rançoso, ou os coelhos doentes, todos os que haviam jantado passaram mal de repente. A partir de então, diz ele, não mais molestou ou comeu coelhos – nem mesmo escreve sobre eles.

Por quê?

Capítulo 6. A Transição para o Cognitivismo Moderno: Hebb, Tolman e os Gestaltistas

Um pobre estudante de psicologia, movido pela fome (de comida e de conhecimento), arrumou um emprego de verão num mirante na floresta. Ele foi levado de helicóptero até a torre e lá ficou – completamente só.

Na segunda manhã, seu rádio quebrou.

Na sexta manhã, o helicóptero voltou com um técnico para consertar o rádio, mas o estudante fora embora. Tinha deixado um recado: *Não dá. Fui para casa.* A casa ficava a quilômetros de distância, depois da floresta e de um pântano. Nunca mais foi visto.

Por quê? Não por que ele nunca mais foi visto, mas por que foi embora? Assim como a maioria dos estudantes, burro não era.

Capítulo 7. Três Teorias Cognitivas: Bruner, Piaget e Vygotsky

Se eu lhe disser "Cabelo vermelho, olho azul, cicatriz", você só vai ver uma cabeleira vermelha, um globo ocular com uma íris azul e a extensão de uma cicatriz cirúrgica?

Ou você já construiu um rosto, acrescentou nariz e orelhas, desenhou a cicatriz da orelha até a bochecha?

Você conseguiu ir além da informação dada?

Capítulo 8. Modelos Simbólicos da Mente e de Redes Neurais

Máquinas pensam? Como o fazem? O que pensam? Podem mentir deliberadamente?

Capítulo 9. Aprendizagem e Memória

Em um laboratório de uma grande universidade norte-americana, uma estudante universitária, franzina, pobremente vestida, senta em uma cadeira de cozinha. Seu nome é Miranda. Na frente de Miranda está um prato com pedaços de comida espiralados e acinzentados.

---

[10] Não tenho a menor dúvida de que minha avó contou ao professor alguma coisa, porque as partes mais importantes dessa história de fato aconteceram – embora não exatamente como descrito (GRL).

Ela não sabe o que é aquilo, mas depois de salgá-los e apimentá-los ficaram até saborosos. Ela estava em jejum havia 24 horas e agora come avidamente.

Um pouco antes de comer, Miranda teve de resolver um simples problema de cálculo – e não conseguiu. Depois de ter comido quatro pratos desse alimento, espera-se que ela seja capaz de resolver o problema. Por quê? E você, acredita realmente nisso?

Capítulo 10. Motivação

Três líderes estudantis radicais foram induzidos a se apresentar como voluntários para uma investigação psicológica. Descobriram depois que teriam de escrever um texto defendendo com ênfase uma tese pró-sistema ("establishment"), um ponto de vista não radical. Nenhum deles ousou, por medo, dizer não ao professor de psicologia. Pelos seus esforços, um estudante recebeu U$ 50, o outro U$ 10, e o terceiro, apenas uma nota de U$ 1. Foi dito aos estudantes que seus textos estavam muito bons e que as autoridades gostariam de publicá-los, e que o dinheiro era o pagamento pelos direitos de publicação. Os estudantes concordaram. Um dia depois, um entrevistador habilidoso revelou o sentimento de cada um dos estudantes sobre o sistema. Mesmo um ingênuo lenhador quase certamente iria prever que o estudante que recebeu US$ 50 era quem se sentiria mais à vontade com o sistema. Mas o lenhador estaria errado. Por quê? Como a maioria dos lenhadores, ele não é estúpido.

Capítulo 11. Aprendizagem Social: A Teoria Cognitiva Social de Bandura

Ronald, de 12 anos, que durante toda a sua curta vida foi uma criança educada, foi passar o verão com um primo, Edward. Um dia, logo depois de voltar para casa, ele martelou o dedo enquanto ajudava o pai a construir um galinheiro. "@#!%**e", solta Ronald, com uma impressionante convicção. Seu pai nunca tinha ouvido Ronald dizer @#!%**e.

O que Ronald estaria sugerindo sobre Edward ao dizer @#!%**e? O que isso pode dar a entender sobre Ronald?

Capítulo 12. Resumo, Síntese e Integração

Há muitas maneiras de aprender, assim como há resultados diferentes do processo de aprendizagem e modelos variados de aprendizes. Por exemplo:

Aplicações Educacionais e Outras Aplicações das Teorias da Aprendizagem

A aprendizagem, como vimos, envolve mudanças relativamente permanentes, potenciais ou reais no comportamento, como resultado da experiência. As teorias da aprendizagem são tentativas sistemáticas de explicar essas mudanças. As boas teorias nos permitem explicar, prever e talvez controlar o comportamento.

O ofício da educação é mudar o comportamento – e, ao mesmo tempo, prever e controlá-lo. Previsão, controle e mudança de comportamento também são assuntos de pais, de terapias, de vendas e de muitos outros esforços humanos.

Como resultado, portanto, as boas teorias da aprendizagem deverão ter utilidade prática para os envolvidos. Por essa razão, cada capítulo deste livro contém uma ou mais seções que lidam especificamente com as implicações educacionais das teorias da aprendizagem, bem como com suas aplicações em outras áreas.

Resumo

1. Psicologia é a ciência que estuda o comportamento e o pensamento humanos. Suas raízes estão na *epistemologia*, que trata da natureza do conhecimento e do saber. A *problemática mente-corpo* estuda a relação entre a mente (consciência) e o mundo físico (incluindo o corpo).
2. A aprendizagem pode ser definida como mudanças relativamente permanentes no *potencial* para o comportamento, que resulta da experiência. Daí que a aprendizagem nem sempre é visível no desempenho.
3. Equívocos e crenças populares são comuns na psicologia. Equívocos importantes estão relacionados à nossa tendência de considerar a aprendizagem como um processo uniforme para todos os indivíduos, em vez de reconhecer a plasticidade e as diferenças individuais, e a algumas noções deturpadas sobre a estrutura e a função do cérebro.
4. As teorias são conjuntos de afirmações relacionadas entre si que pretendem resumir e explicar observações importantes. Essas afirmações raramente são leis (fato verificável; além da dúvida razoável), com mais frequência tomam a forma de princípios (afirmações relativas a algumas previsões gerais) e crenças (convicções de caráter mais pessoal, algumas vezes pertinentes, outras não; a base da psicologia do senso comum).
5. As teorias da aprendizagem são tentativas de sistematizar e organizar o que é conhecido sobre a aprendizagem humana. São úteis para explicar, prever e controlar o comportamento e podem gerar novas informações.
6. As boas teorias refletem os fatos de maneira clara e compreensível, são parcimoniosas, úteis para prever e para explicar, têm aplicação prática, são internamente consistentes, baseadas em poucas presunções não verificáveis, são satisfatórias e intelectualmente instigantes, e levam a pesquisas mais avançadas (têm valor heurístico).
7. A ciência diz respeito à coleta de informações relacionadas (química ou física, por exemplo), bem como a uma determinada atitude na busca por conhecimento (insiste em objetividade, replicabilidade, consistência) e a um conjunto de métodos que asseguram a objetividade (faça a pergunta; levante uma hipótese; reúna as observações importantes; teste a hipótese; alcance e compartilhe a conclusão).
8. Os experimentos são a mais poderosa ferramenta científica para determinar a validade das hipóteses. Envolvem a manipulação sistemática de alguns aspectos ambientais a fim de determinar seus efeitos. Podem ser considerados meios de testar as afirmações do tipo *se-então*, no qual o "se" se refere às variáveis independentes que podem ser con-

troladas para atestar o efeito que terão sobre as variáveis dependentes (o "então").

9. A pesquisa psicológica deve ser submetida a questionamentos críticos como: fornece uma explicação ou apenas um rótulo? A amostra na qual as conclusões se baseiam é representativa? Há a possibilidade de os sujeitos serem desonestos ou de se comportarem como o fizeram porque sabiam que participavam de uma experiência? Os pesquisadores poderiam ter sido influenciados por suas próprias expectativas?
10. As descobertas baseadas nos estudos com animais devem ser generalizadas com cautela para os seres humanos. Além disso, há importantes orientações éticas para a pesquisa, tanto com animais quanto com humanos.
11. O estruturalismo, associado a Wundt, é uma escola inicial da psicologia, que tentou entender a consciência observando elementos básicos da atividade mental, como sentimentos e sensações (a estrutura da mente). O funcionalismo, associado a James, estava mais preocupado com o propósito (função) da atividade mental e como ela contribuiu para a adaptação.
12. As duas tradicionais divisões das teorias da aprendizagem são o behaviorismo (que lida com os aspectos observáveis do funcionamento humano) e o cognitivismo (mais preocupado com tópicos tais como percepção, processamento das informações, formação de conceitos, consciência e compreensão).

Primórdios do Behaviorismo: Pavlov, Watson e Guthrie

Mente, s. f. Forma misteriosa de substância secretada pelo cérebro. Sua principal atividade consiste no esforço para averiguar sua própria natureza, tentativa cuja inutilidade se deve ao fato de que ela de nada dispõe, a não ser de si mesma, para se conhecer.
Ambrose Bierce

O professor já estava no lago quando cheguei, embora eu não soubesse explicar como ele tinha ido parar lá. Só avisara "Vou pescar", e mandou que eu o encontrasse no Lago Pigeon.

"Você gosta desse carro?", perguntou ao me ver, acenando à minha frente com uma página de revista. Já nem me lembro que tipo de carro era aquele, recordo apenas que havia uma modelo de pernas compridas esticada sobre o capô.

"Que tal um desse aqui?", ele me perguntou, apontando para outro anúncio de carro, ilustrado com uma mulher que beirava à perfeição.

"Sei que gosta deles", afirmou, em tom agressivo, sem me dar tempo de pensar numa resposta inteligente. "E vou lhe dizer por quê."

Esperei que ele me dissesse. Contudo, em vez de fazê-lo, mandou que eu ligasse o gravador, porque o início da explicação estaria no Capítulo 2. Perguntei se podia pescar enquanto ele falava, mas ele disse que não, que eu deveria prestar atenção e que seria melhor utilizar as duas mãos para fazer anotações. "Eu vou pescar o suficiente para nós dois." E então começou a ler o manuscrito.

Este Capítulo

"O primeiro capítulo deste livro", leu ele, "definiu termos e conceitos importantes para o estudo da aprendizagem humana e descreveu diferentes abordagens para construir teorias. Este capítulo se volta para a fase inicial do *behaviorismo*, que se preocupa explicitamente com o comportamento, em contraste com suas facetas voltadas mais para os aspectos mentais, tais como o conhecimento e o pensamento. O capítulo descreve uma das formas mais simples de aprendizagem: o condicionamento clássico."

Objetivos

"Avise seus leitores", disse o professor, "que, depois de terminarem de ler este capítulo, eles podem ser tomados por um impulso incontrolável de parar pessoas desconhecidas na rua para lhes explicar:

- *O que é o condicionamento clássico.*
- *O significado de US, UR, CS, CR,*[1] *extinção, recuperação espontânea, generalização, discriminação, transferência, e outras coisas.*
- *Como as emoções podem ser aprendidas.*
- *Por que as modelos vendem carros.*
- *As similaridades entre Pavlov, Watson e Guthrie.*
- *As diferenças entre Pavlov, Watson e Guthrie.*
- *A distinção entre contiguidade e reforçamento.*
- *Por que é tão difícil ensinar uma vaca a sentar.*

Explique também a eles", disse o professor, "que, se não souberem isso quando terminarem de ler este capítulo, não aborreçam suas avós fazendo-lhes perguntas. Em vez disso, escrevam para Lefrançois", disse ele.[2]

Origens da Psicologia Científica

Como vimos no Capítulo 1, os primeiros psicólogos confiavam piamente na introspecção como ferramenta para investigar o comportamento humano. Afinal, ainda não tinham acesso a todos os instrumentos sofisticados que usamos hoje para detectar, medir e analisar a atividade mental (por exemplo, os dispositivos de **imagem por ressonância magnética funcional (fMRI)**, discutidos no Capítulo 5, ou o computador, discutido no Capítulo 8). Usando a introspecção, os psicólogos podiam analisar e interpretar sistematicamente os pensamentos e os sentimentos pessoais na tentativa de chegar a uma compreensão que seria, então, generalizada para os outros. A introspecção, algumas vezes chamada de "pesquisa de poltrona", foi o método que Descartes usou em sua luta para entender o significado da realidade, do conhecimento e da mente. William James, reconhecido como o pai da psicologia norte-americana, também aplicou esse método. Como vimos no Capítulo 1, James era *funcionalista*. Ele buscou compreender a experiência e a consciência humanas como um *todo*, alegando que, de forma alguma, elas poderiam ser seccionadas em pedaços como estímulos e respostas, ou entendidas apenas como sensações ou associações (como os *estruturalistas*, liderados por Wundt e Titchener, estavam tentando fazer). "Um rio ou um riacho são as metáforas pelas quais se pode descrevê-las com mais naturalidade", insistiu – dessa afirmação surgiu a expressão "fluxo da consciência" (James, 1890/1950, p. 239).

Na época em que James lecionava e escrevia na América do Norte, outro movimento poderoso estava crescendo na Europa, muito influenciado pela biologia e pela fisiologia. Embora dependesse muito do método altamente subjetivo da introspecção, esse movimento também pretendia imprimir uma abordagem mais científica ao estudo da mente. Era o método dos **psicofísicos**, que mensurava estímulos físicos e seus efeitos.

---

[1] As siglas referentes a estímulos e respostas condicionados e incondicionados – respectivamente US (*unconditioned stimulus*), UR (*unconditioned response*), CS (*conditioned stimulus*) e CR (*conditioned response*) – não costumam ser traduzidas para o português, razão pela qual foi mantida a designação original (NRT).

[2] Creio que esta seja apenas uma estranha tentativa de humor, por parte do professor. Então, não escreva, a menos que queira me mandar algum presente. Pergunte à sua avó mesmo (GRL).

Os Primeiros Psicofísicos

Imagine-se numa sala completamente às escuras olhando na direção de onde estaria uma lâmpada de 100 watts. Enquanto a lâmpada estiver desligada, você não a enxergará. E mesmo que ela seja acesa, com um brilho bem tênue, você não verá nada. Na verdade, continuará sem enxergar até que a intensidade da luz atinja um nível suficiente de luminosidade, ainda que mínimo.

Limiar Absoluto

Os primeiros psicólogos, como Wilhelm Wundt e Gustav Theodor Fechner, na Europa, e Edward Bradford Titchener, um dos discípulos de Wundt, nos Estados Unidos, estavam interessados em questões como: qual é a quantidade mínima de luz que o olho humano consegue detectar? E o som mais tênue que pode ser ouvido? O toque mais suave que pode ser sentido? O que eles queriam saber usando a medição psicofísica era determinar o **limiar absoluto** para cada um dos sentidos – ou seja, a menor quantidade de estimulação requerida para provocar uma sensação (veja a biografia de Wundt na página seguinte).

Acontece que isso não é possível, porque não há um único nível de luz, de som, ou de pressão, que sempre conduza a uma sensação; além do mais, toda estimulação abaixo desse limiar não consegue ser detectada. Algumas pessoas são mais sensíveis que outras (têm melhor visão ou audição, por exemplo). De qualquer forma, para cada indivíduo há um limite mínimo abaixo do qual um estímulo nunca será detectado, e um limite máximo, acima do qual ele sempre será detectado. Entre os dois, há um ponto em que sempre será detectado 50% das vezes. Esse ponto é chamado limiar absoluto, embora seja mais aproximado do que absoluto.

Limite Diferencial

Os psicofísicos tentavam medir não somente os limiares absolutos, mas também o que denominavam **limiar diferencial**, ou diferença apenas perceptível (DAP). Você consegue perceber a diferença entre 1 quilo e 2 quilos – o que você comprova facilmente se levantar um saco de 1 quilo de feijão e outro de dois quilos de bons livros: a diferença entre os dois é uma *diferença perceptível*. Fechner (1860/1966) e seu cunhado, Max Weber, estavam interessados em descobrir qual era a quantidade mínima de alteração na estimulação que poderia ser percebida – ou seja, o *diferencial* ou a *diferença apenas perceptível* (DAP).

Se você consegue sentir a diferença entre 1 quilo e 2 quilos, isso significa que a DAP para o peso é algo em torno de menos de 1 quilo? Não, afirma Weber. Você pode dizer que existe diferença entre 1 quilo e 2 quilos, e talvez entre 6 e 7, mas não pode fazê-lo tão facilmente entre 10 e 11, muito menos entre 99 e 100. Do mesmo modo, você pode sentir a diferença entre uma lâmpada de 25 watts e outra de 60 watts, qual seja, 35 watts. No entanto você não consegue sentir diferença entre uma lâmpada de 1.000 watts e outra de 1.100 watts. Mesmo que a diferença seja quase três vezes maior no segundo caso, não é uma diferença perceptível.

As DAPs, diz Weber, são uma *proporção constante* de um estímulo. Para o caso de avaliar pesos, por exemplo, a constante é de cerca de 1/30. Isso significa que uma pessoa que consiga levantar normalmente um peso de 300 libras[3] pode não notar um acréscimo de 5 libras, mas notará uma diferença de 10; outra que levante 600 libras só perceberá alguma

[3] Foi necessário manter a unidade de peso inglesa a fim de não alterar o cálculo das DAPs. A libra corresponde a aproximadamente 450 gramas (NRT).

Wilhelm Wundt (1832-1920)

Wundt era um dos quatro filhos nascidos no lar de um ministro luterano e sua esposa, que viviam em uma pequena vila que, atualmente, é parte de Mannheim, Alemanha; só ele e mais um irmão sobreviveram à infância. Wundt era lembrado como um garoto introvertido, cujo único amigo era uma pessoa mais velha e mentalmente deficiente. A criação de Wundt foi bastante severa: ele era posto de castigo, aterrorizado, dentro de armários escuros, cada vez que se comportava mal.

Os primeiros anos de vida escolar foram difíceis, e Wundt não teve muito sucesso. No entanto, quando foi para a universidade, ficou fascinado pela anatomia e pelos mistérios do cérebro; quase do dia para a noite virou um erudito. Aos 24 anos, conseguiu o diploma de médico e logo em seguida tornou-se professor-assistente de fisiologia.

Ficou 17 anos na faculdade de medicina da Universidade de Heidelberg, um ano em Zurique como professor de filosofia, e 42 anos em Leipzig, onde fundou o laboratório de psicologia, fato que geralmente é associado ao início da psicologia como ciência. Aparentemente era um homem muito quieto, humilde, que raras vezes saía do laboratório ou de casa. Escrevia sem parar, produzindo mais de 500 livros e artigos. Boring (1950) estima que Wundt escreveu, em média, uma palavra a cada 2 minutos, dia e noite, ao longo de 68 anos. Sua obra mais importante em psicologia foi lançada em três volumes na primeira edição, cada um com 553, 680 e 796 páginas, respectivamente, escritas em um alemão bastante complexo. (M. M. Hunt, 2007; Reiber et al., 1980.)

---

diferença se forem acrescentadas 20 libras (veja a Figura 2.1). Fechner denominou essa conclusão de **lei de Weber**.

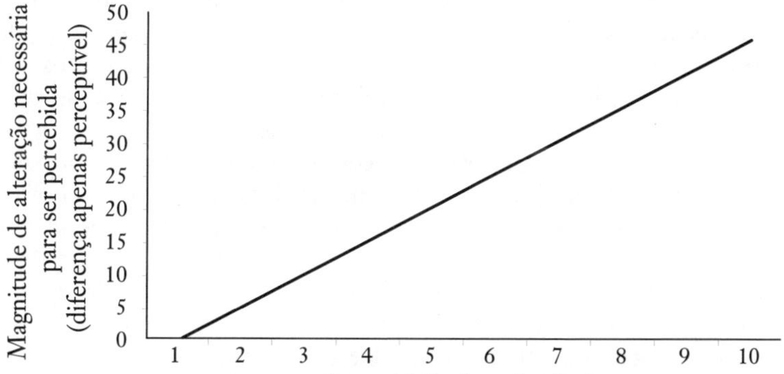

***Figura* 2.1**
Gráfico descritivo da lei de Weber. À medida que a intensidade da estimulação aumenta, são necessários aumentos proporcionalmente maiores na estimulação para que os estímulos sejam percebidos.

Infelizmente para os psicofísicos, as constantes de Weber não são muito constantes. Isto parcialmente porque, como vimos no Capítulo 1, não existe indivíduo médio. A média é uma invenção matemática muito útil, mas somos individualmente diferentes. Portanto, algumas pessoas são mais sensíveis às alterações nos estímulos, e outras, menos. Além do que, a sensibilidade delas pode variar de um dia para o outro ou até mesmo de um momento para o outro, dependendo da fadiga ou de outros fatores. Apesar disso, a lei de Weber parece ser verdadeira como um princípio geral (Merten e Nieder, 2009; Garcia-Perez, 2005).

Ivan P. Pavlov (1849-1936)

Fechner, Weber, Titchener, Wundt e outros psicólogos eram tanto fisiologistas quanto psicólogos. Outro fisiologista que teve profunda influência no desenvolvimento da psicologia em todo o mundo foi um russo, Ivan Pavlov (veja a biografia de Pavlov na página seguinte).

O experimento pelo qual Pavlov ficou famoso resultou de uma observação acidental. Ele vinha estudando o papel de vários sucos gástricos na digestão, entre eles a saliva, e desenvolveu um procedimento que lhe permitia detectar e medir a salivação nos cachorros usados na experiência. Na verdade, o prêmio Nobel de medicina e fisiologia que ganhou em 1904 foi em virtude de seu trabalho com a digestão.

Durante esse trabalho, Pavlov percebeu que alguns dos cães que estavam em seu laboratório começaram a salivar antes de serem alimentados. Ele viu também que isso só ocorria com os cães que já estavam ali havia algum tempo.

Condicionamento Clássico

Na tentativa de encontrar uma explicação científica para a salivação de seus cães antes de serem alimentados, Pavlov desenvolveu uma série de experimentos, hoje famosos, em **condicionamento clássico**. Neles, o cientista demonstrou que não apenas a visão do alimento provocava a salivação nos cães, mas que quaisquer outros estímulos distintos poderiam ter o mesmo efeito se emparelhados com o alimento um número suficiente de vezes. Mesmo sendo fisiologista, Pavlov pensou ter descoberto "secreções psíquicas".

Nessa demonstração, Pavlov refere-se à comida como **estímulo incondicionado (US)**. É chamado de estímulo por ser um evento ambiental que afeta o organismo e é qualificado de *incondicionado* porque provoca uma resposta (reação muscular ou glandular) que não envolve aprendizagem. A salivação em resposta ao alimento é chamada de **resposta incondicionada (UR)** porque está associada a um estímulo incondicionado. Portanto, uma resposta incondicionada é algo que ocorre sem nenhuma aprendizagem.[4]

Pavlov mostrou repetidamente que se um US (alimento, por exemplo) for associado a outro estímulo, com certa frequência, esse outro estímulo pode provocar a resposta originalmente associada apenas ao US (nesse caso, a salivação). Por exemplo, se uma campainha soar a cada vez que a comida for apresentada ao cachorro, essa campainha – chamada **estímulo condicionado (CS)** – evocará finalmente a resposta da salivação – agora uma

[4] "Na verdade", disse o professor num aparte, "Pavlov não usou as palavras *condicionado* e *incondicionado*. Usou *condicional* e *incondicional* – termos que fazem muito mais sentido, se você pensar bem. Foram os tradutores que inventaram isso", resmungou ele.

Ivan Petrovich Pavlov (1849-1936)

Pavlov era filho de um pastor de um vilarejo muito pobre na Rússia. A família havia decidido que ele seguiria os passos do pai. Seu desempenho escolar era próximo do medíocre; ninguém nem sonhava que um dia ganharia o prêmio Nobel.

Quando terminou o ensino médio, Pavlov foi mandado para o Seminário Eclesiástico de Riazan. Diz Windholz (1997) que o jovem Pavlov foi tão influenciado pelas traduções russas dos artigos científicos ocidentais e, particularmente, pelas implicações darwinianas, que prontamente abandonou a educação religiosa. Foi então para a Universidade de São Petersburgo, onde se especializou em fisiologia animal e medicina.

Depois de se formar em medicina, Pavlov viajou para a Alemanha, lá estudou fisiologia e medicina por mais 2 anos, antes de retornar a São Petersburgo para trabalhar como assistente num laboratório de fisiologia. Mais tarde, foi nomeado professor de farmacologia e, aos 41 anos, já chefiava o departamento de fisiologia. Seu trabalho seguiu lidando quase exclusivamente com tópicos fisiológicos, mais diretamente com os processos digestivos. Só depois dos 50 anos é que Pavlov começou a estudar o condicionamento clássico, fase que se prolongou por 30 anos. Sua reputação internacional era tão grande, diz Windholz (1997), que ele foi um dos únicos cientistas soviéticos de sua época que podia criticar abertamente o regime bolchevique e defender, sem ser punido, os direitos humanos. Em 1923, aos 74 anos, o já então famoso cientista e ganhador do prêmio Nobel visitou os Estados Unidos e acabou sendo vítima de um assalto na Grand Central Station de Nova York (Thomas, 1997; 2007).

No final, Pavlov insistia em dizer que era fisiologista, e não psicólogo (Samoilov e Zayas, 2007). Na verdade, ele encarava a psicologia com tanto desprezo que chamava a atenção de qualquer um dos seus assistentes de laboratório quando usavam terminologia psicológica em vez de fisiológica (Watson, 1971). Mesmo assim, escreveu artigos e explicações teóricas sobre temas psicológicos, como hipnose e paranoia, e contribuiu de forma inestimável para o desenvolvimento das primeiras teorias da aprendizagem (Windholz, 1996a, 1996b).

---

resposta condicionada (CR). Ilustrações sobre esse procedimento estão nas Figuras 2.2, 2.3 e 2.4.[5]

Lembre-se, do Capítulo 1, que, em um experimento, o investigador manipula (controla) alguns aspectos do ambiente para verificar qual será o efeito da manipulação. Em uma demonstração de condicionamento clássico, de Pavlov, o estímulo condicionante (CS) – talvez, um sino ou uma campainha, ou quem sabe apenas a visão do treinador – é controlado pelo investigador. Desse modo, o CS é uma *variável independente*. Da mesma forma, a resposta condicionada (UR) é uma *variável dependente*. Esta é a parte *então* da relação *se-então* que tipicamente caracteriza um experimento, ao passo que a CS representa a parte *se* – como em "*se* a campainha toca, *então* ocorre salivação".

O condicionamento clássico também é chamado de *aprendizagem por substituição de estímulo*. Isso porque os fatos básicos do condicionamento clássico são estes: se um estímulo (ou situação) que leva prontamente a uma resposta está associado com um estímulo *neutro* suficientemente frequente, o estímulo anteriormente neutro torna-se um *estímulo condi-*

[5] "Então", disse ao professor, nesse ponto da conversa, "sabe por que formas humanas seminuas vendem carros?". Conforme minhas anotações, prosseguiu antes de eu conseguir responder; a resposta está no Capítulo 11.

Figura 2.2 O que Pavlov notou, no início, foi que a simples visão do tratador com o prato de comida na mão fazia salivar a maioria dos cães com que ele trabalhava no laboratório. Posteriormente, Pavlov estudou os processos de aprendizagem envolvidos. Nesses experimentos, o estímulo alimento ou uma campainha associada ao alimento, que são controlados pelo experimentador, são *variáveis independentes*. A resposta do cachorro (neste caso, a salivação) é uma *variável dependente*.

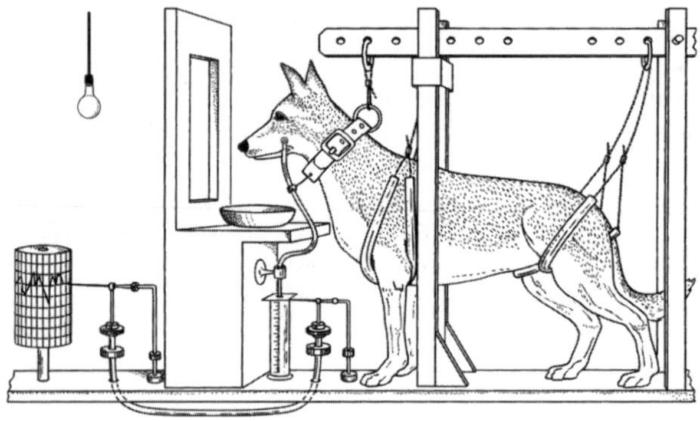

Figura 2.3 Demonstração de Pavlov do condicionamento clássico. O alimento podia ser colocado na boca do animal ou no prato. O tubo permite que a saliva do cachorro seja medida e registrada. No experimento mostrado, o US (alimento) foi associado a um CS (luz) de modo que, finalmente, a luz sozinha levará à salivação.

cionado, que pode finalmente ser *substituído* pelo estímulo original. O CS vai evocar uma resposta similar, porém mais fraca.

A aprendizagem por meio do condicionamento clássico é, também, algumas vezes, chamada de *aprendizagem de sinal*, porque o estímulo condicionado serve como sinal para a ocorrência de um estímulo incondicionado. Na demonstração de Pavlov, por exemplo, a campainha é um sinal de que o alimento logo aparecerá.

No condicionamento clássico, a aprendizagem sempre começa com uma resposta não aprendida (UR) que pode, com certeza, ser evocada por um estímulo específico (US). Essa unidade estímulo-resposta não aprendida é chamada de **reflexo**.

Reflexos Humanos

Reflexos são definidos como comportamentos simples, não intencionais e não aprendidos. De certo modo, são unidades estímulo-resposta pré-programadas. O estímulo *alimento*

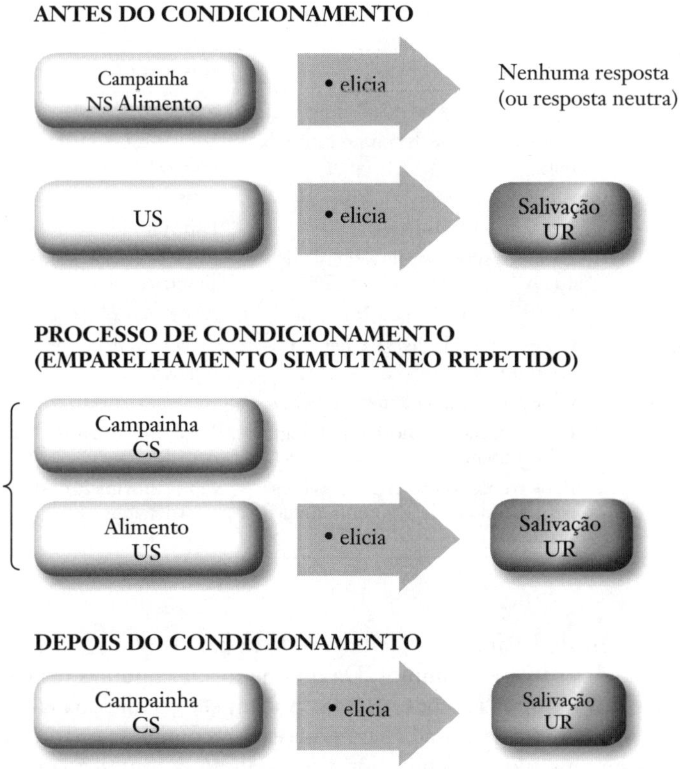

***Figura* 2.4** Condicionamento clássico. O alimento (US) elicia salivação no cachorro, mas a campainha (NS) não. Após associações sucessivas de alimento e campainha (CS, uma variável independente), esta começa a eliciar salivação (CR, uma *variável dependente*).

produzirá salivação, pretenda ou não você salivar. Sua resposta é reflexa, ou seja, é involuntária e incontrolável. É o que acontece com o joelho, que balança quando alguém lhe bate na perna; ou com os olhos, que piscam quando algo potencialmente ameaçador se aproxima deles.

Os seres humanos nascem com um certo número de reflexos, muitos dos quais são necessários à sobrevivência. O **reflexo de sucção**, que faz os bebês sugarem quando a boca é estimulada, está relacionado à sobrevivência. Assim também é o **reflexo de Moro**, embora sua relação com a sobrevivência seja menos óbvia. O reflexo de Moro é a reação de sobressalto do bebê. Ele abre os braços e os pés simetricamente, e depois os contrai. Alguns especulam que essa resposta reflexa pode ter sido importante para os bebês primatas que habitavam as árvores. Eles poderiam tê-lo desenvolvido como ação reflexa ao caírem de repente por causa de descuido materno e, se fossem sortudos o suficiente, poderiam conseguir se agarrar num ramo de árvore e salvar-se (veja a Tabela 2.1).

A maioria das respostas reflexas que certamente serão eliciadas de forma clássica por um estímulo pode ser condicionada tanto em seres humanos quanto em animais não hu-

Tabela 2.1 Alguns comportamentos reflexos em humano recém-nascido

Reflexo	Estímulo	Resposta
Sucção	Objeto na boca ou nos lábios	Sugar
Rotação (girar a cabeça)	Toque na bochecha ou no canto da boca	Virar a cabeça para o lado que recebeu o toque
Engolir	Alimento na boca	Engolir
Espirrar	Irritação nas vias nasais	Espirrar
Reflexo de Moro	Barulhos súbitos e altos: perda de apoio	Abrir braços e pernas simetricamente
Reflexo de Babinski	Cócegas no meio da sola dos pés	Abrir e encolher os dedos
Curvar os dedos do pé	Cócegas na sola dos pés, bem próximo dos dedos	Curvar os dedos em torno do objeto
Fechar a palma da mão	Objeto colocado na mão do bebê	Agarrar o objeto com firmeza
Reflexo de nadar	Bebê colocado na horizontal, seguro pelo abdome	Fazer movimentos de natação coordenados
Reflexo de caminhar	Bebê colocado na vertical, com os pés tocando de leve alguma superfície plana	Fazer movimentos de caminhar coordenados

manos. Assim, o reflexo de balançar os joelhos, o de piscar os olhos e o reflexo pupilar podem ser condicionados a vários estímulos. Da mesma forma, algumas respostas glandulares (como a salivação) e outras reações internas podem ser condicionadas. A expressão **condicionamento interoceptivo** é usada para descrever o condicionamento de ações que envolvem glândulas ou músculos involuntários. Por exemplo, a contração ou dilatação dos vasos sanguíneos, que pode ser induzida pela aplicação externa de compressas quentes ou frias, pode ser condicionada pelo som de um sino ou de uma campainha. Também a micção pode ser condicionada. Se uma quantidade suficiente de ar é introduzida na bexiga de uma pessoa, a pressão aumenta e a micção ocorre. Se a introdução de ar é associada ao som de um sino ou de uma campainha, após um número relativamente pequeno de associações, somente o som do sino evocará a micção.

Relacionado a isso, Keller (1969) descreve um procedimento no qual os sujeitos tinham de mergulhar a mão direita em jarros de água gelada. Isso causa uma queda imediata da temperatura da mão e, interessantemente, a mesma coisa ocorre com a outra mão, fato facilmente mensurável. Se a mão é mergulhada na água gelada a intervalos regulares (3 ou 4 minutos), e cada mergulho é precedido pelo som de uma campainha, após 20 ou mais associações, apenas o som da campainha causará uma queda mensurável da temperatura da mão.

Outro tipo de resposta de condicionamento clássico envolve **aversão ao sabor** – uma vigorosa recusa a comer ou beber alguma coisa. Certas aversões desse tipo são hereditárias; previnem animais e pessoas de comer substâncias de gosto muito amargo (as quais podem, incidentalmente, ser amargas por serem tóxicas). (O condicionamento clássico das aversões ao sabor é discutido com mais detalhes no Capítulo 5.)

Quão facilmente uma resposta condicionada adquirida é algo que depende de muitos fatores. Não menos importante é a distintividade do estímulo condicionado. Na verdade, como Coleman (2007) ressalta, nem todos os estímulos são igualmente efetivos como estímulos de condicionamento. Campainhas e outros sons funcionam particularmente bem como estímulo condicionado em experimentações com animais, porque são estímulos de fácil distinção.[6]

Contiguidade e Reforçamento

Basicamente, a teoria do condicionamento apresenta duas explicações para a aprendizagem: **contiguidade** e **reforçamento**. Contiguidade, ocorrência simultânea ou quase simultânea de eventos, é a explicação usada por Pavlov – e, como veremos, também por teóricos como Watson e Guthrie. Esses teóricos acreditavam que, para o comportamento mudar (ou seja, para que ocorra a aprendizagem), é suficiente que dois eventos estejam associados – algumas vezes somente uma vez, doutras vezes com mais frequência.

O reforçamento é um conceito mais complexo e tem a ver com os *efeitos* de um estímulo. Um tipo de reforçamento, por exemplo, é o positivo, no qual um efeito como a saciedade da fome leva à aprendizagem. O reforçamento é definido de forma detalhada e ilustrada no Capítulo 3.

Variações na Contiguidade

Eventos são contíguos quando ocorrem no mesmo tempo e lugar. Mas observe que a contiguidade não implica **contingência**. Eventos são contingentes quando a ocorrência de um depende da ocorrência do outro. Assim, o evento A é contingente ao evento B quando a ocorrência de A depende da ocorrência de B. Por exemplo, se para ganhar um carro novo for preciso vender uma quantia X de sabão em pó, receber o carro é a *contingência* de vender o sabão. O condicionamento pavloviano é baseado na *contiguidade*, mais do que na *contingência*. Em contraste, as teorias baseadas no reforçamento, como a do condicionamento operante de B. F. Skinner, usam a *contingência* como princípio explicativo.

A contiguidade no condicionamento clássico nem sempre significa que o CS começa e termina exatamente no mesmo tempo que o US. Na verdade, esse arranjo, chamado de **emparelhamento simultâneo** (ou *condicionamento simultâneo*), não é o modo mais eficaz de eliciar uma resposta condicionada clássica.

---

[6] Quando terminou essa parte, o professor disse que tinha outro exemplo, mas eu teria de desligar o gravador. Quando perguntei o porquê, explicou que ele, pessoalmente, não se importava nem um pouco, mas que, depois de ler as provas da quarta edição deste livro, tinha chegado à conclusão de que seria importante, por vários motivos, incluindo o politicamente correto, proteger os leitores estudantes da exposição a certos tópicos. Lembrou-me que um dos revisores havia escrito, referindo-se a uma outra passagem, "Nosso propósito é educar, não deleitar". Então desliguei o gravador. O professor fez uma pausa para colocar uma isca no anzol, acertou o ângulo dele com a linha e jogou-a na água, curvando-se para verificar a profundidade. Começou a descrever os detalhes de um estudo feito por Letourneau e O'Donohue (1997). Infelizmente, as minhas anotações a respeito ficaram quase ilegíveis porque, no meio da conversa, o professor fisgou um peixe e quando corri para ajudá-lo, meu bloco de papel molhou-se, e a tinta escorreu. Lembro que nesse estudo de condicionamento, 25 mulheres de idades entre 18 e 40 anos assistiram a clipes de vídeos eróticos. Os vídeos eram associados a uma lâmpada amarela e a excitação sexual das mulheres era medida fisiologicamente, levando em conta a amplitude do impulso vaginal, registrado por um aparelho chamado fotoplecismógrafo. Foram usadas várias associações diferentes de luz e vídeos, e os resultados mostraram que a excitação sexual pode ser condicionada de forma clássica de maneira que as mulheres mais tarde poderiam ficar "acesas" diante de uma estúpida lâmpada amarela. "Mas não é necessário colocar isso no livro", explicou o professor.

Bem mais efetivo é o **emparelhamento retardado** (ou *condicionamento retardado*) no qual o CS é apresentado antes do US e continua durante a apresentação do US. É chamado de *retardado* por causa do espaço de tempo entre a apresentação do CS e o início do US. No **emparelhamento de traço** (ou *condicionamento de traço*), o CS começa *e termina* antes do US, de modo que há um breve lapso de tempo entre os dois. (Com lapsos de tempo mais longos do que um segundo ou pouco mais, o *condicionamento de traço* não costuma ser muito efetivo.)[7] No **emparelhamento invertido** (ou *condicionamento invertido*), o US já foi apresentado e removido antes da apresentação do CS.

Na demonstração pavloviana clássica, o emparelhamento simultâneo exige que a campainha seja acionada no exato momento em que o alimento em pó é injetado na boca do cão; o emparelhamento retardado ocorre quando a campainha for acionada um pouco antes de a comida ser injetada na boca do cão, e desligada no mesmo instante em que cessar a ingestão de alimento; o emparelhamento de traço requer que a campainha seja ligada e então desligada *antes* de a comida em pó ser injetada na boca do cão; no emparelhamento invertido, a comida é injetada primeiro e, então, após um pequeno espaço de tempo, soa a campainha. Essas quatro alternativas são mostradas na Figura 2.5 na ordem da maior para a menor eficácia.

Condicionamento Invertido e Predisposições Biológicas

O condicionamento invertido – ou emparelhamento invertido, no qual o CS segue o US – foi, por muito tempo, considerado ineficaz. De fato, em muitas circunstâncias, o condicionamento clássico não ocorre ordinariamente com esse arranjo. Entretanto, em um crescente número de experimentos, os pesquisadores conseguiram produzir o condicionamento invertido. Por exemplo, em um estudo, os ratos foram condicionados a ter medo de um porco-espinho de plástico ao receberem choques elétricos (US) e depois terem um porco-espinho plástico de brinquedo colocado em suas gaiolas (CS). Um número significativo de ratos respondeu com medo aparente quando o bichinho de plástico lhes foi mostrado no dia seguinte (Keith-Lucas e Guttman, 1975).

A importância desse estudo e de outros relacionados a ele não está tanto no fato de demonstrar que o condicionamento por meio do emparelhamento invertido é possível, mas na forte evidência de que alguns tipos de aprendizagem são muito mais fáceis do que outros para certos organismos. Como demonstrado no Capítulo 5, algumas pessoas parecem *preparadas* para aprender certas coisas (a linguagem, por exemplo); outras, para *não* aprender certas coisas (como evitar alimentos doces, um tipo de aprendizagem para o qual os humanos parecem estar sempre *preparados ao contrário*). Do mesmo modo, os ratos estão preparados para aprender a temer porcos-espinhos; e não preparados para aprender uma linguagem. De fato, como Griffin e Galef (2005) destacaram, animais que foram caçados, em geral, são mais bem preparados para aprenderem sobre predadores. A pesquisa deles sugere que o condicionamento invertido frequentemente está envolvido nesse tipo de aprendizagem. Por exemplo, se um pássaro pequeno, como uma toutinegra, foge voando desesperadamente quando uma sombra se movimenta rapidamente sobre ela, isso pode

[7] Uma exceção em que o condicionamento é efetivo mesmo após uma pausa longa entre o CS e o US ocorre na aprendizagem da aversão ao sabor, que será discutida no Capítulo 5 (GRL).

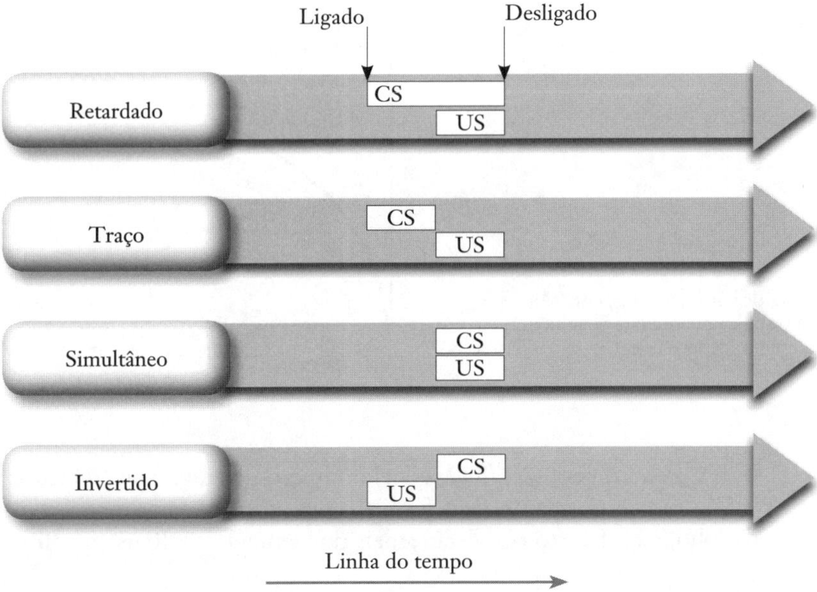

***Figura* 2.5**
Impacto das variações nos procedimentos CS-US. As sequências de emparelhamento são mostradas pela ordem de eficiência. O condicionamento acontece mais rapidamente na sequência retardada, quando o estímulo condicionado (a campainha, por exemplo) é apresentado um pouco antes do estímulo incondicionado (alimento em pó) e continua durante o tempo de apresentação do US.

muito bem ser porque a sombra (um CS) anteriormente tenha sido precedida por sinais de alarme entre outros desses pássaros (um US). A descoberta e elaboração dessas coerções biológicas na aprendizagem constituem uma área importante e de interesse crescente na pesquisa e teoria psicológicas (discutidas no Capítulo 5).

Descobertas no Condicionamento Clássico

Durante os mais de 20 anos de experimentações detalhadas sobre condicionamento clássico, Pavlov e seus alunos descobriram uma amplitude de fenômenos, muitos dos quais ainda continuam a ser investigados.

Aquisição

Pavlov e seus alunos descobriram, por exemplo, que a **aquisição** – a formação da associação estímulo-resposta – geralmente requer um certo número de emparelhamentos de CS e US. Após apenas um ou dois emparelhamentos, o CS, sozinho, não leva obrigatoriamente à CR. No entanto, com um número crescente de emparelhamentos, a CR ocorre com mais frequência e mais força. Por exemplo, na experiência da salivação, a quantidade de saliva em resposta ao CS aumenta até atingir um pico e, a partir disso, estabiliza-se. Os pesquisadores e estudantes de psicologia desenharam milhares de curvas de aprendizagem ilustrando isso, como a que é mostrada na Figura 2.6.

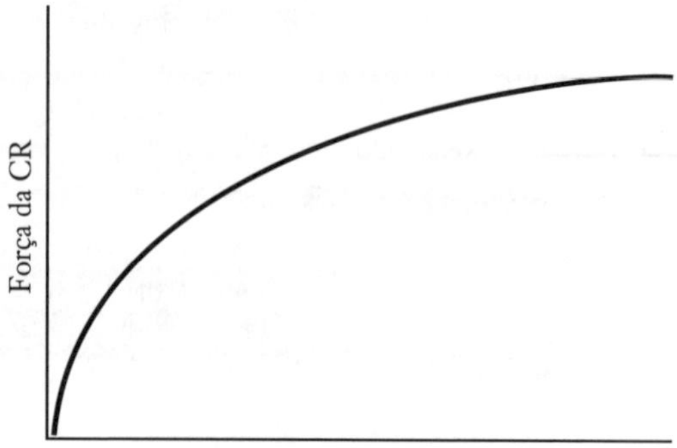

Figura 2.6
Curva hipotética de aprendizagem. Note que a força da resposta condicionada aumenta rapidamente no começo e, então, estabiliza-se.

As curvas de aprendizagem são afetadas pelo número de emparelhamentos US-CS e pela força do US. Em geral, quanto mais forte é o US (quanto maior o pedaço de carne, mais alto o barulho, mais forte o jato de ar), mais rapidamente a CR atinge seu pico.

Extinção e Recuperação

Outra importante descoberta pavloviana é que as associações do condicionamento clássico são extraordinariamente duradouras. Um cachorro condicionado a salivar a um tom e que depois é deixado sozinho durante meses, para fazer coisas que os cachorros fazem, salivará de novo, imediatamente (embora, talvez de modo mais limitado), quando levado de volta ao laboratório e submetido ao mesmo som. Da mesma maneira que aconteceria com Maurice, que tinha passado por experiências terríveis com cobras quando era um garotinho: se lhe mostrassem uma cobra hoje, ele suaria frio mesmo que nunca mais tivesse visto uma cobra.

As respostas ao condicionamento clássico podem ser eliminadas – um procedimento que Pavlov chamou de **extinção.** Um modo de extinguir uma resposta condicionada é apresentar o estímulo condicionado repetidamente sem o estímulo incondicionado. Por exemplo, se a campainha segue tocando sem que o alimento seja apresentado, o cachorro logo vai parar de salivar. Interessante notar, entretanto, que se o CS (a campainha) for apresentado de novo mais tarde, o cachorro salivará, embora com menos intensidade – fenômeno chamado **recuperação espontânea**. Para extinguir totalmente a resposta, será necessário apresentar o CS sem o US novamente e talvez repetir o procedimento várias outras vezes. Finalmente não haverá mais evidência de recuperação espontânea (veja a Figura 2.7).

Generalização e Discriminação

Pavlov demonstrou que, quando um cachorro é condicionado a salivar a um determinado tom, ele poderá salivar em resposta a uma variedade de outros tons. Esse fenômeno é conhecido como **generalização do estímulo**. Implica produzir a mesma resposta, ou resposta similar, quando apresentado qualquer um de vários estímulos relacionados. O fenômeno oposto, a **discriminação do estímulo**, envolve dar respostas diferentes a estímulos relacionados, mas distintivamente diferentes. Desse modo, cachorros condicionados a salivar em resposta a um tom também podem ser condicionados a não responder a um

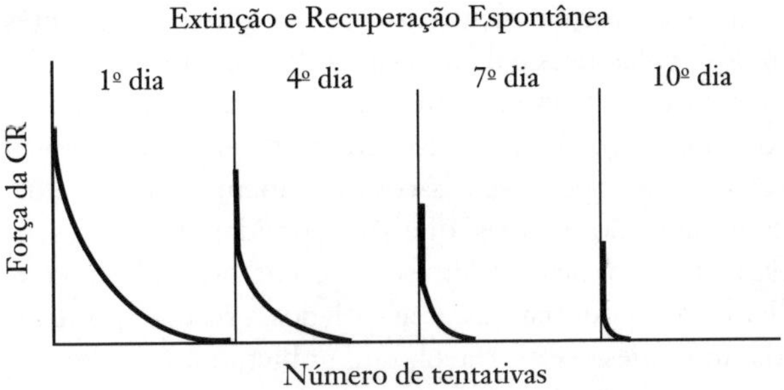

***Figura* 2.7**
Representação hipotética de recuperação espontânea após a extinção. Note como a força da CR é menor após cada período de extinção e como são necessárias cada vez menos tentativas para a extinção.

segundo tom que varia de intensidade apenas levemente em relação ao estímulo condicionado original.

Uma intrigante demonstração de generalização e discriminação é fornecida em dois estudos nos quais pombos mostraram que podiam diferenciar entre pinturas boas e más feitas por crianças (Watanabe, 2010). No primeiro estudo, pombos foram ensinados a bicar pinturas que haviam sido julgadas como "boas" e a não bicar aquelas consideradas "más". Quando, mais tarde, eles receberam pinturas que nunca haviam visto antes, foi muito maior sua tendência de bicar as pinturas "boas" do que as "más" (2010, p. 75). E, no segundo estudo, os pombos foram ensinados a diferenciar entre pinturas em aquarela e pinturas em tom pastel. Subsequentemente, eles foram capazes de *generalizar* o que haviam aprendido ao identificarem novas pinturas em aquarela e em tons pastel.

Condicionamento de Ordem Superior

Um cachorro condicionado a responder a um tom vai salivar prontamente em resposta a ele – e talvez em resposta a outros parecidos (generalização do estímulo). Se o tom for associado repetidamente a outro estímulo – digamos, uma luz – mas o segundo estímulo (no caso, a luz) nunca for associado ao alimento, o cachorro pode, mesmo assim, aprender a salivar só em resposta à luz. Esse é um exemplo do que Pavlov chamava de **condicionamento de segunda ordem** (uma forma de **condicionamento de ordem superior**). Agora, se a luz for associada a outro estímulo condicionado, como um quadrado negro, também ele poderá evocar salivação. Esse exemplo de condicionamento de ordem superior algumas vezes é chamado de *condicionamento de terceira ordem*.

Como veremos adiante, muitos behavioristas, incluindo Skinner, utilizaram muito o conceito de condicionamento de ordem superior em suas teorias. Esse conceito amplia a aplicabilidade das teorias de condicionamento e oferece uma explicação para a observação de que as respostas, os estímulos e os reforços, em geral, ligam-se uns aos outros de maneiras complexas.

Implicações Educacionais do Condicionamento Clássico de Pavlov

Embora não estejamos sempre atentos a isso, o condicionamento clássico, especialmente o das respostas emocionais, ocorre em todas as escolas, todo o tempo. Pelo menos em parte, é por meio dos processos não conscientes do condicionamento clássico que os estudantes vêm a gostar ou desgostar da escola, dos professores e de determinadas matérias.

Para ilustrar o assunto, vamos assumir que, de início, uma determinada matéria, como matemática, seja um estímulo neutro, ou seja, não acarreta nenhuma reação emocional positiva ou negativa na maioria dos estudantes. Segue-se a isso o que sabemos sobre o condicionamento clássico, isto é, que estímulos não neutros, que são repetidamente apresentados quando o estudante fica exposto à matemática, podem servir como estímulos incondicionados. Esses estímulos incondicionados poderiam estar associados a reações positivas (um professor sorridente e camarada, uma mesa confortável, um ambiente acolhedor) ou poderiam estar associados a reações negativas (um professor severo, exigente, cuja voz é desagradável, áspera; uma mesa desconfortável, fria, e um ambiente não amistoso). Depois de um tempo, a matemática pode se tornar um estímulo condicionado associado a reações positivas ou negativas, dependendo do estímulo incondicionado com o qual é repetidamente associada. Assim, é perfeitamente possível ensinar matemática enquanto se ensina os estudantes, por meio do condicionamento clássico, a gostar ou desgostar da matemática (veja a Figura 2.8).

Dentre as implicações educacionais mais úteis do condicionamento clássico de Pavlov estão (Lefrançois, 2011):

- Os professores precisam fazer tudo o que puderem para maximizar a frequência, a nitidez e a potência dos estímulos incondicionados agradáveis, na sala de aula.
- Os professores precisam tentar minimizar os aspectos desagradáveis da sala de aula, aprendendo a reduzir o número e a potência dos estímulos incondicionados negativos que atuam nela.
- Os professores precisam saber o que está sendo associado a que na sala de aula.

O Condicionamento Clássico de Pavlov: Uma Avaliação

Como ficará mais evidente nos próximos capítulos, a descrição do condicionamento clássico de Pavlov foi de fundamental importância no desenvolvimento inicial da psicologia. É extraordinário que o trabalho realizado por esse fisiologista russo, exemplificado no estudo clássico de um cachorro que aprende a salivar em resposta a um tom, ainda seja, mais de um século depois, parte essencial de todo curso introdutório à psicologia, na maioria dos países do mundo. Bitterman (2006) observa que os conceitos básicos do condicionamento clássico se modificaram muito pouco desde que Pavlov os descreveu pela primeira vez. Mais que isso, muitos dos princípios do condicionamento clássico (como o de generalização e extinção) continuam a ser aplicados em psicologia clínica, na educação, na indústria, em todo lugar.

John B. Watson (1878-1958)

Profundamente influenciado pelo modelo do condicionamento clássico, um jovem rebelde e determinado se dispôs a revolucionar a psicologia norte-americana – e conseguiu. Seu nome era John Broadus Watson (veja a biografia de Watson).

Behaviorismo

No início do século XX, a psicologia era uma disciplina intuitiva e muito subjetiva. Seu desenvolvimento inicial baseou-se essencialmente nas ideias de Wundt, que a via como uma disciplina cujos principais métodos de indagação eram a contemplação e a especulação (introspecção) e cujas questões mais importantes tinham a ver com a consciência. Como Watson descreveu, a maioria dos seguidores da psicologia acreditava que ela era "um estudo da ciência dos fenômenos da consciência" (1914, p. 1). Isso, argumentou Watson, era uma ideia equivocada. Achava que, por força dessa crença, não aconteceram descobertas significativas em psicologia desde que Wundt criou o seu laboratório. "Agora", disse Watson, "foi provado, conclusivamente, que a assim chamada psicologia introspectiva da Alemanha baseou-se em hipóteses erradas" (1930, p. 5). "A matéria-prima da psicologia humana", insistiu ele, "*é o comportamento do ser humano*" (p. 2; em itálico no original). Para fazer dessa abordagem uma ciência, é preciso que ela seja objetiva; que se preocupe apenas com o *comportamento* concreto, e não com aspectos mentais, tais como pensamentos e emoções. Essa ciência seria chamada de **behaviorismo.**

Em 1913, Watson escreveu um artigo curto, frequentemente citado como o manifesto behaviorista, intitulado "A psicologia como o behaviorista a vê". A frase inicial já define seu posicionamento – e seu antagonismo à introspecção – de maneira bem evidente: "A psicologia, como a vêem os behavioristas, é um ramo puramente experimental da ciência natural. Seu objetivo teórico é a previsão e o controle do comportamento. A introspecção não faz parte essencial dos seus métodos" (p. 158).

Watson acreditava que a consciência é a base da introspecção, é um conceito irrelevante, e ele afirmou isso com franqueza. Em 1915, ele iniciou uma palestra na American Psychological Association, da qual era presidente, dizendo: "Desde a publicação, há dois anos, dos meus irreverentes estudos contra os atuais métodos na psicologia, percebi que cabia a mim, antes de fazer quaisquer outros comentários desagradáveis, sugerir algum método que pudesse começar a utilizar no lugar de introspecção" (Watson, 1916, p. 89). Os métodos aos quais ele recorre para descrever são os métodos daquilo que atualmente é conhecido como *behaviorismo*. Segundo Watson, as ações humanas podem ser compreendidas por meio dos comportamentos reais que podem ser prontamente observados e estudados. Limitar a psicologia aos comportamentos concretos, insiste, acabaria com muitas das contradições que existem nela. "Consciência", diz ele, "não é um conceito nem definido nem utilizável" (Watson, 1930, p. 2).

O termo *behaviorismo* acabou por significar uma preocupação com os aspectos observáveis do comportamento. Segundo essa linha teórica, o comportamento consiste de respostas que podem ser observadas e relacionadas a outros eventos observáveis, como as condições que o precedem e se seguem a ele. "O behaviorismo é o estudo científico do comportamento humano", escreveu Watson. "Seu objetivo é oferecer condições para prever e controlar os seres humanos: numa dada situação, dizer o que o ser humano fará; e quando o homem estiver em ação,[8] ser capaz de dizer por que ele está reagindo daquela maneira" (1928, p. 2). Em última análise, o objetivo do behaviorismo é inferir leis para explicar a relação existente entre condições anteriores (estímulos), comportamento (respostas) e condições consequentes (recompensa, punição ou efeitos neutros).

[8] "E, possivelmente, as mulheres também", murmurou o professor, em adendo. Watson viveu numa época mais chauvinista e menos politicamente correta.

Os behavioristas tentaram limitar a psicologia ao estudo dos comportamentos concretos e observáveis.

Em suma, usando aquilo a que Watson se referia como sendo "linguagem técnica", o trabalho do behaviorista é: "dado o estímulo, prever a resposta – dada a resposta, prever o estímulo" (Watson, 1928, p. 2).

Mills resume as crenças básicas e os propósitos do behaviorismo inicial como:

> Todos (os behavioristas) negavam qualquer vida intrínseca à mente, nenhum deles aceitava que a mente era a principal área de estudo da psicologia, e todos acreditavam que a introspecção era um meio fútil e enganoso de coletar dados psicológicos... Todos compartilhavam a fé de que a doutrina behaviorista poderia ser aplicada diretamente aos seres humanos e que as experimentações com eles era o caminho direto para o conhecimento. Quase todos aceitavam também que a pesquisa psicológica teria implicações sociais diretas. (1998, p. 3)

A Aprendizagem de Watson: Uma Explicação do Condicionamento Clássico

A explicação de Watson (1930) para a aprendizagem é baseada no modelo de Pavlov de condicionamento clássico. Os homens nascem com um certo número de reflexos, diz Watson. Isso inclui reações físicas e glandulares, como salivar em resposta ao alimento, ou piscar em resposta a uma lufada de ar, e um pequeno número de respostas emocionais, tais como medo, raiva e amor. Cada um desses reflexos pode ser provocado por um estímulo específico. Por exemplo, sentimentos de amor poderiam resultar de ser acariciado; o medo, de cair de repente de um lugar alto; e a raiva, de ter seu movimento tolhido. O modelo de Pavlov de condicionamento clássico deixa bem claro, insiste Watson, que qualquer estímulo distintivo presente no momento em que uma resposta reflexa é dada pode servir como um CS. Se esse estímulo estiver presente com mais frequência, poderá, finalmente, ser associado à resposta.

Reações Emocionais Condicionadas

Segue-se a isso, diz Watson, que o comportamento emocional, como todos os outros comportamentos, é exemplo de condicionamento clássico. Ele presumia que as diferenças individuais são praticamente inexistentes no início da vida – ou seja, todas as pessoas nascem com os mesmos reflexos emocionais de medo, amor e raiva. E eles se manifestam, de início, apenas em resposta a certos estímulos específicos, como sons altos, uma súbita perda de

John Broadus Watson (1878-1958)[9]

O fundador do behaviorismo norte-americano, John Watson, nasceu em Greenville, Carolina do Sul, em 1878. Garoto aparentemente agressivo, foi preso pelo menos duas vezes (uma por brigar; outra por disparar um revólver dentro dos limites da cidade). Segundo sua própria avaliação, não foi bom estudante, embora, certa vez, tenha sido o único a passar num exame final de grego. Sua explicação para esse fato foi que passara a tarde anterior bebendo, até se empanturrar, um galão inteiro de xarope de Coca-Cola©[10] (Murchison, 1936).

Watson se diplomou na Chicago University. Trabalhou, todo o tempo do curso superior, como tratador de ratos. Depois de graduado, lecionou nessa mesma universidade. Aos 29 anos, foi convidado para assumir uma cadeira na Johns Hopkins. Lá, sua carreira ascendeu rapidamente, em parte por causa dos infortúnios do chefe de seu departamento, James Baldwin, que foi forçado a se demitir após ter sido preso, numa batida policial, em um bordel de Baltimore, Watson galgou facilmente a posição de Baldwin, dirigindo o desenvolvimento da psicologia na John Hopkins e editando uma das mais influentes publicações de psicologia da época, a *Psychological Review*. Aos 36 anos, tornou-se presidente da American Psychological Association. Já era, nessa ocasião, considerado uma das mais poderosas vozes da psicologia contemporânea.

Poucos anos depois, Watson levou a cabo o estudo pelo qual ficou famoso: o condicionamento do pequeno Albert (descrito na p. 48). Sua assistente, nesse experimento, era uma jovem estudante graduada chamada Rosalie Rayner. Watson, então com 42 anos, envolveu-se com Rayner, romance que foi descoberto por sua esposa.[11] Ela pediu o divórcio e, durante o conturbado julgamento que se seguiu, usou as cartas de amor de Watson para Rayner (que ela roubou do quarto de Rayner) para justificar a depravação de Watson. O acordo do divórcio, memorável para os anos de 1920, deixou Watson com menos de um terço do seu salário da universidade (veja Buckley, 1994). O escândalo forçou Watson a renunciar aos cargos que tinha na Johns Hopkins.

Foi, então, para Nova York, onde se casou com Rayner no Ano Novo, em 1920; teve com ela dois filhos (já tinha tido dois) e foi trabalhar com publicidade na J. Walter Thompson Company, recebendo um salário de U$ 25 mil por ano – quatro vezes mais do que ganhava na universidade.

Durante o tempo que trabalhou como executivo de publicidade e, mais tarde, como vice-presidente da J. Walter Thompson Company, Watson escreveu artigos sobre psicologia para revistas como *Harper's*, *McCall's*, *Liberty*, *Collier's* e *Cosmopolitan*. Foi, com Rayner, co-autor de um livro sobre cuidados com bebês e crianças, no qual defendia uma abordagem altamente rígida e controladora para lidar com os pequenos. Essas atividades, pelas quais era muito bem pago, pouco valeram para fazê-lo estimado pelos ex-colegas acadêmicos, que gastaram muito tempo e esforço criticando seus artigos e livros. (Rayner também escreveu artigos para revistas, incluindo um intitulado "Eu sou a mãe dos filhos de um behaviorista", publicado na *Parents*) (Rayner, 1930.)

Watson nunca retomou a vida acadêmica. Contudo, em 1958, pouco antes de falecer, a American Psychological Association o homenageou pelas extraordinárias contribuições à psicologia, presenteando-o com uma medalha de ouro.

---

[9] Baseado, em parte, em Benjafield, 1996; Buckley, 1994; Burnham, 1994; Todd e Morris, 1994.

[10] Eu disse ao professor que o símbolo © não era necessário, mas ele explicou que não tinha interesse em subverter a ordem natural – nem acabar envolvido em alguma ação penal por falta de sensibilidade e correção social, política ou legal.

[11] Foi em referência a essa passagem, e à menção feita na edição anterior sobre o boato amplamente divulgado, mas totalmente infundado, de que Watson envolvera Rosalie Rayner numa série de investigações sobre alterações psicológicas durante o sexo, que um dos revisores da edição anterior alertou, "A discussão da vida sexual de Watson é inapropriada num livro didático. Nosso propósito é educar, não deleitar" (Revisor F.). Quando chamei a atenção do professor para isso, ele bufou e disse que não havia nenhuma menção a essa pesquisa sexual não comprovada de Watson na quinta edição. E explicou que até havia deixado de lado muito material interessante sobre a vida pessoal dele, por exemplo, as várias entrevistas feitas por Burnham com pessoas que conheciam Watson e a conclusão de que "ele pode muito bem ter sido um dos maiores amantes de toda a história" (Burnham, 1994, p. 69). Burnham se apoiou no fato de que as pessoas ouvidas por ele sempre mencionavam as muitas aventuras românticas de Watson. "Aprendi muitas coisas que não queria saber, coisas de natureza íntima", revelou (p. 70).

apoio ou um afago. Com o tempo, os humanos reagem emocionalmente a uma série de coisas que não têm, a princípio, significado emocional. Explicando de outra maneira, eles adquiriram **reações emocionais condicionadas (CERs)**. Watson se dispôs a explicar esse importante fenômeno utilizando o condicionamento clássico. Todas as reações emocionais futuras, explicou ele, resultam da associação de estímulos inicialmente neutros a estímulos relacionados a respostas emocionais. Para ilustrar e validar essa crença, ele, assistido pela sua então discípula Rosalie Rayner, realizou uma de suas mais famosas e polêmicas investigações: o estudo do pequeno Albert (Watson e Rayner, 1920).

O Pequeno Albert

O estudo do pequeno Albert é mais uma demonstração do que propriamente um experimento; descreve um condicionamento emocional, mas não se apoia na manipulação sistemática de uma variável independente para investigar seu efeito em uma variável dependente. Na verdade, como destacam Paul e Blumenthal (1989), o estudo original é fraco no que se refere ao aspecto científico, e tem sido apenas maquiado pelos escritores recentes.

O objeto desse estudo era “o pequeno Albert”, um bebê de 11 meses. No início, ele não demonstrava nenhum medo de objetos e pessoas. “Tudo o que chegava perto dele, a uma distância de 30 centímetros, ele queria pegar e manipular”, conta Watson (1930, p. 159). Uma das coisas de que mais gostava era um ratinho branco com o qual brincou durante várias semanas.

No entanto, Watson e Rayner queriam averiguar se Albert, como a maioria dos bebês, reagiria com medo a um som alto. “Um martelo de carpinteiro, batendo numa barra de aço de aproximadamente 2,5 centímetros de diâmetro e 1 metro de comprimento, produziu o mais acentuado tipo de reação”, informa Watson (1930, p. 159). E então começou o condicionamento do pequeno Albert, com 11 meses e 3 dias de idade, sentado no colchão, brincando com o ratinho branco, a mão a ponto de tocá-lo quando – Kaboom! – Watson golpeou a barra de ferro “bem atrás da cabeça [dele, Albert]”. O pobre Albert “deu um pulo e caiu para a frente, o rosto no colchão”. Contudo, Albert era um camarada rijo; não chorou. Na verdade, procurou de novo o rato – e novamente, Watson (ou Rayner, isso não fica claro nas anotações dele) golpeou a barra de ferro com o martelo no momento em que Albert encostou a mão no rato. Dessa vez, Albert começou a choramingar e, como explicou Watson, “em função de sua condição alterada, não foram feitos mais testes durante uma semana” (1930, p. 160).

Depois desse período, o procedimento foi repetido, com o rato e o som forte combinados, num total de cinco tentativas. O comportamento de Albert havia mudado drasticamente. Quando o rato lhe era mostrado, ele não queria mais pegá-lo. Nas palavras de Watson: “No momento em que o rato era mostrado, o bebê começava a chorar. Quase de imediato ele se virava para o lado esquerdo, ficava de quatro e engatinhava tão rápido que era difícil segurá-lo antes que chegasse à ponta do colchão” (1930, p. 161).

Watson considerou essa demonstração muito importante para sua teoria. “Certamente, é a prova da origem condicionada de uma resposta de medo”, argumentou. “Ela proporciona um princípio explicativo que dará conta da enorme complexidade do comportamento emocional dos adultos” (1930, p. 161).

Transferência

O princípio explicativo tem duas facetas: (1) respostas emocionais são condicionadas a vários estímulos como resultado de emparelhamentos que ocorrem entre estímulos condicionados – por exemplo, sons distintos, cheiros, imagens visuais ou sabores – e estímulos incondicionados, como aqueles que produzem medo, amor ou raiva; e (2) respostas emocionais podem se ampliar para estímulos para os quais elas não foram condicionadas, mas que lembram os estímulos condicionados.

Esses dois princípios estão ilustrados com clareza na demonstração com o pequeno Albert. Primeiro, só depois de sete associações combinadas do rato ao ruído é que Albert ficou realmente assustado com o bicho. Segundo, quando o menino foi testado de novo, após cinco dias (já com 11 meses e 15 dias), demonstrou ter medo não apenas do rato mas também de um coelho branco, de um paletó castanho escuro, de uma roupa de lã branca, de uma máscara de Papai Noel (com barba) e do cabelo do Dr. Watson – todos objetos com os quais já havia brincado anteriormente.[12]

Esse fenômeno, que Watson chamou de **transferência**, ou *extensão*, é o que Pavlov descreveu como generalização do estímulo – a criação de respostas similares para uma variedade de estímulos relacionados. A generalização do estímulo é o que ocorre quando um cachorro, que tenha sido condicionado a salivar depois de ouvir um determinado tom, saliva também em resposta a vários outros tons. Foi isso, precisamente, o que ocorreu quando o pequeno Albert, condicionado a ter medo de um rato branco, *generalizou* a resposta de medo para outros estímulos semelhantes como barbas e gatos brancos.

Emoções Positivas

O estudo com o pequeno Albert indica que é possível condicionar reações emocionais negativas pelo emparelhamento repetido de um estímulo primariamente relacionado a alguma emoção negativa com outro estímulo distinto. Do mesmo modo, é possível condicionar reações emocionais positivas com estímulos neutros. Por exemplo, é altamente provável que se o rato branco tivesse sido associado a uma taça de sorvete ou a um beijo molhado, o pequeno Albert acabasse amando ratos brancos. E mesmo após ter sido condicionado a responder com medo seria possível condicioná-lo a apresentar uma resposta positiva à presença dos ratos – procedimento chamado de **contracondicionamento**, que ainda é frequentemente utilizado em terapia. (O contracondicionamento está ilustrado adiante, na seção sobre Edwin Guthrie.) No artigo original parece claro que Watson pretendia isso mesmo (veja Harris, 1979; Prytula, Oster e Davis, 1977). Albert foi o sujeito desse estudo apenas porque aconteceu de estar no hospital naquela ocasião. E, por um desses caprichos do destino, teve alta um dia antes de Watson começar os procedimentos de contracondicionamento. Que esses procedimentos seriam, provavelmente, bem-sucedidos na cura do pequeno Albert, foi demonstrado quatro anos mais tarde, quando Mary Cover Jones tratou, com essa técnica, Peter, um garoto que tinha pavor de coelhos. Ela o curou com um procedimento clássico de condicionamento (Jones, 1974).[13]

---

[12] Por esse estudo dar uma história tão boa, diz Gilovich (1991), foi exagerado e mal apresentado por muitos escritores de livros didáticos. Alguns disseram que o pequeno Albert passou a temer gatos, luvas brancas, sua própria mãe ou seu ursinho de pelúcia. Outros insistem em afirmar que Watson, posteriormente, curou o pequeno Albert de seus medos. No entanto, ele não o fez, como explica o professor em outro parágrafo.

[13] "Os publicitários estão profundamente conscientes do poder do condicionamento emocional", disse o professor, mostrando-me o anúncio do carro com a foto de uma estonteante modelo. "Muitas pessoas têm uma reação emocional condicionada positiva quando olham para este anúncio. E é isso exatamente o que os anunciantes querem. Se você gostar da modelo, com certeza vai gostar do carro, sem nem mesmo conhecê-lo." "Não fique tão confuso", disse ele, "falaremos mais sobre isso no Capítulo 11". Eu não achei que estivesse confuso.

A Controvérsia

Embora o estudo com o pequeno Albert seja bem conhecido e amplamente citado como exemplo do condicionamento emocional, permanece controverso por uma série de razões – sem contar o fato de que tem sido, muitas vezes, mal relatado. Primeiro, foi usado nele um único sujeito, por isso, muitos dos pesquisadores que tentaram reproduzir as descobertas de Watson não foram capazes de fazê-lo (Eysenck, 1982). Segundo, Watson não descreveu com muita precisão o que exatamente fez com o pequeno Albert. Samelson (1980) descobriu, em um relatório publicado por Watson, que sempre que o pequeno Albert estava aborrecido, punha o dedão na boca – e se acalmava. Enquanto chupava o dedo, não apresentava sinais da resposta condicionada para o medo, de modo que, quando Watson e Rayner tentavam filmar o experimento, tinham, continuamente, de tirar o dedão de Albert da boca. Samelson levanta a hipótese interessante de que o pequeno Albert poderia estar chorando não por medo do rato, mas porque não o deixavam chupar o dedo! E embora Watson não sugira isso, é perfeitamente aceitável que chupar o dedo possa ser também uma resposta condicionada de forma clássica.

O *Ambientalismo de Watson*

Um tema recorrente na literatura psicológica é a discussão sobre a questão da natureza e da criação – a **controvérsia natureza-criação**. Serão os humanos primariamente um produto da construção genética ou eles podem ser moldados e configurados pelo ambiente? O principal porta-voz em defesa da natureza, na virada do século XX, foi Francis Galton (1870), sobrinho de Charles Darwin. Ele acreditava que os genes são responsáveis pelas diferenças entre as pessoas. Defendia a ideia de que as pessoas deveriam ser selecionadas e criadas por suas características desejáveis, como inteligência e força, quase do mesmo modo como os cavalos são criados para serem velozes, os cachorros para terem bom aspecto e instintos caçadores, e os perus para desenvolverem o peito. Essa prática é chamada de **eugenia**.

O principal porta-voz em favor do ambiente não foi outro senão John Broadus Watson (1930). Ele estava convencido de que não havia, entre os indivíduos, diferenças no momento do nascimento, e o que as pessoas se tornam é resultado de suas experiências. "Não existe isso", argumentou Watson, "de uma herança de *capacidade*, *talento*, *temperamento*, *constituição mental e características*" (1930, p. 94; em itálico no original).

Quando Watson entrou em cena, John Locke, o filósofo, já havia transmitido a adeptos a doutrina da **tábula rasa**. Esta é essencialmente uma metáfora que vê a mente como uma *lousa em branco* (que é o que a expressão *tabula rasa* significa) na qual a experiência escreve suas mensagens. Watson aceitou integralmente essa afirmação. "Dê-me a criança e meu mundo para criá-la", escreveu, "eu a farei engatinhar ou andar; eu a farei escalar e usar suas mãos para construir prédios de pedra ou madeira; eu farei dela um ladrão, um atirador ou um viciado em narcóticos. A possibilidade de moldá-la, em qualquer direção, é quase infinita" (Watson, 1928, p. 35).

Alguns anos depois, Watson publicou outra versão dessa mesma declaração, que se tornou sua afirmação mais amplamente citada: "Dê-me vários bebês saudáveis e bem-formados", disse, "e meu mundo especificado para criá-los, e eu garanto tomar qualquer um ao acaso e treiná-lo para transformá-lo em um especialista qualquer – médico, advogado, artista, comerciante e, sim, até em um mendigo e ladrão, independentemente de seus talentos, inclinações, tendências, habilidades, vocações e a raça de seus antepassados" (1930, p. 104).[14]

A controvérsia em torno dos papéis relativos da experiência e da hereditariedade na moldagem do desenvolvimento humano está longe de ser resolvida. Na verdade, a ciência não apoia claramente mais um campo do que outro. O pensamento mais claro em relação a esta controvérsia admite prontamente que nem os genes nem o ambiente produzem nada por si mesmos. A atual ênfase na pesquisa genética, como Rutter (2006) ressalta, está em descobrir como genes e contextos trabalham juntos para estabelecer o desenvolvimento humano. Como vemos no Capítulo 5, os métodos de pesquisa de hoje tornam possível revelar a atividade neural em áreas específicas do cérebro que acompanha as reações humanas, tais como empatia, altruísmo e individualismo (por exemplo, Mathur et al., 2010; Chiao et al., 2009; Chiao et al., 2010). Este tipo de pesquisa apresenta possibilidades empolgantes para se compreender mais claramente a interação de genes e cultura.

Aprendizagem de Ordem Superior

Toda a aprendizagem, disse Watson, tem a ver com respostas que são selecionadas e encadeadas. Mesmo sequências de comportamento mais complexas resultam de um processo de condicionamento por meio do qual o comportamento mais recente é ligado a um estímulo por um tipo de encadeamento de sequências de respostas. A aprendizagem mais complexa requer o condicionamento de mais sequências de estímulo-resposta, o que resulta naquilo que Watson chamava de **hábitos**. Até mesmo a linguagem, uma das aprendizagens mais complexas, começa com ligações simples entre estímulo e resposta. A fala, afirmava Watson, envolve movimentos concretos das cordas vocais e da laringe, bem como da boca, da língua e dos lábios, que são condicionados para ocorrer na presença de estímulos apropriados. Como ele coloca, as palavras são apenas substitutos (por meio do condicionamento) para objetos e situações. E pensar nada mais é do que fala *subvocal*. Watson acreditava que essa fala subvocal é acompanhada, a todo momento, por movimentos da laringe que ele tentou medir e descrever. Referia-se a esses movimentos como comportamentos *implícitos*, em vez de *explícitos*.

Aplicações Práticas da Psicologia de Watson

A forte convicção de Watson de que são as experiências que determinam tudo o que as pessoas fazem e sabem leva à crença de que todos os seres humanos são basicamente iguais – as diferenças entre o famoso e o desconhecido, o rico e o pobre, o corajoso e o tímido são apenas uma questão de experiências e oportunidades diferentes. Essa visão inerente-

---

[14] "É interessante", disse o professor, "que todo mundo finalize essa citação exatamente nesse ponto, quando, na verdade, as palavras seguintes de Watson são muito reveladoras". "Eu estou indo além dos meus fatos", escreve ele, "e admito isso, mas o mesmo fazem aqueles que defendem ideias contrárias às minhas, e eles vêm fazendo isso há milhares de anos" (p. 104). Watson pode não ter sido tão inflexível em suas crenças quanto se pensa.

mente igualitária da condição humana provou ser muito popular. Como Stagner (1988) destaca, ela se encaixa perfeitamente bem à ***Zeitgeist*** – o espírito do tempo.[15]

Contudo, a teoria também fornece prescrições severas para a criação e a educação da criança, bem como para o treinamento e controle dos seres humanos nas forças armadas, na indústria, em todo lugar. Não apenas a teoria falha em reconhecer diferenças entre indivíduos, mas também insiste em que o comportamento das pessoas pode ser controlado por intermédio de arranjos sensatos e inteligentes de eventos de estímulos e respostas. Não beije ou afague suas crianças, aconselhava Watson, dê-lhes um aperto de mão e então prepare o ambiente em que elas vivem para que os comportamentos que você deseja que elas tenham aflorem sob o controle dos estímulos apropriados.

Atitudes e Emoções

Como vimos em nossa discussão sobre as implicações educacionais da teoria de Pavlov, modelos simples de condicionamento clássico são muito úteis para explicar a aprendizagem emocional. Isso porque muitas emoções parecem ser aprendidas como resultado de um processo, quase sempre não consciente, de condicionamento clássico. A Figura 2.8, por exemplo, ilustra como uma fobia por matemática pode ser condicionada do modo clássico.

Modificação do Comportamento

Do mesmo modo que uma fobia pode ser adquirida pelo condicionamento clássico, também pode ser eliminada pelo uso de princípios similares. A aplicação deliberada de teorias como as de Watson para mudar ou controlar o comportamento indesejável é chamada de **modificação do comportamento**.

Um exemplo do papel do condicionamento clássico nos comportamentos de aprendizagem (e desaprendizagem) é fornecido por Bevins (2009) em sua discussão sobre o tabagismo (vício em nicotina). Ele argumenta que os efeitos da nicotina atuam como um estímulo não condicionado que pode se tornar associado com uma variedade de estímulos co-ocorrentes (por exemplo, sugestões situacionais, tais como a visão de um pacote de cigarros, o cheiro da fumaça do cigarro, a visão de outra pessoa fumando, campanhas de publicidade, e assim por diante). Estes estímulos co-ocorrentes finalmente se tornam estímulos não condicionais que dão origem à vontade de fumar (agora, uma resposta condicionada). Uma maneira de modificar o comportamento do fumante com base na teoria do condicionamento clássico é associar o ato de fumar com resultados negativos (aversivos). Por exemplo, Brandon (2001) descreve uma terapia comportamental, denominada *fumo rápido*, em que os participantes são compelidos a fumar até nove cigarros em uma sessão, inalando o mais profundamente possível em intervalos de 6 segundos. Este processo, con-

---

[15] "Não é, na verdade, o seu *Zeitgeist*", disse o professor, indicando que eu deveria dar uma pausa na minha gravação, porque o que estava prestes a dizer não era parte do livro. Explicou que a verdadeira igualdade não é mesmo parte do nosso *Zeitgeist*. O *Zeitgeist* atual, pelo menos no mundo ocidental industrializado, é mais uma dessas coisas politicamente corretas. Embora um dos aspectos do politicamente correto seja desviar você do seu caminho para *não* dizer ou fazer coisas que poderiam ser ofensivas, inadequadas, grosseiras, injustas ou não significativas, isso não implica igualitarismo. Disse que o politicamente correto é um estímulo falso para tratar as pessoas com respeito, amor e imparcialidade e que, embora leve à observância de princípios igualitários, o fato é que a maioria das sociedades não se comporta como se acreditasse que todas as pessoas são iguais (e, extrapolando, têm igual valor). Disse muitas outras coisas e pediu que ficássemos quietos, porque havia um peixe rondando seu anzol – embora eu não tivesse dito nada. Então voltou a ler o livro novamente e eu achei que o peixe tinha ido embora. Liguei de novo o gravador.

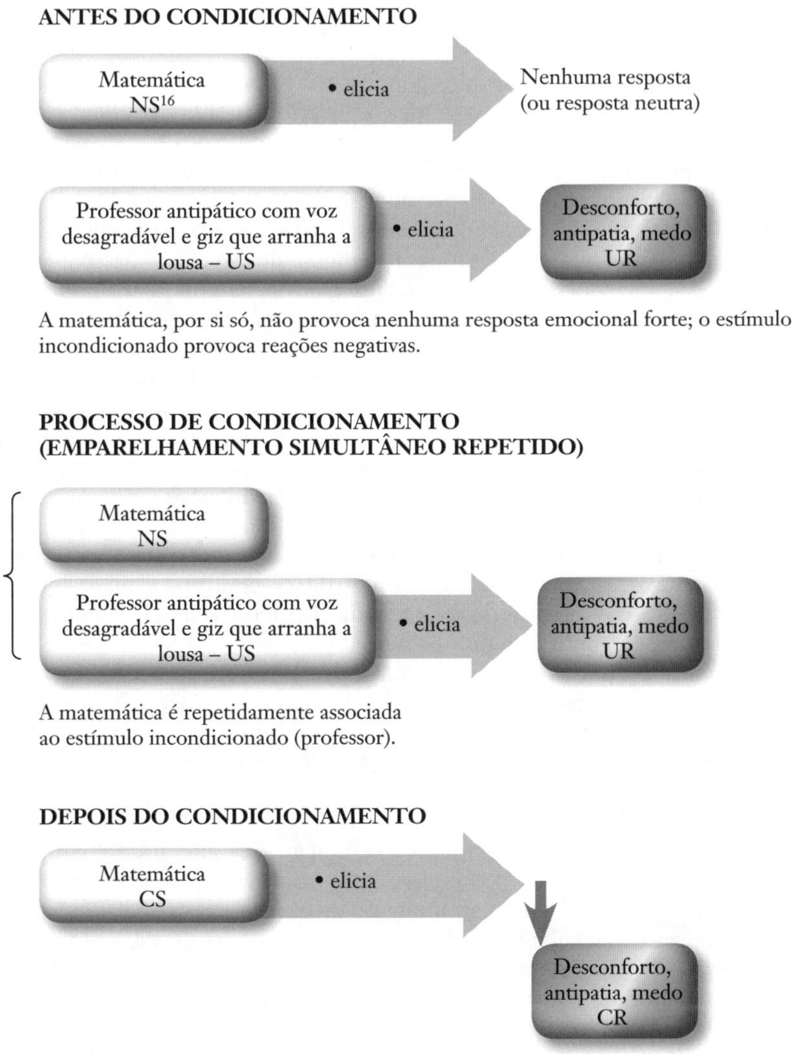

***Figura* 2.8**
Condicionamento clássico de fobia à matemática. De Guy R. Lefrançois, *Psychology for Teaching: The Bear* (11ª edição). Copyright © Bridgepoint Education, San Diego, CA. Reprodução autorizada.

forme relata Brandon, leva a uma forte reação negativa aos cigarros e, frequentemente, tem provado ser efetivo no tratamento do vício em nicotina. (Outras técnicas de modificação comportamental são discutidas no Capítulo 4.)

---

[16] NS é a sigla de estímulo neutro. Em inglês, *neutral stimulus* (NRT).

Uma Avaliação do Behaviorismo de Watson

A teoria de Watson, que se tornou muito popular nos Estados Unidos, exerceu profunda influência na criação das crianças e nas práticas educacionais. Teve também papel importante no desenvolvimento do pensamento e da teoria psicológica na América do Norte, levando ao que frequentemente é chamado *a revolução comportamental* (Pear, 2007). "No início dos anos 1920", escreve Mills, "o behaviorismo acabou se confundindo com as doutrinas de John B. Watson" (1998, p. 55). Essas doutrinas eram uma forma de psicologia que considerava as qualidades mentais e abstratas não dignas de estudo, ao passo que enfatizava a importância dos agentes sociais, e especialmente da mãe, para moldar a criança. Watson defendia com veemência a aplicação da doutrina behaviorista para produzir seres humanos com características desejáveis.

Como ficará mais claro, quando considerarmos o desenvolvimento das teorias psicológicas modernas, muitas das ideias nas quais acreditavam os primeiros teóricos, como Watson e Pavlov, foram suavizadas ou reavaliadas por não se enquadrarem no espírito dos novos tempos. Como O'Donohue e Ferguson (2001) destacam, Watson provavelmente foi culpado de exagerar o papel da aprendizagem na determinação do comportamento, e subestimar o papel da hereditariedade. Além do mais, hoje parece óbvio que ele tentou explicar coisas demais com base em um modelo demasiadamente simples. Com efeito, o modelo simplifica a enorme complexidade do ser humano. E confirma explicitamente o mito da média. Na verdade, considera todos os indivíduos como bastante idênticos, uma visão que afeta muito os atuais conhecimentos e crenças.

Watson foi mais um porta-voz do behaviorismo do que um pesquisador rigoroso que procurou descobrir novos fatos a respeito do comportamento humano. Não é de surpreender, por exemplo, que algumas de suas primeiras teorizações sobre o desenvolvimento emocional não tenham passado pelo teste da investigação objetiva. Apesar das tentativas que fez de trabalhar apenas com variáveis objetivas, o medo, a raiva e o amor são reações emocionais que continuam ser de difícil identificação em crianças pequenas. Apesar disso, continua verdadeira a afirmação de que comportamentos humanos resultam de condicionamento clássico: medo em resposta ao som de um tiro, embora apenas o *som* não machuque; salivar ao ver o alimento (usualmente com mais limitação do que o cachorro); e outras incontáveis respostas automáticas que resultam de emparelhamentos prévios do estímulo.

A contribuição de Watson para a compreensão do comportamento humano é difícil de estimar, principalmente porque a abordagem behaviorista da qual ele foi, sem dúvida, o mais forte defensor, continua a exercer profunda influência no pensamento psicológico contemporâneo. Entre outras coisas, ele contribuiu para fazer a ciência da psicologia mais rigorosa e objetiva, popularizou a noção de que as experiências ambientais são forças potentes para moldar padrões comportamentais e elaborou um modelo de aprendizagem (condicionamento clássico) que explica, pelo menos, alguns aspectos dos comportamentos animal e humano. Além disso, exerceu profunda influência no pensamento de outros psicólogos como Guthrie, cuja teoria veremos em seguida.

Edwin Guthrie (1886-1959)

Olhando para trás, talvez seja surpreendente o fato de que os livros de psicologia ainda discutam alguém que escreveu tão pouco como Edwin Guthrie (apenas um punhado de livros e artigos), que quase não teve colaboradores e seguidores (ao contrário da maioria dos psicólogos mais conhecidos daquela época, como Pavlov, Watson e Thorndike) e cuja teoria consistiu em apenas uma lei sem suporte experimental. Essa única lei da aprendizagem deve ser muito importante (veja a biografia de Guthrie).

Como Watson, Guthrie acreditava que a psicologia deveria lidar apenas com o que é visto, e não com o que tem de ser inferido. "Apenas as condições observáveis sob as quais a aprendizagem ocorre têm algum valor para uma teoria ou para a compreensão da aprendizagem", insistia ele (1935, p. 143). Entretanto, Guthrie não compartilhava da determinação de Watson de revolucionar a psicologia norte-americana; descartou o mentalismo de seus predecessores e colocou em seu lugar um behaviorismo objetivo e experimental. Na verdade, Guthrie desenvolveu apenas um experimento (Guthrie e Horton, 1946). Nele, um gato foi colocado numa gaiola da qual deveria escapar para conseguir a comida colocada a uma pequena distância, fora da gaiola. O gato teria de aprender novos comportamentos para acionar uma portinhola de saída. A maioria dos gatos de inteligência razoável logo resolvia o problema e pegava a comida.

A Lei da Aprendizagem em uma Única Tentativa

A maioria dos gatos razoavelmente inteligentes logo resolve o problema e obtém a comida. E na vez próxima vez que o gato é colocado na gaiola, ele resolve o problema ainda mais rapidamente. Guthrie explica o comportamento do gato do mesmo modo como o faz em relação a toda aprendizagem, usando uma única e abrangente lei: "*Uma combinação de estímulos que acompanhou um movimento tenderá, ao se repetir, a ser seguida por aquele movimento*" (1935, p. 26; em itálico no original).

O que a Lei Significa

"É uma afirmação curta e simples", explica Guthrie (1935, p. 26). Ele estava apenas meio certo: é curta, mas apenas superficialmente simples. A lei diz que quando um organismo faz alguma coisa em determinada ocasião, tende a fazer exatamente a mesma coisa se a ocasião se repetir. Ademais, diz Guthrie, toda a força do "vínculo" entre um estímulo e uma resposta é alcançada durante a primeira associação; nunca mais será enfraquecida nem reforçada pela prática. Em linguagem behaviorista, se um estímulo levar a uma resposta específica agora, levará à mesma resposta no futuro. Assim, a aprendizagem ocorre, e se completa, numa única tentativa!

Isso não é verdade, protesta você. Ele deve ter tentado dizer alguma coisa a mais.

Aprendizagem em uma Única Tentativa

Sim, é verdade, diz Guthrie. Pessoas e animais aprendem as coisas em uma única tentativa. O que aprendem não é uma conexão entre dois estímulos (como acontece no condicionamento clássico de Pavlov, por exemplo), mas uma conexão entre um estímulo e uma resposta. Se você fizer X numa determinada situação Y, você fará X de novo na próxima vez em que estiver na situação Y. Para aprender X, você não precisa repetir várias vezes; nem precisa ser recompensado. Se X foi realizado uma vez em resposta a Y, a ligação entre X e Y será sempre forte.

Edwin R. Guthrie (1886-1959)

Edwin Guthrie nasceu no dia 9 de janeiro de 1886, em Lincoln, Nebraska, o mais velho de cinco filhos. Seu pai tinha uma loja de bicicletas e pianos, e sua mãe era professora (Clarke, 2005). Em 1886, na época esta era uma região rural do país, o que explica o fato de que, mais tarde, ao sentir necessidade de ilustrar sua teoria, tenha usado cavalos e cachorros, animais que ele conhecia bem.

Guthrie diplomou-se em artes pela Nebraska University, em 1907. Três anos mais tarde, já tinha título de mestrado com nota máxima em filosofia e mínima em matemática – e outra nota baixa, quase insignificante, na recém-criada disciplina de psicologia. Terminada a faculdade, trabalhou durante três anos como professor de escola secundária.

Foi então para a University of Pennsylvania, onde, em 1912, obteve o título de Ph.D. em Filosofia. A maior parte de seus 42 anos de carreira acadêmica Guthrie passou na University of Washington. O filósofo Edgar Arthur Singer, que acreditava que muitos dos problemas filosóficos podiam ser reduzidos a problemas comportamentais, influenciou profundamente a guinada de Guthrie em direção à psicologia, o que aconteceu em 1919. Contemporâneo de Watson (era apenas 8 anos mais novo), Guthrie também foi profundamente influenciado pelo condicionamento clássico de Pavlov, o que se refletiu na sua teoria. Mills (1998) registra que, ao contrário de Watson, Guthrie tinha a vantagem de ter acesso às traduções do trabalho de Pavlov.[17]

O mais importante dos escritos de Guthrie é seu livro *The Psychology of Learning*, publicado em 1935 e atualizado em 1952. Clarke (2005) observa que Guthrie, em nítido contraste com seus contemporâneos, utilizou um estilo de redação "irreverente", cheio de humor e piadas. Foi também coautor de um livro sobre psicologia educacional (Guthrie e Powers, 1950). Guthrie teve muito prestígio ao longo de sua carreira acadêmica, foi reitor de estudos pós-graduados na University of Washington e homenageado pela American Psychological Association (da qual, como Watson, foi presidente).

Então se uma mulher grita "Cara!" e você vira a cabeça na direção dela, isso significa que cada vez que essa mulher gritar por você, você virará a cabeça na direção dela?

Não, diz Guthrie. Atente para o que diz a lei, que vale a pena ser repetida: *uma combinação de estímulos que acompanhou um movimento tenderá, ao se repetir, a ser seguida por aquele movimento.* Guthrie usou a palavra *tenderá* porque, como ele coloca, "o resultado de qualquer estímulo ou padrão de estímulo não pode ser previsto com certeza porque há outros padrões de estímulos presentes" (1935, p. 26). Então a resposta é sim, você *tenderá* a se voltar de novo na direção da mulher porque essa foi a última coisa que você fez quando esteve anteriormente naquela situação. No entanto, a resposta também é não, você pode não voltar a cabeça na direção dela porque a "combinação de estímulos" não será idêntica

[17] Seus alunos mais brilhantes podiam estar fascinados em saber que uma das questões filosóficas que interessavam especialmente a Guthrie, disse o professor, é aquela conhecida como paradoxo de Russel. É o paradoxo que existe quando eu digo "Sou um mentiroso". O paradoxo reside no fato de que a declaração não pode ser verdadeira. Nem pode ser falsa. Se a declaração for verdadeira, então, eu não sou um mentiroso porque acabei de dizer a verdade. Portanto, a declaração é falsa. Mas se for falsa, então, naturalmente não sou um mentiroso – por isso ela é verdadeira.

na segunda vez. Quaisquer outras coisas podem ser diferentes na segunda situação: você pode estar cansado; a voz dela pode ser mais lamuriosa ou mais estridente; pode haver vozes ao fundo; você pode estar prestando atenção em outra coisa; sua cabeça pode estar dentro da geladeira.

O Papel da Prática e da Repetição

Daí o valor da prática e da repetição. O que a prática faz é claro, diz Guthrie. Oferece uma oportunidade de produzir a mesma resposta em uma ampla variedade de situações. "Um ato é aprendido numa única ocorrência", insiste ele. "A necessidade da repetição vem da necessidade de executar esse ato em *várias* circunstâncias" (1935, p. 138). Quanto mais uma ação for praticada, mais ampla será a gama de combinações de estímulos aos quais ela foi exposta *e ligada*. Há, portanto, mais probabilidades de que ela venha a se repetir numa determinada situação.

Condicionamento Clássico em uma Única Tentativa

Isso quer dizer que o cachorro de Pavlov aprendeu a salivar em resposta a uma campainha numa única tentativa? Sim, diz Guthrie, muito embora Pavlov tenha revelado que, no seu primeiro trabalho, algumas vezes ele precisou de 50 a 100 associações de CS a US antes de o CS eliciar com certeza a salivação. De acordo com Guthrie, esse número grande de tentativas foi necessário porque as condições sob as quais a aprendizagem estava sendo realizada não eram perfeitamente controladas. Como ele afirma, "ao ficar atrelado ao arreio, o cachorro pode jogar seu peso de uma perna para a outra, virar a cabeça, levantar as orelhas, bocejar, esticar-se, enfim, alterar todo seu padrão de estimulação proprioceptiva e também afetar um pouco a situação exteroceptiva" (1935, p. 98). (**Estimulação proprioceptiva** refere-se às sensações internas, como aquelas associadas ao movimento dos músculos; a **estimulação exteroceptiva** está relacionada às sensações associadas aos estímulos externos e envolve os sentidos da visão, da audição, do paladar e do olfato.) Como resultado, a aprendizagem exige dezenas de tentativas apenas para assegurar que a resposta fique associada à maioria das várias combinações possíveis de estímulos. Que Pavlov tenha, mais tarde, conseguido condicionar a salivação nos cachorros com apenas 10 a 20 tentativas, reflete simplesmente o fato de que ele aprendeu a exercer mais controle sobre as condições estimulatórias.

Estímulos Produzidos pelo Movimento (EPM)

Para compreender a lei da aprendizagem de Guthrie – o que, na verdade, abrange toda a sua teoria –, é importante entender que um estímulo não é apenas uma sensação, mas a combinação de numerosas sensações. Nas palavras dele, a aprendizagem envolve associar uma resposta a uma *combinação de estímulos*.

Do mesmo modo, para Guthrie, uma resposta não é apenas um único ato final; é, na verdade, uma sequência de ações. Para simplificar, o som de uma campainha acarreta várias respostas de alerta: mover as orelhas, mover os olhos na direção do som, talvez mover a cabeça e o pescoço, e assim por diante. "Todo movimento", diz Guthrie, "é um estímulo para muitos órgãos, por exemplo, tendões e juntas, bem como a ocasião para mudar os estímulos dos olhos, ouvidos etc." (1935, p. 54). Guthrie deu a isso o nome de **estímulos**

produzidos pelo movimento (EPM). Os estímulos produzidos pelo movimento, por sua vez, dão origem a outras respostas, que também podem ter efeito nos músculos, nas glândulas e nos tendões, gerando, assim, mais estímulos.

Contiguidade por meio do EPM

A sequência entre a apresentação inicial de um estímulo e a ocorrência de uma resposta é intercalada por uma série de respostas e pela estimulação proprioceptiva (interna) resultante (EPM). Cada uma dessas respostas e seu EPM correspondente são contíguas (ocorrem ao mesmo tempo), de modo que cada uma delas se torna associada ou aprendida. Essas associações aprendidas guiam o comportamento, afirma Guthrie. "Um movimento dá início a outro, depois um terceiro, um quarto, e assim por diante" (1935, p. 54). E a sequência inteira é aprendida, porque cada EPM individual está presente no mesmo tempo em que ocorre a resposta. Um dos exemplos mais claros do EPM é encontrado na aprendizagem de habilidades esportivas. Essas habilidades geralmente consistem em longas sequências ou cadeias de respostas. Cada resposta na sequência serve como um sinal para a nova resposta. Assim, como Watson, Guthrie acreditava que mesmo as sequências de comportamento mais complexas resultam do encadeamento de sequências de estímulos que são, geralmente, internas (veja a Figura 2.9).

Hábitos

A aprendizagem, insiste Guthrie, ocorre numa única tentativa. Isso não significa que um comportamento complexo pode ser aprendido dessa forma. Cada componente individual do vasto número de associações estímulo-resposta que compõem um ato complexo requer apenas uma única associação. Um certo número de tentativas pode, entretanto, ser necessário antes que todas tenham se associado como deveriam. Quando elas estiverem ligadas de forma que uma combinação particular de estímulos sempre resulte numa combinação particular de respostas, o que temos é um hábito – padrão de resposta estereotipado e previsível.

Contudo, os humanos raramente são previsíveis. Não respondem do mesmo modo cada vez que são colocados numa mesma situação. Há várias explicações possíveis para isso, de acordo com Guthrie. Uma delas é que, se as respostas a dois estímulos são diferentes, é porque um estímulo não é exatamente igual ao outro; outra, é que, por meio de vários procedimentos, um novo hábito substituiu o antigo. O antigo hábito não é esquecido – é apenas substituído.

Esquecimento

Guthrie (1935) conta a história de dois jovens cujas tardes de sexta-feira eram "insuportáveis" por causa da visita semanal do pastor, durante a qual eles eram solicitados a desatrelar o cavalo do religioso, escovar o animal, alimentá-lo e dar-lhe água. Um dia eles tiveram a brilhante ideia de retreinar o cavalo. Um deles se colocou atrás do animal e gritou "Upa!" e o cutucou com um ancinho. Não ficou claro, diz Guthrie, quantas vezes eles fizeram isso; nem se a história conta exatamente o que aconteceu depois, quando o pastor montou o animal para voltar para casa e gritou "Upa!". Aparentemente, os garotos ficaram muito felizes com o resultado.

O ponto, explica Guthrie, não é que o cavalo esqueceu como parar ao comando de voz; isso não é provável. O que aconteceu foi que o velho hábito de parar em resposta ao comando "Upa!" foi substituído por um hábito diferente.

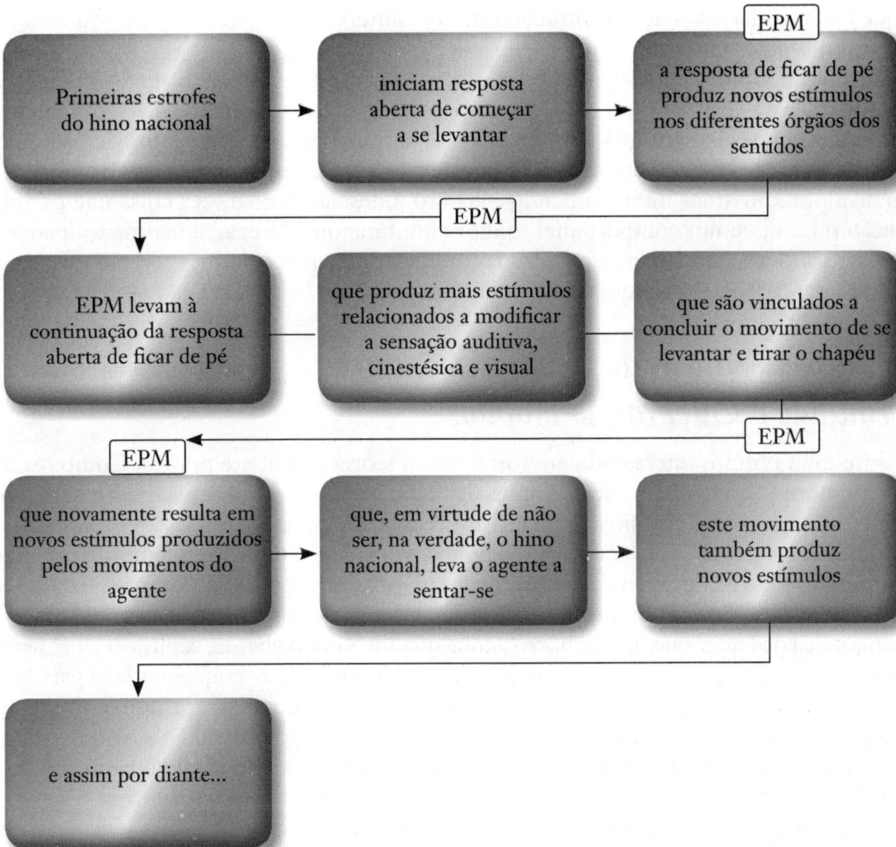

Figura 2.9
A Lei de Aprendizagem em uma Única Tentativa, de Guthrie: "Uma combinação de estímulos que for acompanhada de um movimento, em sua recorrência, tenderá a ser seguida por aquele movimento". De acordo com essa teoria, cada resposta aberta é acompanhada de uma série de estímulos produzidos pelo movimento (mudanças no campo visual, nas sensações corporais, e assim por diante). Estes *estímulos produzidos pelo movimento* (*EPM*) levam à continuação da ação aberta – ou a uma mudança na resposta. Cada EPM e cada resposta em cadeia são sequenciais e sobrepostos no tempo (portanto, em contiguidade). De acordo com a teoria, a aprendizagem ocorre por meio da *contiguidade*.

A melhor explicação para o esquecimento, diz Guthrie, é que as associações não são apagadas da memória com o passar do tempo, mas que o tempo permite novas aprendizagens que substituem as antigas. O que se depreende da teoria é que, seja qual for a resposta eliciada por último numa situação estimulatória, é ela que tende a se repetir quando a mesma situação ocorrer.

Recompensa e Punição

É por essa razão que a recompensa é, às vezes, importante na aprendizagem. De acordo com Guthrie, a recompensa não faz nada para reforçar a ligação entre estímulo e resposta.

O que faz é mudar a situação estimulatória, impedindo, assim, que o animal (ou uma pessoa) aprenda algo diferente.

A punição também consegue mudar uma situação estimulatória e serve, nas palavras de Guthrie, para "desviar" um hábito. Um ponto importante é que, uma vez que a aprendizagem depende da contiguidade (ou seja, da simultaneidade de eventos de estímulo e resposta) para ser eficaz, a punição deve ocorrer durante a resposta ou logo depois. E pelo fato de a punição atuar interrompendo o hábito indesejável, qualquer coisa que prenda a atenção ou motive um comportamento diferente funciona. "Pegar uma criança pequena, jogá-la para o alto ou balançá-la pelos calcanhares", escreve Guthrie, "é tão eficaz para superar um ataque de birra quanto uma sonora surra" (1935, p. 141).

Aplicações Práticas da Teoria de Guthrie: Formando e Quebrando Hábitos

Guthrie estava muito interessado em tornar a sua teoria altamente prática. Como resultado, seus escritos estão cheios de exemplos de como melhorar a aprendizagem e a memorização, tanto em relação a animais quanto em relação a pessoas.

O que essa "teoria da aprendizagem por contiguidade em uma única tentativa" significa, de um ponto de vista prático, diz Guthrie, é que para manter o comportamento sob controle, é necessário fazer com que ele ocorra na presença de condições de estímulo que você controla. Se você quer que um cachorro venha quando você o chama, explica ele, primeiro é preciso fazê-lo ir até você, seja segurando um osso, fugindo dele, empurrando-o para longe ou qualquer outra coisa que possa instigar o cachorro a se aproximar. Se, ao mesmo tempo, você gritar "Venha!", uma associação logo se formará entre o comando e a ação.

Perceba que o cachorro não aprendeu uma nova resposta; ele já sabia como correr até você. Aqui, como em toda aprendizagem, o que muda são as associações entre a resposta de correr na direção de uma pessoa e o sinal para fazê-lo. O que facilita ensinar um cachorro a vir quando chamado, diz Guthrie, é que isso é algo que os cachorros fazem, do mesmo modo como correm para pegar uma vareta, deitam, rolam etc. "Não podemos ensinar vacas a pegar uma vareta que atiramos porque isso é algo que elas não fazem", explica Guthrie (1935, p. 45).[18]

Coerente com sua teoria, Guthrie afirma que as respostas nunca são esquecidas, são apenas substituídas por respostas aprendidas mais recentemente. "Desaprender torna-se apenas o caso de se aprender outra coisa", diz ele (1935, p. 66). Daí que a melhor maneira de quebrar um hábito é descobrir as pistas que deram início a ele e praticar outra resposta para essas mesmas pistas. Por exemplo, se você fuma, uma vasta gama de condições estimulatórias associaram-se à ação de fumar: depois de comer; beber; ver televisão; encontrar um amigo que fuma; ao acordar de manhã. Um *descondicionamento* geral de todas essas ligações é um processo longo, diz Guthrie, requer que o fumante atrele outras respostas às situações associadas ao início da sequência de fumar.

Guthrie (1952) descreve três técnicas específicas, ou métodos, para desviar (quebrar) hábitos: a **técnica da fadiga**, a **técnica do limiar** e o **método de estímulos incompatíveis**. O que têm em comum é o fato de envolver aquilo que Guthrie chama de *condicionamento inibitório* – ou seja, o condicionamento de uma resposta que inibe o hábito a ser quebrado.

[18] "Aparentemente Guthrie nunca viu uma vaca sentar, fumar charutos e ler", comentou o professor. Ele parecia estar falando sério.

A Técnica da Fadiga

Algumas vezes chamada de *flooding* (inundação), a técnica da fadiga significa apresentar o estímulo repetidamente para causar a repetição contínua da resposta indesejada. A ideia é que organismo fique tão fatigado que não consiga mais apresentar a resposta; a essa altura, uma resposta diferente será emitida (mesmo que seja não fazer nada). Deduz-se da teoria da aprendizagem numa única tentativa de Guthrie que essa nova resposta, por ser a reação mais recente àquele estímulo, será repetida se o estímulo for apresentado de novo. Dessa forma, o hábito original indesejável será quebrado.

A Técnica do Limiar

Essa técnica implica apresentar o estímulo que constitui uma parte da unidade (hábito) S-R (para estímulo-resposta) indesejável, mas fazendo-o tão sutilmente que ele não elicie a resposta indesejável. Se não elicia o comportamento indesejado, então provavelmente vai eliciar outra resposta; de novo, pode ser apenas a resposta de não reagir. O estímulo então é apresentado com intensidade crescente em tentativas sucessivas, mas o grau de intensidade é mantido cuidadosamente baixo, para que a resposta não desejada nunca seja eliciada. Quando um nível de intensidade que teria inicialmente estimulado o comportamento indesejado for atingido, um hábito diferente é formado.

O Método de Estímulos Incompatíveis

A terceira técnica apresenta o estímulo quando a resposta não pode ocorrer. Uma vez que a reação indesejada foi impedida de se manifestar, uma resposta diferente toma o seu lugar e pode substituir o velho hábito.

Exemplos com Cavalos

Cada uma dessas técnicas pode ser exemplificada no treinamento de cavalos – assunto a respeito do qual Guthrie, criado no Nebraska, sabia alguma coisa (veja a Figura 2.10).

Um cavalo que pula, admitem rapidamente as pessoas, tem um mau hábito – uma cadeia ruim de E-R, como diriam os behavioristas. A parte do estímulo que integra esse hábito é representada por vários elementos, como selas, ou pessoas que são colocadas no dorso do animal, levando-o a reagir de maneira antissocial. A parte da resposta é representada pela atividade antissocial – a resposta do pinote. A teoria de Guthrie sugere três técnicas para modificar o comportamento do cavalo.

A técnica comum aos "rodeios", de domar o cavalo, consiste apenas em jogar uma sela no dorso do animal e tentar montá-lo – sem cair.[19] Quando ele ficar cansado o suficiente, vai parar de responder do modo indesejado, e se o domador ainda estiver montado nele, o cavalo pode começar a responder aos comandos de parar, andar ou correr. Essa é a técnica da fadiga de Guthrie.

O método do limiar também é usado para amansar cavalos. Amansa o animal tanto quanto o fazem nos rodeios, com menor número de cavaleiros. O método tenta "amansar" o cavalo – começa por colocar-lhe uma manta leve no dorso, depois, aumenta-se o peso

[19] O professor originalmente preencheu esse espaço com algumas expressões bastante pitorescas. A sabedoria editorial as excluiu. Aqueles de vocês que são maduros o suficiente, e profundamente curiosos, podem tentar escrever para a editora e implorar por uma cópia do original.

***Figura* 2.10**
As três maneiras de Guthrie para quebrar hábitos. Em (a), o cavalo é "domado" de forma tradicional, ele fica pinoteando até cansar. Em (b), o cavalo é "amansado", coloca-se progressivamente mais e mais peso sobre ele: começa com uma manta e termina com uma sela e um ginete. Em (c), o cavalo fica amarrado de modo que não pode pinotear quando montado.

progressivamente (ou seja, aumenta-se a intensidade do estímulo), ao longo de várias tentativas. Com a devida paciência e tempo, o cavalo pode mudar de atitude.

A terceira técnica, a dos estímulos incompatíveis, também é muito eficaz com cavalos indomados. Consiste em apresentar um estímulo (a sela ou o ginete no dorso do cavalo) quando a resposta não pode ocorrer. O estímulo incompatível é amarrar o animal a um poste ("rédea curta") para que ele não consiga pinotear.

Exemplos Humanos

As três técnicas de Guthrie podem ser aplicada em pessoas. Claro que seria inaceitável domar uma criança da mesma maneira que se doma um cavalo. Em consideração à *humanidade* das crianças e sem ter de levantar nenhuma delas pelos calcanhares ou arremessá-las longe, é possível eliminar alguns maus hábitos que podem ser adquiridos mesmo nos melhores lares. Considere, por exemplo, o caso fictício de um menino que reage à visão do avô com muito medo, porque ele uma vez o repreendeu e bateu-lhe com uma vara. À maneira de Jones e seu sujeito, Peter, pode-se remover o medo do garoto dando-lhe algo agradável – talvez, um sorvete – para comer enquanto o avô fica quieto, a distância. Após tentativas bem-sucedidas, o vovô pode ser convidado a se aproximar um pouquinho mais, mas nunca tão perto a ponto de provocar a velha reação de medo (método do limiar). Pode ocorrer que a resposta de medo seja substituída por um comportamento mais desejável.

A técnica do limiar de Guthrie é parecida com outra abordagem, que foi popularizada por Wolpe (1958), algumas vezes chamada de contracondicionamento (também denominada *dessensibilização sistemática*). Esse método funcionou bem quase sempre nas ocasiões em que foi aplicado em pacientes que sofriam de medos profundos (fobias). Janssen (2002) também registra sua utilização com um agressor sexual dado a fantasias sexuais de estupro.

O contracondiocionamento, combinado com outros tratamentos, levou a uma redução significativa das fantasias sexuais.

Quando usado para tratar fobias, o contracondicionamento exige que o paciente arrole todos os estímulos associados à fobia. Eles são, então, ordenados hierarquicamente, começando com o estímulo associado a menos medo, progredindo para aqueles estímulos associados a um medo crescente, e culminando com aqueles associados à reação mais intensa de medo. Depois dessa etapa, o terapeuta treina o paciente em uma ou mais técnicas variadas de relaxamento. O terapeuta induz o sujeito a imaginar ou descrever uma situação relacionada com os estímulos que produzem pouco medo. Enquanto isso acontece, o paciente é instruído, continuamente, a relaxar. O objetivo do procedimento é fazer o paciente imaginar os estímulos produtores do medo sem sentir ansiedade. É preciso tomar cuidado para assegurar que os estímulos que estão sendo imaginados permaneçam abaixo do limite para o medo – em outras palavras, que não conduzam a uma reação fóbica (aqui, a semelhança com o método do limiar de Guthrie). No final, se a terapia for bem-sucedida, a reação indesejável de medo terá sido substituída por uma resposta que é essencialmente incompatível com ela – uma resposta de relaxamento.

O Tio Renault de Lefrançois

O método da fadiga e o dos estímulos incompatíveis também podem ser usados para corrigir vários comportamentos e problemas emocionais, um fato que o Tio Renault de Lefrançois ainda lembra dolorosamente. A história é que sua apreciação por doces poderia tê-lo levado à criminalidade juvenil, não fosse pela astúcia e habilidade de sua avó. Renault, como qualquer criminoso novato, foi se tornando cada vez mais hábil em surrupiar sonhos, tortas, bolos e outros tipos de delícias da cozinha de sua avó, a ponto de deixar a pobre senhora à beira de um ataque de nervos. Ela deve ter percebido que bater no pequeno Renault com a bengala de madeira de salgueiro não lhe ensinaria nada, a não ser começar a temê-la. Colocar vinagre, mostarda, picles e outras tolas surpresas nos doces também não tinha dado resultado, a não ser tornar o neto mais cauteloso. Agora, como um cachorro, ele cheirava tudo antes de comer, mas comia assim mesmo, e quase tão depressa quanto a velha senhora cozinhava.

Em determinado ponto, a avó considerou o método dos estímulos incompatíveis. "Faça uma focinheira para ele", disse a Frank, o avô de Renault "e ele vai deixar meus doces em paz". Entretanto a focinheira nunca foi feita; ambos perceberam que Renault aprenderia pouco com ela, a não ser comer com uma focinheira. Ela considerou também o método do limiar, pensando que se Frank instalasse um enorme ventilador para soprar os odores

da cozinha na direção do celeiro, Renault poderia lentamente aprender a não correr para a cozinha como um lobo voraz cada vez que passasse por ali. "Ele também vai para o celeiro", lembrou Frank, para a avó.

Assim, como última tentativa, Renault foi exposto à técnica da fadiga. A história conta que, naquele dia de junho, a avó de Renault começou a cozinhar ainda de madrugada: tortas e bolos; doces com creme e biscoitos de amêndoa; mil folhas de chocolate e roscas doces; merengues de limão e madalenas de cereja. E o Tio Renault de Lefrançois comeu. Sentado num banquinho estreito de madeira, seu avô o encorajava, e ele comia – eufórico, no começo, depois um pouco menos e, finalmente, bastante relutante. Por fim, disse que tinha certeza de que não conseguiria mais comer. Mesmo assim, comeu um pouco mais, porque não tinha escolha. "Coma. Você nunca se satisfaz. Você vai sentar aqui e comer tudo." Depois disso, Renault nunca mais se entusiasmou com sobremesas.

Uma Avaliação da Aprendizagem em uma Única Tentativa, de Guthrie

A teoria de Guthrie é muito chamativa e, de certa forma, relativamente simples. De fato, entre as suas principais virtudes estão a clareza e a simplicidade. Devido à sua orientação behaviorista, ele insistia que a psicologia não deveria voltar-se para os estados mentais ou para conceitos vagos como reforçamento, mas para os estímulos e para as respostas objetivas. A fim de entender o comportamento, argumentou Guthrie, é essencial olhar para as respostas específicas e para as condições sob as quais elas aconteceram.

A teoria de Guthrie é também muito prática. Ele foi fundo para mostrar como os eventos de estímulo e resposta podem ser arranjados para resultar na aprendizagem por meio da formação de hábitos – e como esses hábitos podem ser mudados ou substituídos depois de formados.

Embora a simplicidade da teoria seja uma de suas atrações principais, é também uma de suas fraquezas. Peca pela falta de detalhes necessários para explicar com clareza o que são os conceitos de hábitos, movimentos produzidos pelos estímulos e respostas e estímulos. Nessa teoria, estímulos são o que originam respostas; respostas correspondem àquilo que resulta dos estímulos. Consequentemente, essas duas variáveis, ambas centrais na teoria, são definidas apenas uma em relação a outra, explica Mills (1998).

Avaliação das Primeiras Teorias Behavioristas

Pavlov, Watson e Guthrie estavam preocupados principalmente em descobrir e explicar as regularidades subjacentes às relações entre estímulos e respostas. Dentre as regularidades importantes que esses teóricos descobriram estão aquelas hoje descritas pelos pavlovianos como condicionamento clássico.

Entretanto, de que forma se comportam essas teorias no que diz respeito aos critérios discutidos no Capítulo 1, resumido na Tabela 1.1? Por exemplo, quão bem elas refletem os fatos, levando-se em conta que os fatos são simplesmente as observações nas quais as teorias estão baseadas? A resposta é que elas se ajustam aos fatos razoavelmente bem *da forma como eles eram então conhecidos*. Como é mostrado mais adiante, nos próximos capítulos, muitas observações ainda teriam de ser feitas. Além disso, os "fatos" explicados por esses teóricos são aqueles que eles julgavam que necessitavam de mais explicações – uma observação verdadeira em praticamente todas as teorias psicológicas. Que as teorias fizeram bem pouco para explicar os processos mentais "superiores", como linguagem, pensamento, resolução de problemas, percepção, e assim por diante, não é uma crítica válida para essas teorias *como teorias*. Elas se preocuparam em explicar o "comportamento", consequentemente, as observações as quais prestaram mais atenção – os "fatos" – têm relação direta com ele.

Com respeito aos outros critérios, as teorias se saíram muito bem. Tendem a ser claras e compreensíveis, de certa forma parcimoniosas, internamente consistentes, e a sua insistência na objetividade significa, de modo geral, que elas não são baseadas em muitas pressuposições não verificáveis. Sua contribuição para o desenvolvimento subsequente das teorias da aprendizagem não pode ser subestimada. Na verdade, os termos e conceitos usados hoje em dia nas investigações do condicionamento clássico são quase todos os mesmos explorados e nomeados por Pavlov quase um século atrás! Por fim, essas três primeiras teorias behavioristas provaram ter muita aplicação prática numa variedade de situações. Além disso, Malone (2009) argumenta, elas servem como importantes precursores das teorias contemporâneas.

Uma das fraquezas dessas primeiras posições behavioristas é que elas ignoraram amplamente as diferenças individuais na capacidade, assim como nas maneiras de aprender preferidas (que são frequentemente identificadas como **estilos de aprendizagem** ou *estilos intelectuais*, veja o Capítulo 10). Atualmente, sabemos que essas diferenças exercem uma profunda influência na aprendizagem e no comportamento (Zyhang e Sternberg, 2006).

Obviamente, essas primeiras posições behavioristas não explicam tudo sobre a aprendizagem humana. Entretanto, fazê-lo não era o objetivo desses teóricos. Muitos, como Pavlov, estavam preocupados em investigar em detalhes, um ou dois fenômenos importantes. Acreditavam que outros, mais importantes ou mais interessantes ainda, seriam compreendidos mais tarde – já que a ciência progride por somatória, parte dos conceitos simples e caminha para os mais complexos.

As explicações desses primeiros behavioristas ofereceram valiosos *insights* sobre o funcionamento humano e animal. Não deveriam ser menosprezadas por não terem conseguido explicar o funcionamento simbólico ou os chamados processos mentais superiores. Pelo contrário, deveriam ser vistas à luz de sua contribuição para o desenvolvimento de uma ciência que pode ainda não ter explicado tudo sobre o comportamento humano, mas que explica um número maior de comportamentos, de forma mais clara, a cada nova contribuição teórica.

Resumo

1. Os primeiros psicólogos, como Wundt, um *estruturalista*, e William James, um *funcionalista*, utilizaram a introspecção para tentar entender a consciência humana – embora ambos pensassem que a psicologia deveria ser mais científica. Wundt e seus seguidores (como Titchener e Weber) empregaram medidas objetivas dos estímulos físicos e de seus efeitos (psicofísica – por exemplo, limites absolutos e DAPs) para entender os elementos que compõem a *estrutura* da mente.
2. Pavlov, um fisiologista, é famoso por sua elaboração do condicionamento clássico. Neste procedimento, um estímulo (condicionado) neutro (CS) é associado a um estímulo incondicionado (US: ligado a uma resposta incondicionada ou UR) até que ele possa finalmente substituí-lo na provocação de uma resposta condicionada (CR) – como

a salivação por parte do cachorro de Pavlov em resposta a um som. O condicionamento clássico explica a aprendizagem baseada na contiguidade – a simultaneidade dos estímulos que se tornam associados – em vez de baseada no reforçamento.

3. Os estímulos não precisam ser perfeitamente simultâneos no condicionamento clássico; o emparelhamento também pode ser retardado (CS antes do US, mas sobreposto: mais eficiente), de traço (começa com o CS e termina antes do US), ou invertido (o US ocorre antes do CS: menos eficaz). Os organismos parecem predispostos a aprender certos comportamentos.
4. A aquisição depende do número de associações CS-US bem como da força do US. Os elos CS-US são extremamente duráveis, mas podem ser extintos apresentando-se repetidamente o CS sem o US. A recuperação espontânea, no geral, ocorre após um período que se segue à extinção. A extinção subsequente é mais rápida.
5. Watson deu origem e divulgou o behaviorismo na psicologia da América do Norte. Seu posicionamento foi uma reação claramente objetiva a uma orientação psicológica anterior, mais mentalista. Baseou muito da sua teoria no trabalho de Pavlov.
6. Watson considerou útil o condicionamento clássico para explicar a aprendizagem das respostas emocionais nas pessoas. Reações emocionais condicionadas (RECs) de medo, amor, ódio, e assim por diante, podem, quase sempre, ter ligação com experiências prévias em que estímulos neutros foram associados a estímulos produtores de emoção.
7. Watson acreditava no poder do ambiente para determinar o comportamento das pessoas. Watson é estreitamente vinculado à sua afirmação frequentemente citada de que seria capaz de fazer qualquer coisa que desejasse com dezenas de bebês saudáveis se lhe fosse dada a liberdade de determinar os ambientes nos quais eles seriam criados.
8. A explicação de Guthrie sobre a aprendizagem, chamada de teoria da aprendizagem em uma única tentativa, baseia-se na contiguidade. Ele afirmava que qualquer resposta que se segue a um estímulo provavelmente acompanhará de novo aquele estímulo quando ele se repetir. Além disso, a força do vínculo entre o estímulo e a resposta é fixada após o primeiro emparelhamento.
9. No sistema de Guthrie, a prática é importante porque permite que se forme uma associação entre um comportamento e uma variedade de complexos de estímulos. O reforçamento é eficiente porque muda a situação, evitando que a pessoa (organismo) aprenda outra resposta. Similarmente, a punição funciona porque interrompe a sequência da aprendizagem, forçando o indivíduo a apresentar (e, por consequência, aprender) outra resposta.
10. A crença de Guthrie tornou plausível a noção de que estímulos e respostas ocorrem em contiguidade temporal, pela sua afirmação de que os estímulos externos dão origem a respostas musculares e glandulares que produzem estímulos (proprioceptivo) internos, denominados *estímulos produzidos pelo movimento* (EPM). Esses EPM são estímulos para outras respostas na cadeia de eventos de resposta que é mantida entre a apresentação de um estímulo e a ocorrência de uma resposta.
11. Sequências de estímulos e respostas definem hábitos. Eles nunca são esquecidos, mas podem ser substituídos. Guthrie descreve três modos de quebrar hábitos: apresentação repetida de um estímulo (técnica da fadiga), apresentação de um estímulo de forma tão suave que ele não chega a eliciar uma resposta (técnica do limiar) e apresentação de um estímulo quando a resposta não pode ocorrer (método de estímulos incompatíveis).
12. É mais justo avaliar essas teorias pelas suas enormes contribuições ao desenvolvimento da teoria psicológica do que pelas suas limitações.

Os Efeitos do Comportamento: Thorndike e Hull

Uma verdade científica nova não triunfa porque convence seus opositores, mas porque estes morrem, e uma nova geração cresce familiarizada com ela.
Max Planck

O professor fez sinal para que eu desligasse o gravador e ficasse quieto para ouvir; o gato caolho estava vindo, e ouvíamos o farfalhar das folhas e da grama seca à medida que ele se aproximava em meio aos salgueiros que ficavam atrás da cabana. Então, por um longo tempo, tudo ficou quieto, como se o gato tivesse parado. Um pouco antes, nós o tínhamos visto cruzar o dique do castor, com uma pata levantada, equilibrava-se nas outras três, a orelha direita esgarçada, uma mancha de sangue na bochecha, do lado do olho cego, manchas pretas no pêlo laranja, uma mancha de lama no dorso, como se a luta tivesse acabado de terminar e ele ainda não tivesse se recomposto.

Já fazia tempo que ele vinha por entre os salgueiros, e o professor o chamou mais uma vez usando um nome estranho, que infelizmente não registrei, mas o gato não respondeu. O professor então colocou seu chapéu, afundando-o bem na cabeça para proteger o rosto do sol da manhã, de modo que os olhos ficassem encobertos pela sombra da aba. Ajeitou os manuscritos no colo, como se fosse continuar o terceiro capítulo, mas por um bom tempo nada disse.

E então o gato apareceu saído do bosque de salgueiros, e veio caminhando pela clareira, mais empertigado do que propriamente andando, usando as quatro pernas, mas pisando de leve com a direita, como se quisesse deixar claro que sua dor era verdadeira. A cara agora estava limpa, o pelo luzidio, ainda molhado no dorso, sem nem sinal da mancha de lama, que ele havia limpado com a pata.

Esfregou-se delicadamente na perna do professor e ele me perguntou se eu achava que o gato estava tentando nos dizer que havia lutado bem. Será que havia parado deliberadamente para limpar o pelo antes de se apresentar a nós? Não seria apenas seu orgulho de macho que o fazia fingir que não sentia dor nenhuma, já que era um Gato Real?

Antes de eu responder, ele disse para eu ligar o gravador e voltou a ler.

Este Capítulo

Disse o professor curvando-se sobre suas anotações: "isso às vezes se chama **antropomorfismo**" – atribuir características humanas a animais e objetos, como motivos e valores, que dizem respeito somente aos seres humanos.

Contudo, quem pode afirmar que gatos não pensam? Quem pode dizer que emoção e inteligência são características apenas humanas? Essas perguntas podem parecer simples, mas as respostas não o são.

Na época em que a psicologia científica nasceu, o influente trabalho de Charles Darwin (1859-1962) *The Origin of Species* parecia sugerir serem os humanos apenas outra espécie animal – que evoluíram com certas características diferentes, mas que ainda assim eram animais. Isso significa que animais não humanos também poderiam ter capacidades consideradas impossíveis para eles? Será que poderiam ser inteligentes no sentido humano do termo?

Essas questões interessaram a Edward Thorndike, cuja teoria é discutida na primeira parte deste capítulo. A segunda parte é dedicada à teoria desenvolvida por Clark Hull. Ambas são behavioristas, pois estão preocupadas, principalmente, com os comportamentos observáveis e com a descoberta das leis que governam as relações entre os comportamentos (respostas) e as condições que os determinam e se seguem a eles.

Objetivos

"Explique a seus leitores", disse o professor, "que, após lerem este capítulo, devem estar aptos a descrever as afirmações que seguem em palavras tão simples e claras que deixariam suas avós espantadas:

- *Os aspectos principais do conexionismo de Thorndike.*
- *As leis do efeito e da prontidão de Thorndike e as principais leis subsidiárias.*
- *As mudanças no pensamento de Thorndike depois de 1930.*
- *A natureza do sistema de Hull.*
- *As relações entre as variáveis de* input, *as variáveis intervenientes e as de* output.
- *O que são as respostas fracionárias antecipatórias ao objetivo.*
- *O que significa uma hierarquia de família de hábitos."*

O professor curvou-se para acariciar o gato machucado, mas a criatura levantou-se, caminhou na direção da pilha de lenha e se deitou à sombra de um toco de madeira rachado. O professor continuou a ler suas anotações.

Conexionismo de Edward L. Thorndike

Então quer dizer que os animais "estúpidos" possuem capacidades ditas humanas, como pensamento e razão? Talvez. Claro que os escritos de Darwin continham numerosos exemplos do que parecia ser a inteligência animal – por exemplo, os macacos que se cortavam com algum objeto pontiagudo nunca cometiam o mesmo erro duas vezes; ou macacos que recebiam balas enroladas em papel e depois balas embrulhadas com um marimbondo aproximavam as balas do ouvido para conferir pelo barulho se o inseto estava ali.

As pessoas ficam ansiosas para encontrar sinais de inteligência nos animais, afirma Edward Thorndike (1898). Quando um cachorro se perde e depois, por sorte, encontra o caminho de casa, a uma longa distância, os jornais logo divulgam outras histórias para mostrar como os cachorros são inteligentes. Entretanto, não há nenhuma história sobre as outras centenas de cachorros que saíram de casa para um passeio à tarde, nas redondezas, viraram uma esquina e nunca mais encontraram o caminho de volta.

Do mesmo modo, se um gato se espicha todo para tentar abrir o trinco da geladeira com a pata, as pessoas aceitam, de imediato, que de alguma forma ele descobriu a conexão entre o trinco e a porta. Bobagem, diz Thorndike. Historietas assim são fontes escassas de evidências para as teorias científicas. Se cabe à psicologia determinar se os animais podem, de verdade, raciocinar a respeito de relações complexas na solução dos problemas cotidianos, os pesquisadores deveriam realizar experimentos controlados com essa finalidade.

Caixas-Problema e Inteligência Animal

Assim, Thorndike desenvolveu várias caixas-problema. A mais peculiar, mostrada na Figura 3.1, foi construída de forma que o gato preso dentro dela pudesse escapar apenas se conseguisse fazer três coisas: puxar um cordão para abrir o primeiro trinco, pisar numa alavanca para liberar o segundo e, então, empurrar para cima as trancas que finalmente abririam a porta. Para assegurar que o gato estaria motivado em escapar da gaiola, um petisco – por exemplo, peixe – foi colocado bem próximo do animal, mas não a ponto de ele conseguir alcançá-lo de dentro da gaiola. A maioria dos gatos apresentou várias soluções padronizadas para esse problema – como tentar passar por entre as grades, arranhar e chacoalhar a porta ou o piso, ou miar, indignados, pedindo ajuda. Claro que a caixa foi construída para não favorecer qualquer um desses procedimentos.

Basicamente, o gato pode solucionar esse problema de duas formas. Uma é tentar várias ações diferentes, 100 ou 200 delas, até descobrir as três necessárias para que – *voilà!* – a porta se abra. A outra é sentar, avaliar a situação, pensar sobre as possibilidades de ação e, de repente – *bang!* – descobrir o que precisa ser feito. O psicólogo Wolfgang Köhler (cujas teorias são apresentadas no Capítulo 6) realizou uma experiência semelhante com chimpanzés e descobriu que a segunda alternativa é, essencialmente, a que os chimpanzés adotam. Num experimento típico de Köhler (1927), um chimpanzé que estava numa jaula não conseguia alcançar um cacho de bananas pendurado no alto, ou fora dela, até que, num súbito ***insight***,[1] ocorreu ao animal duas possibilidades: usar uma varinha para puxar o cacho ou alcançá-lo empilhando caixas.

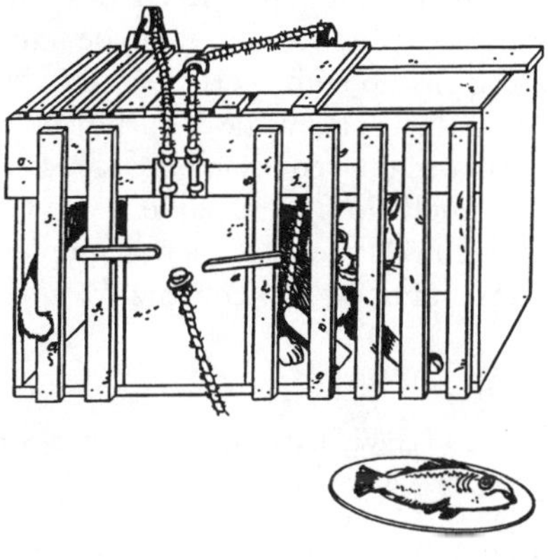

Figura 3.1
A caixa-problema de Thorndike. Para sair da caixa, o gato tem de puxar um cordão que libera um dos trincos da porta, pisar na alavanca para liberar o segundo e, então, empurrar as trancas da porta. Adaptado de "Animal Inteligence: An Experimental Study of the Associative Process in Animals", de E. L. Thorndike, 1898, *Psychologycal Review Monograph Supplement*, 2 (8).

[1] Embora o termo "insight" venha a ser tratado mais profundamente no Capítulo 6, para um melhor entendimento deste capítulo, podemos conceituá-lo provisoriamente como um entendimento súbito da natureza essencial de um problema (NRT).

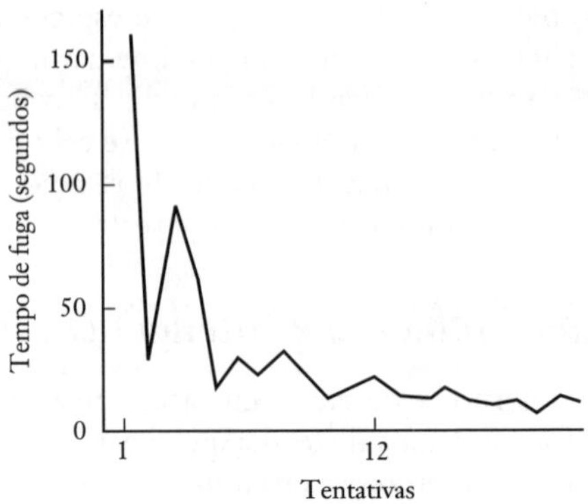

***Figura* 3.2**
Um gato na caixa-problema de Thorndike levou quase três minutos para escapar na primeira vez. Depois disso, ele quase sempre escapou em menos de um minuto. Adaptado de "Animal Intelligence: An Experimental Study of the Associative Processes in Animals", de E. L. Thorndike, 1898, *Psychologycal Review Monograph Supplement*, 2 (8).

No entanto, os gatos de Thorndike não fizeram a mesma coisa; usaram a primeira abordagem, a de **tentativa e erro**. Como mostra a Figura 3.2, não demorou muito para que eles saíssem da gaiola; mais ou menos três minutos na primeira vez. Depois disso, não levaram mais de um minuto.

A conclusão, segundo Thorndike, é que não é facilmente demonstrável a existência de raciocínio de nível superior entre os gatos – nem, talvez, entre os macacos. Como evidência complementar de que isso é verdadeiro, destaca Thorndike, parece não haver indícios de imitação real – aquela baseada em compreensão e em ideias – entre os animais. Que um cachorro siga o outro num campo, não é evidência de que o segundo cachorro raciocina, seja por que motivo for, que é mais prudente imitar um companheiro. Isso apenas evidencia um comportamento natural, aprendido por meio de associações que tiveram previamente consequências satisfatórias. Thorndike demonstrou repetidas vezes que um gato, um cachorro ou um macaco podem ver o que fazem um gato, um cachorro ou um macaco treinados para escapar de uma caixa-problema, mas não aprenderão esse comportamento como resultado da observação (Thorndike, 1911).

Parece claro, concluiu Thorndike, que os gatos não aprendem por desenvolver algum *insight* especial numa determinada situação. Ao contrário, aprendem por meio de tentativa e erro. Resumindo, numa determinada situação, o organismo emite certo número de respostas, uma ou mais das quais resultam na solução ou, nas palavras de Thorndike, "num estado de coisas satisfatório". Subsequentemente, forma-se uma conexão entre a resposta e a situação. Essa conexão é aprendida, ou "gravada", como coloca Thorndike.

E as pessoas, insiste ele, aprendem da mesma maneira. "Esses fenômenos simples, semimecânicos... que a aprendizagem animal nos mostra, também fundamentam a aprendizagem humana" (Thorndike, 1913b, p. 16).[2]

[2] "Por falar em gente", disse o professor, movendo-se em direção ao gravador para que eu percebesse que o que ia dizer era um aparte e que eu deveria fazer uma pausa na gravação. "Thorndike parecia considerar os seres humanos fundamentalmente diferentes dos animais, embora não tenha esclarecido muito bem quais seriam as diferenças entre os dois. Ele não acreditava que apenas a linguagem e o raciocínio distinguiam os humanos de outros animais", explicou o professor, lendo um trecho do livro de Thorndike, publicado em 1911: "Eu disse há pouco que o homem não era nada mais do que um animal com linguagem, da mesma forma que um elefante era uma vaca com uma tromba. Podemos seguramente acrescentar a afirmação de que o homem não é um animal *plus* razão (p. 127)". Contudo ele aceitava que os seres humanos conseguem aprender por associação de ideias, o que não parece acontecer entre os animais.

Edward Lee Thorndike (1874-1949)

Como Pavlov, Thorndike era filho de um clérigo – fato significativo, porque filhos de ministros e pastores tinham mais possibilidades de receber formação universitária. Na verdade, três irmãos de Thorndike, inclusive Edward, mais tarde lecionaram na Columbia University. A criação de Edward foi severa, com ênfase no trabalho duro e nas boas maneiras e ele, segundo informações, foi educado para ser muito esforçado e autocontrolado (Joncich, 1968).

Thorndike iniciou sua carreira acadêmica estudando inglês em Wesleyan; depois foi para Harvard, onde se voltou para a psicologia. Enquanto esteve em Harvard, criava galinhas no porão da casa de William James para usá-las em estudos sobre inteligência animal. Mais tarde, Thorndike se transferiu para Columbia onde, em 1898, conseguiu o título de Ph.D em psicologia. Suas teses sobre inteligência animal, publicadas nesse mesmo ano, ainda são um clássico (tinha, então, 24 anos). Ele tentou mostrar, por meio da experimentação, que os animais (especificamente os gatos) aprendem por um processo gradual de tentativa e erro que resulta, finalmente, na "gravação" da resposta correta. Muito de sua carreira posterior em psicologia envolveu generalizar essa observação para a aprendizagem humana e para demonstrar como os humanos também aprendem por tentativa e erro, como função de recompensa ou punição. Interessante notar que Thorndike dizia não estar muito interessado em animais e em pesquisas com animais. "O motivo que me levou a investigar a inteligência animal foi principalmente satisfazer as exigências dos cursos e graus. É provável que qualquer outro assunto teria servido para isso. Não tenho nenhum interesse especial pelos animais...", escreveu (Thorndike, 1936/49, p. 3-4).

Thorndike escreveu muito, publicou mais de 78 livros e mais de 400 artigos. Seus estudos abrangem uma ampla temática em educação e psicologia (segundo consta, todas as anotações que ele fez durante seu curso viraram livros). Praticamente sozinho definiu e criou a psicologia educacional quando, em 1913 e 1914, publicou três volumes intitulados *Educational Psychology* (Thorndike, 1913-1914); além disso, transformou o estudo do desenvolvimento infantil numa ciência objetiva; estabeleceu o uso de testes e de métodos estatísticos na psicologia e na educação; contribuiu para o movimento que defendia a aplicação de testes em psicologia; e conduziu, literalmente, centenas de experimentos em aprendizagem e transferência usando sujeitos humanos. Assim como Watson e Guthrie, ele também atuou como presidente da American Psychological Association. Ao longo de sua vida foi muito reverenciado, não apenas na América do Norte mas também na Europa. (Baseado parcialmente em Hunt, 2007; Kincheloe e Horn, 2007; Joncich, 1968.)

Reforçamento ou Contiguidade

Como ocorre essa aprendizagem, ou essa "gravação"?

Como vimos, as teorias de aprendizagem que consideram a formação de conexões ou associações (teorias de condicionamento) geralmente baseiam-se em uma entre duas explicações diferentes para a aprendizagem: **reforçamento** ou **contiguidade**. A explicação da contiguidade diz que uma associação é formada entre estímulos, ou entre estímulos e respostas, porque eles ocorrem simultaneamente, ou quase simultaneamente (*em contiguidade*). A segunda alternativa, o reforçamento, defende que a aprendizagem ocorre devido às consequências do comportamento – mais especificamente porque o comportamento resultou em consequências agradáveis ou na eliminação de algo desagradável (ou ambos).

Como vimos no Capítulo 2, Ivan P. Pavlov, John B. Watson e Edwin Guthrie usaram a contiguidade para explicar a aprendizagem. O condicionamento (clássico) pavloviano baseia-se na noção de que a apresentação simultânea de dois estímulos acarreta o desenvolvimento de alguma espécie de equivalência entre eles. Por exemplo, na bem conhecida demonstração pavloviana, a campainha se torna, pelo menos parcialmente, equivalente à comida quando evoca uma resposta similar àquela provocada pelo alimento. Na teoria de Guthrie, uma ligação se forma entre um estímulo e uma resposta porque eles são simultâneos (contíguos). Para sustentar essa posição, dado o evidente lapso temporal entre a apresentação da maioria dos estímulos e suas respostas, Guthrie emprestou o conceito de estímulos produzidos pelo movimento (EPM) daquilo que era conhecido sobre a fisiologia dos músculos e glândulas – em que os EPM são séries de estímulos e respostas internos (musculares, glandulares, neuronais) que ocorrem entre um estímulo explícito e uma resposta.

Mas a teoria de Thorndike vai além da simples contiguidade. Certamente, o gato não aprenderia a escapar da caixa-problema não fosse pelas consequências de fazê-lo.

A Teoria Inicial de Thorndike: Leis Principais

Thorndike destaca que, tradicionalmente, os psicólogos fizeram dois tipos de afirmação referentes a animais e a pessoas: as que têm a ver com a consciência e as que têm a ver com o comportamento. Entretanto, alerta ele, as afirmações referentes à consciência são incertas e difíceis, especialmente quando dizem respeito a animais e crianças pequenas. Nos adultos, baseiam-se principalmente na introspecção, abordagem considerada suspeita na ciência. Pelo menos em parte, argumenta Thorndike, a psicologia pode ser "tão independente da introspecção quanto é a física" (1911, p. 2). Daí Thorndike enfatizar mais a experimentação do que a introspecção, mais o comportamento do que o pensamento (embora não se considerasse um behaviorista, mas um *conexionista*).

Para Thorndike, a aprendizagem consiste na formação de vínculos entre estímulos e respostas – vínculos que tomam a forma de conexões neuronais (daí o termo **conexionismo**). Aprender, explica Thorndike, envolve gravar as conexões estímulo-resposta (S-R); esquecer envolve apagar essas conexões.

A teoria de Thorndike resume os efeitos de três importantes variáveis do condicionamento clássico (recenticidade, frequência e contiguidade) numa única lei: a **lei do exercício**.

Prática: a Lei do Exercício

A lei do exercício estabelece que os vínculos entre estímulos e respostas são reforçados por serem exercitados "frequentemente", "recentemente" e "vigorosamente" (Thorndike, 1913a). Como veremos, essa lei desempenhou um papel de menor importância no sistema final de Thorndike, mas teve enorme influência na teoria e na prática educacionais das primeiras décadas do século XX. Embora não tenha sido Thorndike o criador da ideia de que a prática e a repetição melhoram a aprendizagem (ideias que, por muito tempo, foram básicas na educação formal), sua crença inicial na eficiência do "exercitar" as conexões S-R contribuiu bastante para encorajar as abordagens que defendiam a aplicação de exercícios repetitivos na aprendizagem, muito populares nos anos de 1930 e 1940. Mais tarde, entretanto, ironicamente, após as revisões em sua teoria, Thorndike com certeza não mais recomendaria a mera repetição e prática como procedimentos educacionais.

Lei do Efeito

Thorndike acreditava que gravar ou não uma conexão dependia muito mais das consequências (seus *efeitos*) do que do quanto ela havia sido exercitada. Disso, surge a mais importante lei de Thorndike, a **lei do efeito** (Thorndike, 1913a). Como Leslie (2006) observa, a lei do efeito explica como o organismo *se adapta* ao ambiente modificando o comportamento como resultado de suas consequências.

Apresentada de forma simples, a lei do efeito afirma que as respostas que ocorreram antes de um estado de coisas satisfatório têm maior probabilidade de ser repetidas. O contrário também se aplica, embora seja menos importante para explicar a aprendizagem: as respostas que se apresentam antes de um estado de coisas desagradável têm maior probabilidade de não serem repetidas. Assim, o que Thorndike chama de *satisfatório* e *desagradável* são críticos para a aprendizagem.

Opa! Os behavioristas mais ferrenhos podem objetar nesse ponto: termos como *satisfatório* e *desagradável* não são objetivos, nem tampouco behavioristas. Soam como termos mentalísticos, usados mais pelos psicólogos dados à introspecção e à contemplação, e não como termos com apelo experimental, mais adequados a psicólogos objetivos como Thorndike ou Watson.

Contudo, responde Thorndike a seus possíveis críticos, satisfação e desagrado podem ser definidos com objetividade. Um estado de coisas satisfatório é tão somente aquele em que o animal (ou a pessoa) nada faz para evitá-lo ou tenta ativamente mantê-lo. Um estado de coisas desagradável é aquele em que o animal (ou a pessoa) ou nada faz para preservá-lo ou tenta terminá-lo (Thorndike, 1913b). Note que a definição não tem nada a ver com os sentimentos do organismo, apenas com o comportamento.

A lei do efeito é basicamente um modelo daquilo que se convencionou chamar de **aprendizagem instrumental**. Um organismo apresenta uma resposta que resulta num estado de coisas satisfatório (uma resposta é *instrumental* por causar esse estado satisfatório) e uma conexão é formada entre a resposta e o estímulo que a precedeu.

Um aspecto importante desse modelo de aprendizagem instrumental é a suposição de que a conexão é formada entre o estímulo e a resposta, e não entre a recompensa e a resposta.[3] O **condicionamento operante**, de B. F. Skinner, como veremos no Capítulo 4, descreve como se formam as conexões entre recompensa e comportamento – como o comportamento vem a ser controlado pelas consequências. Esta posição é fundamentalmente diferente das posições descritas por Pavlov e Watson, que mantêm que uma associação se forma entre dois estímulos por causa dos emparelhamentos repetidos entre eles, não

---

[3] Nesse ponto, o professor levantou-se e fez sinal para que eu desligasse o gravador; imaginei que ele queria se esticar um pouco. Mas não, aconteceu de uma aranha cair-lhe no braço, então, ele se curvou para que a aranha pudesse descer até o dorso da mão e chegar a uma pedra lisa perto da lareira. Enquanto isso, explicou que esse negócio de Thorndike descrever como se formam as conexões entre respostas e estímulos pode parecer irrelevante, mas é de fundamental importância. Disse que eu deveria repetir isso quando transcrevesse suas palavras nesta sexta edição. Falou para eu não acreditar que o leitor é suficientemente capaz de entender tudo na primeira vez que lê e que todas as coisas importantes precisam ser repetidas pelo menos uma vez, e talvez até duas ou três. Eu o defendi, elogiei sua inteligência, disse que você poderia ficar entediado, em vez de mais informado, se eu repetisse as palavras do professor mais de uma vez. Ele tirou o chapéu e me fitou por um instante, mas não consegui ler a expressão de seu rosto. Então pôs de novo o chapéu, sentou-se, fez sinal para que eu ligasse novamente o gravador e continuou a leitura. Por alguns instantes não prestei atenção ao que ele dizia, fiquei olhando a aranha caminhar pelo lado liso da pedra branca e começar a atravessar o que deveria lhe parecer uma vasta área desértica. Será que ela percebeu como seu mundo havia mudado? Será que entendia onde estava? Será que o calor emanado da pedra lhe assegurava isso? Então o gato a alcançou com a pata e esmagou-a contra a pedra.

importando quais foram suas consequências. Convém lembrar que Pavlov e Watson são teóricos da contiguidade; já a posição de Thorndike (e de Skinner) baseia-se nos efeitos do reforçamento. Como ficará mais evidente neste capítulo, Hull aceitou o ponto de vista de Thorndike e fez dele parte essencial de seu sistema (Bitterman, 1967).

Lei da Prontidão

A terceira lei mais importante do sistema de Thorndike na fase pré-1930 é a **lei da prontidão**. Ela tem a ver com a motivação do aprendiz (forças que dirigem o comportamento). Reconhece que certos comportamentos são mais propensos a ser aprendidos (gravados) do que outros. Quando uma unidade de condução está pronta a conduzir, diz Thorndike, fazê-lo é satisfatório, não o fazer é desagradável. Da mesma maneira, quando uma unidade de condução não está pronta para conduzir, forçá-la a tanto é desagradável.

Embora Thorndike tenha utilizado expressões vagas como "unidade de condução" e "pronto para conduzir", que destoam da objetividade de seu sistema, a lei da prontidão tornou-se mais concreta e útil na prática educacional. A prontidão, explica Thorndike, está relacionada intimamente com a maturação do aprendiz e com sua aprendizagem anterior; isso tem muito a ver com o fato de uma atividade ser satisfatória ou desagradável. Especificamente falando, um estado de coisas satisfatório ocorre quando um aprendiz está pronto para aprender e lhe é permitido fazê-lo; ao contrário, ser forçado a aprender quando o aprendiz não está pronto – ou impedi-lo de aprender quando pronto – gera um estado de coisas insatisfatório. Como destaca Rita Watson (1996), para que uma teoria da prontidão seja útil na educação, é preciso considerar o que sabemos sobre desenvolvimento infantil, bem como o que sabemos sobre ensino.

Leis Subsidiárias

Como resultado de seus muitos experimentos com humanos e não humanos, Thorndike chegou a várias leis adicionais da aprendizagem. Cinco delas são uma parte especialmente importante de suas explicações sobre a aprendizagem.

1. Respostas Múltiplas

A **lei das respostas múltiplas** afirma que, em uma determinada situação, o organismo responderá de várias maneiras se a sua primeira resposta não levar imediatamente a um estado de coisas satisfatório. Em outras palavras, um indivíduo tentará resolver problemas por tentativa e erro – observação muito bem ilustrada no mais famoso das centenas de experimentos realizados por Thorndike, o estudo do gato na caixa-problema, descrito anteriormente.

2. Predisposição ou Atitude

A segunda lei reconhece que a aprendizagem é parcialmente uma questão de **atitude** ou de **predisposição** (definida como tendência para reagir de um determinado modo). A **lei da predisposição** aplica-se às coisas satisfatórias e insatisfatórias e à natureza das respostas que serão emitidas por uma pessoa. Há maneiras determinadas culturalmente de lidar com uma grande variedade de problemas. Por exemplo, muitas culturas consideram aceitável reagir com agressividade a uma agressão. Os indivíduos, nessas culturas, *tendem*, portanto, a responder de forma agressiva. Presumivelmente, fazê-lo tem o potencial de gerar um estado de coisas satisfatório para o agressor – e talvez um estado de coisas desagradável para o agredido.

3. Preponderância de Elementos

Thorndike sugere, na sua **lei da preponderância de elementos**, que é possível para um aprendiz reagir apenas aos elementos mais significativos (preponderantes) de uma situação problemática e se manter alheio em relação aos seus aspectos irrelevantes. Por exemplo, reconhecer que uma figura geométrica é quadrada, e não retangular, requer apenas que o sujeito responda à relação que existe entre os lados da figura, e não à sua cor, ou ao local onde a figura foi colocada. Para esse problema, os estímulos associados à forma são *preponderantes*; os outros, irrelevantes.

4. Resposta por Analogia

O quarto princípio (**lei da resposta por analogia**) reconhece que uma pessoa colocada numa situação nova pode reagir com respostas que foram utilizadas em outras situações similares – situações que, nas palavras de Thorndike, compartilham *elementos idênticos*. Quando Cindy usa uma regra de subtração que aprendeu na escola para determinar que se ela gasta 40 centavos para comprar bala de goma, vão sobrar 60 centavos do seu um real, ela está respondendo por analogia. A razão disso, explica Thorndike, é que ela reconhece similaridades importantes entre a situação atual e uma situação na escola em que aprendeu a resolver um problema de aritmética. Isso lhe permite *transferir* o que aprendeu. Esse princípio, a teoria da transferência de Thorndike, é também chamado de **teoria dos elementos idênticos**.

A teoria dos elementos idênticos de Thorndike era sua explicação para o modo como as pessoas respondem em situações novas – ou seja, de que maneira transferem ou generalizam respostas. Quando enfrentam uma situação nova "os hábitos [das pessoas] não se afastam a uma distância conveniente", explica ele (1913a, p. 28). Em vez disso, as pessoas reconhecem aspectos da nova situação como sendo parecidos com aqueles de situações mais familiares e respondem de acordo. Se a primeira resposta não resultar num estado de coisas satisfatório, uma segunda é emitida, e então talvez uma terceira, uma quarta, e assim por diante.

Wong (2008) destaca que a teoria dos elementos idênticos de Thorndike evidente nas discussões atuais sobre *equivalência de estímulos* ainda tem importante papel nas explicações contemporâneas de transferência do treinamento. Por exemplo, muitos modelos de comportamento humano relacionados ao computador, como aqueles que serão discutidos no Capítulo 8, refletem a compreensão de que o número de elementos que existem em comum em duas situações diferentes pode ser usado como base para decidir respostas similares que podem ser dadas em cada situação.

5. Mudança Associativa

O último dos cinco princípios subsidiários descreve o que também pode ser chamado de *substituição de estímulo*. A **mudança associativa** reconhece ser possível mudar uma resposta de um estímulo para outro. A fim de ilustrar esse processo, Thorndike treinou um gato para ficar em pé. Inicialmente, o animal o fez porque o pesquisador lhe apresentou um pedaço de peixe. Aos poucos, o pedaço de peixe foi diminuindo até que o gato ficasse em pé mesmo quando não lhe fosse oferecido nenhum peixe.

A mudança associativa pode explicar a eficácia de várias campanhas publicitárias que emparelham um estímulo associado a emoções positivas (ou a sensualidade) a outro que pode ser relativamente neutro – por exemplo, marcas de bebida com jovens delirantemente felizes; homens viris com cigarros pendurados nos lábios; casais em êxtase com as mãos cheias de bilhetes de loteria.

A Teoria Posterior de Thorndike: Ênfase no Reforçamento

Embora muitas das crenças de Thorndike sobre a aprendizagem humana tenham permanecido imutáveis ao longo de sua longa carreira, ele é, sem dúvida, um dos vários teóricos que se mantiveram ativos e abertos à mudança tempo suficiente para que seu sistema sofresse algumas modificações importantes. Por volta do início de 1930, Thorndike admitiu ter se equivocado em alguns aspectos.

Revogação da Lei do Exercício

Num aspecto, eu me enganei sobre a lei do exercício, confessou o pesquisador. Por quê? Porque ele havia determinado por meio de experimentos com humanos (e não apenas com gatos e galinhas) que a mera repetição não provoca aprendizagem. Por exemplo, em um experimento, os sujeitos receberam um bloco de papel e um lápis e foram solicitados a desenhar, com um movimento rápido – e com os olhos fechados – uma linha de mais ou menos 4 polegadas de comprimento (Thorndike, 1931). Deveriam fazê-lo durante algumas sessões, em dias sucessivos, até que tivessem desenhado um total de três mil linhas – sempre com os olhos fechados.

Os resultados obtidos por um dos sujeitos estão na Figura 3.3 e ilustram duas verdades gerais, afirma Thorndike: "(1) a de múltiplas respostas ou reação variável e (2) a do fracasso da repetição de uma situação em causar aprendizagem" (1931, p. 10). Em outras palavras, o exercício – ou a repetição – não afeta a aprendizagem. "A repetição de uma situação pode mudar um homem tão pouco, da mesma forma que a repetição de uma mensagem por um fio não muda esse fio", escreve Thorndike. "Por si mesmo pode ensiná-lo tão pouco quanto uma mensagem ensina uma mesa telefônica... As conexões mais frequentes não são selecionadas por causa de sua maior frequência" (1931, p. 14).

A Lei do Efeito pela Metade

O que leva à aprendizagem não é a repetição, insiste Thorndike, mas os *efeitos* da ação. Mais especificamente, como ele sempre defendeu, as ações que conduzem a um estado de coisas satisfatório tendem a ser gravadas e mantidas. Lembre-se, entretanto, que ele também pensava que as respostas que levavam a um estado de coisas desagradável tendiam a ser apagadas. Eu estava errado, admitiu de novo Thorndike, afirmando agora que resultados desagradáveis contribuíam relativamente pouco para a força de uma conexão.

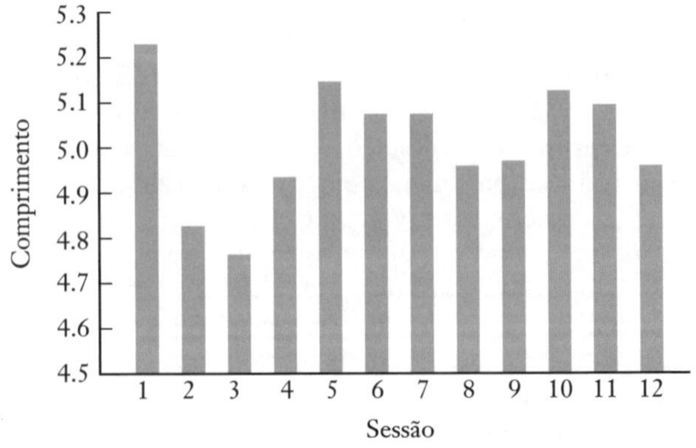

Figura 3.3
Comprimentos médios de três mil linhas separadas traçadas por um único sujeito, com os olhos fechados, durante 12 sessões, após ser orientado a desenhar uma linha de 4 polegadas. Dados de *Human Learning*, de E. L. Thorndike, p. 9 (Tabela 1). Cambridge, MA: MIT Press, 1931.

Para investigar a lei do efeito, Thorndike (1931) delineou vários experimentos. Num deles, nove sujeitos que não falavam espanhol foram convidados a selecionar um entre os cinco possíveis significados para 200 palavras diferentes em espanhol, cujos significados eles não poderiam adivinhar com facilidade. Após cada escolha correta, o pesquisador dizia "Certo"; para cada escolha errada, o pesquisador dizia "Errado". O procedimento foi, então, repetido uma segunda vez, depois uma terceira e uma quarta. O objetivo era verificar se haveria uma tendência crescente de selecionar significados que eram inicialmente seguidos pela resposta, "Certo". E, como era esperado, isso aconteceu. Em 50% a 90% das vezes, os sujeitos ficaram mais propensos a selecionar um significado que tinha sido seguido duas vezes pela resposta "Certo". Haveria uma redução correspondente na probabilidade de selecionar uma resposta seguida por um "Errado"? A resposta é não. Na verdade, os sujeitos ficaram apenas entre 7% e 23% menos propensos a selecionar uma resposta incorreta já selecionada duas vezes (veja a Figura 3.4). "Outras coisas sendo iguais", diz Thorndike, "uma enunciação de 'Certo' reforça a conexão à qual ela se segue e à qual pertence, muito mais do que a enunciação de 'Errado' enfraquece aquela à qual se segue e à qual pertence" (1931, p. 45).

Aprendizagem por Ideias

Depois de 1930, Thorndike revisou sua teoria de outras formas importantes. As alterações que fez foram impelidas pela necessidade de levar em conta as observações sobre a aprendizagem humana que não se ajustavam facilmente na teoria original. Em razão de essas observações revelarem que pensamentos ou ideias são importantes na aprendizagem humana, a teoria começou fazer alusão a preocupações cognitivas. Por exemplo, Thorndike (1931) agora falava de "aprendizagem ideacional" – uma forma superior de aprendizagem que envolve análise, abstração e significação. Como exemplo dessas noções, ele citava a

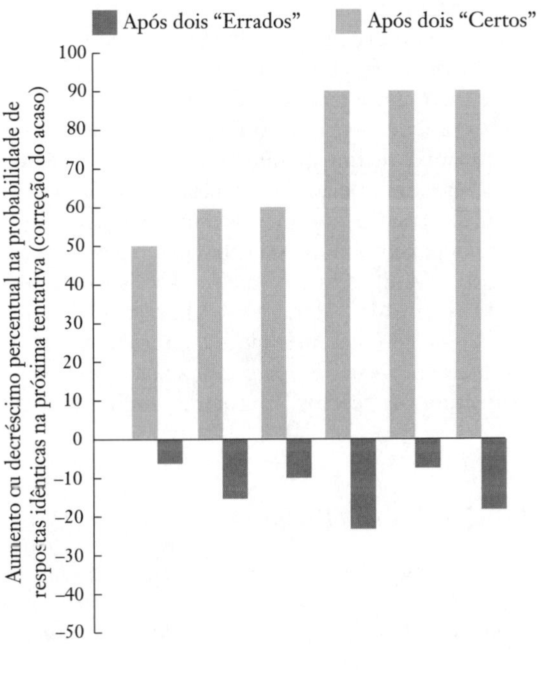

***Figura* 3.4**
Influência de dois "Certos" ou "Errados" consecutivos sobre a próxima escolha de possíveis significados de uma palavra desconhecida, num estudo realizado com nove sujeitos, em seis experimentos.
Dados de *Human Learning*, de E. L.Thorndike, p. 44. Cambridge, MA: MIT Press, 1931.

tarefa, aparentemente simples, de domesticar um macaco. Para realizar isso, diz, você não pode simplesmente chegar, capturar o macaco e alimentá-lo. É provável que ele não forme a ideia. Se, por outro lado, você deixa que ele se aproxime por si mesmo e, então, o alimenta, os comportamentos associados ao adestramento serão finalmente gravados. Humanos, por outro lado, na mesma situação, podem muito bem formar associações entre *ideias* relacionando a ideia de ser capturado e em seguida ser alimentado. Nas palavras de Thorndike,

> Aprendizagem por ideias é, como o nome diz, caracterizada pela presença frequente de ideias como situações, respostas ou ambas. Ao passo que a maior parte da aprendizagem de cães, gatos, galinhas e ratos apresenta conexões que levam diretamente de situações externas ou perceptivas a ações corporais ou a tendências impulsivas intimamente ligadas a esses atos, a aprendizagem humana por *insight* opera com a ajuda de ideias que estão livres de confinamentos estreitos. (1931, p. 138)

Embora termos como *ideias*, *análise* e *insight* não sejam definidos com clareza no sistema, são refletidos em dois conceitos adicionais que Thorndike investigou e incorporou ao sistema. O primeiro é o **princípio do pertencimento**, evidente na descoberta de que se dois ou mais elementos são vistos como pertencentes um ao outro, são mais facilmente aprendidos. Um dos estudos de Thorndike (1931) que ilustra esse princípio é aquele no qual ele pediu que os sujeitos prestassem atenção enquanto o pesquisador lia 1.304 pares de palavras e números. No meio desses pares estavam quatro palavras que foram repetidas 24 vezes, a cada vez precedidas exatamente do mesmo número. Em seguida, os sujeitos foram solicitados a escrever os números que se seguiam a palavras específicas (incluindo as quatro mais frequentemente repetidas) bem como escrever as palavras que vinham após números específicos (incluindo os quatro números que foram repetidos, cada qual, 24 vezes).

O desempenho deles não foi melhor do que se poderia esperar se as suas escolhas tivessem sido feitas apenas ao acaso. Por quê? Porque, explica Thorndike, eles pensaram que cada palavra pertencia ao número que a seguia, em vez de ao número que a precedia.

O princípio do pertencimento é evidente em um recurso de memória comum utilizado para ajudar a lembrar os nomes das pessoas. Quando você é apresentado a Fred e percebe que a cor de sua pele é vermelha (em inglês, *red*), mais tarde você poderá se lembrar do nome dele. De certo modo, sua pele rosada e seu nome *pertencem* um ao outro.

O segundo conceito importante de Thorndike pós-1930 é aqui chamado de **difusão do efeito**. Ele descreve a descoberta de Thorndike de que quando uma resposta é seguida por um estado satisfatório de coisas, outras respostas a ela relacionadas também parecem ser afetadas. Para explicar isso, Thorndike (1931) pediu que sujeitos escolhessem qualquer número entre um e dez para acompanhar cada palavra, numa série na qual havia um certo número de palavras frequentemente repetidas. Sempre que o sujeito escolhia o número que o pesquisador selecionara previamente para cada palavra repetida com frequência, ele era informado de que havia acertado. Não surpreendentemente os números "certos" aumentaram de frequência. O que causou mais surpresa foi o fato de que os números que precediam e seguiam imediatamente esses números "certos" também aumentaram, embora de forma não tão significativa.

Uma Avaliação do Conexionismo de Thorndike

As leis e os princípios de Thorndike formam uma imagem relativamente clara de sua visão da aprendizagem. De acordo com ela, a aprendizagem consiste na formação de vínculos ou conexões fisiológicos entre estímulos e respostas. Os vínculos são gravados internamente por causa da natureza satisfatória de suas consequências, influenciadas também pelo senso do indivíduo sobre o que vai com o que – que pertence a quê.

Basicamente, de acordo com Thorndike, os seres humanos chegam às respostas apropriadas principalmente por tentativa e erro. Podem também responder de determinadas maneiras por causa de uma predisposição predeterminada ou por uma atitude determinada, talvez, pela cultura ou pelos aspectos mais imediatos da situação. Por exemplo, uma pessoa faminta responderá ao alimento de modo diferente do que o fará alguém que não tem fome. Algumas respostas estão baseadas no comportamento aprendido em outras situações de alguma maneira parecidas com a atual (resposta por analogia), ao passo que outras podem resultar de um processo de condicionamento (mudança associativa). Em muitos casos, a pessoa desenvolverá um comportamento em resposta apenas aos aspectos mais importantes de uma situação (elementos mais preponderantes).

Os críticos destacam que muitos aspectos das teorizações de Thorndike foram apoiados em observação informal. Mesmo assim uma das muitas contribuições importantes de Thorndike para o avanço da psicologia é que ele foi amplamente responsável pela introdução das investigações controladas, tanto em animais quanto em pessoas, como meio de verificar predições advindas da teoria.

Os críticos também ressaltam que Thorndike, muitas vezes, apelou a estados internos para apoiar a sua explicação sobre aprendizagem. O estado de coisas satisfatório ou desagradável é um conceito difícil e mal definido. Como veremos no Capítulo 4, os teóricos posteriores – especialmente Skinner – devotaram esforços consideráveis para descobrir meios mais objetivos de descrever os efeitos do comportamento.

Apesar das dificuldades associadas ao uso de alguns conceitos de Thorndike, como "satisfatório" e "desagradável", uma de suas contribuições mais importantes para o desenvolvimento da teoria da aprendizagem é a ênfase que colocou nas consequências do comportamento como determinantes daquilo que é ou não aprendido. A importância da lei do efeito no desenvolvimento da teoria da aprendizagem é evidente na sua duradoura influência. A noção de que os efeitos do reforçamento são centrais na aprendizagem dominou amplamente a psicologia desde Thorndike (Bitterman, 1969).

Thorndike também contribuiu de forma significativa na aplicação prática de princípios psicológicos, particularmente no ensino. Grande parte de seus escritos são voltados especificamente a problemas pedagógicos em áreas como aritmética (Thorndike, 1922), latim (Thorndike, 1923) e psicologia do interesse (Thorndike, 1935).

Esse pesquisador serve como exemplo de um teórico bastante comprometido com um ponto de vista claro e definido, mas disposto a examinar outras propostas, alterar seu próprio modo de pensar e admitir que ainda havia muita coisa que sua teoria não conseguia explicar. "A teoria conexionista da vida e da aprendizagem", escreve ele, "sem sombra de dúvida, não é nem adequada nem acurada. Suas explicações do comportamento intencional, da abstração, de noções gerais e do raciocínio são apenas um primeiro e provisório ataque a esses problemas. Ela apresenta muitas falhas e defeitos" (1931, p. 131).

Desde Thorndike, muitos pesquisadores tentaram preencher as lacunas e consertar os defeitos.

Clark L. Hull: Um Sistema Hipotético-Dedutivo

Entre esses estava Clark L. Hull, provavelmente o mais ambicioso dos teóricos behavioristas. O sonho de Hull era usar as regras da lógica e da experimentação para descobrir e deduzir (inferir logicamente) as leis que governam o comportamento humano: daí o rótulo **sistema hipotético-dedutivo.** O resultado é um sistema de tal complexidade e alcance que apenas um breve apanhado dele pode ser oferecido aqui.

No total, o sistema baseia-se em 17 leis (chamadas postulados) das quais derivam mais de uma centena de teoremas e muitos corolários (Hull, 1943, 1951, 1952).

Uma Visão do Sistema de Hull

A ciência tem dois aspectos, explica-nos Hull (1952): um diz respeito às observações objetivas (fatos) da disciplina; o outro tenta dar sentido às observações, organizando-as num sistema lógico e coerente, ou teoria. A teoria serve então como explicação para as observações, como base para a compreensão dessas observações e para fazer previsões.

Hull pretendeu desenvolver essa teoria. Esse jovem ativo, matematicamente orientado e rigorosamente científico, se propôs a desenvolver um sistema lógico, científico e matemático que explicaria a aprendizagem e o comportamento humanos.

Hull deu o nome de postulados, em vez de leis, às 17 regras que compunham seu sistema, porque, sendo uma jovem disciplina, "uma certa dose de incerteza cerca essas leis básicas" (1952, p. 1). Os 17 postulados, juntamente com os 133 teoremas específicos e os numerosos corolários deles derivados, descrevem as relações entre as muitas variáveis que, acredita-se, envolvem o comportamento humano.

Embora os 17 postulados que formam o alicerce do sistema de Hull não possam ser testados facilmente, os teoremas e seus corolários se prestam a isso. Cada um deles tem precisão matemática; e permite previsões específicas que podem ser testadas experimentalmente. É possível, então, interpretar os resultados de modo a dar suporte – ou refutar – não apenas os teoremas e seus corolários mas também os postulados nos quais se basearam esses teoremas.

O sistema de Hull está elaborado em dois livros de fundamental importância. Ele havia planejado trabalhar em uma terceira obra na qual descreveria a aplicação do sistema ao comportamento nas interações sociais. Infelizmente, faleceu quando estava prestes a terminar o segundo livro; o terceiro nunca foi iniciado.

Principais Componentes do Sistema de Hull

O sistema de Hull, declaradamente behaviorista, é marcado por todas as preocupações behavioristas, como objetividade, precisão e rigor. Assim, embora ele tenha começado inventando postulados – o que poderia soar como algo de fundamento mentalista – sua principal tarefa foi obter, com base neles, hipóteses específicas e testáveis para, em seguida, verificá-las dentro do laboratório. Como fica claro ao examinarmos o sistema, essa era uma tarefa monumental.

Fiel à abordagem behaviorista, Hull começou a observar o comportamento humano da perspectiva de estímulos e respostas. Como Pavlov, Watson, Guthrie e Thorndike, ele estava convencido de que respostas ambientalmente condicionadas estão subjacentes ao comportamento (Weidman, 1994). Entretanto, Hull lidou com os estímulos e as respostas de forma muito mais detalhada do que o fizeram a maioria dos seus contemporâneos. Conforme ele explicou, os estímulos consistem em todas as condições que afetam o organismo, que podem ou não resultar num comportamento. Chamava essas condições de **variáveis de *input***; e as

Clark Leonard *Hull* (1884-1952)

Hull nasceu em Akron, Nova York, no dia 24 de maio de 1884. Era de família pobre e, como tinha de ajudar trabalhando na fazenda, faltava muito à escola. Sua saúde foi precária durante quase toda a infância; tinha problemas de visão e contraiu poliomielite quando cursava os primeiros anos da universidade (doença que o deixou manco de uma perna). Ainda assim, com 17 anos, lecionou durante um ano letivo em uma escola que tinha apenas uma sala, em Michigan, antes de continuar os estudos na Alma Academy, também em Michigan. Tinha um talento considerável para matemática (bem como para filosofia) e sua aspiração inicial era se tornar engenheiro de minas. No entanto, depois de ler *Principles of Psychology*, de James, voltou-se para a psicologia e entrou para a University of Wisconsin, onde obteve o título de Ph.D em 1918.

Os estudos iniciais de Hull incluíram investigações sistemáticas sobre aptidões humanas e animais, sobre máquinas que pensam (robôs), sobre hipnose (à qual dedicou 10 anos de estudo e pesquisa) e sobre o efeito do tabaco no desempenho intelectual. Em 1929, foi para Yale; lá se tornou professor-pesquisador e elaborou (com um número grande de entusiasmados alunos) o monumental sistema que, de forma extremamente simplificada, compõe o restante deste capítulo. Após a primeira apresentação desse sistema na obra *Principles of Behavior* (1943), logo se tornou um dos mais citados psicólogos dos Estados Unidos. Uma revisão final do livro foi publicada logo após sua morte, em 1952. Ele também atuou durante um período como presidente da American Psychological Association. (Com base, parcialmente, em Clark L. Hull, 2008; Leahey, 2000; Kincheloe e Horn, 2007.)

---

respostas, de **variáveis de *output***. O principal propósito desta teoria era explicar a natureza das variáveis de *input* e *output* bem como descobrir as relações que existem entre ambas. Esta relação é explicada principalmente em termos de um terceiro conjunto de variáveis, denominado **variáveis intervenientes**, que formam uma parte central do sistema de Hull.

Aspectos importantes das variáveis de *input* e de *output* podem ser observados e mensurados, em contraste com as variáveis intervenientes puramente hipotéticas. Elas são inferidas do *input* e do *output*. São as melhores e mais plausíveis conjecturas do cientista sobre o que pode estar ocorrendo (*intervindo*) entre a apresentação de um estímulo e a ocorrência de uma resposta.

O interesse de Hull nas variáveis intervenientes é um afastamento significativo das preocupações dos primeiros behavioristas, como Watson e Guthrie, que, com veemência, abstinham-se das especulações na tentativa de preservar da maneira mais objetiva possível o estudo do comportamento. Por essa razão, Hull descrevia-se como **neobehaviorista**, e não simplesmente behaviorista. Melhor dizendo, considerava-se mais um teórico S-O-R do que um teórico S-R. O "O" da sigla significa organismo e indica que, em vez de lidar apenas com estímulos e respostas (como fez Watson, por exemplo), Hull também considerava os eventos que aconteciam dentro do organismo.

Hull foi muito influenciado pelo trabalho de Pavlov a respeito do comportamento reflexo e do condicionamento clássico, influência que se refletiu, em parte, no fato de que o fundamento do sistema de Hull é sua crença em que o comportamento consiste em conexões entre S-R. Ele achava que o condicionamento oferece uma boa explicação para a *mecânica* da aprendizagem. Contudo, seu sistema extrapola essa mecânica e tenta explicar a *motivação* que parece estar claramente envolvida no comportamento. Aqui, a influência de Thorndike, em especial de sua lei do efeito, é mais aparente. A influência da recompensa na aprendizagem é a essência do sistema motivacional de Hull e tornou-se a explicação mais significativa na teoria final.

Resumo Gráfico do Sistema de Hull

Pode parecer uma inversão iniciar esta discussão com um resumo. Nesse caso, entretanto, o resumo, apresentado na Figura 3.5, serve como um esboço útil para o que virá nas páginas seguintes.

Note que o sistema é repleto de símbolos, termos matemáticos e valores – todos aparentemente muito complexos, dos quais somente os mais importantes estão incluídos na Figura 3.5. Na verdade, os símbolos simplificam a teoria, mesmo impondo esforço à memória. Embora a teoria seja muito complexa no seu alcance e em seus detalhes, suas ideias básicas são bastante fáceis de compreender.

Primeiro, para simplificar o modelo da Figura 3.5, pense nele não como uma descrição geral do comportamento humano, mas como a representação de um comportamento específico de uma pessoa, em determinado momento. Entender de que forma o sistema descreve um comportamento facilita a compreensão.

Segundo, tenha em mente que Hull, um matemático lógico e preciso, acreditava que o comportamento humano podia ser previsto se os psicólogos conseguissem a informação e as equações corretas. Daí que seu principal objetivo, como o de Watson, era desenvolver um sistema que lhe permitisse fazer exatamente isso – prever o comportamento de alguém dado o conhecimento sobre o estímulo e sobre a história da pessoa relacionada a esse estímulo.

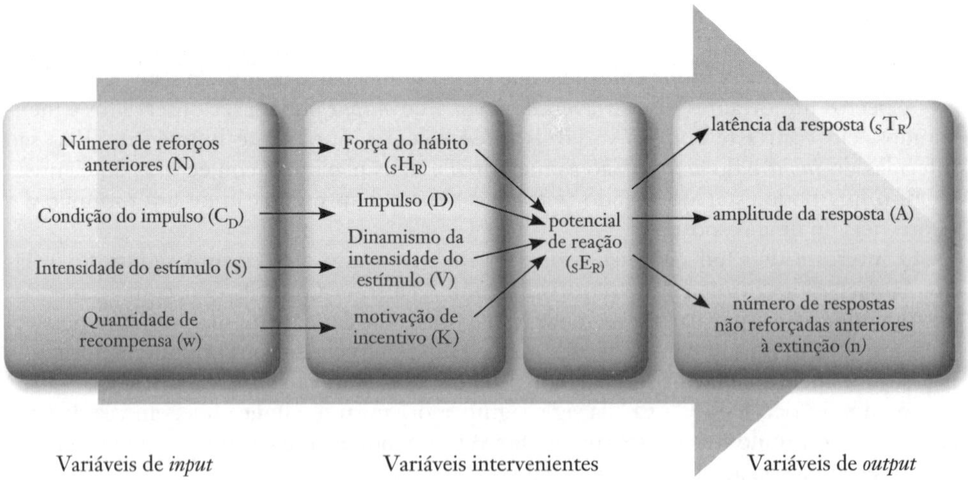

Figura 3.5 Uma representação simplificada do sistema de Hull. O principal objetivo era chegar a valores e fórmulas de modo que fosse possível prever as variáveis de *output*, dado conhecimento suficiente sobre importantes variáveis de *input*. Embora as variáveis de *input* e *output* sejam objetivas e possam ser medidas, as variáveis intervenientes são hipotéticas e podem apenas ser inferidas.

Variáveis de *Input*: Preditores

No sistema de Hull, resumido na Figura 3.5, as variáveis de *input* são preditores. Representam as informações de que os psicólogos necessitam para prever corretamente como uma pessoa responderá (as variáveis de *output* representam a resposta, ou o que é previsto). Em outras palavras, as variáveis do estímulo são as variáveis independentes, e as variáveis de respostas as *variáveis dependentes*.

Em resumo, as variáveis de *input* representam um estímulo. Contudo, um estímulo não é apenas uma simples sensação (como o som de um sino), mas o produto complexo de um grande número de eventos precedentes. Como indica a Figura 3.5, o conhecimento completo do *input* requer saber o seguinte: quantas vezes, no passado, o vínculo S-R em questão foi reforçado (N); algo sobre a intensidade física do estímulo (S); as condições de impulso do organismo (C_D); e a recompensa ligada à resposta (w). Todas essas variáveis, combinadas, permitiriam prever as variáveis de *output* – pelo menos em tese. Daí que uma das maiores dificuldades em aplicar esse sistema para prever o comportamento é que os psicólogos precisam ter uma enorme quantidade de informações sobre as experiências do sujeito.

Variáveis Intervenientes

Embora as variáveis de *input* e *output* sejam os únicos eventos observáveis e mensuráveis descritos no sistema de Hull, as variáveis intervenientes são, provavelmente, mais importantes para o entendimento de sua teoria. Essas variáveis têm importantes ligações com as variáveis externas; elas intervêm entre os eventos de estímulo e resposta para determinar uma resposta frente a um estímulo. Elas são o "O" na descrição de Hull de sua teoria como um sistema S-O-R – e não simplesmente um sistema S-R (lembre que "O" refere-se a organismo).

As variáveis intervenientes determinam as respostas, ou a falta delas. Mas perceba que o poder das variáveis intervenientes de determinar respostas é totalmente determinada e controlada pelas variáveis de *input*. Num certo sentido, as variáveis intervenientes são a descrição matemática das relações S-R, ou seja, cada variável de estímulo (*input*) tem uma variável interveniente específica relacionada a ela por alguma função matemática. Assim, as características das variáveis de *input* (como o número dos reforços antecedentes) estão refletidas no valor das variáveis intervenientes que, por sua vez, determinam se uma resposta específica ocorrerá.

Tenha em mente que o objetivo de Hull era desenvolver um sistema matemático que possibilitasse calcular o comportamento humano dado conhecimento suficiente sobre as condições que o antecederam – seria uma espécie de calculadora do comportamento humano. Vistas por esse prisma, as variáveis intervenientes são muito mais fáceis de entender. As mais importantes variáveis intervenientes de Hull são descritas a seguir.

1. $_SH_R$

A mais importante das variáveis intervenientes, a **força do hábito** ($_SH_R$) é definida como a força do vínculo entre um estímulo específico e a resposta. A força do hábito, explicou Hull, é determinada, principalmente, pelo número de associações prévias entre um estímulo e uma resposta, desde que tenha ocorrido reforçamento em cada tentativa. Aqui, a influência de Thorndike em Hull é bem evidente. Ao contrário dos teóricos da contiguidade, tanto Thorndike quanto Hull afirmavam que a força do hábito (de um vínculo S-R) é mais uma função do reforçamento do que de uma simples repetição. Hull introduziu funções numéricas específicas para ilustrar a relação precisa entre o número de associações S-R reforçadas e a força do hábito. Hoje são de interesse histórico e têm pouco valor prático.

2. D

A força do hábito é crucial na determinação do comportamento, mas não chega a ser a variável interveniente mais importante – já o **impulso (D)** é. Basicamente, impulso é um conceito motivacional muito ligado a reforçamento. Dentro do sistema de Hull, o impulso é a causa do comportamento, tanto que o sistema é chamado de teoria da *redução do impulso*. As respostas passam a se conectar aos estímulos (ou seja, são aprendidas), diz Hull, quando levam a uma redução do impulso.

O impulso pode ser primário ou secundário (tanto quanto o reforçamento, porque implica redução do impulso). Os impulsos primários são aqueles associados às necessidades fisiológicas como aquelas relacionadas a comida ou água; os impulsos secundários são condicionados aos impulsos primários por meio da contiguidade – por exemplo, a necessidade de notas altas ou de dinheiro. Assim, como uma variável interveniente, o impulso corresponde à variável de *input condição do impulso*, definida pelo número de horas de privação. Hull identificou dois componentes do impulso: o *impulso propriamente dito*, que cresce como uma função direta da extensão da privação, e o *componente de inanição*, que decresce se a privação (inanição) durar muito tempo.

O impulso possui três funções centrais na teoria de Hull: (1) proporcionar o reforçamento, sem o qual a aprendizagem não ocorreria; (2) ativar a força do hábito – significa que, sem impulso, o comportamento não ocorrerá, mesmo que haja um hábito forte previamente estabelecido (${}_SH_R$); e (3) os estímulos do impulso tornam-se atrelados a comportamentos específicos por meio da aprendizagem. De outro modo, as pessoas poderiam envolver-se em comportamentos completamente inapropriados. Poderiam beber quando famintas, comer quando sentissem frio ou cobrirem-se quando estivessem com sede. Essencialmente, essa distintividade dos estímulos do impulso determina se uma resposta será reforçada.

Como veremos a seguir, a pesquisa mostrou que, mesmo em animais, a aprendizagem pode ocorrer na ausência do impulso (quando impulso é definido no sentido de privação). Essa observação não invalida necessariamente o sistema de Hull, embora aponte para algumas de suas inadequações.

3. V

Como Pavlov havia demonstrado, a intensidade física de um estímulo aumenta a probabilidade de que uma resposta ocorra. Esse efeito é manifestado na variável interveniente **dinamismo da intensidade do estímulo (V)**. O dinamismo da intensidade do estímulo interage com a força do hábito e com o impulso para determinar a probabilidade de uma resposta.

4. K

O símbolo K no sistema de Hull significa **motivação de incentivo.**[4] A motivação de incentivo, determinada pela quantidade de recompensas (*w* como uma variável de *input*),

[4] O professor fez uma pausa. Disse que alguns leitores – na verdade, os mais inteligentes – poderiam estar interessados em saber por que Hull escolheu a letra K para identificar a motivação de incentivo. Ele disse que eu poderia contar que ele o fez para homenagear Kenneth Spence, que trabalhou com Hull no desenvolvimento de sua teoria – e às vezes o sistema é lembrado não como a teoria de Hull, mas como o sistema

O impulso decresce após muitas horas de privação (ou saciedade).

foi acrescentada ao sistema de Hull como função de alguns experimentos importantes relatados por Crespi (1942). Esses experimentos demonstraram que o impulso (D) sozinho não poderia explicar a motivação. No experimento de Crespi, três grupos de ratos receberam diferentes quantidades de recompensas (pelotas de comida) para correrem até uma caixa-alvo. Os ratos que receberam mais recompensa correram mais rápido do que os que receberam menos, o que sustenta a ideia original de Hull de que o impulso é mais reduzido pela recompensa maior, daí gerando um hábito mais forte. Contudo, Crespi também descobriu que quando esses três grupos de ratos recebiam depois uma quantidade idêntica de recompensa, aqueles que haviam recebido menos antes corriam agora mais depressa, ao passo que os outros que tinham recebido mais reduziram sensivelmente a velocidade. Como resultado, Hull teve de modificar seu sistema para explicar o fato de que os reforçamentos prévios podem modificar o *valor de incentivo* das recompensas subsequentes. A *motivação de incentivo* interage com outras variáveis intervenientes (incluindo o impulso) para determinar a probabilidade de uma resposta ocorrer.

5. $_SE_R$

As quatro variáveis intervenientes descritas até aqui ($_SH_R$, D, V e K) compõem a primeira e a mais importante parte da equação que Hull usava para determinar a probabilidade de um estímulo levar a uma resposta, ou àquilo que ele chamava de **potencial de reação ($_SE_R$)**: $_SE_R = {_SH_R} \times D \times V \times K$. O potencial de reação, algumas vezes chamado de *potencial excitatório*, é, essencialmente, uma medida do potencial que tem o estímulo de evocar uma resposta específica. Como indica a fórmula, esse potencial dependerá de quantas vezes o estímulo foi associado à resposta e ao reforço, quão intenso ele é, quão grande a recompensa e quão forte o impulso (em outras palavras, $_SE_R = {_SH_R} \times D \times V \times K$).

Perceba que, por ser o potencial de reação uma função multiplicativa dessas variáveis, se o valor de qualquer uma delas for zero, o potencial de reação também será zero. Em termos práticos, isso significa que, na ausência do impulso, não faz diferença quão intensa é a estimulação, quão grande é a recompensa ou quão forte é o hábito, porque a resposta (R) não ocorrerá. Do mesmo modo, na ausência do estímulo apropriado numa intensidade suficiente, a reação não ocorrerá; se não houver recompensa, não haverá resposta; sem um hábito aprendido anteriormente de modo adequado, o organismo não responderá.

Para ilustrar, considere o caso de Emanuel, que está sentado a uma mesa na qual está colocada uma variedade de pratos apetitosos. Se ele tiver acabado de comer, o impulso (D) poderá estar perto de zero, e talvez ele não toque em um único prato, apesar do fato de

Hull-Spence. Ele disse que os menos inteligentes não teriam interesse nessa pequena informação de rodapé. Eu os defendi dizendo que não havia entre os leitores ninguém menos inteligente. O professor resmungou e ficou calado por um longo tempo. Pensei que ele tinha adormecido. Então continuou.

que o estímulo (V), a recompensa (K) e o hábito ($_SH_R$) são muito fortes. A fim de ilustrar melhor, considere outras possibilidades. A comida apresentada de forma especialmente repulsiva com alguma coisa morta não identificada (K = 0); Emanuel está de olhos vendados e seu nariz está tampado (V = 0); ou ele nunca aprendeu a comer por conta própria, pois sempre houve pessoas que servissem comida a ele ($_SH_R$ = 0). Em nenhum desses casos a resposta de comer acontecerá.

Perceba também que a probabilidade de resposta ($_SE_R$) é uma função multiplicativa do impulso, da força do hábito, e assim por diante. Isso significa que alterações idênticas em uma dessas variáveis terão efeitos absolutos diferentes, dependendo dos valores das outras variáveis. Por exemplo, duplicar o impulso fará uma maior diferença se a força do hábito ($_SH_R$) for grande, ao invés de pequena. Colocando de outro modo, aumentar a motivação de um profissional do golfe será mais efetivo do que fazê-lo com um amador.

O significado da magnitude do potencial de reação nesse sistema é que é preciso haver um mínimo de potencial antes de o comportamento ocorrer. O aumento do potencial de reação será refletido numa latência de resposta menor ($_ST_R$), em uma maior amplitude de resposta (A) e em um tempo de extinção mais longo (n) – todas características do final do *output* da equação de Hull.[5]

Variáveis de Output: O Previsto

As variáveis de resposta de interesse de Hull incluem o lapso de tempo entre a apresentação do estímulo e o surgimento da resposta (**latência da resposta, $_ST_R$**), a amplitude física da resposta (**amplitude da resposta**) e o número de respostas não reforçadas que poderiam ocorrer antes da extinção (n). Hull acreditava que a latência da resposta declinaria com o aumento do potencial de reação, ou seja, que a resposta ocorreria mais rapidamente. Ao mesmo tempo, tanto a resistência à extinção quanto a amplitude da resposta cresceriam com um potencial de reação maior.

Simplificando, a fórmula básica de Hull para prever o *output* especificou que se o potencial de reação – que é o produto entre a força do hábito, impulso, dinamismo da intensidade do estímulo e motivação de incentivo – for maior do que um limite, denominado **limite de reação ($_SL_R$)**, então a resposta ocorrerá.

A Equação de Hull Aplicada à Vida Real

Para esclarecer a equação básica resumida de Hull (Se $_SE_R$ [= ($_SH_R \times D \times V \times K$)] > $_SL_R$, então R), considere o seguinte:

[5] Neste ponto, nas primeiras quatro edições, apareceu em negrito, no centro da página, a expressão "*****!". Com uma nota de rodapé explicando: "A expressão indelicada (delicadamente riscada) não é uma descrição de conteúdo, apenas um antídoto para o choque de símbolos que deve ter tomado conta do leitor atento". Nesse ponto, o professor disse: "Tirei, você sabe, a expressão indelicada, da qual você escapou por mais de duas décadas. Você deveria prestar mais atenção nos seus revisores". Ele citou uma nota de um revisor da segunda edição que disse, em 1982, "Isso não é tão engraçado agora como foi em 1972", e de um revisor da terceira edição que disse "Isso me parece fora de contexto num livro didático". E começou a citar outro revisor que se disse ofendido, mas aí eu falei: "Ei, espera aí, a expressão não tinha a intenção de provocar ou ofender os leitores, apenas tirá-los do emaranhado de símbolos – uma espécie de terapia de choque". E ele disse, "Está bem, já foi, e além do mais, não era uma cura muito inteligente para um choque de símbolos", e então começou a ler a sexta edição mais uma vez, sem explicar o que poderia ser uma boa cura para um choque de símbolos.

Choque de símbolos.

Em determinadas circunstâncias, Willy pode ir ao cinema, que agora está no fim da rua. Ou não. Na fórmula, ir ao cinema é a resposta (R). Willy irá ao cinema se *o potencial de reação* ($_SE_R$) for suficientemente grande – isto é, se for maior do que algum limite (o limite de reação, representado por $_SL_R$ na equação). Se não for suficientemente grande, bem, ele não irá ao cinema.

Sendo assim, o que determina se o potencial de reação é grande o suficiente? Quatro fatores principais: primeiro, Willy tem o hábito de ir ao cinema? Uma vez que, no passado, ele foi ao cinema com muita frequência e se divertiu com isso (ou seja, seu hábito de ir ao cinema está sendo *reforçado*), então a força de seu hábito de ir ao cinema provavelmente é muito maior do que, digamos, a de Roberto, que raramente vai ao cinema porque, uma vez, sem querer, terminou molhando suas calças enquanto via o filme *A maldição de Frankenstein*. A força do hábito de ir ao cinema é representada pelo símbolo $_SH_R$.

Mas, naturalmente, o hábito de ir ao cinema não é o único fator que determinará se Willy, ou Roberto, vai ao cinema. Se Willy frequentemente tiver recebido reforço para ir ao cinema, ele poderá estar mais propício a ir novamente. Isto é, ele será mais *impulsionado* nesta direção. Na equação de Hull, o *impulso* relevante, representado pelo símbolo D, será alto. O impulso de Roberto pode ser muito menor, considerando suas experiências anteriores. Mas se a mãe de Roberto, ansiosa para que ele saia de casa, oferecer a ele $ 50 para ir ao cinema, pode ser que, de repente, seu impulso aumente drasticamente.

Outro fator que pode ser levado em conta é até que ponto o filme está sendo anunciado, as características atrativas do anúncio, os comentários de "boca em boca" sobre o filme, o que disseram os críticos sobre o filme *Tomates Verdes Fritos*. Tudo isso pode contribuir para a intensidade do estímulo para o "filme" – o dinamismo da intensidade do estímulo (V), de Hull. E o fato de que o filme é em 3D também pode aumentar o desejo de Willy de ver o filme.

O impulso por si só, explicou Hull, não pode responder pela motivação. Ou seja, a recompensa imediata, que determina o impulso, interage com a recompensa anterior para determinar a *motivação de incentivo* (K). Considerando suas experiências anteriores de ir ao cinema, se Roberto espera se divertir muito assistindo ao filme que está passando atualmente, ele se sentirá altamente motivado em ir. Mas se Roberto achar que não vai se divertir muito assistindo ao filme, seu incentivo será muito menor.

Portanto, ao considerar seu forte hábito de ir ao cinema, seu grande impulso, um filme interessante e um histórico de gostar de filmes, Willy está muito mais propenso a ir ao cinema do que Roberto. Mas ir ao cinema exige algum esforço e dinheiro e, talvez, Willy ultimamente tenha ido com tanta frequência ao cinema que esteja quase cansado de fazer isso. Além disso, pode haver outras atrações, como Ramona, competindo pelo tempo e pela atenção de Willy. Todos esses fatores reduzem o desejo de Willy de ir ao cinema; eles estão entre as *influências inibidoras* que, de acordo com Hull, subtraem do potencial de reação. Se o que tiver restado do potencial de reação (o que Hull denominou **potencial de reação líquido**) for maior do que o valor *limite* ($_SL_R$), então Willy irá ao cinema. E Roberto também – isto é, se o seu *potencial de reação líquido* for maior do que o *limite*.

Observe como isto é muito semelhante a uma fórmula matemática em uma máquina lógica prevendo o que o comportamento humano pode produzir. Na verdade, Hull estava muito interessado em robótica e, na verdade, projetou um tipo de computador para classificar e pontuar alguns de seus testes.

Como era de se esperar, o principal problema de Hull passou a ser a clara impossibilidade de chegar a funções matemáticas precisas para cada uma das variáveis da equação. Desse modo, mesmo que possamos entender mais ou menos como a decisão de Willy (e de Roberto), de ir ou não ao cinema é afetada por cada uma das variáveis de Hull, ainda não estamos em posição de atribuir valores à fórmula e gerar uma previsão mais concreta.

Contudo, o sistema tem estimulado uma enorme quantidade de pesquisas e levou ao desenvolvimento de vários conceitos adicionais, dos quais os mais importantes são as *respostas fracionárias que antecedem o objetivo* e a *hierarquia de família de hábitos*. Esses conceitos representam afastamentos significantes das teorias que precederam a de Hull.

Respostas Fracionárias que Antecedem o Objetivo

Lembre-se de que a principal explicação de Hull para a aprendizagem é o reforçamento. Ele afirma, especificamente, que o reforçamento consiste na redução do impulso, sendo o impulso um ímpeto ou uma tendência poderosa. Fome e sede são bons exemplos de impulso. O meio mais comum de reduzir o impulso é atingir um objetivo ou, nas palavras de Hull, *responder ao objetivo*. Reações ao objetivo, como descritas por Hull são, quase sempre, respostas relativas a consumir algo (comer ou beber; chamadas de *respostas consumatórias*). Já uma **resposta fracionária que antecede o objetivo (r_G)** (chamada "r g pequenos") é uma resposta condicionada dada por um organismo antes da reação final ao objetivo. Um dos exemplos de Hull é aquele do rato que aprendeu que há comida no final de um labirinto. Por meio do condicionamento, a resposta ao objetivo do rato (comer) veio a ser ligada à caixa de alimento bem como a vários outros estímulos presentes, como visões e cheiros. Hull sugeriu que, uma vez que muitas dessas visões e desses cheiros estão também presentes em outras partes do labirinto, a resposta fracionária que antecede o objetivo pode, finalmente, ocorrer assim que ele seja colocado no labirinto. Embora comportamentos explícitos possam ser associados a reações que antecedem o objetivo, como o rato lambendo os beiços, eles são respostas internas condicionadas.

Essas respostas anteriores (Hull às vezes as chamava de "antecipatórias") são importantes porque servem como estímulos que mantêm o comportamento dirigido a um objetivo. É como se fossem cordões de estímulos (os pequenos s g's) e respostas associados (os pequenos r g's) (representados por r_G-s_G) que precedem as respostas ao objetivo. Nesse sentido, servem ao mesmo propósito dos estímulos produzidos pelo movimento (EPM) de

Guthrie. Contudo, ao contrário dos EPM, r_G-s_G estão ligados ao reforçamento e, por esse motivo, tornam-se recompensadores.

Previsão e Expectativa

Um aspecto talvez mais significativo é o de que as ideias de Hull sobre respostas que antecedem o objetivo foram um prenúncio de noções cognitivas fundamentais. Na verdade, o que Hull tentou fazer com r_G-s_G foi explicar, de maneira precisa e mensurável, os comportamentos que a maioria das pessoas poderia explicar usando termos mentalísticos vagos como "conhecimento" ou "antecipação". Foi uma contribuição inteligente e original ao desenvolvimento da teoria da aprendizagem.

Mesmo sendo um behaviorista determinado, Hull não pôde evitar o uso de ideias não behavioristas. Num trecho do seu livro de 1952, intitulado *Terminal Notes: Foresight, Foreknowledge, Expectancy and Purpose*, ele admite que "sem saber, o homem comum usou as palavras *esperar*, *espectação*, *esperança* e *expectativa* de maneira prática, inteligente e inteligível" (Hull, 1952, p. 151). Hull vai adiante para explicar que, embora a resposta fracionária que antecede o objetivo seja um mecanismo condicionado, porque ocorre antes de uma resposta, "constitui, por parte do organismo, uma previsão molar ou um conhecimento prévio do não aqui e do não agora. É o que, grosseiramente equivaleria àquilo que Tolman chamou de "cognição" (p. 151).

Hull estava tentando mostrar que é possível prever comportamentos sem ter de recorrer a definições e interpretações subjetivas. Assim, em certo sentido, suas respostas fracionárias que antecedem ao objetivo são maneiras objetivas behavioristas de explicar a intenção, a expectativa e, até mesmo, o propósito. Embora o termo *propósito* "tenha uma história metafísica ruim", escreveu ele, "representa um aspecto indubitável do comportamento dos mamíferos" (Hull, 1952, p. 151).

Hierarquias de Famílias de Hábitos

No curso da aprendizagem – ou da aquisição de hábitos (vínculos S-R) –, o indivíduo aprenderá diferentes respostas para um mesmo estímulo. Em muitos casos, cada uma dessas respostas resultará no mesmo objetivo. Essas respostas alternativas constituem a **hierarquia de famílias de hábitos** (veja a Figura 3.6). São chamadas de *família* porque estão relacionadas com o mesmo objetivo e, portanto, compartilham as mesmas reações fracionárias que antecedem o objetivo; elas são uma *hierarquia* porque uma alternativa terá preferência sobre a outra – talvez porque uma alternativa tenha sido recompensada mais vezes no passado e, como resultado, o potencial de reação (${}_SE_R$) associado a ela seja maior. Assim, na hipotética família de hábitos mostrada na Figura 3.6, todas as respostas estão relacionadas a escapar do perigo associado ao estímulo "urso". A resposta mais provável para esse indivíduo, *correr*, foi, presumivelmente, a mais reforçada no passado.[6]

---

[6] Aqui, o professor parou a leitura. "Escute", disse-me, "eu não queria explicar isso agora, porque estaríamos nos antecipando. No entanto, é certo que alguns dos leitores mais inteligentes devem estar se perguntando que diabos acontece se essa é a primeira vez que você cruza com um urso e, portanto, nunca foi reforçado de um jeito ou de outro nessa situação, seja por correr, cantar, rezar ou sei lá o quê". Eu disse, "Sim, essa é uma boa questão". E o professor disse: "Bem, então lhes diga, se ainda não perceberam, que o reforçamento nem sempre precisa ser direto. Diga-lhes...". O professor interrompeu. "Pensando melhor", continuou ele, "eles podem esperar até o Capítulo 11 para conhecer o reforçamento vicário e aprender sobre modelação". E continuou a ler.

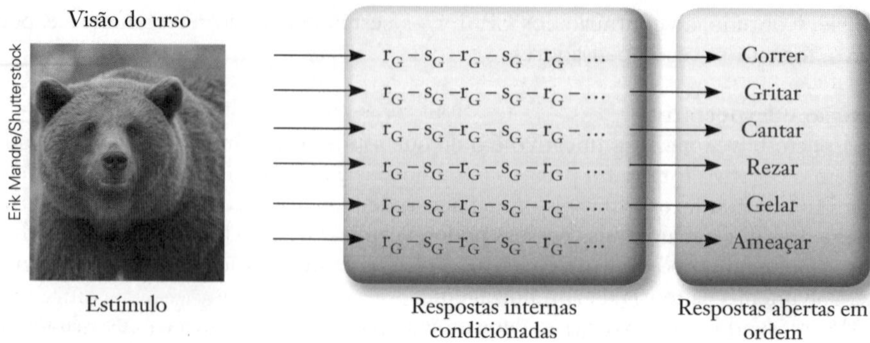

Figura 3.6 Uma hipotética hierarquia de família de hábitos. As "respostas fracionárias que antecedem o objetivo" vinculam cada resposta possível ao estímulo. A resposta mais provável (correr) está associada a uma maior probabilidade de atingir o objetivo desejado (escapar). Se for impossível correr, a segunda resposta será acionada.

Resumo e Avaliação do Behaviorismo Formal de Hull

À primeira vista, o sistema behaviorista de Hull pode parecer excessivamente abstrato e difícil. Entretanto, na verdade, suas ideias mais importantes podem ser explicadas com clareza e simplicidade. Basicamente, a teoria diz que o comportamento é regular e previsível.

Hull acreditava, tanto quanto Thorndike e Guthrie, que um organismo colocado numa mesma situação em ocasiões diferentes tende a responder da mesma maneira a cada vez. Se a resposta é diferente, mas a situação é idêntica, isso significa apenas que o organismo mudou. O propósito principal da teoria é descobrir as relações que existem entre estímulos (variáveis de *input* e respostas *output*), assim como ser capaz de prever o *output* dado o conhecimento a respeito do *input*. Esse aspecto do sistema é simples e claro; mais complexas são as fórmulas matemáticas inventadas por Hull para descrever as ligações entre as variáveis de *input* e *output*.

Um dos critérios importantes aplicados para avaliar as teorias psicológicas diz respeito ao quanto a teoria reflete os fatos. Num certo sentido, os "fatos" das teorias psicológicas são as observações nas quais se baseiam as teorias. Na medida, portanto, que o sistema de Hull reflete observações válidas sobre *input* e *output*, reflete bem os fatos. Em outro nível, porém, o sistema lida com entidades hipotéticas – entidades que não podem ser observadas – ou seja, muito do sistema de Hull consiste naquilo que se convencionou chamar de **constructos lógicos**. Estes são entidades inferidas, as quais se seguem logicamente daquilo que é observado, mas não podem ser observadas por si mesmas. Desse modo, *o potencial de reação, o limite de reação, a motivação por incentivo, a força do hábito*, e todo o resto das variáveis "intervenientes" relacionadas não podem ser considerados fatos. O que não significa que não sejam válidas ou que entidades inferidas não tenham nenhum lugar na teorização psicológica – muito pelo contrário. Constructos lógicos, do mesmo modo que outras "verdades" teóricas, deveriam ser julgados por sua utilidade.

E, então, as variáveis intervenientes de Hull são úteis? Dentro do sistema, são imensamente úteis, propiciam uma lógica convincente que é a marca registrada do sistema. Que elas contribuem para novas explicações do comportamento humano, levam a predições mais acuradas, que, caso contrário, não seriam passíveis de estimar, são claras e compreensíveis, e se baseiam em poucas suposições não verificáveis, já não é tão aparente.

Ironicamente, portanto, apesar da lógica e da matemática impressionantes que constituem os fundamentos do sistema, a teoria não se aplica muito bem a alguns de nossos critérios. Entretanto, o sistema de Hull contribuiu de maneira bem tangível para o avanço da teoria psicológica. Primeiro, ao introduzir conceitos, como respostas fracionárias que antecedem o objetivo, prefigurou interesses cognitivos. O conceito tem resquícios de intenção ou propósito e, como veremos, intenção é uma variável importante em algumas teorias cognitivas de aprendizagem e motivação.

Segundo, a insistência de Hull na precisão, no rigor e na quantificação, assim como sua ênfase na consistência lógica, influenciou profundamente o modo eram conduzidas as investigações psicológicas. Essa influência resultou da sua insistência na precisão, no rigor e na quantificação, bem como na ênfase sobre consistência lógica. Essas ênfases estão muito bem ilustradas na variedade de experimentos nos quais Hull comparou sistematicamente a capacidade de pacientes hipnotizados e despertos em uma tentativa de refutar concepções errôneas. Estes experimentos resultaram em um importante livro sobre hipnose (Hull, 1933). Page (1992) destaca que muitas das investigações meticulosas e controladas na área da hipnose que Hull realizou nessa área, resultaram em métodos experimentais e conclusões válidos ainda hoje. Talvez seja a insistência de Hull na experimentação sistemática e na aplicação da lógica que coloca seu sistema mais afastado de outras teorias da aprendizagem – e estas estão entre suas maiores contribuições.

Terceiro, Hull, assim como Thorndike e B. F. Skinner, geralmente é lembrado como aquele que popularizou e sistematizou a noção de que o reforçamento é uma das forças mais importantes para moldar o comportamento. Nesse sentido, apontam Purdy, Harriman e Molitorisz (1993), essas teorias envolvem uma espécie de seleção natural darwiniana: respostas acompanhadas por consequências favoráveis tendem a se tornar mais frequentes; outras respostas finalmente desaparecem. É um princípio de seleção natural na medida em que os comportamentos “mais adequados” – os que sobrevivem – são aqueles reforçados. Assim como explicam McDowell et al. (2008), é como se uma população de comportamentos potenciais fosse selecionada e evoluísse como resultado de pressões ambientais relacionadas às consequências do comportamento.

Em resumo, Hull influenciou significativamente o desenvolvimento da psicologia. Na verdade, por muitos anos foi visto como o principal proponente das teorias sistemáticas do comportamento. Como diz Mills (1998), Hull era muito ambicioso e interessado no seu sucesso pessoal como o principal porta-voz e criador de uma teoria completa sobre o comportamento. Ao mesmo tempo, ficou apreensivo, e talvez um pouco aborrecido, com a aparente popularidade e sucesso dos psicólogos da Gestalt (que veremos no Capítulo 6). “Esse pessoal da Gestalt é terrivelmente articulado”, escreveu numa carta dirigida a seu colaborador, Kenneth W. Spence. “Praticamente, todos eles escreveram vários livros. O resultado é que, embora formem um pequeno grupo dentro da população de psicólogos deste país, escreveram dez vezes mais no campo teórico do que os norte-americanos” (registrado por Mills, 1998, p. 112).

Webster e Coleman (1992) destacam que, por vários anos, após a publicação de *Principles of Behavior*, Hull foi o mais influente de todos os psicólogos norte-americanos. Mas Hull apresentou pouca pesquisa para validar suas teorias e dar sustentação a seus corolários. Por volta dos anos 1950, sua influência declinou, talvez porque ninguém tenha conseguido agregar valores às fórmulas e aos prognósticos hullianos (com algo que se aproximasse da precisão das máquinas) para prever o que o organismo fará em diversas situações. Talvez não devesse surpreender o fato de que as teorias da aprendizagem que se seguiram foram bem mais tímidas em alcance e ambição.

Implicações Educacionais de Thorndike e Hull

Como percebemos, Thorndike, praticamente sozinho, definiu e estabeleceu a psicologia educacional. Também popularizou o uso dos testes e dos métodos estatísticos na educação e na psicologia. Além disso, transformou a psicologia infantil numa disciplina objetiva. Tanto Thorndike quanto Hull realizaram incontáveis experimentos no campo da aprendizagem. Não causa surpresa, portanto, que as teorias de ambos tenham tido importantes implicações educacionais.

Talvez mais do que tudo, o reconhecimento desses pesquisadores a respeito da importância das consequências do comportamento – dos seus *efeitos* – afetou profundamente as práticas dentro das escolas. Por exemplo, a teoria de Thorndike enfatiza que recompensa e punição devem se seguir a tentativas corretas e têm de ser adequadas à situação. Entre outros aspectos, a *prontidão* da criança precisa ser levada em conta.

As leis subsidiárias de Thorndike também apontam para a necessidade de considerar as atitudes dos estudantes, de dirigir a atenção aos aspectos mais importantes de uma situação e de ensinar para a transferência (para a generalização). Thorndike sugeriu que os professores facilitassem a transferência indicando como situações diferentes são similares.

Embora a teoria de Hull não seja tão direcionada para aperfeiçoar a prática educacional, a ela cabe o crédito de ter popularizado a noção de que o reforçamento está centralmente envolvido na aprendizagem. Como veremos no Capítulo 4, Skinner ampliou essa noção num sistema muito influente.

Resumo

1. A teoria do conexionismo por tentativa e erro de Thorndike baseia-se, em parte, nas suas tentativas de determinar se os animais pensam – se são inteligentes, segundo concepções humanas.
2. Contiguidade e reforçamento são as duas principais explicações behavioristas para a formação de relações entre estímulos (S-S), entre respostas (R-R) ou entre estímulos e respostas (S-R). A explicação da contiguidade afirma que a co-ocorrência dos eventos em questão é suficiente; a posição do reforçamento leva em consideração as consequências do comportamento. Watson e Guthrie eram teóricos da contiguidade; o reforçamento é a questão central das teorias de Thorndike e Hull.
3. Thorndike descreveu a aprendizagem como algo que envolve estabelecer vínculos (conexões) entre eventos neurais correspondentes a estímulos e respostas. A aprendizagem envolve a gravação de vínculos; o esquecimento implica o apagamento de vínculos.
4. A principal contribuição de Thorndike para a teoria da aprendizagem é a lei do efeito. Especifica que o efeito de uma resposta é instrumental para determinar se ele vai ser aprendido. Depois de 1930, Thorndike afirmou que a *satisfação* (definida objetivamente como tudo aquilo que o organismo nada faz para evitar; ao contrário, frequentemente faz coisas para manter ou repetir a situação) é muito mais eficaz para gravar respostas do que a *insatisfação* para eliminar

respostas. Antes de 1930, ele também acreditava que a repetição (a lei do exercício) era importante, mas rejeitou essa ideia após 1930.

5. A prontidão foi uma parte importante do sistema de Thorndike na fase pré-1930 (quando um organismo está pronto para aprender, fazê-lo é satisfatório); o pertencimento (as coisas vistas como pertencentes umas às outras são aprendidas mais facilmente) tornou-se mais importante depois de 1930.
6. A mais importante das leis subsidiárias de Thorndike é a lei das respostas múltiplas (a aprendizagem ocorre por tentativa e erro). Outras leis afirmam que a cultura e a atitude afetam o comportamento (predisposição ou atitude), que as pessoas são seletivas nas respostas (preponderância dos elementos), que o comportamento é generalizável (resposta por analogia) e que a substituição de estímulos ou transferência (mudança associativa) ocorre.
7. Dentre as contribuições mais significativas de Thorndike estão a ênfase na importância das consequências do comportamento (recompensa e punição), na popularização do uso de animais na pesquisa psicológica e em seu esforço determinado para aplicar princípios psicológicos a problemas reais, principalmente na área da educação.
8. A análise do comportamento de Hull é uma tentativa formalizada de explicar o comportamento por meio de relações precisas que ele pensava existir entre as variáveis de *input*, as intervenientes e as de *output*. Esse sistema hipotético-dedutivo baseia-se em 17 leis (chamadas postulados) das quais derivaram mais de cem teoremas e muitos corolários.
9. Um resumo das principais variáveis hullianas e das relações que existem entre elas é dado pela equação ${}_SE_R = {}_SH_R \times D \times V \times K$. Leia-se: o potencial de reação é um produto da força do hábito, do impulso, do dinamismo da intensidade do estímulo e da motivação de incentivo. Se o potencial de reação (a tendência a responder) menos o potencial de inibição (tendência a não responder, baseada no esforço envolvido e nos hábitos anteriores de não responder) for maior do que o valor limite, a resposta ocorre. Entretanto, mesmo dentro desse sistema, o comportamento não é completamente previsível porque o valor do potencial de reação varia (oscila) em torno de um ponto fixo.
10. Dois conceitos hullianos especialmente significativos para o desenvolvimento das teorias da aprendizagem são as respostas fracionárias que antecedem o objetivo e as hierarquias de famílias de hábitos. As respostas fracionárias que antecedem o objetivo são sequências de respostas internas que antecedem um objetivo e, assim, tornam-se condicionadas. No sistema de Hull são vistas como cadeias de estímulos e respostas internas, denominadas sequências s_G–r_G. As hierarquias de famílias de hábitos são arranjos hierárquicos de hábitos relacionados em função de apresentarem objetivos comuns.
11. O conceito de respostas fracionárias que antecedem o objetivo ilustra a crença de Hull na possibilidade de prever e explicar o comportamento usando noções precisas e quantificáveis, sem recorrer a termos mentalísticos e não quantificáveis. De certo modo, essas são definições behavioristas de conceitos cognitivos, tais como expectativa ou propósito.
12. Apesar da impressionante lógica e matemática do sistema de Hull, ele não resultou em predições úteis do comportamento. Apesar disso, sua contribuição para o desenvolvimento das teorias da aprendizagem posteriores foi muito grande. Ademais, o trabalho de Hull influenciou profundamente a orientação das investigações psicológicas (ênfase na objetividade e na experimentação) e a ele se credita a popularização da ideia de que o reforçamento é importante na aprendizagem.

Condicionamento Operante: O Behaviorismo Radical de Skinner

É perigoso e tolo negar a existência de uma ciência do comportamento a fim de evitar suas implicações.
B. F. Skinner (1973)

Se as pessoas são boas somente por temerem o castigo e almejarem uma recompensa, então somos de fato, um grupo muito desprezível.
Albert Einstein

Aquela tarde saímos para andar pela floresta, o professor e eu. Partindo da encruzilhada que ficava abaixo da cabana, no lado oposto ao do dique do castor, seguimos a trilha na direção norte. Ele ia à minha frente porque o caminho era estreito demais para andarmos lado a lado. Por não ser muito alto e querer ver onde estava indo, em vez de ficar olhando para as minhas costas, ele preferiu andar na frente.

Quando chegamos à árvore que tinha o ninho da águia-pescadora, o professor parou. Disse que aquele era um pássaro incrível, mas não havia nenhum deles à vista. Explicou a relação dele com o gavião e com o abutre e contou que vive só de peixes. Mergulha os pés na água para pegar os peixes vivos e com toda a envergadura das asas, que vai de 1,60 m a 2 m, consegue levantar voo de novo, mesmo ensopado. Com seu dedão externo reversível e o minúsculo e providencial ferrão que tem sob os pés ele consegue fisgar o peixe. "Pássaro incrível", repetiu, lembrando como ele consegue fechar as narinas ao mergulhar na água em busca de um peixe mais pesado, e observou que isso é raro entre os pássaros; só acontece com patos, galeirões e outras espécies aquáticas. Contou que a águia-pescadora sempre constrói seu ninho sobre a água ou perto dela – como aqui no Lago Coal, no vale que fica adiante de onde estamos –, e todo outono migra para a América do Sul. Lembrou até que um dos primeiros aviões que conseguiram voar na horizontal, como as aeronaves convencionais, e que aterrissavam e decolavam na vertical quando acionados seus propulsores, foi chamado de Osprey V-22 (Águia Voadora).

Sentamo-nos em um tronco de árvore na beira do vale que dá para o Lago Coal, o sol se punha atrás de nós, nossas sombras estendiam-se pelo declive da colina; tudo parecia perfeito como sempre deveria ter sido. E o professor falou mais um pouco sobre a águia-pescadora e sobre peixes; explicou que ainda há muito a aprender com o comportamento e a adaptação dos animais e que os primeiros psicólogos acreditavam que seria bem mais fácil descobrir as leis do comportamento humano estudando o comportamento animal.

Este Capítulo

"Skinner foi um desses estudiosos", explicou o professor, gesticulando para que eu ligasse o gravador a fim de registrar o próximo capítulo, que discorre sobre aquele que é, sem dúvida, o mais influente e conhecido dos behavioristas, Burrhus F. Skinner. Ele previu que alguns leitores, ao terminarem de ler este capítulo, terão se convertido ao behaviorismo radical, que, segundo ele, é quase uma religião.[1]

Objetivos

O professor pediu que lhe disesse que você saberá que isso aconteceu quando os sonhos – talvez até os pesadelos – que o despertam à noite passarem a não ter mais nada a ver com os prêmios da loteria que você fantasia ganhar ou com os dramas nos quais você é sempre o herói. Em vez disso, eles passarão a lidar com o seguinte:

- *Respondentes e operantes.*
- *Os fundamentos da aprendizagem operante.*
- *Os efeitos dos diferentes esquemas de reforçamento.*
- *A natureza e os usos da punição.*
- *As possíveis origens das superstições.*
- *O que significam termos como desvanecimento, generalização, discriminação, controle aversivo e rato.*

O Behaviorismo Radical: uma Antiteoria?

O fato de Skinner ter desenvolvido uma teoria pode parecer estranho ou incorreto para alguns críticos em razão de ele ser considerado um antiteórico assumido. Em 1950, escreveu um artigo intitulado "As Teorias da Aprendizagem São Necessárias?" (Skinner, 1950). Sua resposta, numa palavra, foi "Não". Em artigo posterior, declarou que as teorias, embora possam ser agradáveis para seus criadores, têm pouco valor prático (Skinner, 1961).

Inúmeros críticos de Skinner – bem como diversos defensores – concluíram que o psicólogo era contra todas as teorias e que tinha, como Westby (1966) coloca, desenvolvido uma "Grande Antiteoria". Skinner discordou. "Felizmente, defini meus termos", disse, acerca do seu artigo original (Skinner, 1969, p. vii). O tipo de teoria à qual ele se opunha está bastante claro naquele artigo: "Qualquer explicação de um fato observado que apela a eventos que estão acontecendo em outro lugar".

---

1 "Não se espante", disse o professor, desviando os olhos das anotações. "Radical não quer dizer que Skinner era um revolucionário selvagem disposto a vandalizar e saquear as teorias de outras pessoas e talvez até queimá-las." Ele disse que Skinner usou a definição *radical* em 1945, em um artigo no qual insistia que, para ser uma ciência, a psicologia precisa lidar apenas com eventos públicos. Nesse sentido, *radical* ganha o significado de *raiz*. Skinner dizia que os eventos públicos, em contraste com os estados mentais, são a raiz da psicologia. No entanto, disse o professor, isso não significa menosprezar o evento privado. Assim, uma dor de dente pode ser particular, mas também é um estímulo psicológico concreto. A designação *behaviorismo radical* é usada comumente para distinguir entre o behaviorismo de Skinner e aquele de outros teóricos que não foram nem de perto tão insistentes em *não* fazer inferências sobre os estados mentais. "Mais especificamente", explicou o professor, "traça uma distinção inequívoca entre a teoria de Skinner e o *behaviorismo intencional* de Tolman" – que será discutido no Capítulo 6.

Como exemplo do tipo de teorização ao qual mais se opunha, Skinner (1969) citou um filme educativo que assistira recentemente. Para mostrar como se forma um reflexo, o filme apresentava impulsos elétricos (como se fossem flashes de luz) correndo pelos neurônios e finalmente aparecendo numa tela de televisão no cérebro. Então um homenzinho os colocava em ação, pressionando uma alavanca que devolvia os impulsos luminosos para os neurônios, até os músculos, que respondiam para completar o reflexo.

Esta é uma explicação muito antiga para o comportamento humano que nos remete aos gregos, os quais atribuíam ao comportamento um pequeno **homúnculo** – homenzinho que existia dentro do homem grande (e também da mulher, presume-se). Na visão de Skinner, a teorização psicológica costuma inventar os tais "homenzinhos" no cérebro: por exemplo, as noções de Freud sobre o subconsciente ou as descrições dos mapas mentais feitos pela psicologia cognitiva ou, ainda, outras "ficções" não observadas (termos de Skinner). Essas abordagens são enganosas e devastadoras, afirma Skinner, pois sugerem atividades intelectuais misteriosas e fazem muito pouco pelo avanço da ciência. O comportamento, afirma ele, deveria ser estudado e explicado da maneira mais direta possível (Gentile e Miller, 2009). "O comportamento é um daqueles assuntos relacionados ao indivíduo", diz Skinner, "que não pedem métodos hipotético-dedutivos. Tanto o comportamento quanto a maioria das variáveis das quais ele é uma função são, usualmente, manifestados" (1969, p. xi).

Skinner não era antiteórico. Na verdade, ele opunha-se às teorias baseadas em especulação sobre eventos e processos não observáveis. A aceitação dos fundamentos teóricos por parte dele não poderia ser mais explícita: "Uma teoria, ele insistiu, é essencial para a compreensão científica do comportamento como um objeto de estudo" (Skinner, 1969, p. viii). Seu argumento principal é que a teoria deveria se limitar a organizar apenas os eventos e as relações que podem ser observados. A ênfase do behaviorismo radical, como Rutherford (2009) ressalta, está mais na utilização prática da ciência do comportamento humano do que na análise de teorias formais.

Uma Visão Geral do Behaviorismo Radical de Skinner

Uma das maneiras de se avaliar teorias, sugere Larsen (1999), é olhá-las como histórias que, entre outras coisas, refletem as experiências de vida de seus autores. Ela destaca que a abordagem comportamental de Skinner conta uma história de comportamento *contextualizado*, ou seja, a teoria volta-se para o comportamento concreto dos organismos no contexto das condições definíveis e observáveis que o precedem e das consequências que a ele se seguem.

Como vimos, Skinner fazia objeção às teorias que, no intuito de explicar o comportamento, apelavam para condições não observáveis de situações ou eventos. Por exemplo, ele considerava que a utilização das *variáveis intervenientes* era desnecessária e infrutífera. Segundo Skinner, são duas as características mais importantes do behaviorismo radical: (1) as explicações sobre o comportamento se apoiam, exclusivamente, em fenômenos observáveis; e (2) a psicologia é considerada uma *ciência* objetiva, cujos métodos envolvem a análise do comportamento sem apelar para eventos mentais subjetivos ou para eventos fisiológicos especulativos.

Pressupostos Básicos

A teoria de Skinner baseia-se em dois pressupostos fundamentais. Primeiro, ele acreditava que o comportamento humano segue certas leis. Segundo, embora a psicologia tenha tra-

Burrhus Frederic Skinner (1904-1990)

B. F. Skinner – ele era chamado de Fred; Burrhus era o empregado de sua mãe – é um dos gigantes da psicologia do século XX. Apenas Freud é mais reconhecido que Skinner como uma importante figura da psicologia no mesmo período (O'Donohue e Ferguson, 2001).

Skinner nasceu em Susquehanna, Pennsylvania, no dia 20 de março de 1904, numa família de presbiterianos (e republicanos) ferrenhos. Seu pai era um advogado bem-sucedido, embora basicamente autodidata. Sua mãe era uma mulher bonita que, lembra Skinner, sempre ficava 20 minutos em pé após as refeições para conservar a silhueta e a postura. Skinner confessou que pensava que ela fosse frígida.[2]

Skinner frequentou a mesma escola de uma única sala de aula onde estudaram seu pai e sua mãe. Lia muito quando criança, o que pode ter contribuído para o seu desejo de ser escritor. Demonstrava ter excepcionais habilidades motoras, construía trens, patinetes, balanços, balsas e até instrumentos musicais – habilidades que aplicou na elaboração e construção dos dispositivos que usou depois, em seus experimentos.

Como muitos dos psicólogos pioneiros, quando Skinner foi para a universidade, ele não pretendia se tornar um deles, graduando-se, em vez disso, em Inglês (Hamilton College, em Nova York). No final da graduação, encontrou Robert Frost, que leu alguns textos que havia escrito. A opinião de Frost, de que Skinner demonstrava ter talento para a literatura, convenceu-o a ser escritor, então pediu ao pai que o sustentasse durante um ano para que escrevesse seu primeiro romance. O pai concordou, relutante, e Skinner passou por um período que ele descreveu mais tarde como "meu ano negro em Scranton", no qual descobriu que não tinha nada a dizer. Em seguida, foi para a Harvard University, onde se graduou.

Skinner descobriu que a psicologia era fascinante. Desde o início, foi um behaviorista confesso que já sonhava "reformar todo o campo para se adequar a mim" (Skinner, 1979, p. 38). Em 1931, obteve o título de Ph.D em Psicologia e passou os cinco anos seguintes fazendo pesquisas antes de começar carreira como conferencista, pesquisador e escritor (na University of Minnesota, na Indiana University e na Harvard University, nessa ordem). Entre os seus primeiros trabalhos, o principal foi *The Behavior of Organisms* (1938), em que lançou os fundamentos dos princípios do condicionamento operante. O romance *Walden Two* (1948) contribuiu muito para popularizar sua concepção do que seria uma sociedade ideal, baseada nos princípios científicos do comportamento humano e construída de tal forma que as técnicas de controle positivo prevalecessem sobre as técnicas de controle aversivo. No fim dos anos 1950, passou a ser reconhecido como o principal defensor da corrente behaviorista, posição que seguiu desenvolvendo e defendendo ao longo da vida.

Além dos cerca de 200 artigos e livros acadêmicos, Skinner escreveu três livros autobiográficos que totalizaram mais de mil páginas (Skinner, 1976, 1979, 1983). (Com base, parcialmente, em Ewen, 2010; M. M. Hunt, 2007; Kincheloe e Horn, 2007; Goodwin, 2010).

---

dicionalmente olhado para as causas internas do comportamento, Skinner começou seus estudos (e os finalizou) com a absoluta convicção de que as causas estão *fora* da pessoa e podem ser observadas e estudadas. Como consequência dessa postura, a teoria de Skinner é o resultado da busca pelas leis que governam o comportamento, feita de forma objetiva, descritiva, e não de modo especulativo e inferencial.

[2] "Será que devemos nos preocupar com o fato de Skinner achar que a mãe era frígida?", perguntou o revisor e sugeriu o corte dessa passagem. "Deixe do jeito que está", disse o professor, explicando que talvez a convicção – ou pelo menos a suspeita disso – está refletida no condicionamento operante de Skinner.

Contudo, é interessante observar que Skinner especulava que sua ciência do comportamento podia – e devia – ser amplamente aplicada para resolver os problemas da sociedade. Como resultado, seus principais críticos são aqueles que fazem objeção ao *controle* que a aplicação dos princípios do **condicionamento operante**, de Skinner, implica. Como ressalta Skinner, "É verdade que é possível obter controle sobre o comportamento somente na medida em que podemos controlar os fatores responsáveis por ele" (1953, p. 21). Alguns críticos receiam que se a ciência pode explicar e controlar todo o comportamento humano, então, ela pode ser mal aplicada. Outros acreditam que os adeptos de Skinner consideram o comportamento como sujeito a leis e, portanto, explicável através de leis que tornam os seres humanos menos do que eles são; que, pelo menos, a crença de que as leis do comportamento se aplicam igualmente a todos ignora nossas diferenças: ela nos rouba nossa individualidade e nossa exclusividade. Voltaremos a essas críticas no final deste capítulo.[3]

A Análise Experimental do Comportamento

As causas do comportamento, insistia Skinner, estão fora do organismo. A questão toda da ciência do comportamento humano, então, é descobrir e descrever as leis que governam as interações entre o organismo e o ambiente. Para fazê-lo, o psicólogo precisa especificar três aspectos: "(1) a ocasião na qual a resposta ocorre, (2) a resposta, e (3) as consequências do reforçamento" (Skinner, 1969, p. 7).

Skinner descreve seu sistema como algo que envolve a **análise experimental do comportamento**. Sendo um analista experimental, ele lida com dois tipos de variável: as variáveis independentes (fatores que podem ser manipulados direta e experimentalmente, como o reforçamento) e as variáveis dependentes (as características do comportamento concreto, como o padrão de respostas). As variáveis dependentes não são manipuladas pelo pesquisador, mas, afetadas pelas variáveis independentes. O objetivo é descrever as leis que governam as relações entre variáveis dependentes e independentes. Feito isso, é possível ampliar e refinar o controle sobre as variáveis dependentes – em outras palavras, torna-se possível controlar o comportamento. Os elementos essenciais do sistema, vistos como variáveis dependentes e independentes, estão resumidos na Tabela 4.1.

Aprendizagem Operante

Nas suas tentativas de explicar o comportamento, Skinner dispunha da ideia do condicionamento clássico que já havia sido proposta por Ivan Pavlov e elaborada por estudiosos

---

[3] O professor aproximou-se e, sem cerimônia, desligou meu gravador. "Já chega", ele resmungou. "Há muitos pernilongos aqui fora. Vamos voltar à cabana". Receio que eu possa ter perdido as últimas palavras que ele disse, ainda não salvas. Logo chegamos, e ele chamou o gato para que sentasse em seu colo. O animal se recusou, e eu revirei a casa em busca de fósforos para acender o lampião, de modo que ele pudesse continuar a ler. O professor disse que discorreria sobre a biografia explicando que havia uma para cada um dos principais teóricos e que, embora esse tipo de texto não parecesse importante para alguns leitores, o era, e não apenas por ser curioso ou inspirador. Explicou que muitos psicólogos acreditam que a vida pessoal influencia profundamente a vida profissional das pessoas. Por exemplo, Demorest e Siegel (1996; Siegel, 1996) fizeram um estudo detalhado da vida de Skinner e de seus escritos autobiográficos. Entre outras coisas, sugeriram que o behaviorismo radical de Skinner é uma espécie de reação de defesa que lhe permitiu conviver com repetidos fracassos – especificamente, com a sua frustração por não ter conseguido se tornar um romancista depois da faculdade. Encontrei os fósforos e acendi o lampião. O professor começou a ler a biografia de Skinner. O gato levantou-se e saiu.

***Tabela* 4.1** *O Sistema de Skinner*

Variáveis independentes	Variáveis dependentes
Tipo de reforçamento	Taxa de aquisição
Esquemas de reforçamento	Taxa de respostas
	Taxa de extinção

como John B. Watson e Edwin Guthrie. Embora Skinner (1996) expressasse sua admiração por Pavlov, discordava da ideia pavloviana básica de que o estudo dos reflexos condicionados conseguiria explicar muitos dos mais importantes comportamentos humanos. Skinner acreditava que o condicionamento clássico poderia ser aplicado a uma variedade bem limitada de comportamentos de seres humanos e de animais. Mais especificamente, que o condicionamento clássico explicaria *apenas* a aquisição daqueles comportamentos cuja resposta inicial pode ser eliciada por um estímulo conhecido. A aprendizagem que então ocorre resulta da associação desse estímulo a outro, em várias tentativas.

Embora Skinner aceitasse que esse modelo fosse correto para explicar alguns comportamentos, insistia que muitas respostas humanas não resultam de estímulos óbvios. Ademais, afirmava que os estímulos, fossem eles observáveis ou não, nem sempre são importantes para uma explicação precisa e útil da aprendizagem.

"Reflexos, condicionados ou não", ele explicou, "estão relacionados principalmente com a fisiologia interna do organismo. No entanto, mais frequentemente, estamos interessados no comportamento que tem algum efeito sobre o mundo ao redor" (1953, p. 59).

Respostas eliciadas por um estímulo são chamadas **respondentes**; respostas simplesmente emitidas por um organismo são chamadas **operantes**. No caso do comportamento respondente, o organismo reage *ao* ambiente, ao passo que no comportamento operante age *no* ambiente. Em certo sentido, respondente diz respeito ao comportamento involuntário; operante, por sua vez, refere-se ao comportamento voluntário. Contudo, Skinner provavelmente não teria dito isso, porque consideraria essa terminologia especulação desnecessária. Não precisamos perguntar ou imaginar se o organismo quer ou não fazer algo, insiste Skinner, precisamos apenas verificar o que ele faz, as circunstâncias sob as quais faz, e as consequências de suas ações. Esses três aspectos, tomados em conjunto, são as *contingências* do comportamento. A análise experimental do comportamento não requer nada mais – ou nada menos – do que a análise desses três fatores.

Skinner sugeriu que o condicionamento clássico só funciona no comportamento respondente. Chamou esse tipo de aprendizagem condicionamento *Tipo S* (para estímulo) e adiantou um modelo diferente para explicar a aprendizagem baseada no comportamento operante: o modelo de condicionamento operante ou instrumental, também denominado condicionamento do *Tipo R* (para resposta). Observe que o modelo de Skinner de condicionamento operante é baseado diretamente na *lei do efeito*, de Thorndike, e em seu papel na aprendizagem *instrumental*. Conforme Skinner observa, "Uma das primeiras tentativas sérias de estudar as mudanças provocadas pelas consequências do comportamento foi feita por E. L. Thorndike" (1953, p. 59). As distinções entre condicionamento clássico e operante são mostradas na Tabela 4.2.

Tabela 4.2 *Condicionamento Clássico e Operante*

Clássico (Pavlov)	Operante (Skinner)
Lida com respondentes que são eliciados como respostas a estímulos e surgem involuntariamente	Lida com operantes que são emitidos como ações instrumentais e surgem voluntariamente
Tipo S (estímulos)	Tipo R (reforçamento)

A Prevalência do Comportamento Operante

Skinner (1938) acreditava que a maioria dos comportamentos importantes nos quais as pessoas se envolvem é operante. Caminhar até a escola, escrever uma carta ou um texto, responder uma pergunta, sorrir para um estranho, coçar a orelha do gato, pescar, dirigir um carro, cantar e ler são todos exemplos de comportamentos operantes. Mesmo pensar é operante – uma forma oculta (interna) de comportamento verbal. Embora possa haver estímulos conhecidos e observáveis que seguramente levem a alguns desses comportamentos, o ponto crucial é que eles não são centrais em qualquer aprendizagem que ocorrer. O que é central são as consequências dos comportamentos.

A Influência de Charles Darwin e Edward Thorndike

As ideias mais relevantes de Skinner devem muito a Charles Darwin bem como a Edward Thorndike. De várias maneiras, explicou Skinner, a aprendizagem envolve uma seleção de respostas, da mesma forma que a evolução envolve uma seleção de características. Darwin acreditava que, na natureza, toda sorte de características diferentes aparecem; forças da natureza agem para selecionar aquelas que contribuem para a sobrevivência – precisamente porque elas *de fato* contribuem para a sobrevivência. Da mesma forma, no comportamento, todo tipo de respostas aparece. Algumas dessas respostas têm consequências que beneficiam o organismo; outras, não. É em função do efeito dessas consequências que algumas respostas são selecionadas, outras eliminadas (McDowell et al., 2008).

Thorndike observou que as consequências levam à “gravação” ou “desgravação” das respostas, fundamento da sua teoria de aprendizagem por tentativa e erro. Skinner baseou sua teoria do comportamento operante nessa mesma ideia. Resumidamente, a aprendizagem operante é a sobrevivência (ou morte) das respostas. “Tanto na seleção natural quanto no condicionamento operante”, escreveu Skinner, “as consequências assumem o papel previamente atribuído a uma mente criativa antecedente” (1973, p. 264).

O Arreio de Pavlov e a Caixa de Skinner

Quando Pavlov colocava arreio em um cachorro e injetava comida em pó ou uma solução ácida na boca do animal, o cão salivava. Esse é um exemplo claro e inequívoco de um comportamento respondente – um estímulo preciso eliciando uma resposta previsível.

Em suas investigações, Skinner usou um equipamento diferente e inovador, hoje conhecido como **caixa de Skinner** (ele a denominou *câmara de condicionamento operante*).[4]

[4] Skinner aparentemente não gostava de ser um **epônimo**, o professor disse, como um aparte. Mas eu ainda vou chamá-la de Caixa de Skinner, ele acrescentou, porque é assim que comumente a chamamos e é o que os estudantes entendem. Mas seria preferível chamá-la *câmara de condicionamento experimental*.

A mais típica dessas câmaras experimentais é a que se assemelha a uma gaiola equipada com uma barra, uma luz, uma bandeja de comida, um mecanismo de liberação de alimento e, em alguns casos, uma grade eletrificada no piso (veja a Figura 4.1).

Quando um rato ainda não adestrado é colocado nessa caixa, ele não responde da forma previsível e automática como o cachorro de Pavlov preso no arreio. Na verdade, Gallo, Duchatelle, Elkhessaimi, Le Pape e Desportes (1995) identificaram quatorze comportamentos distintos que um rato pode apresentar na caixa de Skinner. O rato pode, por exemplo, encolher-se por um instante, farejar a gaiola, erguer-se sobre as patas traseiras para cheirar a barra e gastar um pouco mais de tempo perto da bandeja de alimento como se sentisse o cheiro dos outros ratos que foram recompensados com comida. Eventualmente, pode pressionar a barra que libera uma porção de comida na bandeja. Ele a comerá e, com o tempo, eventualmente pressionará mais uma vez a barra. E outra vez, e outra vez mais, até que finalmente o rato corre direto para a barra sempre que é colocado na gaiola. Seu comportamento mudou como resultado das consequências do seu comportamento anterior: o rato foi condicionado de modo operante.

Aprendizagem Operante

Apresentada de forma simples, a explicação sobre o condicionamento operante diz que, quando um reforçador ocorre depois de uma resposta – independentemente das condições que possam ter levado à resposta – o resultado será um aumento na probabilidade de que essa resposta ocorra de novo sob circunstâncias similares. Além disso, a explicação afirma que as circunstâncias que cercam o reforçamento podem servir como um **estímulo discriminativo** (S^D) que pode vir a ter controle sobre a resposta. Conforme Skinner explica, "A maior parte do comportamento operante adquire importantes conexões com o mundo ao redor" (1953, p. 107). Isto é, embora a aprendizagem operante dependa das consequências do comportamento, estímulos que acompanham o comportamento podem se tornar associados a ele.

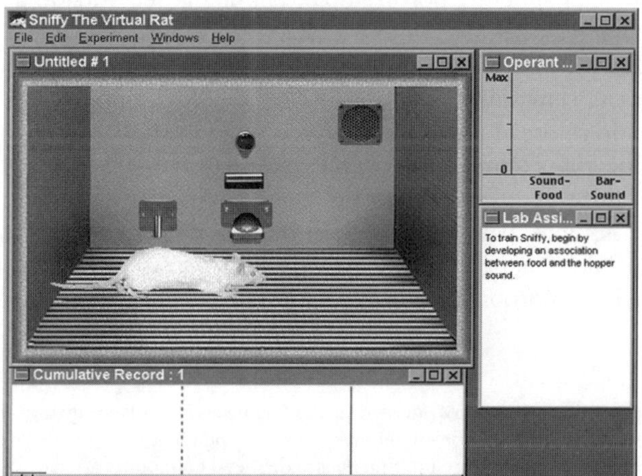

Cengage Learning

Figura 4.1 Sniffy, o rato virtual, explora sua gaiola, frequentemente denominada caixa de Skinner. Skinner, entretanto, a chamava de "câmara de condicionamento experimental".

Observe que ao contrário do conexionismo de Thorndike, a teoria do reforçamento de Skinner não envolve a formação de associações entre estímulos e respostas. Na verdade, Skinner esforçava-se para salientar que não era um teórico S-R. Por definição, um operante *nunca* é eliciado. Assim, embora o rato na caixa de Skinner possa, finalmente, aprender a pressionar a barra somente quando uma luz é ligada, esse estímulo discriminativo particular não *elicia* a pressão na barra, afirma Skinner. Simplesmente permite ao rato discriminar as situações reforçadoras das não reforçadoras.

Qualquer comportamento adquirido por causa do reforçamento pode ser interpretado como exemplo de condicionamento operante. A Figura 4.2 mostra um exemplo.[5]

Reforçamento

As explicações de Skinner para a aprendizagem por meio do condicionamento operante baseiam-se na noção de que são as consequências do comportamento que determinam a probabilidade de o comportamento ocorrer de novo. Isso é muito parecido com a ideia de Thorndike de que as respostas que resultam em "um estado de coisas satisfatório" são mais suscetíveis de ser aprendidas. Contudo, determinado como estava a ser objetivo, Skinner não abriu espaço na sua teoria para termos subjetivos como *satisfatório* e *desagradável*. Portanto, ele define **reforçador** como *um evento que se segue a uma resposta e altera a probabilidade de que determinada resposta ocorra novamente*. **Reforçamento** é simplesmente o efeito de um reforçador.

Esse é um exemplo claro do que se entende por uma definição *operacional*: reforçadores são definidos por comportamentos observáveis e mensuráveis (ou operações). A ênfase de Skinner nesse tipo de definição, destaca Wyatt (2001), teve influência profunda e duradoura na teoria psicológica. Uma vantagem importante de definir termos de forma operacional é que, ao fazê-lo, não se torna necessário especular sobre condições subjetivas. Definir reforçamento operacionalmente, por exemplo, elimina a necessidade de especular sobre o que é prazeroso ou não. Se um evento é ou não reforçador, isso depende apenas de seus efeitos; sua natureza intrínseca é irrelevante. Assim, um mesmo evento pode ser reforçador numa ocasião, mas não em outra. Nas palavras de Skinner, "... a única característica definidora de um estímulo reforçador é que ele reforça" (1953, p. 72).

Para ilustrar, imagine Henry, um adorável garoto sardento de 10 anos de idade. Ele tem de passar por um teste de soletração para o qual estudou bastante, desenvolvendo vários estratagemas mnemônicos. Para lembrar, por exemplo, como se soletra *separador*, ele disse a si mesmo que há "dor" na palavra. Acertou 95% das questões do teste. Isso serviu como reforçador e aumentou a probabilidade de Henry usar novamente recursos mnemônicos.

[5] "Você pode citar seu próprio exemplo", disse o professor. E, assim, o faço: quando estivemos no lago o professor não me deixou pescar para que eu pudesse fazer as anotações, vi como ele parou de usar uma isca pontiaguda [no original, *wetaskiwin lure* é um tipo de isca de metal com ponta afiada – NRT] depois de ter se ferido algumas vezes. Percebi também como os movimentos da mão foram ficando progressivamente mais agitados à medida que ela pegava mais peixes. "Não está com a mão cansada?", perguntei, oferecendo-me para pescar um pouco. "Por que deveria?", rebateu. "Tudo o que estou fazendo é segurar uma linha com uma isca pequena na ponta." O professor nem tinha percebido que o peixe modelara o comportamento dele (veja a Figura 4.2).

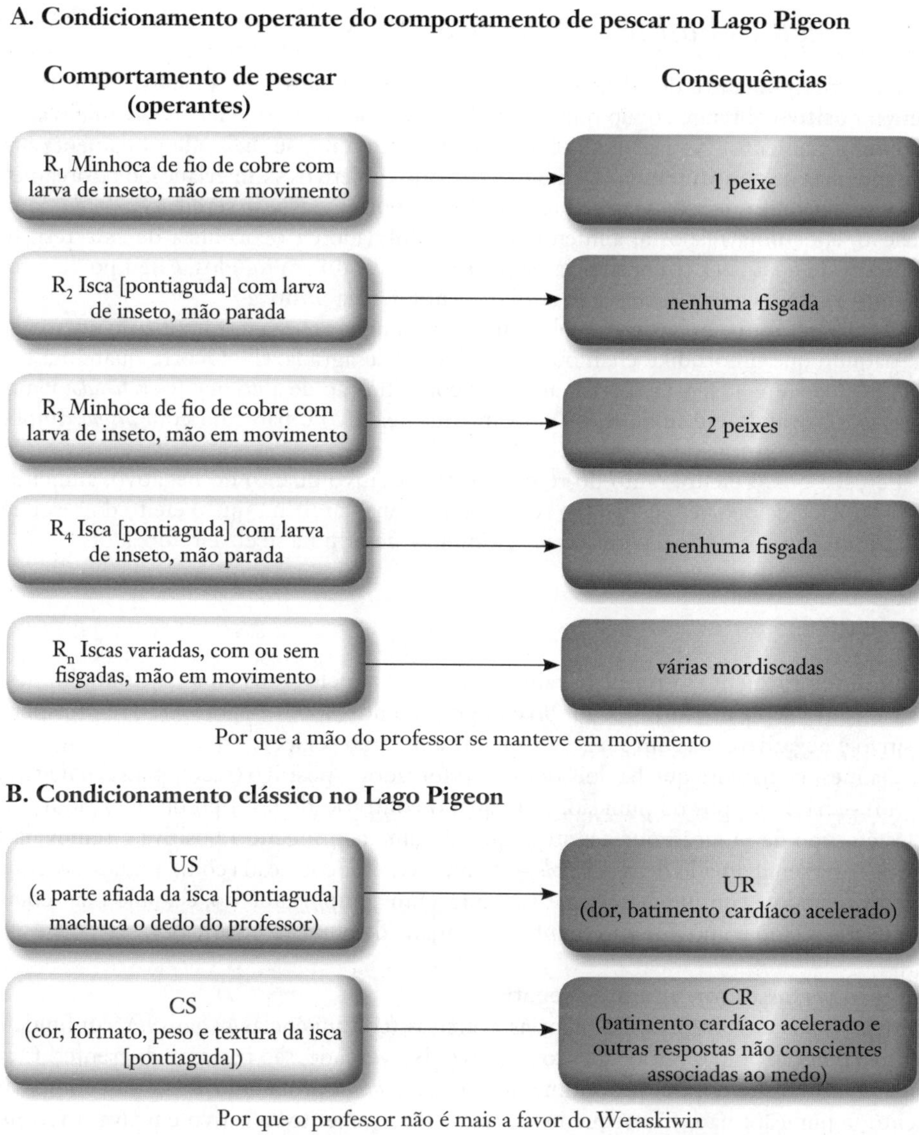

***Figura* 4.2** Dois tipos de condicionamento.

Agora imagine Agnes, uma garota inteligente que sempre acerta 100% das questões de testes de soletração sem usar truques mnemônicos. Dessa vez, ela usou um; na verdade, o mesmo estratagema mnemônico de Henry. No entanto, ao contrário de Henry, ela ficou confusa na hora e pensou que havia "ardor" em *separador*. Também acertou 95%. Contudo, esse evento não foi reforçador para Agnes e bem poderia ter efeito oposto no seu comportamento.

Reforçamentos Positivo e Negativo

Skinner distingue entre dois tipos de reforçamento: o positivo e o negativo. O **reforçamento positivo** abrange aquilo que Thorndike chamou de consequência "satisfatória" de um comportamento. Na psicologia behaviorista, denomina-se mais adequadamente uma consequência de **contingência**. Definido em termos objetivos skinnerianos, o reforçamento positivo ocorre quando as consequências do comportamento, ao serem *adicionadas* a uma situação, após uma resposta, aumentam a probabilidade da ocorrência de essa resposta acontecer de novo, em circunstâncias similares. Trocando em miúdos, esse tipo de reforçamento é semelhante à *recompensa*, implica contingência positiva.

O **reforçamento negativo** envolve uma resposta que resulta na eliminação ou prevenção daquilo que Thorndike chamou de resultado "desagradável". Ocorre quando a probabilidade de uma resposta ocorrer aumenta como função de algo que foi *retirado* de uma situação. Trocando em miúdos, o reforçamento negativo é parecido com *alívio*. Implica remover uma contingência *negativa*.

Perceba que o efeito, tanto do reforçamento positivo quanto do negativo, aumenta a probabilidade da ocorrência de uma resposta. Perceba, também, que o efeito do resultado (da contingência) – e não a natureza do estímulo – determina se ele é reforçador.

Punição

Como o reforçamento, a **punição** também é definida pelos seus efeitos. Contudo, nesse caso, o efeito não é um fortalecedor do comportamento (como é para *ambos*, reforçamento positivo e negativo), mas um supressor ou enfraquecedor dele.

Da mesma maneira que há dois tipos de reforçador – positivo (recompensa) e negativo (alívio) –, há dois tipos de punição, cada qual o contrário de um tipo de reforçador. Um deles é o tipo de punição que acontece quando uma contingência positiva é removida (o que poderia ser chamado de *penalidade* – algumas vezes identificada como punição *positiva*); a outra, quando a contingência negativa segue a um comportamento, é aquilo mais comumente conhecido como punição (também chamada de punição *negativa*).

Punição *versus* Reforçamento Negativo

Porque ambos envolvem consequências aversivas (contingências negativas), confunde-se muito a punição com o reforçamento negativo. Na verdade, são bastante diferentes. O reforçamento negativo é um procedimento que *aumenta* a probabilidade de um comportamento; a punição, não. Consequentemente, o reforçamento negativo envolve o término de um evento considerado aversivo (término de uma contingência negativa); já a punição envolve introduzir uma contingência negativa ou retirar uma positiva (*apetitiva*).

Qualquer dúvida que reste a esse respeito pode ser elucidada com uma consulta à Figura 4.3, que mostra as quatro possibilidades que resultam quando contingências positivas ou negativas (eventos apetitivos ou aversivos) seguem um comportamento ou terminam um comportamento que se segue. Em outros termos, essas quatro possibilidades são a recompensa (reforçamento positivo), o alívio (reforçamento negativo), o castigo (um tipo de punição algumas vezes chamado punição pela remoção), ou penalidade (outro tipo de punição, algumas vezes chamada apresentação pela remoção de punição). Na seção seguinte, cada uma dessas quatro possibilidades é ilustrada com um rato e depois com uma pessoa.

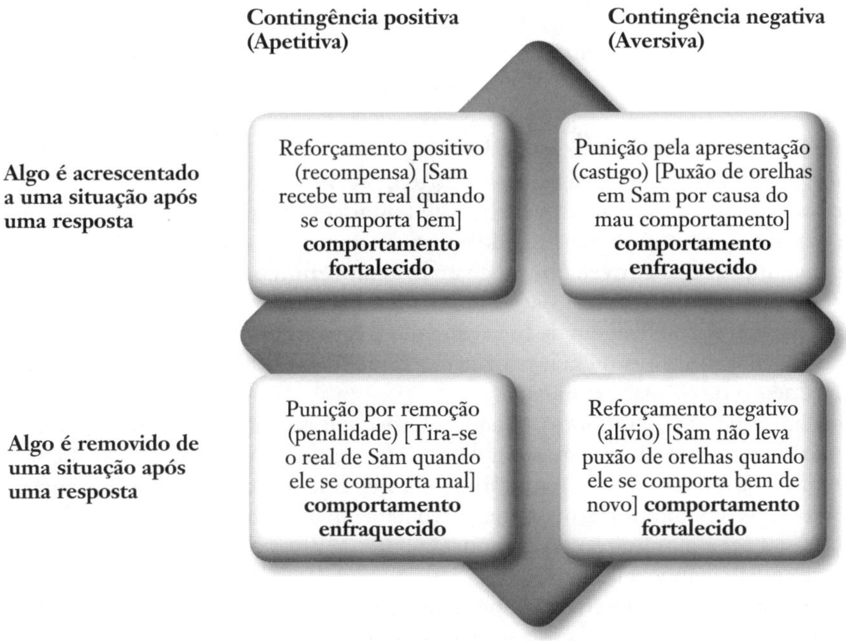

***Figura* 4.3** Reforçamento e punição.

Exemplos de Reforçamento e Punição

O exemplo do animal refere-se ao comportamento de Arnold, um rato na caixa de Skinner; o de pessoas refere-se ao comportamento de Bill, uma criança pequena, que está em casa.

Reforçamento Positivo (Recompensa)

Se a consequência da ação de Arnold de pressionar uma barra é a liberação de alimento na bandeja (contingência positiva), o efeito pode ser o aumento da probabilidade de que esse comportamento se repita. Nesse caso, o alimento é o **reforçador positivo**; seu efeito é o reforçamento positivo. Resulta no aumento de um comportamento precedente.

Se o pequeno Bill se dispõe a beijar a mãe numa manhã e ela o elogia por esse tocante gesto filial, pode aumentar a probabilidade de que esse comportamento aconteça no futuro. O elogio da mãe é um reforçador positivo.

Reforçamento Negativo (Alívio)

Se a corrente elétrica estiver ligada permanentemente na grade do chão da caixa de Skinner, mas for desligada todas as vezes que o rato pressionar a barra (remoção da contingência negativa), novamente haverá maior probabilidade do comportamento de pressionar a barra. Neste caso, o término da corrente elétrica é um **reforçador negativo**, seu efeito é um reforçamento negativo. Isso também leva a um aumento no comportamento que o precede.

Se, mais tarde, o pequeno Bill for deixado sozinho em seu quarto enquanto tem uma crise de choro (porque sua mãe insiste em que ele não pode sentar em cima do gato como se fosse um cavalo), sabendo que somente vai poder sair quando parar de chorar, isso ilustra um reforço negativo. Este evento pode aumentar a probabilidade de que ele vai parar de chorar quando estiver outra vez nessa situação.

Punição por Apresentação (Castigo)

Se o rato, que deve permanecer no piso elétrico, receber um choque suave todas as vezes em que pressionar a barra, ele provavelmente tentará evitá-la no futuro. O choque, nesse caso, é um tipo de punição (chamada de *negativa*, comumente denominada *castigo*). Pode resultar naquilo que se convencionou chamar de **aprendizagem de esquiva** (quando o rato, ao ser colocado em uma situação previamente associada a contingências negativas, tenta escapar) ou aprendizagem de fuga (quando o rato colocado numa situação anteriormente associada com contingências negativas, tenta fugir). Ela não leva a um aumento do comportamento de pressionar a barra.

Convém notar que, embora o choque elétrico, nesse caso, sirva como punição por pressionar a barra, é também um exemplo de reforçamento negativo no tocante à aprendizagem de esquiva. Isto é, se a remoção do choque implica aumento do comportamento de evitá-lo, serve como reforçamento negativo para aquele comportamento. Se, ao mesmo tempo, levar a uma diminuição do comportamento de pressionar a barra, serve como punição para aquele comportamento.

Se o pequeno Bill dá um chute no bumbum de sua irmã e então ela se vira e lhe acerta um tapa na cabeça, ele pode se mostrar menos disposto a chutá-la de novo em situações ou locais similares. O tapa da irmã é um tipo de punição que diz respeito ao chute dado por Bill.

Punição por Remoção (Penalidade)

Depois que o rato foi treinado, se o pesquisador remover a porção de comida (remoção de uma contingência positiva), a menos que o rato a alcance num determinado tempo após pressionar a barra, logo ele vai parar de vagar e lamber os beiços como fazia quando ia em direção à bandeja de alimento. Nesse exemplo, a remoção da porção de comida é uma punição que envolve uma penalidade (algumas vezes chamada punição por *remoção*). As respostas punidas são aquelas que retardam o rato.[6]

Tirar do pequeno Bill as balas de goma na hora do lanche porque ele as lambeu, esfregou-as na parede, deixou-as rolar no chão e depois as jogou na irmã é um exemplo de penalidade punitiva. Pode diminuir a probabilidade de ele apresentar determinados comportamentos relacionados a balas de goma.

Reforçadores Primários e Secundários

Além de distinguir reforçamento positivo de negativo, Skinner identifica os reforçadores primários e secundários. **Reforçadores primários** incluem eventos que são reforçadores sem que nenhuma aprendizagem tenha ocorrido. Exemplos disso são estímulos como alimento, água e sexo, que satisfazem, cada um deles, necessidades básicas não aprendidas (necessidades primárias).

---

[6] "Isso", admitiu o professor, "é uma ilustração hipotética". Ele disse não ter encontrado nenhuma evidência na literatura de que alguém tenha feito realmente esse experimento. Afirmou que ele mesmo não tinha tempo para fazê-lo.

Reforçadores secundários incluem eventos que não são reforçadores no início, mas que se tornam reforçadores como resultado de terem sido associados a outros reforçadores. A luz na caixa de Skinner é, algumas vezes, usada como reforçador secundário. Suponha que após sucessivas tentativas, a luz acenda-se sempre que o animal é alimentado (quando lhe é oferecido o reforçador primário). Ao final, o animal responderá com o simples acionamento da luz. Nesse caso, a luz adquiriu propriedades de reforçamento secundário.

A expressão **reforçador generalizado** é, às vezes, usada para descrever um reforçador (secundário) aprendido que parece reforçar uma grande variedade de comportamentos. Para os humanos, reforçadores generalizados incluem coisas como dinheiro, prestígio, poder, fama, força, inteligência e uma grande quantidade de contingências culturalmente valorizadas. Esses fatores são muito poderosos para determinar o comportamento humano.

Esquemas de Reforçamento

Para desenvolver uma ciência do comportamento, insistia Skinner, o psicólogo tem de observar o que o organismo faz, sob quais circunstâncias e qual o efeito. Essas são as unidades básicas da **análise experimental do comportamento**. Nos estudos que provaram ser os mais úteis para fundamentar sua visão de condicionamento operante, ratos pressionavam barras e pombos bicavam discos. Esses eram comportamentos facilmente observáveis por meio dos quais Skinner conseguia quantificar a rapidez com que eram adquiridos (taxa de aquisição), quantas respostas eram emitidas após um determinado período (taxa de respostas) e quanto tempo demoraria para que as respostas cessassem se o reforçamento fosse descontinuado (taxa de extinção). Lembre-se de que essas são variáveis *dependentes*; elas não estão sob controle direto do investigador.

Provavelmente, a variável independente mais facilmente manipulada e mais efetiva no condicionamento operante é o modo como as recompensas são administradas. Em uma situação criada em laboratório e cuidadosamente controlada, os pesquisadores conseguem determinar com precisão quais reforços serão usados, como e quando serão usados. Em outras palavras, os pesquisadores têm sob controle os **esquemas de reforçamento**.

Reforçamento Contínuo ou Intermitente

O pesquisador tem, basicamente, duas escolhas: o **reforçamento contínuo**, no qual se reforça cada resposta desejada; ou o **reforçamento intermitente** (ou parcial), quando o reforçamento ocorre apenas algumas vezes (veja a Figura 4.4). Se o reforçamento é contínuo, não há escolhas adicionais a fazer; toda resposta correta é recompensada da mesma maneira. (Contudo, é possível, entretanto, usar uma combinação de esquemas de reforçamento contínuo e intermitente. Esse tipo de arranjo é também chamado de **esquema combinado**.)

Esquemas de Intervalo ou Razão

Se os pesquisadores usam um programa de reforçamento intermitente, podem fazer uma ou mais escolhas adicionais. O esquema intermitente pode ser baseado numa proporção de respostas (chamadas de **esquema de razão**) ou na passagem de tempo (chamado de **esquema de intervalo**). Por exemplo, um esquema de razão pode reforçar uma de cinco

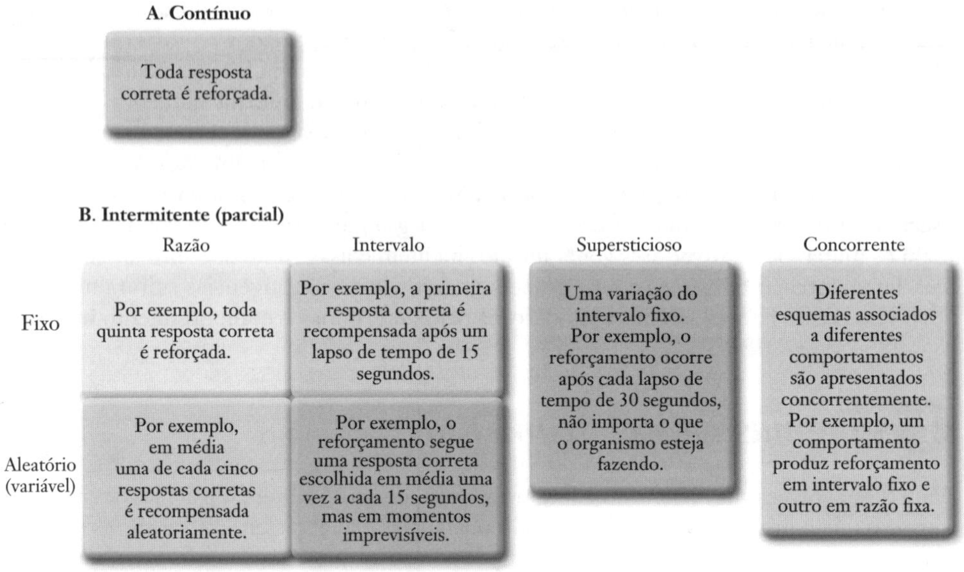

Figura 4.4 Esquemas de reforçamento. Cada padrão de reforçamento tende a gerar um padrão previsível de resposta.

respostas desejadas; um esquema de intervalo pode proporcionar reforçamento uma vez a cada cinco minutos.

Esquemas Fixos ou Aleatórios

O pesquisador que usar qualquer um desses programas intermitentes (de razão ou de intervalo) terá de decidir se o reforçamento vai ser administrado de forma fixa ou aleatória (variável). Um **esquema fixo** estipula, de forma predeterminada e imutável, o momento exato, ou a resposta precisa, que será seguido por um evento de reforçamento. Por exemplo, no caso do esquema de razão fixa, o reforçamento poderá ocorrer após cada cinco respostas corretas. No reforçamento de intervalo fixo, o reforçamento estará disponível tão logo decorrido o intervalo de tempo escolhido imediatamente após a próxima resposta correta.

Os **esquemas aleatórios** proporcionam eventos reforçadores em momentos imprevisíveis. Um esquema de reforçamento de razão aleatória baseada na proporção de um reforçamento a cada cinco respostas pode envolver reforçamento das primeiras tentativas, não reforçamento das próximas 16, reforçar as de número 21 e 22, não reforçar as 8 tentativas seguintes, e assim por diante. Após 1.000 tentativas, 200 reforçadores terão sido administrados.

Esquemas Supersticiosos

Como vimos anteriormente, as consequências do comportamento podem envolver contingências positivas ou negativas. Lembre-se de que, por definição, contingências são consequências. Claro que nem todos os eventos positivos ou negativos que se seguem a um comportamento são consequências reais daquele comportamento. Colocado de outro modo, em muitos casos, os resultados são *não contingentes*; a ocorrência ou a falta de ocorrência deles não têm nada a ver com o comportamento do organismo.

Um **esquema supersticioso** de reforçamento é um tipo especial de esquema de intervalo fixo não contingente no qual o reforçamento ocorre em intervalos fixos de tempo sem a necessidade de que uma resposta correta a preceda. Segundo a lei do condicionamento operante, qualquer comportamento antes do reforçamento é fortalecido. Segundo Skinner explica, "Devemos assumir que a apresentação de um reforçador sempre reforça algo, desde que necessariamente coincida com algum comportamento". Se o reforçamento é consequência ou não do comportamento, isso não importa. Aparentemente tanto para humanos quanto para outros animais, a contiguidade temporal, por si mesma, é suficiente para estabelecer uma relação entre reforçamento e comportamento.

Existem muitos exemplos de comportamento supersticioso em animais experimentais. Na verdade, parece que na maioria das sequências de condicionamento há comportamentos que acidentalmente precedem o reforçamento e tornam-se, durante certo tempo, parte do repertório do animal. Por exemplo, um rato que acabou de aprender a pressionar uma alavanca pode fazê-lo com a cabeça sempre à direita, ou com a perna esquerda balançando. Suas ações podem ser exemplos de comportamento supersticioso.

Skinner (1951) trabalhou com seis pombos em um esquema supersticioso durante uma noite; eles receberam reforçamentos a intervalos fixos, não importando o que estivessem fazendo. Pela manhã, um deles girava sempre no sentido horário antes de cada reforçamento; outro apontava a cabeça para um canto, e vários desenvolveram movimentos oscilatórios não naturais.

Skinner sugere que as pessoas desenvolvem comportamentos supersticiosos de forma não consciente. Se você estivesse segurando a cabeça quando teve a sorte de encontrar uma nota de R$ 5, pode haver uma tendência maior de segurar a cabeça do mesmo jeito em outras circunstâncias similares, não importando o quão deselegante a postura seja. Durante um exame de fim de ano, por exemplo, você percebe que alguns estudantes coçam a cabeça; outros franzem o cenho; outros movem os lábios, mãos, pernas ou pés; alguns mastigam o cabelo e vários deles apresentam comportamentos não relacionados diretamente com o pensar claramente.

Efeitos dos Diferentes Esquemas de Reforçamento

Respostas como pressionar uma barra ou bicar uma chave são facilmente observadas e medidas. Skinner, que desde a infância demonstrou ter habilidade para construir artefatos mecânicos, criou um meio engenhoso de gravar essas respostas com uma caneta que traça uma linha numa bobina de papel. Cada resposta (pressionar uma barra ou bicar uma chave) movimenta a caneta e a faz pular um degrau, fornecendo assim um **registro cumulativo** do número de respostas no eixo y (eixo vertical). A taxa de respostas, que é o número de respostas emitidas durante um determinado período, é indicada pela inclinação da linha; quanto mais rápido o animal responde, maior será a inclinação da linha nesse registro. Uma linha paralela ao eixo x (eixo horizontal) indica que nenhuma resposta ocorreu durante o período marcado.

A Figura 4.5, por exemplo, mostra um registro cumulativo produzido por Skinner (1938) com relação às respostas de um rato inicialmente não treinado em pressionar uma barra que libera uma porção de alimento. Na sessão de treinamento, todas as respostas relativas a esse comportamento foram reforçadas. Note como os três primeiros reforçamentos (as respostas e, consequentemente, os reforçamentos são indicados pelas três primeiras linhas ascendentes do registro) pareceram surtir pouco efeito; o rato demorou quase 2 horas

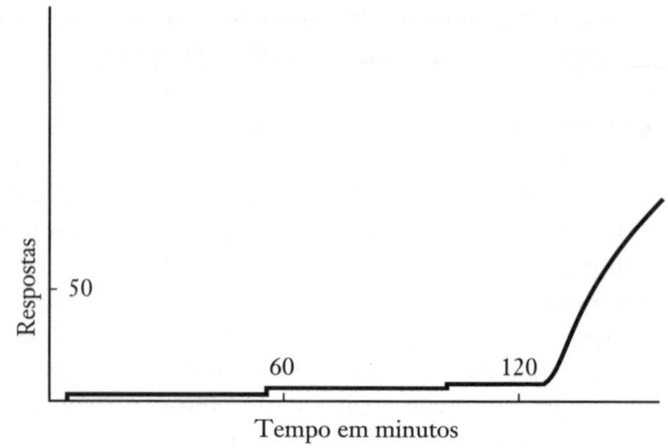

Figura 4.5 Um registro cumulativo rastreia as respostas de um rato. Observe como, depois de 120 minutos de reforço contínuo, a taxa de resposta do rato aumentou drasticamente. De *The Behavior of Organisms: An Experimental Analysis*, p. 67, por B. F. Skinner. Copyright © 1938 por Appleton-Century-Crofts. Reproduzido com permissão da Prentice Hall, Inc.

para pressionar a barra três vezes. No entanto, imediatamente após o quarto reforçamento, a taxa de respostas aumentou verticalmente de tal forma que quase 100 respostas foram emitidas nos 30 minutos seguintes. Quando condicionando ratos a pressionar a barra, não é incomum que o animal atinja uma taxa máxima de respostas em 30 minutos ou menos.

Treino ao Comedouro (ou Bebedouro)[7]

A primeira etapa do ensino de um rato sem condicionamento a apertar uma barra é ensinar onde ele tem de ir para conseguir sua recompensa. Este procedimento é chamado **treino ao comedouro**. Por exemplo, uma típica sessão deste treinamento pode envolver o experimentador apertando um botão que libera uma bolinha de comida na bandeja de alimento. A liberação da comida geralmente é acompanhada de um clique audível. O rato sem condicionamento finalmente é atraído para a bandeja de comida, talvez, pelo cheiro. Agora, o experimentador pressiona o botão novamente, o mecanismo produz um clique, a bolinha de comida cai, e o rato novamente vai buscar sua recompensa. Depois de apenas algumas vezes, o rato normalmente vai direto para a bandeja de comida assim que ouve o clique. Na terminologia de Skinner, o clique se tornou o *estímulo discriminativo* que direciona o animal para a bandeja de comida. E agora o animal está pronto para ser treinado.

Ao treinar ratos para pressionar barras ou pombos para bicar discos, Skinner costumava privá-los de alimento por 24 horas ou mais (às vezes havia redução de 80% do peso dos animais) para aumentar os efeitos do reforçador. E como vimos, o processo iniciava com um treinamento de familiarização durante o qual o animal era ensinado a comer na bandeja e ficava, consequentemente, exposto ao barulho do mecanismo que liberava as porções de comida. Após esse treinamento, todas as respostas corretas – e às vezes até as que apenas se aproximavam do comportamento desejado – eram reforçadas.

Efeitos dos Esquemas sobre a Aquisição das Respostas

A aprendizagem inicial é usualmente mais rápida quando cada resposta correta é reforçada (esquema contínuo). Em contraposição, as mudanças nas respostas parecem acontecer aleatoriamente e devagar, quando qualquer um dos esquemas de reforçamento intermitente é usado.

[7] No original, "magazine training" refere-se ao período de familiarização do animal com o ambiente no qual irá ocorrer o processo de condicionamento (NRT).

A taxa de respostas – isto é, o número de respostas emitidas em determinado período – é uma medida de aprendizagem operante. Outra medida importante é a **taxa de extinção**, definida como o tempo decorrido antes que o organismo pare de responder após a retirada do reforço.

Efeitos sobre a Extinção

É interessante notar que, embora um esquema de reforçamento contínuo resulte em uma taxa de aprendizagem mais rápida do que o esquema intermitente, acarreta também uma extinção mais rápida após a retirada do reforçamento. Além disso, os esquemas de reforçamento fixos, apesar de apresentarem períodos mais curtos de aquisição associados a eles do que os esquemas variáveis, acarretam uma extinção mais rápida do que o fazem os esquemas variáveis. Daí que, a melhor combinação de treinamento para um animal é o esquema contínuo no início, seguido de um esquema de razão variável. (A razão também pode ser variada ao longo das sessões de treinamento; com uma razão decrescente entre tentativas reforçadas e não reforçadas, o resultado são períodos mais longos de extinção.)

A Figura 4.6 mostra quatro curvas de extinção típicas. Em cada caso, o reforçamento foi descontinuado no início do período de uma hora (indicado no eixo x). Perceba como a taxa de respostas (indicada pela inclinação da curva) permanece imutável nos primeiros minutos após o reforçamento cessar, mas depois se estabiliza rapidamente, mostrando que houve poucas respostas ou que nenhuma resposta ocorreu.

Recuperação Espontânea

Lembre-se de que uma resposta classicamente condicionada (como a salivação em resposta a um som) pode ser extinta pela apresentação repetida de um CS (som) sem o US (alimento). Lembre-se, também, de que se o CS é apresentado de novo após algum tempo, a CR (salivação) poderá ocorrer outra vez – fenômeno que Pavlov chamou de **recuperação espontânea**.

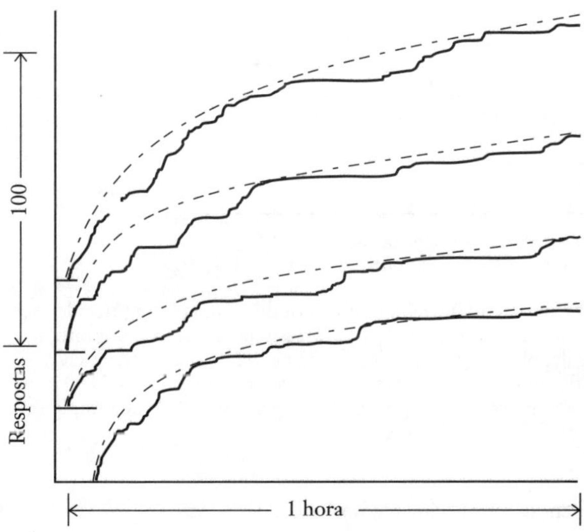

***Figura* 4.6** Registro cumulativo que mostra quatro curvas típicas de extinção. Observe como a taxa de respostas é alta imediatamente após cessar o reforçamento (indicado pela inclinação da curva) e então ocorre em saltos esporádicos até que, menos de uma hora mais tarde, poucas respostas ainda são registradas (a curva é quase plana). De *The Behavior of Organisms: An Experimental Analysis*, p. 75, por B. F. Skinner. Copyright © 1938 por Appleton-Century-Crofts. Reproduzido com permissão da Prentice Hall, Inc.

A recuperação espontânea também ocorre na aprendizagem operante, como mostra a Figura 4.7. "Se o rato é colocado no aparelho numa outra ocasião", escreveu Skinner, referindo-se a um tempo após o comportamento ter sido extinto, "será apresentada uma pequena curva de extinção" (1938, p. 78). No caso mostrado na Figura 4.6, por exemplo, a acentuada inclinação da linha do gráfico durante a primeira meia hora seguida por nivelamento mostra a extinção inicial do pressionar a alavanca no período de uma hora durante a qual não houve reforçamento. O período seguinte de uma hora mostra recuperação da mesma resposta do rato de pressionar a barra, quando colocado de novo na gaiola, 48 horas depois.

Extinção e Esquecimento

No sistema de Skinner, os termos extinção e esquecimento descrevem eventos diferentes. Como vimos, **extinção** ocorre quando um animal ou uma pessoa que havia recebido reforçamento por um determinado comportamento não o recebe mais; o resultado é a cessação relativamente rápida das respostas em questão. O **esquecimento**, em contrapartida, é um processo muito mais lento, que também resulta na cessação de uma resposta, mas não como função da retirada do reforçamento. De acordo com Skinner, o esquecimento ocorre simplesmente com a passagem do tempo, quando não há repetição do comportamento durante esse período.[8]

Esses conceitos podem ser ilustrados pelo exemplo de um pombo que foi condicionado a bicar um disco colorido. Se o alimento é usado como reforçador para essa resposta, e esse reforçamento é retirado por completo, de repente, o pombo tenderá a seguir bicando o disco de vez em quando, durante algum tempo. Contudo, em um período relativamente curto, ele vai deixar de fazê-lo; nesse ponto ocorreu a extinção.

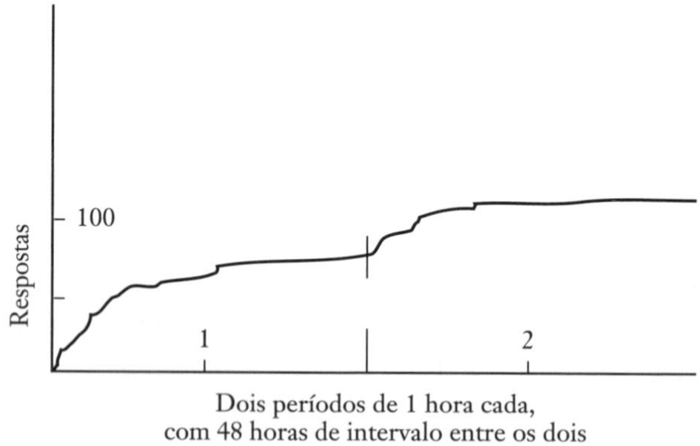

Figura 4.7 Registro cumulativo que mostra a extinção inicial durante período de uma hora (metade esquerda do gráfico) e a recuperação espontânea da resposta do rato de pressionar a alavanca durante um segundo período de uma hora, 48 horas depois de ter sido colocado de novo na caixa de Skinner. A extinção ocorre muito mais rapidamente durante o segundo período (curvatura estabilizada). De *The Behavior of Organisms: An Experimental Analysis*, p. 69, por B. F. Skinner. Copyright © 1938 por Appleton-Century-Crofts. Reproduzido com permissão da Prentice Hall, Inc..

[8] Há uma discussão mais detalhada sobre retenção e esquecimento no Capítulo 9.

Como considerado anteriormente, um comportamento que foi extinto pela retirada do reforçamento quase sempre reaparece (recuperação espontânea), sem nenhum outro condicionamento posterior, quando o animal é colocado de novo na mesma situação. O período de extinção que se segue à recuperação espontânea é, quase invariavelmente, bem mais curto do que o primeiro.

Para esclarecer, vamos supor que um pombo que tenha sido condicionado a bicar um disco é retirado da câmara de condicionamento experimental (ou caixa de Skinner) e não possa voltar durante muito tempo. Se ele não bicar o disco quando recolocado na câmara, pode-se dizer que ocorreu o esquecimento. Skinner registrou o caso de pelo menos um pombo que não havia esquecido a resposta após seis anos. Também registrou o caso de um pombo que deu 10 mil bicadas não reforçadas antes da extinção.

Efeitos sobre a Taxa de Respostas

Uma terceira medida da aprendizagem é a taxa de respostas, a variável dependente que é particularmente sensível aos esquemas de reforçamento. Em geral, um animal se comporta como seria esperado, se é válido supor que ele desenvolve expectativas e tem algum sentido de tempo. Por exemplo, sob esquemas de reforçamento variáveis, quando é menos provável que o animal desenvolva uma expectativa de receber uma recompensa num determinado tempo, a taxa de respostas será uniformemente alta e relativamente invariável. Se o esquema variável é um esquema de razão, em vez de um esquema de intervalo, a taxa de respostas será uniformemente mais alta. Sob esquemas de reforçamento de intervalo fixo, a taxa de respostas cai drasticamente após cada reforçamento, e quase sempre cessa por completo. Entretanto, antes do próximo reforçamento, o animal responde de novo com uma taxa alta (veja a Figura 4.8).

Skinner, claro, não usaria normalmente tais conceitos mentalísticos como *expectativa*, *objetivo* ou *propósito* para explicar por que animais ou pessoas fazem coisas. Quando ele apela para esses termos, o que faz livremente ao discutir as implicações da sua ciência do comportamento, define-os em relação à história de reforçamento do organismo. "O que dá à ação um propósito?", pergunta ele. "A resposta a essas questões", responde, "pode ser

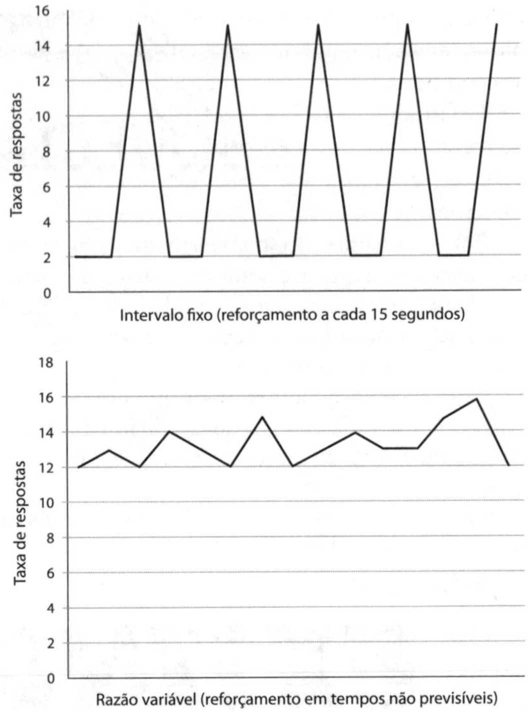

***Figura* 4.8** Gráficos idealizados dos efeitos de dois esquemas de reforçamento sobre a taxa de respostas.

encontrada, finalmente, em instâncias passadas, nas quais um comportamento parecido mostrou-se eficaz" (1969, p. 105).

Esquemas de Reforçamento Concorrente

Infelizmente, para aqueles que gostam que tudo seja "em preto e branco" e descomplicado, o comportamento humano raramente é tão simples como pode ser o ato de bicar uma chave por um pombo, ou o ato de pressionar uma barra, por um rato. Nem o pombo nem o rato têm muitas opções em seu ambiente altamente controlado: bicar ou não bicar, pressionar ou não pressionar. Nós, por outro lado, podemos ter uma variedade de opções quase esmagadora: ir ou não ir ao cinema; estudar ou não estudar; ligar para este ou para aquele amigo, ou ainda para aquele outro amigo; ir à academia, enviar uma mensagem de texto para um parente; atualizar a rede social; "tuitar" os pensamentos e atividades para surpreender ou divertir amigos ou estranhos, e assim por diante. A cada uma dessas escolhas está associada a possibilidade de reforçamento – uma situação que define um **esquema de reforçamento concorrente**.

Em estudos de esquemas concorrentes, o organismo pode escolher entre dois ou mais diferentes comportamentos, sendo que cada um deles está associado a um diferente esquema de reforço. Por exemplo, um pombo pode ser colocado em uma situação na qual pode bicar um de dois diferentes discos, sendo que bicar o disco A está associado a um esquema de razão variável e bicar o disco B está associado a um esquema de intervalo variável. Estudos de pombos nessas circunstâncias indicam que eles, geralmente, escolhem qual disco bicar e ajustam a taxa de bicadas de modos claramente previsíveis, que tendem a maximizar a recompensa. Um pombo não é totalmente estúpido!

O fato de que os pombos e outros animais *emparelham* suas respostas à probabilidade de recompensa tem sido corroborado em diversos estudos – o que levou Herrnstein (1974; 1997) a propor que sua **lei de equivalência** geralmente é uma descrição precisa de como os organismos reagem quando se deparam com opções.

Não é surpresa que estudos com seres humanos levaram, em grande parte, à mesma conclusão: nossos comportamentos em experimentos nos quais nossas respostas estão vinculadas a diferentes esquemas de reforço tendem a ser direcionados à maximização do reforço (por exemplo, Silberberg et al., 2008; Borrero et al., 2009). Mesmo em situações altamente complexas, em que as escolhas devem ser feitas com extrema rapidez, a lei de equivalência parece se aplicar. Por exemplo, estudos sobre seleção de arremessos (lançamentos de dois pontos *versus* lançamentos de três pontos), realizados entre jogadores de basquetebol de elite, sugerem que as escolhas feitas tendem a corresponder à probabilidade de sucesso (Alferink et al., 2009).

Esquemas de Reforçamento na Vida Cotidiana

Existem muitos exemplos da vida cotidiana sobre os efeitos de esquemas nos comportamentos das pessoas. O pescador que vai pescar no mesmo rio, uma vez após a outra, embora raramente (mas ocasionalmente) pegue algum peixe, demonstra a persistência que resulta de um esquema de reforço intermitente. Uma estudante de uma pequena cidade foi a primeira aluna da classe durante oito anos, mas, ao ser superada na competição acirrada em uma nova escola, parou de estudar; ela demonstrou a rápida extinção que segue o contínuo reforço. Apostadores viciados, claramente reforçados em esquemas variáveis, persistem em seu comportamento de aposta mesmo seguindo longos períodos sem reforço (embora como Czerny et al., 2008, tenham indicado, existem também muitas outras explicações psicológicas para o comportamento compulsivo de fazer apostas).

Dentre os mais poderosos reforçadores para os seres humanos estão dinheiro, elogio, satisfação, alimento e sexo. Dois desses estímulos, dinheiro e alimento, frequentemente aparecem em esquemas de intervalo fixo. Para um grande número de pessoas, o dinheiro chega regularmente na forma de salário e o alimento, na forma de refeições. Para esses dois importantes reforçadores, entretanto, geralmente não há mecanismos simples e imediatos que, presumivelmente, resultam na sua apresentação. Os mecanismos envolvidos na aquisição de dinheiro tornaram-se tão complexos e distantes da fonte real de reforço que em geral é difícil até mesmo visualizar a relação entre os dois. A confusão é ainda maior pelo fato de os reforçadores estarem estritamente ligados entre si. Isto é, o dinheiro permite que se compre comida e – em alguns casos – elogio, satisfação, sexo, bem como outros reforçadores.

A relação entre comportamento e reforçamento nem sempre é simples e óbvia. O que não invalida a conclusão de que os reforçadores e seus esquemas afetam vários comportamentos humanos. Na verdade, em muitos casos, a pessoa cujo comportamento é afetado não está ciente da relação entre o comportamento e as suas consequências. Há incontáveis exemplos de como o comportamento é controlado e modificado pelos reforçamentos.

Exemplo 1
Íris procurou por ouro num mesmo garimpo durante 22 anos, conseguiu extrair algumas pepitas a cada peneirada e, em certa ocasião, achou uma pepita bem grande (reforçamento contínuo). Após o garimpo ter sido atingido por uma forte inundação de primavera, ela não encontrou mais vestígios de ouro (retirada do reforçamento). Depois de quatro viagens infrutíferas ao garimpo, ela parou de ir até lá (extinção rápida após reforçamento contínuo).

Exemplo 2
Esmeralda também garimpou ouro por 22 anos. Algumas vezes encontrava um pouco, outras não. Durante toda uma temporada de trabalho não encontrou nem uma pepita, mas, num único dia, achou cinco pepitas grandes (reforçamento intermitente). Atualmente ela não tem encontrado ouro (retirada do reforçamento). Mesmo assim, passados vários anos, continua a garimpar no mesmo local (extinção lenta após reforçamento intermitente).

Exemplo 3
Zacarias ganhou seu primeiro chocalho sem saber que um psicólogo cruel, mas inteligente, queria testá-lo. Zacarias segurou o chocalho, olhou para ele, balançou-o, mordeu-o, bateu-o nos joelhos, derrubou-o e, então, esqueceu o brinquedo. (A resposta não reforçada de chacoalhar o brinquedo não foi fortalecida.)

Exemplo 4
Zacarias recebe agora um chocalho que foi cuidadosamente mantido longe de todos os psicólogos. Ele olha, sacode o brinquedo, olha para ele de novo e, então, o chacoalha vigorosamente durante algum tempo. (O som do chocalho serve como reforçador e fortalece o operante que o precede).

Modelagem

Por que é tão fácil treinar um animal a pressionar uma barra e um pombo a bicar um disco? Simplesmente porque essas ações estão entre as que ratos e pombos fazem. São operantes que, quase invariavelmente, apareceram em curto espaço de tempo nos ambientes experimentais que Skinner e seus discípulos ofereceram a esses animais. Contudo, como vimos no Capítulo 2, Guthrie nos assegura que "Não podemos ensinar vacas a pegar um bastão que atiramos porque isso é algo que elas não fazem" (1935, p. 45). Ele argumenta também, "Seria perda de tempo tentar ensinar uma vaca a sentar" (Guthrie e Powers, 1950, p. 128). O mesmo parece ser verdadeiro em relação a cavalos. Muito embora, pouco tempo atrás, no National Finals Rodeo, um sujeito exibiu um cavalo que não apenas corria atrás das coisas que o homem lhe atirava – como fazem os cachorros – como também sentava quando convidado a fazê-lo.[9] O comportamento desse cavalo foi *modelado* por meio de técnicas de condicionamento operante.

Modelagem é a técnica usada para treinar animais a fazer coisas que normalmente não constam do seu repertório. Não é necessário para comportamentos como o do rato que pressiona uma alavanca na caixa de Skinner, porque isso é algo que os ratos fazem durante a exploração do ambiente. Entretanto se o pesquisador quisesse treinar o rato para que ele

[9] Fiquei chateado por não ter ido ao rodeio aquela noite. O professor foi com meu primo, para, aparentemente, fazerem uma pesquisa. "Vamos procurar exemplos para o livro", disse ele. Não fui convidado.

fosse até o canto A da gaiola, pegasse ali uma bolinha de gude, depois a carregasse para o canto B, deixasse a bolinha ali, voltasse ao centro da gaiola, deitasse, fizesse uma reverência, rolasse, levantasse, retornasse ao canto B, pegasse de novo a bolinha e a levasse até o canto C, o rato provavelmente morreria de velhice antes que se conseguisse dele o comportamento desejado.

Modelagem

Apesar disso, é possível, por meio da modelagem, ensinar um rato a apresentar comportamentos impressionantes, se não tão complexos quanto o que acabamos de descrever. Um experimentador utilizando a técnica de modelagem reforça qualquer comportamento que leve o animal mais perto da resposta final. Por essa razão, a modelagem é conhecida como *método das aproximações sucessivas*, ou como método que envolve o **reforçamento diferencial das aproximações sucessivas** (Skinner, 1951).

Muitos adestradores empregam técnicas que remetem a procedimentos de modelagem. É assim que papagaios são treinados a andar na corda bamba, a se lançar de paraquedas, cantar uma melodia, andar de bicicleta; que botos aprendem a se jogar de alturas incríveis com precisão militar e numa ordem predeterminada; que ursos tocam violão, dançam, dão saltos mortais e batem palmas; que galinhas jogam bola; e cavalos sentam e buscam objetos.

Um requisito importante para usar com sucesso os procedimentos de modelagem é controlar o ambiente. A caixa de Skinner, por exemplo, é construída de forma a não permitir que o rato apresente outras respostas que não aquelas que o pesquisador deseja reforçar. Do mesmo modo, um adestrador profissional não tentaria condicionar um cachorro que está caçando um coelho, mas primeiro confinaria o cachorro para prender sua atenção. Em outras palavras, o ambiente é arranjado para facilitar a apresentação da resposta desejada.

Encadeamento

Lembre-se de como Guthrie descreveu o condicionamento em termos de sequências do que ele chamou de *estímulos produzidos por movimento*. Estes consistem de sequências de respostas envolvendo movimentos imperceptíveis de músculos, tendões ou juntas. Estas respostas dão origem aos estímulos que, por sua vez, levam a outras respostas – as quais estão todas ligadas entre si. De modo similar, Hull descreve sequências de respostas e estímulos – denominadas *respostas fracionárias que antecedem ao objetivo* e ligadas a *sg's pequenos e rg's pequenos* – que também servem para ligar o comportamento à recompensa.

Skinner descreve um conceito similar na aprendizagem operante, denominado **encadeamento**. Ele envolve a ligação de sequências de respostas. Mesmo um comportamento aparentemente simples como pressionar uma alavanca na caixa de Skinner envolve sequências de respostas diferentes. "A maioria dos reflexos do organismo intacto é parte de cadeias", disse Skinner (1938, p. 52), para descrever como essas cadeias integram todo o comportamento.[10] Ele explicou, por exemplo, que um rato na caixa de Skinner produz toda sorte de respostas. Algumas delas, ocorridas nos arredores da bandeja de comida, são aprendidas por terem sido associadas a *estímulos discriminativos* (S^D), como o som do mecanismo que libera o alimento, que passam a ser reforçadores secundários. De início, os estímulos discriminativos que se tornam reforçadores secundários são aqueles diretamente associados ao reforçamento (como o som do mecanismo que libera o alimento). Com o passar do tempo, entretanto, esses estímulos discriminativos, que são depois removidos (como o cheiro da barra), também podem se tornar reforçadores secundários. Dessa forma, uma cadeia de respostas pode ser entrelaçada por uma sequência de estímulos discriminativos, cada um dos quais um reforçador secundário associado com – nesse caso – o alimento como um reforçador primário.

"Esses movimentos tornam-se totalmente condicionados", escreveu Skinner, "e são realizados com frequência considerável por um rato faminto" (1938, p. 53). Cada movimento, em sequência, altera a situação e consequentemente os estímulos discriminativos, além do que facilita a resposta seguinte. Simplificando ao máximo, a cadeia envolvida no comportamento de pressionar a barra poderia ser algo assim: a visão da parte interna da caixa serve como um S^D associado à resposta de se dirigir até a barra; a visão da barra é um S^D para aproximar-se dela; a proximidade da barra é um S^D para pressioná-la; os sons e as sensações musculares associadas ao ato de pressionar a barra são estímulos discriminativos para se dirigir à bandeja de comida; a visão das porções de alimento é um estímulo para as respostas associadas ao comer.

Skinner defendia que a maioria dos comportamentos humanos, mesmo que aparentemente simples, consiste em cadeias. Por exemplo, pentear o cabelo requer uma variedade de atos sequenciais: andar até o banheiro, abrir uma gaveta, procurar o pente, olhar-se no espelho e fazer os movimentos habituais de pentear-se. Se o reforçamento (por exemplo sua mãe dizendo, "Isso mesmo, Sally") é contingente ao pentear-se, toda a cadeia de comportamentos relacionados ao ato é efetivamente reforçada.

Cadeias na Modelagem

Quando um comportamento é modelado, cadeias são estabelecidas. O que o adestrador profissional tenta fazer é juntar uma série de estímulos discriminativos e de respostas que são suficientemente longas e complicadas de modo a estarrecer você e talvez a sua avó (embora ela já tenha visto muito mais coisas do que você). Desse modo, no desempenho final, o adestrador não precisa segurar um bastão acima da cabeça do animal, gritar "Salto mortal" e colocar depressa a mão para trás quando o cachorro salta para pegar o objeto, forçando o animal a descrever um semicírculo no ar. (Sua avó não se espantaria.)

Segurar o bastão acima da cabeça do cachorro e "forçar" o salto mortal é o primeiro passo para estabelecer a cadeia, porque todo o encadeamento geralmente funciona de trás para frente partindo de um reforçador primário. Durante as sessões de treinamento,

[10] "Você deve enfatizar para seus leitores", disse o professor, "que Pavlov, o então gigante da psicologia – influenciou profundamente Skinner. É por isso que Skinner usa o termo *reflexo* em seus trabalhos mais importantes, embora não estivesse falando sobre reflexos simples, do tipo investigado por Pavlov. Em escritos posteriores, Skinner abandonou de vez esse termo em favor do *operante*, ou simplesmente *resposta* ou *comportamento*".

um adestrador inteligente organiza o condicionamento das cadeias reforçando diferencialmente certas respostas que levam à sequência completa de respostas. No final, o cachorro saltará no palco, percorrerá uma série de obstáculos, resgatará um bebê que está se afogando, escreverá o nome dele com letras de bloco de madeira e, finalmente, dará o mais incrível dos saltos duplos. E nem você nem sua avó verão o bastão.

Modelagem e Instruções Verbais na Aprendizagem Humana

A aprendizagem humana envolve, com frequência, a modelagem. Por exemplo, quando a aprendizagem motora complexa implica coordenação muscular (como no golfe ou na patinação artística), um grande número de respostas ineficazes ou inadequadas tem de ser modificado ou abandonado. Ao mesmo tempo, respostas mais apropriadas (e, por consequência, reforçadas) tornam-se mais firmemente estabelecidas e ligadas em cadeias.

Os comportamentos de seres humanos e de animais são modelados por meio de seus resultados (suas contingências), Skinner insiste. Mas ele acrescenta que o comportamento dos seres humanos também é modelado por *regras* – isto é, por *instruções verbais* – que frequentemente são dadas por outras pessoas. Skinner argumentou que, primeiramente, aprendemos a seguir regras por intermédio do reforço e da modelagem no momento em que, quando somos crianças, experimentamos as consequências de seguir ou não seguir regras (Peterson, 2008). A tendência geral de seguir regras finalmente será o resultado natural dessas consequências.

Muitos exemplos de modelagem podem ser encontrados em uma sala de aula. Por exemplo, professores do ensino fundamental reforçam as primeiras tentativas desastradas de uma criança ler palavras e formar letras, frequentemente, com elogios e pequenos privilégios. Mas, à medida que as crianças crescem e progridem, os mesmos comportamentos recebem pouco reforço. Agora, os comportamentos que estão progressivamente mais próximos da leitura e escrita mais avançadas são reforçados. E, gradualmente, a leitura e a escrita das crianças são aprimoradas.

Desvanecimento, Generalização e Discriminação

A modelagem é uma técnica empregada no treinamento de animais para que eles apresentem comportamentos complexos. Outra é o **desvanecimento**, processo que envolve tanto a generalização quanto a discriminação. Lembre que **generalização** significa produzir respostas similares em situações diferentes; **discriminação** significa produzir respostas diferentes em situações similares, mas discriminavelmente diferentes.

Exemplo 1: Ensinando Pombos a Ler

O desvanecimento é mais fácil de explicar por meio de exemplos. Reese (1966) descreve um procedimento de desvanecimento no qual um pombo é ensinado a "ler" as palavras *bicar* e *girar*. Se o pombo bica quando vê a palavra *bicar* e gira quando vê a palavra *girar*, diz Reese, ele terá preenchido as condições necessárias para que se possa dizer que consegue ler.

Esse tipo de treinamento apresenta alguns problemas especiais. Embora seja relativamente simples treinar um pombo para bicar e girar quando lhe é mostrada a palavra adequada, o pássaro generalizará de imediato a resposta aprendida para qualquer outra palavra. Se o pombo é ensinado a bicar, em resposta à palavra *bicar*, fará o mesmo em resposta à palavra *girar*. Entretanto se os dois estímulos são apresentados de maneira completamente diferente, a ponto de o pombo conseguir perceber a diferença entre eles, é possível ensiná-lo a responder adequadamente a cada estímulo por meio da modelagem. Por exemplo, a palavra *girar* pode ser impressa em letras grandes e pretas e a palavra *bicar*, em letras vermelhas pequenas (pombos têm excelente visão para as cores). Depois que o pombo aprendeu a bicar e a girar de acordo com as instruções, as diferenças entre os estímulos vão sendo desvanecidas ao longo das sessões. As letras grandes e pretas vão ficar menores, e as letras pequenas e vermelhas, mais escuras e maiores, até que, finalmente, cada palavra ficará preta e as letras terão o mesmo tamanho. Por meio do desvanecimento, o pombo aprendeu a discriminar entre duas palavras: de certa forma, ele aprendeu a ler.

Exemplo 2: Iludindo Codornas Apaixonadas

"Comportamento copulatório", afirmam Domjan, Huber-McDonald e Holloway, "raramente ocorre em resposta a um objeto arbitrário inanimado" (1992, p. 350). Contudo, esse comportamento pode ser generalizado para objetos surpreendentes por meio do condicionamento. Esses pesquisadores colocaram codornas japonesas machos para copular com codornas fêmeas reais; ao mesmo tempo, apresentaram-lhes uma cópia, preparada por um taxidermista: uma estrutura aramada revestida de tecido felpudo que tinha na cabeça e no pescoço pele e penas verdadeiras de codorna fêmea. Depois de 15 a 20 tentativas de condicionamento, a parte das penas e da pele da cabeça e do pescoço do boneco foi sendo aos poucos retirada e progressivamente coberta apenas com o tecido felpudo. No final, muitos dos machos haviam generalizado seu comportamento de cópula para o boneco, recorrendo à cópia da fêmea. Eles agora tentavam copular com a cópia da fêmea.

Relevância para a Aprendizagem Humana

Generalização e discriminação são muito importantes para a aprendizagem humana. A generalização implica envolver-se em comportamentos previamente aprendidos para responder a novas situações que lembrem aquelas nas quais o comportamento foi aprendido pela primeira vez. Um exemplo é o do pombo que gira em resposta à palavra *bicar* antes de ter aprendido a diferenciar *girar* de *bicar*. Outra descoberta ainda mais expressiva é a de que os pombos conseguem aprender com relativa facilidade a distinguir estímulos esféricos de não esféricos e, após pouco mais de 150 tentativas, generalizam o "conceito" esférico para centenas de outros objetos de estímulo (Delius, 1992).

Generalização

Os exemplos de generalização no comportamento humano são numerosos. Qualquer segmento de cinco minutos de comportamento na vida de uma pessoa normal tende a ser preenchido com exemplos de comportamentos antigos que são generalizados para novas situações. Carros novos são dirigidos de modo similar àquele usado para dirigir o carro antigo; a pessoa que esbarra acidentalmente num estranho pode se desculpar, embora nunca tenha esbarrado nele antes; quando confrontado com o problema de somar 27 cangurus com 28 zebras, o fazendeiro raciocina que a soma é a mesma de 27 pombos e 28 cavalos; as pessoas aceitam que os objetos caem do alto da montanha do mesmo modo que do alto das árvores; os estranhos cumprimentam-se com um aperto de mão quando apresentados, e por aí vai. Todos esses comportamentos são exemplos de respostas previamente aprendidas que são transferidas para novas situações, porque estas novas situações são, de alguma maneira, similares a situações nas quais as respostas foram aprendidas (isto é, reforçadas). A generalização é importante precisamente porque nem todas, nem mesmo a maioria das situações às quais a pessoa precisa reagir ao longo da vida, podem ser apresentadas nas escolas ou aprendidas em outras situações. Ensinar para generalizar (ensino para a *transferência*) é uma das funções mais importantes das escolas.

Discriminação

Como vimos, a discriminação é complementar à generalização e, como tal, implica fazer distinções entre situações similares a fim de responder apropriadamente a cada uma delas. A aprendizagem do pombo, de responder de modo diferente a duas situações bastante parecidas e relacionadas à apresentação das palavras *bicar* e *girar*, requer que o pombo aprenda a discriminar entre os dois estímulos similares.

A importância da aprendizagem da discriminação é especialmente evidente na aprendizagem de comportamento socialmente adequado. As crianças precisam aprender a diferenciar desde cedo situações parecidas que exigem respostas diferentes e adequadas. Aprender, por exemplo, que é permitido beijar os pais, mas não estranhos; que as irmãs não devem ser esmurradas, mas que talvez os valentões da vizinhança sim, em certas circunstâncias; que é ruim fazer barulho numa igreja silenciosa, mas que é permitido fazer o mesmo numa casa silenciosa; e assim por diante. O comportamento socialmente apropriado é muito o resultado de a pessoa ter aprendido a diferenciar situações parecidas que pedem comportamentos diferentes.

Os processos de discriminação e generalização estão ilustrados na Figura 4.9. No primeiro caso, a resposta adequada é comer um dos cinco vegetais; em outras palavras, a generalização da resposta de comer é apropriada. No segundo caso, é necessário diferenciar os dois estímulos. Aqui, a generalização é inapropriada.

Diferenças Individuais

Devemos observar que, diferentemente da maioria dos behavioristas, Skinner reconheceu a existência de algumas diferenças básicas entre os indivíduos. Os primeiros behavioristas, como Watson, tinham a tendência de assumir que as leis que regem o comportamento se aplicam igualmente a todos os indivíduos – e a todos os comportamentos – e que somos todos muito iguais no início. Por isso, a insistência de Watson de que ele podia fazer o que quisesse, referindo-se a uma dúzia de bebês saudáveis (veja o Capítulo 2).

Por outro lado, Skinner admitiu a importância das diferenças individuais. Os incontáveis nomes de **traços** que utilizamos – expressões como cabeça fresca, cauteloso, corajoso e impulsivo – são úteis e reveladoras, ele disse. "Em determinadas circunstâncias", ele escreve, "tudo o mais a respeito de comportamento pode ser irrelevante, e uma descrição em termos de traços é bastante econômica" (1951, p. 195). O conhecimento dos traços pode nos permitir prever qual será a resposta mesmo se não conhecermos o histórico exato de reforço do indivíduo. Porém, mesmo sendo behaviorista, ele explica que "algumas diferenças se devem a diferenças nas variáveis independentes às quais as pessoas estão expostas"

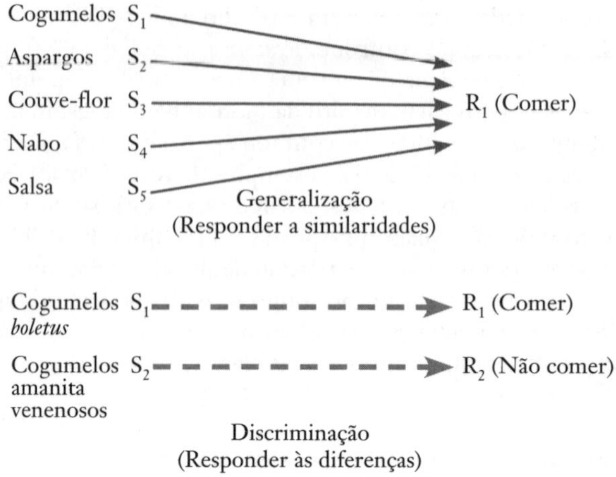

Figura 4.9 Discriminação e generalização.

(p. 195). Em outras palavras, alguns aspectos das diferenças de personalidade são aprendidos através do condicionamento. Entretanto, ele também alega que outros traços resultam de diferenças básicas na taxa em que o condicionamento ocorre em diferentes indivíduos. Segundo ele, "Supõe-se que o indivíduo inteligente mostre um condicionamento e extinção mais rápidos forme discriminações mais rapidamente, e assim por diante" (1953, p. 196).

Aplicações Práticas do Condicionamento Operante

Embora no início tenha se desenvolvido basicamente pelo estudo do comportamento de ratos e pombos em ambientes controlados, a explicação de Skinner para o condicionamento operante é mais uma ciência humana do que de outros organismos. Ele não via lacuna importante entre humanos e não humanos no que se refere às contingências de seus comportamentos. E não aceitava as críticas que acusavam seu sistema de negligenciar os processos mentais mais complexos, como o pensamento, tornando-o, portanto, inválido e defeituoso. "Uma ciência do comportamento não deve, como geralmente se afirma, ignorar a consciência", declarou. "Pelo contrário, ela vai além das psicologias mentalistas ao analisar o comportamento autodescritivo" (Skinner, 1969, p. 245). Num artigo intitulado "Por Que não Sou um Psicólogo Cognitivo", Skinner (1986) deixa claro que, em nenhuma instância, nega a existência e a importância de fenômenos cognitivos, como o pensamento, a resolução de problemas e a imaginação. Esses são tópicos interessantes, diz Skinner; mas é um erro tentar explicá-los fazendo referência a processos "cognitivos" inferidos.

O sistema behaviorista de Skinner não negligencia linguagem e pensamento. Como explica Lana (2002), adquirir e emitir comportamentos linguísticos são ações que estão sujeitas às mesmas regras do condicionamento operante da mesma forma que qualquer outro comportamento. Para Skinner, conceitos como estar *consciente* e *propósito* dependem das regras verbais que resultam da análise da relação entre o comportamento e suas contingências: "Uma comunidade avançada no que se refere ao aspecto verbal gera um nível alto de consciência" (1969, p. 245). Inicialmente, argumenta Skinner (1989), as palavras eram usadas não para descrever consciências, propósitos ou sentimentos, mas para descrever comportamentos específicos ou situações nas quais eles ocorriam. Assim, por exemplo, uma palavra como "amor" pode ser usada para descrever a ação de segurar um bebê. Com o tempo, entretanto, a palavra acabaria associada a estados corporais – a mudanças fisiológicas – que acompanham a ação. Daí, a palavra finalmente passa a descrever uma emoção e pode, então, ser generalizada para outras situações e comportamentos que despertam as mesmas reações fisiológicas – como beijar alguém ou mesmo acariciar um gato.

Parece claro que os humanos são responsivos às contingências comportamentais (às consequências do comportamento). Como vimos, muitos estudos indicam que as pessoas são sensíveis aos esquemas de reforçamento de intervalo variável do mesmo modo que os animais usados nas experiências (por exemplo, Lie et al., 2009). Como veremos posteriormente, a resposta das pessoas às consequências do seu comportamento é a base das terapias comportamentais – as quais manipulam, sistematicamente, aspectos como recompensa e punição, no esforço de alterar comportamentos e emoções (por exemplo, Hall et al., 2010; Dunlap et al., 2010).

O fato de as pessoas serem responsivas aos efeitos do reforçamento não significa que elas estão sempre conscientes das relações entre seus comportamentos e as suas consequências. Na verdade, é possível controlar as pessoas pela manipulação inteligente de recompensas e punições sem que elas percebam que estão sendo controladas – é o que fazem as sociedades, destaca Skinner.

Aplicações Educacionais de Contingências Positivas

Como Skinner (1971) destaca, as sociedades fazem uso extenso das **contingências aversivas**, quando as **contingências positivas** seriam bem mais humanas e também provavelmente mais eficientes. Ele escreve, por exemplo, que os métodos de controle das principais instituições sociais do mundo baseiam-se nas contingências aversivas. Esses métodos são bastante evidenciados nas escolas, onde as reprimendas, a suspensão, as notas baixas e as ameaças de punição são quase sempre aspectos dominantes no cotidiano dos estudantes, em vez do elogio, dos gestos de delicadeza, da promessa de notas altas ou da possibilidade de outro reforçamento importante.

Uma sala de aula é como uma câmara de condicionamento operante (*caixa de Skinner*) gigante. Os professores fazem o papel dos pesquisadores: eles programam e administram recompensas e punições. Os estudantes fazem o papel dos ratos skinnerianos (ou pombos, para parecer menos ofensivo): suas respostas são modeladas pelas várias contingências controladas pelos professores (e por muitas outras contingências, como a aprovação dos pares ou o ridículo, que fogem ao controle do professor). Como pesquisadores, os professores podem beneficiar-se quando sabem que o reforçamento é útil para provocar mudanças no comportamento, que os esquemas de reforçamento podem ser variados para valorizar mais o que é bom, que a punição não é muito eficaz para a aprendizagem, que alguns reforçadores são mais poderosos que outros, e que deveria haver o menor espaço de tempo possível entre a apresentação do comportamento e suas consequências. Por exemplo, se o comentário do professor a respeito do trabalho do aluno, das notas, for usado como reforçamento, deve ser dado aos estudantes o mais rápido possível.

Os professores também podem beneficiar-se de um conhecimento maior das fontes de reforçamento. Tendemos a pensar em reforçadores como estímulos facilmente identificáveis. Bijou e Sturges (1959), por exemplo, descrevem cinco categorias de reforçadores:

O reforçamento do professor.

os consumíveis (como os doces), os manipuláveis (como os brinquedos), os estímulos visuais e audíveis (por exemplo, um som que significa "bom trabalho"), os estímulos sociais (como o elogio) e as fichas (itens que podem ser trocados por outros reforçadores). Esses estímulos todos são reforçadores porque, como definiu Skinner, aumentam a probabilidade da ocorrência de uma resposta. Infelizmente, há alguns problemas com a definição de Skinner. Um deles é que ela é um tanto circular: o que é um reforçador? Um estímulo que aumenta a probabilidade de ocorrer uma resposta. Como sabemos que é um reforçador? Porque aumentou a probabilidade de uma resposta. Por que aumentou a probabilidade de uma resposta? Porque é reforçador. O que é um reforçador? E por aí vai.

Um segundo problema com a definição skinneriana é que ela não leva em consideração o fato de que o reforçamento é relativo – ou seja, pode variar de um organismo para outro, e até de uma situação para outra para um mesmo organismo. Por exemplo, como observa Kimble (1993), o alimento é reforçamento no início de uma refeição, mas, já na metade dela, pode se tornar neutro e, no final, pode ser até punitivo.

O Princípio Premack

Premack (1965) apresenta uma abordagem um pouco diferente para identificar eventos reforçadores. Ele leva em conta a observação de que o reforçamento é relativo; também considera o fato de que os reforçadores podem ser atividades, ou respostas, mais do que apenas estímulos. A abordagem de Premack, conhecida como **princípio de Premack**, reconhece que o comportamento que ocorre com frequência, e naturalmente, pode ser usado para reforçar o comportamento menos frequente. Por exemplo, poder correr em uma roda de exercício pode ser reforçamento para alguns ratos; outros acham mais reforçador roer madeira. Da mesma forma, algumas crianças acham altamente gratificante assistir à televisão; outras preferem brincar com os amigos; outras, ainda, preferem jogar videogames. Perceba que cada caso é uma *resposta*. Mais do que isso, é uma resposta na qual o organismo se envolverá naturalmente, se lhe for dada a oportunidade de fazê-lo – quase que da mesma forma como o organismo bebe e come. Para descobrir qual poderia ser o melhor tipo de reforçador para um determinado organismo, sugere Premack, basta observar o que o organismo faz livremente. Por exemplo, um professor "antenado" pode perceber o que os estudantes fazem quando têm tempo livre na sala de aula, Tara lê, Amy e Sara conversam uma com a outra, William pede para apagar a lousa, e Trevor desenha histórias em quadrinhos. A aplicação do princípio de Premack sugere que permitir que Tara leia pode ser reforçador para ela, mas não necessariamente para os outros estudantes; permitir que Trevor desenhe seus quadrinhos pode ser o melhor reforçamento para ele.

A análise do comportamento, baseada nos princípios do condicionamento, é aplicada extensivamente nas escolas (veja, por exemplo, Alberto e Troutman, 2003; Harlan e Rowland, 2002). Também é usada por terapeutas numa variedade de situações. A aplicação deliberada e sistemática dos princípios do condicionamento operante na tentativa de mudar o comportamento é chamada de **modificação do comportamento**. A modificação do comportamento é descrita e exemplificada mais adiante neste capítulo.

Aplicações de Consequências Aversivas

Skinner descreve dois tipos de controle aversivo (ou negativo): punição e reforçamento negativo. Lembre-se de que eles são fundamentalmente diferentes um do outro: enquanto o reforçamento negativo aumenta a probabilidade de uma resposta ocorrer de novo, a punição geralmente tem o efeito oposto.[11]

Argumentos Contra a Punição

Poucos tópicos na criação e educação de uma criança receberam mais atenção do que a punição. Muito dessa atenção resulta mais da prevalência da punição do que de sua eficácia. A **punição corporal**, também chamada *punição física*, que é o uso de força física para provocar dor, é especialmente controversa. Mas a maioria dos estudos indica que uma variedade de punições físicas, tal como dar uma surra, é uma técnica extremamente comum de educar crianças, na América do Norte (Gershoff e Bitensky, 2007). Bender et al. (2007), que estudaram cerca de 141 adolescentes, descobriram que a grande maioria deles havia sido submetida a alguma punição corporal. Um total surpreendente de 51,4% "havia apanhado com uma cinta ou um objeto similar" de suas mães; cerca de 2% haviam sido ameaçados com uma faca ou um revólver por seus pais, e mais de 80% havia sido estapeado ou espancado por pelo menos um de seus pais.

Um crescente número de países tem banido o uso da punição corporal pelos pais e por escolas, embora a Suprema Corte dos Estados Unidos tenha afirmado o direito de as escolas utilizarem punição corporal (desde que não seja excessiva) (Durant, 2008). Muitos estados e algumas jurisdições locais baniram a punição corporal de suas escolas.

Do ponto de vista da teoria da aprendizagem, pode-se levantar várias objeções, práticas e teóricas, ao uso da punição. Primeiro, a probabilidade de que a punição resulte num comportamento adequado é bastante remota, principalmente porque a punição desvia a atenção para o comportamento indesejável e pouco faz para indicar qual seria o comportamento desejável.

Segundo, porque, em vez de eliminar o comportamento, a punição apenas o suprime; o que é afetada é a taxa da respostas. A vantagem que o não reforçamento tem sobre a punição é que, teoricamente, resulta na extinção do comportamento não reforçado.

---

[11] "Por falar nisso", disse o professor como adendo, "você deve ter notado que o ambiente oferece às pessoas um vasto número de estímulos aversivos que parecem ser extremamente eficazes em modelar o comportamento. Panelas quentes, insetos que picam, cogumelos venenosos – todos rapidamente resultam em aprendizagem importante. Se não o fizessem, é provável que a espécie humana não tivesse sobrevivido tantas gerações. Portanto, embora você tenha de reconhecer a importância da ênfase no controle positivo, em vez de no aversivo, o controle aversivo não pode ser descartado com tanta facilidade".

Terceiro, a punição pode conduzir a estados emocionais não associados a amor, felicidade e outros sentimentos agradáveis. Por meio da contiguidade, estados emocionais negativos podem acabar associados a quem pune, mais do que ao comportamento indesejável. Como resultado, a punição corporal, algumas vezes, antecipa problemas de comportamento posteriores (por exemplo, Mulvaney e Mebert, 2007).

Em quarto, a punição física coloca as crianças em risco de abuso físico – e os pais, em risco de se tornarem abusadores (Durant, 2007). Gershoff e Bitensky (2008) resumem uma pesquisa que indica que casos mais graves de abuso físico de crianças são explicados pelos pais como sendo "disciplina", que se torna necessária por causa do mal comportamento de uma criança. Na verdade, depois que a punição corporal foi proibida por lei na Suécia, em 1979, os casos de maus tratos físicos a crianças diminuíram efetivamente (Annerbac, Svedin e Gustafsson, 2010).

Uma quinta objeção, mais genérica, à punição é que, geralmente, ela não funciona. Pesquisas consideráveis indicam que a punição corporal pode ter efeitos opostos àqueles pretendidos. Em um estudo que observou o ajustamento e o comportamento de crianças ao longo do tempo, os pesquisadores verificaram que a punição corporal pelos pais realmente *aumentava* os casos de desajustamento e mal comportamento (Mulvaney e Mebert, 2007).

Formas Menos Objetáveis de Punição

As objeções mais apaixonadas dos psicólogos ao uso da punição dizem respeito, principalmente, à punição corporal (física), como o espancamento (ou, talvez pior ainda, a surra com cinta). Outras objeções não são nem de perto tão relevantes em relação a outras formas de punição bastante comuns nas escolas e nos lares. Estas incluem procedimentos como *time-out*[12] (suspensão), custo da resposta e reprimendas.

Time-out é um procedimento no qual as crianças são excluídas de atividades em andamento. Por exemplo, uma criança com mau comportamento pode ser levada a sentar-se no fundo da sala de aula, talvez, olhando para o lado oposto. Ou a criança pode ficar apenas observando as atividades sem participar. A chave para um procedimento de *time-out* é que as crianças são removidas de uma situação na qual elas podem esperar reforço para serem colocadas em outra situação em que é menos provável que elas recebam reforço. Os procedimentos de *time-out* são relativamente comuns em muitas salas de aula. Eles podem ser bem efetivos, relata Kazdin (2008), especialmente quando combinados com o que se chama procedimentos de ***time-in***, que ocorrem quando crianças obtêm reforço ao serem incluídas sistematicamente, tocadas fisicamente, elogiadas, e assim por diante. As crianças que são retiradas de uma sala de aula como resposta a seu mau comportamento estão sendo punidas não pela administração de um estímulo desagradável (a menos, é claro, que sejam enviadas para a sala do diretor), mas, em vez disso, por serem removidas daquele que se supõe que seja um ambiente de reforço.

Entre as formas de punição menos questionáveis está o uso de **reprimendas**, a maioria das quais é verbal, embora várias possam ser não verbais (o menear de cabeça desaprovador ou a cara fechada, por exemplo). Uma série de estudos realizados em situações de sala de aula descobriu que as reprimendas verbais mais eficientes são aqueles descritas como "brandas" (O'Leary, Kaufman, Kass e Drabman, 1970; Goldstein e Brooks, 2007). Reprimendas brandas são as que só a criança envolvida ouve. Nas classes em que os pro-

[12] A designação *time-out procedures* ainda não tem uma tradução consagrada em português. Indica, geralmente, a suspensão ou a retirada de uma situação reforçadora como forma de punição (NRT).

fessores empregaram reprimendas em voz alta houve aumento significativo de incidência de comportamento perturbador. Nessa conexão, convém lembrar que o elogio – um reforçador bastante eficiente em sala de aula – é muito melhor quando dito em "voz alta". Resumindo, na maioria das vezes, as reprimendas devem ser brandas e o reforçamento deve ser público.

É potencialmente revelador olhar para o que os estudantes consideram uma punição eficaz. Numa pesquisa realizada com cerca de 1.600 alunos da oitava série, a "carta para os pais" foi eleita a punição mais eficiente para o mau comportamento (Casteel, 1997). Esse tipo de punição é "branda", pois não expõe os estudantes à humilhação na sala de aula, mas expõe o aluno à reação dos pais.

Argumentos em Favor da Punição

A punição corporal, assim como a ameaça de sua aplicação, permanece como prática comum na criação dos filhos. Cusac (2009) relata que, na América do Norte, o uso da punição corporal, incluindo o uso de tortura e restrição, tem aumentado drasticamente nas últimas décadas.

Que a punição física seja comum nas sociedades industrializadas é uma justificativa insuficiente para sua utilização. Não obstante, vários argumentos podem ser apresentados para o emprego da punição. Primeiro, embora o reforçamento, a imitação e o raciocínio possam ser eficazes para fazer aflorar e manter o comportamento desejável, em muitos casos, parecem não ser suficientes. Claro está que nem sempre a persuasão gentil vai convencer de imediato a criança de que certos comportamentos são indesejáveis. Se Johnny insiste em jogar o gato na banheira após ter-lhe sido explicado que a pobre criatura não sabe nadar, a punição deve ser aplicada. Embora os psicólogos há muito insistam que a punição não parece funcionar para eliminar comportamentos indesejáveis, há evidências consideráveis de que pode ser bastante eficaz para, no mínimo, suprimi-los (veja, por exemplo, Rush, Crockett e Hagopian, 2001; Atkins, Osborne, Benn, Hess e Halperin, 2001). Na verdade, o argumento de que a punição não leva à extinção do comportamento em questão é irrelevante. Se Johnny parar agora de jogar o infeliz do gato na banheira, sua avó certamente não pensará que ele esqueceu como se faz isso – mas poderá, justificadamente, esperar que ele se contenha para não fazer a mesma coisa no futuro.

Apesar das objeções morais e éticas que muitos apresentam em relação ao uso da punição, há situações nas quais ela parece ser a menos cruel e a mais eficiente alternativa. Por exemplo, Lerman, Iwata, Shore e DeLeon (1997) descrevem uma pesquisa sobre o uso da punição em cinco adultos mentalmente retardados que se envolviam com frequência em episódios comportamentais de autoflagelação (CAI[13]), como arrancar os cabelos ou mastigar a própria carne. O reforçamento para que não se envolvessem nesses comportamentos ou as reprimendas simples (uma forma de punição) foram pouco eficientes no caso desses indivíduos. No entanto, os sujeitos que foram expostos a esquemas contínuos de punição (*time-out* ou procedimentos restritivos) – ou seja, que foram punidos no início de cada episódio de CAI – apresentaram redução significativa desses comportamentos. Interessante notar, porém, que quando a administração da punição se alterou de contínua para a de intervalos fixos, a incidência de CAIs aumentou de novo para os níveis anteriores ao tratamento.

[13] CAI: abreviação de comportamento autoinjurioso (NRT).

Como o reforçamento, a punição parece ser mais eficaz quando aplicada imediatamente após o comportamento. Essa observação é mais válida para os animais do que para os seres humanos, talvez por causa da capacidade humana de simbolizar, o que permite as associações entre o comportamento e suas consequências mesmo quando as consequências ocorrem tempos depois do comportamento.

Além disso, a punição parece ser mais eficaz quando administrada por um pai (ou outro adulto) amoroso e acolhedor. Não há evidência de que a afeição que existe entre pai e filho seja prejudicada por causa do uso criterioso da punição (Walters e Grusec, 1977).

Reforçamento Negativo

Lembremos que, tanto o reforçamento positivo quanto o negativo, por definição, resultam no aumento da probabilidade de ocorrer uma resposta – uma por ter sido acrescentada a uma situação (recompensa), a outra por ter sido removida (alívio). Contudo, cada uma delas, entretanto, está sujeita a ter efeitos diferentes. Você poderá fazer um rato saltar sobre um banco se o alimentar cada vez que ele o fizer (reforçamento positivo). Pode fazê-lo saltar sobre o mesmo banco aplicando-lhe um choque elétrico quando ele não o fizer. No final, ele pode saltar sobre o banco com igual presteza, não importando como tenha sido treinado, mas é possível que o rato reforçado positivamente apresente muito mais entusiasmo para saltar do que seu colega treinado de forma aversiva. Há uma diferença fundamental entre aprender uma resposta por aproximação (que geralmente é o caso do reforçamento positivo) e a aprendizagem por escape ou esquiva (que, em geral, resulta do reforçamento negativo).

Como os ratos que aprenderam a saltar sobre um banco para escapar de um choque elétrico, não se pode esperar que alunos atentos e estudiosos por força das contingências aversivas (reforçamento negativo ou punição) gostem da escola tanto quanto aqueles que são atentos e estudiosos por causa do reforçamento positivo.

Talvez o mesmo se aplique àqueles que vão à igreja para evitar o fogo do inferno e a condenação eterna.[14]

Outras Aplicações: Gerenciamento do Comportamento

Um dos objetivos da indústria da moda e de alimentos é moldar e alterar a preferência das pessoas e, em última análise, o comportamento delas. Da mesma forma, um dos objetivos da área do ensino é provocar a aprendizagem (o que, por definição, implica uma mudança

---

[14] O professor dirigiu-se ao guarda-louça, fazendo sinal para que eu desligasse o gravador, e murmurou algo sobre estar aborrecido, o que eu realmente estava. Disse que estava faminto e que queria um sanduíche. Ele pegou, então, um pedaço de presunto que sobrara do jantar, passou manteiga em dois pedaços do pão que minha avó me dera, pôs mostarda e colocou cuidadosamente o presunto sobre eles. O gato esfregou-se nas pernas do professor. "Sim, gato", disse o professor, e estava claro que falava com ele e não comigo, mas o que ele explicava ao gato era que esses eram velhos exemplos, aqueles sobre os ratos e a igreja, eliminados de uma edição anterior. Disse que os havia parafraseado por não saber muito a respeito do fogo do inferno e da condenação eterna. Disse também que achou o uso de imagens claramente não behavioristas como a dos ratos saltando sobre os bancos "entusiasticamente" no mínimo engraçado, se não inteiramente significativo ou apropriado. Então, por um bom tempo permaneceu calado, olhando para o sanduíche. Em seguida, foi até a porta e colocou o lanche no prato do gato. O gato o cheirou, deu uma lambida num pedacinho de presunto que havia escapado do pão e voltou a se enrolar no beliche. Depois de um tempo, o professor prosseguiu a leitura.

no comportamento) e um dos objetivos da psicoterapia é alterar as respostas emocionais e comportamentais das pessoas.

Tudo isso envolve o que é chamado de **gerenciamento do comportamento**, a aplicação sistemática e deliberada de princípios de aprendizagem, na tentativa de modificar o comportamento. A aplicação dos princípios pavlovianos é frequentemente denominada **terapia do comportamento**; o uso sistemático dos princípios da aprendizagem operante é mais conhecido como *modificação do comportamento*.

Uma grande variedade de técnicas específicas de gerenciamento do comportamento baseadas no condicionamento foi desenvolvida. Quatro das mais comuns estão descritas sucintamente a seguir.

Reforçamento Positivo e Punição

Como acabamos de ver, tanto o reforçamento positivo quanto a punição podem ser muito eficazes para modificar o comportamento, e ambos são bem conhecidos e largamente aplicados na vida cotidiana. Os pais elogiam as crianças durante o treinamento para uso do banheiro, os empregadores oferecem bônus para o trabalho produtivo e os professores sorriem para os alunos aplicados. Cada um desses é um exemplo de reforçamento. Os pais podem suspender o elogio ou ralhar quando as crianças falham na tentativa de chegar a tempo ao banheiro, os patrões podem reter o pagamento por causa de atrasos, e os professores podem expressar sua desaprovação aos alunos preguiçosos. Cada caso é um exemplo de punição.

O uso sistemático de recompensas, bem como de punição (geralmente na forma de procedimentos de *custo da resposta* ou *time-out* descritos anteriormente), é um aspecto comum de muitos dos programas de modificação de comportamento. Por exemplo, eles poderiam ser usados para controlar os maus comportamentos numa sala de aula, para encorajar a interação verbal das crianças que são tímidas ou para criar melhores hábitos de estudo. Algumas vezes, a relação exata entre comportamentos específicos e recompensas (ou punições) pode ser detalhada num documento escrito (chamado de *contrato de contingência*).

Pesquisas indicam que estratégias de gerenciamento do comportamento específicas e bem planejadas costumam ser muito mais frutíferas do que as abordagens mais informais e menos organizadas. Os programas mais eficientes são aqueles apoiados nas contingências positivas, e não nas aversivas. Quando se baseiam em reforçamento positivo, geralmente usam vales como reforçadores. Eles podem ser trocados, posteriormente, por algum reforçamento mais significativo (McGoey e Rezzetano, 2008). Dinheiro é um reforçador especialmente efetivo.

Não é à toa, portanto, que os consultores de gerenciamento do comportamento treinados em aplicação e desenvolvimento de programas de gerenciamento comportamental podem ser muito importantes para dar assistência a professores e pais que lidam com problemas de comportamento.

Contracondicionamento

A exemplo do que vimos no Capítulo 2, Guthrie descreve como em um processo chamado **contracondicionamento** alguns hábitos indesejáveis condicionados a certos estímulos podem, algumas vezes, ser substituídos por respostas diferentes e incompatíveis com os mesmos estímulos.

Algumas vezes o contracondicionamento é utilizado na **psicoterapia** e é ilustrado pela *dessensibilização sistemática* (Wolpe, 1958), método aplicado primariamente no tratamento de ansiedades e fobias (medos). Simplificando, a dessensibilização sistemática envolve três etapas. Primeiro, o paciente descreve todas as situações nas quais aflora o comportamento indesejado, listando-os numa ordem hierárquica do menor para o maior. Em seguida, o terapeuta ensina ao paciente uma resposta que é incompatível com a resposta não desejada – quase sempre uma resposta de relaxamento, porque esse é incompatível com o medo ou com a ansiedade. A etapa final é apresentar o estímulo mais suave enquanto o paciente está relaxado e aumentar progressivamente a intensidade, com estímulos mais potentes, até que o paciente comece a se sentir desconfortável. Nesse ponto, o terapeuta dá uma parada e pratica de novo o relaxamento. O objetivo é apresentar o estímulo mais forte sem evocar a reação indesejada. (Esse procedimento é uma versão sofisticada da *técnica do limiar* de Guthrie, descrita no Capítulo 2.)

Os procedimentos de contracondicionamento também foram usados com sucesso na área médica. Por exemplo, Slifer, Avis e Frutchey (2008) associaram atividades agradáveis com uma rotina médica simulada – neste caso, um procedimento de EEG – com crianças pequenas, a fim de contracondicionar respostas incompatíveis com medo, dor e ansiedade, antes do efetivo procedimento médico.

Extinção

Do mesmo modo como os ratos de Skinner aprenderam a pressionar uma barra para acionar o mecanismo que liberava o alimento, os humanos podem deixar de apresentar formas indesejáveis de comportamento com a remoção da fonte de reforçamento. Essa técnica pode ser usada sempre que um comportamento é mantido por reforçamento positivo que está sob controle do pesquisador ou do terapeuta. Por exemplo, em crianças pequenas, certos tipos de comportamento de busca de atenção podem ser extintos simplesmente ignorando-os. Walker e Shea (1991) descrevem uma situação na qual John, um estudante, perturbava sua classe com barulhos esquisitos que faziam todos rirem. Toda vez que o professor chamava atenção para esse comportamento repreendendo John, a classe ria novamente (e John mais ainda). Por fim, a classe foi instruída a ignorar o que John fazia; todos os alunos que o fizessem seriam recompensados com tempo livre. John seguiu fazendo graça por alguns dias, mas ninguém mais prestou atenção. Uma semana depois, o comportamento parecia ter sido extinto.

A Posição de Skinner: Uma Avaliação

Conforme explicam Gentle e Miller (2009), existem pessoas convencidas de que Skinner tinha todas as respostas, e outras que acreditam que ele não estava nem mesmo fazendo as perguntas certas.

"A ciência comportamental", escreve Mills, "atingiu o seu mais elevado e completo desenvolvimento com os escritos de Skinner" (1998, p. 123). Mais de meio século depois que sua teoria foi apresentada pela primeira vez, continua a ser a análise mais pesquisada e compreensível sobre o comportamento humano (Vargas, 2001). A teoria de Skinner tem sido utilizada como base para o entendimento de uma enorme variedade de comportamentos humanos. Por exemplo, Horne (2009) explica a imposição de normas dentro de grupos sociais em termos das contingências de reforço associadas à aderência às normas – e as consequências negativas de violá-las. De modo semelhante, Clarke (2009) explica como os princípios de condicionamento operante de Skinner estão fundamentalmente envolvidos no tratamento de uma ampla gama de problemas de comportamento. Não é à toa que Skinner é considerado um dos "mestres construtores" da Psicologia; ele se destaca no pensamento psicológico como um dos seus maiores e mais populares porta-vozes.

Embora tenha sido Watson quem definiu o behaviorismo, e muitos outros teóricos tenham contribuído significativamente para seu desenvolvimento, o nome de Skinner está, mais que qualquer outro, ligado à psicologia behaviorista.

Contribuições

Quando pediram a 186 psicólogos que listassem os principais autores e os livros mais importantes na área da Psicologia, o *Beyond Freedom and Dignity*,[15] de Skinner (1971), ficou entre os cinco primeiros indicados. Esses mesmos psicólogos apontaram Skinner como um dos cinco autores mais importantes da Psicologia (Norcross e Tomcho, 1994).

Provavelmente a maior contribuição de Skinner para a compreensão do comportamento humano seja a sua descrição dos efeitos do reforçamento sobre a resposta. Além disso, ampliou essas descobertas para indivíduos e grupos sociais, e até mesmo para culturas inteiras (ver, por exemplo, Skinner, 1948, 1953, 1971). Como destacam O'Donohue e Ferguson (2001), muitos dos problemas atuais – superpopulação, poluição, conflitos e guerra – estão relacionados ao comportamento humano. O sonho de Skinner era uma ciência do comportamento humano que buscasse prever e controlar o comportamento e pudesse também ajudar a solucionar esses problemas.

Por meio de seus numerosos livros e apresentações, e também por sua incontestável habilidade de liderança, Skinner exerceu enorme influência sobre vários teóricos, muitos dos quais incorporaram grande parte do seu sistema a suas próprias posições. Além disso, a ênfase de Skinner em definições operacionais tem exercido uma profunda e duradoura influência na teoria psicológica.

Sua teoria foi aplicada diretamente em muitas áreas, explica Morgan (2010); o estudo de medicamentos, dependência e comportamento; investigações sobre o comportamento de escolha; estudos relativos a apostas; pesquisas referentes à memória e ao raciocínio; o desenvolvimento de programas educacionais; e uma enorme variedade de terapias em diversas áreas.

Avaliação como uma Teoria

No que diz respeito aos critérios para avaliação de boas teorias, descrito no Capítulo 1, o sistema de Skinner se sai relativamente bem. É muito pesquisado e bem definido, reflete os fatos, especialmente aqueles ligados às relações entre eventos de reforçamento e as características da resposta. Claro e compreensível, esse sistema explica perfeitamente bem alguns aspectos do comportamento e permite fazer prognósticos que podem ser verificados. Não se baseia em pressupostos inverificáveis e resultou numa enorme quantidade de pesquisas e avanços na compreensão do comportamento.

Algumas Objeções Filosóficas

Certos críticos insistem que o condicionamento operante de Skinner não explica os processos simbólicos e diz pouco sobre outros tópicos de interesse dos teóricos cognitivos

[15] SKINNER, B. F. *O Mito da Liberdade*. São Paulo: Summus Editorial, 1983 (NRT).

contemporâneos (tomada de decisão, solução de problema, percepção etc.). Outros estão insatisfeitos com a tentativa de explicar a linguagem por meio da teoria do reforçamento. Há ainda os que, como veremos no Capítulo 5, pensam que Skinner negligenciou o papel da biologia na aprendizagem.

Do outro lado, psicólogos alegam que o sistema de Skinner lida, sim, com tópicos cognitivos e que muitos apenas confundiram a rejeição do behaviorismo radical à utilidade de evocar eventos mentais como explicações, com a rejeição à existência desses eventos mentais. O trabalho de Skinner foi quase sempre mal compreendido, alegam Malone e Cruchon (2001). Por exemplo, resumos da teoria tendem a menosprezar a contribuição dele à compreensão do comportamento verbal. Do mesmo modo, psicólogos tendem a ignorar a explicação de Skinner para os conceitos "mentalísticos" como a autoconsciência – a qual, ele acreditava, surge daquelas contingências ambientais que reforçam os humanos para a discriminação (estar consciente) de seu próprio comportamento (O'Donohue e Ferguson, 2001). Conforme Dittrich et al. (2009) explicam, Skinner não ignora eventos "privados", como a autoconsciência. Na verdade, ele reconheceu a existência de eventos "privados" *não observáveis* e a importância das inferências que as pessoas fazem em relação a comportamentos e estados mentais.

Se os comportamentos humanos mais importantes são operantes, a importância das explicações de Skinner não pode ser subestimada. Há controvérsias, porém, sobre em que medida o comportamento é controlado por contingências de reforçamento. Muitos dos mais notáveis psicólogos humanistas consideram a visão de Skinner um atentado à liberdade e à dignidade humanas. Se somos controlados pelo ambiente (isto é, por reforçamentos e punições ambientais), como alega o argumento, não podemos ser livres. Assim, à primeira vista, a posição skinneriana parece incompatível com a preocupação com o valor e a individualidade humanos.

"Quando questiono uma suposta liberdade do homem autônomo", rebate Skinner, "não estou debatendo a questão do livre-arbítrio. Estou simplesmente descrevendo o lento desaparecimento de um esquema explicativo pré-científico" (1973, p. 261). "O homem autônomo", explica Skinner em outra ocasião, "é um expediente usado para explicar aquilo que não conseguimos explicar de outra forma. Foi construído com base em nossa ignorância, e à medida que nossa compreensão cresce, a própria matéria da qual ele é composto desaparece" (1971, p. 200). Em resumo, como aponta Rockwell (1994), Skinner não estava tentando nos oferecer uma prova de que o livre-arbítrio não existe, mas argumentando contra aquilo que ele considerava explicações não científicas e fúteis para o comportamento humano.

Isso, em poucas palavras, é o behaviorismo radical.

Os seres humanos são controlados por seus ambientes, insiste Skinner, mas foram os homens que construíram esses ambientes, os quais continuam a controlar até certo ponto. Uma ciência do comportamento humano, o desenvolvimento daquilo que sempre foi o objetivo de Skinner, levanta a possibilidade de aplicar a ciência em benefício de toda a humanidade. Segundo Clarke (2010) ressalta, "Os primeiros behavioristas sonharam grandes sonhos". E em nenhum lugar a magnitude dos sonhos de Skinner é mais aparente do que em seu controverso e, algumas vezes, violentamente atacado romance denominado *Walden Two* (Skinner, 1948). Neste romance, Skinner descreve sua "pequena utopia", uma sociedade onde a ciência do comportamento é aplicada em uma comunidade de cerca de 1.000 pessoas. Essas pessoas levam o que Skinner chamou de "boa vida": trabalham poucas horas por dia; têm os melhores padrões de educação, saúde e lazer; são inteligentes e felizes. "Alguns leitores podem considerar o livro um delírio", escreveu ele, "mas, na verdade, é uma proposta bem séria" (Skinner, 1969, p. 29).

Uma defesa contra os críticos de Skinner, proposta por Amsel (1992), é que a maioria não ataca o sistema tal como descrito por Skinner, mas ataca uma caricatura do sistema – um exagero de seus aspectos mais óbvios. A defesa definitiva de Skinner contra seus críticos é que a maioria das objeções apresentadas não é exatamente contra a teoria, mas contra as interpretações que eles fazem de suas implicações. Resumindo, eles não gostam do que a humanidade parece ser. Contudo, como ressaltou Skinner "Nenhuma teoria muda aquilo que é objeto dela; os homens continuam sendo o que sempre foram" (1971, p. 215).

Resumo

1. Embora algumas vezes considerado antiteórico, Skinner objeta não contra as teorias (as quais considera essenciais), mas contra aquele tipo de teoria que apela para invenções mentalísticas e especulativas para explicar os eventos observados. O *behaviorismo radical* de Skinner (*radical* significa raiz, assim chamado porque ele busca as *raízes* do comportamento) descreve o comportamento humano como sujeito a leis e insiste que, para explicá-lo, a Psicologia deveria olhar para os fatores externos em vez de olhar para os internos.
2. A análise experimental do comportamento realizada por Skinner busca encontrar as leis que governam as interações entre organismo e ambiente. Examina a relação entre as variáveis independentes (tipos e esquemas de reforçamento) e as variáveis dependentes (taxa de aquisição, taxa de respostas e taxa de extinção). Influenciado por Pavlov e por Thorndike, Skinner identifica os dois tipos mais importantes de aprendizagem: aquele que envolve respostas eliciadas por estímulos, explicável pela utilização do modelo pavloviano (respondentes; Tipo S ou condicionamento clássico); e aquele que envolve ações instrumentais emitidas, explicáveis devido a suas consequências (operantes, Tipo R ou condicionamento operante).
3. Skinner utilizou uma *câmara de condicionamento operante* (caixa de Skinner) para investigar as leis do condicionamento operante. A aprendizagem operante ocorre quando há mudança na probabilidade de uma resposta como função dos eventos que imediatamente a seguiram (contingências de respostas). Os eventos que aumentam a probabilidade de uma resposta são chamados *reforçadores*. Os aspectos de uma situação que acompanham o reforçamento tornam-se estímulos discriminativos (S^D), que servem como reforçadores secundários.
4. Os reforçadores podem ser positivos (efetivos por meio de sua apresentação; recompensa) ou negativos (efetivos por meio de sua remoção; alívio). Remover punição implica remover uma consequência agradável (penalidade); apresentar punição implica apresentar uma condição aversiva (castigo) após o comportamento.
5. Os reforçadores primários satisfazem as necessidades básicas (como o alimento satisfaz a fome); os reforçadores secundários tornam-se reforçadores por meio da associação a um reforçador primário (por exemplo, uma luz na caixa de Skinner associada a comida torna-se reforçadora por si mesma). Reforçadores generalizados são estímulos que foram associados a uma variedade de outros reforçadores e tornaram-se reforçadores para vários comportamentos.
6. Esquemas de reforçamento podem ser contínuos (toda resposta correta é reforçada) ou intermitentes (parciais). Os esquemas intermitentes podem se basear na proporção das respostas (razão) ou no espaço de tempo (intervalo). Ambos os esquemas, de razão e de intervalo, podem tanto ser fixos (invariáveis) como aleatórios (variáveis). Os esquemas supersticiosos são esquemas de intervalo fixo em que o reforçamento ocorre em momentos determinados, não importa o que o organismo esteja fazendo.
7. Os esquemas contínuos resultam na aquisição e extinção rápidas. Os esquemas inter-

mitentes resultam em tempos mais longos de extinção, mas são menos eficientes para o treinamento inicial. A taxa de respostas corresponde, tipicamente, às expectativas de recompensa que um animal ou uma pessoa tem possibilidade de desenvolver durante o treinamento. A etapa inicial na câmara de condicionamento operante envolve o *treino de comedouro* ou *bebedouro*.

8. A extinção (um processo rápido, algumas vezes seguido de recuperação espontânea) é a eliminação de um comportamento por meio da retirada do reforçamento. O esquecimento (um processo mais lento) é a eliminação do comportamento no decorrer da passagem do tempo.
9. Esquemas concorrentes estão presentes quando o organismo se defronta com uma escolha entre vários comportamentos, cada um dos quais está associado com um diferente esquema de reforço.
10. Modelagem, técnica usada para induzir novos comportamentos em animais, envolve o reforçamento de respostas que caminham na direção desejada até que a resposta final tenha sido condicionada. Encadeamento é a ligação de sequências de respostas por força dos estímulos discriminativos que estão todos ligados ao mesmo reforçador primário.
11. Desvanecimento diz respeito à aprendizagem de discriminação por meio do aumento das diferenças no treinamento inicial e, então, pela sua lenta redução. Generalização implica transferir uma resposta para outros estímulos; discriminação é apresentar respostas diferentes para estímulos muito parecidos.
12. O controle social por meio do uso do reforçamento positivo é comum e eficaz. O controle por meios mais aversivos (como reforçamento negativo e punição) também é eficiente e prevalente. As objeções à punição baseiam-se nas observações de que ela (a) não mostra ao transgressor o que fazer, apenas o que não fazer, (b) quase sempre resulta na supressão e não na eliminação do comportamento, (c) pode acarretar alguns efeitos colaterais emocionais indesejáveis; (d) pode colocar a criança em risco de abuso físico, e (e) frequentemente não funciona, às vezes até resulta em efeitos opostos aos desejados. Certas formas de punição (como as reprimendas, o *time-out*, e o custo da resposta) não estão sujeitas às mesmas críticas.
13. Algumas técnicas para modificar o comportamento incluem reforçamento positivo, extinção e contracondicionamento.
14. O sistema de Skinner explica e prevê perfeitamente bem certos comportamentos, é consistente e claro, e reflete bem alguns fatos. Contudo tem críticos apaixonados, muitos dos quais levantam objeções a sua busca de explicações fora da pessoa e sua aparente negação da liberdade e da autonomia.

CAPÍTULO CINCO

Psicologia Evolucionista: Aprendizagem, Biologia e Cérebro

O Cérebro é mais amplo do que o Céu –
Pois – coloque-os lado a lado –
Um o outro abarcará
Com facilidade – e com Você – junto
Emily Dickinson

Olhe, disse o professor, e eu me inclinei para ver o que ele segurava com sua mão na minha direção. Por um momento, não vi nada e, então, à medida que ele lentamente abriu sua mão, uma borboleta de cor laranja ficou na ponta de seu polegar. Ela ficou ali apenas por um instante, e então voou.

Ele disse que aquela era uma borboleta-monarca e que a maioria das borboletas adultas vive somente 10 dias, o que é uma enorme tristeza para os poetas, mas a borboleta-monarca, como aquela que tinha acabado de sair do vidro, sobrevive por meses.

Esperava agora que essa monarca voasse para bem longe, provavelmente até o México. Falou que a monarca é muito parecida com a borboleta heliconius. *Ambas são programadas geneticamente para viverem muito mais tempo do que as borboletas comuns e apresentam uma incrível capacidade de adaptação. Perguntou se eu tinha notado como a monarca, do mesmo modo que a* heliconius, *possui um colorido brilhante. "As borboletas", explicou ele, "especialmente as de cores muito vivas, adejam de modo 'imprevisível' quando voam, o efeito disso é que, embora suas cores as tornem mais visíveis para pássaros e gatos, o voo incerto faz com que os predadores tenham dificuldade em pegá-las." Disse que se eu visse uma delas, perceberia de imediato que a* heliconius, *como a monarca, não adeja erraticamente do mesmo modo que as demais borboletas; ao contrário, voa devagar. Não obstante, essas borboletas voam entre pássaros predadores sem correr perigo.*

Por quê? Porque o fato de serem muito venenosas para os pássaros faz que sejam rejeitadas por eles. "Veja", disse o professor, "a heliconius *é imune ao veneno da parreira – a parreira-paixão –, que até as lagartas comedoras de folhas evitam. A* heliconius *não apenas se empanturra dessa planta como sintetiza seu veneno, tornando-se, ela própria, tóxica. A monarca faz o mesmo quando, como larva, mastiga as folhas do algodão-do-campo, planta que contém uma substância venenosa para os vertebrados. A monarca acumula o suficiente dessa substância para se tornar desagradável para os pássaros que a comeriam se ela fosse diferente. É por isso que eles evitam caçar borboletas coloridas, de voo lento."*

"A causa desse comportamento seria uma aversão inata e baseada na genética?", perguntou o professor retoricamente. "Não. Na verdade, os pássaros silvestres atacam (e geralmente comem) tudo aquilo que de algum modo se pareça com uma borboleta ou

com uma mariposa. Contudo, se comerem apenas uma vez uma monarca ou uma heliconius, *não comerão uma segunda", respondeu ele mesmo à própria pergunta.*

"Eles aprendem a aversão ao sabor numa única tentativa. Isso não apenas evita que adoeçam ou até morram, como também salva a vida de incontáveis borboletas de voo lento como a monarca e a heliconius."[1]

O professor fez sinal para que eu começasse a gravar suas palavras. Deitou-se na grama ao lado do salgueiro, usando a mochila para apoiar a cabeça. Fiquei sem saber se devia sentar ou também deitar. Resolvi ficar de pé. Achei que ia chover.

Este Capítulo

O professor disse que a importância da aprendizagem da aversão ao sabor ficaria bem clara neste capítulo. Lembrou que os primeiros quatro capítulos deste livro descreveram dois tipos básicos de condicionamento: o clássico e o operante. Os teóricos de cada um deles – por exemplo, Ivan Pavlov, John B. Watson, Edwin Guthrie, Edward L. Thorndike, Clark L. Hull e B. F. Skinner – afirmam que essas explicações são descrições detalhadas do processo de aprendizagem e se aplicam, de modo geral, a outras situações similares. Eles também acreditam que os princípios explicativos básicos da contiguidade e do reforçamento também se aplicam a todas as situações.

Objetivos

"Adiante aos seus leitores", pediu o professor, "que no Capítulo 5 eles verão que essas ideias não são inteiramente corretas. Faça-os compreender que, após terminarem de ler este capítulo, serão capazes de, com assombrosa facilidade e elegância, escrever longas dissertações sobre:

- *O significado da Psicologia Evolucionista.*
- *A visão de Rescorla-Wagner sobre o condicionamento pavloviano.*
- *O significado de fenômenos como bloqueio, derivação instintiva e automodelagem.*
- *O significado de restrições biológicas e preparação.*
- *Fatos e equívocos sobre as estruturas e funções do cérebro humano.*
- *Por que algumas borboletas de vida longa estão sobrevoando fábricas de cianureto."*

Aprendizagem da Aversão ao Sabor

"Segundo uma abordagem psicológica", explicou o professor, "o pássaro que come uma borboleta venenosa aprende o que é **aversão ao sabor**: uma forte rejeição a um alimento em particular. Como mostra a história da borboleta, a aversão ao sabor é, algumas vezes, muito importante do ponto de vista biológico. Se os venenos têm sabores diversos e se não matam imediatamente o organismo que os ingere, apenas o deixa doente, então, desenvolver uma forte aversão a esses sabores pode prevenir envenenamento. O que importa, no que se refere ao aspecto biológico, é que a aversão ao sabor seja bem forte e se desenvolva de imediato – de preferência após uma única exposição ao veneno."

[1] A explicação sobre a *heliconius* foi baseada em Murawski (1993).

As Explicações do Condicionamento para a Aversão ao Sabor

As teorias do condicionamento descritas na primeira parte deste livro são de dois tipos: as que dizem respeito aos comportamentos que resultam diretamente da estimulação (respondentes) e as que lidam com os comportamentos que são emitidos pelo organismo (operantes). As teorias behavioristas oferecem dois tipos de explicação para a aprendizagem respondente e operante: condicionamento clássico e lei do efeito.

Na sua forma mais simples e básica, as leis do condicionamento clássico afirmam que, quando um estímulo neutro frequentemente é acompanhado ou precedido por um estímulo efetivo (por exemplo, um estímulo que evoca um reflexo), o estímulo neutro pode adquirir algumas das propriedades previamente associadas apenas ao estímulo efetivo. Assim, um cachorro pode começar a salivar (CR) em resposta a um som (estímulo previamente neutro – CS), depois que o som foi associado várias vezes ao alimento (estímulo efetivo – US).

A lei do efeito, também simplificando, afirma que o comportamento que é acompanhado por um estado de coisas reforçador tende a se repetir. Além disso, os estados de coisas nas quais os comportamentos foram reforçados (ou não reforçados) passam a exercer um certo controle sobre a ocorrência ou não ocorrência do comportamento. Assim, um cachorro que é reforçado a rolar no chão toda vez que seu dono diz "Role" poderá finalmente distinguir os comandos "Role" e "Traga meus chinelos". A essa altura, esses comandos verbais terão adquirido controle de estímulos sobre os comportamentos em questão.

Problemas com as Explicações do Condicionamento Clássico sobre a Aversão ao Sabor

À primeira vista, o condicionamento clássico parece ser uma boa explicação para a aprendizagem da aversão ao sabor. Os estímulos neutros (CS), como a visão e o gosto de uma borboleta, estão associados a um poderoso estímulo não condicionado (US), o veneno da borboleta, e ficam associados às mesmas respostas relativas ao mal-estar (CR) (veja a Figura 5.1).

No entanto várias características da aversão ao sabor adquiridas tornam a explicação do condicionamento clássico pavloviano menos adequadas. Primeiro, a visão pavloviana de condicionamento clássico, como a descrita por Watson, sustenta que o condicionamento resulta da associação *repetida* dos eventos estímulo e resposta, mas a aprendizagem da aversão ao sabor geralmente ocorre numa *única* tentativa.

Segundo, a aprendizagem no condicionamento clássico pavloviano depende, acredita-se, da contiguidade – isto é, da simultaneidade próxima dos eventos. Na aprendizagem da

A. CS
(estímulo condicionado: visão/gosto de mariposa venenosa)
+
US
(estímulo não condicionado: cianeto no estômago) ⟶ UR
(resposta incondicionada, enfermidade)

B. CS
(estímulo condicionado: visão/gosto da mariposa venenosa) ⟶ CR
(resposta condicionada: doença/aversão)

Figura 5.1 Explicação do condicionamento clássico para a aprendizagem de aversão ao sabor. Problemas apresentados por essa explicação: a aversão ao sabor é quase sempre aprendida após uma única experiência.

aversão ao sabor, contudo, a resposta incondicionada (a enfermidade violenta) algumas vezes ocorre em poucos minutos, ou em poucas horas, após a CS (Desgranges et al., 2009).

Terceiro, os princípios do condicionamento clássico afirmam que qualquer estímulo neutro pode ser associado a qualquer US, se emparelhado com a frequência suficiente, mas na aprendizagem da aversão ao sabor, os organismos costumam apresentar uma seletividade marcante na aprendizagem. Como resultado, certas associações nunca são aprendidas; outras são aprendidas muito rapidamente.

Essas três características da aprendizagem da aversão ao sabor estão ilustradas de forma clara em experimentos bem controlados com animais.

Aquisição em uma Única Tentativa

Os pássaros não precisam ingerir uma grande quantidade de borboletas *heliconius* para aprender a evitá-las; uma única experiência é suficiente. Do mesmo modo, ratos expostos a apenas uma dose de cloreto de lítio ou de radiação, que os faz adoecer depois de comer, evitarão subsequentemente o alimento que os fez passar mal. Por exemplo, uma profunda aversão ao álcool pode ser condicionada em alguns ratos após uma única dose de cloreto de lítio ou tratamento com radiação (Roma et al., 2008). Na verdade, as aversões ao sabor entre animais foram descobertas 32 dias depois da verificação de um único par de alimento e radiação (Garcia e Koelling, 1966).

Condicionamento Atrasado de Aversão ao Sabor

Lembremos que, no condicionamento pavloviano, a sequência normal é apresentar o estímulo condicionado (campainha ou som, por exemplo) pouco antes do estímulo incondicionado (alimento em pó, por exemplo) ou sobreposto a ele. O emparelhamento de traço no condicionamento clássico refere-se àquela situação na qual o estímulo incondicionado (US) é apresentado após o estímulo condicionado. Como vimos no Capítulo 2, o condicionamento de traço é, em geral, muito difícil de ocorrer, a menos que o espaço de tempo entre o CS e o US seja extremamente curto (às vezes de apenas meio segundo). Mas a aversão ao sabor em ratos é aprendida após uma única tentativa e pode ser extremamente intensa, mesmo quando há uma demora de muitas horas entre o estímulo condicionador (o sabor do alimento, por exemplo) e os efeitos do estímulo incondicionado (enfermidade) (Shionoya e Datiche, 2009).

Também nos humanos, as aversões ao sabor são fortes e rapidamente aprendidas por adultos e crianças. Bernstein e Webster (1980) ofereceram a pacientes adultos que estavam recebendo medicação quimioterápica (que causa náuseas) dois sorvetes de sabores diferentes antes e depois da aplicação do medicamento. Os testes subsequentes revelaram que esses adultos desenvolveram forte aversão a sabores que apreciavam antes da quimioterapia. Isso aconteceu ainda que essas pessoas soubessem que a causa do mal-estar era o medicamento, e não o sorvete.[2]

---

[2] O professor interrompeu a leitura. Queria dizer algo sobre a propensão humana a pensar que o comportamento é, principalmente, uma função do estar consciente. Disse que a aversão ao sabor é apenas um dos muitos tipos de comportamento que dependem não do estar consciente, mas tanto dos princípios do condicionamento quanto de fatores evolutivos. Explicou que outros comportamentos, como as fobias, também ilustram a impotência ocasional da razão e do estar consciente – é o caso de pessoas que continuam amedrontadas com coisas como aranhas, cobras ou pássaros, mesmo quando sabem que não são absolutamente perigosos. Então, voltou-se de novo para as suas páginas. Começou a chover. Ele continuou a leitura como se a umidade não o incomodasse. Eu fiquei com frio.

Como outras formas de condicionamento clássico, a aprendizagem da aversão ao sabor pode envolver a generalização de estímulos. É por isso que certas aversões são generalizadas para outros alimentos que tenham cheiro ou gosto similares (Chotro e Alonso, 2003). Do mesmo modo, a aversão ao sabor pode ser extinta se um alimento desagradável for ingerido com suficiente frequência, para que fique provado que ele não causa mal-estar.

O fato de que a aversão a sabores é facilmente aprendida pelos seres humanos e também pelos animais tem levado ao que, algumas vezes, são terapias altamente efetivas para a eliminação de vícios. Por exemplo, uma terapia identificada como *tragadas rápidas* tenta eliminar o vício em nicotina partindo da ideia de que, se os participantes fumarem contínua e rapidamente, sentirão náuseas e outras sensações de mal-estar e aversão. A teoria é de que essas sensações serão associadas ao estímulo que acompanha o ato de fumar, levando à aversão condicionada a cigarros. Segundo Gifford e Shoenberger (2009), esta abordagem é uma poderosa terapia que, claramente, tem demonstrado sucesso.

O alcoolismo também tem sido tratado com sucesso quando se utiliza a **terapia da aversão**. Revusky (2009) relata que o tratamento do alcoolismo por meio da aversão química foi bastante empregado há algumas décadas. Em estudos do tratamento por aversão, geralmente, os pacientes eram expostos a sabores e odores de diversas bebidas alcoólicas e, em seguida, eram levados a se sentir mal, normalmente recebendo injeções de substâncias causadoras de náuseas. Embora o procedimento gerasse resultados muito positivos, de acordo com Revusky, parece que atualmente ele é utilizado raramente.

Seletividade na Aprendizagem da Aversão ao Sabor

Se for injetada num rato uma solução de cloreto de lítio quando ele estiver bebendo água adocicada, mais tarde ele evitará alimentos que tenham gosto adocicado (embora não vá se sentir mal até cerca de uma hora após a ingestão). Essa observação parece razoável dado o que se conhece a respeito da contiguidade e do condicionamento clássico. Mas se um rato passa mal ao ser exposto a flashes de luz ou a sons distintos enquanto bebe água adocicada, ele não vai desenvolver aversão às luzes ou aos sons, apenas ao sabor (Garcia e Koelling, 1966).

O mesmo ponto é ainda mais evidente nos estudos de aprendizagem da aversão interespécies. Wilcoxon, Dragoin e Kral (1971) produziram aversão em ratos e em codornas alimentando-os com água azul aromatizada e depois injetando-lhes uma droga indutora de enfermidade. Os ratos e as codornas desenvolveram aversões marcantes, só que a natureza dessas aversões era bastante diferente. Os ratos desenvolveram aversão a qualquer líquido com o gosto em questão, independentemente da cor; as codornas desenvolveram aversão a líquidos coloridos, independentemente do sabor.

Uma explicação para essas descobertas é que a codorna tem excelente visão para cores e provavelmente se orienta por pistas visuais para escolher o que é ou não comestível. Os ratos – como muitos outros mamíferos – dependem mais das pistas olfativas (cheiros) do que das visuais. É coerente, portanto, do ponto de vista biológico, que os ratos usem pistas olfativas para aprender sobre os alimentos que deveriam ser evitados, do mesmo modo que a codorna usa pistas visuais para o mesmo tipo de aprendizagem (Garcia, Ervin e Koelling, 1965; Rozin e Kalat, 1971).

Inibição Latente e a Aprendizagem da Aversão ao Sabor

A aversão a sabores geralmente ocorre um longo tempo após a exposição a um alimento que induz ao mal-estar. Por exemplo, ao comer alguma coisa que nunca havia experimentado antes, que mais tarde faz com que você se sinta muito mal, é possível que desenvolva uma aversão ao que tiver comido. Contudo, é interessante observar que a aversão a sabores que você desenvolver não estará associada aos talheres que foram utilizados, ao programa de TV a que você estava assistindo naquele momento, ou a quaisquer outras coisas familiares que você tenha comido e bebido. Em vez disso, estará associada somente com o novo sabor. E isto acontece mesmo quando o mal-estar ocorrer horas depois.

"Mas", você pode argumentar, "sabemos que o novo alimento foi o que nos deixou mal". Mas não: as aversões a sabores não são uma decisão consciente, cognitiva; elas são reações físicas inevitáveis (Lubow, 2009). Por exemplo, ao tentar envenenar um rato e conseguir que ele dê uma pequena mordida em seu veneno, se mais tarde o rato passar mal, poderá desenvolver uma poderosa aversão a qualquer coisa que tenha o cheiro ou o sabor de seu veneno – mas não a qualquer um dos outros alimentos que possa ter comido quase ao mesmo tempo. Na verdade, por isso é muito difícil envenenar ratos. É provável que o rato, como a maioria dos outros animais, experimente alimentos estranhos, mas não coma muito deles se houver por perto quaisquer outros alimentos familiares. Se o novo alimento estranho não fizer mal ao rato, ele poderá comer muito mais dele na próxima vez. Mas se fizer mal, a aversão ao sabor estará associada ao novo alimento, em vez de ao habitual (Grakalic e Riley, 2002). É como se a conexão entre o alérgeno e seus efeitos nocivos permanecesse possível até a ocorrência – ou a não ocorrência – da resposta incondicionada (mal-estar). Se não houver resposta não condicionada, não ocorrerá a aprendizagem da aversão.

Este tipo de aprendizagem geralmente é evidente em ambientes médicos onde tratamentos têm retardado efeitos colaterais aversivos (tais como náusea ou dor). Por exemplo, determinadas drogas utilizadas no tratamento do câncer podem produzir náuseas severas e vômitos. Roscoe, Morrow e Hickok (2004) relatam que, em alguns pacientes, esses efeitos ocorrem em antecipação ao tratamento e, frequentemente, parecem se tornar associados com o ambiente clínico – em grande parte, do mesmo modo que a aversão ao sabor, uma vez aprendida, manifesta-se à mera visão ou percepção do aroma da comida alérgena.

Pesquisas demonstram que a pré-exposição a um estímulo irrelevante (como a cor da comida ou o ambiente físico de uma clínica), quando essa exposição não é reforçada nem punida, torna menos provável que o estímulo posteriormente venha a ser associado a uma resposta (Weiner e Arad, 2009). Este fenômeno é chamado **inibição latente**. Por exemplo, em um estudo, Wang, Chai e Holahan (2010) expuseram previamente um grupo de ratos a um determinado ambiente – e outro grupo, a um ambiente diferente. Posteriormente, esses ratos foram treinados em tarefas de esquiva no primeiro ambiente. Como foi verificado em muitos outros estudos similares, os ratos pré-expostos ao ambiente ficaram menos relutantes em entrar – uma clara demonstração de inibição latente.

O fenômeno de inibição latente – isto é, o fato de que a pré-exposição a um estímulo ou um complexo de estímulos diminui a probabilidade de que associações posteriormente se formarão entre esse estímulo e os resultados negativos subsequentes – tem importantes aplicações em tratamentos médicos. Por exemplo, Klosterhalfen et al. (2005) conduziram um experimento em que 24 indivíduos saudáveis foram aleatoriamente atribuídos a grupos que seriam pré-expostos a uma cadeira girando uma ou três vezes, ou a outro grupo cujos membros não seriam expostos à cadeira. Depois disso, nos dois dias posteriores, todos os indivíduos foram expostos à real cadeira giratória que induz à náusea. E no dia seguinte, antes que os indivíduos esperassem ser girados e passar mal novamente, seus níveis de *náusea antecipada* foram avaliados. É importante ressaltar que grupos que passaram por grande exposição pré-tratamento se mostraram menos propensos a sentir náusea antecipada.

Bloqueio

Parece, então, que nem todo estímulo pode ser condicionado classicamente – como fica evidenciado pelo fato de a codorna ter adquirido uma profunda aversão associada à cor, mas os ratos não. Portanto, ao que tudo indica, há mais aspectos envolvidos na aprendizagem da aversão ao sabor do que a simples co-ocorrência (contiguidade) de eventos. Isto, como podemos verificar, apresenta problemas para uma explicação simples da aprendizagem da aversão ao sabor de acordo com o condicionamento clássico. Outro fenômeno que enfrenta dificuldades para explicar de forma simples a contiguidade do condicionamento clássico é conhecido como **bloqueio.**

Na primeira demonstração famosa do bloqueio, Kamin (1969) associou dois estímulos (um som e uma luz) a um choque elétrico administrado nas patas de ratos (pertencentes ao que chamaremos de grupo A). O procedimento era ligar a luz e acionar o som durante 3 minutos e, em seguida, aplicar o choque elétrico. Pela teoria do condicionamento clássico, após suficientes associações ao choque elétrico, tanto a luz quanto o som produziriam reações similares àquelas associadas ao choque elétrico. A hipótese demonstrou estar correta: ratos no grupo A responderam com medo tanto ao som quanto à luz – uma resposta incondicionada ao choque elétrico.

Na sequência Kamin inseriu um fator complicador nos procedimentos. Primeiro, condicionou um segundo grupo de ratos usando apenas o som (nós o chamaremos de grupo B). Como antes, acionou o som durante 3 minutos e em seguida aplicou choque elétrico nas patas dos animais. Após os ratos no grupo B terem sido condicionados apenas ao som, ele o condicionou exatamente da mesma forma como havia feito com o grupo A – associando som e luz de novo por períodos de 3 minutos e em seguida associando cada um deles a um choque elétrico. (O procedimento está ilustrado na Figura 5.2.)

Depois disso, ratos no grupo B foram expostos apenas à luz. Não esqueça que, quando ratos no grupo A foram expostos apenas à luz, os ratos pararam de pressionar a barra. A teoria do condicionamento clássico diria que os ratos no grupo B dariam exatamente a mesma resposta, já que a luz foi associada ao som da mesma maneira, para os dois grupos. Surpreendentemente, entretanto, o grupo B continuou a pressionar a barra mais ou menos no mesmo ritmo, aparentando não ter sido afetado pela luz.

	Pré-treinamento	**Condicionamento**	**Teste**	**Resposta**
Grupo A (controle)	Nenhum	Som + Luz → Choque	Luz	Tremer (muito medo)
Grupo B (bloqueio)	Som → Choque	Som + Luz → Choque	Luz	Pressionar a Barra (sem medo)

***Figura* 5.2** Representação do estudo de Kamin sobre bloqueio. Ratos no grupo A, expostos a ruído e luz, seguidos de um choque, posteriormente respondem com medo à luz ou ao ruído. Mas os ratos no grupo B, que haviam aprendido que ruído significa choque, não conseguiram aprender que luz também significa choque.

A Explicação de Rescorla-Wagner

Os experimentos pioneiros de Kamin sobre bloqueio apontaram a necessidade de explicações diferentes para o que acontece – e por que acontece – em certos exemplos de condicionamento clássico. Dentre as mais aceitas está a do **modelo Rescorla-Wagner**.

O modelo de Rescorla-Wagner é um modelo matemático desenvolvido especificamente para explicar fenômenos do condicionamento, como o bloqueio. O modelo diz, em resumo, que o condicionamento clássico é a associação entre um CS e um US. Além disso, a possibilidade de o CS levar a uma CR e a magnitude e persistência da CR são uma função da força da associação entre CS e US – de sua *força associativa*. O modelo supõe que há uma quantia fixa de *força associativa* disponível para qualquer emparelhamento US-CS e que os vários estímulos individuais que compõem o CS competem por essa força associativa. Se o CS, como estímulo composto, é composto de dois ou mais estímulos, a força da associação que se estabelece entre qualquer um desses CSs componentes e o US subtrai da associação a força disponível para outros estímulos componentes. Dessa forma, nos estudos do bloqueio de Kamin, os ratos no grupo B, primeiro, aprenderam associação entre som (CS) e choque (US). O fato de depois não terem aprendido a associação entre luz e choque, diz o modelo, ocorreu porque toda a força associativa entre o US (choque) e o CS foi usada pelo emparelhamento som-choque.

O modelo Rescorla-Wagner provou ser uma explicação popular para o bloqueio e para fenômenos relacionados. Além disso estimulou uma enorme quantidade de pesquisa sobre o condicionamento clássico. Muito dessas pesquisas voltou-se para o estudo do bloqueio na aprendizagem humana (veja, por exemplo, Mitchell e Lovibond, 2002). Num estudo típico de bloqueio humano, por exemplo, os participantes poderiam ser informados que dois tipos de alimento (X e Y) que comporiam uma refeição desencadeariam uma reação alérgica. Se eles depois aprendessem que X causa a reação alérgica, teriam dificuldade para aprender que Y também causa reação alérgica. Em certo sentido, seu comportamento é muito semelhante ao dos ratos que aprenderam que som significa choque e não aprenderam que luz pode também significar choque. Portanto, como destacaram Pearce e Bouton (2001), as teorias do bloqueio têm implicações importantes na compreensão de como os seres humanos julgam a causalidade.

Uma Explicação Biológica

Há outras explicações mais intuitivas e biológicas para um fenômeno como o bloqueio. Por exemplo, por que um rato condicionado a associar um choque a um som não consegue, na sequência, aprender que luz também pode significar choque?

Segundo Kamin (1968), a explicação mais viável é: sempre que algo importante acontece com um animal, ele imediatamente busca na memória quais eventos poderiam ter sido usados para prever a ocorrência. Quando um gavião-de-rabo-vermelho investe contra uma galinha e erra por pouco, assustando-a, a galinha imediatamente busca no banco de dados de sua memória os acontecimentos anteriores. E talvez de lá ela resgate uma sombra escura pairando sobre si, ou o som característico do bater de asas. Daí em diante, ela sempre vai fugir de sombras e do som de asas batendo.

Portanto, quando um rato recebe um choque brando na pata, ele para e busca na memória o que houve de diferente e inesperado pouco antes desse acontecimento. Como os ratos no grupo A perceberam que a luz e o som sempre precediam o choque, passaram a tremer quando viam a luz – ou quando ouviam o som.

Mas os ratos no grupo B tiveram experiências diferentes. Primeiro, os ratos aprenderam que um som sempre precede um choque na pata, então, quando ouvem de novo esse som, encolhem-se e param de pressionar a barra. Mais tarde, são expostos a ambos, luz e som, seguidos do choque. No entanto não aprendem nada de novo porque o choque já foi previsto pelo som; a luz não oferece informação nova sobre a ocorrência do CS. Não há discrepância entre o que os sujeitos esperam (o choque) e o que ocorre (o choque). Assim, quando os ratos no grupo B posteriormente são expostos apenas à luz, continua determinado a pressionar a barra. Em certo sentido, aprender que o som significa que um choque está a caminho impede o rato de aprender que a luz pode causar a mesma coisa.

Na verdade, essa explicação sugere que condicionamento clássico significa aprender o que vai com o quê. A contiguidade não é tão importante quanto a informação que um estímulo oferece sobre a probabilidade de outras ocorrências. Portanto, o que se aprende é uma conexão ou uma expectativa. O cachorro de Pavlov aprende que uma campainha ou a visão do treinador significa que ele pode esperar alimento; um rato aprende que uma luz ou um som significam que um choque está prestes a acontecer. Nas palavras de Rescorla e Holland, "O condicionamento pavloviano deveria ser visto como aprendizagem a respeito de relações entre eventos" (1976, p. 184).

Continua a existir um debate considerável sobre quais são as explicações mais razoáveis para o bloqueio. Alguns sugerem que os fenômenos de bloqueio – pelo menos, entre ratos – são realmente uma consequência de os ratos serem capazes de fazer algo muito semelhante a *raciocinar* sobre causas e consequências (veja, por exemplo, Beckers et al., 2006). Outros alegam que o modelo de Rescorla e Wagner de força associativa é uma boa explicação (veja, por exemplo, Haselgrove, 2010).

Condicionamento de Ordem Superior e Adaptação Biológica

No condicionamento clássico, o organismo aprende a associar um evento normalmente significante (como a apresentação do alimento; o US) a um que tem importância menor ou diferente (como um som; o CS). Conforme destacou Pavlov, entretanto, as relações aprendidas no condicionamento clássico não se limitam àquelas que poderiam existir entre o CS e o US, mas incluem o que é chamado de **condicionamento de ordem superior**. Nele, outro estímulo torna-se uma ocorrência significante no lugar do US. Rescorla (1980), por exemplo, descreve como um cachorro pavloviano aprende uma conexão entre um metrônomo e o alimento. Posteriormente, o metrônomo é associado a um segundo estímulo, um quadrado preto. E embora o quadrado preto nunca tenha sido associado a alimento, com o tempo também ele evocará salivação.

Como Pavlov (e Watson) interpretaram, o condicionamento de ordem superior expande enormemente a aplicabilidade do condicionamento clássico, ao explicar como as associações fundamentam-se umas nas outras para construir um repertório de respostas. Para Rescorla, o condicionamento de ordem superior é ainda mais importante como uma forma de compreender de que modo se constituem as associações. Em geral, diz Rescorla, "condicionamento (é) a aprendizagem que resulta da exposição às relações entre eventos no ambiente. Tal aprendizagem é um meio primário pelo qual o organismo representa a estrutura do seu mundo" (1988, p. 152). Observe que o condicionamento de ordem superior também é importante no condicionamento operante (instrumental) (Gamez e Rosas, 2007).

Um modo útil de encarar o condicionamento clássico é dizer que os organismos "ajustam suas associações pavlovianas apenas quando são surpreendidos", explica

Rescorla (1988, p. 153). Isso porque os organismos experienciam surpresa apenas quando as expectativas não são preenchidas (em outras palavras, quando há informação nova). Os ratos no grupo B, que aprenderam a associar som e choque não modificaram essa associação quando som e luz estão associados ao choque. Graças ao sinal do som, o choque não é surpresa; não viola expectativas. Não há informação nova na luz nem resultam dela novas associações. Portanto, diz Rescorla, é bobagem dizer que "um sinal simplesmente adquire a capacidade de evocar a resposta ao US" (1988, p. 157), como sugerido pelas interpretações simples do condicionamento pavloviano.

A aprendizagem é, essencialmente, um processo adaptativo, ou seja, as mudanças no comportamento que definem a aprendizagem são aquelas que permitem que os organismos sobrevivam e se desenvolvam. No nível mais básico, os animais precisam aprender e lembrar onde encontrar o alimento (como o rato que aprende a pressionar uma barra que libera comida); reconhecer inimigos potenciais (como a galinha, após sua experiência de quase-morte); evitar substâncias potencialmente danosas (como faz o pássaro que comeu uma única borboleta *heliconius* tóxica); e se manter longe de situações dolorosas ou potencialmente perigosas (como choques elétricos).

Seleção Natural e Psicologia

Não é surpresa que as pressões biológicas e evolucionistas para a sobrevivência sejam tão evidentes nos princípios que governam a aprendizagem humana e animal. Como dizem Robertson, Garcia e Garcia (1988), Darwin era um teórico da aprendizagem. Estava muito familiarizado com as explicações associativas da aprendizagem e invocou esses princípios na sua própria teoria da seleção natural. Depois de publicar sua obra clássica, *A Origem das Espécies*, ele publicou *A Descendência do Homem* e *A Expressão das Emoções no Homem e nos Animais* (Darwin, 1859, 1871, 1872).

Barrett, Dunbar e Lycett (2002) resumem a teoria da seleção natural de Darwin em três premissas claras e as consequências lógicas que as seguem:

- Todos os indivíduos de uma espécie variam nos aspectos comportamental e fisiológico.
- Algumas dessas variações são genéticas (herdadas), de modo que a descendência tenderá a assemelhar-se mais com seus pais do que com a descendência de outros indivíduos não relacionados entre si.
- Entre os indivíduos de qualquer espécie há tipicamente uma competição por recursos importantes (como alimento, parceiro, abrigo).

As consequências lógicas dessas três premissas são claras: as variações comportamentais e fisiológicas que permitem mais sucesso na competição por recursos dão a certos indivíduos uma vantagem no esforço de sobreviver e procriar. Como resultado, eles produzem mais descendência para herdar as mesmas variações vantajosas. Do mesmo modo, os indivíduos cujas variações comportamentais e fisiológicas os colocam em desvantagem produzem menos descendência. Esse processo evolucionário de seleção natural resulta na sobrevivência de certas variações – aquelas com o mais alto grau de *adequação* – e na eliminação das que apresentam consequências menos desejáveis.

Como vimos, essa teoria influenciou profundamente os teóricos do condicionamento. Alguns deles, como Skinner e Thorndike, perceberam que todos os tipos de resposta aparecem quando o organismo se comporta. Em termos biológicos, essas respostas diferentes são como variações de uma característica. Da mesma forma, como a adequação de uma variação hereditária é evidente na probabilidade de ela se tornar mais frequente nas gerações seguintes, a adequação de uma resposta, evidente nas suas consequências, reflete-se na probabilidade de ela ser retida ou eliminada. Resumindo, o condicionamento pode ser descrito como a sobrevivência (e morte) de respostas. Os comportamentos cujas consequências são mais adaptativas têm maior probabilidade de sobreviver.

Psicologia Evolucionista

Pode-se entender que as teorias de Thorndike e de Skinner foram influenciadas pelas ideias de Darwin e as refletem. Uma profunda influência darwiniana também é encontrada em trabalhos de muitos outros psicólogos e sociólogos que são algumas vezes rotulados de *sociobiólogos* ou *psicólogos evolucionistas*. Um dos primeiros foi George John Romanes (1848-1894). Seu trabalho clássico sobre a inteligência animal (1883) baseou-se na observação cuidadosa do comportamento de dezenas de animais e de insetos, sempre com o intuito de descobrir as causas evidentes e os propósitos de suas ações. Seu objetivo maior era, dito de maneira simples, descrever o trajeto da evolução mental, do mesmo modo como Darwin descrevera a evolução das espécies. Infelizmente, como explica E. Hunt (2007), não existem evidências fósseis concretas que registrem a história da evolução mental como existem para a evolução das espécies. Além da história registrada, podemos apenas especular sobre como os primeiros seres humanos se comportavam e por que.

Os psicólogos evolucionistas, destaca Wright (1994), continuam a lutar contra a doutrina que dominou a Psicologia durante quase todo o século XX. Resumidamente, essa doutrina afirma que a biologia não importa, o que é mais importante é a maleabilidade da mente e a força do ambiente de moldar e modelar a mente. Essa doutrina sustenta que não há, na verdade, nada como uma natureza humana geneticamente determinada, uma natureza humana comum a todos os seres humanos. É, diz Wright, a doutrina da mente passiva, da **tábula rasa**, a lousa em branco na qual a experiência escreve suas mensagens.

Há uma natureza humana, insiste Wright. A evidência de que ela existe está nas esmagadoras semelhanças encontradas entre todas as culturas do mundo. Todas as pessoas têm tendência a se preocupar com posição social e relações sociais; todas sentem amor, medo e culpa; todas fazem fofocas similares; em quase todos os lugares machos e fêmeas assumem papéis complementares; todos têm um senso de justiça, inveja, cobiça, retribuição, amor. Esses sentimentos são aceitos e compreendidos em qualquer lugar. Fazem parte da natureza humana.

O que também é parte da natureza humana – e isso é de fundamental importância para a teoria da aprendizagem biologicamente orientada – é a maleabilidade inata. A maleabilidade é o que permite ao indivíduo adaptar-se e sobreviver. Ao contrário da maleabilidade descrita por Watson e Skinner, essa maleabilidade tem limites – está sujeita a restrições biológicas.

A característica que define a **psicologia evolucionista**, portanto, é a sua atenção à biologia e à genética como fontes de explicação para a aprendizagem e para o comportamento humanos assim como para o desenvolvimento da mente humana e mesmo para o desenvolvimento de culturas (Ploeger, Van der Maas e Raijmakers, 2008; Weiss, 2009). O apoio para as noções dos psicólogos evolucionistas é algumas vezes baseado em situações nas quais reforçamento e contiguidade são inadequados para explicar aprendizagem e comportamento. Entre essas situações estão fenômenos como automodelagem e derivação instintiva.

Automodelagem

Se um pombo recebe reforçamento de tempos em tempos, sem levar em conta o que ele estiver fazendo no momento, o resultado pode ser o que Skinner descreveu como comportamento supersticioso, ou seja, o pombo pode aprender algum comportamento "acidental" como girar ou balançar o corpo.

Contudo, se uma chave ou um disco forem iluminados por alguns segundos antes do aparecimento da comida, o pombo logo aprenderá a bicar a chave ou o disco (Brown e Jenkins, 1968). Esse comportamento, que ocorre e é aprendido apesar do fato de o bicar do pombo não estar relacionado ao aparecimento da comida, levou à criação do termo **automodelagem** para descrever a aprendizagem envolvida. Como mostrado na Figura 5.3, esse tipo de aprendizagem é facilmente explicado pelo modelo pavloviano de condicionamento clássico. A resposta de bicar é, de início, uma resposta incondicionada evocada pelo alimento (o alimento é um estímulo incondicionado). Mas após a associação de luz e alimento, a resposta de bicar muito rapidamente é associada à luz. Consequentemente, o pesquisador pode "modelar" a resposta de bicar fazendo o alimento tornar-se contingente a sua ocorrência. Nesse caso, a bicada na chave pode ser vista como operante e não como simples resposta condicionada.

A automodelagem também pode ser demonstrada utilizando-se ratos (por exemplo, Schmajuk e Bushnell, 2009). Se você colocar um rato numa gaiola na qual há dois tubos – o primeiro, um tubo alimentador vazio, o segundo, uma biqueira pela qual o animal é alimentado periodicamente, ele lamberá o tubo vazio da mesma forma que o faz no tubo por meio do qual lhe é apresentado o alimento. Finalmente, lamber o tubo vazio torna-se um comportamento forte, automodelado, mesmo não tendo relação com a obtenção de comida pelo rato.

As respostas automodeladas são extremamente persistentes e resistentes à extinção. Isso ficou muito bem ilustrado num experimento de Killeen (2003), no qual pombos foram ensinados a bicar uma luz da maneira descrita. Então, as condições foram alteradas, de modo que o bicar dos pombos passou a impedir que o reforçamento ocorresse. Apesar disso, mesmo os pombos muito famintos continuaram a bicar a luz milhares de vezes. A automodelagem de bicar a chave não se restringe a pombos. Em outros estudos, gaios-azuis, tordos e estorninhos demonstraram propensão a insistir em bicar chaves de luz mesmo quando não havia recompensa contingente tangível ao fazê-lo (ver Kamil e Mauldin, 1988).

A automodelagem coloca um problema para a explicação tradicional da aprendizagem pelo condicionamento. Primeiro, apresenta evidências de que comportamentos parecem ser aprendidos mesmo quando não estão associados a reforçamento. Ainda mais impressionante, esses comportamentos quase sempre persistem mesmo quando claramente associados à retirada do reforçamento.

A. Chave iluminada (CS) ⟶ Alimento (US) ⟶ Bicada (UR)

B. Chave iluminada (CS) ⟶ Bicada CR = (comportamento automodelado)

***Figura* 5.3** Automodelagem. Em A, uma chave iluminada é associada a alimento. A resposta do pombo ao alimento é bicar. Em B, o pombo bica a chave de luz mesmo quando fazer isso não tem relação com a obtenção de alimento.

Contudo, o aspecto mais importante desses estudos de automodelagem, não é o fato de que o reforçamento exerce pouco controle sobre respostas operantes. Em vez disso, o ponto é que o bicar dos pombos não é um comportamento operante muito bom para propósitos experimentais. Nem o ato de pressionar barras é para os ratos. Um melhor operante experimental seria uma dentre várias respostas igualmente prováveis emitidas pelo organismo sem nenhuma razão particular; a resposta pode, então, ser trazida sob o controle de suas consequências. Bicar, em contrapartida, é uma resposta relacionada à comida, muito provável em pombos, assim como é pressionar barra para os ratos. O fato de o pombo continuar a bicar um disco iluminado, mesmo quando ao fazê-lo não obtém reforçamento, diz mais sobre a história evolucionista do pombo do que sobre as inadequações do condicionamento operante. Da mesma maneira, o fato de um rato aproximar-se de uma alavanca, explorá-la e empurrá-la reflete a biologia do rato e também suas experiências. De certa maneira, alavancas e discos iluminados são *sinais* de que o alimento (ou alguma outra recompensa) pode estar iminente. E organismos que têm sobrevivido à luta entre a vida e a morte na história evolucionista aprenderam pelo menos a reconhecer e reagir a *sinais* relacionados a comer, acasalar e fugir do perigo. Não é surpresa que a *automodelagem* frequentemente seja denominada **rastreamento de sinais**.

Derivação Instintiva

No início dos anos 1950, dois colaboradores de Skinner, encorajados pelo notável sucesso que os experimentadores alcançaram na modelagem do comportamento de animais, decidiram comercializar esse processo. Esses colaboradores – uma equipe de marido e mulher, os Breland – propuseram-se a treinar vários animais para realizar proezas suficientemente divertidas, de modo que as pessoas pagassem para vê-las. Por meio do "reforçamento diferencial das aproximações sucessivas" (ou seja, por meio da modelagem), eles ensinaram um guaxinim "avarento" a pegar uma moeda e colocá-la numa latinha; uma galinha que "jogava beisebol" a puxar um elástico, a fim de liberar uma cápsula que deslizava por uma rampa até onde poderia ser bicada fora da gaiola; e um porco "econômico" a pegar grandes "moedas" de madeira e depositá-las num cofre, e assim por diante. Os procedimentos do condicionamento operante funcionaram de forma requintada; todos os animais aprenderam os comportamentos requeridos. Os Breland treinaram com sucesso mais de 6 mil animais (Breland e Breland, 1966).

Contudo, nem todos continuaram a se comportar como haviam sido ensinados. Como Breland e Breland (1951, 1961) esclarecem, muitos deles, de repente, começaram a "comportar-se mal". O porco, por exemplo, demorava cada vez mais para pegar a moeda de madeira e depositá-la no cofre, embora soubesse que o reforçamento era contingente (dependente) desse movimento.[3] Em vez disso, começou a gastar cada vez mais tempo jogando as moedas no chão e, então, enterrando-as no solo, ou seja, comportando-se como qualquer porco não treinado em busca de trufas escondidas nas trilhas do mato. Os Breland tentaram remediar a situação aumentando a privação de comida do porco. Isso só piorou

[3] O professor disse que não seria adequado, cientificamente falando, dizer que o porco "sabia" alguma coisa. Explicou que, afinal, esse era um porco behaviorista, não um humanista ou cognitivo. Ele disse que tudo o que poderíamos afirmar, com certeza, como os behavioristas, é que as respostas modeladas do porco foram reforçadas o suficiente a ponto de os pesquisadores esperarem, justificadamente, que ele continuasse a depositar as moedas de madeira no cofre. Disse, categoricamente, que o que o porco pensou realmente sobre todo o processo é um caso para a especulação, não para a ciência.

as coisas, porque o animal demorou tanto para colocar a moeda de madeira no cofre, que correu o risco de morrer de inanição.

O guaxinim não se saiu melhor. Também ele começou a demorar cada vez mais para levar as moedas para a caixa de metal. Com frequência recusava-se a soltar as moedas e, em vez de jogá-las dentro da caixa, pegava-as de volta e ficava esfregando-as nas patas. E a galinha, para não ser diferente, mostrou-se tão preocupada em bicar a cápsula que parecia haver esquecido tudo o mais que tinha aprendido.

Os pesquisadores descobriram um grande número de situações nas quais os animais inicialmente aprendiam bem e de modo rápido um comportamento mas, no fim, começaram a recorrer a outros comportamentos cuja natureza era bastante reveladora. Não foi por acidente que o porco enterrou as moedas, o guaxinim "lavou" as suas ou a galinha bicou. Essas são as coisas que, afinal de contas, porcos, guaxinins e galinhas fazem com o alimento. "Parece óbvio", explicam Breland e Breland, "que esses animais estão presos a comportamentos instintivos, e nós temos aqui uma clara demonstração da predominância desses padrões de comportamento sobre aqueles que foram condicionados" (1961, p. 683).

Em linhas gerais, o que se chama **derivação instintiva** ocorre quando há competição entre um comportamento que tem bases biológicas e uma resposta aprendida. Parece que, com a exposição repetida a uma situação caracterizada por esse tipo de competição, os organismos tendem a reverter para o comportamento que tem uma base biológica evolutiva. Isto, os Brelands são cuidadosos em salientar, não invalida os princípios gerais da aprendizagem. Na verdade, como mostra a Figura 5.4, a derivação instintiva apresenta um bom exemplo de condicionamento clássico. Entretanto, é um exemplo que enfatiza a importância da biologia. Nem todos os comportamentos podem ser condicionados e mantidos pelo cuidadoso arranjo das consequências da resposta.

Restrições Biológicas

A principal característica da psicologia evolucionista é a sua atenção às influências biológicas na aprendizagem e no comportamento. Automodelagem, derivação instintiva e aprendizagem de aversão ao sabor são exemplos notáveis de influências biológicas. Ilustram aquilo a que se referem os psicólogos evolucionistas como **restrições biológicas** (Hinde e Stevenson-Hinde, 1973; Seligman, 1975; Seligman e Hager, 1972).

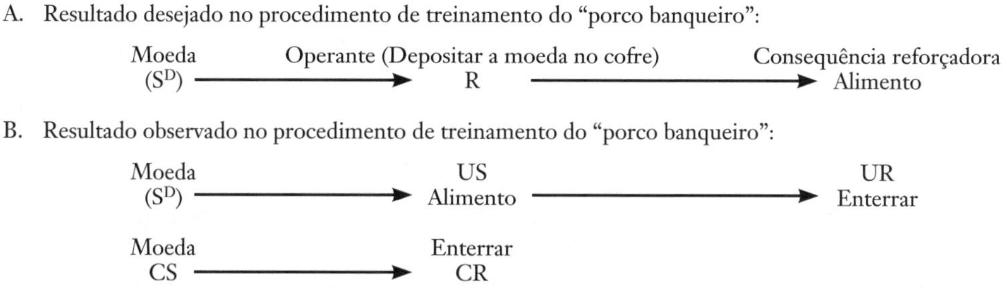

***Figura* 5.4** Derivação instintiva. Um porco é facilmente condicionado a depositar "moedas" em um cofrinho – uma ilustração de condicionamento operante. Mas, posteriormente, o porco enterra a moeda, em vez de colocá-la no cofre. É como se a comida servisse de estímulo incondicionado que evoca a resposta "enterrar", que se torna associada à moeda como estímulo – um exemplo de condicionamento clássico.

Uma restrição biológica é uma predisposição inata que torna certos tipos de aprendizagem altamente prováveis e fáceis e outros tipos improváveis e muito difíceis. Como destacam Breland e Breland (1996), é muito simples condicionar um gato ou um cachorro a sentar ou a não se mover. Para esses animais, considerados predadores, permanecer parado é um comportamento extremamente útil, relativo à sobrevivência. No entanto, nas palavras de Breland e Breland, "é quase impossível para uma galinha ficar quieta" (1966, p. 103). Quando Breland e Breland tentaram ensinar galinhas a ficar paradas, descobriram que essas aves, em vez disso, insistiam obstinadamente em correr em volta e ciscar. E, claro, galinhas não precisam ser treinadas para ciscar. Ciscar é o que elas fazem o tempo todo; é algo que tem benefícios evidentes relativos à sobrevivência delas.

O mais óbvio princípio geral de uma restrição biológica é que ela favorece comportamentos que têm valor para a sobrevivência e desencoraja aqueles que lhe são prejudiciais. Como exemplificam Kenrick e colaboradores, é possível prever o que será fácil ou difícil de aprender raciocinando com base nos objetivos sociais e de sobrevivência mais importantes (Kenrick, Maner, Butner, Li e Becker, 2002). Por exemplo, que os ratos (ou os humanos) devam aprender aversão a sabores que indiquem algo venenoso tem evidentemente um valor de sobrevivência, mas que devam aprender aversão a um som ou a uma luz quando envenenados, isso não tem tal valor.

Nas palavras de Seligman e Hager (1972), os organismos estão preparados para certos tipos de aprendizagem e contrapreparados para outros – significa que estão preparados para *não aprender* certas coisas. Um rato diante do perigo está preparado para fugir, lutar, tremer ou, talvez, ficar frenético; ensiná-lo a fazer qualquer dessas coisas pelo uso da estimulação aversiva (por exemplo, um choque elétrico) é simples. Entretanto, ensiná-lo a apresentar um comportamento oposto a qualquer um desses é muito difícil. Assim, ensinar um rato a pressionar uma barra para escapar de um choque elétrico é muito difícil (Bolles, 1970). Do mesmo modo, é possível ensinar com facilidade um pombo a bicar um disco para obter comida, mas não para escapar de um choque elétrico. Em contrapartida, o pombo logo aprende a bater as asas para evitar um choque, mas não para obter alimento.

As restrições biológicas estão claramente envolvidas na reversão dos porcos para cavar e das galinhas para bicar nos experimentos de derivação instintiva. De modo similar, as restrições biológicas afetam os comportamentos automodelados. Pombos, por exemplo, preferem muito mais bicar discos que estão no chão a bicar os que estão numa parede –

provavelmente porque se alimentavam, no chão (Burns e Malone, 1992). As influências biológicas na aprendizagem são bastante evidentes na aprendizagem em uma única tentativa de aversão ao sabor.

Talvez seja menos óbvio, fato de a aprendizagem humana sofrer forte influência de fatores biológicos. Contudo, sabemos que as pessoas estão "preparadas" para adquirir, muito facilmente, fortes aversões ao sabor – o que é altamente útil se você não quiser se envenenar. De modo semelhante, pesquisas indicam que crianças também podem adquirir medo de cobras com extrema facilidade (Öhman et al., 2007). E que também podem ter benefícios para a sobrevivência. Há os que argumentem que os seres humanos estão preparados, do ponto de vista biológico, para adquirir a linguagem, talvez da mesma forma como os gansos estão programados para adquirir uma resposta "de seguir" se lhes for oferecida estimulação no momento certo do seu desenvolvimento (Chomsky, 1972). Outros insistem que muitos comportamentos sociais humanos são uma função direta de predisposições herdadas – que essas predisposições mais as restrições biológicas modelam a natureza da cultura humana. Mesmo o casamento nos seres humanos, e outros sistemas de acasalamento, refletem fundamentos biológicos, argumenta Low (2009). E o mesmo acontece com características de personalidade e diferenças individuais (Michalski e Shackelford, 2010).

A Evolução do Cérebro

As mesmas forças evolutivas que moldaram outros órgãos também formaram os cérebros. Estas forças evolutivas tendem a favorecer comportamentos que maximizam as chances de sobrevivência e reprodução. Mas estas são forças cujos efeitos assumem forma muito lentamente ao longo de vários períodos. Por outro lado, os ambientes nos quais os seres humanos vivem atualmente estão se modificando com surpreendente rapidez. Como resultado, alguns comportamentos que anteriormente eram altamente adaptativos persistem mesmo sendo atualmente contra-adaptativos; prova disso é a peculiar e assustadora tendência que a humanidade tem de destruir seu ambiente e encurtar a própria vida descansando demais e comendo muitos alimentos que fazem mal. A maior parte da história evolutiva dos seres humanos decorreu em ambientes no período pleistoceno. Era uma época violenta, explicam Mead, Beauchaine e Shannon (2010), quando predadores ferozes e famintos, e talvez outros humanos em desenvolvimento, representavam ameaças reais e imediatas. Infelizmente, contudo, um cérebro que evoluiu para se adaptar à violência e sobreviver se torna mal-adaptado em ambientes menos ameaçadores. Eles sugerem que estes cérebros desenvolveram um maior risco de psicopatologias. E talvez também um maior risco de eventos com incalculável potencial de desastre – como terrorismo e guerras. Estes cérebros, segundo alegam van Honk et al. (2010), são adaptativos entre muitos répteis, e mesmo entre outros mamíferos não humanos, mas para os seres humanos da atualidade, eles são socialmente mal-adaptados.

Existem outros meios pelos quais a evolução de nossos cérebros não é adaptativa. Nossos cérebros, conforme sugere Cowley (1989), evoluíram em uma época em que serpentes e outras criaturas representavam ameaças muito maiores que a poluição do ar e da água, e quando a ingestão de muita gordura, sal ou açúcar era ridiculamente improvável. Além disso, um animal descansado e bem alimentado pode mais facilmente sobreviver a uma onda de frio ou escapar de um predador. É como se nossos cérebros primitivos sussurrassem em nossos ouvidos enquanto estamos de pé na frente de nossas geladeiras: "Coma enquanto você pode. Pode ser que não exista comida amanhã – se houver um amanhã". E assim, continuamos comendo demais, o tempo todo e, além disso, comemos coisas erradas.

No entanto, se você é um ser humano, sabe que haverá comida amanhã e que provavelmente nenhum tigre de dentes-de-sabre invadirá sua cama esta noite. Você pode prever com surpreendente clareza; pode planejar para os tempos futuros, mas cuja vinda pode ser medida a cada segundo. E não somente você pode prever o futuro como também pode se lembrar do passado. E mais do que tudo isso, você está consciente de sua consciência; você pode refletir sobre suas próprias reflexões e comunicar suas reflexões para outros de sua espécie. A linguagem e a gramática também são produtos de evolução cultural (Bickerton e Szathmary, 2009).

Simplificando, você tem uma mente tornada possível pelo seu sistema nervoso e pelo seu cérebro.

Psicologia Evolutiva e Aprendizagem

O importante do ponto de vista da teoria da aprendizagem é que uma das ideias básicas da psicologia evolucionista é que os seres humanos evoluíram estruturas cerebrais que os preparam para aprender determinadas coisas. Por exemplo, Geary (2007) sugere que nossos lobos frontais altamente desenvolvidos são adaptações que facilitam uma ampla variedade de funções de processamento de informações. Estes processos estão relacionados ao que ele descreve como "áreas de conteúdo significativamente evolucionárias" – isto é, áreas que têm importantes implicações para a sobrevivência. Elas levam à formação do que ele denomina formas de cognição *primárias*. Estas formas incluem **conhecimentos populares** – crenças comumente aceitas sobre as pessoas e os fenômenos naturais. Por exemplo, o reconhecimento dos significados das expressões faciais e dos gestos, e também das crenças comuns relacionadas a fenômenos naturais, ilustram conhecimentos populares. Formas primárias de cognição também incluem a propensão de adquirir linguagem e a capacidade de navegar no espaço. O argumento é que este tipo de conhecimento teria sido altamente útil para nossos ancestrais evolucionários e que as estruturas cerebrais que suportam o conhecimento primário, portanto, teriam sido selecionadas por pressões evolucionárias. Na visão dele, os seres humanos são motivados a adquirir conhecimentos populares por causa de um impulso herdado, baseado na evolução, de controlar seus ambientes. As especulações são de que, num passado evolucionário distante, a sobrevivência exigia não menos do que isso.

Contudo, nossas histórias evolucionárias não requerem que aprendamos cálculos avançados nem física. E como resultado, nossos cérebros não absorvem tão facilmente as complexidades desses assuntos. Como Hunt indica, "o livro *Teoria das Cordas para Leigos* nunca fará parte de listas de *best-sellers*" (2007, p. 147). A educação formal, segundo Geary, leva a um tipo de conhecimento *secundário*. Por exemplo, a aprendizagem escolar, como o estudo de matemática ou de física, representa conhecimento secundário. A aquisição de conhecimento nesses domínios tem como fundamento conhecimentos e habilidades primários e, portanto, depende das estruturas cerebrais que evoluíram para dar suporte ao conhecimento primário. Como Geary define, "Suponho que conhecimento e habilidades primários forneçam a base para a aprendizagem acadêmica" (2007, p. 6). Por esta razão, ele sugere que é importante compreender como as estruturas do cérebro sustentam a aprendizagem primária, como essas estruturas são organizadas e o quanto elas são plásticas.

A linguagem, explica Sweller (2007), tem uma história evolucionaria fundamental vinculada a nossas relações sociais e apoiada por estruturas em nossos cérebros em evolução.

Por outro lado, a matemática é uma invenção muito mais recente. Como resultado, uma primeira linguagem é parte de nosso conhecimento *primário* e é adquirida relativamente sem esforço. Mas a matemática é parte do conhecimento secundário e requer um esforço dirigido consideravelmente maior. Como resultado, Geary defende veementemente que a aprendizagem de habilidades e temas acadêmicos será promovida pelo uso de abordagens de ensino explícitas direcionadas ao currículo e aos professores (Berch, 2007).

Em resumo, a visão de Geary da psicologia evolucionista sugere que, embora a aprendizagem primária seja, em certo sentido, *natural* e, portanto, aprendida com relativa facilidade, o conhecimento secundário não é. Desse modo, abordagens de aprendizagem autodirigidas e orientadas a descobertas podem ser melhores para a aquisição de conhecimento primário. Por exemplo, a aprendizagem inicial da linguagem é, em grande parte, um processo autoiniciado, assim como a descoberta dos significados de expressões faciais e gestos. Assim também é a descoberta de muitas das importantes características do mundo físico e a aquisição do conhecimento requerido para encontrar nosso caminho nesse mundo – e também nosso caminho de volta. De certo modo, nossos cérebros evoluíram para adquirir conhecimento primário através de nossa própria exploração. Mas como não evoluíram para adquirir conhecimento secundário, a exploração (aprendizagem por descoberta, ou o que atualmente é chamado **construtivismo**) pode não ser a melhor abordagem para assuntos acadêmicos. A aprendizagem por meio da descoberta impõe uma tensão cognitiva grande demais a muitos – senão a todos – aprendizes. Frequentemente, como sugere Geary, a aprendizagem acadêmica demandará **instruções diretas** (*instruções explícitas*).

Todavia, observe que os psicólogos evolucionistas não rejeitam inteiramente abordagens de ensino construtivistas. Por exemplo, Bjorklund (2007) sugere que, desde que o currículo educacional seja "apropriado em termos de desenvolvimento", as crianças pequenas obterão mais de uma abordagem construtivista autodirigida do que de uma abordagem dirigida aos professores. Naturalmente, a chave é definir e identificar o conceito de "apropriado em termos de desenvolvimento".

Algumas reações à psicologia evolucionista

Alguns psicólogos concordam com as implicações educacionais da psicologia evolucionista (por exemplo, veja Carlson e Levin, 2007). Porém, existem muitos que questionam as bases científicas para muitas das conclusões da psicologia evolucionista. Como E. Hunt (2007) nota, não dispomos dos dados necessários para comparar nossos comportamentos ou nossas estruturas cerebrais com os de nossos ancestrais evolucionários. Como resultado, não podemos realmente traçar a evolução do conhecimento popular nem mesmo da linguagem e, então, relacioná-la à evolução das estruturas cerebrais. Em vez disso, o que fazemos é especulação. E embora a especulação possa parecer razoável e útil, dificilmente pode ser considerada ciência.

Buller (2008) descreve como a psicologia evolucionista tem capturado a imaginação popular e levado ao que ele denomina uma forma de *psicologia evolucionista pop*. Esta forma de psicologia evolucionista é fundamentada na suposição de que se observarmos os problemas adaptativos enfrentados por nossos ancestrais distantes, encontraremos indicações sobre por que estamos no caminho em que estamos. Por exemplo, suspeitamos de que, na era pré-histórica, a escassez de comida nos levaria a dedicar grande esforço na procura e no consumo de nutrientes. Atualmente, precisamos abrir as portas de nossas geladeiras para encontrar o que nossos cérebros primitivos desejam. E os açúcares que eram ridiculamente escassos àquela época, agora, são abundantes. Portanto, comemos mais de alimentos errados. Conforme definem Cosmides e Tooby (1997), "Nossos crânios modernos guardam uma mente da Idade da Pedra".

Talvez, concorda Buller (2008). No entanto, infelizmente, existem poucas evidências para confirmar muitas das alegações da psicologia evolucionista. A psicologia evolucionista pop, em particular, é caracterizada por uma série de enganos e conclusões equivocadas. Entre essas *falácias*, estão as seguintes:

1. **Análises dos problemas adaptativos do pleistoceno geram indicações sobre o design da mente.** Infelizmente, conhecemos muito pouco dos problemas adaptativos enfrentados pelos humanos primitivos, afirma Buller. As descrições que temos são baseadas exclusivamente em especulações.
2. **Conhecemos ou podemos descobrir por que traços distintivamente humanos evoluíram.** Mas na verdade não sabemos por que os traços distintivamente humanos evoluíram. Supomos que eles resultaram de alguma função adaptativa a que eles serviam. Mas não é possível conhecermos quais eram essas funções adaptativas. Não temos como comparar as características humanas que desenvolvemos com as de outros grupos de humanoides que não desenvolveram os mesmos traços. De acordo com Buller, "Todos os outros hominídeos estão extintos. E hominídeos mortos (praticamente) não contam suas histórias evolutivas" (2008, p. 78).
3. **Nossos crânios modernos alojam uma mente da Idade da Pedra.** Na verdade, nossa história evolucionária começa muito antes da Idade da Pedra. Desse modo, parte de nossas estruturas cerebrais, e dos comportamentos que elas tornam possíveis ou prováveis, é compartilhada com outros primatas. Além disso, segundo Buller, mudanças evolucionárias significativas podem ocorrer em apenas 18 gerações. Mais uma vez, podemos somente especular a respeito do quanto nossos cérebros são similares aos de nossos parentes da Idade da Pedra.
4. **Os dados psicológicos fornecem evidências claras para a psicologia evolucionista pop.** Embora os dados, algumas vezes, possam parecer convincentes, em geral, existem explicações alternativas que são igualmente razoáveis, mas que permanecerão sem serem examinadas uma vez que os princípios básicos da psicologia evolutiva tenham sido aceitos.

Essas quatro falácias descritas por Buller simplesmente servem para enfatizar a escassez de evidências concretas para apoiar as alegações da psicologia evolucionista. Eles não desaprovam a teoria nem minimizam sua importância. Nas palavras de Buller, "Entre os duradouros legados de Darwin está nosso conhecimento de que a mente humana evoluiu por algum processo adaptativo... Não teríamos um órgão como esse se ele não houvesse desempenhado alguma importante função adaptativa em nosso passado evolucionário", (2008, p. 81).

Contudo, a psicologia evolucionista não se saiu bem em termos de seus fundamentos científicos. Sua precursora, a *sociobiologia*, não se saiu melhor e não é muito popular.

Sociobiologia: Uma Precursora da Psicologia Evolucionista

Da mesma maneira que os psicólogos evolucionistas acreditam que habilidades e comportamentos humanos refletem nossa história evolutiva, muitos antropólogos e sociólogos argumentam que as culturas humanas se desenvolveram e se modificaram como resultado de pressões evolucionárias e biológicas (por exemplo, Mesoudi, 2009). Esta é a crença que fundamenta a disciplina identificada como **sociobiologia**. O pressuposto mais importante desta disciplina é o de que os seres humanos são biologicamente predispostos a se engajar em certos comportamentos sociais em vez de outros. Um dos principais defensores da sociobiologia, Edward O. Wilson (1929-), define-a como "o estudo sistemático das bases biológicas de todo o comportamento social" (1975, p. 4). Dito de outra maneira, a sociobiologia é o estudo da determinação biológica do comportamento social entre todas as espécies (Gardner e Foster, 2008). Definido de maneira simples, comportamento social é qualquer forma de comportamento que requer interação entre dois ou mais indivíduos. Portanto, acasalamento, agressão e altruísmo (comportamento de ajuda) são exemplos de importantes comportamentos sociais; cada um deles requer a interação entre pelo menos dois indivíduos.

A sociobiologia está baseada diretamente na teoria evolucionista e utiliza muitos exemplos da **etologia** (estudo do comportamento animal em hábitats naturais). Os sociobiologistas acreditam que certas tendências sociais poderosas sobreviveram aos processos evolucionistas e são, por esse motivo, biologicamente fundamentadas. Subjacente a essas tendências está a lei mais importante da evolução – a saber, que processos de seleção natural favorecem a sobrevivência dos mais aptos. Daí que os comportamentos sociais "mais adequados" (aqueles que contribuíram para a sobrevivência) deveriam ser evidentes como predisposições biológicas poderosas no comportamento humano (McDowell, 2010).

Aptidão Inclusiva e Altruísmo

Note que aptidão, tal como definida pela sociobiologia, diz respeito não à probabilidade de sobrevivência de um indivíduo específico de uma espécie, mas de seu material genético. Trivers (1974, 2002), Wilson (1976) e outros sociobiologistas enfatizam que a questão da sobrevivência é muito mais significativa no âmbito grupal do que no individual. Daí o conceito de **aptidão inclusiva**, que se refere à aptidão de grupos geneticamente relacionados quanto à sua probabilidade de procriação – ou seja, de sobrevivência. O que é importante, diz Wilson, "é a sobrevivência e fertilidade médias máximas do grupo" (1975, p. 107).

O conceito de aptidão inclusiva é fundamentalmente diferente da noção darwiniana de sobrevivência do indivíduo mais apto. A aptidão inclusiva enfatiza que a vida de um único indivíduo de um grupo é importante no sentido evolucionário apenas à medida que aumenta a probabilidade de que características do material genético do grupo ao qual o indivíduo pertence sobrevivam e se reproduzam. Assim, uma abelha dará uma ferroada nos intrusos para proteger sua colmeia mesmo que, ao fazê-lo, morra (Sakagami e Akahira, 1960). Da mesma forma, algumas espécies de cupins explodem a si próprios quando ameaçados por algum perigo. A explosão serve como alerta aos outros cupins que podem, então, se salvar (Wilson, 1975). Como destaca Holcomb (1993), esses exemplos de generosidade (ou **altruísmo**) por muito tempo confundiram aqueles que interpretavam a lei da sobrevivência dos mais aptos segundo a ótica darwiniana – ou seja, que cada indivíduo faz o seu melhor para sobreviver, não importando as condições que tenha de enfrentar para isso. Contudo, a noção de aptidão inclusiva presenteia a sociobiologia com uma explicação para o altruísmo.

O altruísmo entre humanos, argumentam os sociobiologistas, é uma característica de base biológica estabelecida por anos de evolução bem-sucedida (veja, por exemplo, Hamilton, 1970, 1971, 1972). Na sua forma mais pura, uma ação altruísta é aquela que representa algum sacrifício para o doador, mas resulta em uma clara vantagem genética para a espécie. O pássaro-preto que anuncia estrepitosamente a aproximação de um gavião também pode ser detectado e comido, mas, no grande esquema das coisas, esse é um preço pequeno a pagar pela sobrevivência de muitos outros pássaros-pretos.

Levando ao extremo esse argumento, os sociobiologistas afirmam que a disposição de um indivíduo para fazer um sacrifício pessoal é proporcional à vantagem genética que esse ato vai trazer para a sua espécie e ao grau de relacionamento entre o doador da boa ação e aqueles que se beneficiarão mais diretamente. Assim, você pode hesitar em salvar um estranho se a probabilidade de perder sua vida nesse processo for grande; a vantagem genética, nessa situação, seria praticamente zero. Pela mesma razão, você pouco hesitaria em sacrificar sua vida por outras pessoas mais próximas, porque aí a vantagem genética seria grande. É por isso que um pai arrisca a vida para salvar um filho e não faz o mesmo com um estranho, porque ele tem muito mais em comum, geneticamente, com seu filho do que com outras pessoas. Mas mesmo salvar a vida de um completo estranho pode apresentar algumas vantagens distintas para sobrevivência de toda a espécie, de acordo com Tamas (2008). Portanto, pressões evolutivas podem explicar bem o altruísmo, mesmo quando não é dirigido imediatamente a indivíduos relacionados.

Algumas Reações à Sociobiologia

Em fevereiro de 1978, conta Alcock (2001), E. O. Wilson deu uma palestra no Encontro Anual da American Association for the Advancement of Science. Enquanto estava sentado no palco esperando sua vez de falar, uma jovem se aproximou dele e jogou-lhe um jarro de água fria na cabeça. Então um grupo de cúmplices reuniu-se a ela com cartazes e gritos, "Wilson, você está errado".[4]

A sociobiologia tem, frequentemente, dado origem a esse tipo de reação emocional – e negativa (veja, por exemplo, Gould, 2002a, 2002b). Algumas delas são baseadas em argumentos teológicos que rejeitam as noções básicas da evolução (veja Cole, 2002); outras se baseiam na não compreensão do que seja a sociobiologia, no receio de que as características humanas sejam reduzidas a eventos mecanicistas ou animalísticos sobre os quais os humanos exercem pouco controle (veja, por exemplo, Van Leeuwen, 2002). E alguns se baseiam na falta de dados para corroborar as alegações de longo alcance de muitos sociobiólogos.

Em essência, a sociobiologia sugere que uma gama de comportamentos sociais humanos – incluindo agressão e sociopatia, práticas sexuais, gregarismo, ritos de sacrifício etc. – pode ter bases biológicas. Existem até mesmo alguns que argumentam que a espiritualidade tem fundamentos sociobiológicos (veja, por exemplo, Galanter, 2009). Os que defendem a sociobiologia argumentam que essa abordagem oferece uma base científica para a compreensão do comportamento social e para a orientação de políticas sociais. Insistem que as contribuições da biologia para o comportamento humano têm sido, há muito tempo, subestimadas (veja, por exemplo, Gardner e Foster, 2008). Os genes e a evolução, de acordo com alguns sociobiólogos, modelaram não apenas nossos corpos, mas também nossos comportamentos.

Como era de se esperar, essa argumentação encontrou muita resistência. Muitos sociólogos, em particular, reagiram negativamente à ideia de que muito do comportamento humano é estabelecido no âmbito genético (veja por exemplo, Gould, 2002a, 2002b). Vários objetaram o que consideram uma generalização excessiva de um punhado de evidências, muitas das quais mais relativas a animais não humanos do que humanos.

---

[4] No original "Wilson, you're all wet". Os manifestantes fizeram um jogo de palavras, tanto "molhado" quanto "enganado" (NRT).

Enquanto a sociobiologia ia sendo confrontada pelos críticos, o campo da *psicologia evolucionista* progredia com firmeza (Smith, 2010; Confer et al., 2010). Na verdade, o que certa vez foi considerado *sociobiologia* agora é chamado de *psicologia evolucionista* (Scher e Rauscher, 2003). É por isso que, nos últimos anos, a designação *psicologia evolucionista* tem aparecido com sete vezes mais frequência do que o termo *sociobiologia* na base de dados da PsycINFO – que reúne as pesquisas na área da Psicologia. Psicologia evolucionista é uma expressão com conotações negativas mais suaves do que *sociobiologia*.

Psicologia Evolucionista: Uma Avaliação

Os primeiros behavioristas foram otimistas ao pensar que suas teorias seriam largamente aplicadas. Tinham poucas dúvidas de que se pudessem tomar uma resposta tão arbitrária quanto pressionar uma barra por um rato e trazê-la sob controle preciso de condições ambientais específicas, seria também possível tomar praticamente qualquer operante do qual um organismo é capaz e trazê-lo sob o controle de estímulo específico. Da mesma forma como foi possível condicionar a salivação em cães, o piscar de olhos nos adultos e o sugar nos bebês, seria possível condicionar qualquer outro comportamento reflexo a quaisquer estímulos distintos.

Não é bem assim. Como vimos, há situações em que o condicionamento clássico não requer associações repetidas de CS e US (por exemplo, no caso da aprendizagem imediata da aversão ao sabor). Além disso, o condicionamento clássico não ocorre em alguns casos, mesmo depois de muitas associações (como nos estudos de bloqueio).

Vimos também que certos comportamentos são aprendidos com mais facilidade quando reforçados (por exemplo, o pombo que aprende a bicar para conseguir comida; o porco que aprende a cavoucar a terra, o cachorro que aprende a ir buscar algo arremessado – preparação biológica), outros são aprendidos com muita dificuldade (um pombo bater asas para pedir comida; uma galinha ficar quieta; uma vaca latir – contrapreparação). Além disso, após certos comportamentos terem sido aparentemente bem aprendidos pelo organismo por meio do condicionamento operante, às vezes, os animais se voltam para outros comportamentos mais instintivos, que interferem nos aprendidos (derivação instintiva).

Resumindo, há numerosos exemplos de comportamentos que são difíceis ou impossíveis de condicionar – e outros que são muito fáceis e até parecem ser aprendidos automaticamente. Esses comportamentos – afirmam os psicólogos evolucionistas – enfatizam a necessidade que os teóricos da aprendizagem têm de levar em conta fatores biológicos. Embora não invalidem as explicações do condicionamento, levam a duas importantes qualificações:

- O condicionamento clássico não é apenas um processo mecânico, de nível inferior, pelo qual um estímulo (o US) passa a controlar para outro (o CS) como resultado das associações repetidas. Ao contrário, como Rescorla (1988), Bolles (1979) e outros destacaram, é por meio desse processo que os organismos aprendem o que vai com o que – e aprendem o que esperar.
- Fatores evolutivos são importantes para explicar e compreender o comportamento (Rozim, 2010). O reconhecimento da importância dos fatores biológicos na aprendizagem está refletido especificamente nas tentativas da psicologia evolucionista de compreender o que o conhecimento da evolução das estruturas cerebrais pode fazer para o nosso entendimento da aprendizagem. E também se reflete na busca pelas bases biológicas dos comportamentos sociais como altruísmo, seleção de parceiro e ciúme sexual, e mesmo diferenças de personalidade (Buss, 2009).

Em resumo, a psicologia evolucionista reconhece a importância de características geneticamente determinadas – da, se você quiser, natureza humana ou animal. Admite que uma das mais importantes características da natureza humana é a maleabilidade, mas alerta que essa tem limites. O primeiro passo para entender a contribuição da genética para nossa aprendizagem e nosso desenvolvimento, diz Wright, é compreender que "Somos todos fantoches, e nossa maior esperança de libertação é tentar decifrar a lógica daqueles que nos manipulam" (1994, p. 37).

Mas como vimos, temos poucos dados para prosseguir. Grande parte daquilo que passa por ciência na psicologia evolucionista é baseada meramente em especulação.

Uma Transição

A chuva começou a engrossar, embora o professor não parecesse notar. Ainda assim, como que em resposta a uma necessidade por pouco não esquecida, quando se levantou, chacoalhou-se como o faria um cachorro molhado. Disse que seria melhor voltarmos à cabana, que o gato estaria esperando por nós na porta, e que ele estava com fome. Achou que devíamos parar por aqui porque estávamos próximos a uma transição que nos levaria a outro capítulo. Segundo ele, deveria falar mais sobre a transição porque tinha receio de que os estudantes não levassem em conta a importância disso. Explicou que era uma transição mais conceitual do que cronológica. Uma maneira de simplificar o assunto seria dizer que Pavlov e Thorndike e mesmo o condicionamento skinneriano eram, de alguma forma, mecanicistas (quero dizer, similar a uma máquina, explicou) em relação às regras e leis que governam as relações entre os eventos observáveis, objetivos. No entanto neste capítulo, disse ele, somos confrontados de repente com um fenômeno que sugere explicações diferentes – coisas como aprendizagem em uma única tentativa, bloqueio, restrições biológicas e aversão ao sabor e rastreamento de sinal.

(Está faltando uma parte aqui – talvez um parágrafo, ou uma página inteira). Como sempre, o professor insistiu em tomar a dianteira. Chovia forte. Eu segurei o gravador digital dentro do casaco, apertando-o contra o peito com o braço esquerdo, tentando mantê-lo seco, ao mesmo tempo em que apontava o microfone na direção das costas dele, enquanto o professor caminhava pela vegetação rasteira. Mesmo na chuva ele não gostava de andar pelas trilhas que eu tão cuidadosamente havia limpado e mantido por vários anos; preferia seguir seus instintos, inventando caminhos através de charcos e moitas que até animais selvagens evitavam. Do momento em que eu fiquei emaranhado nos galhos de um salgueiro-diamante perto do brejo leste até quando alcancei o professor, já nos arbustos de cerejas silvestres no Snake Hill, nada ficou registrado no gravador, exceto o som do vento, da chuva e do movimento sibilante dos galhos sendo empurrados ou pisoteados.

"Para compreender a transição", disse o professor, quando consegui chegar perto dele, ofegante, na metade da colina, "você tem de perceber que a aprendizagem é essencialmente adaptativa. Esse é o ponto deste capítulo sobre psicologia evolucionista", afirmou, explicando que as mudanças de comportamento – a aprendizagem, em outras palavras – são o que permite aos organismos sobreviver e desenvolver-se, e não deveríamos ficar surpresos que animais e pessoas aprendam a evitar alimentos potencialmente danosos numa única tentativa ou que estejam preparadas para aprender certas coisas e outras não. Disse que os psicólogos não poderiam fazer nada mais sério do que olhar para a biologia e para a evoluçao em busca de orientação e compreensão sobre os princípios da aprendizagem humana e animal.

Falou também que o condicionamento deveria ser visto como a aprendizagem a respeito da forma pela qual os eventos se relacionam, sobre o que vai com o quê. De acordo com ele, na caixa de Skinner é como se a aprendizagem ocorresse devido à relação temporal entre o pressionar a barra e o estímulo reforçador – e é como se o rato desenvolvesse expectativas de que uma coisa levaria à outra. Mas, disse o professor, o behaviorista não especularia que o rato "descobriu" esta relação. Para fazer isso, seria preciso pressupor que ele sabe algo sobre o funcionamento mecânico de alavancas e mecanismos de liberação de alimentos – ou algo sobre a mente de investigadores psicológicos. Na visão dos behavioristas, a capacidade dos ratos de "supor" é limitada a uma tendência de fazer associações entre coisas que ocorrem simultaneamente ou que sempre seguem umas às outras. Como afirmam os psicólogos da atualidade, o rato está rastreando um sinal; ele está aprendendo sobre sinais associados a reforços.

O professor parou e voltou-se tão abruptamente que eu quase esbarrei nele. Apesar da chuva, suas palavras soam com muita clareza nessa parte da gravação. Disse que expectativa é uma palavra pomposa demais, uma palavra mentalista demais na altura em que estamos do livro. Achou que deveríamos deixá-la para o próximo capítulo, que é claramente uma transição entre as principais teorias behavioristas e as que são mais cognitivas.

Quando ele disse próximo capítulo, pensei que havíamos terminado e quis desligar o gravador, ansioso para sair da chuva. Mas o professor me interrompeu. Disse que ainda não devia desligar o gravador, havia algumas coisas muito importantes a respeito do cérebro que o leitor deveria saber antes de ir para o próximo capítulo. Ele recostou-se num velho álamo e começou a discorrer sobre o cérebro, a voz inesperadamente macia, quase em tom reverencial. Quando ouço a gravação agora, tenho de me esforçar para compreender todas as palavras dele.

Aprendizagem e o Cérebro

O cérebro é considerado, frequentemente, a mais complexa estrutura em todo o universo conhecido, com mais interconexões possíveis entre suas unidades mais básicas, os **neurônios**, do que partículas nesse universo. Estima-se que existam mais de 100 bilhões de neurônios no cérebro humano e talvez dez vezes mais de células de apoio, chamadas de células *gliais* (*The Scientific American Book of the Brain*, 1999).[5] No Capítulo 6, veremos como esses neurônios funcionam – de que forma estabelecem conexões e se comunicam uns com os outros.

Há muito sabemos que essa massa informe de tecido que chamamos de cérebro é o centro de nossa capacidade de aprender, pensar, sentir – o que, de certa maneira, determina e define nossa própria essência. Sabemos que experiência e aprendizagem devem resultar em mudanças relativamente permanentes no cérebro, e que pensar e sentir devem envolver atividade cerebral. A aprendizagem, na verdade, depende da formação de conexões entre os neurônios no cérebro. Entretanto, até recentemente, muito do funcionamento cerebral permanecia um mistério, embora os psicólogos há tempos soubessem, ou pelo menos suspeitassem, que diferentes partes do cérebro deviam ter diferentes funções.

Estudando as Funções Cerebrais

No dia 13 de setembro de 1848, Phineas Gage, o contramestre de uma equipe que trabalhava na construção de uma nova linha férrea em Vermont, foi atingido por uma haste

[5] Na verdade, segundo um estudo realizado em nosso meio, em 2009, pelos neurocientistas Suzana Herculano – Houzel e Roberto Lent, por meio de uma técnica que permite calcular com maior precisão o número de neurônios, verificou-se que este número é de, aproximadamente, 86 bilhões de neurônios, correspondendo a 50% do total da massa cerebral (NRT).

cilíndrica de ferro – medindo 1,17 m que pesava cerca de 6 quilogramas – projetada de uma cavidade dinamitada. A haste entrou pelo lado esquerdo do rosto de Phineas e saiu pelo topo da cabeça! O impacto derrubou o contramestre no chão, mas ele logo se levantou e, com a ajuda dos companheiros, caminhou até uma maca e foi até o alojamento, pouco menos de um quilômetro à frente.

A recuperação física de Phineas foi rápida e aparentemente completa. Mas alguns relatórios informaram que ele não voltou a ser a mesma pessoa, pois, antes do acidente era educado, gentil e trabalhador e, depois, ficou mal humorado, caprichoso, impulsivo, egoísta e teimoso. Os companheiros de trabalho e amigos não mais reconheciam nele o homem de antes. Infelizmente, contudo, existe uma grande contradição e, talvez, exagero em relatórios do caso de Phineas Gage. MacMillan (2008) indica que jamais foi feito qualquer exame no cérebro de Phineas, que não existe certeza de que estruturas do cérebro foram envolvidas, e que há uma forte probabilidade de que Phineas não se modificou tão drasticamente, conforme foi relatado, após o acidente. O fato de que ele posteriormente passou a sofrer convulsões e que, finalmente, veio a falecer, como resultado, indica que sua recuperação pode ter sido muito inferior a um completo restabelecimento.

Lesões Cerebrais

Lesões cerebrais, como a sofrida por Phineas Gage, oferecem umas das primeiras pistas de que diferentes partes do cérebro podem ter funções diversas. Assim, com base no acidente de Phineas, podemos concluir que a parte afetada do cérebro pouco tinha a ver com funções fisiológicas, como respirar (caso contrário ele não teria sobrevivido). Pela mesma razão, a parte do cérebro atingida devia ter algo a ver com as características de personalidade. Todavia, conforme observamos, infelizmente não dispomos de informações confiáveis sobre qual parte do cérebro de Phineas foi afetada, ou, na verdade, a respeito da natureza e da severidade de quaisquer mudanças na personalidade que possam ter resultado do acidente.

Ablações Cerebrais

O problema de usar lesões cerebrais para estudar as funções do cérebro é que as principais causas delas – acidentes, doenças e tumores – geralmente têm efeitos que não são muito específicos. De modo geral, partes extensas do cérebro são afetadas ao mesmo tempo. Além disso, os pesquisadores não podem controlar quem sofrerá de uma dessas condições, o que contribui para que a pesquisa seja limitada.

Uma forma de contornar esses problemas é cortar deliberadamente (*extirpar* ou *fazer uma ablação*) porções pequenas, muito específicas do cérebro, para ver que efeito poderá ter no organismo. Karl Lashley (1924) fez isso com vários ratos que tinham sido treinados para correr com rapidez e da forma correta, através de um labirinto. Lashley estava convencido de que a memória devia deixar um traço qualquer em alguma pequena parte do cérebro, e que se fosse possível extirpar exatamente essa parte, o animal não mais lembraria o caminho correto que deveria seguir no labirinto. Como veremos no Capítulo 9, Lashley nunca conseguiu encontrar esse traço de memória (chamado *engrama*). Parece que não importa qual parte ou quanto se extirpe do cérebro, os ratos conseguem, ainda assim, encontrar o caminho dentro do labirinto, embora quase sempre movendo-se mais lentamente. A conclusão, mais tarde corroborada por estudos recentes, foi de que a memória está distribuída em várias partes do cérebro.

Estimulação Elétrica do Cérebro

Uma outra maneira de mapear as funções cerebrais é proporcionar estímulo químico ou elétrico em áreas específicas do cérebro, e observar quais efeitos isso causa. Em um dos primeiros estudos, por exemplo, Olds (1956) implantou eletrodos no cérebro de ratos e descobriu acidentalmente que a estimulação de uma parte do hipotálamo – porção localizada no interior do cérebro, perto da parte superior do tronco cerebral (veja a Figura 5.5) – mostrou ser altamente recompensadora para os ratos. Quando os eletrodos foram colocados nos animais, de forma que permitisse que eles estimulassem seus próprios cérebros pressionando uma barra, eles o faziam repetidamente. Muitos não davam atenção nem mesmo à comida para estimular seus próprios cérebros. Olds registrou que um rato se autoestimulou mais de 2 mil vezes por hora durante 24 horas consecutivas (1956).

Durante esse mesmo experimento, Olds também descobriu que, se o eletrodo fosse implantado um pouco mais abaixo do hipotálamo, o efeito da estimulação cerebral não seria recompensadora para os ratos, mas, em vez disso, punitiva. Os ratos faziam o possível para evitar estimular seus próprios cérebros. Entretanto, se o eletrodo fosse movido ligeiramente na direção do "**centro do prazer**", o atrativo da estimulação cerebral parecia

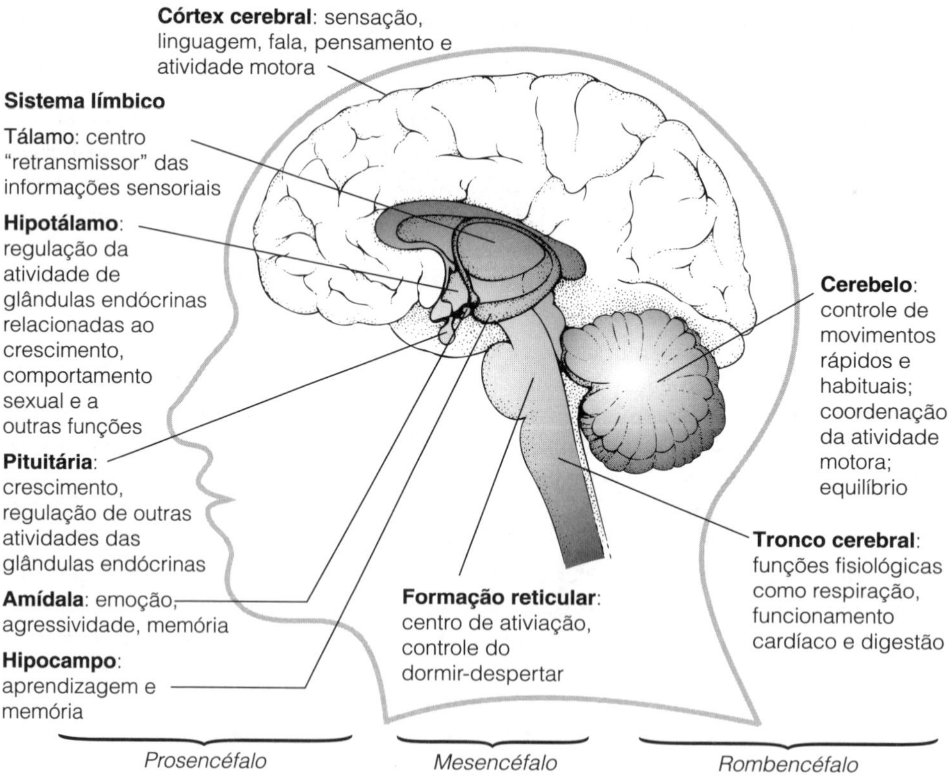

Figura 5.5 Visão *sagital* (seccionada da frente para trás) do cérebro humano que mostra algumas das principais estruturas que compõem o prosencéfalo, o mesencéfalo e o rombencéfalo e suas principais funções.

se tornar quase irresistível: um rato autoestimulou perto de 7 mil vezes numa única hora (Olds e Milner, 1954). As mães chegavam a abandonar os filhotes para estimular seus próprios cérebros (Sonderegger, 1970).

Pesquisas subsequentes mostraram que há um centro de reforçamento localizado no **sistema límbico** do cérebro de vários animais, incluindo primatas como os humanos. Esse sistema, que está relacionado à emoção, memória e motivação, inclui o hipotálamo, o tálamo e várias outras estruturas. Mais especificamente, o grupo de fibras nervosas denominado **feixe medial do prosencéfalo** está ligado ao reforçamento, e outro grupo de fibras, o **trato periventricular**, está associado à punição.

Estimulação Química do Cérebro

Implantar eletrodos em um cérebro animal ou humano é um processo difícil e requer precisão. Uma maneira mais simples de estimular o cérebro é usar substâncias químicas, como drogas que alteram o humor. A evidência indica, por exemplo, que o neurotransmissor **dopamina** está envolvido na atividade de alguns dos neurônios associados ao prazer e à motivação (veja o Capítulo 6). Normalmente, os neurotransmissores, como a dopamina, são liberados pela estimulação neuronal e rapidamente recaptados depois (Kalat, 2009). Certas drogas, porém, como as anfetaminas e a cocaína, impedem a recaptação imediata das moléculas de dopamina e estão, por esse motivo, associadas a níveis elevados de dopamina (Morcom et al., 2010). Essas drogas são chamadas de **agonistas**. Uma agonista é uma substância química que estimula a atividade de alguma substância química que ocorre naturalmente. O efeito de intenso prazer provocado pela cocaína está provavelmente relacionado ao fato de essa droga impedir ou retardar a recaptação das moléculas de dopamina de forma que os neurônios *dopaminérgicos* (ou seja, aqueles que usam dopamina para a neurotransmissão) permanecem ativos por períodos mais longos. Por ser a dopamina um dos transmissores associados à atividade neuronal num dos centros de "prazer" do cérebro, o efeito final da cocaína é estimular a atividade desses centros (Asensio et al., 2010). Entretanto, o uso prolongado da cocaína faz com que o cérebro se adapte à droga de modo que ele passa a sintetizar menos dopamina. Como resultado, o usuário crônico geralmente vivencia experiências opostas ao prazer – depressão, tristeza, mau humor – entre as doses da droga. Ao mesmo tempo, existem profundas mudanças no desejo de um indivíduo de ingerir drogas – uma drástica alteração na motivação resultante do vício (Nestler e Malenka, 2004; Nestler, 2006). Além disso, há evidências de que o repetido uso de drogas reduz os receptores de dopamina, desse modo, aumentando cada vez mais as quantidades de drogas que são necessárias para satisfazer o desejo (Slomski, 2006).

Interessante notar que a estimulação elétrica do cérebro também resulta na liberação de dopamina, como o fazem reforçadores naturais, por exemplo, alimento, água, sexo e substâncias viciantes como a nicotina e o álcool (Balfour, Yu e Coolen, 2004; Kiianmaa et al., 2003).

Técnicas de Imageamento Cerebral

Os pesquisadores têm hoje acesso a um grande número de técnicas de imageamento para observar cérebros intactos de pessoas vivas. Algumas dessas técnicas de imageamento, como o **eletroencefalograma (EEG)**, são sensíveis às descargas elétricas presentes no cérebro; outras detectam alterações no fluxo sanguíneo associadas à atividade neuronal. A **tomografia por emissão de pósitrons (PET)** registra alterações no fluxo sanguíneo ao detectar a distribuição das partículas radioativas injetadas na corrente sanguínea. A **ressonância magnética funcional (fMRI)** detecta alterações extremamente sutis nos campos magnéticos que acompanham as alterações no nível de oxigenação do sangue. E a **magnetoencefalografia (MEG)** permite aos pesquisadores detectar no couro cabeludo mudanças incrivelmente sutis nos campos magnéticos que ocorrem com a atividade neuronal.

Como veremos no Capítulo 9, essas técnicas de imageamento, juntamente com as informações obtidas nos estudos de estimulação cerebral e nos exames de pacientes com danos cerebrais, resultaram no rápido crescimento da informação sobre as diferentes estruturas do cérebro e suas funções. Hoje muitas pesquisas sobre a memória usam o EEG e o MEG para conseguir mensurar o que é denominado **potenciais relacionados a eventos (ERPs)** e **campos relacionados a eventos (ERFs)**, alterações no potencial elétrico e nos campos magnéticos, respectivamente, que acompanham a atividade neuronal no cérebro e estão diretamente relacionados à estimulação externa. Como resultado, ERPs e ERFs podem fornecer aos pesquisadores informações importantes sobre o que acontece no cérebro quando, por exemplo, você olha para um quadro, ouve uma palavra ou precisa resolver um problema de álgebra (veja o Capítulo 9). Para entender essa informação, é necessário ter algum conhecimento sobre a anatomia cerebral.

Rombencéfalo

O cérebro humano pode ser dividido em três partes básicas: o rombencéfalo, o mesencéfalo e o prosencéfalo. Admite-se que elas evoluíram nessa ordem – ou seja, o rombencéfalo é a estrutura mais antiga e primitiva; e o prosencéfalo, a mais recente e avançada. Não é de surpreender, portanto, que as estruturas do rombencéfalo estejam presentes e sejam bem desenvolvidas em animais não humanos, ao passo que as estruturas do prosencéfalo são mais desenvolvidas nos humanos do que em outros primatas.

O rombencéfalo, fisicamente a porção mais baixa do cérebro em um ser humano ereto, inclui a parte inferior do tronco cerebral e aquilo que é chamado de **cerebelo**. As estruturas do tronco cerebral são responsáveis pelas funções biológicas básicas como respiração e ritmo cardíaco. O cerebelo (que significa "pequeno cérebro") está envolvido principalmente com a locomoção e o equilíbrio. Qualquer dano a essa parte do cérebro pode interferir profundamente habilidades motoras, tais como andar, tocar piano ou jogar beisebol. Há também uma evidência, ainda que provisória, de que o cerebelo pode, algumas vezes, estar ligado a problemas de leitura e que a terapia que envolve exercícios de equilíbrio e locomoção pode, em alguns casos, melhorar o desempenho nessa atividade (Pope e Whiteley, 2003).

Mesencéfalo

O mesencéfalo inclui a parte superior do tronco cerebral, algumas vezes chamado de **formação reticular**. Como veremos no Capítulo 10, esta estrutura é responsável por regular o andar e o sono e por controlar a ativação geral. Também encontramos aí as fibras nervosas associadas ao movimento. Lembre-se de que essas fibras nervosas são *dopaminérgicas*, isso significa que sua transmissão neuronal é baseada na presença da dopamina. Por essa razão o mal de Parkinson, que implica falência da produção suficiente de dopamina, é marcado por tremores e outros problemas físico-motores.

Prosencéfalo

O prosencéfalo é a mais recente, a maior e a mais complexa estrutura cerebral; é também a mais importante para a compreensão de tópicos de interesse de estudantes da aprendizagem humana. Suas estruturas mais importantes são o hipotálamo, o tálamo e outras estruturas do sistema límbico, bem como o *cerebrum* e o córtex cerebral.

Hipotálamo

O **hipotálamo** é uma estrutura do tamanho de um grão de feijão, fica na zona profunda do cérebro, perto da parte superior do tronco cerebral. Seu principal papel é regular funções fisiológicas, como as do sistema nervoso autônomo e das várias glândulas do corpo. Algumas fibras nervosas relacionadas à recompensa e punição também estão localizadas no hipotálamo.

Tálamo

O **tálamo**, outra minúscula estrutura localizada na parte superior do tronco cerebral, fica um pouco acima do hipotálamo e atua como uma espécie de estação de transmissão da informação sensorial. Todos os sinais neuronais entrantes que se relacionam aos sentidos, exceto aqueles que têm a ver com o olfato, são encaminhados por meio do tálamo.

Sistema Límbico

Considera-se geralmente que o sistema límbico inclui partes do hipotálamo e do tálamo bem como uma rede de outras estruturas situadas entre o córtex cerebral e as estruturas cerebrais inferiores. De modo geral, as estruturas do sistema límbico estão relacionadas às emoções. Algumas também têm relação com a memória e o condicionamento. Dentre as importantes estruturas do sistema límbico estão a **amídala** e o **hipocampo**. A amídala processa informações emocionais para armazenamento em longo prazo (Boujabit, Bontempi, Destrade e Gisquet-Verrier, 2003) e também está associada à agressão bem como ao condicionamento clássico (Aguado, 2003). O hipocampo desempenha papel importante na memória de longa duração para fatos.

Cerebrum[6]

O ***cerebrum***, que se divide em duas metades paralelas (os hemisférios cerebrais), é a maior e mais complexa estrutura cerebral. Sua cobertura externa, o **córtex cerebral** tem apenas três milímetros de espessura, mas é responsável pelas mais avançadas formas de atividade mental: aprendizagem, pensamento e memorização. Essas atividades são subjacentes ao nosso próprio sentido de consciência. Interessante notar que o córtex cerebral é o legado mais recente da evolução e é uma das poucas partes do cérebro que continua a se desenvolver e crescer desde a infância até o início da idade adulta.

O córtex cerebral é altamente convoluto, o que aumenta muito a sua área de superfície. Tem também várias fissuras (fendas) que o percorrem. Essas fissuras resultam em quatro divisões naturais do córtex cerebral, denominadas *lobos*, em cada um dos dois hemisférios cerebrais (Figura 5.6).

Na parte frontal do córtex cerebral estão os **lobos frontais**, estruturas envolvidas com a atividade motora bem como com os processos mentais superiores. Em cada um dos lados estão os **lobos temporais**, que estão envolvidos na audição, linguagem e fala. Interessante

[6] O *cerebrum* é formado pelas partes média e anterior do cérebro (NRT).

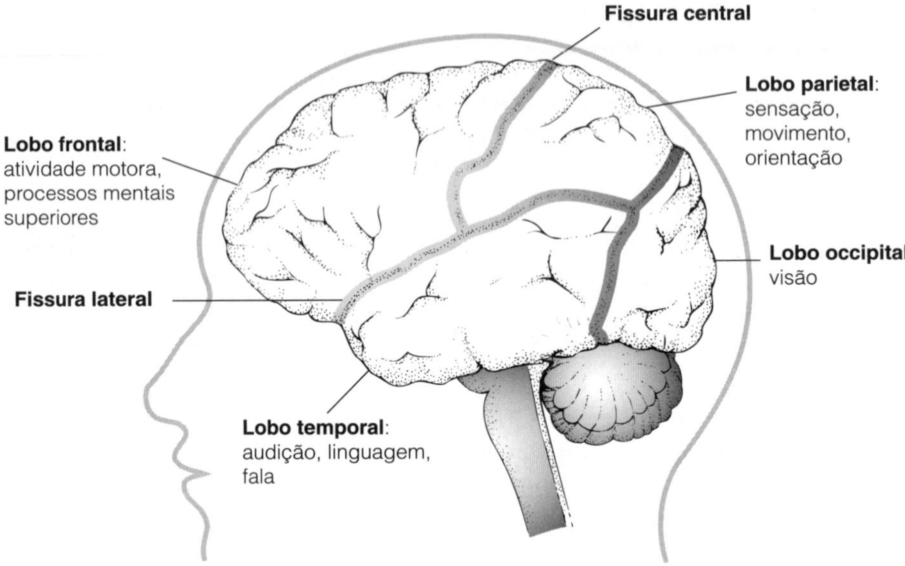

***Figura* 5.6** Os quatro lobos do córtex cerebral. As funções desses lobos são bastante integradas, de modo que eles não podem ser facilmente separados. Além disso, cada lobo tem estreita relação com as principais funções arroladas.

notar, como veremos mais adiante neste capítulo, que na maioria dos indivíduos o lobo temporal esquerdo está mais envolvido com as funções da linguagem do que o lobo temporal direito.

Exatamente atrás dos lobos frontais e acima dos lobos temporais estão os **lobos parietais**. Estes são ligados à sensação física, movimento, reconhecimento e orientação. Na parte de trás do cérebro estão os **lobos occipitais**, que estão envolvidos na visão.

É importante notar que a divisão de tarefas e de responsabilidades entre as várias partes do cérebro está longe de ser simples e clara. Embora os lobos temporais estejam envolvidos com a linguagem e a fala, outras partes do cérebro também estão. Da mesma forma, como veremos no Capítulo 9, vários tipos de memória podem ser encontrados em muitas partes diferentes do cérebro. Conforme Sousa (2006) explica, uma das características mais notáveis do cérebro humano é o modo como ele é capaz de integrar todas as atividades que ocorrem simultaneamente em suas diferentes áreas especializadas.

Hemisférios

Como vimos anteriormente, o cérebro consiste em duas metades bastante similares separadas ao meio, da frente para trás, formando os dois hemisférios cerebrais. Como resultado, existem dois de cada um dos quatro lobos principais do córtex cerebral. Embora as funções dos lobos correspondentes sejam similares de muitas maneiras, vários estudos mostraram que os hemisférios não duplicam exatamente as funções um do outro – fato conhecido como **lateralização**. Em geral, por exemplo, o hemisfério direito controla as sensações e os movimentos do lado esquerdo do corpo; o hemisfério esquerdo controla as funções do lado direito do corpo. Isso é conhecido como o **princípio do controle oposto** (Leask e Crow, 1997).

A assimetria dos hemisférios fica clara no fato de aproximadamente 90% de todas as pessoas serem destras e apenas cerca de 10% serem canhotas (Halpern e Coren, 1990). E que, na maioria das pessoas, o hemisfério esquerdo está de alguma forma mais envolvido com as funções de produção da linguagem do que o hemisfério direito. Isso se aplica a 95% das pessoas destras e a cerca de 70% das canhotas (Holland et al., 2007). Ao mesmo tempo, evidências indicam que o hemisfério direito poderia estar relacionado às emoções e às coisas temporais e espaciais, ou seja, mais à música e à arte (Workman et al., 2006).

Essas descobertas levaram alguns a especular que há indivíduos "à direita" e "à esquerda", no que se refere ao aspecto cerebral. Os da esquerda, acredita-se, se saem melhor em tarefas que requerem lógica, matemática, ciência e habilidades verbais. Os da direita, ao contrário, são mais artísticos, musicais e emocionalmente inteligentes. Alguns educadores argumentam que as escolas dão mais ênfase ao hemisfério esquerdo, ou seja, em lógica, matemática, ciência e linguagem, e tendem a ignorar o hemisfério direito (por exemplo, veja Sonnier, 1995; Sonnier e Sonnier, 1992). Esses educadores defendem o que às vezes é chamado de **educação holística** – educação deliberadamente voltada a estimular ambos os lados do cérebro. A educação holística, explica Miller (1990), enfatiza os quase sempre relegados talentos artísticos e musicais das crianças e é mais centrada na pessoa, mais ecologicamente orientada e, talvez, mais espiritual.

Infelizmente, tem sido difícil investigar separadamente as funções dos hemisférios cerebrais. Muito do que é informado, sugere Bruer (2006), é mais especulação do que fato. A informação que realmente temos indica que há uma enorme quantidade de sobreposições entre as funções dos hemisférios cerebrais. Por exemplo, embora certas regiões do lobo temporal esquerdo estejam mais envolvidas na fala e na linguagem, quando ocorre algum dano nesse lobo, as funções da fala e da linguagem são assumidas por outras partes do cérebro (Uswatte e Taub, 2010). Isso é especialmente verdadeiro quando esse dano ocorre cedo na vida; se acontece mais tarde, há muito menos chances de recuperar as funções perdidas. Não está totalmente provado que o hemisfério direito está sempre mais envolvido com funções espaciais, musicais ou artísticas. Por exemplo, uma ampla revisão dos estudos que se voltaram para a relação entre o hemisfério direito e as funções espaciais descobriu que os resultados gerais eram altamente complexos. Em geral, os homens parecem ter uma tendência mais acentuada para hemisfério direito nas tarefas espaciais, o que não acontece com as mulheres (Vogel, Bowers e Vogel, 2003).

Como sugerem Brown e Kosslyn (1993), é enganoso e simplista insistir que o hemisfério esquerdo é lógico, científico e matemático, ao passo que o hemisfério direito é artístico, musical e emocional. Essa dicotomia é muito relativa. Ou seja, um hemisfério é um pouco melhor do que o outro em certas coisas, mas há sempre uma sobreposição considerável de funções entre eles.

Ainda assim, isso não pode diminuir a importância do medo da educação holística de que o currículo escolar possa negligenciar áreas importantes do interesse e da capacidade humanos, e sua insistência em que temos de prestar mais atenção a essas áreas.

Diferenças sexuais no cérebro

Os homens e as mulheres são fisicamente (biologicamente) diferentes, e o mesmo acontece com seus cérebros. Na verdade, segundo Johnson, "os cérebros dos homens e das mulheres são tão distintos entre si quanto seus corpos" (2004, p. 14). Por exemplo, em média, os cérebros dos homens são maiores que os das mulheres; as partes do cérebro que estão associadas ao sexo e à agressão são mais desenvolvidas entre os homens; as mulheres tendem a apresentar maior volume de matéria cinzenta que os homens (Luders et al., 2009); e os homens são propensos a ter mais matéria branca (Perrin et al., 2009). Além disso, a parte do lobo parietal associada a relações espaciais e à matemática é mais desenvolvida nos homens. Por outro lado, áreas dos lobos frontal e temporal vinculadas à linguagem são maiores nas mulheres (Sabbatini, 2010).

Não é surpresa que, considerando essas distinções no cérebro, existam diferenças no modo como homens e mulheres processam a linguagem, informações espaciais e emoções. Em média, os homens têm melhor desempenho em matemática, física e em tarefas que exigem raciocínio espacial; as garotas são melhores em tarefas verbais; mesmo meninos de apenas cinco anos desempenham melhor tarefas de rotação mental (Hahn, Janssen e Heil, 2010); e os homens cometem cerca de nove entre cada dez assassinatos (*Homicide trends in the U.S.*, 2010).

É importante observar que, embora pesquisas tenham estabelecido que existem algumas diferenças reais entre os cérebros da média dos homens e mulheres, tais diferenças não são grandes. Na verdade, tendem a ser pequenas diferenças entre a estrutura e o funcionamento do cérebro *médio* de homens e mulheres. Nossas generalizações nunca são suficientemente sensíveis às diferenças individuais. Por exemplo, elas falham em reconhecer que algumas mulheres são muito melhores do que os homens quando navegam em locais estranhos; que algumas mulheres, considerando experiências apropriadas, se tornam notáveis matemáticas ou físicas; que algumas mulheres são tão agressivas quanto os homens mais belicosos e beligerantes; e que alguns homens são tão sensíveis quanto qualquer mulher.

Parece claro que estas diferenças no funcionamento e nas estruturas cerebrais fundamentam algumas dessas diferenças relacionadas ao gênero. Além disso, os cérebros de meninos e meninas são expostos a níveis muito diferentes de hormônios masculinos (testosterona) e femininos (estrógenos). Estes hormônios têm um efeito profundo no desenvolvimento do cérebro (Spratt, 2007). Mudanças no tamanho relativo das estruturas cerebrais que se seguem à puberdade, quando a produção desses hormônios atinge seu pico, sugerem que eles podem ser parcialmente responsáveis por algumas das diferenças no funcionamento do cérebro (Witte et al., 2010). Além disso, a diferença da cultura e da socialização também é clara: o cérebro responde à experiência.

O Cérebro e a Experiência

Riesen et al. (1951) criaram quatro filhotes de chimpanzés num quarto escuro; os animais tinham acesso a apenas 90 minutos diários de uma luz difusa. Após sete meses, quando os chimpanzés foram expostos ao mundo real, nenhum deles tinha visão normal. Levou meses para que aprendessem a reconhecer objetos familiares como os seus apetrechos de alimentação ou para que aprendessem a controlar os próprios movimentos sem tropeçar. Nenhum deles conseguiu desenvolver uma visão normal.

Muitos estudos com gatos, chimpanzés e outros animais criados na escuridão ou forçados a usar óculos de proteção que distorciam o mundo de diferentes maneiras, ilustram dramaticamente que a maioria não aprende a enxergar normalmente quando as luzes são acesas ou os óculos removidos. Exames posteriores dos cérebros desses animais indicam que eles não haviam desenvolvido o mesmo número e os mesmos tipos de conexão neuronal dos animais criados de modo normal (Iliescu e Dannemiller, 2008).

Num estudo de 1966, Krech, Rosenzweig e Bennett criaram ratos num ambiente normal para eles, pouca iluminação, gaiolas estreitas e compridas, sem brinquedos e sem nenhuma interação com outros ratos ou com humanos. Outro grupo de ratos foi criado naquilo que, do ponto de vista de um rato, poderia ser considerado um ambiente altamente enriquecido: gaiolas espaçosas, bem iluminadas, esteiras para correr, brinquedos, coisas para roer e olhar, outros ratos com os quais se socializar e pesquisadores humanos amigáveis. Conforme explicam van Praag, Kempermann e Gage (2002), o significado de "ambiente enriquecido" é relativo. Especificamente, se refere a um ambiente que é enriquecido em relação às condições padrão de laboratórios.

As diferenças finais entre esses dois grupos inicialmente idênticos, explicam Krech et al., foram enormes. O grupo enriquecido parecia ser muito mais inteligente, o que ficou claro pela facilidade com que aprendiam a correr pelos labirintos, e os cérebros dos animais tinham medidas diferentes (eram mais pesados, aparentemente com mais interconexões entre os neurônios e mais quantidade de algumas proteínas específicas). Estudos recentes, que usaram métodos mais avançados e precisos para examinar os cérebros de animais usados em experiências, corroboram essas descobertas (por exemplo, Tropea et al., 2001). O simples enriquecimento do ambiente em que vive o animal (e presumivelmente o da pessoa) resulta em cérebros com mais capilares (veias sanguíneas muito finas) por célula nervosa, portanto, em cérebros melhor oxigenados. Ambientes enriquecidos também parecem favorecer a formação de mais *sinapses* – ou seja, mais conexões – entre as células cerebrais (Bransford, Brown e Cocking, 2000). Não existem evidências fortes de que o enriquecimento, assim como oportunidades para exercício, aumentem a sobrevivência de neurônios recém-formados (van Praag, Kempermann e Gage, 2000).

É claramente impossível realizar os mesmos tipos de estudos controlados com crianças pequenas e com animais. Investigadores não podem simplesmente selecionar um grupo de crianças e designá-las a ambientes enriquecidos, ao mesmo tempo em que se sujeita um segundo grupo equivalente a um ambiente empobrecido. Porém, é possível encontrar determinadas situações ocorrendo naturalmente que aproximam o enriquecimento e o empobrecimento, e comparam resultados de desenvolvimento em crianças, a partir desses ambientes. Por exemplo, um grande número de estudos relata uma relação positiva entre estimulação cognitiva e resultados positivos, como um QI maior ou melhor desempenho escolar (Evans, 2004). De modo similar, Farah et al. (2008) observaram a relação entre linguagem e memória e **status socioeconômico (ESE)**. Como verificam esses pesquisadores, maior ESE geralmente está associado a um maior nível de estímulo cognitivo (mais livros, brinquedos, viagens, conversas, e assim por diante). Eles descobriram que o estímulo ambiental tem um efeito particularmente benéfico no desenvolvimento da linguagem. Além disso, altos níveis de criação parental (carinho e disponibilidade dos pais) foram associados com melhor desempenho em tarefas que exigem memória.

A conclusão a que se chega, com base nisso tudo, e em numerosos estudos relativos ao tema, é que o desenvolvimento cerebral depende muito da experiência – especialmente da experiência precoce. As implicações dessa conclusão na criação e na educação infantil são enormes. Além disso, evidências sugerem veementemente que ambientes enriquecidos podem retardar o aparecimento de doenças como mal de Parkinson e mal de Alzheimer (Nithianantharajah e Hannan, 2006).

Educação Fundamentada no Cérebro

Há muitas maneiras diferentes de se olhar para a aprendizagem humana. Um grupo de abordagens importantes, descritas na primeira parte deste texto, concentra-se no comportamento e nos eventos subjacentes às mudanças comportamentais. Outras abordagens são mais fundamentadas no cérebro: olham mais para como o cérebro está envolvido na aprendizagem. Conforme definem Blakemore e Frith, "Somente entendendo como o cérebro adquire e retém informações e habilidades é que seremos capazes de atingir os limites de sua capacidade de aprender" (2005, p. 1).

Para nossos propósitos, o papel do cérebro na aprendizagem humana – levando-se em conta que esse resumo é uma simplificação muito grande – pode ser assim considerado:

1. Toda informação chega ao cérebro por meio dos sentidos. Os sentidos são, portanto, nossas únicas fontes de informação sobre o mundo. Tudo o que os cérebros podem conhecer, explica Freeman (2003), resulta das hipóteses que eles fazem com base na informação que recebem dos sistemas sensoriais.
2. Toda essa informação sensorial (exceto aquelas que têm relação com o olfato) é selecionada e retransmitida a partes apropriadas do córtex cerebral, via tálamo. Assim, uma informação visual é enviada para o *córtex visual*, no lobo occipital, e uma informação auditiva é enviada para o *córtex auditivo* no lobo temporal. (As sensações relacionadas ao olfato têm ligações diretas com o *bulbo olfativo*, que é uma estrutura na base do lobo frontal.)
3. Informação importante que tem a ver com fatos e acontecimentos não emocionais é encaminhada, através do hipocampo, para o armazenamento de longa duração; a informação emocional importante é encaminhada através do tálamo, para processamento na memória de longa duração.
4. O processamento efetivo, aquele que envolve informação de significados e associações, ocorre no córtex cerebral.

Como explica Sprenger (2002), é assim que, basicamente, a aprendizagem acontece. E algumas descobertas relativas ao desenvolvimento cerebral parecem ser importantes para a educação fundamentada no cérebro. Entre essas, explica Jensen (2008), estão as seguintes:

- O cérebro continua a produzir novos neurônios, especialmente no início da vida. Esta função pode ser aprimorada pelo exercício, redução de estresse e nutrição.
- Interações sociais influenciam o funcionamento do cérebro de maneira a poderem ser fortalecidas pela organização de agrupamentos sociais, em vez de permitir que estes ocorram aleatoriamente.
- O cérebro é altamente plástico. Sua capacidade de se reprogramar pode ser auxiliada por meio de leitura, meditação, artes, educação profissional ou técnica.

As principais recomendações instrucionais que fluem dessas observações incluem a conveniência de ensinar habilidades cognitivas, assim como uma variedade de outros assuntos; de proporcionar tempo para a recreação, redução de estresse e atividade física, e de organizar grupamentos sociais ótimos, cuja natureza não está totalmente clara. É interessante observar que nenhuma dessas instruções é particularmente nova.

Bruer (2006) adverte que devemos nos preservar contra a aplicação prematura de pesquisas sobre o cérebro à educação. Por exemplo, informações e especulação a respeito das funções dos hemisférios cerebrais têm levado alguns educadores a sugerir que nossas atuais práticas de educação enfatizam funções do lado esquerdo do cérebro, conforme refletido em nossa preocupação com a aprendizagem verbal, matemática, ciência e lógica. Eles argumentam que nossas escolas negligenciam as funções do lado direito do cérebro – como arte, música, drama, e outros empreendimentos criativos. Portanto, devemos modificar nossa filosofia educacional para educar as duas metades dos cérebros de nossos estudantes.

Mas, como vimos anteriormente, é equivocado insistir que existem pessoas com maior desenvolvimento da parte esquerda – lógica, ciência, raciocínio e matemática – ou da parte direita – artes, músicas e emoções – do cérebro; assim como pessoas que têm o cérebro desenvolvido por igual – abençoadas com um equilíbrio *holístico* de talentos e habilidades; e que análises e testes podem ser utilizados para identificá-las. Conforme Blakemore e Frith escrevem "Isto é psicologia pop, mas não psicologia científica" (2005, p. 60). Embora um dos hemisférios do cérebro possa ser mais envolvido em determinadas atividades do que o outro, existe enorme sobreposição dessas funções.

Recomendações referentes à educação com base no cérebro geralmente são fundamentadas em equívocos e supersimplificações da função do cérebro. Entre estas supersimplificações e estes equívocos, como vimos no Capítulo 1, está a noção equivocada de que usamos somente 10% de nossos cérebros, de que os hemisférios esquerdo e direito têm funções distintamente separadas, e que não se formam neurônios novos após o nascimento. Estes tipos de crenças normalmente são empregadas para justificar uma variedade de modismos educacionais.[7]

Biofeedback e neurofeedback

Outra inovação na educação e na terapia com base no cérebro, que algumas vezes tem sido considerada um modismo, envolve o que se chama **biofeedback**. O *biofeedback* é um procedimento pelo qual os indivíduos recebem informações a respeito de seu funcionamento biológico, incluindo informações sobre o funcionamento de seus próprios cérebros. O *bio-*

---

[7] O professor fez sinal para que eu desligasse o gravador enquanto puxava o sempre presente pacote de chicletes do bolso de sua camisa, pegou um pedaço, desembrulhou e pôs na boca. Por um instante, ele não disse nada enquanto lentamente mascava o chiclete, que parecia estar saboreando imensamente. Pensei que ele bem poderia me oferecer um chiclete, mas ele não o fez. "Deixe-me dar um exemplo de um modismo educacional relacionado ao cérebro, ele disse, fazendo barulho ao mascar. E continuou, afirmando: Realmente estão fazendo isso em algumas escolas. Aparentemente é algo baseado em pesquisa 'científica', que mostra que mascar chicletes torna os estudantes mais inteligentes. Faça uma rápida pesquisa na Internet, ele disse, e você encontrará referências a estudos e conferências que insistem que os estudantes devem ser encorajados a mascar chicletes." "É interessante", ele observou, "que grande parte desta pesquisa é apoiada por pelo menos uma companhia fabricante de gomas de mascar." E depois de mascar o chiclete durante algum tempo sem falar nada, continuou lendo seu manuscrito.

Fiz uma rápida busca e encontrei muitos estudos, referências e recomendações, como ele disse que eu encontraria (por exemplo, Sasaki, 2010). Existe até mesmo uma fabricante de chicletes que alega que um dos benefícios deste hábito é "um maior estado de alerta, mais foco e concentração" (Benefícios de mascar chiclete, 2010). E não é impossível encontrar pesquisas que pelo menos sugiram maior estado de alerta (Smith, 2009) e mudanças positivas na atividade cerebral (Sakamoto, Nakata e Kakigi, 2009) associadas a mascar chiclete. Ao mesmo tempo, existem muitos estudos que indicam que mascar chiclete não produz nenhuma melhoria significativa no funcionamento cognitivo (por exemplo, Johnson e Miles, 2008; Overman et al., 2009). Quando perguntei se ele acreditava que mascar chiclete apresentava algum benefício cognitivo, o professor não disse nada; ele apenas me olhou com aquele habitual jeito desdenhoso.

feedback, que envolve informações sobre o funcionamento neurológico, às vezes, é denominado **neurofeedback**. Essencialmente, o *biofeedback* fornece ao indivíduo informações normalmente inacessíveis referentes a processos biológicos.

Condicionamento de Respostas Autônomas

As primeiras investigações sobre o condicionamento clássico e operante resultaram na convicção de que os tipos de comportamento explicados pelos pesquisadores eram fundamentalmente diferentes. Muitos teóricos aceitaram que os comportamentos autônomos (involuntários), como a salivação ou o piscar de olhos, não poderiam ser trazidos sob controle do estímulo por meio do condicionamento operante, embora respondessem bem aos procedimentos do condicionamento clássico. Além disso, parecia que os operantes tornavam-se mais ou menos prováveis unicamente como função das contingências de reforçamento, e não como uma função da contiguidade.

Essas eram afirmações equivocadas. A salivação pode ser condicionada por meio de procedimentos operantes, assim como o ritmo cardíaco, a pressão sanguínea, a função renal e várias outras funções autônomas involuntárias. Miller (1969) estava entre os primeiros que demonstraram alguns desses fenômenos quando condicionou aumentos e quedas do ritmo cardíaco nos ratos, em resposta a uma combinação de luz e som. Nesse experimento, os ratos recebiam curare (um paralisante muscular) para assegurar que estavam aprendendo controle concreto do funcionamento autônomo, e não alguma combinação de movimentos musculares que afetam o ritmo cardíaco.

Num estudo semelhante, Miller e Carmona (1967) condicionaram cachorros a salivar ou a não salivar simplesmente recompensando com água um grupo de animais sedentos, quando salivavam espontaneamente, e recompensando com água outro grupo de cães sedentos quando refreavam a salivação. Esses estudos mostram que os procedimentos do condicionamento operante podem ser usados para proporcionar aos animais um certo controle sobre comportamentos autônomos (involuntários).

Como Funciona o Biofeedback

Uma das importantes aplicações dessa descoberta tomou a forma do *biofeedback*, que se refere à informação que um organismo recebe sobre seu próprio funcionamento biológico. Embora, no geral, as pessoas não estejam conscientes da maior parte de suas funções fisiológicas (ritmo cardíaco e respiratório, pressão sanguínea, atividade elétrica no cérebro), instrumentos de monitoramento podem, de maneira simples e acurada, prover esse tipo de informação. O uso desses instrumentos para controlar funções autônomas definem o que é o *biofeedback*. Quando a informação é limitada àquela sobre a atividade neuronal no cérebro, o termo usado é *neurofeedback*.

Por exemplo, em alguns dos primeiros experimentos de *biofeedback*, os indivíduos eram conectados a um dispositivo que registra as ondas cerebrais (popularmente chamado de *registro alfa*) e emite um estímulo diferente – geralmente um som – sempre que o sujeito produz o tipo ou a frequência de ondas corretos (por exemplo, Knowlis e Kamiya, 1970). Os indivíduos eram orientados apenas a tentar ativar o som tão frequentemente quanto possível. Os resultados experimentais sugeriram que muitos participantes podiam aprender rapidamente a controlar aspectos do funcionamento das ondas cerebrais. Usando uma explicação do condicionamento operante, os investigadores argumentaram que o som (ou a luz, ou outro estímulo nítido) serve como um reforçador, e que os comportamentos envolvidos no controle das respostas autônomas são operantes.

Usando instrumentos mais sensíveis e sofisticados para monitorar a atividade cerebral, muitos pesquisadores confirmaram que, pelo menos alguns aspectos da atividade cerebral, podem ser controlados. Assim, Kerson, Sherman e Kozlowski (2009) mostraram que participantes podem aprender a reduzir a magnitude das ondas *alfa* do cérebro após relativamente poucas sessões de treinamento. Posteriormente, testes indicaram que estes participantes também foram bem-sucedidos em reduzir seus níveis de ansiedade.

Entre as várias aplicações práticas do *biofeedback* estão as tentativas para aliviar dores de cabeça provocadas por enxaqueca, para reduzir a pressão sanguínea e o ritmo cardíaco, para controlar a asma e a incontinência urinária (por exemplo, Rivalta et al., 2010; Stokes e Lappin, 2010). Vários pesquisadores também usaram o *neurofeedback* para tratar distúrbios como déficit de atenção, dificuldades de aprendizagem e mau comportamento em escolas (McHugh et al., 2010).

Numa sessão típica de treinamento do *neurofeedback* para o transtorno de déficit de atenção, autismo e síndrome de Asperger, por exemplo, as crianças eram conectadas a gravadores de ondas cerebrais capazes de captar padrões de ondas que indicam atenção (e as que não indicam). As crianças eram, em seguida, recompensadas pela atividade das ondas cerebrais relacionadas com a atenção (especificamente, as da atividade *beta*) ou por suprimirem outra atividade (por exemplo, ondas *teta*) enquanto se dedicavam a atividades que envolviam computador. No decorrer das sessões de treinamento, as atividades exigiam períodos cada vez mais longos de atenção. Muitos pesquisadores registraram níveis relativamente altos de sucesso ao aplicar esses procedimentos (por exemplo, Thompson, Thompson e Reid, 2010; Coben e Myers, 2010).

Contudo, replicações de estudos utilizando *biofeedback* (e *neurofeedback*) nem sempre têm gerado resultados positivos (por exemplo, veja Ramsay, 2010). As melhoras aparentes não foram mantidas por períodos significativos de tempo – talvez porque as sessões de treinamento são quase sempre curtas, e há muitas oportunidades de extinção ou de respostas aprendidas. Também resultados positivos têm sido obtidos com treinamento simples de relaxamento ou nenhum tratamento (por exemplo, Verhagen et al., 2009). Devido ao fato de as terapias de *biofeedback* e de *neurofeedback* serem muito caras (por causa do custo dos instrumentos e do custo do treinamento necessário), há necessidade evidente de mais pesquisas para determinar que abordagens são mais eficientes e para quais propósitos.

E existe sempre a necessidade de evitar a má aplicação da "ciência" – isto é, estar consciente das aplicações baseadas em conceitos equivocados, supersimplificações e exageros quanto a potenciais benefícios. Talvez, seja preciso pensarmos duas vezes e aguardar a realização de mais pesquisas (ou fazê-las nós mesmos!) antes de corrermos para comprar um estoque de chicletes para um ano e também nossos próprios registradores de ondas cerebrais e monitores de funcionamento biológico para uso pessoal.

Resumo

1. A aprendizagem da aversão ao sabor não é bem explicada pela visão pavloviana do condicionamento clássico porque (a) pode ocorrer numa única tentativa, (b) quase sempre envolve um efeito que ocorre muito tempo depois do estímulo condicionado e (c) ocorre mais rapidamente com certos estímulos do que com outros. Estas observações sugerem

que pressões biológicas e evolucionárias podem estar envolvidas.

2. A inibição latente descreve o fenômeno em que a pré-exposição a um estímulo reduz a probabilidade de que o estímulo, posteriormente, se tornará condicionado a um resultado desagradável subsequente. No bloqueio, o estabelecimento de uma simples reação condicionada é impedida pela aprendizagem prévia. Kamin explica o bloqueio referindo-se às expectativas dos animais.
3. Rescorla e Wagner sugerem que o aprendido no condicionamento clássico é uma associação entre uma variedade de estímulos componentes e uma resposta condicionada. Uma vez que a quantidade de força associativa disponível é limitada, quando toda ela foi usada para um componente do complexo de estímulos a continuidade da aprendizagem é bloqueada.
4. Uma maneira de considerar o condicionamento é dizer que ele envolve a aprendizagem do que vai com o quê. O condicionamento de ordem superior refere-se ao processo pelo qual vários estímulos neutros assumem algumas das funções de um estímulo incondicionado como resultado de ter sido emparelhado com ele.
5. A psicologia evolucionista utiliza a biologia e a genética como explicações para a aprendizagem e o comportamento humano. Predisposições fundamentadas na evolução são vistas como explicações para a automodelagem (a aprendizagem de uma resposta altamente provável, mas não reforçada, como pombos bicando chaves) e a *derivação instintiva* (quando os organismos revertem para um comportamento mais *instintivo*).
6. Geary relaciona a psicologia evolucionista à aprendizagem, sugerindo que os lobos frontais altamente desenvolvidos dos seres humanos evoluíram para possibilitar a aquisição de *conhecimento biologicamente primário* (*conhecimento popular* sobre pessoas e fenômenos naturais, linguagem e habilidades de navegação espacial). O *conhecimento biologicamente secundário*, representado pela aprendizagem acadêmica, é menos bem apoiado e, consequentemente, mais difícil. Considerando a falta de registros históricos a respeito da evolução do cérebro, da linguagem, do comportamento social, e assim por diante, a base científica da psicologia evolucionista tem sido questionada, e o termo *psicologia evolucionista pop* é frequentemente utilizado para descrevê-la.
7. A sociobiologia, uma precursora da psicologia evolucionista, acredita haver explicações genéticas e evolucionistas para a maioria dos comportamentos sociais humano e animal (altruísmo, por exemplo). Com seus cerca de 100 bilhões de neurônios, o cérebro está centralmente implicado em tudo o que pensamos e fazemos. Esta é a base de nossa consciência.
8. A informação sobre o cérebro e seu funcionamento deriva dos estudos de lesões e doenças cerebrais, de procedimentos cirúrgicos e exames físicos do cérebro, estimulação elétrica e química, e técnicas de imageamento, como os EEGs, e vários procedimentos de esquadrinhamento, como as fMRIs e as PET.
9. Entre outros elementos, os estudos sobre o funcionamento cerebral identificaram centros de "prazer" e "punição" em partes do hipotálamo e mostraram de que forma certos neurotransmissores, como a dopamina, podem explicar os efeitos recompensadores e viciantes da estimulação elétrica do cérebro e de certas drogas como a cocaína.
10. As estruturas cerebrais mais recentes, no sentido evolucionário, aquelas que compõem o prosencéfalo e especialmente o cerebrum, são muito mais desenvolvidas em seres humanos e estão profundamente relacionadas ao funcionamento mental superior. As estruturas do rombencéfalo, que respondem pelo funcionamento fisiológico e pelos movimentos, são mais antigas e, em geral, mais desenvolvidas em animais não humanos.
11. O córtex cerebral, camada fina e convoluta que recobre o cerebrum, divide-se em quatro lobos em cada um dos hemisférios. Cada lobo está associado a uma ou mais funções, embora haja considerável sobreposição e integração funcional entre eles (lobos frontais: processos mentais superiores; lobos parietais: sensação, movimento, reconhecimento e orientação; lobos occipitais: visão; e lobos temporais: audição, fala e linguagem).
12. Algumas evidências sugerem que as duas metades do córtex cerebral são assimétricas em seu envolvimento com várias funções. O hemisfério esquerdo, especificamente, ao que parece, é mais lógico, matemático e verbal; o

hemisfério direito é mais emocional, artístico, espacial e musical. Estas crenças são uma supersimplificação. Na verdade, as funções cerebrais sobrepõem-se consideravelmente.

13. Existem diferenças consistentes entre cérebros *médios* de homens e mulheres. O desenvolvimento cerebral parece ser bastante dependente da experiência, em especial da experiência precoce. As abordagens da aprendizagem fundamentadas no cérebro buscam entender como o cérebro responde à estimulação e como processa a informação, mas frequentemente são fundamentadas em equívocos e supersimplificações. Poucas recomendações com base no cérebro são novas.

14. *Biofeedback* é a informação que o organismo recebe a respeito de seu funcionamento biológico. *Neurofeedback* refere-se especificamente à informação sobre o funcionamento neuronal – em especial o cérebro. As pesquisas do *biofeedback* procuram aumentar o controle das pessoas sobre seu funcionamento fisiológico, oferecendo-lhes informação sobre ele. Algumas vezes, as técnicas do *biofeedback* e *neurofeedback* são usadas em terapia, em especial naquelas direcionadas para aliviar o estresse e as dores de cabeça, como um tratamento para problemas de aprendizagem, como uma terapia para autismo e distúrbios relacionados, e assim por diante).

CAPÍTULO SEIS

A Transição para o Cognitivismo Moderno: Hebb, Tolman e os Gestaltistas

Do ponto de vista lógico, nunca se deveria acreditar numa teoria científica. É melhor considerá-la uma sofisticada declaração de ignorância, uma maneira de formular ideias possíveis, de forma que elas possam ser testadas, e não uma afirmação próxima da verdade final.
Donald Hebb

Ao nos aproximarmos da cabana, vimos o gato ensopado e trêmulo, arranhando a porta fechada. Mesmo sob a chuva, eu conseguia sentir o cheiro da carne que o professor havia colocado para assar no forno à lenha, repentinamente me senti faminto. Ele encheu o prato do gato com um generoso pedaço de carne, mas não me deixou comer. "Não ainda", disse, "quero entrar no Capítulo 6 antes do jantar", e desenrolou as folhas do manuscrito sobre a mesa na qual eu preferia estar comendo. Em vez de começar a leitura, colocou as folhas de lado. Disse que antes de iniciar o próximo capítulo queria dizer algo sobre ideias e teorias. Explicou que novas ideias raramente aparecem de forma repentina. Se olhássemos com cuidado para a história das ideias humanas, veríamos que muito antes do aparecimento de uma ideia considerada inovadora, houve sinais de que ela estava a caminho. Algumas vezes descobrimos que a ideia havia sido formulada há décadas ou mesmo há séculos. Essas ideias, bem como seus formuladores, costumam ser ridicularizadas e condenadas à morte prematura – ideias à frente do tempo, dizem os filósofos. Eles estão errados, explicou o professor, porque as ideias nunca estão à frente do seu tempo; são as pessoas que estão atrasadas em relação ao próprio tempo e, portanto, não conseguem reconhecer a importância das ideias.

Depois disso, o professor silenciou, como se estivesse pensando em coisas importantes. "Você tem fome?", perguntei-lhe, esperançoso, mas ele não pareceu ter me ouvido. Então, sem avisar, fez sinal para que eu ligasse o gravador e começou de novo a ler suas anotações.

Este Capítulo

O Capítulo 6 aborda ideias que, de várias maneiras, foram consideradas "à frente do seu tempo" – indícios de ideias que ainda estavam por vir. Além disso, muitas delas eram reflexo de ideias já conhecidas e assimiladas, disse o professor. Esse é o caso do behaviorismo de Donald Hebb que reflete aspectos da teoria do condicionamento e sinaliza noções que seriam depois abraçadas pela teoria do conexionismo e das redes neurais que fundamentaram, nas décadas seguintes, os modelos computadorizados dos processos de pensamento humano (veja o Capítulo 8). A teoria de Hebb também prenuncia as tentativas atuais de compreender a aprendizagem e o comportamento olhando para o que acontece no cérebro. Da mesma forma, as ideias de Edward Chace Tolman e dos gestaltistas expressam preocupação crescente com tópicos cognitivos contemporâneos como percepção, resolução de problemas e tomada de decisão.

Objetivos

O professor disse que depois de ler oito vezes este capítulo você conseguirá (e desejará) – ele garantiu – elocubrar discursos surpreendentemente longos sobre o seguinte:

- *As assembleias de células e as sequências de fase hebbianas.*
- *A teoria da excitação.*
- *O behaviorismo intencional de Tolman.*
- *As leis básicas da psicologia da Gestalt.*

Disse que você também ficará sabendo algumas coisas, mas não tudo, sobre os tigres-dentes-de-sabre. E voltou a ler suas anotações.

A Teoria de Hebb

A importância dos tigres-dentes-de-sabre, *leu ele*, tem a ver com a especulação sobre a reação que terá um homem que se vê, pela primeira vez, diante de um animal desses. Possivelmente, sairia correndo imediatamente como se estivesse sendo perseguido pelo diabo. No entanto, quando o mesmo homem chega a um regato com a intenção de atravessá-lo e descobre que a pedra que havia colocado no local para ajudá-lo nessa tarefa desapareceu, ele será obrigado a parar. Talvez se sente na margem e apoie o queixo nas mãos. Depois poderá decidir que o melhor seria colocar outra pedra no lugar da anterior.

Além da óbvia diferença entre as duas situações – a da pessoa que corre de um tigre-dente-de-sabre e a da outra, sentada na margem de um riacho –, elas servem de exemplo para dois tipos de comportamento. O primeiro pode ser interpretado segundo nosso agora familiar modelo S-R: o tigre é o estímulo; correr é a resposta imediata.

O segundo nos aponta uma situação diferente. Embora, num certo sentido, a pedra perdida seja também um estímulo, e o ato de procurar outra para substituí-la, uma resposta, o problema com esta interpretação da resposta ao estímulo é que pode haver um atraso de minutos, ou mesmo de horas, entre a apresentação do estímulo e a resposta. Este atraso cria dificuldades para o modelo S-R e leva a uma questão fundamentalmente importante: o que ocorre durante o lapso de tempo entre o estímulo e a resposta?[1]

[1] O professor interrompeu a leitura. "Poderíamos ter usado a carne assada como exemplo", disse ele. Explicou que, mesmo eu estando faminto, o estímulo fome não me levou a comer. Lembrou que fui capaz de atrasar minha resposta por várias razões, incluindo o fato de que eu consigo imaginar as consequências tanto do esperar como do não esperar. Disse que a capacidade de atrasar nossa resposta a um estímulo e a capacidade de imaginar as consequências de fazê-lo são de fundamental importância para entender o comportamento humano. O gato tinha terminado de lamber o prato vazio; sentou-se olhando para mim. Meu estômago roncou, e eu pensei que atrasei minha resposta ao estímulo de comer porque não me ofereceram comida.

Processos Mentais Superiores

É provável, diz Hebb, que algo relacionado ao estímulo e à resposta ocorra nesse meio tempo, porque o comportamento contingente (resposta) reflete a situação (estímulo). A designação que rotula o que acontece entre o estímulo e a resposta é **processos mentais superiores**. Em termos leigos, os processos mentais superiores são os processos de pensamento. Todavia, um rótulo não é uma explicação, nem mesmo uma descrição.

Hebb descreve os processos mentais superiores como "processos que independem do *input* sensorial imediato e colaboram com esse *input* para determinar quais das várias respostas possíveis serão dadas, e quando" (1958, p. 101). Em outras palavras, os processos mentais superiores são atividades que medeiam; são processos mediadores; ligam estímulos e respostas, algumas vezes, no decorrer de longos períodos de tempo.

Do ponto de vista do autor, esses processos são vivenciados como "pensamento". Embora Hebb quisesse explicar processos mentais superiores, ele é claramente um behaviorista. "A evidência da qual a psicologia pode estar segura consiste naquilo que o homem ou o animal faz", ressalta. "A evidência não inclui sensações, pensamentos ou sentimentos" (1996, p. 4). Contudo, apressa-se a destacar, a psicologia "está profundamente preocupada com tais processos; eles são conhecidos pela inferência, não diretamente" (1996, p. 4). Ele acrescenta: "Tudo o que você conhece sobre os pensamentos ou sentimentos de outra pessoa é inferido do comportamento. O conhecimento do comportamento é factual. O conhecimento dos processos mentais é teórico ou inferencial" (1996, p. 4).

Aqui há um afastamento profundamente importante do behaviorismo inicial. Com a insistência no fato de que a ciência comportamental se baseia apenas na observação de eventos objetivos como estímulos e respostas, o behaviorismo inicial parecia negar a existência de processos mentais. Entretanto, o behaviorismo nunca negou a ocorrência desses processos, nos informa Hebb. O que John B. Watson e outros rejeitaram foi o valor científico de conceitos como consciência, imaginação e pensamento (bem como o valor científico de uma abordagem como a introspecção).[2] Hebb sugere que as inferências sobre tais processos poderiam ser úteis se baseadas em observações concretas e se os psicólogos não esquecessem a distinção entre fato (observação) e inferência (teoria). "A teoria está sempre aberta a discussão", afirma Hebb, "mas a discussão útil só é possível quando há algum consenso concernente aos fatos" (1966, p. 4).

Recorde que Clark L. Hull também defendeu que o comportamento humano poderia ser compreendido por meio de variáveis hipotéticas (ou seja, inferidas) que medeiam entre o estímulo e a resposta. A grande diferença entre os constructos mediacionais de Hebb e Hull é que as inferências de Hull não estão relacionadas à estrutura ou ao funcionamento do sistema nervoso: são totalmente hipotéticas; ao contrário das variáveis de Hebb, que são fisiológicas: baseiam-se em fatos neurológicos e na especulação.

A Fisiologia da Aprendizagem

Hebb destaca que a psicologia lida com o comportamento de organismos biológicos; portanto, tem de considerar que os seres humanos são produto da evolução e do funcionamen-

---

[2] Ao ler esse trecho, o professor balançou a cabeça como se estivesse triste. "Sabe", comentou ele, "considero surpreendente o modo como os psicólogos tratam a questão da consciência." Disse que, embora reconhecendo a imprescindibilidade da consciência na experiência de ser humano, ela teve papel incerto e controverso no desenvolvimento da psicologia humana. "No início", explicou, "a consciência era o cerne dessa ciência; mais tarde, foi ignorada e até negada. Os psicólogos ainda não sabem o que fazer com ela."

Donald Olding Hebb (1904-1985)

Hebb nasceu na pequena cidade canadense de Chester, Nova Escócia, em 22 de julho de 1904. Passou a infância nessa região até entrar na Dalhousie University, também na Nova Escócia. Interessante notar que, como Skinner, a ambição inicial de Hebb era se tornar escritor (Hebb, 1980).

Hebb não foi um estudante excepcionalmente brilhante durante a faculdade; suas notas foram suficientes apenas para que conseguisse o título de bacharel, em 1925. De Dalhousie foi para a McGill University, admitido como estudante pós-graduado em tempo parcial, em parte porque a chefe do departamento era amiga de sua mãe. Mais tarde foi para a University of Chicago trabalhar com Karl Lashley cuja pesquisa sobre o armazenamento da memória no cérebro influenciou profundamente a teoria de Hebb (Dewsbury, 2002). Hebb obteve o grau de mestre em Chicago, em seguida foi para a Harvard University onde, aos 32 anos, obteve o título de doutor.

Depois disso, trabalhou em Harvard, no Montreal Neurological Institute e na Queen's University em Kingston, Ontário. Desempenhou também outras funções: foi editor do *Bulletin of the Canadian Psychological Association*, pesquisador no Yerkes Primate Laboratory, presidente da Canadian Psychological Association e da American Psychological Association (desta foi o primeiro presidente estrangeiro) e professor de psicologia na McGill University, em Montreal.

As muitas honrarias com as quais Hebb foi agraciado incluem a medalha Warren (oferecida pela Society of Experimental Psychologists), que também foi recebida por Hull; um importante prêmio por destacada contribuição científica, também recebido por Jean Piaget; e vários cargos honorários. As publicações de Hebb incluem muitos artigos importantes e dois livros principais: *The Organization of Behavior*, publicado em 1949, e *A Textbook of Psychology*, cuja terceira edição foi publicada em 1972.

---

to de glândulas, músculos e órgãos. Essa visão é compartilhada pela psicologia evolucionista, como mostrado no Capítulo 5. Mais importante ainda, ressalta Hebb, a psicologia deve levar em conta o funcionamento do sistema nervoso – especialmente o cérebro.

Embora outros behavioristas, como B. F. Skinner, aceitassem a existência e a importância do sistema fisiológico humano, em especial do sistema nervoso central, eles deliberadamente evitaram especular sobre a atuação dele. Tais especulações, disse Skinner (1938), são ficção; lidam com um sistema nervoso *conceitual*, e não com um sistema nervoso *central*.

Hebb, ao contrário, optou por especular a respeito daquilo que denominou "sistema nervoso conceitual". Ele propôs que os processos mentais que intervêm entre o estímulo e a resposta podem ser compreendidos e descritos como eventos neurológicos. Essa crença é a pedra angular de sua teoria, que ele descreveu como *pseudobehaviorista*, porque está preocupada principalmente em explicar os processos de pensamento e percepção – tópicos que nem sempre foram levados em consideração pelos behavioristas (Hebb, 1960).

Para entender o sistema de Hebb é importante saber como funciona o sistema nervoso humano.

Sistema Nervoso Central

O **sistema nervoso** humano é formado de bilhões de células chamadas neurônios. Como vimos no Capítulo 5, a maioria delas está localizada no cérebro (talvez mais de 100 bilhões) e na medula espinal, que, juntos, compõem o **sistema nervoso central (SNC)**.[3] O restante delas está espalhado por todo o corpo, em ramificações e terminações neurais complexas.

O **neurônio** é uma célula especializada cuja função é transmitir impulsos na forma de alterações elétricas e químicas. Os neurônios formam o elo entre receptores (por exemplo, os órgãos dos sentidos) e efetores (sistemas musculares, glândulas) e, dessa forma, asseguram que as respostas dadas por um organismo estarão relacionadas com a estímulação que ele recebe. Feixes de neurônios formam os **nervos** que compõem o sistema nervoso.

Como todas as células, os neurônios têm um corpo celular, denominado **soma**, do qual várias ramificações se estendem. Uma delas é o **axônio**; as outras são os **dendritos** (veja a Figura 6.1). O axônio é condutor dos impulsos neurais. Na maioria dos casos, a transmissão ocorre numa única direção: do corpo celular para fora, passando ao longo do axônio. Os axônios podem ser microscopicamente pequenos, mas alguns se estendem por todo o trajeto do tronco espinal, um percurso de cerca de um metro num adulto. Nas pontas, ramificam-se e terminam em pequenos bulbos, os **botões terminais** (ou **nós sinápticos**). Estes não se conectam diretamente com outros neurônios, apenas terminam perto deles. O espaço entre o botão terminal e o neurônio mais próximo é a **fenda sináptica**.

Os dendritos são como ramificações capilares do corpo celular de um neurônio. Embora os neurônios tenham apenas um axônio, podem ter vários dendritos. A função dos dendritos é receber os impulsos e transmiti-los ao corpo da célula.

Transmissão Neural

A transmissão dos impulsos dentro dos neurônios e entre eles envolve atividade elétrica e química. Pense em cada neurônio como uma pequena bateria capaz de gerar um impulso elétrico. A eletricidade é o fluxo de partículas carregadas negativamente (chamada *elétrons*) na direção de um polo carregado positivamente. Os impulsos elétricos no neurônio funcionam do mesmo modo. Uma série de alterações químicas ocasionadas pela estimulação alteram o potencial elétrico da célula, causando um fluxo de partículas carregadas (*íons*). Esse fluxo é um impulso elétrico, chamado **potencial de ação**, em contraposição ao *potencial de repouso* inicial da célula. Em aproximadamente 2 milésimos de segundos da estimulação inicial o neurônio readquire seu potencial de repouso. Contudo, por um breve período, chamado de **período refratário**, é totalmente descarregado e, portanto, perde a capacidade de gerar um novo impulso elétrico.

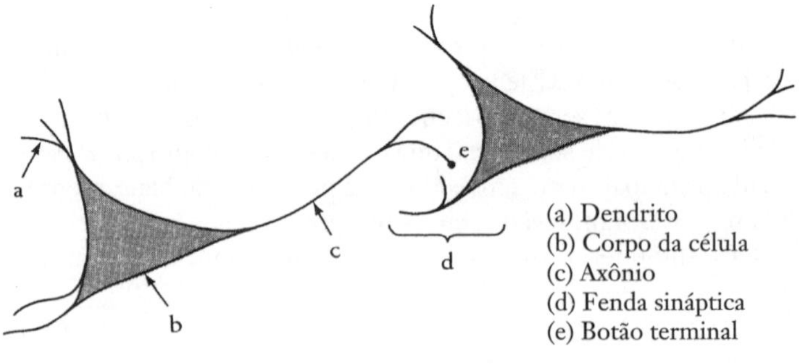

***Figura* 6.1** Representação idealizada de dois neurônios.

[3] As estimativas sobre o número de neurônios variam consideravelmente – de 1 bilhão até 100 bilhões. As mais recentes tendem a ser muito altas: 100 bilhões ou mais.

Os **neurotransmissores** são substâncias químicas envolvidas na alteração do potencial elétrico das células que, por essa razão, levam à transmissão neuronal. Há aproximadamente 100 neurotransmissores diferentes já identificados (Sprenger, 2002). Os mais conhecidos são a dopamina, a norepinefrina, a acetilcolina e a serotonina.

Dopamina

A **dopamina**, como vimos no Capítulo 5, está centralmente envolvida no funcionamento dos neurônios associados a prazer e reforçamento. Portanto, é um importante neurotransmissor para a motivação. Mas também tem muitas outras funções, algumas das quais têm a ver com movimento, cognição, sono, memória e aprendizagem.

É interessante observar que quase todos os abusos de drogas são efetivos precisamente porque aumentam a liberação da dopamina em determinadas áreas do cérebro. Na verdade, diversos estudos indicam que os indivíduos que mais provavelmente se tornam dependentes de drogas são aqueles que têm baixos níveis de dopamina disponível para a transmissão neural (por exemplo, Asensio et al., 2010; Self e Staley, 2010). Não é surpresa que, pelo menos em alguns casos, parece haver diferenças genéticas relacionadas a neurotransmissores entre adictos e não adictos (Levran et al., 2009). Pesquisas sobre genética e fatores neuroquímicos na dependência de drogas afirmam a possibilidade de novos tratamentos baseados em drogas para vícios em drogas tais como cocaína, anfetaminas e álcool (Haile, Kosten e Kosten, 2009).

Norepinefrina

A **norepinefrina**, algumas vezes chamada de noradrenalina, é um neurotransmissor ligado à excitação (ver Capítulo 10), à memória e à aprendizagem. Em tempos de crise, partes do cérebro, incluindo o hipotálamo e a amídala, são, de repente, banhadas com norepinefrina. Esse sinal de alarme informa ao cérebro que ele deve preparar o corpo para responder à crise, talvez com a fuga, talvez com o enfrentamento.

Como um medicamento, a norepinefrina aumenta a pressão sanguínea, o que tipicamente causa uma redução na frequência cardíaca. Como neurotransmissor, funciona como resultado de ser liberada por células nervosas na junção sináptica. Pesquisas indicam que isso pode estar implicado em muitas instâncias do **Distúrbio de Hiperatividade por Déficit de Atenção (DHDA)** (Bhaduri et al., 2010). Um dos efeitos de medicamentos (como a Ritalina) comumente utilizados para tratar o DHDA é aumentar os níveis de norepinefrina e dopamina (Cohen-Yavin et al., 2009).

Existem também evidências de que algumas manifestações de depressão estão vinculadas ao sistema norepinefrina. Muitos medicamentos antidepressivos comuns (por exemplo, aqueles rotulados como antidepressivos tricíclicos) servem para elevar os níveis de norepinefrina (Craig e Stitzel, 2006).

Acetilcolina

A **acetilcolina** é um neurotransmissor encontrado no sistema nervoso central (o cérebro e a medula espinhal) e no *sistema nervoso periférico* (receptores – como os sentidos – e sistemas efetores – como músculos e glândulas). Como tal, está intensamente envolvido na atividade consciente, como o movimento muscular. Também está envolvido no funcionamento, em grande parte inconsciente, do sistema nervoso *autônomo* (a parte do sistema nervoso periférico relativa a funções psicológicas, como frequência cardíaca e respiratória, digestão, salivação, transpiração, e assim por diante).

Como neurotransmissor no sistema nervoso central, a acetilcolina está envolvida no estímulo e no reforço, assim como na aprendizagem e na memória (Arnulf e Leu-Semenescu, 2009). Considera-se que seu papel na aprendizagem e na memória está parcialmente relacionado a aumentos na *plasticidade* resultantes de sua presença durante a neurotransmissão. Ela também pode servir para aumentar a reatividade dos neurônios ou para inibir sua capacidade de resposta.

Medicamentos que estimulam o sistema acetilcolina ou que bloqueiam seu funcionamento têm diversos usos médicos, incluindo o tratamento do mal de Alzheimer (Zhang et al., 2010).

Serotonina

A maior parte da **serotonina** do corpo humano é encontrada no intestino onde, aparentemente, seu principal papel é o de regular as funções intestinais. No sistema nervoso central, a serotonina está envolvida na transmissão neural em grande parte do cérebro, especialmente em áreas relacionadas à emoção. Suas outras funções também incluem a regulação do sono, o apetite, além de atividades cognitivas referentes à aprendizagem e à memória (Pothakos et al., 2010). Além disso, uma superabundância de serotonina pode estar associada a dor (Sommer, 2004).

A serotonina está presente não somente nos seres humanos e na maioria dos outros animais, mas também em algumas plantas e sementes, muitas das quais são tóxicas ou, pelo menos, causam dor. Na verdade, a dor é um dos efeitos colaterais da presença de grandes quantidades de serotonina no sangue. Um fato interessante é que o veneno de vespa contém serotonina, que serve para aumentar a dor provocada pelas picadas de vespas (Fevzi et al., 2006).

Níveis demasiadamente baixos de serotonina têm sido associados a depressão, agressão e, até mesmo, a violência (Golimbet et al., 2009). Desse modo, muitos medicamentos antidepressivos e antiansiolíticos são substâncias que afetam os níveis de serotonina (Arnone et al., 2009).

Pressuposições de Hebb

Quando Hebb propôs suas ideias pioneiras sobre as bases da aprendizagem e do comportamento, relativamente pouco era conhecido a respeito do funcionamento do sistema nervoso humano – e quase nada se sabia sobre neurotransmissores e seu papel fundamental no funcionamento e no bem-estar dos seres humanos. Do de seu ponto de vista como teórico da aprendizagem, o importante era o efeito da estimulação em ativar células neurais, que podem então ativar umas às outras em sequência, à medida que impulsos cruzam as lacunas entre neurônios. (O elo ou ponte entre neurônios é chamado **sinapse**.) Isto, finalmente, resulta na transmissão de impulsos que subjazem aos pensamentos e emoções, e que fazem que as glândulas produzam secreção ou que os músculos se contraiam. A questão básica é a seguinte: quais mudanças ocorrem em neurônios ou na transmissão neural quando o organismo aprende?

Embora Hebb não soubesse a resposta para essa pergunta, fez várias suposições importantes que sugeriam uma resposta altamente compatível com o que agora sabemos estar correto. A mais básica dessas suposições, atualmente conhecida como **regra de Hebb**, é: a transmissão repetida de impulsos entre duas células (ou seja, entre dois neurônios) leva à facilitação permanente da transmissão entre elas. Facilitação permanente significa, na realidade, aprendizagem. O que Hebb dizia é que, se um evento neurológico – especificamente o disparo de uma sequência de neurônios – ocorre várias vezes, torna progressivamente mais fácil para os primeiros neurônios da sequência ativarem os neurônios subsequentes.

Uma segunda pressuposição central da teoria de Hebb é que as células neurais podem ser reativadas repetidamente devido à sua própria atividade. A estimulação da célula A pode levar a célula B a disparar. Esta, por sua vez, pode disparar a célula C, e a célula C pode, então, reativar a primeira célula da sequência, a célula A, que pode ativar novamente a B, e então a C, e de novo a A, e de novo... de novo... e de novo (veja a Figura 6.2). O padrão circular resultante do disparo é denominado **assembleia de células**.

Uma terceira pressuposição importante é que, se várias assembleias de células relacionadas estão simultaneamente ativadas, elas também se ligarão entre si, no que Hebb chamou **sequência de fase** (veja a Figura 6.3). Essas estruturas hipotéticas (hipotéticas porque imaginadas) – a assembleia de células e a sequência de fase – desempenham papéis importantes na proposta de Hebb para uma teoria da aprendizagem. Cada assembleia de células corresponde àquilo a que Hebb se refere como "um *input* sensorial relativamente simples" – por exemplo, uma cor ou uma sensação. Assim, o reconhecimento mesmo de objetos muito simples envolve a ativação de um grande número dessas assembleias de células ou sequências de fase.

Em resumo, as três suposições básicas que sustentam a teoria da aprendizagem são:

1. A Regra de Hebb: o repetido disparo de dois neurônios fortalece o elo entre eles.
2. Neurônios separados podem ser acionados em um padrão circular, de modo que o neurônio original é finalmente reativado por outro neurônio no padrão (uma assembleia de células).

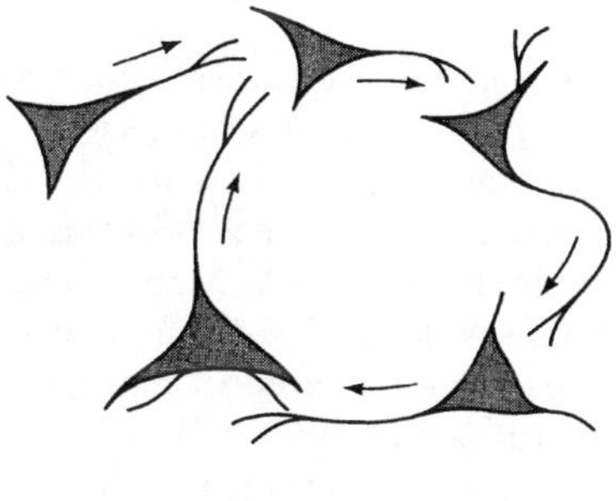

***Figura* 6.2**
Assembleia de células. A assembleia de células consiste em atividade em um grande número de neurônios relacionados entre si. Eles correspondem a *input* relativamente simples.

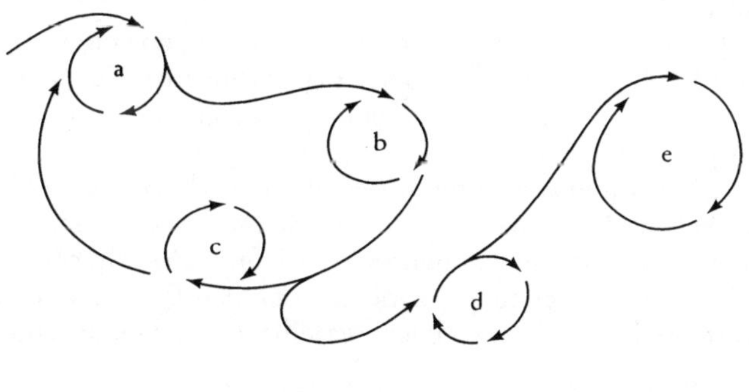

***Figura* 6.3** Representação esquemática de uma sequência de fase: a, b, c, d e e podem ser consideradas assembleias de células. Uma sequência de fase é equivalente a um conceito e pode consistir em atividade em um grande número de neurônios relacionados (ver Figura 6.2).

3. Assembleias de células simultaneamente ativas se tornam associadas, de modo que possam ativar-se entre si mutuamente (uma sequência de fases).

Uma Ilustração da Teoria da Percepção de Hebb

Outro meio de descrever uma assembleia de células é dizer que esta é uma rede de neurônios que é ativada repetidamente durante um processo mental. Digamos que o processo mental é o de olhar para seu carro novo. Um carro é um estímulo muito complexo, mas Hebb pode simplificar a ilustração sugerindo que o formato do carro, percebido pelo sentido da visão e talvez pelo toque, dá origem à atividade em um grupo de neurônios relacionados – uma assembleia de células correspondente ao formato. Praticamente ao mesmo tempo, outra *assembleia de células* (ou muitas dessas assembleias) correspondente à cor será ativada. E talvez muitas outras assembleias, algumas delas tendo a ver com o cheiro de couro do banco do carro novo, ativadas pelos receptores olfativos, também serão acionadas. Agora, explica o teórico fundamentado em Hebb, existe uma tendência de todas essas muitas assembleias de células relacionadas se tornarem associadas – para, de certo modo, facilitar a atividade umas das outras. Estas assembleias de células interconectadas formam uma *sequência de fases* correspondente a este carro e, em um nível mais abstrato, talvez para toda a classe de coisas que podem ser chamadas de *carros*. E possivelmente quando, muitas décadas depois, você sentir este cheiro de couro em particular ao sentar na espreguiçadeira estofada de seu iate de luxo, em Homer, Alasca, de repente, você se lembrará do carro que uma vez teve há tanto tempo. Por quê? Porque este exato cheiro de couro ativa uma assembleia de células que, por sua vez, ativa um feixe de outras dessas assembleias de células relacionadas por causa de sua ativação simultânea daqueles tempos remotos.

Alterações Neurológicas na Aprendizagem

É importante lembrar que as assembleias de células e as sequências de fase são construções mentais hipotéticas – invenções de Hebb para organizar o que então era conhecido e levar a novos *insights*. Evidências recentes do funcionamento neurológico sugerem que as células cerebrais tendem a disparar em grupos (assembleias) e a reativar umas às outras, como Hebb havia observado que elas fariam (veja, por exemplo, Bolduc, 2009; Mann e Paulson, 2009). Na verdade, as ideias de Hebb sobre as assembleias de células desempenham um papel cada vez mais importante na teoria e na pesquisa psicológicas recentes, não apenas no tocante às redes neurais baseadas no computador (discutidas no Capítulo 8), mas também à variedade de estudos que se debruçam sobre tópicos como aprendizagem da linguagem, amnésia e memória (por exemplo, Rose, 2008; Bieliauskas, 2008).

Aplísia: Habituação e Sensibilização

Sabemos que a transmissão dos impulsos neurais é subjacente às sensações, ao comportamento e aos processos mentais superiores (ou seja, envolvidos no pensamento). No entanto, o que exatamente acontece quando um organismo aprende alguma coisa? Em outras palavras, quais alterações neurológicas ocorrem por causa da aprendizagem?

Estudar as alterações dos neurônios humanos é muito difícil e complexo – especialmente se levarmos em conta que há mais de 100 bilhões deles no sistema nervoso humano. Contudo, vários invertebrados têm apenas uns poucos neurônios. Alguns deles têm neurônios muito grandes, o que permite estudar o seu funcionamento com mais facilidade. Um dos mais importantes desses invertebrados é a aplísia, caracol semelhante a uma lesma, que pode chegar a ter o tamanho do pé de uma criança. A aplísia tem sido muito estudada (por exemplo, Kandel, Schwartzz e Jessell, 2000) e é um organismo especialmente valioso para a pesquisa neurológica: seu sistema nervoso é simples e bem mapeado, e os detalhes químicos e elétricos da transmissão neuronal na aplísia são muito parecidos com a transmissão neuronal dos vertebrados. Além disso, esse caracol responde previsivelmente aos estímulos, retraindo as brânquias quando o sifão (bico) é tocado. Contudo, ela se habitua rápido a toques leves repetidos e, após um tempo, deixa de reagir. A **habituação** é evidência clara de que algo foi aprendido.

A habituação é um fenômeno comum a muitos organismos. Rapidamente se deixa de prestar atenção a uma estimulação suave e repetida – a sensação da roupa sobre o corpo, por exemplo, o som monótono do aparelho de ar-condicionado ou a incessante algaravia dos papagaios. Da mesma forma, um cachorro urbano se habitua aos sons do trânsito e lhes dá pouca atenção. O cachorro da zona rural, ao contrário, presta muita atenção aos sons do trânsito, que ele raramente ouve.

Há casos em que a estimulação repetida não resulta em habituação, mas no oposto, a **sensibilização**, quando a estimulação é muito intensa. Assim, se você aplicar à aplísia um ou dois choques elétricos em qualquer lugar de seu corpo – em vez de tocar suavemente seu sifão –, então, um toque delicado subsequente pode causar uma retração enérgica e instantânea.

O exame dos neurônios da aplísia antes e depois da habituação e da sensibilização não indica que novas sinapses são formadas (ou perdidas), mas que os axônios dos neurônios sensoriais tornaram-se mais ou menos receptivos à estimulação (Kandel, 1985). Especificamente, com a habituação crescente, a quantidade de transmissores químicos liberados pelo neurônio estimulado declina mensuravelmente. Mas, no evento da sensibilização, um segundo neurônio, chamado interneurônio, torna-se ativo. O efeito líquido é que a estimulação subsequente levará a aumentos mensuráveis na quantidade dos transmissores químicos específicos liberados. Assim, pelo menos quanto à aplísia, uma alteração química na célula, por si só, explica alterações no comportamento (ou seja, explica a aprendizagem).

A Neurologia da Reatividade e da Plasticidade

Na teoria de Hebb, como na maioria das outras explicações sobre a aprendizagem, duas propriedades do organismo humano desempenham papel central: reatividade e plasticidade. *Reatividade* é a capacidade do organismo de reagir aos estímulos externos; *plasticidade* é a propriedade do organismo que lhe permite mudar, como resultado de estimulação repetida. Uma demonstração simples pode ser usada para ilustrar essas duas propriedades. O procedimento consiste em colocar um sujeito a 60 cm ou 90 cm de distância diante de um pesquisador, que então, sem avisar, chuta o sujeito no traseiro e grita com ele. O comportamento imediato do sujeito é um exemplo de reatividade; a recusa subsequente de repetir o experimento é um exemplo de plasticidade.[4]

Plasticidade – que é, basicamente, a capacidade de mudar como consequência de uma experiência – é o que explica a aprendizagem. A plasticidade do cérebro se refere ao fato

[4] O professor disse que não gostou desse exemplo. Explicou que iria mantê-lo apenas porque alguém havia pensado sobre ele e que deveríamos decidir se valia para ilustrar a questão. Disse que considerava degradante a ideia de se chutar outra pessoa no traseiro. O gato ficou olhando para o professor enquanto ele falava. A chama do lampião de querosene tremeluziu.

de que atividades como pensar e aprender resultam em mudanças reais na estrutura física do cérebro (em sua anatomia), assim como em sua organização. Por exemplo, sabemos que as conexões neurais que não são utilizadas geralmente desaparecem – um processo denominado *poda*. Assim, nos primeiros 4 meses de **gestação**, mais de 200 bilhões de neurônios são formados. Mas, no quinto mês, metade deles se atrofia e morre, aparentemente, porque não consegue se conectar com outras partes do cérebro. Isto, explica Sousa (2006), evita que o cérebro se torne super-habitado com neurônios inúteis.

Da mesma forma, conexões neurais que são consideradas desnecessárias ou demasiadamente simples tendem a ser eliminadas e, talvez, substituídas por estruturas mais complexas e mais úteis (*poda neuronal*). Como resultado, cérebros adultos têm, em média, menos da metade dos neurônios dos cérebros de recém-nascidos (Abitz et al., 2007).

A plasticidade é evidente na habituação do sifão da aplísia, bem como em sua sensibilização à estimulação. Também se evidencia nas alterações neurológicas que ocorrem após a habituação e a sensibilização. No que se refere a aspectos neurológicos, a sensibilização leva à **potencialização de longa duração (PLD)** – ou seja, um aumento duradouro na capacidade de resposta dos neurônios. A habituação, em contraposição, gera uma **depressão de longa duração (DLD)** – um declínio duradouro na capacidade de resposta dos neurônios relevantes. Pesquisas atuais que envolvem a estimulação elétrica dos neurônios mostram que a facilitação (potencialização) e a inibição (depressão) da atividade neural resultam em alterações duradouras na liberação das substâncias químicas transmissoras (Rosenzweig, Leiman e Breedlove, 1999).

A bioquímica dos eventos neurológicos envolvidos na aprendizagem tem sido mais bem compreendida. Como colocam Abbott e Dayan, "A plasticidade sináptica dependente da atividade é considerada o fenômeno básico subjacente à aprendizagem e à memória" (2001, p. 281). Conforme explica Kolstad (2010), o fato de que o cérebro realmente se modifica como uma função de atividade mental (e, de certa maneira, física) torna a metáfora do funcionamento humano como uma máquina previsível inadequada para descrever a aprendizagem e o comportamento humano.

É interessante e impressiona o fato de a teoria de Hebb ter tentado explicar o comportamento, em termos de eventos neurológicos, numa época em que tudo o que ele podia fazer era especular sobre esses eventos. Entretanto, aquilo que ficou conhecido como *regra de Hebb*, sua primeira e mais importante suposição, é básico na pesquisa neurológica contemporânea. Apresentada de modo simples, essa regra afirma que se o *input* do neurônio A contribui o suficiente para promover o disparo do neurônio B, então a sinapse de A para B mudará e se tornará mais forte. Assim, para Hebb, plasticidade e reatividade eram propriedades reais dos SNC; explicam o comportamento, em vez de serem propriedades dele.

Processos Mentais Superiores

A preocupação básica de Hebb era explicar os processos mentais superiores, ou o pensamento (também denominados *processos mediadores*). O pensamento, ou *mediação*, segundo Hebb, consiste de "atividade em um grupo de neurônios, arranjados como um conjunto de caminhos fechados, que chamaremos assembleia de células, ou de uma série dessas atividades, que denominaremos sequência de fase" (1958, p. 103).

Como as assembleias de células são formadas?

A Regra de Hebb

Uma assembleia de células (ou processo mediador) é estabelecida como resultado do disparo repetido de células. É a consequência da repetição de um tipo particular de evento sensorial. Isso porque a apresentação repetida de um estímulo específico tenderá a reativar as mesmas assembleias a cada vez, levando a mudanças que facilitam a transmissão de impulsos através dos espaços sinápticos que existem entre os neurônios envolvidos. Dessa forma, a repetição tem um efeito facilitador na atividade neural ulterior (a regra de Hebb). A evidência comportamental desse efeito é clara pelo fato de que é consideravelmente mais fácil multiplicar dois números que já tenham sido multiplicados muitas vezes. De forma mais simples: é mais fácil reconhecer um objeto que foi visto com frequência do que um que foi visto apenas uma vez. Essa propriedade da transmissão neural define parcialmente o que significa plasticidade do sistema nervoso. Como vimos, há evidências neurológicas de alterações nos neurônios que explicam os aumentos e os decréscimos na força sináptica (Dayan e Abbott, 2001).

A Coativação de Assembleias de Células

Hebb assume que se duas assembleias de células forem repetidamente ativadas ao mesmo tempo, tenderá a se formar uma associação entre elas. Em outras palavras, se a assembleia de células A é sempre (ou quase sempre) ativada quando B está ativa, as duas tendem a se tornar neurologicamente associadas, ou seja, o disparo da assembleia de células A pode resultar na ativação de B, e vice-versa. O resultado será a formação de sequências de fase, arranjos de neurônios que tendem a disparar em sequência e que podem reativar uns aos outros.

Essa pressuposição explica o condicionamento pela contiguidade. Se a assembleia de células A corresponde a um evento sensorial específico, e B corresponde a outro, então, depois de repetida ativação simultânea, a ativação de uma pode levar à ativação de outra. Por exemplo, se A corresponde à campainha, na clássica demonstração de Pavlov, e B corresponde ao alimento, depois de emparelhamentos suficientes, a ativação apenas de A pode levar a respostas previamente associadas somente a B. De modo similar, se A e B representam os componentes do pensamento (mediação), então, estabelecer uma relação

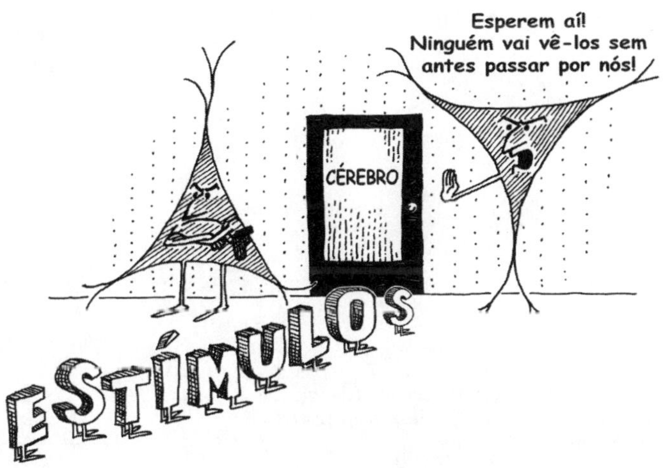

entre A e B significa que a apresentação do evento associado a A pode lembrar uma pessoa do evento associado a B. Intuitivamente, isso faz sentido. Se você sempre vê George com um charuto na boca, é bem provável que qualquer coisa que lembre George lhe traga o charuto à mente. O cheiro da fumaça de madeira queimada evoca pensamentos relacionados a incêndio; os lírios evocam a primavera; peixe lembra água ou restaurantes; a letra *q* numa palavra significa que a próxima será o *u*; e a maternidade significa uma coisa boa.

Essa pressuposição também explica a percepção dos objetos mesmo quando o que está disponível é uma informação sensorial incompleta. Por exemplo, as linhas na Figura 6.4 são quase sempre percebidas como um triângulo, embora, na verdade, não o sejam. (Esse fenômeno, conhecido como **fechamento** na psicologia da **Gestalt**, será discutido mais adiante neste capítulo.) Para simplificar, a assembleia de células associada à triangularidade inclui componentes que representam cada um dos ângulos A, B e C do triângulo, bem como cada um dos seus lados. Uma vez que esses aspectos do triângulo foram apresentados muitas vezes em contiguidade, formaram-se, entre as assembleias de células, associações que os representam. Agora basta apresentar um *input* sensorial limitado (ou seja, apenas os três lados, mas não os ângulos completos de um triângulo) para evocar atividade na sequência inteira das assembleias que correspondem ao "triângulo".

Formação de Associações

Hebb sugere que uma assembleia que está ativa ao mesmo tempo que uma via eferente (uma via neuronal que sai do SNC) tenderá a formar uma associação a ela. Isto permite a Hebb explicar a formação das associações entre os eventos que estão em contiguidade temporal. A atividade em uma via eferente pode resultar em alguma espécie de atividade motora. Dessa forma, as associações explicadas por essa pressuposição abrangem eventos comportamentais e mediação – em outras palavras, eventos comportamentais e pensamentos. De novo, há amplas evidências de que tais associações são parte incontestável da aprendizagem humana. Visões particulares, sons ou cheiros, por exemplo, associam-se a uma atividade motora específica, de modo que, ao engajar-se na atividade, ela vai lembrar a impressão sensorial. O contrário também é verdade; a atividade nas assembleias que ficam ativas com frequência durante uma resposta motora tende a evocar a mesma resposta. Essa é uma explicação simples, com base neurológica, para o condicionamento pavloviano. As assembleias relacionadas ao som de uma campainha estão sempre presentes no momento da salivação e, por fim, tornam-se suficientes para eliciá-la.

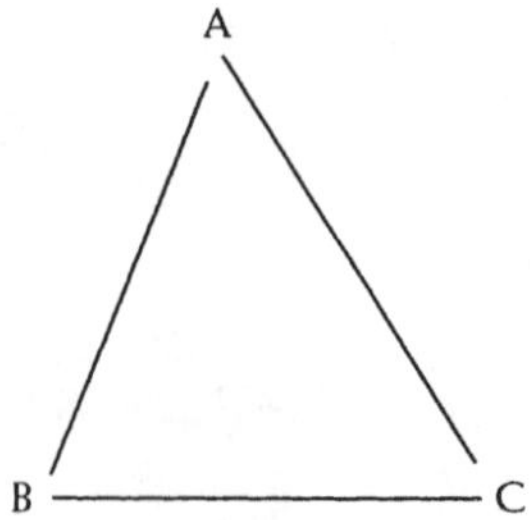

***Figura* 6.4**
Percepção com informação incompleta. Parece um triângulo, e muitas pessoas vão ver essa forma. Na verdade, são apenas três linhas que não se encontram.

Aprendizagem e Pensamento na Teoria de Hebb

Para Hebb, o termo *mediação* equivale à palavra *pensamento*. Mediação consiste na atividade nas assembleias de neurônios, e a natureza da mediação (ou do pensamento) é determinada pelas assembleias específicas nela envolvidas. Hebb acreditava que a área ativada do córtex, mais do que a natureza da atividade neuronal, determina a experiência subjetiva do organismo. Por exemplo, é possível estimular o nervo óptico com eletricidade ou pressão. Nos dois casos, o efeito é o mesmo: o sujeito vê luz (Hebb, 1966, p. 267). Em contraposição, a ativação de receptores específicos sempre afetará a mesma área do córtex (e presumivelmente a mesma assembleia de células). Assim, é possível "sentir" a mesma reação pela mesma estimulação em ocasiões diferentes. Se isso não fosse verdadeiro, a percepção humana como a conhecemos não existiria.[5]

Na teoria de Hebb, a repetição de um mesmo evento sensorial resulta num mesmo padrão de disparo neuronal e, finalmente, na formação de assembleias de células associadas. A transmissão entre as células se torna mais fácil com a repetição. Dizendo de outra maneira, a aprendizagem é a "facilitação permanente" da transmissão entre as unidades neurais. O que Hebb chama de sequência de fase é uma unidade neurológica na qual a transmissão de impulsos tornou-se tão fácil que a ativação de uma parte da sequência é suficiente para ativar a organização inteira.

A explicação de Hebb para a aprendizagem, neurologicamente fundamentada, esclarece a formação das associações estímulo e resposta em conexões que são formadas entre as contrapartes neurológicas correspondentes (assembleias celulares ativas ou sequências de fases). Os pressupostos 2 e 3 referem-se a esse tipo de aprendizagem. Os processos mais complexos envolvidos na aprendizagem (solução de problemas por *insight*, por exemplo), presume-se, envolvem a combinação de sequências de fase (algumas vezes a esmo) em unidades organizacionais mais complexas ainda – sequências de fase *supraordenadas*.

Segundo Hebb, as assembleias de células e as sequências de fase oferecem uma explicação para o condicionamento e, como vimos, também para os processos mentais mais complexos. Além disso sugerem explicações para dois outros fenômenos interessantes: preparação e atenção.

---

[5] O professor interrompeu-se e deu a entender que eu deveria desligar o gravador. "Você acredita", perguntou, "que isso significa que os cientistas, um dia, conseguirão dizer exatamente o que você está pensando ligando-o a uma máquina que detectará com precisão quais neurônios estão ativos no seu cérebro?" Ele se levantou e pôs mais lenha no fogo. Então disse que não, que ele não achava que os cientistas conseguiriam dizer exatamente o que você está pensando apenas sabendo quais as células do seu cérebro que estão ativas. Disse que Goldblum (2001) abordou esse assunto ao dizer que tal fato nunca aconteceria porque os neurônios que estão ativos no seu cérebro quando você está pensando, por exemplo, que 2 + 2 = 4, são diferentes daqueles ativos no cérebro dele quando ele está pensando a mesma coisa. No final, a ciência pode ser capaz de descobrir o que o professor está pensando quando eles detectarem exatamente o mesmo padrão de atividade cerebral no cérebro dele em ocasiões diferentes. Contudo, se detectam exatamente o mesmo padrão de atividade no cérebro de outra pessoa, tudo o que conseguirão é imaginar a que área geral o pensamento está relacionado. Uma vez que o mesmo padrão de atividade neural pode ser usado para codificar pensamentos inteiramente diferentes em pessoas diferentes, eles não saberão o que a outra pessoa está pensando. "Entende o que quero dizer?", perguntou ele. Eu quis responder que não tinha certeza, mas o professor disse que isso não tinha importância, que eu ligasse de novo o gravador, porque ele tinha mais o que fazer.

Preparação e Atenção

Quando o juiz de uma corrida avisa os competidores que dará um tiro de pistola poucos segundos depois de dizer "nos seus lugares", está tentando estabelecer uma situação de **preparação** (disposição para responder de determinada maneira). Se for bem-sucedido, os competidores vão disparar a correr quando ouvirem o som da pistola.

Uma interpretação behaviorista simples dessa situação diria que o som da pistola é o estímulo que elicia a resposta de correr. Considere o que aconteceria se o juiz tivesse dito "Vou disparar esta pistola para testar se ela funciona. Relaxem". Se ele disparar a pistola e ninguém correr, é óbvio que apenas a pistola não é o estímulo que resulta na resposta de correr. Naturalmente, as instruções iniciais também são importantes. Em outras palavras, a *preparação* induzida nos competidores e o estímulo, juntos, influenciam o comportamento.

Considere, ainda, o que aconteceria se uma celebridade passeasse pela pista pouco antes do som do tiro. Será que a transpiração dos competidores se alteraria? Será que a pressão sanguínea e o ritmo cardíaco deles se elevariam? A temperatura subiria? Provavelmente não. No entanto, se esses mesmos competidores já tivessem terminado a corrida e estivessem vagando pela pista enquanto se recuperavam, quando a celebridade passasse por eles as sequências de fase ativadas poderiam ser bem diferentes. Isso ilustra o efeito da **atenção** no comportamento. *Preparação* diz respeito à seletividade entre respostas; *atenção* diz respeito à seletividade entre *inputs*.

De acordo com Hebb, preparação e atenção são funções da pré-ativação de assembleias de células específicas. Quando os corredores recebem a ordem de se aprontar para correr, estão *preparados* para responder correndo quando ouvirem o barulho de um tiro. Quando eles estão *atentos* ao som iminente é bem menos provável que atentem para outro estímulo que os distraia.

Aplicações Educacionais da Teoria de Hebb

Preparação e atenção são especialmente importantes para os professores. A atenção é essencial se a aprendizagem está prestes a ocorrer; a preparação tem a ver com a escolha das respostas apropriadas. Além disso, ambas, atenção e preparação, estão intimamente ligadas à **motivação**, conceito que é o ponto central da teoria da motivação de Hebb (teoria resumida e discutida no Capítulo 10). De acordo com essa teoria, a motivação (definida em termos da ativação de um indivíduo e refletida em mensurações fisiológicas como ritmo cardíaco e respiratório e atividade de ondas cerebrais) é condição essencial da aprendizagem. Os seres humanos se comportam como se precisassem manter um nível ótimo de motivação, explica Hebb (1966). Um nível muito alto resulta em ansiedade – até mesmo em pânico. Um nível muito baixo resulta em tédio, letargia – até mesmo em sonolência.

O nível motivacional é, em grande parte, resultado da quantidade e da variedade de estimulação à qual o organismo está exposto. Como veremos no Capítulo 10, na sala de aula, os professores controlam a maioria dos estímulos mais importantes de *input* para os estudantes. A intensidade, o significado, a novidade e a complexidade do que os professores dizem e fazem afetam o grau de atenção e de motivação dos alunos. O objetivo, sugere Hebb, é manter o nível motivacional dos alunos num patamar ótimo – em que eles estejam atentos e interessados, e não aborrecidos ou ansiosos.

Além dessas importantes implicações para a motivação dos alunos, a teoria de Hebb, como vimos, explica por que a repetição é importante na aprendizagem. De acordo com

essa teoria, a repetição da estimulação gera uma ativação repetida dos mesmos conjuntos de neurônios e a eventual formação de assembleias de células e de sequências de fase. O estabelecimento desses padrões neurológicos define a aprendizagem.

Uma Avaliação da Teoria de Hebb

A teoria de Hebb representa um significativo afastamento das mais tradicionais teorias de S-R consideradas antes. Mais notável ainda, ela se preocupa prioritariamente com eventos neurológicos internos, poucos dos quais estão longe de ser tão objetivos quanto estímulos e respostas que interessaram Watson e Skinner. O objetivo de Hebb era menos explicar a formação de relações entre estímulos e respostas e mais discutir os processos mentais superiores. Nesse aspecto, as ideias dele servem de transição entre teorias behavioristas e cognitivas.

Como percebemos, muito da teoria de Hebb se baseia na especulação sobre a natureza dos eventos neurológicos que medeiam estímulos e respostas. Ele dizia que suas descrições e seus pressupostos não eram, na realidade, uma teoria, mas a proposta de uma. Apesar disso, suas ideias são uma tentativa coerente e sistemática de explicar observações importantes e, como tal, podem ser consideradas uma teoria.

Hebb fez pelo menos três importantes contribuições para o desenvolvimento da teoria da aprendizagem: primeiro, levantou a discussão sobre a importância dos mecanismos fisiológicos para o estudo da aprendizagem e do comportamento (da mesma forma como tinha feito Pavlov décadas antes). Algumas das implicações de suas ideias foram evidenciadas pelos modelos de redes neurais descritos no Capítulo 8.

Segundo, como veremos no Capítulo 10, o trabalho de Hebb sobre a teoria da motivação o coloca em posição de destaque como teórico motivacional. Ele constrói a base para várias pesquisas, sobre a relação entre motivação e desempenho, que se desenvolveram depois.

Terceiro, o seu trabalho sobre privação sensorial, também discutido no Capítulo 10, influenciou a pesquisa da aprendizagem. Entre outros aspectos, chamou a atenção para uma nova classe de sistemas motivacionais completamente novos e relacionados a elementos como curiosidade, novidade e exploração.

De acordo com Brown e Milner (2004), a teoria de Hebb teve significativa influência na pesquisa da neurociência e na aprendizagem baseada no cérebro, bem como no estudo de emoções, memória, percepção e desenvolvimento humanos. As sugestões de Hebb relativas às bases neurológicas da percepção e do pensamento, e a apresentação que fez da Regra de Hebb (noção de que a ativação repetida e simultânea dos neurônios leva a mudanças permanentes associadas à facilitação do disparo subsequente dos mesmos neurônios) são vitais na neurociência comportamental (Bogacz, 2007; Liu, Quek e Ng, 2007).

Do ponto de vista dos critérios que empregamos, a teoria de Hebb pode ser considerada boa refletora de alguns fatos. Assim, é altamente compatível com o que se conhece sobre o funcionamento neurológico – apesar do fato de que os instrumentos usados para detectar e medir a atividade cerebral não estavam suficientemente desenvolvidos na época de Hebb para lhe permitir testar suas especulações. Hoje há evidências crescentes de que o funcionamento neurológico no cérebro está organizado de modo muito similar à descrição das assembleias de células e das sequências de fase (Pulvermuller, 1996). Também está claro, como Hebb observou, que grande parte das alterações neurais está ligada à experiência, e que elas, aparentemente, fundamentam a aprendizagem e a memorização. Conforme mostram as atuais pesquisas em plasticidade cerebral, isso abrange alterações no tamanho e no peso do cérebro, no tamanho dos neurônios, no número de ramificações de dendritos, no número e na complexidade das conexões sinápticas entre os neurônios, e até mesmo no número de células neurais (Brans et al., 2010). Além disso, o conhecimento atual sobre a transmissão neurológica dá apoio aos pressupostos neurológicos de Hebb. Por exemplo, o trabalho de Kandel e de outros sobre a habituação e a sensibilização do caracol aplísia oferece evidências de alterações que ocorrem na estrutura neurológica e no funcionamento químico cerebral, algo que já havia sido descrito por Hebb, bem como evidenciam que a repetida coativação de neurônios relacionados facilita a transmissão neural entre eles.

Em apoio à teoria de Hebb, é interessante observar que, meio século depois, um resumo das descobertas da neurociência reflete alguns dos pressupostos-chave da teoria de Hebb. "A aprendizagem", escrevem Bransford, Brown e Cocking, "altera a estrutura física do cérebro. Essa alteração estrutural modifica a organização funcional desse órgão; em outras palavras, a aprendizagem organiza e reorganiza o cérebro" (2000, p. 115). Isso, em resumo, é o que Hebb disse quase meio século atrás.

Não é demais repetir que conceitos, como o de assembleias de células, têm importante função explanatória. Como todas as teorias, as hipóteses de Hebb não deveriam ser julgadas pelas suas "verdades", mas pelo modo como as previsões baseadas nessas hipóteses estão de acordo com observações reais, na medida em que oferecem explicações claras e úteis das observações. Na verdade, nenhuma teoria psicológica precisa ser consagrada como "verdadeira". De qualquer forma a ciência não a reconheceria. A ciência insiste na objetividade, na replicabilidade, consistência e utilidade – e a utilidade, algumas vezes, é mais bem julgada pela história do que pela ciência.[6]

Do Behaviorismo ao Cognitivismo

Para alguns psicólogos, os *ismos* parecem ser religião. Mesmo ao lidar com aquilo que se pretende ser sistemas científicos de ideias, frequentemente a fé e a emoção interferem tanto nas respostas das pessoas tanto quanto na ciência – ou no bom senso. Foi o que aconteceu com o behaviorismo e com o cognitivismo.

Amsel usa uma metáfora política para descrever as confrontações históricas entre behaviorismo e cognitivismo. "Gostaria de destacar", diz Amsel, "que os psicólogos S-R, que em certa ocasião governaram, agora estão na oposição; os cognitivistas são os novos governantes" (1989, p. 1). Contudo, a mudança de governo dos primeiros behavioristas (que evitavam todos os conceitos mentalistas) para o dos psicólogos cognitivos de agora (que há muito abandonaram estímulos e respostas dos primeiros behavioristas) não aconteceu de uma hora para outra. Foi devagar. Ocorreu em parte como resultado da influência de Hebb, Tolman e de outros como eles.[7]

Uttal (2000), ao discorrer sobre o que descreve como "a guerra entre mentalismo e behaviorismo", apresenta os dois pontos de vista principais no desenvolvimento inicial da psicologia. Por um lado, diz, há a crença de que o objeto de estudo da psicologia é a atividade mental, e que ela pode ser estudada diretamente. Por outro, uma coleção de *behaviorismos* assegura que não é a mente, mas os comportamentos observáveis que deveriam ser alvo da psicologia. A principal diferença entre essas duas visões, diz Uttal, refere-se a uma discordância quanto aos comportamentos externos: se podem ou não ser usados para fazer inferências válidas sobre estados mentais subjacentes.

De sua parte, Hebb era um **neobehaviorista** – um *behaviorista* no que diz respeito a manter-se comprometido com a necessidade de preservar a natureza objetiva, científica, da investigação psicológica, e *neo* no sentido de que tinha necessidade de incluir as inferências em relação a tais processos mais importantes, como pensamento e imaginação. Nesse caminho, foi Tolman – outro neobehaviorista – quem, deliberadamente, deu ao behaviorismo uma inclinação diferente; deu-lhe um propósito.

---

[6] O professor fechou seu caderno de notas. Por um bom tempo nada disse, permaneceu sentado na cadeira de encosto alto olhando para a janela; o olhar dele parecia estar focado não na vidraça, mas na escuridão mais além. O gato sentou-se na mesa apoiado nas patas dianteiras para também olhar a escuridão lá fora, os olhos bem abertos e esquivos, as orelhas movendo-se como as do cavalo, na direção daquilo que lhe despertava a atenção, sentindo coisas na escuridão que eu não conseguia saber o que eram.

E então, como se não tivesse feito nenhuma pausa, ele começou a falar, sem tocar nas suas anotações. Tentei ligar o gravador, mas esqueci que ele ainda continuava ligado.

[7] "Nem sempre, para continuar com a metáfora", disse o professor, "o sistema político da psicologia teve dois partidos. Pelo governo passaram vários outros *ismos* (como o humanismo), outras *ologias* (como a sociobiologia) e *ises* (como a psicanálise) – alguns com muito poder, outros com menos. E, algumas vezes, penso, ocorreram revoluções que tiveram efeitos pouco perceptíveis no sistema de governo vigente – revoltas populares de camponeses com suas armas de guerra e novas teorias." Como se estivesse enfadado, o gato enrolou-se sobre a mesa e fechou o olho bom. Não consegui ver o outro.

Behaviorismo Mecanicista

O behaviorismo associado a teóricos como John B. Watson, Edwin Guthrie, Ivan Pavlov e até mesmo B. F. Skinner e Edward Thorndike é, algumas vezes, denominado **behaviorismo mecanicista**. (Skinner utilizou a expressão *behaviorismo radical* – significando um behaviorismo que não faz inferências sobre estados mentais.) Essas teorias enfatizam e tentam compreender os aspectos previsíveis do comportamento humano – em outras palavras, suas características mecânicas. Tais teorias compartilham várias características: as primeiras, e talvez mais óbvias, apareceram como uma reação às abordagens mais mentalísticas que haviam dominado a psicologia. Em contraposição a essas abordagens mentalísticas, o behaviorismo tenta ser rigorosamente objetivo. Como consequência, seus mais devotados teóricos concentraram-se quase que apenas nos aspectos do comportamento que podiam ser observados e mensurados. A ciência do comportamento tornou-se, então, uma tentativa de descobrir relações fidedignas entre estímulos e respostas. Quando teóricos como Hebb e Hull começaram a contrapor-se a essa orientação incluindo as variáveis mediadoras (mediações) nos seus sistemas, foram cautelosos em ligá-los a eventos observáveis.

Uma segunda característica das teorias behavioristas como as de Watson, Guthrie e Skinner é que elas fazem poucas suposições sobre os objetivos ou propósitos do comportamento, exceto quando eles podem ser diretamente relacionados a necessidades ou impulsos específicos, geralmente definidos por condições mensuráveis de privação. Uma interpretação behaviorista típica de um comportamento não faz nenhuma pergunta sobre intenções ou desejos do ator. Simplesmente volta-se para as relações entre as consequências da resposta e o comportamento, ou busca compreender como a contiguidade de estímulos, as respostas e as consequências da resposta interferem para determinar o comportamento.

Algumas teorias behavioristas, como as de Watson e Guthrie, são rotuladas de **reducionistas** ou *moleculares* porque tentam explicar o comportamento analisando-o no âmbito molecular – ou seja, reduzindo-o aos seus menores elementos ou componentes. Watson e Guthrie, por exemplo, basearam suas teorias na fisiologia do reflexo e acreditavam que a abordagem mais útil para compreender e explicar o comportamento era buscar as respostas mais básicas (moleculares). Para esses teóricos, o comportamento consiste em cadeias de reflexos e reações.

Em contraposição à abordagem reducionista ou molecular, behavioristas como Hull, Hebb e Skinner (bem como Tolman) encaravam os comportamentos do organismo de uma perspectiva mais *molar* (em oposição a *molecular*). Aceitavam que o comportamento podia ser compreendido "na sua totalidade", sem ser reduzido a seus componentes individuais.

Behaviorismo Intencional de Tolman

Mesmo no auge do behaviorismo, nem todos os psicólogos concordaram com a ênfase do behaviorismo mecanicista nas características previsíveis e mecânicas do desempenho humano. Na verdade, houve reações negativas muito fortes ao behaviorismo, fato evidente nos primórdios do **cognitivismo**. O cognitivismo é uma abordagem psicológica que se preocupa mais com tomada de decisões, pensamento, solução de problemas, imaginação e tópicos relacionados do que única, ou primariamente, com o comportamento observável.

Edward Chace Tolman (1886-1969)

Edward Chace Tolman nasceu numa família de quakers, em Newton, Massachusetts, no dia 14 de abril de 1886 (mesmo ano de nascimento de Guthrie). Cursou o Massachusetts Institute of Technology, onde obteve título de bacharel em eletroquímica, em 1911. Já em Harvard, obteve título de mestre em 1912 e, em 1915, foi titulado como doutor, ambos em psicologia. Altamente influenciado pelos textos de John B. Watson, Tolman se tornou behaviorista quando ainda estudava em Harvard. Mas ao mesmo tempo, ele também foi exposto às novas ideias psicológicas dos psicólogos adeptos de Gestalt. Como resultado, ele se tornou um behaviorista, cujas teorias eram muito diferentes das de outros behavioristas.

Iniciou carreira de professor universitário na Northwestern University. Contudo, saiu de lá três anos depois, aparentemente por causa de sua incompetência como professor, mas talvez por força de suas convicções pacifistas em tempos de guerra, convicções essas derivadas de sua formação religiosa. Da Northwestern foi para a University of California, em Berkeley, onde passou a maior parte de sua carreira acadêmica. Durante alguns anos, entretanto, também foi compelido a sair de Berkeley – dessa vez, por ter se recusado a aceitar algumas diretrizes do governo MacCarthy. Como resultado, em 1950, aceitou lecionar na University of Chicago e em Harvard. Tolman foi membro da American Civil Liberties Union e militou em favor das liberdades acadêmicas. Em razão de seu envolvimento nessa causa, conseguiu retornar a Berkeley em 1953, aparentemente, voltando a ser remunerado.

Assim como Watson, Thorndike, Guthrie, Hebb, Hull, Bruner e Brandura, Tolman presidiu a American Psychological Association. Mesmo assim, foi acusado de não ser tão sério e coerente como deveria em relação ao desenvolvimento de suas teorias. Seus escritos estão cheios de anedotas e de um humor extravagante. Escreveu algo um tanto disparatado sobre sua teorização e pesquisa. "O sistema pode não resistir às últimas regras do procedimento científico", diz ele. "Mas não me importo... No fim, o único critério seguro é divertir-se. E eu me diverti" (Tolman, 1959, p. 140). Talvez tenha sido pelo menos parcialmente irônico, quando dedicou um dos seus mais importantes livros ao *Mus norvegicus albinus* – um camundongo norueguês, embora provavelmente quisesse se referir ao rato branco da Noruega (baseado, em parte, em Sahakian, 1981; Woodworth e Sheehan, 1964; Edward C. Tolman, 2010.)

Uma das raízes iniciais do cognitivismo é a psicologia da Gestalt alemã, discutida nas últimas páginas deste capítulo. Outra é a teoria de Tolman, que desafiou a expulsão behaviorista do propósito e da consciência da psicologia. Todo comportamento tem uma intenção, insistiu Tolman (1967); todas as ações, sejam elas de um rato, de uma mulher ou de um homem, são direcionadas para um objetivo pelas **cognições** (fiel às suas raízes behavioristas, ele chamava as cognições de *variáveis intervenientes*). O comportamento nunca é apenas o resultado de conexões S-R sem pensamento. Sempre como behaviorista, Tolman insistia que "Processos mentais devem ser identificados pelos comportamentos que produzem" (1932, p. 2). Em outras palavras, suas variáveis intervenientes, como aquelas descritas por Hull, estão ligadas a comportamentos observáveis. Mas como observamos, ele insistiu em que o behaviorismo observável – mesmo o de animais, como os ratos – tem um propósito.

Ratos Têm Intenção?

Que evidência existe de que um rato, por exemplo, direciona seu comportamento como se tivesse objetivos definidos? Por que os psicólogos deveriam acreditar que são as cognições, e não simplesmente uma série de conexões S-R sem pensamento, o que direciona o comportamento dos ratos?

O Estudo do Trajeto Bloqueado

A evidência, afirmava Tolman, é convincente. Tome, por exemplo, o estudo do trajeto bloqueado (Tolman e Honzik, 1930). Nesse estudo, um rato é colocado em um labirinto que tem diferentes trajetos para chegar ao objetivo; o animal pode correr livremente pelo local até que ele aprenda os trajetos. O próximo passo é colocar barreiras em alguns dos trajetos e observar a reação do rato. A Figura 6.5 mostra uma representação aproximada do labirinto original de Tolman e Honzik. Os trajetos variam em extensão, do mais curto e mais direto (trajeto 1) até o mais longo (trajeto 3).

Como esperado, assim que aprenderam a andar pelo labirinto, os ratos famintos invariavelmente escolhiam o trajeto 1 quando tinham essa oportunidade. Da mesma forma, quando o trajeto 1 era bloqueado no ponto A, os ratos, no geral, escolhiam o trajeto 2 (em cerca de 93% dos casos).

A situação se torna mais interessante quando o trajeto 1 é bloqueado no ponto B. A teoria S-R ainda pode prever que o rato escolheria o trajeto 2 porque a entrada para ele não está bloqueada e é a segunda escolha na preferência geral. Como pode um rato descobrir que o bloqueio no trajeto 1 na altura de B funciona também como barreira para o trajeto 2 e que agora existe somente um trajeto para chegar ao objetivo?

Surpreendentemente, os ratos descobrem isso. Agora os ratos selecionam consistentemente o trajeto 3, e não o trajeto 2 (14 dos 15 ratos envolvidos no experimento original escolheram o trajeto 3). A psicologia deveria supor que esses ratos "sabem" a mesma coisa que eu e você – que eles, de fato, desenvolveram alguma espécie de compreensão cognitiva do labirinto?

Sim, disse Tolman, a psicologia deve supor isso. Experimentos como esses mostram que a aprendizagem envolve o desenvolvimento de **mapas cognitivos**. Mapa cognitivo é uma representação interna das relações entre objetivos e comportamentos, bem como o conhecimento do ambiente no qual os objetivos são encontrados. O que acontece é que o organismo desenvolve uma série de expectativas com respeito ao comportamento. Essas expectativas são parte do que Tolman denomina *relações signo-significado*. Um signo é

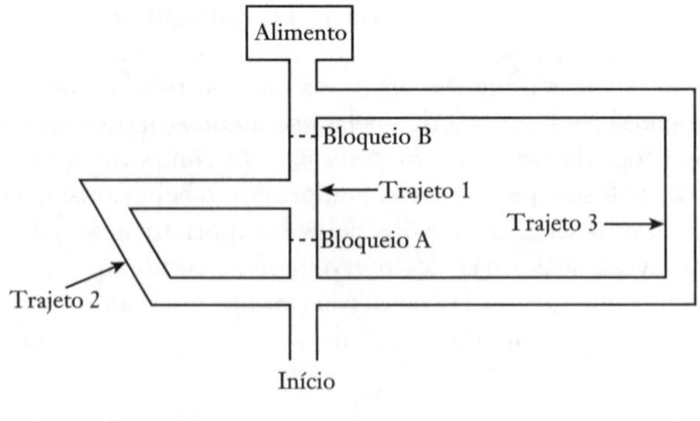

Figura 6.5 No estudo do trajeto bloqueado de Tolman e Honzik (1930) ratos que tinham aprendido a se movimentar num labirinto escolhiam quase invariavelmente o trajeto 3 quando o trajeto 1 estava bloqueado em B. Parecia que eles, de alguma forma, sabiam que a barreira em B também bloqueava o trajeto 2, bem mais curto.

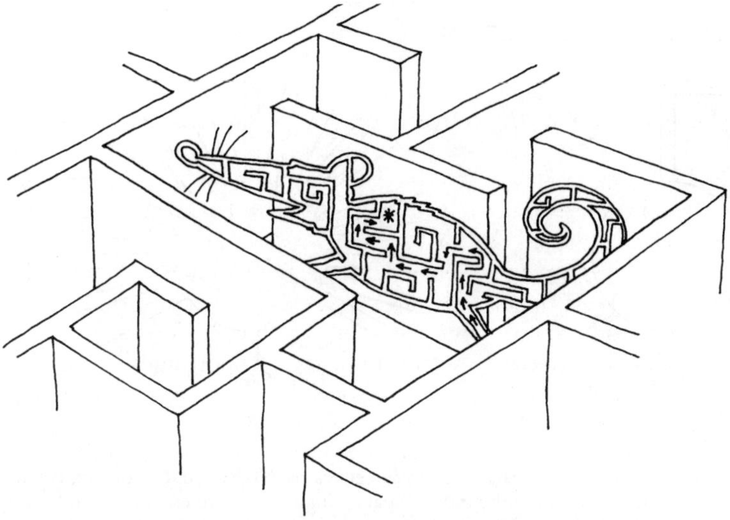

Tolman: A aprendizagem envolve o desenvolvimento de mapas cognitivos.

simplesmente um estímulo; um significado é a expectativa de recompensa que resulta da aprendizagem.

Um Estudo sobre Expectativas

Até os animais não humanos comportam-se como se tivessem expectativas. Tinklepaugh (1928), um dos muitos discípulos de Tolman, colocou uma banana embaixo de uma tigela, para que um macaco a visse. Quando o macaco não estava olhando, ele substituiu a banana por um pedaço de alface. Ao macaco foi permitido virar a tigela, o que ele fez com muito entusiasmo. No entanto, ficou extremamente agitado procurando a banana em todo lugar e mostrando os dentes para Tinklepaugh. O comportamento do macaco indica, aparentemente, que o animal esperava encontrar a banana embaixo da tigela. Sua agitação e a busca continuada seriam difícil de explicar usando uma teoria do condicionamento simples.

Um Estudo sobre a Aprendizagem de Lugar

Num experimento clássico, Tolman, Ritchie e Kalish (1946) treinaram ratos para correr por uma área circular aberta e por um corredor que, após três voltas em ângulos retos (para a esquerda, direita e de novo direita), finalmente levava ao objetivo, uma caixa com alimento (ver labirinto A na Figura 6.6). Na parte seguinte do experimento, o corredor que levava à caixa foi bloqueado, e outros 18 novos corredores foram disponibilizados para os ratos (labirinto B). Qual corredor os ratos estariam mais propensos a escolher?

A teoria behaviorista diria que os ratos escolheriam os corredores mais próximos e mais parecidos com aqueles que antes os levaram à recompensa, já que os ratos generalizariam, para os corredores vizinhos, a resposta aprendida antes.

No entanto, isso não aconteceu. Na verdade, muito mais ratos escolheram corredores que iam na direção da caixa de alimento. Aparentemente, o que esses ratos aprenderam não foi uma série de respostas conectadas, devidamente reforçadas e assimiladas, mas um lugar. Usando a terminologia de Tolman, eles desenvolveram um mapa cognitivo da área e

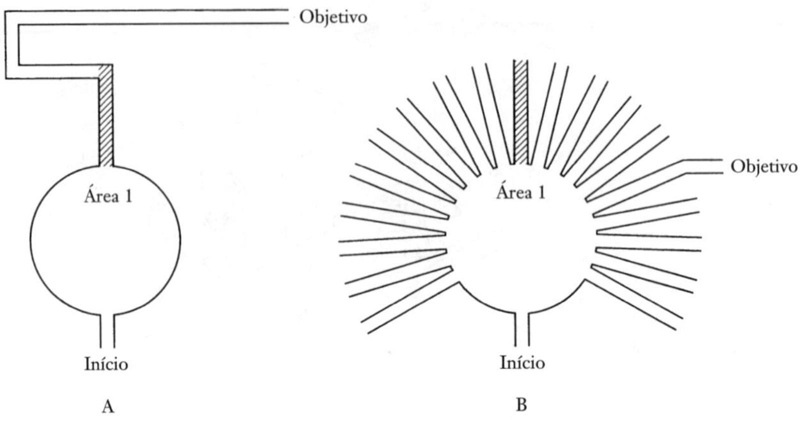

Figura 6.6 Aprendizagem de localização ou direção em ratos. No estudo de Tolman, Ritchie e Kalish (1946), os ratos aprenderam um caminho indireto para atingir o objetivo em um labirinto simples. Na segunda parte do experimento, a posição do objetivo e da área de entrada permaneceram os mesmos, mas o caminho original foi bloqueado e 18 novos caminhos foram disponibilizados.

expectativas a ela relacionadas. Essas expectativas, ligadas ao mapa cognitivo, direcionaram o comportamento dos ratos.

Um segundo experimento, registrado por Macfarlane (1930), chega à mesma conclusão, porém de um modo mais enfático. O pesquisador também usou ratos ensinados a encontrar uma caixa-alvo em um labirinto, só que esses animais tinham de nadar, ao invés de correr por ele. Uma interpretação behaviorista plausível desse fenômeno afirmaria que as respostas específicas envolvidas no nadar são encadeadas, reforçadas e finalmente aprendidas como uma sequência completa. Essa mesma interpretação também diria que, se o labirinto fosse esvaziado – tornando inúteis as cadeias de S-R envolvidas com o nadar –, os ratos teriam de aprender o labirinto de novo. Entretanto, aconteceu que, quando o labirinto foi drenado, os ratos correram até a caixa de alimento sem hesitação e sem cometer mais erros do que os que tinham feito quando nadavam.

Um Experimento sobre a Aprendizagem Latente

Esses estudos sugerem que há mais na aprendizagem do labirinto do que a simples aquisição de conexões estímulo-resposta ou resposta-recompensa – questão bastante enfatizada pelo experimento de aprendizagem latente descrito no Capítulo 1. Nesse estudo, Buxton (1940) permitiu que os ratos passassem várias noites em grandes labirintos sem alimentá-los no local. Alguns pioneiros behavioristas prediriam, com certeza, que esses ratos aprenderiam muito pouco com a exposição aos labirintos. E se surpreenderiam ao verificar que pelo menos metade dos ratos aprendeu sem reforçamento o caminho correto para a caixa-alvo. Buxton conseguiu isso alimentando-os rapidamente antes de colocá-los na entrada do labirinto; metade deles correu pelo caminho certo, sem cometer um único erro. Ao que tudo indica, os ratos conseguiram desenvolver mapas cognitivos mesmo na ausência da recompensa. Essa aprendizagem, por ser retardada, é, algumas vezes, chamada de *latente*. Como vimos no Capítulo 1, a aprendizagem latente faz distinção entre desempenho e aprendizagem. Aquilo que é aprendido nem sempre é aparente no comportamento.

O que é Behaviorismo Intencional?

Estes estudos e uma grande variedade de estudos relacionados, desenvolvidos por Tolman e seus alunos, tendem a apoiar a conclusão de que a noção de *mapas cognitivos* é a melhor explicação para o modo como os ratos aprendem os labirintos. Desse modo, sem serem reforçados para fazê-lo, eles aprendem a pegar atalhos, fazer desvios, ou como percorrer um labirinto complexo em que nunca receberam nenhum reforço anteriormente. A aprendizagem dos ratos e seu comportamento parece ser proposital – por isso, o rótulo *behaviorismo intencional*. E, como Rescorla (2009) indica, embora as ideias de Tolman fossem controversas, muitos psicólogos aceitaram a noção de que animais e seres humanos desenvolvem mapas cognitivos, representações de como o mundo se parece. Mas Rescorla explica que os mapas mentais dos ratos não são como um mapa mental humano. Eles não têm as mesmas qualidades lógicas; não permitem dedução e inferência lógica. Mas eles servem notavelmente bem como guias para navegar e atingir objetivos.

Implicações Educacionais e Resumo dos Princípios do Sistema de Tolman

Quatro temas básicos resumem a teoria de Tolman sobre o comportamento intencional. Cada um deles tem implicações para a prática educacional.

O Comportamento É Intencional

Primeiro, e mais importante, Tolman acreditava que todo comportamento é intencional. Com isso queria dizer que todo comportamento é guiado por expectativas que estão, elas próprias, relacionadas aos objetivos. Resumindo, a intenção que guia o comportamento do organismo é a expectativa de um resultado reforçador.

Segue-se desse princípio que, se cabe aos professores influenciar e dirigir o comportamento dos alunos, eles precisam encontrar meios para influenciar e guiar seus objetivos e expectativas. As melhores formas de fazer isto estão implícitas no próximo tópico de forma resumida.

O Comportamento É Cognitivo

As expectativas que alicerçam e dirigem o comportamento são cognições. Elas consistem na ciência do organismo de possíveis (ou prováveis) conexões entre certas ações e certos resultados. Essas cognições se desenvolvem após experiências com estímulos e recompensas. Com efeito, aquilo que é aprendido, diz Tolman, não é um comportamento específico em resposta a um estímulo ou recompensa, mas uma cognição – um item de conhecimento relativo a espaço físico e às possibilidades de recompensa. Mais especificamente, o que é aprendido é a relação signo-significado: conhecimento de uma ligação entre os estímulos e as expectativas de atingir um objetivo.

Perceba que a cognição é uma abstração – uma invenção teórica. Tolman, um behaviorista, acreditava que cognições deveriam ser inferidas apenas com base no comportamento, não pela introspecção.

Um dos meios pelos quais os professores podem influenciar as expectativas e os objetivos de seus alunos é arranjar para que seus comportamentos mais desejáveis e amadurecidos sejam seguidos de resultados positivos. Aquilo que os estudantes aprendem, explica

Tolman, é a expectativa de que certos comportamentos produzam certos resultados. Como vimos no Capítulo 4, os professores têm um controle considerável sobre os resultados dos comportamentos relativos à vida escolar.

O Reforçamento Cria e Confirma Expectativas

Um terceiro tema básico nesse sistema diz respeito ao papel do reforçamento na aprendizagem. O sistema de Tolman lida com conexões entre estímulos e expectativas. E uma vez que as expectativas desenvolvem-se em situações nas quais o reforçamento é possível ou provável, o papel do reforçamento é primariamente aquele de confirmar expectativas. Quanto mais uma expectativa for confirmada, mais provável que os estímulos (signos) associados a ela se tornem ligados com o significado relevante (expectativa).

Por exemplo, se Sabrina espera conseguir boas notas como resultado de estudar muito por um longo tempo, esta expectativa será confirmada quando ela receber notas altas em um teste realizado em uma segunda-feira depois de ela ter estudado todo o fim de semana. Se ela não conseguir, suas expectativas serão destruídas e seus hábitos de estudo poderão se modificar muito. Se ela e seus colegas de classe tipicamente recebem notas altas quando não estudam, o reforço que eles recebem para não estudarem pode muito bem levar a um conjunto de expectativas muito diferentes.

A Teoria do Behaviorismo Intencional É Molar, Não Reducionista

Um princípio final importante do sistema de Tolman é a ênfase no molar em vez de nos aspectos moleculares do comportamento. Ao contrário de Watson e Guthrie, Tolman não reduziu o comportamento à sua unidade menor, mas lidou, em vez disso, com grandes unidades do comportamento que estão ligadas entre si, o que significa que são governadas por uma única *intenção*. Intenção (a busca de objetivos recompensadores), mais do que a recompensa em si mesma, dirige o comportamento. Colocado de outra forma, as conexões que explicam o comportamento no sistema de Tolman envolvem ligações entre estímulos e expectativas em vez de entre reforçamento e respostas ou entre estímulos e respostas. E as expectativas, elas próprias, desenvolvem-se como funções da exposição a situações nas quais o reforçamento é possível. Se você não espera obter reforço em uma determinada situação, é provável que não se sinta desapontado; mas se espera reforço, o fato de consegui-lo ou não pode afetar seu comportamento subsequente.

De uma perspectiva educacional, esse tema final leva a uma visão do aprendiz menos mecanicista, menos rígida do que aquela que poderia estar implícita nas teorias behavioristas discutidas nos capítulos anteriores. O aprendiz de Tolman não é movido às cegas por esse caminho, e nem por aquele das recompensas e punições que o mundo oferece; ao contrário, é mais um ser pensante, um aprendiz mais propenso a desenvolver expectativas e pesar os possíveis resultados dos vários comportamentos.

Uma Avaliação do Behaviorismo Intencional de Tolman

Uma das contribuições mais importantes e frequentemente esquecida de Tolman ao desenvolvimento da psicologia é o uso de labirintos nos estudos do comportamento de ratos. Ele e seus alunos projetaram dezenas de engenhosos labirintos e realizaram incontáveis experimentos inteligentes com esse material. Como destaca Olton (1992), o estudo do comportamento em labirintos continua a ser um meio importante para estudar os mecanismos cognitivos utilizados para representar espaço e direcionar movimento. Além disso, a aprendizagem de labirinto é uma ferramenta necessária para o estudo da memória.

A principal contribuição de Tolman para o desenvolvimento da teoria psicológica repousa não tanto nos avanços do conhecimento e nas previsões possibilitadas pelo seu trabalho, e mais na transição de interpretações behavioristas para as mais cognitivas. Em termos mais específicos, a teoria de Tolman afasta-se destas teorias behavioristas como as de Skinner, Watson e Guthrie, que rejeitavam a especulação sobre eventos que poderiam intervir entre estímulos e respostas, e dá ênfase e importância às variáveis cognitivas, como expectativas. No entanto, aponta O'Neil (1991), nunca ficou inteiramente claro se Tolman referia-se ao que ele considerava serem processos ou estados internos "reais" ou se ele estava falando "como se". É por isso que, em relação aos critérios descritos no Capítulo 1, a teoria de Tolman deixa a desejar por apresentar certa inconsistência ou falta de clareza. Na verdade, sua obra escrita e sua pesquisa não indicam uma orientação teórica muito clara. Contudo, sua noção de *mapas cognitivos* como representações internas que guiam o movimento no espaço continua a ser explorada em pesquisas psicológicas (por exemplo, Troffa et al., 2009; Robles e Vargas-Irwin, 2008).

Contudo, não seria correto transmitir a impressão de que a psicologia partiu diretamente dos conceitos mentalistas dos primeiros introspeccionistas para as interpretações dos behavioristas, como Watson e Guthrie, e depois, finalmente, para um cognitivismo mais esclarecido. Na verdade, o cognitivismo é tão antigo quanto o behaviorismo, porque a psicologia da Gestalt, uma das primeiras formas da teoria cognitiva, desenvolveu-se quase ao mesmo tempo que o behaviorismo inicial. Também é verdade, como destacamos no início, que a psicologia norte-americana passou de um período em que predominava o behaviorismo watsoniano e thorndikeano, tanto na teoria quanto na prática, para um período posterior, quando o interesse voltou-se para tópicos cognitivos (embora o behaviorismo continuasse a florescer). É relativamente comum na literatura psicológica falar de um período durante o qual o behaviorismo dominou na psicologia norte-americana (a partir dos anos 1920 até a metade do século) e que foi seguido de uma "revolução cognitiva" que começou ao redor da metade do século XX (veja, por exemplo, Mandler, 1996).

De muitas maneiras importantes, o pensamento de Tolman reflete aspectos de ambas as escolas. Não é de surpreender, visto que – embora num de seus primeiros cursos de psicologia ele usasse o livro recém-lançado e claramente behaviorista de Watson – Tolman viajou para a Alemanha e encontrou com os líderes gestaltistas, incluindo Köhler e colaboradores, antes de terminar seus trabalhos de pós-graduação em Harvard (Tolman, 1952). Pouco mais de dez anos depois (por volta de 1923), ele voltou à Alemanha para estudar com os psicólogos da Gestalt.

Psicologia da Gestalt

Na época em que estourou a Primeira Guerra Mundial, um jovem psicólogo alemão chamado Wolfgang Köhler viu-se abandonado na ilha de Tenerife, na costa da África, impossibilitado de voltar para casa por causa do conflito. Em Tenerife havia uma estação de pesquisa para estudar macacos, e Köhler trabalhou nela durante os quatro anos em que permaneceu no local. Ele registrou esses estudos num livro intitulado *The Mentality of Apes* (1925).

Há macacos inteligentes e outros estúpidos, concluiu Köhler. Os menos dotados parecem aprender por associação e repetição, praticando repetidamente os mesmos comportamentos. Na tentativa de resolver problemas, disse Köhler, fazem "erros ruins" – ou seja, erros baseados em soluções antigas e inadequadas. Em contraposição, macacos inteligentes aprendem como o fazem as pessoas, apresentando repetidamente uma surpreendente capacidade de usar *processos mentais superiores*. No geral, quando falham em resolver um problema, eles fazem "erros bons" – ou seja, suas tentativas de solução, baseadas na reflexão, poderiam ter funcionado, o que não aconteceu, por uma razão ou outra.

Köhler definiu suas noções sobre a mente dos macacos projetando vários estudos para observar seu comportamento de solução de problemas. Quase sempre exigia que o macaco inventasse ou descobrisse uma solução para um problema, que era obter um cacho de bananas, geralmente pendurado fora da jaula. Em alguns estudos, por exemplo, o macaco tinha de usar uma vara comprida para alcançar a fruta. Em outros, às vezes, era necessário juntar diversas varas para obter uma comprida o suficiente. Em um estudo, o macaco deveria usar uma vara curta que não conseguia alcançar as bananas e encaixá-la numa outra maior para conseguir seu objetivo. No problema de Köhler com caixotes, outra situação, o macaco tinha à sua disposição vários caixotes que, empilhados, lhe possibilitavam alcançar o cacho de bananas.

Insight Versus *Tentativa e Erro*

Thorndike estava errado, alertou Köhler: chimpanzés inteligentes não aprendem simplesmente por tentativa e erro. Eles não ficam vagando pelas jaulas berrando por causa de um cacho de bananas que não conseguem alcançar, nem sobem pelas grades ou fazem qualquer outra coisa que os macacos sabem. Ao contrário, pelo menos alguns chimpanzés parecem solucionar problemas complexos muito subitamente, como se tivessem encontrado a solução naquele momento. Por exemplo, quando Sultan, o mais famoso dos chimpanzés de Köhler, verificou que não conseguia alcançar o cacho de bananas com uma varinha curta, ele parou e, nas palavras de Köhler, "lançou-lhe um olhar fixo". Então, como que impelido a agir pela visão da solução correta, "(ele) subitamente executou as ações corretas num todo sequêncial" (Köhler, 1927, p. 150). O termo gestaltista para o processo envolvido nesse tipo de solução é ***insight***.

Insight é o fundamento da psicologia da Gestalt. Essencialmente, isso significa resolver um problema percebendo relações entre todos os elementos importantes da situação. Nas palavras de Köhler (1925), o pensamento por *insight* é um tipo de *pensamento relacional*. Requer uma reorganização mental dos elementos do problema e o reconhecimento da correção da nova organização.

Entretanto, alerta Köhler, só porque o termo *insight* ou *pensamento relacional* é usado para descrever o que pode ser considerado uma realização extraordinária para um chimpanzé, não devemos interpretá-lo erroneamente, como "alguma faculdade especial e sobrenatural que produz resultados admiráveis ou, de alguma forma, inexplicáveis. Como usei e atribuí significado ao termo, nada deste tipo está nele" (1929, p. 371). Como Köhler o utiliza, o termo aplica-se à compreensão de fatos comuns e soluções gerais de problemas do cotidiano.

Dentre as convicções mais importantes de Köhler está a crença de que a tentativa e erro desempenha papel de menor importância no comportamento de solução de problemas – especialmente entre seres humanos, mas até mesmo entre macacos e galinhas. "Não tenho certeza de que após anos de tentativa e erro", escreve Köhler, "uma criança aprenderia a organizar [um campo sensorial]" (1929, p. 177). E organizar percepções, alerta ele, é muito mais importante do que as propriedades específicas daquilo que é percebido. Por quê? Porque é somente por meio da compreensão de sua organização – por meio da compreensão de sua estrutura – que as pessoas conhecem as coisas.

Tome, por exemplo, algo simples como uma melodia. Você sabe que uma melodia é composta de notas individuais. Contudo, você não poderia entendê-la – não saberia nada dela – se tivesse de ouvir as notas num arranjo feito aleatoriamente. Da mesma maneira, o significado de uma figura geométrica deriva não de cada um de seus elementos (número de lados, dimensão de suas partes, ângulos dos cantos), mas das relações de uns com os outros.

Gestalt Significa "Todo"

Que o todo é maior do que a soma de suas partes é a afirmativa mais intimamente associada à psicologia da Gestalt. Assim, a melodia, não suas notas individuais e pausas, é o todo, a organização, a gestalt – como é o caso do trapézio, do triângulo e do quadrado. Seu significado não vem da soma das partes, mas da capacidade dos humanos (e chimpanzés) de perceber a sua organização. Perceber uma organização ou uma estrutura é alcançar um *insight*. *Gestalt* é a palavra germânica para *todo*; daí a denominação dessa abordagem da psicologia.

Não é à toa que uma forma de resumir a psicologia da Gestalt é descrever suas leis da percepção. Essas leis foram desenvolvidas e elaboradas principalmente pelos três homens considerados os fundadores do movimento da Gestalt: Wertheimer (1959), Koffka (1922, 1925, 1935) e Köhler (1927, 1969). Desses, Wertheimer era reconhecido como o líder, mas Koffka e Köhler foram os responsáveis por popularizar o movimento por meio de suas publicações.

As Leis da Percepção

O primeiro e o mais básico dos argumentos defendidos pelos gestaltistas contra os procedimentos que enfatizam a análise do comportamento é que o comportamento não pode ser compreendido por meio de suas partes – que não pode ser reduzido a sensações isoladas (como a introspecção da psicologia alemã tendia a fazer) ou a estímulos e respostas isoladas (como fazia o behaviorismo norte-americano). Isso não significa negar que o conjunto é composto de partes ou que as partes podem ser descobertas por meio da análise.

O cerne do argumento, nota Murray (1995), é que o todo (a *Gestalt*) é diferente das partes, como fica evidente em incontáveis eventos do cotidiano. Como foi dito antes, a percepção global, quando se ouve uma melodia, não é a das notas isoladas, mas a percepção dos compassos ou das passagens. Não fosse assim, a ordem das notas e os intervalos de tempo que existem entre elas, bem como as pausas, não seriam importantes. Do mesmo modo, os objetos físicos derivam sua identidade da maneira como suas partes são combinadas, e não apenas das partes que os compõem. Algo simples como uma maçã deixa de ser uma maçã após ser batida no liquidificador; nem uma casa ainda é uma casa quando todo o seu madeiramento e pregos e outras partes dela estão separados e classificados.

Kurt Koffka (1886-1941)
Wolfgang Köhler (1887-1967)
Max Wertheimer (1880-1943)

As ideias e teorias de Koffka, Köhler e Wertheimer são quase inseparáveis, como foram suas vidas. Todos se formaram na Universidade de Berlim (ficaram conhecidos como o "grupo de Berlim"), estudaram filosofia e psicologia e emigraram para os Estados Unidos devido à perseguição de Hitler aos judeus (Koffka e Wertheimer eram judeus). Trabalharam juntos, compartilhando suas convicções, uniram-se nos ataques ao introspeccionismo e ao behaviorismo. E eram amigos: o livro de Köhler de 1929, *Gestalt Psychology*, é dedicado a Max Wertheimer, e o livro de Koffka de 1935, *Principles of Gestalt Psychology* registra a dedicatória "A Wolfgang Köhler e Max Wertheimer, em agradecimento à sua amizade e inspiração".

Wertheimer, quase 12 anos mais velho do que Köhler e Koffka, nasceu em Praga, no dia 15 de abril de 1880. Seus estudos iniciais foram na área do direito, em Praga. Mais tarde foi para Berlim estudar filosofia e psicologia. Ele obteve seu título de doutor, em 1904. Dentre seus muitos interesses estavam escrever poesias e compor sinfonias.

Conhecido como o líder intelectual da psicologia da Gestalt, Wertheimer fez muito menos para popularizar o movimento do que Köhler e Koffka. Escreveu pouco, mas planejou um grande número de experimentos importantes, elaborou os princípios da Gestalt em suas aulas e recrutou Koffka e Köhler para trabalharem juntos. A ideia de um dos seus mais famosos experimentos lhe ocorreu durante as férias, no começo de sua carreira. Viajando de trem, ele começou a elocubrar o porquê de as luzes e as cenas rápidas, que via passar pela janela do trem sequencialmente, darem a ilusão de movimento. As investigações seguintes de Wertheimer sobre esse "fenômeno phi" envolveram tanto Köhler quanto Koffka como assistentes e levaram à elaboração da psicologia da Gestalt. Em 1933, Wertheimer emigrou para os Estados Unidos, onde viveu até sua morte, em 1943.

Köhler nasceu em Reval, Estônia, em 21 de janeiro de 1887. Obteve o título de doutor na Universidade de Berlim, em 1909, em seguida, junto com Koffka, foi trabalhar com Wertheimer em Frankfurt. Durante a Primeira Guerra Mundial, passou quatro anos em Tenerife, como diretor de uma base de estudos de antropoides, pesquisando o comportamento de chimpanzés (e também de galinhas). Os resultados dessas investigações foram publicadas em 1917 num livro importante chamado *The Mentality of Apes* (1925). Aparentemente, ele escreveu pouco sobre a mentalidade de galinhas.

De Tenerife, Köhler voltou para Berlim, onde ficou até 1935. Publicou muitos trabalhos durante esse período, tornando-se um dos principais porta-vozes do movimento da Gestalt. Conflitos com o regime nazista o forçaram a deixar a Alemanha definitivamente em 1935. Foi para os Estados Unidos, onde já havia passado um bom tempo dando aulas. Lá ficou até morrer, em 1967. Köhler continuou a escrever livros importantes nos Estados Unidos, engajou-se em ferozes batalhas com behavioristas como Hull e até debateu publicamente contra Watson. Foi homenageado com o prêmio de contribuição científica notável da American Psychological Association e (como Skinner, Guthrie, Tolman e Hebb) presidiu a associação.

Koffka nasceu em Berlim no dia 18 de março de 1886, frequentou a universidade e conseguiu ali também o seu título de doutor em psicologia, em 1909. Tinha anteriormente estudado filosofia e ciência em Edimburgo. De Berlim foi para Frankfurt onde ele e Köhler trabalharam com Wertheimer. Começou a escrever os extensos trabalhos que mais tarde influenciaram a popularização da psicologia da Gestalt. Foi o mais prolífico autor do trio publicando um grande número de livros importantes e algumas vezes difíceis.

Como Köhler e Wertheimer, Koffka lecionou por um tempo nos Estados Unidos antes de mudar-se para lá definitivamente, em 1927. Deu aulas no Smith College e seguiu escrevendo até a sua morte, em 1941. (Parcialmente, baseado em Boring, 1950; Sahakian, 1981; Woodworth e Sheehan, 1964; Max Wertheimer, 2010; Kurt Koffka, 2010; Horst Köhler, 2010.)

Prägnanz: A Boa Forma

A preocupação básica dos gestaltistas era descobrir as leis que governam a percepção dos todos. Essas leis, descritas primeiro por Koffka (1935), são resumidas aqui. Elas são predominantemente perceptuais e é mais fácil descrevê-las e ilustrá-las como tal. É bom ressaltar, entretanto, que os psicólogos da Gestalt não veem descontinuidade entre percepção e pensamento. Consideram essas leis aplicáveis a ambos.

Um único princípio simples governa a percepção e o pensamento: ***prägnanz*** (que significa "boa forma"). Como ressalta Köhler, as soluções de *insight* parecem envolver uma "abrupta reorganização de certos materiais, uma revolução que, de repente, aparece pronta na cena mental" (1969, p. 163). Por que essa é a revolução correta e como a pessoa (ou o animal) a reconhece como correta? Pelo menos parte da resposta, argumenta Köhler, é que o cérebro parece ser direcionado por uma tendência de perceber seja lá o que for, da melhor forma possível.

A natureza exata dessa forma, para toda experiência perceptiva (ou cognitiva), é governada por quatro princípios complementares.

Princípio do Fechamento

Fechamento é o ato de completar uma figura, ou Gestalt. É facilmente ilustrado pela observação de que, quando você olha uma figura incompleta (como na Figura 6.7), a tendência é percebê-la como um desenho completo. O mesmo fenômeno é bem aparente na percepção de uma melodia com notas ausentes, ou em palavras incompletas, como p-i-c-l-gia.

Embora o termo *fechamento* tenha sido originalmente empregado apenas para problemas perceptuais, os psicólogos agora o utilizam em uma grande variedade de situações, retendo muito do seu sentido original, mas adicionando-lhe um significado mais amplo. Por

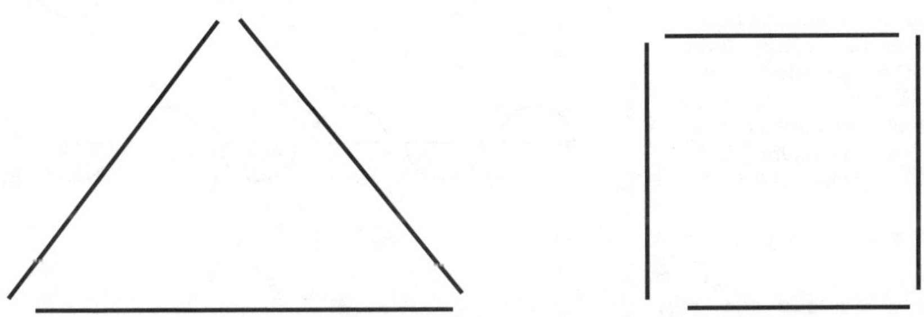

***Figura* 6.7** Fechamento: tendência a perceber objetos incompletos (ou pensamentos) como completos. As figuras são percebidas como um triângulo e um quadrado, e não como linhas individuais que não se encontram.

exemplo, a expressão *concluir o fechamento* é usada para se referir à solução de um problema, compreensão de um conceito, finalização de uma tarefa ou resolução de uma crise pessoal.

Princípio da Continuidade

Fenômenos perceptivos tendem a ser percebidos como contínuos. Por exemplo, uma linha que começa curvada (veja a Figura 6.8) tende a ser percebida como tendo **continuidade** – ou seja, como seguindo um padrão curvo. De modo similar, se você observar a extremidade frontal de uma cobra tocando uma rocha, provavelmente também *verá* – ou, pelo menos, irá imaginar – o restante da cobra seguindo, ininterruptamente, para trás da rocha. O princípio da continuidade – também denominado princípio da "boa continuação" – tende a garantir que não percebamos objetos inteiros como partes separadas ou isoladas.

Princípio da Similaridade

O princípio da **similaridade** sustenta que objetos parecidos tendem a ser percebidos como relacionados entre si. Por exemplo, uma pessoa que ouve duas músicas ao mesmo tempo reconhece cada uma delas como uma música separada, e não como se ouvisse as duas em uma. Na Figura 6.9, parece haver quatro fileiras de letras idênticas em vez de dez colunas de letras diferentes.

Princípio da Proximidade

Objetos ou elementos perceptuais tendem a ser agrupados pela sua **proximidade**. A Figura 6.10 (a), por exemplo, mostra quatro conjuntos de linhas curvas; a Figura 6.10 (b) é percebida como três rostos.

A Visão Gestaltista da Aprendizagem e da Memória

Esses princípios, junto com vários outros, foram elaborados por Wertheimer e mais tarde aplicados por Koffka ao pensamento e à percepção. Mas como os gestaltistas não estavam preocupados com aspectos moleculares da aprendizagem e do comportamento, como estí-

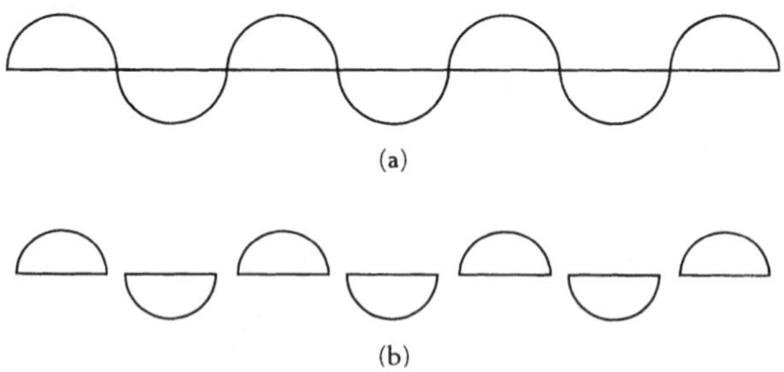

Figura 6.8
Continuidade: tendência de perceber as coisas como contínuas. As linhas em (a) tendem a ser percebidas como uma linha reta que atravessa uma linha curva, e não como um conjunto de semicírculos como em (b).

a a a a a a a a a a
g g g g g g g g g g
c c c c c c c c c c
x x x x x x x x x x

Figura 6.9
Similaridade: tendência de perceber *inputs* semelhantes como agrupados. A figura é vista como quatro linhas de letras idênticas, e não como dez colunas de letras diferentes.

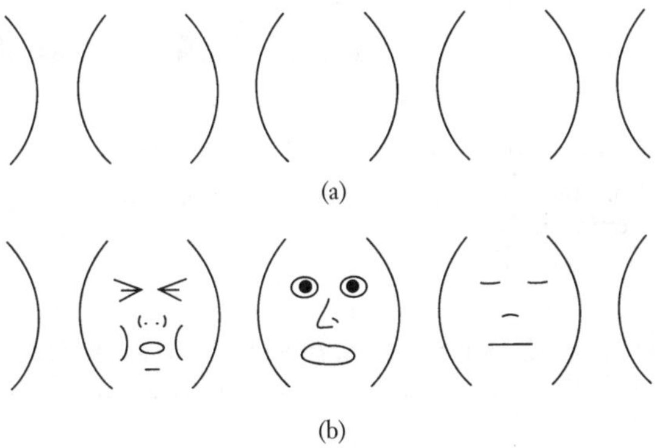

***Figura* 6.10**
Proximidade: tendência de perceber coisas que estão próximas como agrupadas. A parte (a) é vista como quatro conjuntos de linhas curvas; a (b) como três rostos.

mulos e respostas, suas explicações da aprendizagem e da memória eram consideravelmente mais globais e não específicas do que as dos behavioristas.

Em geral, a visão gestaltista é de que a aprendizagem resulta na formação de traços de memória. A natureza exata desses traços não é bem especificada, mas duas de suas características, sim. A característica mais importante é que o material aprendido, como qualquer informação perceptual, tende a adquirir a melhor estrutura possível (*prägnanz*) devido às leis da organização perceptual que acabamos de ver. Daí, o que é lembrado nem sempre é o que foi aprendido ou percebido, mas geralmente é uma *gestalt* melhor do que a original. Wulf (1938) descreveu essas três tendências organizacionais da memória:

Nivelamento

É a tendência à simetria ou ao abrandamento das peculiaridades de uma figura perceptual. A Figura 6.11 apresenta uma ilustração hipotética de nivelamento. Koffka acreditava que o processo de nivelamento é aplicável também ao material cognitivo. Por exemplo, ao relembrar a sensação de viajar de trem, uma pessoa pode lembrar de uma impressão geral de movimentação rápida e de cenas do campo sem lembrar da sensação de balanço lateral.

Detalhamento

É o ato de enfatizar a distintividade de um padrão. Uma característica da memória humana é que as qualidades que mais claramente dão identidade a um objeto tendem a ser exagera-

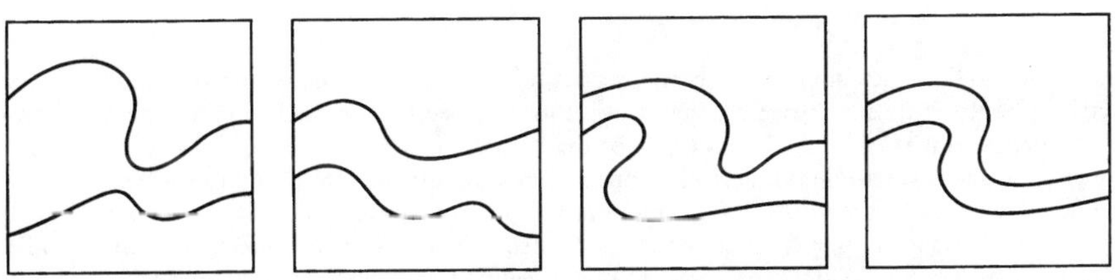

***Figura* 6.11** Nivelamento: tendência à simetria e a reduzir anormalidades e peculiaridades.

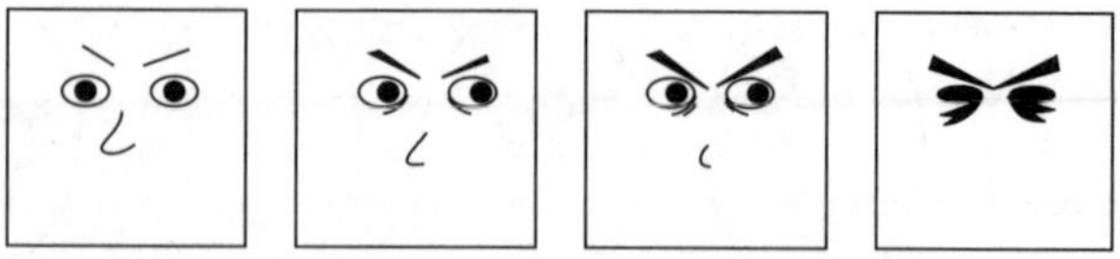

Figura 6.12
Detalhamento: tendência a enfatizar a distintividade de um padrão.

Objeto--
-estímulo

Reproduções sucessivas

das na reprodução desse objeto. A Figura 6.12, por exemplo, mostra como as reproduções sucessivas de um rosto com sobrancelhas distintivas tendem a exagerar esse traço.

Normalização

Ocorre quando o objeto reproduzido é modificado para se adequar às memórias anteriores. Essa modificação tende a fazer o objeto lembrado mais parecido com aquilo que parece ser. Uma ilustração hipotética da normalização é apresentada na Figura 6.13, na qual as reproduções sucessivas de um mesmo objeto-estímulo, durante um período, tornaram-se progressivamente mais similares a algo familiar (e portanto, a algo mais "normal").

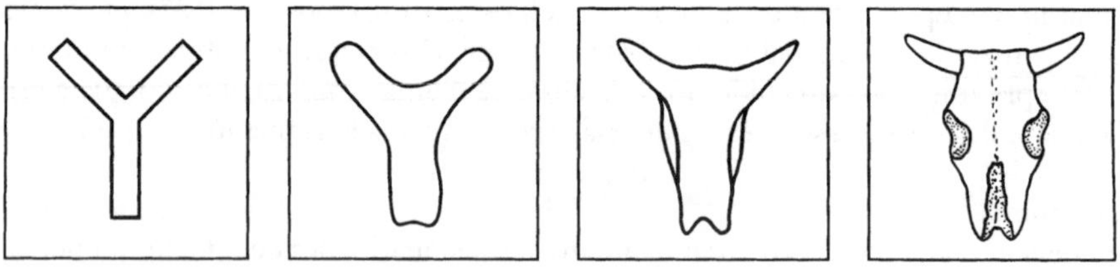

Objeto-estímulo

Reproduções sucessivas

Figura 6.13 Normalização: tendência de perceber (e recordar) o esperado.

Além da Percepção: O Campo Comportamental

O mundo como visto e descrito pela física é uma coisa, destaca Koffka: o mundo como o indivíduo o percebe é bem diferente. E esse, o mundo da "experiência direta", é muito mais importante para entender o comportamento do indivíduo.[8]

[8] "Há uma questão filosófica interessante aqui", disse o professor, "e eu vou ler para você um trecho do livro de Lehar", indicando que eu deveria desligar o gravador, mas sem dizer nada sobre o fato de eu continuar a fazer anotações. Então ele leu trechos esparsos que pareciam discorrer, de acordo com minhas anotações apressadas, sobre o fato de que nós não conseguimos, no que se refere a aspectos pessoais, conhecer a realidade com a qual lidam os físicos – e que nem os físicos conseguem conhecer as nossas realidades pessoais. A consciência é algo "profundamente misterioso", de acordo com Lehar (2003). Ele explica que, ao pensar sobre isso, você finalmente perceberá que a realidade que conhece – sua consciência – está toda dentro da sua cabeça. E não pode estar em outro lugar. Aquilo que você está observando quando pensa estar vendo uma realidade é sua *consciência pessoal da realidade*. A consciência, diz Lehar, é, na verdade, diretamente observável; a realidade externa da física, não. Platão estava certo: O mundo está todo dentro da sua cabeça. "Você sabia disso?", perguntou o professor. E então voltou-se para as suas anotações.

O Lago de Constance

Para exemplificar, Koffka (1935, p. 28) conta a história de um homem que, montado num cavalo, tentava atravessar uma planície em meio a uma tempestade de neve, até que chegou a uma hospedaria. "Nossa, por onde você veio?", perguntou o porteiro. O homem, quase congelado, apontou numa direção. "Sabe", perguntou o porteiro tentando ser gentil, "que você cruzou o Lago Constance?". Foi quando o homem, de repente, caiu morto aos pés dele.

Só há um comportamento aqui – aquele de cavalgar por um lago gelado durante uma tempestade de neve. O ambiente físico é fixo e claro. Contudo, explica Koffka, o psicólogo sabe que o comportamento daquele homem poderia ter sido muito diferente se ele tivesse conhecimento do lago. Se, depois disso, o pensamento o assustou tanto a ponto de matá-lo, com certeza ele não teria atravessado o lago se tivesse tido ciência dele antes.

O Campo Comportamental

Do ponto de vista daquele homem, seu comportamento ocorreu num ambiente muito diferente – naquilo que Koffka chama de **campo comportamental** (ou *campo psicológico*). O campo comportamental é a visão pessoal do agente daquilo que é real. No campo comportamental desse homem, havia uma planície varrida pelo vento. No entanto, como descobriu mais tarde, no mundo físico real o que havia era um lago congelado.

Ambos, o campo comportamental e o ambiente físico afetam o comportamento de uma pessoa, afirma Koffka. E embora não sejam a mesma coisa, o ambiente físico afeta claramente o campo comportamental. Em outro exemplo, Koffka refere-se ao comportamento de dois macacos colocados em jaulas separadas; cada um deles consegue alcançar um cacho de bananas empilhando caixotes uns sobre os outros. Um deles, o macaco inteligente, faz exatamente isso, sobe na pilha e pega as bananas. O outro, menos inteligente, senta-se num caixote e fica olhando, triste, para o cacho de bananas que não consegue alcançar. Esses dois macacos estão num mesmo campo físico. Entretanto, no campo comportamental do macaco inteligente, há caixotes que podem levá-lo até o alto da jaula; no campo comportamental do outro, há apenas um caixote no qual sentar e chorar olhando as bananas que ele não consegue alcançar.

Aparência *Versus* Realidade

As leis da percepção da Gestalt destacam que aquilo que as pessoas veem não é necessariamente a realidade. A realidade, como coloca Lehar (2003), está toda dentro de sua cabeça. Quando você olha para o livro que está lendo agora, está olhando para a sua consciência interna e pessoal desse livro. Pode muito bem haver um objetivo, uma realidade física além do confinamento da sua cabeça, mas você só consegue "conhecê-los" dentro da sua consciência. E seu conhecimento disso pode não ser acurado. Assim, quando você vê um triângulo completo na Figura 6.7, não percebeu o campo físico adequadamente. No entanto, o triângulo que você viu na Figura 6.7 torna-se parte concreta da sua realidade psicológica. É por isso que a psicologia da Gestalt enfatiza a diferença entre a realidade física e o que parece ser real.

Os gestaltistas acreditavam que, para entender o comportamento, é necessário conhecer alguma coisa da percepção do indivíduo sobre a realidade (ou seja, o campo comportamental ou psicológico da pessoa) (Smith, 1988). É por isso que as pessoas respondem à aparência (o que pensam ser real) mais do que à realidade. A tarefa da psicologia, afirmava Koffka, é "o estudo do comportamento em sua conexão causal com o campo psicofísico" (1935, p. 67). Em muitos aspectos, esse é um desafio bem mais complexo do que aquele que os behavioristas definiram para si próprios – ou seja, o de compreender respostas a estímulos reais no ambiente físico concreto. Por outro lado, uma vez que o campo psicológico abrange também as percepções individuais das pessoas (bem como de coisas, animais, e tudo o mais que possa ser relevante), essa abordagem torna mais fácil o entendimento do comportamento social.

A Psicologia da Gestalt e o Cognitivismo Moderno

A psicologia da Gestalt é considerada o início da psicologia cognitiva moderna por dois motivos principais: (1) por causa de sua preocupação com a percepção, a consciência, a solução de problemas e o *insight*; (2) porque rejeitou o behaviorismo por este ser excessivamente mecanicista, incompleto e não adequado para explicar os processos mentais superiores. Köhler, em particular, sentiu que abordagens como as de Hull eram impraticáveis por insistirem demais na objetividade, por rejeitarem a utilidade de tentar compreender as percepções individuais e a consciência privada.

Todavia, em vários aspectos importantes, a psicologia da Gestalt e o cognitivismo contemporâneo representam diferentes interesses e abordagens. A psicologia cognitiva moderna lida com temas como solução de problemas, tomada de decisão, processamento da informação e compreensão (são exemplos as teorias de Jerome Seymour Bruner e Jean Piaget, discutidas no próximo capítulo). Os teóricos cognitivos conduzem pesquisas sobre ampla gama de tópicos, usando principalmente sujeitos humanos. Seus temas incluem a compreensão da prosa, a memorização de palavras, o parafraseado, a aprendizagem da linguagem e leitura. A psicologia da Gestalt, em contraposição, fez amplo uso da experimentação animal (bem como da humana) e lidou, prioritariamente, com problemas da percepção humana.

Implicações Educacionais da Psicologia da Gestalt

Em pelo menos dois aspectos a psicologia da Gestalt proporciona um forte contraste em relação às abordagens mais behavioristas sobre as quais discorremos nos capítulos anteriores: primeiro, rejeita explicações de tentativa e erro elaboradas por psicólogos como Thorndike. As pessoas aprendem por *insight*, não por tentativa e erro.

Segundo, rejeita a abordagem "reducionista" do behaviorismo inicial. Os psicólogos que desejam entender a aprendizagem e o comportamento, insistem os gestaltistas, deveriam evitar *reduzi-los* a elementos simples como estímulos e respostas. Em vez disso, deveriam se fixar nos aspectos mais *molares* do comportamento – ou seja, deveriam olhar mais para o todo do que para as partes.

Esses aspectos – a crença de que a aprendizagem ocorre por meio do *insight*, e a crença de que a psicologia deveria se concentrar nos aspectos molares, e não moleculares, da aprendizagem – são dois dos temas mais importantes que resumem a psicologia da Gestalt. Uma vez que essa teoria não apresenta princípios de aprendizagem tão simples e claros como, digamos, aqueles do behaviorismo skinneriano, não é tão facilmente aplicada às firulas das práticas educacionais dentro das salas de aula. Contudo, essas duas correntes de pensamento têm, sim, implicações muito poderosas e elucidativas para os educadores.

A rejeição da tentativa e erro como instrumento útil para a aprendizagem significa que professores e pais não deveriam oferecer aos aprendizes problemas que os levem a tentar uma ampla variedade de diferentes soluções até encontrarem "a que se encaixa". Em vez disso, as situações de aprendizagem deveriam ser estruturadas de forma que os aprendizes pudessem ter um *insight*. Mas como se faz isso?

Primeiro, sugere Wertheimer (1959), não deveria haver a possibilidade de os problemas apresentados aos alunos serem solucionados pela memorização de uma série de etapas. As pessoas que aprendem por esse método, explica, estão propensas a desenvolver uma dificuldade denominada *predisposição de respostas*.[9] Predisposição de respostas é uma tendência forte a responder ou a perceber de modo predeterminado mesmo quando há respostas mais apropriadas. Estes alunos provavelmente *reproduzirão* respostas. Eles são o que Wertheimer denomina *pensadores reprodutivos*. O objetivo das escolas, usando a expressão de Wertheimer, deveria ser incentivar o **pensamento produtivo**, mais criativo (Wertheimer, 1959).

Segundo, Wertheimer argumenta que os problemas deveriam ser apresentados em situações significativas da vida real de modo que os estudantes pudessem perceber a importância delas e a sua relação com os problemas reais do dia a dia. Terceiro, os estudantes precisam ser encorajados a entender o problema mais do que tentar copiar um conjunto de procedimentos prescritos. De acordo com isso, a orientação dos professores deveria ser voltada para ajudar os estudantes a descobrir as soluções por eles mesmos – ou seja, ter os seus próprios *insights* – em vez de partilhar com eles toda a informação e todos os procedimentos.

No jargão da psicologia educacional moderna, a perspectiva da Gestalt dá suporte ao que é chamado de **construtivismo** em vez de dar suporte ao **ensino direto** (Lefrançois, 2000). As abordagens construtivistas são métodos altamente centrados no aprendiz e refletem a crença de que a informação significativa é construída por ele, e não dada a ele. O ensino direto, em contraposição, implica abordagens mais voltadas para o ensino centrado no professor. Os métodos do construtivismo encorajam a aprendizagem pela descoberta, abordagens cooperativas dentro da sala de aula e participação ativa do aluno no processo ensino/aprendizagem. Como veremos no Capítulo 7, esses métodos são mais compatíveis com teorias cognitivas como as de Bruner e Piaget.

Psicologia da Gestalt: Uma Avaliação

A psicologia da Gestalt foi uma importante reação contra o introspeccionismo que a precedeu, bem como contra o behaviorismo que chegou a dominar a psicologia norte-americana na primeira metade do século XX. Köhler, por exemplo, sentiu que um behaviorismo tal como o da teoria de Hull estava errado em rejeitar o valor científico de conceitos como consciência ou pensamento. "Eu me vejo, por esse motivo, tomado de profunda aversão e rejeição ao behaviorismo ou a qualquer outro purismo sectário e impraticável na ciência", escreveu Köhler (1929, p. 34). Ele argumentava que a insistência dos behavioristas em lidar apenas com a realidade objetiva forçou-os a rejeitar a validade e a importância daquilo que ele chamou de "experiência direta": "Não tenho a menor dúvida de que, quando criança, tive 'experiência direta'... Houve experiências que pertenceram exclusiva e intimamente apenas a mim" (1929, p. 20).

[9] Na literatura sobre solução de problemas, essa dificuldade é mais comumente denominada *predisposição negativa* (NRT).

De alguma forma, as teorias da Gestalt não se encaixam bem nos critérios listados no Capítulo 1. "As ideias teóricas dos gestaltistas eram notoriamente vagas", escreve Holyoak e Spellman (1993, p. 268). Como resultado, elas não são úteis em especial para prever e explicar o comportamento. "Na visão da maioria dos observadores contemporâneos", diz Gardner, "o programa teórico da psicologia da Gestalt não foi bem fundamentado... Há demasiadas exceções ou exemplos indeterminados" (1987, p. 114).

Um exemplo da imprecisão da teoria da Gestalt, como destacam Latimer e Stevens (1997), diz respeito ao uso que faz das palavras *todo* e *parte*, ambas fundamentais para a teoria. Algumas vezes a palavra *partes* parece significar unidades específicas da análise perceptual, como as notas musicais ou os ângulos e as linhas das figuras geométricas; outras vezes, parece se referir à atividade neuronal e fisiológica no cérebro. Com relação a isso, os teóricos da Gestalt discorrem sobre o que chamam de unidades *fenomenais*, que parecem ser as unidades subjetivas da percepção, mas a natureza precisa dessas unidades fenomenais permanece indefinida.

As teorias de Gestalt têm sido criticadas por simplesmente descrever, em vez de explicar. Como Bruce, Green e Georgeson (2003) declaram, elas fornecem um conjunto de princípios descritivos para a percepção, mas não explicações ou teorias reais que respondam pela percepção.

Contudo, em relação a alguns dos outros critérios, a teoria da Gestalt se encaixa muito bem. Por exemplo, ela continua a ter aplicação prática no aconselhamento e na terapia (Yousefi et al., 2009). Noções similares às de campo comportamental e de *self* desempenham importante papel nas teorias humanísticas de aconselhamento, como a de Carl Rogers (ele usa as expressões fenomenológica e campo fenomenal, alternadamente). A terapia rogeriana se baseia na noção de que para entender o comportamento de uma pessoa é primordial olhá-la do ponto de vista dela; a mudança de comportamento acontece quando muda a visão da realidade da pessoa.

Mais importante ainda, a teoria da Gestalt provou ser muito provocativa e contribuiu de forma considerável para o desenvolvimento das teorias cognitivas posteriores (ver Lehar, 2003; Brownell, 2009). Na verdade, destaca Epstein (1988), a psicologia da Gestalt serviu de base para a teoria cognitiva moderna. Entre outras coisas, proveu a psicologia com os primórdios de uma nova metáfora.

Metáforas em Psicologia

Uma metáfora é uma espécie de comparação. As metáforas têm presença marcante na literatura e em especial na poesia, na qual se propõem a evocar imagens (algumas vezes impossíveis) mais impactantes, claras e motivadoras do que a realidade que representam. Por exemplo, no poema de Pablo Neruda, "Little America", a mulher que o poeta ama não é apenas uma mulher. É um país, com "ramos de árvores e terras, frutos e água, a primavera que eu amo... as águas do mar ou dos rios e o vermelho denso dos arbustos nos quais os famintos e os sedentos se deitam à espera" (1972, p. 110).[10] Em "Letter on the Road", de Neruda, o amor não é apenas um sentimento; é semente, e terra, e água e fogo, de modo

[10] O texto original é: "*ramas y tierras, frutas y agua/la primavera que amo,/la luna del desierto, el pecho/de la paloma salvaje,/la suavidad de las piedras gastadas/por las aguas del mar o de los ríos/y la espesura roja/del matorral en donde/la sed y el hambre acechan*" (GRL).

que "talvez chegue o dia em que um homem e uma mulher como nós tocarão esse amor e ele ainda terá a força de queimar as mãos que o tocaram" (Neruda, 1972, p. 148).[11]

Na psicologia, como na poesia, as metáforas são abundantes. Entretanto, na psicologia seu propósito é menos motivar ou surpreender e mais informar e esclarecer. Na psicologia da cognição, afirma Bruner, "é evidente que não houve nada senão metáforas" (1990a, p. 230). Talvez a mais comum das metáforas correntes para a cognição humana seja o computador, da qual a psicologia extrai noções de seres humanos, como unidades de processamento de informação. Os psicólogos criam modelos cognitivos que se referem a processamento, armazenamento, recuperação, *input*, *output* etc.

Contudo, a metáfora nem sempre foi bem-vinda na psicologia e na ciência. Por anos, os cientistas físicos tiveram a certeza de que o resultado de suas muitas investigações seria uma descrição completa, acurada e absolutamente literal do mundo físico e de seu funcionamento. Em 1910, havia poucos motivos para suspeitar que a ciência, algum dia, descobriria algo a respeito do mundo que poderia ser descrito apenas em termos de buracos negros, quasares, antimatéria, universos paralelos e outros conceitos metafóricos. Na verdade, mesmo no século XXI, muitos cientistas ainda não suspeitam de que pode haver algo não tão literal sobre o conhecimento que possuem.

Metáforas no Behaviorismo

O mesmo acontece na psicologia. Durante a primeira metade do século XX, período dominado principalmente pelo behaviorismo, os psicólogos buscaram fatos confiáveis, leis e princípios que pudessem oferecer uma descrição literal da aprendizagem e do comportamento humanos. A ênfase, em especial para behavioristas como Skinner e Watson, era manter a teorização o mais próximo possível da informação. Mesmo os neobehavioristas, como Hull e Hebb, que se permitiram inventar novas metáforas na forma de elementos hipotéticos que medeiam entre estímulos e respostas, tentaram definições operacionais (ou seja, segundo ações concretas ou operações). Foi esse o legado do "positivismo lógico" – filosofia da ciência baseada na pressuposição fundamental de que as coisas são reais e exatas e que podem, por isso, ser descritas e mensuradas de forma literal e acurada.

Entretanto, como destaca Smith (1990), os behavioristas também se viram usando metáforas para explicar e esclarecer. Hull, por exemplo, usou modelos mecanicistas de funcionamento humano, descreveu sua teoria como a "abordagem do robô". "Até onde nos leva o pensamento", escreveu Hull em um dos seus diários não publicados, "poderia ser construída uma máquina que faria tudo de essencial que o corpo faz" (extraído de Hays, 1962, p. 820).

Tolman também vislumbrou novas metáforas na imaginação do rato branco da Noruega, porque lhe pareceu que até os ratos aprendem mais do que apenas as conexões S-R. Eles desenvolvem representações do mundo – mapas cognitivos do que está lá fora – e noções que, de algum modo, conectam o que está fora com as mudanças comportamentais. Tolman chamava essas noções de "expectativas", e sua visão da aprendizagem humana explorou a metáfora dos mapas cognitivos e das hipóteses. Assim, as expectativas de Tolman são representações do mundo, mas não são representações literais do tipo que a lógica positivista poderia buscar; são metáforas.

---

[11] No original: "Tal vez llegará un día/en que un hombre/y una mujer, iguales/a nosotros,/tocarán este amor y aún tendrá fuerza/para quemar las manos que lo toquen" (GRL).

Até mesmo Skinner usou metáforas, alega Smith, embora ele fosse, provavelmente, o positivista mais determinado dos behavioristas e, consequentemente, tentou "a missão de eliminar o discurso metafórico da ciência" (1990, p. 255). Sua principal metáfora é evolucionária, darwiniana. Da mesma maneira que as espécies sobrevivem ou morrem como resultado das pressões naturais que interagem com a "aptidão", assim também são selecionadas as respostas, pelas suas consequências. Os comportamentos sobrevivem ou são eliminados como resultado de como são reforçados, ignorados ou punidos.

Metáforas no Cognitivismo

Como ressaltado anteriormente, a psicologia cognitiva é uma psicologia de metáforas. Para explicar o funcionamento humano, são usadas metáforas de estruturas mentais; são descritas coisas que, na verdade, não existem, para representar coisas que não podem ser descritas literalmente. Todos os conceitos cognitivos teóricos – por exemplo, *operações*, *memória de curta e longa duração* e *redes neurais* – são metáforas. A maioria das descrições de como os seres humanos agem (ou seja, como as estruturas cognitivas são desenvolvidas e usadas) se apoia em metáforas.

Mas metáforas em psicologia não são simplesmente comparações destinadas a evocar imagens e sentimentos, como pode acontecer com metáforas em poesia. Em vez disso, elas se destinam a explicar, ilustrar e prever. A metáfora behaviorista que compara o funcionamento humano ao de uma máquina diz muito sobre como os teóricos esperam explicar e prever o comportamento. E como veremos nos capítulos seguintes, a metáfora do computador, geralmente favorecida pela psicologia cognitiva, também diz muito sobre o que os teóricos cognitivos esperam quanto a fazerem explicações e previsões.

Resumo

1. O modelo de Hebb baseia-se principalmente no conhecimento e na especulação sobre processos neurológicos e fisiológicos. Seu objetivo é explicar os processos mentais superiores – processos que medeiam entre os estímulos e as respostas.
2. O sistema nervoso humano é formado por células chamadas neurônios; estes consistem em um corpo celular (soma), que recebe extensões denominadas dendritos e um ramo alongado denominado axônio. A transmissão entre os neurônios vai das extremidades dos axônios através da fenda sináptica, que é a separação entre o final do axônio e os dendritos de uma célula adjacente. Neurotransmissores importantes incluem: dopamina, serotonina, acetilcolina e norepinefrina.
3. Para Hebb, os processos mentais superiores (pensamento) envolvem atividade nas assembleias neuronais. Ele argumenta que essa atividade deve tomar a forma de neurônios dispostos de maneira tal que possam se manter reativando uns aos outros em padrões que ele chama de assembleia de células; os arranjos de assembleias de células relacionados entre si são chamados de sequências de fase.
4. Pesquisa com o caracol aplísia mostra que a habituação (depressão de longa duração ou DLD) e a sensibilização (potencialização de longa duração ou PLD) envolvem alterações químicas no nível neuronal. Essa pesquisa oferece suporte para os pressupostos de Hebb sobre transmissão neuronal.
5. Os importantes pressupostos que fundamentam a teoria de Hebb são de que o repetido disparo de neurônios facilita o subsequente disparo desses mesmos neurônios (a regra de Hebb), que finalmente vem a

ser ligados em assembleias de células, que podem, então, se tornar associadas em sequências de fases (explicando, assim, o condicionamento).

6. *Preparação* refere-se à seletividade entre respostas; *atenção* refere-se à seletividade entre *inputs*. Preparação e atenção são processos centrais na aprendizagem e na percepção.
7. O behaviorismo mecanicista de teóricos como Guthrie e Watson (e até mesmo de Skinner e Thorndike) busca ser objetivamente impecável, analisa o comportamento no nível molecular e não faz pressuposições sobre quaisquer intenções que o agente possa ter. Por outro lado, Tolman acreditava que todo comportamento é intencional; que o comportamento envolve elementos cognitivos evidentes nas expectativas, que também podem ser descritas como cognições ou mapas cognitivos; que o comportamento deveria ser analisado no nível molar, em vez de no molecular; e que as expectativas se desenvolvem como uma função da exposição a situações nas quais o reforço é possível (relações s signo-significado).
8. A psicologia da Gestalt é a precursora da psicologia cognitiva moderna. As abordagens cognitivas da aprendizagem são caracterizadas pela preocupação com temas como compreensão, processamento da informação, tomada de decisão e solução de problemas. Duas das principais crenças dos gestaltistas são: (a) o todo é maior do que a soma de suas partes, e (b) as pessoas solucionam problemas por *insight*, não por tentativa e erro. A primeira dá voz à crença de que a análise de um assunto (ou objeto) em partes não tende a levar ao conhecimento daquele assunto. A segunda é uma rejeição do papel da tentativa e erro na solução de problemas.
9. Os que fundaram e popularizaram a escola da Gestalt foram Wertheimer, Köhler e Koffka. Considerada como sistema, a psicologia da Gestalt está muito ligada aos estudos da percepção e à formulação de leis da organização perceptual, como *prägnanz*, fechamento, continuidade, similaridade e proximidade. Essas leis podem ser aplicadas tanto ao pensamento quanto à percepção.
10. Os estudos da Gestalt sobre a memória levaram à observação de que mudanças estruturais na informação no decorrer do tempo envolvem processos de nivelamento (formação de simetrias), detalhamento (distintividade aumentada) e normalização (representação mais próxima de como parece ser um objeto).
11. Os teóricos da Gestalt fizeram uma importante distinção entre a realidade externa (o campo físico) e as percepções individuais (o campo comportamental ou psicológico). Ambos aspectos precisam ser considerados para se compreender o comportamento. Nossas realidades estão dentro de nossas cabeças – presume-se.
12. A psicologia faz uso extensivo de metáforas. Há tempos, várias metáforas relacionadas a máquinas tornaram-se populares e estão evidenciadas na "abordagem robótica" de Hull e, mais recentemente, na metáfora do ser humano como máquina de computar.

CAPÍTULO SETE

Três Teorias Cognitivas: Bruner, Piaget e Vygotsky

O anão enxerga mais longe do que o gigante, quando tem os ombros do gigante para se apoiar.
Samuel Taylor Coleridge

O professor parecia dormir, enrolado como um cachorro, na grama ao pé de uma framboeseira silvestre. Pediu que eu o encontrasse junto do rochedo, para que lesse, naquela tarde, o sétimo capítulo. Ansioso por continuar o trabalho, quis acordá-lo, mas não tive coragem. Abelhas amarelas voavam sobre os arbustos da framboeseira e as formigas andavam pelas frutas que o professor havia colhido numa bacia. Ele segurava firme a bacia entre os braços enquanto dormia, os cantos da boca levantados, como num sorriso.

De repente um pássaro despencou do céu com um barulho de asas batendo, penas voaram; ele enroscou as garras delicadamente em torno do punho do professor, que logo acordou. Sentou-se como se nunca tivesse dormido, sorriu para o falcão-peregrino, tocou-lhe as bochechas de um preto aveludado, alisou a plumagem azul escuro das costas; prometeu-me, embora ainda não tivesse dado sinais de ter percebido a minha presença, que, à noite, comeríamos pombo assado e framboesa. E então pôs o pássaro para voar com um grito agudo: "Vá caçar!". E o pássaro subiu, batendo as asas curtas, foi subindo, subindo pelo céu, e o professor explicou que aquele pássaro era um raro falcão-peregrino, o mais rápido de todos os falcões, voava a um terço da velocidade do som. Disse que peregrino significa "viajante" ou "andarilho". Enquanto isso, o pássaro subia mais alto, até se tornar uma mancha pequena no céu e desaparecer por um instante. Então, viu os pombos que habitavam o rochedo, voavam entre o celeiro e o campo da fazenda de Peterson, do outro lado da estrada, fechou as asas e mergulhou na direção de um pombo cinza que havia escolhido no meio do grupo e o caçou num único movimento, aprisionando-o com as garras. Trouxe a presa para o professor que lhe disse que precisávamos de dois pombos e liberou de novo o falcão; ele voltou, pouco tempo depois, com um pombo bege. Eu não sabia que o professor treinava um falcão-peregrino para caçar.

Enquanto ele depenava os pombos, fez sinal para que eu ligasse o gravador.

Este Capítulo

"O que é um falcão para um pombo?", murmurou o professor, pensativo. "E o que é uma pessoa para um pombo?", prosseguiu. "O que um pombo pensa a respeito das pessoas quando se precipita sobre suas casas ou voa sobre campos e florestas? Ou o que sonha, abrigado numa árvore da cidade ou encolhido no beiral de um telhado enquanto as pessoas passam apressadamente por baixo do seu poleiro? Nos pensamentos dos pombos, será que a pessoa é só outra coisa grande da terra, em nada diferente de cavalos, vacas, cabras e caminhões? Terá o pombo um conceito de 'pessoas'? Será que consegue pensar coisas assim?."

Objetivos

"Diga aos seus leitores", recomendou o professor, "que essa é uma das questões que este capítulo responde ao focar tópicos da psicologia cognitiva, para aquilo que Bruner (1985) descreve como o gosto humano pelo conhecimento, a fome de informação. Mais do que isso, afirma Bruner, os humanos estão sempre indo além da informação que lhes é dada."

"Explique-lhes", disse o professor, "que, mesmo que não forem além da informação dada neste capítulo, ficarão surpresos ao descobrir que, ao terem digerido seu conteúdo, conseguirão (em pé ou sentados) responder a questões comprovadamente complexas no que diz respeito ao que Bruner explicou. Por exemplo:

- *Formação de conceito.*
- *Categorias e sistemas de codificação.*
- *Indo além da informação dada.*
- *Narrativas pessoais.*

Também saberão o que Piaget quis dizer com:

- *Adaptação, assimilação e acomodação.*
- *Jogos, imitação e inteligência.*
- *Estágio de desenvolvimento sensório-motor, pré-operacional, concreto e formal.*

E eles terão insights *sobre o significado e as implicações educacionais das noções de Vygotsky sobre:*

- *Zona de desenvolvimento proximal.*
- *Suporte.*

Mais ainda, eles ficarão chocados com os insights *que terão sobre o que os pombos sabem das pessoas".*

Psicologia Cognitiva

Não é tarefa fácil para as pessoas perguntar aos pombos o que eles sabem e pensam. Contudo, Herrnstein, Loveland e Cable (1976) juntaram algumas dessas aves para tentar descobrir o que elas pensam das pessoas. Por mais surpreendente que possa parecer, os pombos responderam.

Herrnstein e colaboradores apresentaram aos pombos uma série de imagens de uma ou mais pessoas fazendo várias coisas, vestidas de maneiras diferentes (até nuas) e, em alguns casos, parcialmente escondidas por determinados elementos, como árvores. Os pesquisadores cuidaram para que os pombos fossem reforçados somente quando bicassem ao serem expostos à imagem de uma pessoa.

Certamente, os pombos entenderam. Eles pareciam ter o que Herrnstein e colaboradores chamam de "conceitos naturais" que incluem noções complexas e indefinidas, como o que é uma pessoa. E são capazes de identificar imagens que representam esses conceitos, mesmo quando os detalhes mais "pessoais" das pessoas estavam diluídos em diferentes atividades, contextos e vestimentas.

Em um estudo similar, Watanabe (2010) pediu a juízes humanos para classificar pinturas de crianças em arte "boa" e "ruim". Então, ele deu reforço aos pombos que bicavam pinturas boas. Depois que eles haviam aprendido a discriminar entre as pinturas boas e ruins, tiveram acesso a uma série de pinturas de crianças que nunca haviam visto antes. E, também neste caso, os pombos se mostraram surpreendentemente bons em discriminar entre pinturas "boas" e "ruins". Como Watanabe explica, o resultado sugere que os pombos podem ser capazes de aprender conceitos humanos complexos, como os que definem qualidades abstratas, por exemplo, "beleza".

Os pombos, claro, não são os únicos animais não humanos que demonstram ser capazes de formar conceitos. Tinklepaugh (1928) em uma pesquisa com macacos, por exemplo, como vimos anteriormente, mostrava-lhes uma folha de alface e uma banana que eram, em seguida, escondidas. Se os macacos conseguissem lembrar onde a alface e a banana estavam escondidas, tinham permissão para comê-las, o que eles faziam com muito gosto, tanto no caso da alface como no da banana. Entretanto, quando Tinklepaugh mostrava a um macaco uma banana, e o animal encontrava uma alface no lugar da fruta (Tinklepaugh havia trocado as duas), ele se aborrecia muito. Não apenas ignorava a alface (que presumivelmente comeria se a encontrasse), como também continuava a procurar a banana em todo lugar – o que é uma forte evidência, no entender de Tinklepaugh, de que o macaco não apenas tinha aprendido onde o objeto fora escondido, mas também havia desenvolvido um conceito claro e estável do que deveria estar escondido no local.

Estudos como esses, destacam Medin e Ross (1992), apresentam desafios muito sérios às explicações behavioristas. Se os comportamentos mais simples dos animais não podem ser adequadamente explicados pelas noções behavioristas, presumivelmente, os comportamentos humanos mais complexos não o serão. Se até os animais desenvolvem conceitos e processos aparentes de pensamento, a psicologia deveria se preocupar com esse aspecto da mesma forma que o faz em relação a comportamentos mais facilmente observados e descritos. É aí que entra o **cognitivismo**, uma abordagem teórica da aprendizagem, envolvida primariamente com eventos intelectuais como solução de problemas, processamento de informação, pensamento e imaginação. Como vimos no Capítulo 6, o behaviorismo de Tolman, com suas descrições de expectativas, objetivos e propósitos, foi um prenúncio dos conceitos cognitivos contemporâneos. A psicologia da Gestalt, voltada para a percepção, a consciência, a solução de problemas e o *insight*, bem como sua rejeição ao behaviorismo, por ser excessivamente mecanicista e incompleto, também reflete as ênfases cognitivas.

Cognitivismo e Behaviorismo

Existem várias diferenças importantes entre a psicologia cognitiva e o behaviorismo.

Primeiro, a psicologia cognitiva está interessada principalmente nos processos mentais superiores, em vez de no comportamento observável. As mais importantes dessas funções têm a ver com a percepção (como a energia física é traduzida em experiências significativas), formação de conceitos, memória, linguagem, pensamento, solução de problemas e tomada de decisão. Como vimos no Capítulo 6, esses tópicos refletem-se nos tipos de metáforas que caracterizam a psicologia cognitiva – por exemplo, processamento da informação ou as metáforas relacionadas a computador, em contraposição à metáfora do "robô mecânico", de Clark L. Hull.

Segundo, a guinada para o cognitivismo mudou a ênfase na pesquisa com animais para uma renovada ênfase na pesquisa com humanos. É claro que tópicos como aprendizagem da linguagem, leitura, estratégias na aquisição de conceitos e desenvolvimento da lógica não podem ser facilmente investigados utilizando-se ratos e pombos.

Terceiro, o alvo primordial das teorias behavioristas tem sido determinar as relações que existem entre o comportamento e seus antecedentes, bem como suas consequências. Em contraposição, o objetivo principal das teorias cognitivas é fazer inferências plausíveis e úteis sobre os processos mentais que intervêm entre *input* e *output* e sobre o que entendemos como *significado*.

Quarto, as teorias cognitivas tendem a ser menos ambiciosas em amplitude do que as teorias behavioristas, como as de B. F. Skinner e Hull. Isto é, a maioria dos teóricos cognitivos não está tentando construir teorias cognitivas sistemáticas e inclusivas que explicariam toda a aprendizagem e o comportamento humanos. A ênfase, nas últimas décadas, recaiu sobre a pesquisa intensiva em áreas específicas, e não sobre a construção de sistemas amplos (veja a Tabela 7.1).

A *Metáfora Principal da Psicologia Cognitiva*

A metáfora dominante na psicologia cognitiva, ressalta Garnham (2009), é a do **processamento da informação (PI)** – que é, basicamente, uma metáfora baseada na linguagem do computador. Processamento da informação refere-se ao modo como a informação (*input*) é modificada ou alterada. A ênfase recai sobre processos perceptuais e conceituais que permitem ao percebedor perceber; que determinam como o agente atua; e que fundamentam pensamento, memorização, resolução de problemas etc.

A característica singular comum mais importante dos tópicos da psicologia cognitiva é que eles pressupõem representação mental e, claro, processamento da informação. Consequentemente, a construção das teorias no desenvolvimento da psicologia cognitiva tomou a forma de metáforas relacionadas à natureza da representação mental e aos processos envolvidos na construção e no uso dessas representações.

***Tabela* 7.1** *As Principais Diferenças entre Behaviorismo e Cognitivismo*

	Behaviorismo	**Cognitivismo**
Conceitos principais	Estímulos, respostas, contiguidade, reforçamento	Processos mentais superiores (pensamento, imaginação e solução de problemas)
Metáforas principais	Qualidades mecânicas do funcionamento humano	Metáforas de processamento da informação e as baseadas em computador
Sujeitos de pesquisas mais comuns	Animais; algumas pesquisas com sujeitos humanos	Humanos; pesquisas com alguns animais não humanos
Objetivos principais	Descobrir relações previsíveis entre estímulos, respostas e consequências das respostas	Fazer inferências úteis sobre os processos mentais que influenciam e determinam o comportamento
Amplitude das teorias	Geralmente pretendem explicar todos os aspectos significativos do comportamento	Geralmente mais limitadas em amplitude; buscam explicar processos e comportamentos mais específicos
Teóricos representativos	Watson, Pavlov, Guthrie, Thorndike, Skinner, Hull	Psicólogos da Gestalt, Bruner, Piaget, Vygotsky, teóricos conexionistas (veja a Capítulo 8)

Principais Crenças das Teorias Cognitivas

Teorias cognitivas são fundamentadas em uma série de suposições e crenças comuns. Três das mais importantes são as seguintes:

1. A Aprendizagem Atual se Baseia na Aprendizagem Anterior

Abordagens cognitivas enfatizam a importância dos conhecimentos e habilidades adquiridos previamente pelo aprendiz. Isto contradiz as abordagens behavioristas que tendem a ver todos os aprendizes como sendo relativamente iguais em termos de sua suscetibilidade aos efeitos de recompensas e punições. A visão da psicologia cognitiva enfatiza que os aprendizes se apresentam com diferentes motivos, diferentes informações de *background*, interesses distintos, características genéticas diversas, e assim por diante. Como resultado, mesmo em situações idênticas, eles geralmente aprendem coisas diferentes.

2. A Aprendizagem Envolve Processamento de Informações

Como vimos, a metáfora dominante na psicologia cognitiva é que o aprendiz é um organismo que processa informações. De acordo com esta visão, o aprendiz não é um receptor de informações *passivo* ou um reagente não consciente do incitamento e suas consequências. Em vez disso, o aprendiz é um participante *ativo* no processo de aprendizagem, esforçando-se para descobrir e analisar, e capaz de utilizar estratégias para chegar a conceitos e organizá-los na memória.

3. O Significado Depende de Relações entre Conceitos

Considere uma sentença relativamente simples, como "Não vou trabalhar sem um gancho". O que esta sentença direta significa?

Isso depende de a que a sentença está se referindo. Se a referência é pescar, então, talvez, o significado tenha a ver com algum tipo de isca, com a qual você pode pescar uma truta. Se você estiver falando de rolar toras de madeira para uma serraria, então o significado provavelmente está relacionado a um gancho articulado, uma ferramenta utilizada para proporcionar vantagem mecânica suficiente para rolar uma pesada tora de madeira sobre uma rampa. Se estivermos discutindo a nova canção que você acabou de escrever, então, talvez, o gancho de que você está falando seja um refrão ou frase que sirva para atrair seus ouvintes e fazê-los pensar em sua música o dia inteiro. Se estivermos comentando sobre um tipo de cabide que você está tentando inventar ou um programa de computador que atualmente estiver escrevendo, ou ainda, o açougue em que você trabalha, então estamos nos referindo a vários outros "ganchos".

Conforme explicam os psicólogos, o significado resulta de processar *informações* ativamente, construir com base na aprendizagem anterior, e depende de relações entre conceitos (algumas vezes, denominados *esquemas*) que estão atualmente ativos. Entre importantes contribuições teóricas ao desenvolvimento da psicologia cognitiva contemporânea estão aquelas feitas por Jerome Bruner, Jean Piaget e Lev Vygotsky, que serão discutidas no restante deste capítulo. Os capítulos subsequentes lidam com áreas específicas, em que a pesquisa atual é principalmente cognitiva: inteligência artificial, memória e motivação.

A Teoria da Aprendizagem de Bruner: Indo Além da Informação Dada

Num artigo clássico, Bruner (1964) compara o desenvolvimento de uma criança com a evolução da raça humana.

Evolução do Cérebro

No início, diz Bruner, os seres humanos estavam longe de ser os predadores mais rápidos, fortes e ferozes deste planeta. Não resta dúvida de que o tigre-dentes-de-sabre ou outra besta medonha teria sido muito bem-sucedida ao dominar a população humana não fosse por um simples fato: os seres humanos provaram, no final, ser mais inteligentes do que todos os que pilhavam a carne humana. Essa criatura era tão inteligente que acabou tomando o curso da evolução nas mãos. Usando o cérebro.

"O cérebro é algo maravilhoso", afirmam Johanson e Shreeve. "Não há solução melhor para o ambiente de alguém – nenhuma garra tão afiada, nenhuma asa tão leve, que possa conseguir os mesmos benefícios adaptativos – do que essa pesada bola de matéria cinzenta" (1989, p. 262).

Vantagens do Cérebro

No alvorecer da civilização, o cérebro humano facilitou o acesso a fontes de alimento que passaram despercebidas por competidores da espécie humana, muitos dos quais tinham melhor olfato, visão mais aguçada, movimentos mais rápidos e mandíbulas e bicos mais fortes. Foi o cérebro que permitiu às pessoas fazer a conexão entre usar varetas e cavar o solo em busca de raízes e tubérculos ou entre rochas pesadas e a possibilidade de intimidar uma presa (ou predadores). Foi o cérebro que acabou por criar os instrumentos de madeira e pedra, os implementos de caça e agrícolas, a roda, o foguete, o computador, a conquista do espaço sideral... e tudo o mais que veio em seguida. Mais importante ainda, o cérebro levou ao desenvolvimento da linguagem e da **cultura** – e consequentemente à possibilidade de compartilhar informação entre os indivíduos e transmiti-la ao longo das gerações. Assim, embora a matéria bruta de nosso sistema nervoso possa ser um produto da evolução, da transmissão genética, o produto de nosso cérebro é transmitido de outras formas, muitas das quais dependem da linguagem ou de outros sistemas simbólicos.

Evolução da Mente

A linguagem é um dos produtos da evolução cultural (Bickerton e Szathmary, 2009) possibilitada pelo cérebro. E assim também é a entidade mal definida que chamamos de **mente**. O termo se refere principalmente à consciência humana – a consciência que temos de sermos, sentirmos, pensarmos. Com certeza, a mente está estritamente associada com atividades cognitivas, tais como pensar, perceber, imaginar, e assim por diante.

A evolução da mente, destaca Bruner (1964; 1966), é evidenciada pelas três ondas de invenções notáveis, cada uma das quais serviram a três funções diferentes. Primeiro, os humanos desenvolveram inventos que ampliaram a capacidade motora: objetos simples (alavancas, roldanas, planos inclinados, talvez até mesmo a legendária roda) e combinações de mecanismos para fabricar armas (facas, arcos, lanças e machadinhas). Ao ampliar sua capacidade motora, os humanos ficaram mais fortes e rápidos, mais bem preparados para construir abrigos e muito menos vulneráveis aos predadores e às catástrofes naturais.

Séculos mais tarde – bem recentemente na história humana –, surgiu um segundo grupo de invenções e de novo o padrão de evolução humano foi alterado drasticamente. Em vez de ampliar a capacidade motora, esses objetos ampliaram os sentidos. Entre esses objetos estão o telescópio, o rádio, a televisão e todos os meios que expandem as capacidades humanas de ver, ouvir, sentir e perceber coisas que de outra forma não seriam percebidas.

O último grupo de invenções humanas inclui aquelas que ampliam o que Bruner chamou de capacidades de raciocínio (intelectuais). São elas os sistemas simbólicos humanos e as teorias; que incluem as linguagens e os sistemas de computadores. Quase todo o trabalho mental humano, alerta Bruner (1997b), é agora feito com a ajuda da tecnologia que as culturas proporcionam a seus membros. Essas tecnologias enriquecem enormemente as competências humanas.

Desenvolvimento da Representação em Crianças

Bruner sugere que o uso de sistemas de representação pelas crianças, à medida que elas se desenvolvem, corre paralelo à história das invenções humanas. Assim, bem no início da vida, elas representam os objetos por meio das sensações imediatas que têm deles. Nas palavras de Bruner, as coisas "são representadas nos músculos". Essa representação, chamada de **representação enativa**, corresponde ao período da evolução humana quando a ênfase estava na amplificação das capacidades motoras.

No desenvolvimento que vem a seguir, as crianças progridem de uma representação estritamente *motora* (ou enativa) para aquilo que Bruner chama de **representação icônica**. Um ícone é uma imagem; portanto, a representação icônica envolve o uso de imagens mentais que se referem a certos objetos ou eventos. Esse tipo de representação corresponde ao período durante o qual as invenções humanas eram direcionadas para ampliar as capacidades sensoriais.

A mais avançada forma de representação disponível para a criança é a **representação simbólica**, que corre paralela ao desenvolvimento das invenções que ampliaram as capacidades intelectuais. A diferença fundamental entre um símbolo e um ícone é que o ícone mantém uma semelhança literal com a sua referência, o símbolo, não. Um símbolo é completamente arbitrário. O número 2 não se parece com uma coleção de dois objetos mais do que a palavra *peru* se parece com a ave em questão. Mas os humanos não têm nenhuma dificuldade para compreender o que significam esses símbolos ou a maioria dos milhares de outros símbolos presentes neste texto.

Embora as representações enativas, icônicas e simbólicas se desenvolvam sequencialmente, uma não substitui a outra. Os adultos continuam a representar tanto enativa quanto icônica e simbolicamente. Portanto, as pessoas "sabem" como andar de bicicleta, rebater uma bola de bilhar ou executar uma tacada no golfe, não com base nos símbolos ou nas imagens, mas no corpo – o que ilustra por que é tão difícil explicar em palavras como essas

Jerome Seymour Bruner (1915-)

Jerome Bruner é o caçula de uma família judia de quatro filhos que vivia num subúrbio de classe média de Nova York. Aos 2 anos, passou pela primeira de duas cirurgias para corrigir sua cegueira congênita (causada por catarata), um processo a respeito do qual ele não tem lembranças. Ele descreve seus pais como "adultos distantes"; o centro de sua família – o "nós" de sua infância – compunha-se dele, dos irmãos menores e de dois primos.

Quando Bruner estava com 12 anos, seu pai faleceu. A partir de então, sua mãe passou a mudar de residência a cada ano (para a Flórida, para a Califórnia, pelo "país inteiro"), e o efeito disso no jovem Jerome foi, nas suas próprias palavras, "uma transformação muito precoce" (Bruner, 1983, p. 5). Ele se lembra de ter mudado constantemente de escola, quase sempre sem formar vínculos antes de mudar-se de novo, é como se tivesse ficado aprisionado numa interminável adolescência. "Minha formação no nível secundário foi consternadora", escreve (1983, p. 17), lamenta nunca ter permanecido numa escola o tempo suficiente para criar algum tipo de relacionamento bom com professores, embora conseguisse notas razoáveis.

Bruner descreve-se como um adolescente tímido e doentio, que se achava feio. Aos 16 anos, ele e alguns amigos adquiriram uma lancha de corrida que eles mesmos reformaram, pintaram e com ela se divertiam até se tornarem especialistas no assunto. Em 1932, venceram a corrida em torno de Manhattan ("natureza impetuosa", diz Bruner). Quando, em 1972 – aos 57 anos –, Bruner foi nomeado professor de Psicologia Experimental na Oxford University, ele e sua esposa, com alguns amigos como tripulantes, cruzaram o Atlântico em seu barco.

Aos 17 anos, Bruner entrou para a Duke University em Durham, Carolina do Norte. Lá obteve o título de bacharel em 1937, quatro anos mais tarde, o doutorado, em Harvard. Depois disso atuou como professor em Harvard, Princeton, Cambridge, Oxford e na Escola de Direito da New York University. Foi um dos fundadores, bem como diretor, do Center for Cognitive Research em Harvard.

As pesquisas de Bruner têm sido muito ecléticas e têm influenciado bastante a educação e a psicologia. É reconhecido como um dos líderes da "revolução cognitiva" dos anos 1950 e 1960 (Bakhurst e Shanker, 2001) e atuou por um tempo como presidente da American Psychological Association. Autor prolífico, já assinou mais de uma dúzia de livros e muitas dezenas de artigos. Mesmo aos 93 anos, Bruner continuava a escrever sobre temas como o desenvolvimento do *self* (Bruner, 1997c), o desenvolvimento e o significado de *significado* (Bruner, 1996a) e a história e o futuro da revolução cognitiva (Bruner, 1997d). Em 1983 concluiu um ensaio autobiográfico com um trecho que dizia: "Acredito que tive uma vida boa... A psicologia com certeza ajudou nisso, a psicologia como um meio de inquirir em vez de como uma base da sabedoria" (1983, p. 293). (Em parte, baseado em Kincheloe e Horn, 2007; Gale Group, 2001.)

---

coisas são feitas. Em compensação, reconhecemos rostos não na atividade, nem nos símbolos, mas nas imagens.[1]

[1] "E aqui, de novo", disse o professor, num aparte, "você não consegue descrever um rosto, nem mesmo o seu, de modo que um estranho o reconheça facilmente em meio a uma multidão de outros rostos. A menos, claro, que haja algum detalhe único no seu." Então acrescentou, meio áspero, "Talvez o seu não seja um bom exemplo".

Representação e Teoria Cognitiva

Em resumo, os adultos têm pelo menos três maneiras diferentes de representar não apenas os efeitos de experiências sensoriais, mas também os pensamentos. A importância da representação – e em especial a representação simbólica – dificilmente pode ser superestimada.

Um sistema de representação simbólica, notadamente a linguagem, é essencial para o raciocínio sistemático, diz Newell (1990). Além disso, esse sistema é necessário para compartilhar o conhecimento entre as pessoas. Por fim, a representação é fundamental na determinação da cultura humana e na modelagem da experiência de viver uma vida humana. Os sistemas de representação, destaca Bruner, são "um tipo muito especial de um kit de ferramentas comunitário cujas peças, uma vez usadas, fazem do seu usuário um reflexo da comunidade" (1990b, p. 11). A mente, argumenta ele com firmeza, pode alcançar seu potencial total apenas por meio da participação em uma cultura (Bruner, 1996b).

A Teoria da Representação de Bruner: Categorização

Aprendizagem e percepção, argumenta Bruner (1957a), são atividades de processamento de informações que refletem nossa necessidade de simplificar e fazer sentido em nosso mundo. Essencialmente, nós simplificamos as coisas em **categorias** – representações abstratas baseadas em elementos comuns entre eventos e experiências. **Categorização** é o termo de Bruner para a formação de **conceitos**. Toda atividade cognitiva humana envolve categorias, informa Bruner. Portanto, para entender a teoria de Bruner, é importante saber o que é uma **categoria**, como ela se forma e qual é o seu valor.

O que É uma Categoria?

Se um homem vê uma cabeça com longos cabelos loiros e um rosto atraente sorrindo para ele num mar de espuma dentro de uma banheira cor-de-rosa, o que ele vê é apenas uma cabeça com longos cabelos loiros e um rosto atraente sorrindo para ele num mar de espuma dentro de uma banheira cor-de-rosa?[2]

Num sentido literal, sim, isso é tudo o que ele vê. Entretanto, em outro sentido, ele vê bem mais do que isso. Vê que isso pode ser uma mulher com provavelmente dois braços, duas pernas, unhas nos pés, e tudo mais. Mas como não pode perceber essas coisas, o que ele faz, nas palavras de Bruner, é "ir além da informação dada" (1957a). Primeiro, decide que a imagem é de uma mulher; segundo, faz inferências sobre essa mulher, com base no que é conhecido sobre todas as mulheres. De acordo com Bruner, é possível fazer inferências pelo uso de categorias – nesse caso, a categoria *mulher*. A categoria *mulher* é um *conceito*,[3] pois representa coisas relacionadas entre si; também é um **percepto**, pois é algo físico apreendido pelos sentidos. No sistema de Bruner, perceptos e conceitos são quase equivalentes.

---

[2] "Você deveria destacar para os seus leitores", disse o professor, jogando outra framboesa na boca, "que essas observações também seriam apropriadas se fossem de uma mulher olhando para um cabelo preto ondulado e uma barba sorrindo para ela num mar de bolhas dentro de uma banheira azul." Fiquei me perguntando se sobraria alguma framboesa para o jantar.

[3] De acordo com a terminologia atual, Bruner emprega inadequadamente os termos conceito e categorias como sinônimos. Na verdade, *conceito* refere-se à representação mental de uma *categoria*, a qual consiste no conjunto de elementos abarcados pelo conceito. Por exemplo, o conceito de *livro* é uma representação mental que se refere à totalidade dos livros existentes no presente, que já existiram no passado e até mesmo aqueles que virão a existir no futuro (NRT).

Categorias podem ser comparadas com assembleias de células e sequências de fase da teoria de Hebb. Por serem as categorias classificações dos objetos de acordo com as propriedades que são redundantes para aquele tipo de objeto, são baseadas em associações geralmente desenvolvidas pela frequência ou pela redundância. Por exemplo, se o primeiro alienígena que chegar de Marte tiver verrugas, esse pode se transformar em um traço essencial da categoria *marcianos*. Em termos hebbianos, as assembleias de células ativadas pelas verrugas virão a se tornar associadas a outras ativadas por marcianos.

A categorização, salientam Markman e Gentner (2001), está intimamente ligada à similaridade, ou seja, os objetos tendem a ser colocados nas mesmas categorias com base nas semelhanças entre eles – por causa das características comuns que existem entre eles. Assim, carros são categorizados como carros porque compartilham a mesma forma e o mesmo funcionamento.

Categorias como Regras

"Categorizar", afirma Bruner, "é tornar equivalentes coisas discriminavelmente diferentes, agrupar em classes objetos, eventos e pessoas em torno de nós, e responder a eles em termos de sua inclusão na classe, e não em termos de sua singularidade" (Bruner, Goodnow e Austin, 1956, p. 1). Daí que uma forma de compreender o termo *categoria*[4] é defini-lo como se ele fosse uma regra (ou uma coleção de regras) para classificar coisas como se fossem iguais. Essa é uma definição lógica porque conceitos e perceptos, adquiridos por meio da categorização, são coleções de coisas que, de algum modo, são equivalentes. Por exemplo, o conceito (ou categoria) *livro* pode ser considerado uma regra implícita que permite a um indivíduo reconhecer determinado objeto como livro. Na verdade, essa categoria é uma coleção de regras que especifica que, para ser um livro, um objeto deve ter páginas, ter uma capa, conter um texto e ter um título (entre outros elementos).

Atributos

As categorias, como regras, dizem algo sobre as características que os objetos devem ter antes de ser classificados de determinada maneira. Características dos objetos são **atributos**. Bruner define atributo como "algum aspecto discriminável de um objeto ou evento que é suscetível de variação perceptível de evento para evento" (1966, p. 26). Atributos são, portanto, propriedades de objetos que não estão presentes em todos os outros objetos. São posteriormente diferenciados se desempenham um papel no ato de classificar. Os atributos que definem um objeto são chamados **atributos criteriais**; os que não o fazem, são irrelevantes. Ter órgãos sexuais femininos é provavelmente um atributo criterial da categoria mulher; uma cor particular de cabelo é irrelevante.

Regras para a Categorização

Consideradas regras, as categorias especificam a natureza das similaridades (e das diferenças) necessárias para a inclusão numa categoria. Especificamente, as categorias, como regras, explicitam quatro aspectos a respeito dos objetos aos quais se vai reagir.

---

[4] Chamamos novamente a atenção para o fato de Bruner estar se referindo ao que, de acordo com os modernos estudiosos do processo de formação de conceitos, atualmente é denominado *conceito* em vez de *categorias* (NRT).

Primeiro, como acabamos de ver, uma categoria é definida por atributos criteriais. Assim, a regra define que, para pertencer a uma determinada categoria, é essencial que o objeto possua um atributo ou uma combinação de atributos. Por exemplo, a regra para a categoria *carro* deve especificar que o objeto tem de ter um motor, assentos e certos mecanismos de controle.

Segundo, uma categoria especifica quais atributos são criteriais e indica como eles devem ser combinados. Se, por exemplo, todas as partes de um carro fossem separadas e colocadas em sacos plásticos de lixo, é bem pouco provável que alguém consideraria o resultado como carro. Da mesma forma que insistiam os psicólogos da Gestalt, o todo é maior do que a soma de suas partes; a regra para a categoria *carro* diz que as partes devem ser organizadas de um certo modo.

Terceiro, uma categoria atribui peso a diversas propriedades. Um carro pode continuar a ser classificado como carro mesmo se não tiver amortecedores ou janelas, e até se não tiver rodas. Contudo, se não tiver motor nem carroceria, deve ser classificado como outra coisa, porque essas propriedades são mais criteriais (mais essenciais) para a inclusão na categoria.

Quarto, uma categoria estabelece limites de aceitação para os atributos. Estes costumam variar de evento para evento; a cor, por exemplo, pode variar enormemente. Um carro é um carro se for vermelho, preto ou azul. Contudo, se tiver oito rodas – ou apenas duas – a regra implícita *carro* pode especificar que não é mais um carro.

Resumo da Categorização

As pessoas interagem com o ambiente por meio de categorias ou sistemas de classificação que lhes permitem tratar eventos ou objetos diferentes como se fossem equivalentes. A informação de entrada é, dessa forma, organizada em categorias preexistentes ou leva à formação de novas. Em todo caso, o produto final do processamento será uma decisão sobre a identidade do *input* do estímulo, bem como várias inferências implícitas sobre o objeto ou evento associado ao *input*. Bruner sugere que toda interação com o mundo precisa envolver a classificação do *input* em relação às categorias já existentes. Experiências completamente novas são "condenadas a ser uma pedra preciosa não lapidada, trancafiada no silêncio da experiência privada", afirma Bruner (1957b, p. 125). Resumindo, as pessoas provavelmente não conseguem perceber por completo os novos *inputs* dos estímulos; se conseguem, não são capazes de expressá-los.

Tomada de Decisão

Na verdade, no sistema de Bruner, a tomada de decisão é apenas um outro aspecto do processamento de informação que envolve a categorização.

Primeiro, identificar um objeto é tomar uma decisão sobre se ele pertence ou não a uma determinada categoria. Segundo, assim que o objeto é colocado numa categoria e, portanto, identificado, há, inerente na categoria, a decisão sobre como reagir ao objeto. Por exemplo, o reconhecimento quase inconsciente de que a luz do semáforo está vermelha é o resultado de interpretar o *input* em questão como se fosse um exemplo dos eventos que pertencem à categoria *luz vermelha*. Implícito nesse ato de classificação está a decisão de não atravessar a rua.

Sistemas de Codificação

As categorias permitem a classificação – e, portanto, o reconhecimento – do *input* sensorial. Entretanto, ir além da informação sensorial imediata envolve mais do que apenas fazer inferências baseadas na categoria na qual o *input* foi classificado. Mais importante ainda, envolve fazer inferências com base em categorias relacionadas. Por exemplo, a inferência de que um objeto novo (vamos chamá-lo de "korug") é comestível pode ser feita não apenas porque o korug tem formato de pera, e peras são comestíveis, mas também porque o korug parece uma laranja, e laranjas são comestíveis. Na verdade, o korug é identificado e previsões sobre ele são feitas com base nas categorias relacionadas entre si. Essas categorias são conhecidas como um **sistema de codificação** (veja a Figura 7.1).

Sistemas de codificação podem ser pensados como combinações hierarquizadas de categorias relacionadas entre si, de modo que a categoria que fica no topo do sistema é mais geral (*genérico* é o termo utilizado por Bruner) do que as categorias que vêm abaixo. Em outras palavras, à medida que uma se move para cima partindo de instâncias específicas que definem categorias relacionadas, cada conceito subsequente (ou categoria) fica mais abstrato – mais livre dos específicos, nos termos usados por Bruner. Para lembrar um específico, basta recorrer ao sistema de codificação do qual ele faz parte. Os detalhes da instância específica podem, então, ser recriados. E colocar um evento ou experiência em um sistema de codificação permite ao indivíduo fazer generalizações com base naquilo que é conhecido sobre outros eventos que compõem o sistema de codificação. Assim, categorizar e localizar conceitos (categorias) em sistemas de codificação é básico para a generalização – ou o que é chamado **transferência**. Por exemplo, existe uma quantidade significativa de transferência envolvida na decisão de que o comportamento apropriado em relação a um korug poderia ser comê-lo.

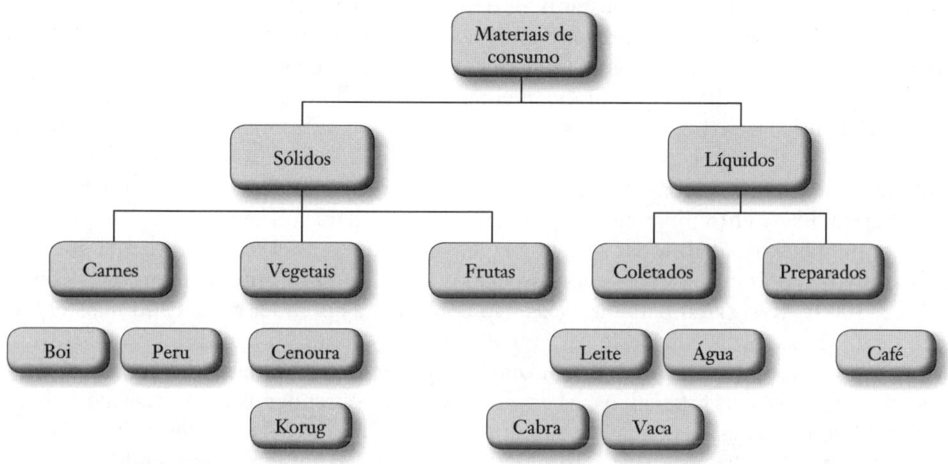

***Figura* 7.1** Representação esquemática de um sistema de codificação. Sistemas de codificação são grupamentos hipotéticos de categorias relacionadas entre si.

Pesquisa sobre a Formação de Conceitos

A descrição de Bruner de categorias e processos envolvidos na categorização desempenha importante papel na pesquisa cognitiva. "Uma categoria", afirmam Mervis e Rosch, "existe sempre que um ou mais objetos, ou eventos diferentes, são tratados de modo equivalente" (1981, p. 89) – definição idêntica, na sua essência, àquela primeira apresentada por Bruner, um quarto de século antes. "Uma vez estabelecidas as categorias", destacam Markman e Gentner (2001), "as pessoas podem usá-las para inferir atributos numa situação nova" – afirmação derivada da asserção de Bruner de que a classificação permite às pessoas ir "além da informação dada".

O que as pesquisas mais recentes nos dizem a respeito de categorização e conceitos?

Tendências Desenvolvimentistas na Aprendizagem de Conceitos

Um meio simples de definir conceitos é usar substantivos e verbos. Substantivos, como cachorro, fosso, porta e Rex, por um lado, representam categorias de características relacionadas entre si, que são realmente percebidas por nós quando interagimos com uma delas, ou seja, cada um desses substantivos define uma categoria de experiência perceptiva. Os verbos, por outro lado, expressam as relações entre os substantivos, indicando geralmente coisas como estados, causas, movimentos e outras mudanças.

Os linguistas nos dizem que, praticamente, todos os idiomas no mundo fazem distinção entre substantivo e verbo, e que os substantivos são, de muitas maneiras, mais simples do que os verbos. Basta ver que é muito mais fácil traduzir substantivos de um idioma para outro do que traduzir verbos. Como destacam Medin, Lynch e Solomon (2000), há muito mais variabilidade entre linguagens para verbos do que para substantivos.

Em muitas – mas não todas – as linguagens do mundo as crianças tendem a aprender substantivos e, portanto, os conceitos associados a eles, antes de aprender verbos (Waxman e Lidz, 2006). Mas, estranhamente, elas não começam a aprender o conceito mais específico para, depois, progredir deste para o conceito mais geral. Ao contrário, o que costuma acontecer é começarem a aprender conceitos de generalização intermediária para só então aprender aqueles mais específicos. Mais tarde passam a entender as categorias mais abrangentes (algumas vezes chamadas de supraordenadas, como os sistemas de codificação, nos termos usados por Bruner). Por exemplo, uma criança não começa aprendendo o conceito *pastor-alemão* – uma categoria altamente específica –; ao contrário, aprende o conceito mais genérico, *cachorro*. Só depois conceitos como *poodle*, *pastor-alemão* e outros de nível semelhante de especificidade serão aprendidos. Mais tarde, a criança estará pronta para compreender o conceito *mamífero*, que está relacionado a cachorro, mas é bem mais abrangente.

Limites das Categorias

Itens ou eventos incluídos numa mesma categoria não são todos equivalentes, muito embora se possa reagir a eles como se fossem. Por exemplo, ainda que uma grande variedade de *inputs* de estímulos possa ser interpretada como azul (ou seja, como pertencente à categoria correspondente a essa cor), alguns desses *inputs* serão interpretados como mais ou menos azul. Da mesma maneira, algumas cores podem parecer mais verdes, outras, mais pretas, algumas mais claras, outras mais escuras; mas, sob circunstâncias apropriadas, pode-se reagir a todas como se fossem azul.

A classificação das pessoas nas categorias magro e gordo funciona do mesmo jeito: nem todos são igualmente magros ou gordos. Portanto, os limites de uma categoria nem sempre são bem definidos, e as definições que existem podem ser arbitrárias e individuais. Duas pessoas diferentes podem não concordar quanto aos atributos considerados padrão para a comunidade de pessoas das categorias gordo e magro, mas, pressionadas, são também forçadas a reconhecer que as suas próprias categorias pessoais para essas características têm limites imprecisos.

A Neurobiologia das Categorias

A aprendizagem e, por consequência, a formação de categorias envolvem mudanças no cérebro, ou seja, o que é aprendido tem de ser representado em uma ou mais áreas do cérebro. Como vimos no Capítulo 5, os sofisticados aparelhos de medição e imageamento nos permitiram detectar as áreas do cérebro envolvidas quando, por exemplo, percebemos um ponto de luz ou ouvimos uma única nota musical. Eles sugerem que a representação perceptiva das categorias sensoriais ocorre na parte do córtex cerebral chamada *lobo parietal*. Também sugerem que os aspectos mais abstratos das categorias são representados nos *lobos frontais* (Keri, 2003). Afinal de contas, aquela parte do cérebro lida com os processos mentais superiores. E a abstração está entre os mais altos – ou seja, entre os mais *abstratos* – processos de pensamento.

Abstração

Superficialmente pode parecer que a percepção de objetos físicos requer não mais do que algum conhecimento de suas propriedades físicas e a disponibilidade de uma categoria apropriada na qual seja possível incluí-los – isto é, a percepção implica apenas o emparelhamento das sensações com as categorias apropriadas. Assim, para reconhecer alguém como pertencente à categoria *magro* ou *gordo*, bastaria apenas sentir a magreza ou a gordura (provavelmente pela visão ou talvez pelo toque). Só que gordura e magreza não podem ser sentidas diretamente: são *abstrações*. Portanto, mesmo no nível mais elementar de reconhecimento perceptivo, a abstração está constantemente envolvida.

Dois Modelos de Abstração

Na verdade, a abstração está envolvida, praticamente, em todos os modelos de categorização (Markman e Gentner, 2001). A questão principal que esses modelos tentam responder é: de que forma as pessoas abstraem as características principais de uma classe de objetos ou eventos como resultado da exposição a exemplares dessa categoria?

Uma resposta é que as pessoas desenvolvem uma noção geral dos atributos mais típicos ou representativos de um conceito. Essa abstração é um **modelo prototípico**, ou um *modelo generalizado* (Rosch, 1977). Assim, após ver milhares de árvores diferentes, Jane desenvolveu uma noção altamente abstrata do que é uma árvore. Se pudesse representar essa noção abstrata descobriria que ela não se assemelha a nenhuma árvore específica ou a nenhum tipo de árvore, em vez disso, ela incorpora tudo aquilo que é essencial em árvores. Sempre que Jane vê alguma coisa parecida com uma árvore, ela a compara com o seu protótipo de árvore.

Outra possibilidade é que, enquanto aprendia sobre árvores, Jane armazenou na memória um número de bons exemplos de árvores. A abordagem dos **modelos dos exemplares** argumenta que os conceitos são representados pelas memórias de exemplos específicos que foram realmente experienciados, e não pela abstração de algum protótipo ideal (Smith, Redford e Hans, 2008). De acordo com esse modelo, uma pessoa determina se algo novo que parece uma árvore é uma árvore, comparando-o com outros exemplos que definem o conceito.

Uma diferença importante entre esses dois modelos é que o modelo de protótipo implica um nível mais alto de abstração. Uma categoria prototípica para "pássaros", por exemplo, é uma abstração de muitas características de vários exemplos de pássaros. Em contraposição, uma categoria de exemplar para *pássaro* é definida por exemplos de pássaros verdadeiros.

Rosch (1973) argumenta que o modelo prototípico é melhor do que o modelo dos exemplares porque, para muitos conceitos, é difícil encontrar bons exemplos que lembrem exatamente cada um deles. Um automóvel é um bom exemplo de veículo, um caminhão ou uma van também são. Já um ônibus não é tanto assim, um trem bem menos, e um trem, de brinquedo menos ainda. Ao classificar cada um deles como veículo, argumenta Rosch, é provável que a pessoa se baseie num protótipo ou numa noção abstrata do que são veículos.

Várias pesquisas foram realizadas para avaliar essas duas abordagens. Além disso, outros modelos com grande quantidade de novos rótulos foram propostos (veja, por exemplo, Lee e Vanpaemel, 2008). A pesquisa parece indicar que ambos, protótipos altamente abstratos e exemplos mais específicos, estão envolvidos na aprendizagem de conceitos (Vanpaemel e Storms, 2008).

Significado e Construção Narrativa da Realidade

A teoria de Bruner, como vimos, lida com representação mental e formação de conceitos – um processo que ele descreve como *categorização*, com uma categoria sendo aproximadamente equivalente a um conceito. O desenvolvimento dessa parte da teoria data de 1956, com a publicação de *A Study of Thinking* (Bruner, Goodnow e Austin, 1956).

Seus escritos posteriores lidam menos com os detalhes da aprendizagem de conceitos do que com questões mais importantes referentes a como entendemos a realidade e como criamos *significado*. O objetivo da psicologia cognitiva, segundo Bruner insiste, tem sido entender a mente e como ela adquire significados. Contudo, ele acredita que grande parte dos esforços iniciais da psicologia cognitiva foram desviados por seu enfoque na metáfora do computador e por uma consequente ênfase no processamento de informações. Um dos resultados desta ênfase foi a noção de que, se pudéssemos criar programas que simulassem realisticamente processos cognitivos, conseguiríamos entender aqueles processos. "No lugar do conceito de significado", escreve Bruner, "emergiu o conceito de computabilidade" (1956, p. 6).

De certo modo, Malm (1993) explica, Bruner está dizendo que o **paradigma** científico que é a base da psicologia cognitiva atingiu seus limites, que não é possível analisar facilmente a questão central que a psicologia cognitiva começou a tentar resolver. Como a mente cria significado? Para responder a esta pergunta, diz Bruner, precisamos descartar o modelo computacional de mente.

Construtivismo e Narração

Bruner acredita que construímos nossas próprias noções da realidade – que criamos nossos próprios significados. Esta crença é fundamental para o que é denominado **construtivismo** na educação. Essencialmente, o construtivismo descreve uma abordagem educacional centrada no estudante – uma abordagem que enfatiza o papel do aprendiz na descoberta de relações e na construção de significado. Abordagens construtivistas frequentemente são contrastadas com os métodos de **construção direta**, que concedem ao professor um papel mais importante. Como veremos em uma seção mais à frente sobre aplicações instrucionais desta teoria, Bruner insistiu que uma das principais funções das escolas é oferecer condições que incentivem a *descoberta* de relações. A aprendizagem pela descoberta, em oposição à aprendizagem mais centrada no professor, é fundamentalmente construtivista.

Em uma série de livros e artigos mais atuais, em que o mais recente foi publicado quando ele tinha 89 anos, Bruner avança sobre outra visão de como criamos significado (Bruner, 1991; 2004). O pensamento lógico, ele sugere, não é a forma mais comum de pensamento. Em vez disso, nos engajamos em outra forma de pensamento para tentarmos criar sentido de quem somos e das vidas que estamos vivendo e que já vivemos. Esta é uma forma de pensamento que é profundamente influenciada pela cultura e especialmente pela linguagem e outros sistemas de símbolos. Esta forma de pensamento é o que nos permite contar a nós mesmos – e aos outros – histórias sobre nossas vidas. Em outras palavras, construímos a realidade de nossas vidas através de **narrativas**.

A noção de construção da realidade através de narrativas não é inteiramente nova. Pesquisadores no campo do desenvolvimento do espaço de vida humana haviam começado a observar narrativas pessoais há muitas décadas. "Contamos a nós mesmos histórias, a fim de vivermos", nos informa Didion (1979, p. 11). Estas histórias, chamadas *narrativas pessoais*, são histórias sobre nossas próprias vidas. Elas resultam de nossas tentativas de tecer os diferentes eventos de nossas vidas em uma história significativa, coerente, uma história que integra acontecimentos passados e presentes, e que geralmente inclui uma visão do futuro. Sua principal característica é o próprio eu, explica McAdams (1984), e seus principais temas são o amor e o poder.

Nossas narrativas tendem a descrever não somente o que temos feito (Bruner se refere a isto como o "panorama da ação"), mas também quais eram nossos pensamentos e sentimentos no momento, e frequentemente o que assumimos como tendo sido os pensamentos e sentimentos dos outros (o "panorama da consciência", de Bruner, 1986). Eles são uma parte fundamental de nós mesmos começando na infância e continuando ao longo de nossas vidas, e estão fundamentalmente envolvidos em nossa capacidade de escolher, agir, imaginar e entender (Brockmeier, 2009). Eles podem revelar muito de nossa delinquência juvenil (Wainryb, Komolova e Florsheim, 2010), de nossa vida sexual e identidades (Cobler e Hammack, 2009); de nossa aderência ou nosso desrespeito às leis (Amsterdam e Bruner, 2000); de nossas similaridades e diferenças culturais (Mattingly, 2008).

Uma das funções dessas narrativas é nos fornecer um sentido de estabilidade e consistência, um sentimento de continuidade, de ordenação e de previsibilidade. Como Bruner observa, as narrativas nos dão um meio de descrevermos e criarmos a percepção do tempo que vivemos – e do tempo que ainda esperamos viver. De certo modo, ele explica, nossas narrativas são tanto uma reinvenção de nossas vidas como um reflexo delas. O fato de que o narrador e o personagem principal são uma única e a mesma pessoa leva inevitavelmente à distorção na narração. Mas no final, segundo Bruner, "os processos cognitivos e linguísticos formados culturalmente, que orientam a autonarração das narrativas da vida, adquirem o poder de estruturar a experiência perceptiva, de organizar a memória, de segmentar e criar um propósito para os eventos de uma vida" (2004, p. 694). Em um sentido real, nós *nos tornamos* as narrativas que contamos a respeito de nossas vidas.

A Posição de Bruner: Uma Avaliação

Avaliar uma posição cognitiva como a de Bruner apresenta uma dificuldade interessante. Enquanto algumas posições behavioristas tentam descrever um estado de coisas de maneira relativamente exata e literal, e podem, por esse motivo, ser julgadas pela precisão da descrição, teorias cognitivas como as de Bruner são mais abstratas e, portanto, mais difíceis de avaliar.

Um problema adicional com a avaliação da teoria de Bruner é que sua ênfase mudou ao longo de décadas, assim, o que se pode dizer sobre suas noções de categorização e a formação de sistemas de codificação pode ser bastante diferente daquilo que se pode dizer em relação às suas noções de criação de significado, construtivismo e narrativas pessoais.

Ainda assim, as noções de Bruner não agridem aquilo que as pessoas intuitivamente suspeitam ser o funcionamento humano. Mais do que isso, parece relativamente clara e compreensível, bem como consistente internamente. Esses atributos são critérios importantes de uma teoria científica.

Talvez a questão mais relevante que precisa ser respondida por qualquer teoria psicológica diz respeito à sua utilidade para prever e explicar. Embora as teorias cognitivas como as de Bruner não sejam muito úteis para explicar comportamentos específicos do tipo mais facilmente explicável pelas posições behavioristas, podem ser úteis para começar e explicar processos mentais mais complexos como as tomadas de decisão e a formulação de narrativas pessoais.

Uma das maiores contribuições dos escritos e das teorizações de Bruner tem a ver com seu papel na assim chamada *revolução cognitiva* – a revolução pela qual o partido cognitivo tomou o lugar do partido behaviorista naquilo que Amsel (1989) descreve como o sistema parlamentar da psicologia.[5] "Não queríamos 'reformar' o behaviorismo", diz Bruner, "mas substituí-lo" (1990c, p. 3).

O que foi essa revolução? "Foi", afirma Bruner, "um esforço total para implantar o significado como o conceito central da psicologia – não estímulos e respostas, não o comportamento abertamente observável, não os impulsos biológicos e sua transformação, mas o significado" (1990b, p. 2). Contudo, a revolução foi apenas parcialmente vitoriosa, lamenta Bruner, porque a ênfase deslocou-se da "construção do significado" para o "processamento da informação". E a metáfora dominante tornou-se a do computador, a qual, infelizmente, resultou na exigência de que os novos modelos e teorias fossem "computáveis".

Num artigo mais recente, Bruner argumenta que não houve apenas uma revolução cognitiva, mas que as revoluções cognitivas ainda estão em andamento. E sugere que o direcionamento mais frutífero para a próxima revolução cognitiva é que ela deveria focar na descoberta de como as pessoas constroem o significado – ou seja, como dão sentido à miscelânea de sensações físicas proporcionadas pelos sentidos (Bruner, 1997c). Há talvez

[5] "Talvez ele estivesse errado", disparou o professor. "Talvez não fosse um sistema parlamentar, afinal, mas uma ditadura – uma ditadura benevolente. Não fosse assim, para que uma revolução?" Após o comentário, olhou para mim de modo estranho, como se estivesse enxergando algo que nunca vira antes. "Talvez eu não devesse rir de questões tão importantes", disse, voltando-se de novo para suas anotações.

uma terceira revolução a caminho, explica Shotter (2001). Essa próxima revolução pode lidar mais especificamente com a singularidade da pessoa e com o significado do *self* no contexto da cultura.

O estudo apropriado do homem (*The proper study of man*), diz Bruner em seu livro, com esse título é o homem (e, claro, também mulheres e crianças). "Não há nenhuma explicação do homem", alerta ele, acrescentando que nenhuma explicação da condição humana pode fazer sentido "a menos que seja interpretada à luz do mundo simbólico que constitui a cultura humana" (1990b, p. 138).

Os trabalhos mais recentes de Bruner, alguns dos quais serão descritos no Capítulo 12, lidam cada vez mais com os seres humanos no contexto cultural. Esse trabalho dá ênfase à importância da linguagem, ao significado das histórias que contamos a nós mesmos sobre nossas vidas (nossas narrativas pessoais) e à análise da linguagem e da gramática como uma maneira de descobrir coisas sobre o *self* (Bruner, 2002; 2004; Quigley, 2001).

O trabalho de Bruner continua a ser enormemente influente em abordagens culturalmente baseadas para a pesquisa e a teoria psicológicas e antropológicas (Mattingly, Lutkehaus e Throop, 2008). Entre outras coisas, tem encorajado o desenvolvimento do que frequentemente é denominado a abordagem "narrativa" à pesquisa e análise, e um estudo do "narrativo" em oposição ao pensamento lógico (ou proposicional) (Cubero, de la Mata e Cubero, 2008).

Implicações Educacionais da Teoria de Bruner

A teoria de Bruner ajusta-se especialmente bem no que diz respeito ao seu valor heurístico (na medida em que continua gerando pesquisa e debate, resultando em novas descobertas); também se sai muito bem em termos de suas implicações práticas. Ele mostrou-se preocupado em indicar algumas das implicações educacionais do seu trabalho (Bruner 1966; 1983; 1990a; 1996b).

Sua ênfase na formação dos sistemas de codificação juntamente com sua crença de que os sistemas de codificação facilitam a transferência melhora a retenção e desenvolvem a capacidade de solucionar problemas e aumentam a motivação, levando-o a defender a abordagem da descoberta orientada nas escolas. Essa ênfase na **aprendizagem pela descoberta** parte da premissa de que a formação de sistemas de codificação genéricos requer a descoberta de relações. Consequentemente, Bruner defende o uso de técnicas pelas quais as crianças são encorajadas a descobrir fatos e relações por si próprias. Um tema fundamental em sua abordagem da instrução é que a aprendizagem é um processo *ativo*, em vez de *passivo*. Como vimos, estas noções são básicas para uma abordagem *construtivista* da instrução.

Bruner sugere que alguma forma de currículo em espiral geralmente é a melhor para a educação centrada no aprendiz. Um currículo em espiral é aquele que desenvolve novamente os mesmos tópicos em idades ou em níveis de graduação sucessivos, assim como em diferentes níveis de dificuldade. Por exemplo, nos primeiros anos de escola os alunos são expostos a conceitos mais simples de uma área em particular; nos anos seguintes são reapresentados à mesma área de estudos, mas os níveis conceituais se tornam progressivamente mais complexos.

O interesse renovado em descobrir novas abordagens para a educação é evidente na abordagem construtivista do ensino defendida por vários educadores. O ponto central do construtivismo, dizem Gabler e Schroeder, é passar o estudante do "papel familiar de ouvinte a que está acostumado, para o de aprendriz ativo" (2003, p. xvii). O construtivismo está em estreita concordância com o argumento de Bruner de que o aluno precisa construir o conhecimento por si próprio – nas palavras do autor, ele precisa "construir significados". Existem inúmeros livros e programas que descrevem abordagens específicas à educação construtivista (por exemplo, Martin, 2007; Pritchard e Woollard, 2010).

O que é chamado de **movimento de mudança conceitual** na educação está também em harmonia com a teoria de Bruner (Vosniadou, 2008). O movimento de mudança conceitual é um movimento educacional de descoberta orientada, no qual a ênfase se coloca no encorajamento pessoal do aluno para se envolver no processo de aprendizagem. É uma abordagem que enfatiza a reorganização mental, e não apenas o número de fatos e procedimentos aprendidos. Um currículo direcionado para a mudança conceitual apresenta problemas e quebra-cabeças, desafia velhas ideias e resulta na construção contínua e na reorganização do conhecimento.

Nem todos os educadores e teóricos são tão entusiastas quanto Bruner a respeito do emprego dos métodos de descoberta nas escolas (veja, por exemplo, Ausubel, 1977; Ausubel e Robinson, 1969). Uma controvérsia relativamente branda entre o ensino marcado pela descoberta e as abordagens mais didáticas (algumas vezes chamadas de **aprendizagem receptiva**) tem ocorrido em certos círculos educacionais há várias décadas. As pesquisas que tentaram examinar os méritos relativos dessas duas abordagens não favorecem claramente uma ou outra (veja Lefrançois, 2000). Portanto, não há por que se preocupar. Os professores não precisam usar apenas um desses métodos, podem usar ambos.

Jean Piaget: Uma Posição Desenvolvimentista-Cognitiva

Outro teórico cognitivo cujas teorias e pesquisas tiveram enorme influência na psicologia e na educação é Jean Piaget. O sistema de Piaget é, sem sombra de dúvida, cognitivo: sua preocupação recorrente é a representação mental. Também é uma teoria desenvolvimentista: volta-se para os processos pelos quais as crianças alcançam compreensão progressivamente mais avançada do seu ambiente e de si próprias. Em suma, a teoria de Piaget é um relato do desenvolvimento cognitivo humano. Seus trabalhos cobrem uma vasta gama de assuntos: por exemplo, linguagem (1926); realidade (1929); moralidade (1932); causalidade (1930); tempo (1946); inteligência (1950); brincadeira, sonhos e imitação (1951); e consciência (1976) – e muito mais. A teoria está difundida em mais de 50 livros e várias centenas de artigos, muitos dos quais realizados em coautoria com Bärbel Inhelder (1913-1997), assistente de longa data de Piaget.

Método Clínico

Muitas das informações nas quais Piaget baseou suas teorias derivam de uma técnica especial que ele desenvolveu para estudar crianças: o **método clínico**. É uma técnica de entrevista semiestruturada, na qual as respostas dos sujeitos às perguntas determinam qual será a pergunta seguinte. É bem diferente da abordagem mais convencional, na qual perguntas predeterminadas são feitas numa ordem também predeterminada.

Jean Piaget (1896-1980)

Jean Piaget nasceu em Neuchatel, Suíça, em 1896. Foi o primeiro filho de Arthur Piaget, um professor de literatura medieval. Embora Jean tenha demorado a começar seu trabalho formal, há indicações de que era uma criança precoce. Aos 11 anos, publicou seu primeiro trabalho "acadêmico": um artigo que discorria sobre um pardal parcialmente albino que ele encontrou. Esse primeiro trabalho prenunciou a abundância de material publicado que produziria mais tarde.

Os primeiros interesses de Piaget se voltaram à biologia, campo no qual obteve doutorado, aos 22 anos de idade. Quando tinha 30, já havia publicado mais de duas dezenas de artigos, a maioria deles relacionada a moluscos e assuntos similares.

Após o doutorado, passou um ano viajando pela Europa, sem saber ao certo o que faria em seguida. Durante esse ano, trabalhou numa clínica de psicanálise (de Eugen Bleuler), num laboratório de psicologia (de Wreschner e Lipps) e, por fim, no laboratório de Alfred Binet, então sob a orientação de Théodore Simon, de onde se originaram os famosos testes de inteligência Stanford-Binet.

Uma das funções de Piaget no laboratório de Binet era aplicar um antigo teste de inteligência, os testes de raciocínio de Burt, a crianças pequenas, para padronizar os itens. Foi esse período que provavelmente marcou o início do seu interesse duradouro pelos processos de pensamento das crianças. Foi também nessa época que nasceu o primeiro filho de Piaget. Ele e sua esposa, Valentine Châtenay, tiveram três crianças, e ele estudou detalhadamente o desenvolvimento de cada uma delas. Esses estudos foram incorporados às suas teorias. O núcleo do trabalho de Piaget está em *Archives de Psychologie* (da qual foi coeditor), muito do qual ainda não foi traduzido.

Em 1980, Piaget ainda publicava e fazia pesquisas num ritmo impressionante. Um livro que ele terminou pouco antes de falecer introduz importantes mudanças e avanços no seu pensamento (Piaget, 1980). Mesmo passados mais de 30 anos de sua morte, ensaios anteriormente não publicados e novas traduções de seu trabalho continuam a aparecer (por exemplo, Piaget, 2001). Em suas próprias palavras, "No final de uma carreira, é melhor estar preparado para mudar de perspectiva do que ficar condenado a se repetir indefinidamente" (extraído de Inhelder, 1982, p. 411).

Uma indicação de sua estatura na psicologia e na educação pode ser encontrada em www.piaget.org, site oficial da Jean Piaget Society – um grupo de acadêmicos e educadores devotados a estudar e aplicar as teorias de Piaget. A publicação oficial da sociedade chama-se *Cognitive Development* (Nucci e Turiel, 2001). (Parcialmente, com base em Kincheloe e Horn, 2007; Jean Piaget Society, 2007.)

O método clínico foi emprestado da psicologia clínica, especialmente da psicanálise. Santiago-Delefosse e Delefosse (2002) notaram que a psicanalista de Piaget, Sabina Spielrein (1885-1942),[6] pode ter influenciado bastante o desenvolvimento desse método

[6] O professor parou e fez sinal para que eu desligasse o gravador. "Os estudantes", disse ele, "talvez gostem de saber como Sabina Spielrein tornou-se a psicanalista de Piaget. Diga-lhes que ela nasceu na Rússia; seus pais, que eram judeus, a mandaram para a Suíça aos 19 anos, para que Carl Jung a tratasse de uma doença nervosa. Jung havia começado a usar os novos métodos de psicanálise de Freud. A psicanálise fascinou Sabina que, então, ficou na Suíça para estudar medicina. Tornou-se psicanalista e terminou trabalhando no Jean-Jacques Rousseau Institute, em Genebra, onde Piaget atuou. Depois, aos 38 anos, voltou à Rússia com suas duas filhas." O professor calou-se por um tempo, e eu pensei que ele havia terminado de falar. Então ele disse que mesmo os estudantes mais esforçados provavelmente não se interessariam por essa informação e que eu não deveria mencioná-la. "É muito triste", ele disse, "porque, em 1942, Sabina Spielrein e suas duas filhas, junto com uma multidão de judeus, foram executados por soldados alemães" (GRL).

de pesquisa. Do mesmo modo, o psicanalista Pierre Janet (1859-1947), contemporâneo de Piaget, usou exaustivamente esse método na sua prática clínica. Da forma como Piaget descreve esse método, ele requer que o pesquisador ouça enquanto a criança fala. E requer também que o entrevistador se deixe conduzir pelas explicações e perguntas formuladas pela criança (Piaget, 1926).

Uma das vantagens do método clínico repousa na considerável flexibilidade que oferece. Piaget argumenta que quando os pesquisadores não sabem todas as questões a ser perguntadas, eles não estão em posição de decidir de antemão como as questões devem ser formuladas e mesmo quais questões perguntar. O papel de "pai/pesquisador" do método clínico tem, às vezes, levado a observações surpreendentes.

Orientação Teórica

Talvez, a mais básica das ideias de Piaget, observa von Glaserfield (1997), é que: o desenvolvimento humano é um processo de adaptação. E a mais elevada forma de adaptação humana é a cognição (ou conhecimento).

Esta visão tem uma grande relação com o treinamento inicial em biologia, de Piaget. Consistente com este treinamento, Piaget inicia sua pesquisa emprestando duas grandes questões da zoologia: (a) quais propriedades dos organismos permitem-lhes sobreviver e (b) como as espécies podem ser classificadas? Ele reelaborou essas duas questões e as aplicou ao desenvolvimento infantil: quais características das crianças permitem-lhes que se adaptem ao seu ambiente? E qual é a maneira mais simples, precisa e útil de classificar o desenvolvimento infantil? Consequentemente, a orientação teórica de Piaget é claramente biológica e evolucionária, bem como cognitiva, ou seja, ele estuda o desenvolvimento da mente (uma busca cognitiva) no contexto da adaptação biológica. Como coloca Von Glasersfeld (1997), a mais básica de todas as ideias de Piaget é: *o desenvolvimento humano é um processo de adaptação. E a mais alta forma de adaptação é a cognição (ou o conhecimento).*

Adaptação Por Meio da Assimilação e Acomodação

O recém-nascido, explica Piaget, é, de muitas maneiras, um organismo enormemente indefeso, que não sabe que o mundo é real, ignora causas e efeitos, não possui nenhuma ideia armazenada com a qual raciocinar e não tem capacidade de apresentar comportamentos intencionais. Tudo de que dispõe são uns poucos reflexos simples – e uma incrível capacidade de se adaptar.

De acordo com a linguagem da metáfora do computador, os recém-nascidos são pequenas máquinas sensoriais que parecem naturalmente predispostas a adquirir e processar uma tremenda quantidade de informação. Eles buscam a estimulação exterior e respondem a ela de forma contínua, como destaca Flavell (1985). Como resultado, os reflexos simples dos bebês – sugar, alcançar e agarrar – tornam-se mais complexos, mais coordenados e mais propositais. O processo pelo qual isso ocorre é a **adaptação**. E para responder à primeira das questões da biologia da maneira mais simples possível, **assimilação** e **acomodação** são os processos que tornam possível a adaptação.

Assimilação envolve responder a situações usando atividades ou conhecimento já aprendidos, ou que estão presentes no nascimento. Para usar um exemplo de Piaget, um bebê nasce com a capacidade de sugar – com um **esquema** de sucção, segundo Piaget (no plural *esquemata* ou *esquemas*, algumas vezes usados alternadamente com *esquema*). Os esquemas são conceitos importantes no sistema piagetiano. Basicamente, um esquema é um comportamento que tem estruturas neurológicas relacionadas a ele. Na teoria de Piaget, qualquer atividade distinta pode ser chamada de esquema. Assim, há esquemas de olhar, esquemas de falar, esquemas evidentes na capacidade da criança de somar 2 + 2, e assim por diante. Objetos ou situações são assimilados a um esquema quando se pode responder a eles usando o conhecimento prévio. Assim, o esquema de sugar permite ao bebê assimilar o mamilo ao comportamento de sugar. Da mesma forma, uma criança que aprendeu as regras de adição pode assimilar um problema como 1+1; ou seja, ele ou ela pode responder apropriadamente por causa da aprendizagem prévia.

Frequentemente, entretanto, a criança compreende o mundo de forma inadequada. O esquema de sugar do recém-nascido funciona para mamilos, mas não é muito efetivo para dedos ou chupetas. Da mesma forma, os pré-escolares compreendem que números podem ser contados nos dedos, mas isso não é bem visto pelos professores de jardim de infância. Se deve haver progresso no desenvolvimento, é preciso haver mudanças na informação e no comportamento. Essas mudanças definem a *acomodação*.

Em resumo, assimilação implica reagir com base em aprendizagem e compreensão prévias; acomodação implica mudança na compreensão. Essa interação entre assimilação e acomodação leva à adaptação.

Equilibração

Toda atividade, afirma Piaget, envolve tanto a assimilação quanto a acomodação. A criança não consegue reagir a uma situação totalmente nova sem usar algo que aprendeu antes ou sem usar alguns comportamentos anteriores (assimilação). Por sua vez, mesmo que o organismo esteja reagindo a uma mesma situação pela milésima vez, pode, não obstante, ocorrer alguma mudança, ainda que sutil (alguma acomodação). Flavell (1985) destaca que essas atividades são apenas os dois lados da mesma moeda cognitiva.

É importante, explica Piaget, que haja um balanço entre assimilação e acomodação – um equilíbrio. Daí ele usar o termo **equilibração** para explicar processos ou tendências que levam a esse balanço. Se há muita assimilação, não há uma nova aprendizagem; se há muita acomodação (ou seja, mudança), o comportamento torna-se caótico.

Assimilação e acomodação são ilustradas em duas atividades importantes da primeira infância: o brincar, que envolve principalmente assimilação, e a imitação, que envolve principalmente acomodação.

Brincar

Quando as crianças brincam, explica Piaget, elas assimilam continuamente objetos ou atividades predeterminadas, ignorando os atributos que não se encaixam naquela atividade. Por exemplo, quando as crianças sentam numa cadeira e dizem "Upa, cavalinho" não estão dando atenção particular aos atributos da cadeira que não lembram um cavalo.

Esse tipo de comportamento ao brincar envolve pouca mudança, portanto há pouca acomodação – o que não significa negar sua importância no desenvolvimento infantil. Na verdade, o que Piaget faz é exatamente o oposto: enfatiza repetidamente que, embora as crianças pequenas se envolvam nas atividades (como brincar de "cavalo"), elas o fazem movidas apenas pelo seu interesse pela atividade, e o efeito disso é estabilizar o esquema (a atividade) para que ele possa ficar mais rapidamente disponível e, por consequência, fixar um estágio para a aprendizagem seguinte.

Estágios do Brincar

Durante o seu desenvolvimento, as crianças passam por uma série de estágios nas brincadeiras e jogos, bem como por diferentes conjuntos de estágios de acordo com a sua compreensão das regras segundo as quais brincam (Piaget, 1932; veja a Tabela 7.2).

Nos primeiros estágios, antes dos 3 anos, as crianças não têm ideia de que as regras existem e brincam sem observá-las. Contudo, aos 5 anos, já desenvolveram a crença de que as regras são eternas e imutáveis, mas as alteram constantemente enquanto brincam. Durante os próximos seis ou sete anos, começam a perceber que as regras são feitas pelas pessoas e podem ser mudadas. Ironicamente, entretanto, as crianças são muito rígidas no respeito a elas. Nunca as alteram! Por fim, por volta dos 11, 12 anos, chegam à compreensão completa das regras. Tanto em relação ao comportamento quanto em relação ao pensamento, aceitam as regras como modificáveis.[7]

Tabela 7.2 *Descrição de Piaget das Regras como São Compreendidas e Utilizadas pelas Crianças*

Estágio	Idade aproximada	Grau de compreensão	Adesão às regras
Estágio 1	Antes dos 3	Nenhuma compreensão de regras.	Não brincam de acordo com as regras.
Estágio 2	Dos 3 aos 5	Acreditam que as regras vêm de Deus (ou de alguma autoridade maior) e não podem ser mudadas.	Quebram e mudam as regras constantemente.
Estágio 3	Dos 5 aos 11 ou 12	Compreendem que as regras são sociais e podem ser mudadas.	Não mudam as regras; aderem a elas de forma rígida.
Estágio 4	Depois dos 11 ou 12	Compreensão completa.	Mudam as regras por consentimento mútuo.

[7] "Apenas como um aparte", disse o professor, querendo se assegurar de que eu não incluiria no texto comentários que não fizessem parte de suas anotações, "o que você acha da contradição entre o pensamento e o comportamento das crianças?" Era um questionamento retórico, que não exigia uma resposta minha. Ele disse que a incoerência chocante entre comportamento e pensamento poderia ser desculpável, nesse caso, dado o fato de serem crianças, e as crianças humanas vêm com relativamente poucas conexões prévias; resultando daí que elas têm muito a aprender e cometem erros. Entretanto, como explicar o número assustador de exemplos de contradições entre comportamentos e crenças dos adultos humanos? É esse fenômeno que, segundo ele, abastece a indústria do jogo; já que apesar de humanos razoavelmente inteligentes saberem que a probabilidade de selecionar corretamente 6 entre 49 números é de 1 para 13 milhões, eles continuam a jogar dinheiro fora. Ele silenciou por um tempo; depois disse que comprar um bilhete de loteria talvez não fosse um preço muito alto a pagar por um sonho.

Imitação

Brincar envolve preponderância da assimilação porque, durante o brincar, objetos e situações são continuamente assimilados. Assim, quando a criança brinca de cavalo – nos termos de Piaget, quando o esquema de "andar a cavalo" está ativo –, uma cadeira se torna um cavalo tão facilmente quanto um urso de pelúcia ou o cachorro da casa. Esses objetos são assimilados ao esquema "andar a cavalo"; a criança não precisa mudar (isto é, não precisa se acomodar) as características da cadeira, do cachorro ou do ursinho de brinquedo.

Em contraposição, a imitação é primariamente acomodação. Quando estão imitando, as crianças modificam seu comportamento de acordo com as demandas que lhes são impostas pelo seu desejo de ser algo que não são, ou para parecer com outra pessoa. Piaget argumenta que, pela imitação da atividade, os repertórios comportamentais das crianças se expandem e gradualmente começam a ser interiorizados. **Interiorização** é, na terminologia de Piaget, equivalente à formação de conceitos mentais. Interiorização é o processo pelo qual as atividades e eventos do mundo real adquirem representação mental. Assim, primeiro vem a atividade, e então, a representação mental dela. A interiorização é a base da aprendizagem cognitiva.

Muitos dos comportamentos imitativos do bebê ocorrem apenas na presença do modelo a ser imitado. Mesmo crianças bem pequenas conseguem imitar comportamentos simples como abrir e fechar os olhos, piscar ou abrir a boca (Meltzoff e Moore, 1989), mas a imitação não prossegue quando o modelo não está mais presente. Isso acontece, diz Piaget, porque o bebê não consegue perceber que os objetos continuam a existir mesmo quando ele não está olhando para eles, tocando-os ou sentindo-os. O mundo do bebê, afirma Piaget, é o mundo do aqui e agora; não inclui a compreensão da permanência dos objetos (chamado de *conceito do objeto*).

Por volta de um ano, uma transformação importante ocorre quando o jovem Ralph veste a jaqueta do pai, pega a pá de brinquedo e senta no carro imaginário para fingir que está indo trabalhar depois que o pai saiu para o trabalho. Piaget explica que a **imitação diferida** – a capacidade de imitar coisas e pessoas que não estão presentes no momento – é

evidência de que a criança interiorizou a representação daquilo que está sendo imitado. É evidência também de que o bebê começou a perceber que as coisas continuam a existir por si próprias mesmo fora do seu alcance sensorial – em outras palavras, evidência do conceito de objeto.

Inteligência

Piaget estava muito familiarizado com a teoria da Gestalt. Em *Psychology of Intelligence* (Piaget, 1950 – original escrito em 1947), ele devota quase um capítulo inteiro ao exame da noção da Gestalt de que a atividade perceptiva permeia a inteligência. No final, embora admirasse muito a teoria da Gestalt e compartilhasse de sua ênfase na percepção, ele conclui que a inteligência é um processo mais ativo do que aquele retratado pelos teóricos da Gestalt. Além disso, o conceito piagetiano de inteligência difere marcadamente da abordagem tradicional mensurável. Em vez de descrever a inteligência como uma qualidade ou quantidade relativamente fixa, Piaget a descreve como um *mobile* – ou seja, como algo que se modifica (ou muda). A inteligência, argumenta ele, existe na ação. Como colocam Beilin e Fireman (2000), a ação mental e física é a base da teoria de Piaget. Nessa teoria, a inteligência é a propriedade da atividade que é refletida no comportamento maximamente adaptativo e pode, em consequência disso, ser compreendida como o processo inteiro de adaptação.

Em suma, adaptação é o processo de interagir com o ambiente assimilando seus aspectos à **estrutura cognitiva** e modificando (ou acomodando) aspectos da estrutura cognitiva em relação a ele. Ambas as atividades ocorrem em resposta às demandas ambientais. Também ambas são orientadas pela estrutura cognitiva e resultam em mudanças nessa estrutura. Entretanto, esse processo completo pode ser inferido apenas pelo comportamento real. A essência da visão de Piaget da inteligência está resumida na Figura 7.2.

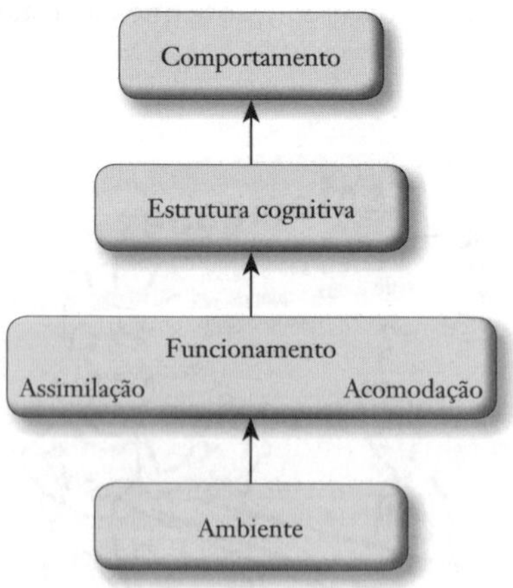

Figura 7.2 Piaget define inteligência em termos de adaptação ao ambiente através da assimilação (utilizando aprendizagem prévia) e acomodação (gerando novas respostas). Isto leva à nova aprendizagem (mudanças na estrutura cognitiva) que é então refletida no comportamento.

Estrutura Cognitiva

Embora essa visão da inteligência possa ser útil para compreender alguns dos processos envolvidos no comportamento inteligente, não é útil, de imediato, para mensurá-lo. No entanto, um aspecto do modelo tem implicações para o desenvolvimento dos testes de inteligência: a parte definida pela expressão *estrutura cognitiva*.

A descrição que Piaget faz de estrutura cognitiva é essencialmente uma descrição das características de crianças em diferentes idades. É a resposta à segunda das respostas que ele tomou emprestado da biologia: qual é o modo mais simples, mais acurado e mais útil para classificar ou ordenar o desenvolvimento infantil? Daí a descrição de Piaget de as mudanças na estrutura cognitiva ser a descrição dos estágios do desenvolvimento cognitivo humano. Esse é o aspecto do seu sistema que mais chamou a atenção.

Uma Teoria dos Estágios

Piaget acreditava que o desenvolvimento infantil progride ao longo de uma série de estágios, cada um dos quais caracterizado pelo desenvolvimento de novas capacidades. Mais precisamente, cada estágio consiste em um nível mais avançado de adaptação. Ele descreve quatro estágios principais e vários subestágios ao longo dos quais as crianças progridem no seu desenvolvimento:

- Sensório-motor (do nascimento aos 2 anos).
- Pré-operacional (dos 2 aos 7 anos).
  Preconceitual (dos 2 aos 4 anos).
  Intuitivo (dos 4 aos 7 anos).
- Operações concretas (dos 7 aos 11 ou 12 anos).
- Operações formais (dos 11 aos 12 anos ou dos 14 aos 15 anos).

Cada estágio pode ser descrito pelas principais características identificadoras das crianças naquele determinado estágio e pela aprendizagem que ocorre antes da transição para o próximo estágio.

Desenvolvimento Sensório-Motor: Do Nascimento aos 2 Anos

As características mais marcantes do comportamento infantil nos dois primeiros anos de vida são aquelas relacionadas à ausência da linguagem e da representação interna. Como vimos, o mundo da criança, por não poder ser representado mentalmente, é um *mundo do aqui e agora*. Em sentido literal, nele os objetos existem apenas quando a criança os sente concretamente e faz coisas com eles – daí o rótulo **inteligência sensório-motora**. Nesse estágio, quando os objetos não são sentidos, deixam de existir; os bebês ainda não adquiriram o *conceito de objeto* (o dar-se conta da permanência dos objetos).

O Conceito de Objeto

Piaget investigou o desenvolvimento do **conceito de objeto** mostrando às crianças pequenas um objeto atraente e removendo-o depois que elas mostrassem interesse. Nos estágios iniciais do desenvolvimento, elas não dão sinais de ter sentido a falta deles – prova, afirma Piaget, de que estar fora da vista delas é estar literalmente fora de suas mentes. Contudo, em estágios posteriores, entretanto, as crianças buscarão os objetos que viram ser escondidos; e por volta de 1 ano de idade, procurarão pelos objetos dos quais se lembram por tê-los visto em ocasiões anteriores.

O desenvolvimento do conceito de objeto pode estar ainda mais ligado à linguagem e à cultura do que Piaget havia pensado. Tomasello (1996) relata, por exemplo, que a aprendizagem das palavras por parte da criança para o ato de desaparecer está intimamente relacionada com a compreensão da permanência do objeto.

Aquisições aos 2 Anos

As denominações de Piaget para os estágios de desenvolvimento refletem as características comuns a cada um deles mais do que as características e capacidades que a criança adquire e que levam à transição para o próximo estágio. Dessa forma, o estágio sensório-motor é assim denominado porque nos primeiros 2 anos de vida as crianças reagem ao mundo de uma maneira sensório-motora, ou seja, entendem o ambiente devido principalmente a sensações que ele lhes causa (daí o termo *sensório*) e de suas ações em relação a ele (daí o termo *motor*). Cada estágio, entretanto, é uma preparação para o próximo. Portanto, as aquisições de cada estágio são muito importantes para explicar a transição para o estágio seguinte.

Entre as mais importantes e surpreendentes aquisições do período sensório-motor está o desenvolvimento da capacidade de simbolizar e comunicar. O uso de símbolos e especialmente da linguagem, explica McCune (2010), emerge da experiência sensório-motora. A linguagem acelera o pensamento e torna possível a transição para uma interpretação mais cognitiva do mundo. Uma segunda aquisição, já citada, é o desenvolvimento do conceito de objeto – a descoberta de que o mundo continua a existir mesmo quando não está sendo visto, sentido, ouvido, cheirado ou experimentado.

A culminância da aprendizagem sensório-motora é marcada por uma terceira aquisição: a crescente capacidade da criança para coordenar atividades separadas. Os adultos acreditam que a capacidade de coordenar atividades complexas é natural, mas não é uma conquista nem pequena nem sem importância para a criança. Sem a cooperação entre atividades simples, como olhar e alcançar, a criança nunca poderia obter o objeto visto e desejado. Mesmo para comportamentos tão descomplicados como pegar uma caneta, a visão precisa dirigir os dedos e a mão, o braço, o ombro, o dorso e talvez até a cabeça precise estar a serviço dessa tarefa.

Uma aquisição final do estágio sensório-motor é a do reconhecimento das relações entre causa e efeito. Ao nascer, os bebês não sabem que se eles se voltam para um objeto, eles conseguem agarrá-lo e trazê-lo para mais perto de si mesmos; eles precisam aprender isso. Esse tipo de aprendizagem é aquilo que, precisamente, lhes permite desenvolver a intencionalidade; se as crianças não souberem quais são os efeitos das suas atividades, elas não conseguem projetar esses efeitos.

Pensamento Pré-Operacional: Dos 2 aos 7 Anos

O próximo estágio da evolução cognitiva da criança – o **pensamento pré-operacional** – marca uma acentuada melhora no sempre crescente entendimento da criança sobre o mundo. Entretanto, em comparação à compreensão do adulto, o pensamento pré-operacional exibe sérias insuficiências.

O estágio pré-operacional é comumente dividido em dois subestágios: o preconceitual e o intuitivo.

Pensamento Preconceitual: Dos 2 aos 4 Anos

O estágio do **pensamento preconceitual** é caracterizado pela incapacidade de a criança compreender muitas das propriedades das classes. Piaget, cujo trabalho inicial era tipicamente baseado em observações de seus próprios filhos, ilustra bem isso referindo-se à reação de seu filho a um caramujo que eles viram quando caminhavam uma manhã. "Papa", disse o garoto, "*regardez l'escargot*". Mais tarde, quando cruzaram com outro caramujo, o garoto disse de novo, "*Papa, regardez l'escargot. C'est encore l'escargot!*".[8]

A criança preconceitual adquiriu a capacidade de representar objetos internamente (ou seja, no âmbito mental) e identificá-los com base na sua inclusão em classes, mas agora reage a todos os objetos semelhantes como se eles fossem idênticos. Por exemplo, todos os homens são "papai", todas as mulheres são "mamãe", os animais são "au-au" e o mundo é simples. Se Samuel vê um urso de pelúcia igual ao dele na casa de um amigo, pensa que é o seu próprio urso, a mesma coisa ocorre com o triciclo que está na loja. As crianças entendem algo sobre classes porque conseguem identificar objetos. No entanto, a compreensão delas é incompleta porque não são, ainda, capazes de distinguir entre membros aparentemente idênticos da mesma classe (daí o termo *preconceitual*). Esse tipo de pensamento tem, ocasionalmente, algumas vantagens para os pais: Papai Noel continua a ser o único indivíduo desse tipo, mesmo que possa ser visto em 10 lugares num mesmo dia.

Outra característica do pensamento infantil durante esse estágio é que ele é **transdutivo**, em vez de **indutivo** ou **dedutivo**. O raciocínio dedutivo parte do geral para o específico. Por exemplo, se você aceita a generalização de que todos os pássaros têm asas, se lhe dizem que o ouzel é um pássaro, você pode deduzir que ele tem asas. O raciocínio indutivo vai do específico para o geral. Por exemplo, depois de ter observado centenas de espécies de aves e reparado que todas elas têm asas, você pode induzir que todos os pássaros têm asas.

Tanto o raciocínio indutivo quanto o dedutivo são métodos válidos do pensamento lógico. Em contraposição o raciocínio transdutivo é um tipo falso de lógica que envolve fazer inferências de um específico para outro. Por exemplo, a criança que raciocina "Meu cachorro tem pelo e aquela coisa tem pelo; portanto, aquela coisa é um cachorro" está desenvolvendo o raciocínio transdutivo. Esse raciocínio pode resultar em conclusões corretas, mas não há garantia de que isso ocorra. Assim, a coisa com pelo pode muito bem ser um cachorro, caso no qual o raciocínio transdutivo resultou numa inferência correta. Entretanto, se a coisa peluda for um gambá, o mesmo processo de raciocínio terá um resultado menos feliz.

Pensamento Intuitivo: Dos 4 aos 7 Anos

Quando as crianças chegam aos 4 anos já atingiram uma compreensão mais completa dos conceitos e não mais raciocinam de modo transdutivo. Seu pensamento tornou-se mais lógico, embora ainda seja governado mais pela percepção do que pela lógica. Na verdade, o papel desempenhado pela percepção no estágio do **pensamento intuitivo** é provavelmen-

[8] A tradução do primeiro diálogo é: "Pai, olha o caramujo!"; para o segundo, "Pai, olha o caramujo. É o caramujo de novo".

te a característica mais notável desse período. O papel da percepção é evidente na falta de conservação da criança, no pensamento egocêntrico e nas dificuldades com os problemas de classificação.

Um problema de **conservação** bem característico é este: são apresentados às crianças dois recipientes cilíndricos de vidros (béqueres) com água no mesmo nível (como em (a), na Figura 7.3). O pesquisador, então, derrama o conteúdo de um dos béqueres num tubo de vidro alto (como em (b) na Figura 7.3). Os sujeitos que antes haviam dito que a quantidade em cada um dos béqueres era igual agora são indagados se há mais, menos ou igual quantidade de água no novo recipiente. No estágio intuitivo, as crianças quase que invariavelmente respondem que há mais, porque o nível da água é mais alto no tubo. Elas são enganadas pela aparência (percepção) bem como pela falta de capacidades lógicas específicas.

O pensamento das crianças do estágio intuitivo infantil mostra não apenas ausência de conservação mas também **egocentrismo** marcante – uma incapacidade em aceitar com facilidade o ponto de vista alheio. Para ilustrar isso, um pesquisador segura em cada mão a extremidade de um cordão no qual o boneco de um menino e a boneca de uma menina estão enfileirados lado a lado. Mostram-se à criança os bonecos, que depois são escondidos atrás de uma tela, mas as mãos continuam à vista. Pergunta-se à criança qual boneco aparecerá primeiro se eles forem movimentados para a esquerda. A resposta da criança é anotada, e os bonecos voltam à posição original, então a pergunta é repetida. De novo os bonecos aparecem pela esquerda; assim, o mesmo boneco aparece primeiro. O mesmo procedimento é realizado várias vezes.

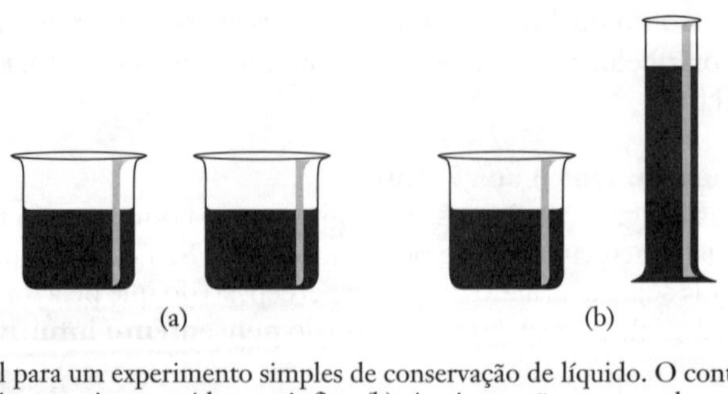

***Figura* 7.3** Material para um experimento simples de conservação de líquido. O conteúdo de (a) foi despejado num recipiente mais comprido e mais fino (b). A criança não conservadora deduzirá que há mais líquido nesse novo recipiente porque ele é "mais comprido" – ou menos, porque ele é "mais fino".

As crianças razoavelmente inteligentes costumam responder certo no início. Contudo, após um tempo, mudam de ideia e predizem que o outro boneco é que aparecerá primeiro. Quando indagadas por que pensam assim, é pouco provável admitirem que desconfiam dos pesquisadores, pois ainda não aprenderam a desconfiar deles. Em vez disso, dizem algo como "Não é justo. É a vez da boneca aparecer primeiro". A solução desse simples problema lógico, pela referência a como as coisas deveriam ser do ponto de vista da criança, ilustra o papel do egocentrismo no pensamento intuitivo.

Embora as crianças nesse estágio possam identificar os objetos com base na sua inclusão na classe, elas ainda não compreendem como as classes podem ser inseridas em categorias mais amplas. Quando se mostram a uma criança de 4 anos sete doces, dois dos quais são chocolates e o restante, balas de goma, ela logo reconhece todos como doces e, se indagada, provavelmente responderá dessa forma. Entretanto, se o experimentador continuar: "Me diga, há mais balas de goma do que doces, menos ou o mesmo número?", a criança pode muito bem dizer que há mais balas de goma do que doces! Quando uma classe é dividida em subclasses e as crianças são solicitadas a raciocinar a respeito da subclasse (as balas de goma) e da classe mais ampla (doces), elas acham muito difícil fazê-lo. Para elas, a divisão inicial destruiu a classe original. (Veja na Figura 7.4 um resumo das características do pensamento pré-operacional.)

Operações

Os estágios preconceitual e intuitivo são subestágios do longo período pré-operacional. O estágio é chamado de *pré-operacional* porque antes dos 7 anos a criança não raciocina com operações. Como indicam os termos dos próximos dois estágios, é após os 7 anos (ou por volta dessa idade) que a criança alcança o pensamento operacional. O termo **operação** é, portanto, central para o sistema de Piaget.

Uma operação pode ser definida como uma atividade interiorizada (em outras palavras, um pensamento) sujeita a certas regras da lógica. Três dessas regras, reversibilidade, identidade e compensação, são descritas resumidamente a seguir.

Operações Concretas: Dos 7 aos 11 ou 12 Anos

Por volta dos 7 anos, as crianças fazem uma transição importante da fase pré-operacional para as **operações concretas** – ou seja, de um tipo de pensamento pré-lógico, egocêntrico, dominado pela percepção, para um tipo de pensamento mais regulado por regras. Talvez em nenhuma atividade isso seja mais evidente do que na aquisição do conceito de conservação.

As Conservações

Conservação, como vimos, é a compreensão de que certos atributos quantitativos dos objetos não se alteram, a menos que se adicione algo a eles ou que se tire algo deles. Na experiência anterior da água em recipientes diferentes (veja a Figura 7.3), as crianças adquirem a conservação quando compreendem que despejar água de um recipiente para outro não altera a quantidade de líquido.

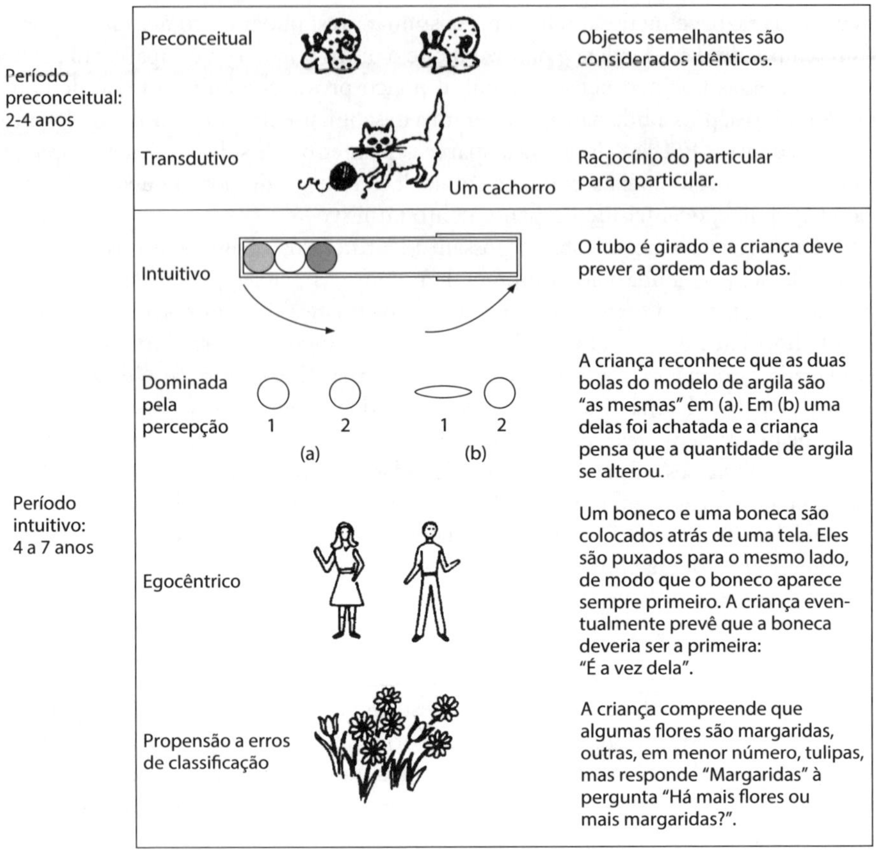

***Figura* 7.4** Características do pensamento pré-operacional com ilustrações.

Há muitos tipos de conservação, cada qual relativo a um atributo quantitativo específico de um objeto e cada qual adquirido numa ordem bastante similar pela maioria das crianças. Por exemplo, a conservação de substância é geralmente adquirida por volta dos 7 ou 8 anos, a conservação de área não é adquirida antes dos 9 ou 10 anos, e a conservação de volume não se apresenta antes dos 11 ou 12 anos (veja a Figura 7.5). Pesquisa sugere que a habilidade das crianças de conservar está estritamente vinculada ao seu desempenho em assuntos escolares relacionados, como matemática (por exemplo, veja Bond e Parkinson, 2010).

A importância da conservação na teoria de Piaget é que ela ilustra o uso de uma ou mais regras da lógica que agora governam o pensamento – regras como a **reversibilidade**, **identidade** e **compensação**. Enquanto interage com coisas e eventos – ou seja, durante o que Piaget chama de "construção do conhecimento" (o mesmo que Bruner, 1996a, ou Kuhn, 1972, chama de "construção de significado") – a criança descobre que a lógica governa ações e relações.

Um pensamento (ação interna) é *reversível* quando a criança percebe que a ação poderia ser revertida e que certas consequências lógicas advêm disso. Por exemplo, no tocante ao problema da conservação de líquidos descrita anteriormente, a criança poderia raciocinar:

1. **Conservação de número (6 ou 7 anos)**
Duas fileiras de fichas são colocadas uma a uma entre o pesquisador (P) e o sujeito (S):

Uma das fileiras é, então, alongada ou encurtada:

Pergunta-se a S qual fileira contém mais fichas ou se as duas ainda têm o mesmo número de fichas.

2. **Conservação de comprimento (6 ou 7 anos)**
Dois bastões são colocados diante do sujeito. As extremidades são alinhadas.

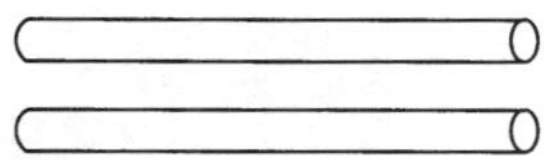

Pergunta-se a S se eles têm o mesmo comprimento. Move-se, então, um dos bastões para a direita.

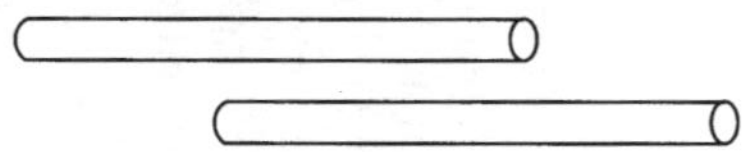

A pergunta é repetida.

3. **Conservação de substância ou massa (7 ou 8 anos)**
Duas bolas de massa de modelar são apresentadas a S. Pergunta-se se as duas têm a mesma quantidade de massa de modelar nelas. Se S diz não, é solicitado a ele deixá-las iguais. (Não é de todo raro para uma criança pequena simplesmente apertar uma das bolas para deixá-la com menos massa). Uma bola fica deformada.

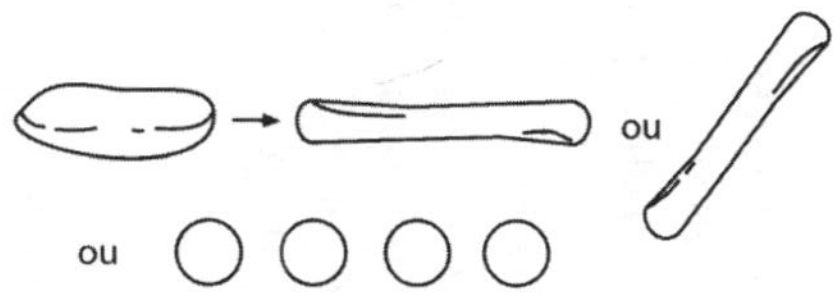

Pergunta-se a S se as duas contêm a mesma quantidade de massa.

4. **Conservação de área (9 ou 10 anos)**
Dá-se a S um pedaço grande de cartolina, idêntica a que E tem. Ambas representam um *playground*. Os pequenos blocos de madeira representam prédios. Pede-se a S para colocar um prédio em seu *playground* toda vez que E fizer o mesmo. Depois de ter espalhado nove prédios em ambos os *playgrounds*, E junta todos os seus num canto.

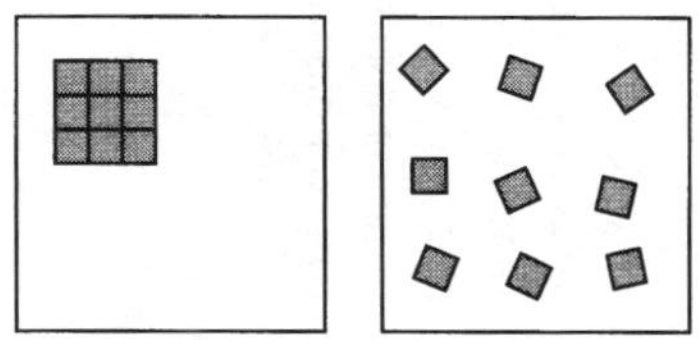

Pergunta-se a S se há mais espaço (área), no seu *playground* ou no de P.

5. **Conservação de quantidade de líquido (6 ou 7 anos)**
Apresentam-se a S duas vasilhas idênticas com o mesmo nível de água.

O conteúdo de uma delas é despejado dentro de um recipiente mais alto e mais fino e o outro, num prato raso.

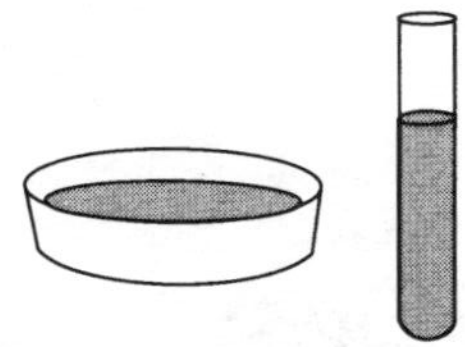

Pergunta-se a S se a quantidade de água permanece igual.

6. **Conservação de volume (11 ou 12 anos)**
Apresenta-se a S um recipiente com marcações cheio de água

e duas bolas idênticas de massa de modelar. Uma das bolas é amassada e colocada dentro do recipiente, a outra bola é alongada.

Pergunta-se a S para prever até onde o nível da água no recipiente subirá se a massa alongada substituir a bola amassada.

S = sujeito E = esperimentador

***Figura* 7.5** Procedimentos experimentais referentes à conservação de seis atributos físicos, com as idades aproximadas de aquisição.

"Se a água do tubo alto for despejada de volta no outro recipiente, ainda terá a mesma quantidade de água de antes, portanto, não pode ter mudado". Isso, em poucas palavras, é reversibilidade.

Alternativamente, a criança poderia raciocinar que se nada foi tirado ou acrescentado ao recipiente, a quantidade de água deve ser a mesma em cada um deles. Esse é um exemplo de regra da *identidade*, que afirma que para toda operação (ação) há outra operação que a deixa inalterada. Nada a acrescentar ou retirar não produz mudanças.

Uma terceira forma de raciocinar poderia ser esta: "O tubo é mais alto, mas também é mais fino, portanto, uma coisa compensa a outra"; Piaget e Inhelder (1941) referem-se a esse raciocínio como *compensação* (ou combinatividade), propriedade definida pelas consequências lógicas de combinar mais de uma operação ou, nesse caso, mais de uma dimensão.

Várias tarefas de conservação são mostradas na Figura 7.5. Lembre-se de que as idades indicadas entre parênteses na Figura 7.5 são aproximadas.

A Conservação Pode Ser Ensinada?

Devido ao fato de a aquisição dos conceitos de conservação representar um feito significativo no desenvolvimento cognitivo das crianças pequenas, muitos pesquisadores tentaram ensinar esses conceitos a crianças antes de elas os adquirirem de forma natural. O sucesso nessa empreitada poderia se traduzir numa aceleração significativa do crescimento cognitivo. Intuitivamente, pode parecer uma tarefa simples ensinar, digamos, para uma criança de 5 anos, que a quantidade de massa numa bola não muda a menos que alguma massa seja adicionada ou retirada. Concretamente, entretanto, ao contrário do que qualquer avô inteligente poderia prever, a maioria das tentativas de ensinar conceitos de conservação para as crianças foi malsucedida (por exemplo, Campbell e Ramey, 1990; Perry e Holt, 1992). E aqueles que conseguiram acelerar o aparecimento de conceitos de conservação em algumas crianças (nunca em todas) só tiveram sucesso depois de treinamento prolongado, sistemático e teoricamente embasado (por exemplo, Lefrançois, 1968; Siegler e Liebert, 1972). Nenhum desses psicólogos mostrou com clareza que tais estudos de aceleração têm um efeito benéfico geral em outros aspectos do funcionamento do raciocínio da criança.

Classificação

Com o surgimento das propriedades lógicas do pensamento que definem as operações, as crianças também adquirem novas habilidades para lidar com classes, números e séries.

Piaget supunha que essas habilidades são altamente dependentes da manipulação e da interação com objetos concretos. Por exemplo, ao combinar objetos, separá-los ou distribuí-los em grupos, as crianças aprendem inclusão em classes e desenvolvem a capacidade de raciocinar a respeito de classes aninhadas.[9] O problema dos doces, citado anteriormente (se havia mais balas de goma do que doces), é tão simples para as crianças que estão no estágio das operações concretas que elas poderiam até rir se a questão lhes fosse apresentada.

Seriação

Além disso, por causa das experiências com objetos reais, as crianças adquirem a capacidade de ordená-los em séries e estabelecer correspondências entre mais de uma série. Piaget investigou a compreensão da seriação apresentando a crianças vários objetos que podem ser facilmente ordenados – por exemplo, bonecos de diferentes alturas. Antes das operações concretas, as crianças ordenam os objetos comparando dois deles ao mesmo tempo, mas raramente fazem a inferência necessária de que se A é maior do que B, e B é maior do que C, então A deve ser também maior do que C. As crianças pré-operacionais não ficam embaraçadas ao colocar C antes de B se acabaram de comparar A e C. As crianças com idade para realizar operações concretas raramente cometem um erro desse tipo (veja a Figura 7.6).

Número

A capacidade de lidar com números é um resultado lógico da classificação e da seriação, porque um entendimento completo de número requer a compreensão de suas propriedades cardinais (o fato de os números representarem classes de diferentes magnitudes: uma coisa, duas coisas, três coisas, e assim por diante), bem como o conhecimento de seu significado ordinal (sua sequência ordenada: primeiro, segundo, terceiro, e assim por diante).

***Figura* 7.6** Teste de compreensão infantil da seriação. Os elementos das séries são apresentados em ordem aleatória, e as crianças devem arranjá-los em sequência por altura. A fileira de cima foi organizada por uma criança de 3 anos de idade, a de baixo, por uma criança de 8 anos.

---

[9] Classes embutidas umas dentro das outras, mais específicas (NRT).

Operações Formais: Após os 11 ou 12 Anos

As **operações formais** representam alguns avanços importantes em relação às operações concretas. Primeiro, porque as crianças que estão na fase das operações concretas aplicam sua lógica diretamente aos objetos reais ou aos objetos que são fáceis de imaginar (daí o termo *concreto*). Em outras palavras, as crianças não lidam com aquilo que é hipotético, a menos que isso possa se ligar diretamente à realidade concreta. Sua resposta pronta para a questão "E se Doris Adler tivesse orelhas pequenas?" é "Doris Adler não tem orelhas pequenas!". Por outro lado, os adolescentes são potencialmente capazes de lidar com o hipotético (o não concreto). O fato de que Doris Adler tem orelhas grandes não impede que se imaginem as consequências de ela ter orelhas pequenas.

Relações Abstratas

Um item do *teste de raciocínio*, de Binet (o precursor do tão conhecido teste de inteligência, de Stanford-Binet), ilustra drasticamente uma importante diferença entre o pensamento de operações formais e operações concretas. O item lida com relações abstratas: Edith é mais clara do que Susan; Edith é mais escura do que Lilly. Quem é a mais escura das três? Este problema é difícil não porque envolve seriação (a seriação já foi dominada no estágio de operações concretas), mas por causa da natureza abstrata das características a serem ordenadas. Se Edith, Susan e Lilly estivessem em pé diante de uma criança de dez anos, esta poderia facilmente dizer: "Edith é mais clara do que Susan e é mais escura do que Lilly – e Susan é a mais escura". Contudo, quando o problema não é concreto, mas verbal, ele requer pensamento, que é mais formal (abstrato).

A Natureza Hipotética do Pensamento

Como acabamos de ver, o último estágio na evolução do pensamento é marcado pelo aparecimento, no comportamento, do que Piaget denomina **pensamento proposicional** – pensamento que não fica restrito à consideração do concreto ou do potencialmente real; ao contrário, lida com o domínio do hipotético. (Uma proposição é qualquer afirmação que pode ser verdadeira ou falsa.) As crianças podem agora raciocinar do real para o meramente possível, ou do possível para o real. Elas podem comparar estados de coisas hipotéticos com estados reais, ou vice-versa. Como resultado, podem ficar profundamente perturbadas com a aparente irresponsabilidade de toda uma geração de adultos que se aproximou do limite de desastres inomináveis. (Veja a Tabela 7.3, para um resumo dos estágios de Piaget.)

A Teoria de Piaget como uma Teoria da Aprendizagem

Na essência a posição de Piaget diz respeito a uma teoria do desenvolvimento humano. Principalmente devido à sua ênfase na gênese (ou desenvolvimento) do conhecimento. Pode ser simplificada e reduzida ao seguinte conjunto de afirmações:

- A aquisição do conhecimento é um processo de desenvolvimento gradual que se torna possível pela interação da criança com o ambiente.
- A sofisticação da representação do mundo pelas crianças é uma função do seu estágio de desenvolvimento. Esse estágio é definido pelas estruturas de pensamento que elas possuem na ocasião.

***Tabela* 7.3** *Estágios do Desenvolvimento Cognitivo de Piaget*

Estágio	Idade aproximada	Características principais
Sensório-motor	0-2 anos	Inteligência motora O mundo do aqui e agora Ausência de linguagem e de pensamento nos estágios iniciais Nenhuma noção da realidade objetiva
Pré-operacional	2-7 anos	
Preconceitual	2-4 anos	Pensamento egocêntrico Raciocínio dominado pela percepção
Intuitivo	4-7 anos	Soluções intuitivas e não lógicas Incapacidade de conservar
Operações concretas	7-11 ou 12 anos	Capacidade de conservar Lógicas de classes e relações Compreensão de números Pensamento ligado ao concreto Desenvolvimento da reversibilidade no pensamento
Operações formais	11 ou 12-14 ou 15 anos	Generalidade completa do pensamento Pensamento proposicional Capacidade de lidar com o hipotético Desenvolvimento de forte idealismo

- Maturação, experiência ativa, equilibração e interação social são as forças que moldam a aprendizagem (Piaget, 1961). **Maturação** é um processo biológico relacionado ao gradual desdobramento de um potencial. A experiência ativa se refere a atividades reais – atividades que possibilitam à criança conhecer e internalizar coisas. A interação social – interação com outras pessoas – permite à criança elaborar ideias sobre o mundo e sobre os outros. E a aquisição de equilíbrio, como vimos, é a tendência em direção ao equilíbrio – em direção à descoberta de um equilíbrio ótimo entre assimilação e acomodação.

Implicações Educacionais da Teoria de Piaget

O impacto da teoria de Piaget sobre o currículo escolar, os procedimentos de instrução e as práticas de mensuração é profundo e significativo. Por exemplo, como mostra a Tabela 7.4, cada uma das forças que modelam o desenvolvimento tem implicações educacionais importantes.

Teorias como as de Piaget e de Bruner enfatizam que a aprendizagem é muito mais do que simplesmente deslocar itens de informação de fora para dentro da criança. Como vimos, essas teorias apoiam o *construtivismo* – uma abordagem para ensinar e aprender que dá à criança papel central e ativo na construção do conhecimento. Os métodos construtivistas, explicam Gabler e Schroeder, são aqueles que encorajam "os estudantes a serem pensadores críticos e aprendizes independentes; o professor atua como mentor e facilitador" (2003a, p. xvii).

O trabalho de Piaget sugere várias abordagens e princípios educacionais muito específicos (veja Lefrançois, 2000). Por exemplo, parte diretamente da teoria de que nos estágios iniciais, a interação com os objetos concretos é essencial para o crescimento do

Tabela 7.4 *As Quatro Forças que Moldam o Desenvolvimento Humano*

Força	Explicação	Implicação educacional
Equilibração	A tendência em manter um equilíbrio entre assimilação (resposta que utiliza aprendizagem prévia) e acomodação (mudança de comportamento em resposta ao ambiente).	É necessário proporcionar às crianças, atividades com nível ótimo de dificuldade – nem tão difíceis a ponto de elas se sentirem exageradamente desafiadas, nem tão fáceis a ponto de não requererem nenhuma acomodação.
Maturação	As forças genéticas que, embora não determinem o comportamento, estão relacionadas ao seu desdobramento.	Os professores precisam saber alguma coisa sobre como as crianças pensam e aprendem – sobre seu nível de maturação e compreensão, para otimizar suas experiências educacionais.
Experiência ativa	A interação com objetos e eventos reais permite aos indivíduos descobrir coisas e inventar (construir) representações mentais do mundo.	Essa força apoia um currículo construtivista, aquele no qual o aprendiz é envolvido ativamente no processo de descobrir e aprender.
Interação social	A interação com as pessoas resulta na elaboração de ideias sobre as coisas, as pessoas e sobre si mesmo.	As escolas precisam oferecer amplas oportunidades para a integração aluno-aluno e professor-aluno nas áreas acadêmicas (sala de aula) e não acadêmicas (*playground*, biblioteca etc.).

conhecimento e para o desenvolvimento da compreensão e das capacidades subjacentes ao pensamento. Consequentemente, oferecer oportunidades para atividades tanto mentais quanto físicas é uma implicação educacional básica da teoria de Piaget.

A teoria de Piaget também sugere que as escolas deveriam se esforçar para oferecer aos estudantes tarefas e desafios de dificuldade ótima. O material oferecido aos alunos não pode ser tão difícil a ponto de não poder ser compreendido (assimilado) nem tão fácil que não resulte em aprendizagem nova (sem acomodação). Daí que é muito importante os professores saberem algo sobre o desenvolvimento infantil e sobre como as crianças aprendem e pensam. Os professores precisam entender tanto as limitações quanto o potencial do pensamento infantil.

Ao descrever as forças que modelam o desenvolvimento da criança, Piaget atribuiu um importante papel à interação social. É por meio dela que as crianças se tornam conscientes dos sentimentos e pensamentos alheios, desenvolvem regras morais e de brincar, e desenvolvem e praticam seus próprios processos de pensamento lógico. Os métodos educacionais que refletem a teoria de Piaget devem oferecer muitas oportunidades para a interação professor-aluno e aluno-aluno.

A teoria de Piaget não é uma simples teoria, explicam Fuller et al. (2009); assim como a teoria de Vygotsky, apresenta uma visão diferente da mente e do conhecimento. "Entendê-las mais profundamente nos auxiliará em nossa missão de ajudar os estudantes a entenderem seu mundo e a si mesmos mais profunda e intensamente" (p. 183).

A Posição de Piaget: Uma Avaliação

Os críticos de Piaget, que são muitos, têm algumas restrições em relação a ele. Uma das mais antigas diz respeito ao pequeno número de sujeitos em sua pesquisa: o método clínico não se presta facilmente a grandes amostras. Essa crítica não é relevante, exceto quando estudos mais cuidadosos com grupos maiores contradizem as descobertas de Piaget.

Pesquisa Relacionada

Milhares de estudos investigaram o trabalho de Piaget e algumas vezes tiveram-no como base. Conforme Fuson (2009, p. 343) observa, "Tem havido uma enorme explosão de pesquisas sobre o pensamento matemático em crianças, estimuladas por Piaget". Muitos desses estudos apoiam a descrição geral de Piaget da sequência do desenvolvimento intelectual, especialmente nos primeiros estágios (ver, por exemplo, Gelman 1978; Opper, 1977). Essa sequência parece adequada a crianças de vários países (Dasen, 1972; 1977; Glick, 1975). Em contraposição, a pesquisa oferece menos apoio para a descrição de Piaget das idades nas quais ocorrem as principais mudanças intelectuais.

Piaget Subestimou as Crianças Pequenas

Os críticos destacam que Piaget parece haver subestimado as idades nas quais as crianças pequenas são capazes de certos comportamentos importantes. Há indicações de que as dificuldades verbais frequentemente podem estar implicadas no insucesso de Piaget em encontrar certas capacidades e compreensão durante os períodos iniciais do desenvolvimento. Quando as tarefas são tornadas mais simples e menos dependentes do desenvolvimento avançado da linguagem, as crianças algumas vezes respondem de forma muito diferente.

No problema das "montanhas", por exemplo, mostram-se às crianças três montanhas de alturas desiguais que são colocadas sobre uma mesa, permite-se que as crianças andem ao redor das montanhas para se familiarizarem com elas. Na fase de teste do estudo, as crianças sentam-se em um lado da mesa, uma boneca é colocada em algum outro ponto ao redor da mesa. Pede-se às crianças que descrevam como o modelo é visto do ponto de vista da boneca. Sua incapacidade inicial para fazer isso é tomada como exemplo de egocentrismo (incapacidade de adotar o ponto de vista alheio). Entretanto, quando Liben (1975) pediu a crianças pré-operacionais que descrevessem como um cartão branco seria visto da perspectiva do pesquisador (bem como da perspectiva delas próprias), quando visto através de óculos coloridos que estivessem sendo usados pela criança ou pelo pesquisador (por exemplo, cor-de-rosa pelo pesquisador, e sem óculos pelas crianças), as crianças geralmente respondiam de forma correta.

Baillargeon (1987; 1993) também registra estudos que parecem indicar que bebês têm alguma noção da permanência de objetos muito antes do que Piaget pensava que tinham. Por exemplo, quando bebês de 3 ou 4 meses viam um objeto aparentemente passando através de um espaço que deveria ter sido ocupado por outro objeto sólido, eles se mostravam surpresos. De modo similar, Charles e Rivera (2009) descobriram que bebês entre 5 e 6 meses de idade geralmente irão olhar ativamente para um objeto antes de efetivamente tentarem alcançá-los. Olhar para um objeto é um forte indicador do desenvolvimento de uma noção de permanência do objeto.

Gelman, Meck e Merkin (1986) e Aubrey (1993) também destacaram que os pré-escolares costumam ter uma compreensão bem desenvolvida dos números, aspecto que Piaget pensava ser característico dos mais velhos, das crianças com idade para realizar operações concretas.

Operações Formais Não Estão Amplamente Generalizadas

Nos seus primeiros escritos, Piaget deixou pouca dúvida sobre considerar as operações formais como características de adolescentes mais velhos, bem como da maioria dos adultos (Inhelder e Piaget, 1958). Entretanto, vários estudos oferecem evidências convincentes de que esse provavelmente não é o caso (veja, por exemplo, Modgil e Modgil, 1982). Muitos desses estudos não conseguiram encontrar evidências das operações formais entre adultos, quanto mais entre adolescentes. Quando Dulit (1972) avaliou adolescentes talentosos mais velhos em operações formais, descobriu que, pelo menos, a metade ainda funcionava no nível das operações concretas; um quarto dos adolescentes mais velhos e dos adultos operava no nível das operações formais. Da mesma maneira, estudos interculturais têm procurado encontrar evidências de pensamento além das operações concretas em muitas culturas (veja Gelman, 1978). Ironicamente, parece que Piaget, embora tenha subestimado as capacidades das crianças pequenas, pode ter superestimado as das crianças mais velhas e as dos adolescentes.

Em virtude dessas descobertas, Piaget (1972) alterou sua postura inicial ao aceitar que o estágio das operações formais está longe de ser tão geral quanto pensava. As evidências disponíveis sugerem que as operações formais são consideradas de forma mais adequada se vistas como processos cognitivos potenciais em vez de prováveis. Em resumo, as operações formais são, provavelmente, impossíveis na média infância ou antes; elas são possíveis, mas estão longe de ser completamente gerais, na adolescência e na idade adulta.

O Sistema É Complexo Demais

Outra crítica tem a ver com a dificuldade de entender o sistema e com o uso de terminologia complexa e algumas vezes nebulosa. Morgado (2003), por exemplo, destaca que o uso de termos importantes de Piaget, como *representação*, é, algumas vezes, ambíguo. Além disso, ao tentar descrever o pensamento lógico, Piaget usou uma lógica difícil cuja contribuição nem sempre se mostrou prontamente evidente. Lourenço e Machado (1996) sugerem que muitas dessas críticas estão baseadas em interpretações equivocadas da teoria de Piaget, algumas vezes resultantes das dificuldades de traduzir o original francês para outros idiomas.

O Quanto Essas Críticas São Danosas?

As críticas, embora mais numerosas e detalhadas do que indicadas aqui, não são muito danosas à teoria básica. No máximo, as diversas contradições bem fundamentadas da teoria piagetiana sugerem que as idades de aquisição são aproximadas – um ponto que Piaget sempre sustentou. Além disso, sugerem que as crianças podem se desenvolver mais rapidamente em certas áreas do que Piaget suspeitava (em particular no nível sensório-motor) e que o estágio final da descrição de Piaget não é tão geral – fato que não chega a perturbar os teóricos piagetianos, visto que as descrições do estágio precedente, o das operações concretas, descreve adequadamante aqueles que não alcançaram as operações formais.

O que os críticos salientam é que o desenvolvimento cognitivo da criança é muito mais complexo do que Piaget havia pensando – talvez mais complicado do que os psicólogos ainda pensam.

Um exame do sistema de Piaget com respeito aos critérios descritos no Capítulo 1 revela que, entre outras coisas, a teoria é consideravelmente consistente, coerente e abrangente. Entretanto, algumas pesquisas indicam que o sistema de Piaget pode não refletir precisamente todos os fatos. Em certas ocasiões, subestima as capacidades infantis, em outras, acaba por superestimá-las.

A teoria é clara e compreensível? Sim e não. Num certo nível – o de descrever os estágios – é simples e clara. No entanto, em outro nível – o dos sistemas lógicos abstratos – é menos clara e talvez não muito útil (Russell, 1999).

A teoria explica e prevê bem? De novo, sim e não. Explica com precisão alguns comportamentos que anteriormente eram desconhecidos (a conservação, por exemplo) e, de modo geral, prediz o tipo de funcionamento cognitivo que pode ser esperado das crianças nos vários estágios de desenvolvimento. As previsões nem sempre são inteiramente apropriadas, em especial quando ligadas às idades aproximadas de Piaget.

Por fim, o quanto a teoria é útil e influente? Muito. O impacto de Piaget na psicologia e na educação tem sido enorme, mesmo que controverso. A teoria gerou milhares de estudos e incontáveis aplicações nas escolas. Piaget é o grande responsável por ter convertido uma geração de professores, pais e pessoas que trabalham com crianças em fascinados observadores delas e de seu desenvolvimento. Embora alguns teóricos argumentem agora que a influência da sua teoria está diminuindo, muitos continuam a prezar suas contribuições e a ampliar seu trabalho (por exemplo, veja Jean Piaget Society, 2010).

Lev Vygotsky: Uma Teoria Social/Cognitiva

Nem todos os psicólogos elogiaram sempre o trabalho de Piaget ou tentaram ampliá-lo. Na verdade, um dos contemporâneos de Piaget, o psicólogo soviético Lev Vygotsky, despendeu um grande esforço ao atacar e criticar o trabalho de Piaget e tentar levá-lo a debater e dialogar com ele (Van der Veer, 1996). Piaget, bem ao seu estilo, nunca respondeu, embora não fique claro se o fez porque optou por não responder ou porque não estava familiarizado com o trabalho de Vygotsky. Afinal de contas, muitos dos escritos de Vygotsky permaneceram sem tradução para o inglês até muitos anos depois de sua morte precoce (aos 38 anos, em 1934).

Mas, conforme argumenta Pass (2007), existem evidências de que Piaget e Vygotsky se comunicavam entre si. E, aparentemente, cada um deles havia modificado suas teorias como resultado do trabalho do outro. Segundo Pass, depois de ler Vygotsky, Piaget começou a reconhecer que as influências sociais são uma das importantes forças que definem o desenvolvimento. E depois de ler Piaget e escrever prefácios para dois de seus livros, Vygotsky modificou sua noção de estágios de desenvolvimento. Infelizmente, diz Pass, o fato de Stalin ter bloqueado as comunicações entre o Oriente e o Ocidente terminou efetivamente com o intercâmbio entre os dois, depois de um curto período. Aparentemente, Vygotsky fez repetidas tentativas de contrabandear seu trabalho para fora da Rússia, a fim de enviá-lo para Piaget. No caso de seu livro *Psychological Pedagogy*, de 1926, ele não obteve sucesso até 1932. Na verdade, durante várias décadas após ter morrido, o trabalho de Vygotsky foi banido da União Soviética (veja o trecho de sua biografia). Ironicamente, como observa Mironenko (2009), atualmente, a história sugere que Vygotsky sozinho introduziu uma das duas principais ideias com as quais a psicologia russa contribuiu para o mundo: a noção de **zona de desenvolvimento proximal**. A outra grande ideia foi a noção de Pavlov do reflexo condicionado.

As Principais Ideias da Teoria de Vygotsky

A ênfase central da teoria de Piaget, diz Bruner (1997a), tem a ver com a compreensão dos sistemas lógicos envolvidos na construção do significado pela criança. A teoria de Vygotsky preocupa-se também com a construção do significado; como resultado, sua teoria é frequentemente citada como um exemplo do *construtivismo*. Contudo, ao contrário de Piaget, Vygotsky enfatiza como a cultura e a interação social estão envolvidas no desenvolvimento da consciência humana. Assim, enquanto a teoria de Piaget dá às forças que estão *dentro* da criança (a tendência à equilibração, por exemplo) um papel fundamental, o sistema de Vygotsky enfatiza as forças que estão *fora* da criança – em outras palavras, as forças da cultura (Gredler e Shields, 2008).

Três temas sobrepostos unificam a ampla teoria de Vygotsky: eles lidam com a importância da cultura, o papel da linguagem e a relação entre aluno e professor.

O Papel da Cultura

O tema singular mais importante da teoria de Vygotsky pode ser resumido em uma frase: A interação social está fundamentalmente envolvida no desenvolvimento da cognição. Por interação social Vygotsky entende a interação da criança com aquilo que ele chama de **cultura**. Somos muito diferentes dos outros animais, explica. Por quê? Porque usamos ferramentas e símbolos e, como resultado, criamos essa coisa chamada *cultura*. As culturas são muito poderosas, dinâmicas, alterando coisas que exercem uma enorme influência sobre cada um de nós. A cultura, por exemplo, especifica o que é um desenvolvimento bem-sucedido. Aponta o que temos de aprender e que competências são necessárias para nos adaptarmos ao mundo. As culturas, explicou Vygotsky, modelam o funcionamento mental humano. "Cada função no desenvolvimento cultural da criança aparece duas vezes", afirma. "Primeiro, no nível social e, mais tarde, no nível individual; primeiro, entre pessoas (interpsicológico) e, então, dentro da criança (intrapsicológico). Isso se aplica igualmente à atenção voluntária, à memória lógica e à formação de conceitos" (Vygotsky, 1978, p. 57).

Talvez, até mesmo as teorias psicológicas sejam moldadas pela cultura, diz Perinat (2007), que argumenta que a teoria de Vygotsky foi profundamente moldada pela política de sua cultura. Desse modo, como observa Thomas (2005), a teoria de Vygotsky reflete suas crenças marxistas-socialistas, particularmente no papel que ele atribui à cultura e interação social em determinar o desenvolvimento. Além disso, seu trabalho escrito e teórico tornou claro que ele estava muito familiarizado com a pesquisa e a teoria de seus contemporâneos.

Não estamos apenas *produzindo cultura*, observa Bronfenbrenner (1989), mas também somos *produzidos pela cultura*, dando voz a um dos temas contemporâneos mais fundamentais que são base do estudo e do entendimento do desenvolvimento humano. Surpreendentemente, há mais de seis décadas, Vygotsky já havia adotado este tema como a verdadeira base de sua teoria.

A importância da cultura na teoria de Vygotsky é realçada pela distinção que ele faz entre *funções mentais elementares* e *funções mentais superiores*. As funções elementares são nossas tendências e comportamentos naturais, não aprendidos, evidentes na capacidade do recém-nascido de sugar, balbuciar e chorar. Durante o desenvolvimento, estas funções mentais elementares são transformadas em funções mentais superiores – como pensamento,

Lev Semenovich Vygotsky (1896 -1934)

Vygotsky nasceu na cidade de Orscha, hoje Belarus. Seus pais eram judeus de classe média. Cresceu em Gomel, cerca de 650 km a oeste de Moscou. A ascendência judaica impôs significativas limitações às suas possibilidades de educação e carreira. Ele foi educado por um tutor antes de entrar para uma escola secundária judaica. O fato de ter sido admitido mais tarde na Moscow University foi um evento de pura sorte, já que ali imperava um sistema de sorteio pelo qual apenas um pequeno número de jovens judeus era admitido a cada ano.

Por insistência dos pais, Vygotsky matriculou-se no curso de medicina da Moscow University. Logo decidiu que não queria ser médico, então, mudou para o curso de direito e, simultaneamente, estudou história e filosofia numa segunda universidade (Shaniavsky). Após se formar nessas duas universidades, em 1917, voltou a Gomel e começou a dar aulas numa escola estadual. Algum tempo depois, contraiu tuberculose, ao que tudo indica, por ter cuidado de pessoas da sua família que tinham adoecido por causa desse mesmo problema. Felizmente ele sobreviveu a essa primeira fase da doença.

Curiosamente, embora tenha se tornado um importante e influente psicólogo durante a sua vida – e assim permaneceu, décadas após a sua morte –, Vygotsky não se interessou por psicologia antes de 1924, quando já estava com 28 anos. Menos de 10 anos depois, na manhã do dia 11 de junho de 1934, morreu de tuberculose. Nesses 10 anos, foi pioneiro nas pesquisas e nas ideias sobre o desenvolvimento psicológico e sobre a educação, contribuições ainda válidas e atuais. Apesar de seu mais famoso trabalho, *Thought and Language*, ter sido publicado apenas depois de sua morte, durante a sua curta carreira ele se tornou uma das forças intelectuais mais importantes da União Soviética no seu tempo. Infelizmente, seu trabalho foi suprimido dois anos após seu falecimento; só se tornou conhecido no Ocidente duas décadas depois. As autoridades soviéticas determinaram que a ciência infantil da qual ele era um pioneiro, conhecida como **pedologia**, era uma "pseudociência burguesa" decadente, em parte porque usava testes ocidentais para identificar e diagnosticar dificuldades de aprendizagem.

Toulmin (1978) descreveu Vygotsky como o "Mozart" da psicologia, um gênio da infância. Aos 28 anos, diz Toulmin, Vygotsky já tinha assimilado todas as principais teorias e descobertas da psicologia e começou a mapear novas ideias que até hoje têm grande influência na área. Como teria sido sua carreira e sua contribuição se tivesse vivido tanto quanto Piaget? (Parcialmente, com base em Kozulem, 1990; Kinchele of Horn, 2007.)

---

resolução de problemas e imaginação – principalmente através das interações sociais que as culturas possibilitam. Afinal, a cultura torna a linguagem possível. E a interação social possibilita a aprendizagem da linguagem.

Linguagem e Pensamento

Sem a linguagem, explica Vygotsky, a inteligência da criança permanece uma capacidade puramente prática, natural, semelhante à dos animais, como os macacos – uma capacidade limitada a funções mentais elementares e atividades animalescas, como sensações e percepções. Mas, com a linguagem, podemos interagir socialmente. E, com a interação social, surge o que Vygotsky descreve como "criação e ensino", que são essenciais para o desenvolvimento (Davydov, 1995). Portanto, o desenvolvimento cognitivo é fundamentalmente uma função da ampla interação verbal que ocorre entre a criança e os adultos.

Por meio dessas interações, diz, a criança desenvolve a linguagem e, como consequência, o pensamento lógico.

Para compreender o desenvolvimento intelectual, diz Vygotsky, é necessário entender a relação entre pensamento e linguagem. Tradicionalmente, a psicologia tem sugerido duas possibilidades (naturalmente, com variações a esse respeito): uma delas é que o pensamento pode ser idêntico à linguagem, uma visão que algumas vezes é atribuída a behavioristas como Watson, que afirmavam que o pensamento é simplesmente o discurso internalizado. Na verdade, a relação entre pensamento e linguagem parece tão profunda que alguns linguistas, como Sapir e Whorf, acreditavam que o pensamento é completamente determinado pela linguagem (Carrol, 1997; Sapir, 1921). Outra possibilidade é que o pensamento e a linguagem são basicamente independentes, mas influenciam um ao outro.

Vygotsky propôs examinar essas possibilidades, observando a vasta literatura nesta área e elaborando uma série de investigações sobre o desenvolvimento da linguagem em crianças. Ele rapidamente chegou à conclusão de que a conhecida forma *forte* da **hipótese de Sapir-Whorf** – a crença de que a linguagem é essencial para o pensamento e o *determina* – não é defensável. Evidências contrárias incluem manifestações de pensamento entre crianças utilizando linguagem não verbal, assim como entre determinados animais. Além disso, até mesmo adultos altamente habilitados no uso de uma ou mais linguagens, às vezes, pensam em termos de imagens ou outros símbolos. E também, como veremos no Capítulo 9, todos temos memórias *implícitas* – memórias que não podem facilmente ser verbalizadas. Tais memórias incluem informações relacionadas a coisas como andar de bicicleta, chutar uma bola, ou mesmo respostas "impensadas" a situações que nos assustam ou excitam. O fato de que esses pensamentos não podem ser verbalizados não nega a existência deles.

A outra possibilidade – de que a linguagem e o pensamento são basicamente independentes um do outro, mas são extremamente entrelaçados – está próxima às conclusões de Vygotsky. Embora a linguagem seja uma ferramenta extremamente poderosa para organizar e manipular pensamentos, pensar não é inteiramente dependente da linguagem.

O Estudo dos Blocos de Vygotsky

Para estudar como a linguagem e o pensamento se desenvolvem em crianças pequenas, Vygotsky elaborou uma série de estudos engenhosos. Utilizando o que atualmente conhecemos como **blocos de Vygotsky**, um desses estudos apresenta às crianças um conjunto de 22 blocos, em que nenhum é idêntico a outro. Esses blocos variam em formato, cor, altura e tamanho. Em baixo de cada bloco, está um dos quatro seguintes rótulos: lag, bik, mur e cev. Nenhum desses rótulos é uma palavra real; nenhuma delas foi "aprendida" antes. Mas os rótulos são utilizados sistematicamente, portanto, independentemente da cor ou da forma do bloco, todos os blocos altos são rotulados com *lag*, todos os blocos grandes são rotulados *bik*, todos os blocos baixos recebem o rótulo *cev*, e todos os blocos pequenos são identificados como *mur*. Mostra-se, então, às crianças o rótulo sob um bloco amostral e pede-se que elas peguem todos os outros blocos que elas acreditam ser do mesmo tipo. Quando as crianças terminam de pegar os blocos, o examinador seleciona um que é de um tipo diferente e mostra para a criança o rótulo embaixo dele. E a criança continua tentando. Tipicamente, o experimento continua até que a criança resolva o problema – isto é, até que a criança aprenda que as palavras são rótulos para os blocos que são idênticos em duas de quatro dimensões: altura e tamanho.

Observando sequências de resolução de problemas entre várias centenas de crianças de diferentes idades e analisando seu uso do discurso nesta e em outras investigações, Vygotsky chegou à conclusão de que o discurso e o pensamento são inicialmente independentes, mas que a interação cultural e, especialmente, o nível de sofisticação da linguagem é instrumental na determinação do nível de sofisticação conceitual que a criança atinge. Desse modo, durante os primeiros meses, existe pouca relação entre o discurso e o pensamento; os dois se desenvolvem independentemente. Mas com a crescente sofisticação da linguagem, o pensamento e a linguagem se tornam cada vez mais estreitamente relacionados.

Estágios da Linguagem e do Desenvolvimento Conceitual

Dentre muitos outros aspectos importantes, a descrição do desenvolvimento da linguagem, de Vygotsky, antecipou a importância da **epistemologia genética** de Piaget (sua descrição dos estágios no desenvolvimento do conhecimento). Descreve, por exemplo, como, por força da interação social, a criança progride ao longo de três estágios no desenvolvimento da fala (Vygotsky, 1962).

O primeiro estágio no desenvolvimento da linguagem é a **fala social** (também chamado de *fala externa*). Ele abrange os dois primeiros anos de vida. O início deste estágio é essencialmente um estágio *pré-fala*. É caracterizado por sons – como choros, balbucios, gritinhos – que expressam emoções e estados psicológicos simples, como fome, raiva e contentamento. Posteriormente, aparecem sons repetitivos e mais significativos – como murmúrios e grunhidos. E mais tarde ainda, surgem as primeiras palavras. Com as palavras, se origina a *fala social*, que é utilizada principalmente para controlar o comportamento dos outros ("Quero leite!") ou expressa conceitos simples.

Durante a fase pré-fala da fala social, explica Vygotsky, o pensamento é predominantemente não verbal. Mas com a descoberta das palavras – e finalmente, de sentenças primitivas – o pensamento se torna cada vez mais verbal. As palavras se tornam abstrações cada vez mais poderosas, que podem ser utilizadas para organizar e comunicar conceitos simples.

A **fala egocêntrica**, que surge entre os 3 e os 7 anos, é uma espécie de ponte entre a fala pública (externa), a fala do primeiro estágio, e a fala mais privada, mais (interna), a fala do terceiro estágio. Durante esse estágio, as crianças geralmente falam para si próprias, como num esforço para orientar seu próprio comportamento em vez de apenas o dos outros. Por exemplo, nos problemas com os blocos de Vygotsky, frequentemente é possível ouvir crianças pequenas verbalizando as razões de suas escolhas, cobrando, elogiando ou desaprovando a si mesmas. O que começou como grupamentos aparentemente casuais nas tentativas das crianças de resolverem o problema com os blocos agora passa a assumir um caráter mais organizado. Mesmo que as soluções das crianças ainda sejam incorretas, elas são mais sistemáticas: todos os verdes, todos os que são planos, todos os que são altos.

O estágio final, a **fala interior**, refere-se ao falar para si mesmo – o estágio que William James chamou de "a corrente da consciência" (1890/1950). Nosso falar para nós mesmos (ou fala interior) é aquilo que nos indica que estamos vivos e conscientes, que nos permite observar e dirigir nosso pensamento e, de quebra, nosso comportamento. A fala interior é o que torna possível todo o funcionamento mental superior. O problema com blocos revela que, durante este estágio, o pensamento da criança atingiu um nível superior de sofisticação conceitual. Quando as crianças resolvem o problema corretamente, é porque elas tiveram sucesso em identificar e abstrair as dimensões relevantes.

Em resumo, a linguagem começa como um tipo de ferramenta externa que é muito útil na interação social e também para guiar o comportamento social, como acontece com o falar consigo mesmo. Em tempo, o falar consigo mesmo se torna a fala interna. Enquanto o falar consigo mesmo orienta as primeiras ações das crianças, a fala interna serve mais como um guia do pensamento. Nas palavras de Vygotsky, "a fala é inicialmente um meio de socializar com aqueles que estão ao redor da criança e, somente depois, na forma de fala interna, se torna um meio de pensar (1960/1997, p. 4, veja a Tabela 7.5).

Aplicações Educacionais: a Zona de Crescimento Proximal e Suporte[10]

A teoria de Vygotsky diz muito sobre as forças que moldam a aprendizagem das crianças. Ela enfatiza o papel da cultura e da linguagem no desenvolvimento cognitivo, e diz muito sobre a relação especial que existe entre professores e alunos. Naturalmente, sendo de profundo interesse dos educadores, mesmo levando ao desenvolvimento de um programa, o currículo Ferramentas da Mente é baseado estritamente na teoria. Este currículo, que

Tabela 7.5 *Os Estágios do Desenvolvimento da Linguagem de Vygotsky*

Estágio de desenvolvimento da linguagem	Idade aproximada	Características e funções da fala	Desenvolvimento conceitual
Social	Até os 3 anos	Os sons pré-fala (que expressam estados emocionais, como fome ou raiva). Sons significativos; primeiras palavras. Sentenças simples (controlam o comportamento dos outros; expressam pensamentos e emoções simples).	O pensamento é independente da linguagem; a fala é independente do pensamento.
Egocêntrico	de 3 a 7 anos	Caracterizado por falar consigo mesmo; geralmente, falar alto (serve para guiar e controlar o comportamento da própria criança).	A fala é mais conceitual; o pensamento é mais verbal. Tentativas desorganizadas de resolver os blocos de Vygotsky. Agrupamentos casuais.
Interno	de 7 anos em diante	Falar consigo mesmo em silêncio; define o "fluxo da consciência" (torna possível dirigir o pensamento e o comportamento; envolvido no funcionamento mental superior).	O pensamento é altamente verbal. Agrupamentos mais complexos baseados nas características dos blocos. Capacidade de analisar e sintetizar dimensões abstratas.

[10] Optou-se nesta edição por traduzir o termo original "*scafoldine*" por suporte ao invés de "andaime", para referir-se ao auxílio ou orientação prestado por um adulto ou criança mais competente a um aprendiz na sua zona de desenvolvimento proximal (ZDP). Na verdade, o próprio Vygotsky nunca utilizou este termo. Ele foi empregado por J. Bruner, D. Wood e G. Ross, em 2006, quando da aplicação do conceito de ZDP a contextos educacionais (NRT).

demonstrou ser efetivo com os pré-escolares, ensina habilidades matemáticas e de linguagem através da interação social com colegas e professores, frequentemente em um contexto de brincar (Barnett et al., 2008). Desse modo, utiliza forças culturais para propiciar e moldar o crescimento cognitivo – e a cultura e a interação social são os principais motivadores do desenvolvimento cognitivo no sistema de Vygotsky.

O currículo Ferramentas da Mente reflete dois aspectos da teoria de Vygotsky que têm implicações educacionais especialmente claras e importantes: suas noções da *zona de crescimento proximal* e de *suportes*.

Zona de Crescimento Proximal[11]

Muito da popularidade atual da estrutura teórica de Vygotsky diz respeito à sua descrição da relação entre aprendiz e professor – ou entre pais e criança. Na estrutura teórica de Vygotsky, essa relação envolve ensinar e aprender para ambas as partes (o termo russo para essa relação é *obuchenie*) (Scrimsher e Tudge, 2003), ou seja, o professor aprende com a criança e sobre ela da mesma forma que a criança aprende por causa das ações do professor. Essa relação é mais bem resumida pela noção de Vygotsky da **zona de desenvolvimento proximal**.

A maneira mais simples de explicar o conceito de zona de desenvolvimento proximal é dizer que ela é uma espécie de potencial para o desenvolvimento (Ketterer, 2008). Esclarecendo: Leonardo e Daniel são dois garotos de 7 anos que podem, ambos, em circunstâncias normais, responder adequadamente às mesmas perguntas respondidas pela média das crianças de 7 anos e realizar tarefas mais ou menos no mesmo tempo. A inteligência dessas duas crianças é média. Suponha que, quando estimulado e ajudado por um adulto competente ou por uma criança mais velha, Leonardo consiga, com sucesso, realizar tarefas e responder perguntas mais características de crianças de 9 anos, e Daniel não. Nesse caso, seria apropriado afirmar que a *zona de desenvolvimento proximal* de Leonardo é maior do que a de Daniel; ou seja, abrange uma esfera maior de funções mentais.

Para resumir, Davydov explica a zona de desenvolvimento proximal assim: "Aquilo que a criança inicialmente consegue fazer apenas junto com adultos e seus iguais, então, pode fazer de forma independente, reside exatamente na zona proximal de desenvolvimento psicológico" (1995, p. 18).

A noção de Vygotsky de crescimento da zona proximal é uma das duas mais importantes contribuições à teoria e prática instrucional; a outra é seu conceito de *suporte*, que está estreitamente relacionado.

Suporte

A tarefa do professor e dos pais, explicou Vygotsky, é cuidar para que as crianças participem de atividades dentro de sua zona de crescimento proximal – atividades que, por definição, não se apresentem tão fáceis a ponto de as crianças conseguirem realizá-las corretamente sem esforço, nem tão difíceis que, mesmo com ajuda, não consigam realizá-las. O modo como o aprendiz pode ser ajudado é descrito pelo conceito de **suporte**.

[11] O termo *proximal* também pode ser traduzido como *potencial* (NRT).

Se você tivesse de construir um galpão bem alto, seria muito útil ter um suporte sobre o qual se apoiar. Inicialmente, esse suporte seria robusto, sólido e estaria bem perto do solo. À medida que as paredes sobem, também o faz o suporte, usando a sua base original para crescer firme e na direção correta. Entretanto, o suporte não precisa mais ser tão extenso e tão forte. Na verdade, agora você pode subir nas paredes e caibros de sua própria construção, e até subir no telhado sem muita necessidade do suporte tão importante no início.

O suporte, para os trabalhos de ensino/aprendizagem, funciona mais ou menos do mesmo jeito, afirma Vygotsky. Nos primeiros estágios da aprendizagem, o suporte (ou seja, a orientação e o auxílio) são essenciais. Não se pode esperar que uma criança pré-escolar descubra com rapidez e facilidade os sons que representam cada uma das letras do alfabeto. No entanto, em estágios posteriores, o aprendiz inteligente e bem-sucedido será capaz de pronunciar rapidamente palavras novas. Os aprendizes mais velhos, que aprenderam como aprender, precisam menos de suporte, já que constroem com base na aprendizagem prévia e em estratégias bem ensaiadas.

É falando, demonstrando, mostrando, corrigindo, apontando, exigindo, oferecendo modelos, explicando procedimentos, fazendo perguntas, identificando objetos etc., que professores e pais constroem os suportes para as crianças. Como destacam Fernandez, Wegerif, Mercer e Rojas-Drummond (2002), o suporte permite às crianças executar tarefas que estariam além de suas capacidades se elas trabalhassem sozinhas. As pesquisas sustentam a noção de Vygotsky de que o suporte pode aumentar a complexidade do pensamento infantil e afetar positivamente tanto a aprendizagem quanto o desenvolvimento (por exemplo, Williams, Mastergeorge e Ontai, 2010).

O suporte, dizem Hogan e Pressley (1997), é uma metáfora que leva a um modelo de aprendizagem por meio de aumentos graduais. Além disso, enfatiza a importância da interação entre educador e estudante. Mais ainda, reforça a importância da compreensão dos princípios que regem o desenvolvimento e a aprendizagem da criança porque os suportes que o educador constrói precisam estar na zona do desenvolvimento proximal. Isso significa que elas precisam oferecer ao aprendiz desafios que se enquadram no âmbito daquilo que a criança consegue realizar com a ajuda de um adulto competente ou de uma criança mais velha.

A Teoria de Vygotsky: Uma Avaliação

Como muitas outras teorias cognitivas, a teoria cultural/cognitiva de Vygotsky pode ser facilmente criticada em razão de não proporcionar mensurações precisas nem levar a muitas suposições verificáveis – ou seja, ela não é uma teoria que obedece a um rigor científico. Ironicamente, são algumas das mesmas críticas que o próprio Vygotsky dirigiu à psicologia marxista do seu tempo, em um de seus primeiros trabalhos (Vygotsky, 1927/1987). Em particular, ele se posicionava contra a noção de que as teorias "científicas" precisavam ser sustentadas por referências às citações de Marx, Engels ou Lênin. Vygotsky objetava violentamente contra isso, dizendo que a psicologia precisava usar métodos de investigação objetivos e que deveria abandonar as abordagens mais intuitivas e introspectivas ainda muito populares. Além disso, rejeitava as abordagens reducionistas das teorias mais behavioristas, preferia analisar o comportamento segundo uma perspectiva mais holística (Lantolf, 2003).

Alguns críticos argumentam que a descrição de Vygotsky de estágios no desenvolvimento da linguagem não é particularmente útil ou exata (por exemplo, Jones, 2009). Outros indicam que traduções de seu trabalho geralmente são imprecisas e enganosas (Gillen,

2000). Contudo, muitos o consideram como um dos mais influentes e importantes psicólogos do século XX (Langford, 2005).

A teoria de Vygotsky se enquadra relativamente bem na maioria dos critérios de avaliação de uma boa teoria: é clara e compreensível, tenta simplificar as observações mais complexas relativas à aprendizagem e ao desenvolvimento humanos, é consistente e tem implicações práticas muito importantes, especialmente em relação à criação e à educação das crianças (por exemplo, Kozulin, Gindis, Ageyev e Miller, 2003). Além disso, continua a estimular e a orientar uma grande quantidade de pesquisas em ciências sociais (por exemplo, Lindblom e Ziemke, 2003). Todavia, alertam Lambert e Clyde (2003), a aplicação do quadro de referência teórico de Vygotsky na pesquisa e na educação pode ter sido marcada por um excesso de entusiasmo, que talvez tenha cegado pesquisadores e praticantes em relação à possibilidade de que existam formas melhores de compreender e ensinar as crianças. Além disso, Lambert e Clyde sugerem que o desejo de ajustar sua teoria às práticas atuais levou algumas vezes os estudiosos a tirarem seus escritos do contexto para adequá-los às crenças correntes. Isso, embora possa ser verdadeiro, é uma falha daqueles que interpretam e aplicam a teoria, e não da teoria ou do teórico.

Resumo

1. As teorias cognitivas estão preocupadas, principalmente, em explicar os processos mentais superiores (percepção, processamento da informação, tomada de decisão e conhecimento), e se baseiam mais na pesquisa com humanos do que com animais (ao contrário das teorias behavioristas) e, frequentemente, com base em um modelo de processamento de informações.
2. Bruner compara o desenvolvimento da criança à evolução da raça humana: a criança progride da representação enativa (motora), que corresponde às invenções que ampliaram as capacidades motoras, para a representação icônica (na forma de imagens), que corresponde às invenções que ampliaram os sentidos e, finalmente, para a representação simbólica (correspondente às invenções que ampliaram as capacidades intelectuais).
3. No sistema de Bruner, a formação de conceitos envolve a *categorização*. Uma categoria pode ser encarada como uma regra para classificar coisas como iguais. Como regra, especifica os atributos (qualidades) que os objetos devem possuir para pertencerem a uma determinada categoria. O processamento da informação (e a tomada de decisão) envolve categorização. Um objeto é identificado quando colocado numa categoria – processo que implica a possibilidade de "ir além da informação dada" (de fazer previsões sobre eventos ou objetos com base na sua inclusão na categoria).
4. Os sistemas de codificação são arranjos hierárquicos de categorias relacionadas entre si. Categorias de níveis mais elevados são mais genéricas na medida em que incluem mais exemplos e estão mais livres de especificidades (ou seja, menos definidas por pequenos detalhes).
5. O *modelo prototípico de abstração* diz que as pessoas abstraem noções altamente gerais de conceitos pela exposição a vários exemplos do conceito; o *modelo dos exemplares* (que é menos abstrato) diz que as pessoas lembram exemplos específicos, representativos dos conceitos.
6. Textos recentes de Bruner tratam de como entendemos a realidade (*criamos significado*) e como utilizamos narrativas pessoais para dar sentido às nossas vidas. Ele é um grande defensor de métodos de ensino construtivistas, orientados à descoberta.
7. A teoria de Piaget pode ser vista como uma tentativa de responder a duas questões básicas da biologia: quais características das crianças permitem-lhes se adaptar aos seus ambientes? E qual é a maneira mais simples, mais precisa e mais útil de classificar ou ordenar o desenvolvimento da criança?

8. Assimilar é responder usando aprendizagem prévia; acomodar é mudar o comportamento em resposta a demandas do ambiente. Brincar envolve uma preponderância da assimilação; imitação, uma predominância da acomodação e a adaptação inteligente, um equilíbrio entre as duas.
9. Uma compreensão aqui-e-agora do mundo, as ausências do conceito de objeto e da linguagem caracterizam o início do estágio sensório-motor. Por meio da interação com o mundo, o bebê começa a construir uma representação da realidade que inclui o desenvolvimento da linguagem, a capacidade de coordenar atividades, o aparecimento da intencionalidade e o reconhecimento das relações de causa e efeito.
10. Os erros de lógica, o raciocínio transdutivo (do particular para o particular), a resolução intuitiva de problemas, o egocentrismo, a confiança na percepção e a ausência de conservação caracterizam o pensamento pré-operacional dos 2 aos 7 anos. Esse estágio, apesar disso, é caracterizado por marcantes avanços na linguagem, na compreensão da matemática e no raciocínio.
11. O aparecimento da capacidade de conservar (refletindo as regras lógicas de reversibilidade, compensação e identidade) marca a transição do pensamento pré-operacional para o operacional. As crianças tornam-se capazes de lidar mais adequadamente com classes, séries e números. Seu pensamento, entretanto, ainda está preso àquilo que é concreto.
12. As operações formais (que começam por volta dos 11 ou 12 anos) são definidas pelo aparecimento do pensamento proposicional. Os processos do pensamento infantil libertam-se do imediato e real e são potencialmente tão lógicos quanto virão a ser.
13. Dentre as implicações educacionais da teoria de Piaget estão as sugestões relativas às propostas de atividades concretas, à otimização das dificuldades das tarefas, à tentativa de entender como as crianças pensam e à oferta de oportunidades para a interação social.
14. As pesquisas sugerem que as crianças sensório-motoras podem estar mais avançadas do que Piaget suspeitava, que a sequência do desenvolvimento cognitivo descrita por ele é bastante precisa e que as operações formais podem não ser características gerais da adolescência ou da idade adulta. Mesmo assim, é uma teoria altamente influente, que estimulou muitas pesquisas e publicações.
15. A teoria cognitiva/cultural de Lev Vygotsky realça a importância da cultura e de sua principal invenção: a linguagem. A cultura, e especialmente a linguagem, remove-nos da esfera animal dos reflexos e reações e torna possíveis os processos mentais superiores (o pensamento). As crianças progridem por meio de três estágios na aprendizagem da linguagem: a fala social (externa), antes dos 3 anos, usada principalmente para controlar o comportamento dos outros; a fala egocêntrica (dos 3 aos 7 anos) que geralmente é expressa em fala externa, mas voltada para direcionar o próprio comportamento; e a fala interior (após os 7 anos), uma "corrente de consciência", um falar para si mesmo.
16. O pensamento e a linguagem são inicialmente independentes. A criança é caracterizada pelo pensamento não verbal e a fala não conceitual. O pensamento se torna progressivamente mais verbal à medida que a criança se desenvolve.
17. A *zona de desenvolvimento proximal* de Vygotsky é o potencial da criança para o desenvolvimento, definido por aquilo que a criança não consegue inicialmente realizar sozinha, mas que, com a ajuda de outras pessoas competentes, é capaz de realizar, depois, por si mesma. Suporte descreve uma técnica interativa de ensinar e aprender, em que os educadores ou os pais oferecem aos educandos várias formas de apoio durante o aprendizado.

CAPÍTULO OITO

Modelos Simbólicos da Mente e de Redes Neurais

As teorias científicas são montanhas de areia erigidas grão a grão, e as pessoas que as levantam desconfiam, com razão, de qualquer um que chegue perto delas com uma escavadeira.
W. F. Allman

Cérebro: um aparelho com o qual pensamos que pensamos.
Ambrose Bierce

O professor me pediu para encontrá-lo à noite na colina atrás da cabana, onde a trilha bifurca, porque ele estaria lá para me contar a história do próximo capítulo: "Se você não for", disse, "o fio condutor da história se perderá". Embora possa parecer um detalhe irrelevante, perder o fio da história é um problema sério. "Todos os acontecimentos estão ligados a outros acontecimentos", comentou ele, solene. E, então, sem avisar, pôs na minha mão uma caixinha preta.

"Quero que você me diga o que há dentro dessa caixa", solicitou. Eu virei o objeto para cima e para baixo, procurando em vão uma abertura. "Não sei o que há dentro dela. Não consigo abri-la."

"É esse o único modo de descobrir o que tem dentro?", perguntou o professor. Antes que eu pudesse responder, ele arrancou a caixa das minhas mãos e virou-se de costas para mim. Pouco depois, quando se desvirou, segurava o que parecia ser uma coxa de frango frita, que o gato abocanhou imediatamente; compreendi que, de algum modo, o professor tinha aberto a caixa. "Como você...?", comecei a perguntar, mas ele já havia desaparecido por entre as árvores.

Eu o encontrei naquela noite encolhido perto de uma fogueira, não onde a trilha bifurca, no pé da colina, mas muito além, lá em cima, onde as árvores não encobrem as estrelas e, de novo, ele não me cumprimentou quando cheguei, apenas fez sinal para que eu me sentasse e ligasse o gravador. Nesse instante, um lobo uivou. Cada vez que eu ouço a gravação, o uivo parece mais desolado, mais tristonho.

Fiquei de cócoras do outro lado da fogueira, olhava as sombras dançarem no rosto do professor enquanto ele lia o Capítulo 8; o gravador armazenava as palavras dele em parágrafos eletrônicos invisíveis.

Este Capítulo

O professor disse que muito deste capítulo discorrerá a respeito de como as coisas estão conectadas em redes vastas e complexas. Para entender essas redes, é importante esclarecer um termo misterioso usado na psicologia: **caixa-preta**.

Caixa-preta é uma expressão que os psicólogos às vezes usam para descrever o conteúdo da mente. Interessante notar, entretanto, que os psicólogos ainda não decidiram o que é a mente – embora o termo seja usado com frequência em frases como "Eu tenho uma mente boa para...", "Ele tem uma mente assassina", "Mente sã em corpo são", "É preciso desenvolver a mente das crianças", bem, não importa.

A expressão *caixa-preta* refere-se ao fato de o conteúdo da mente ser desconhecido e de que, talvez, não seja passível de ser conhecido. Está relacionada a behavioristas como Watson e Skinner, os quais consideravam perda de tempo especular sobre o que acontece entre a apresentação de um estímulo e o aparecimento da resposta.

No entanto, como vimos antes, alguns behavioristas pensavam que a caixa-preta pudesse ser aberta – o que não conseguiram fazer. Em vez disso, tentaram adivinhar da maneira mais inteligente possível o que se passa lá em cima (ou embaixo), na mente – ou no cérebro, porque a maioria dos psicólogos acredita que, se a mente puder ser descoberta, ela será encontrada em algum lugar no cérebro.

Neobehavioristas, como Clark L. Hull, Edward Chace Tolman e Donald Hebb, criaram suas próprias versões para o que esperavam encontrar dentro da caixa-preta, sempre com o cuidado de vincular suas especulações ao que podiam ver e talvez medir. Alguns deles – Jerome Bruner e Jean Piaget, por exemplo – ficaram tão absortos nas estruturas e nos processos verificados dentro da caixa preta que, no final, arrancaram a tampa e encheram a caixa com tantos jargões e material que não conseguiram fechá-la de novo. Mais recentemente na história da caixa-preta, um novo exército de pesquisadores de cérebro/mente, guiados por metáforas poderosas, e algumas vezes intrincadas, dos computadores, começaram a mapear regiões da caixa que ninguém sequer sonhava existir. Muitos desses pesquisadores não mais se contentam em criar metáforas para a mente e para o cérebro. Em vez disso, tentam simular concretamente o que o cérebro/mente faz. São, nas palavras de Harnish, "teorias conexionistas computacionais da mente".

Objetivos

"Diga aos seus leitores", recomendou o professor, "que seguir os caminhos pelos quais esses pesquisadores enveredaram é o objetivo deste capítulo. Tente convencê-los de que, após terem terminado a leitura, provavelmente se disporão a comprar espaço na TV para explicar a todo mundo o significado de:

- *Inteligência artificial e simulação computadorizada.*
- *Sistemas de representação simbólica.*
- *Processamento distribuído paralelo e conexionismo.*
- *Por que os robôs jogam xadrez.*

Eles também saberão mais sobre o pedaço de tecido que existe em seus crânios, o qual eles chamam de cérebro. Contudo, ainda não terão conhecimento acerca do lugar onde os rumos desse novo conexionismo os levarão, porque a história humana, perversamente presa às noções lineares de tempo, não oferece um vislumbre do futuro."

O professor ficou em silêncio. O lobo uivou de novo, mais um gemido do que um grito. Então, o professor retomou a leitura de suas notas.

Inteligência Artificial e Computadores

O campo de aplicações do computador em psicologia, bem como sua tecnologia são extremamente dinâmicos. A **lei de Moore**, uma previsão feita inicialmente, em 1965, por Gordon Moore, cofundador da Intel, definiu que o número de transistores que podem ser colocados em um chip duplicará aproximadamente a cada dois anos. É notável que esta previsão se mostrou muito precisa, um fato que explica surpreendente velocidade e capacidade de armazenamento dos dispositivos de computação contemporâneos, que cabem na palma da mão. As mudanças acontecem com tanta rapidez no campo de aplicativos e tecnologia da computação que tudo o que foi escrito a respeito desse assunto apenas uma década atrás já está obsoleto e não pode mais ser levado em consideração.

As pesquisas mais antigas sobre aplicativos de informática à psicologia, que se apoiaram na metáfora do computador, tentaram compreender a semelhança que existe entre o cérebro e o computador e desenvolveram sistemas computadorizados para realizar as mesmas atividades que os humanos realizam. Isso ficou conhecido como **inteligência artificial (IA)**. Os que agora atuam nessa área são um grupo diversificado de profissionais, como psicólogos, neuroanatomistas, fisiologistas, linguistas, especialistas em computação etc. Estão unidos pelo esforço de desenvolver programas, procedimentos e estratégias para simular ou ampliar algumas das funções inteligentes da atividade mental humana.

Inteligência artificial é diferente de **simulação computadorizada**. A inteligência artificial está preocupada em projetar sistemas – principalmente o hardware e programas – que possam realizar as mesmas coisas que os humanos fazem (aprender a linguagem ou solucionar problemas, por exemplo). A ênfase no empreendimento "inteligência artificial" é nas realizações do sistema – como Nilsson (2010) indica, em desenvolver comportamento inteligente em artefatos envolve não raciocínio, aprendizagem, comunicação, percepção e atuação em ambientes complexos. Por outro lado, a simulação em computadores tenta imitar o funcionamento do ser humano (incluindo erros e tendências). Portanto, na simulação em computadores, a ênfase está nos processos, em vez de nos resultados.

Inteligência artificial, de certo modo, é um ramo da ciência da computação que tenta tornar os computadores mais espertos. Um computador inteligente, explicam Russel e Norvig (2010), precisa ser um *agente racional*. Espera-se que esse computador seja capaz de agir com autonomia, perceber o ambiente, adaptar-se a mudanças, desenvolver e atingir objetivos, e trabalhar para obter o "melhor" resultado. Desenvolver um computador como esse é o objetivo de muitos que atuam no campo da inteligência artificial.

Muitas pessoas acham que os computadores são burros, diz Raphael (1976); acham que não passam de "grandes e rápidas calculadoras" e de "escravos intelectuais obedientes", que só conseguem fazer aquilo para o que foram programados. Isso são mitos, alerta Raphael. O primeiro deles – ou seja, o de que os computadores não passam de máquinas de calcular – é facilmente desmentido. O funcionamento de vários computadores implica incontáveis operações que não são computacionais, incluindo armazenagem na memória, recuperação na memória, tomada de decisões em sequência, ativar e desligar equipamentos, sensibilizar-se e responder às condições externas, reconhecimento de padrões e, talvez, até (como será mostrado neste capítulo) aprendizagem da leitura.

O segundo mito, de que o computador é um escravo, é mais complexo. É verdade que os computadores fazem aquilo para o que foram programados e, nesse sentido, são escravos de seus programas (ou, talvez, com mais precisão, dos seus programadores). No entan-

to, isso não significa que todos os computadores devam ser programados de modo que suas atividades sejam completamente previsíveis. Como vimos rapidamente, pode ser possível programar computadores para que eles aprendam novas coisas e, talvez, nos surpreendam de maneiras inesperadas. Afinal, é verdade que existem computadores programados para jogar xadrez que conseguem superar seus programadores.

Por que Tornar os Computadores Mais Espertos

Há pelo menos duas boas razões para que as pessoas tentem tornar o computador mais esperto. Uma é que um computador assim poderia fazer coisas maravilhosas por elas, liberando-as para que realizem outras coisas mais maravilhosas ainda. Esse é, na verdade, o objetivo de parte da exploração da inteligência artificial, voltada para o desenvolvimento de programas e sistemas de computação que consigam executar coisas inteligentes para os seres humanos. Um exemplo desse esforço são os robôs computadorizados – equipamentos que conseguem realizar funções simples, como juntar peças de máquinas, ou funções mais complexas, como interagir com as pessoas, como faria um psicoterapeuta (Brooks, 2002; De Giacomo et al., 2008).

Talvez mais importante para a psicologia, a outra razão para tornar um computador mais esperto, e que talvez seja mais importante ainda para a psicologia, é que, ao fazê-lo, muitas questões ainda obscuras sobre os processos cognitivos humanos podem ser esclarecidas. Como destacam Thomas e Karmiloff-Smith (2003), aplicar modelos computadorizados a áreas como a das diferenças individuais ou a do desenvolvimento cognitivo ajuda os pesquisadores a compreenderem melhor e simplificar seu pensamento a respeito dessas áreas. E não é apenas um programador que se envolve nessa tarefa de elucidar e simplificar, porque, sempre que o programa falha em simular como esperado, a psicologia aprende mais sobre como é ser humano (ou como é ser uma máquina). Desse modo, quando Kim (2008) quis utilizar um computador para avaliar o uso de cores em desenhos de pacientes, ele teve de analisar em detalhes os critérios que os especialistas humanos empregam para chegar às suas decisões.

Muitos daqueles envolvidos no empreendimento da simulação computadorizada estão preocupados principalmente com esse último benefício, ou seja, descobrir o que o estudo dos computadores pode fazer pelo estudo dos seres humanos. Eles usam o computador de duas maneiras distintas: primeiro, para imitar o funcionamento da mente, como pode ser feito em um estudo da comunicação, por exemplo (Kelsey & St. Amant, 2008); segundo, para gerar metáforas do funcionamento humano (Gibbs, 2008). A esperança é que as máquinas e os programas que resultarem desse esforço sejam capazes de revelar informações desconhecidas anteriormente. Além disso, as tentativas de simular processos humanos em máquinas podem servir como um teste fundamentalmente importante daquilo que os psicólogos pensam que conhecem sobre esses processos – e podem ter aplicações práticas muito importantes na aprendizagem humana.

Máquinas Pensam? O Teste de Turing

Que tipos de atividade humana os computadores imitam? Eles podem, por exemplo, pensar?[1] Os seres humanos debatem, há tempos, essa velha mas fundamentalmente importante questão. Sternberg e Ben-Zeev (2001) sugerem, por exemplo, que nem a simulação computadorizada dos processos de pensamento humano, nem o desenvolvimento de computadores que resolvem problemas, podem ser considerados exemplos de máquinas (ou programas) que pensam de verdade. Computadores não conseguem pensar, argumentam eles, embora possam, algumas vezes, ser programados para responder *como se* estivessem pensando.

Outro argumento: se é verdade que as pessoas podem pensar, e se é verdade que uma máquina pode ser desenvolvida para fazer tudo o que uma pessoa pode fazer quando está pensando, é possível concluir que uma máquina pode pensar.

Agora considere a situação a seguir descrita por Turing (1950) denominada **teste de Turing**: duas pessoas – um homem (A) e uma mulher (B) – são colocadas sozinhas num quarto. Um pesquisador (C), em outro quarto, precisa descobrir se A é um homem (X) ou uma mulher (Y). No final, C deve dizer "A é X e B é Y" ou "A é Y e B é X". Para descobrir quem são A e B, C pode lhes fazer perguntas. A e B escrevem suas respostas. O objetivo de A é confundir o pesquisador. Ele pode, por exemplo, responder às perguntas como se fosse mulher, ou pode dizer a verdade. B, ao contrário, tenta ajudar o pesquisador. Obviamente que se ela tentar fazê-lo dizendo a verdade ("Eu sou B, eu sou uma mulher! Acredite em mim!"), A pode fazer exatamente a mesma coisa ("Não acredite nele. A mulher sou eu!").

Turing diz que num futuro próximo será possível desenvolver uma máquina que confundirá o pesquisador em pelo menos 70% do tempo que faria outra pessoa nessa situação. Cinquenta anos após o artigo original de Turing ter sido divulgado, Hamburger e Richards (2002) admitem que uma "máquina de Turing" pode ser construída para desempenhar muito bem qualquer função humana que seja redutível a um algoritmo (algoritmo é um procedi-

[1] A essa altura da gravação, há um longo intervalo no qual tudo o que se consegue ouvir é o crepitar do fogo e o pio de uma coruja. Lembro que a voz do professor baixou de tom, como se tivesse se perdido em seus pensamentos, até que pediu que eu desligasse o gravador. Então, repetiu a pergunta "Máquinas pensam?", como se, indagando a si próprio, a resposta pudesse ser mais esclarecedora. Disse que o grande filósofo francês Blaise Pascal tentou responder essa mesma questão, três séculos atrás. Pascal, cujo QI foi estimado acima de 200 por alguém bem menos inteligente, inventou uma máquina de calcular primitiva, semelhante a um computador, que ele batizou de máquina aritmética. Em um dos seus *Pensées*, escreveu "A máquina aritmética faz coisas que estão mais perto do pensamento real do que qualquer coisa que os animais façam". Contudo, explicou o professor, Pascal concluiu esse pensamento dizendo, "Entretanto, ao contrário dos animais, a máquina não indica que tem intenção" (Pascal, 1820, p. 184, v. 2). Quando ia pedir que explicasse melhor o que queria dizer com isso, ele mandou que eu pusesse mais lenha na fogueira e ligasse o gravador. E voltou a ler.

mento de resolução de problemas passo a passo). Por implicação, a resposta à pergunta sobre se as máquinas pensam parece ser "sim".

"Mas", protestam os céticos, "a máquina não estaria pensando. Estaria apenas devolvendo estupidamente as respostas programadas dentro dela".

Reductio ad Absurdum

Considere um segundo "teste de Turing" que nem mesmo envolva uma máquina (descrito por Searle, 1980). Em vez disso, envolve um estudante chamado Bob. Bob está sozinho numa sala, sentado a uma mesa, diante da qual há uma abertura na parede. Por essa abertura, alguns psicólogos chineses passam um pedaço de papel com uma fileira de caracteres chineses ininteligíveis para Bob. No entanto, ele tem à disposição um livro pesado, no qual encontra uma fileira de caracteres chineses idêntica à do papel, junto com instruções para copiar exatamente uma segunda fileira de caracteres. Ele o faz e passa o papel de volta pela abertura da parede.

Os psicólogos chineses examinam os caracteres que ele escreveu, acenam com a cabeça em sinal de aprovação e passam-lhe um segundo pedaço de papel com uma fileira de caracteres diferentes. De novo ele responde de acordo com as instruções do livro. Após várias repetições, os psicólogos chineses concluem que a máquina – ou a pessoa presente na sala – para a qual eles passaram os pedaços de papel entende chinês. O que eles fizeram foi formular perguntas sobre uma história, às quais Bob respondeu corretamente. Ele sabe, claro, que não entende nada de chinês. O teste de Turing, portanto, não tem sentido: foi reduzido ao absurdo (**reductio ad absurdum**).

É algo estranho, ressalta Searle (1980), que muitos psicólogos se comportem como se acreditassem na validade do teste de Turing. Eles aceitam que se uma máquina simula um comportamento inteligente é porque é inteligente; que se uma máquina produz respostas corretas para problemas complexos, deve entender esses problemas; e, presumivelmente, que se uma abertura numa parede retorna respostas adequadas em escrita chinesa, então, alguma coisa ou alguém do outro lado da parede não apenas sabe chinês, como também conhece as histórias. É um erro, alerta Searle, que as pessoas não cometem em outras áreas, aquelas nas quais os computadores são usados para simular sistemas complexos: os meteorologistas que estudam os movimentos e as implicações da meteorologia, simulando-os num computador, sabem que a máquina não é capaz de gerar furacões ou tempestades de granizo.

Da mesma forma, um computador que imita perfeitamente processos humanos ou que seleciona respostas idênticas àquelas que um humano selecionaria não se torna humano por causa disso. Como diz Mellor (1989), modelos simples de máquinas são metáforas pobres da riqueza do pensamento humano. Coisas como a manipulação deliberada de ideias ou a análise consciente das emoções – bem como coisas inconscientes e "automáticas" que as pessoas aprendem e fazem – não se encaixam facilmente numa metáfora de *feedback* de uma máquina. Isso porque, diz Mellor, "a maioria dos processos mentais não é computação" (1989, p. 47). Em especial, algo como dores e outras sensações são processos mentais que não podem ser representados e, portanto, não podem ser imitados e computados.

Quando Searle (2008/1984) fez a pergunta *Os computadores podem pensar?* A resposta foi muito clara: "Não". Temos cérebros, explica Searle, e cérebros têm *mentes*. Computadores não têm nada semelhante aos cérebros, o que eles têm são programas definidos por sua estrutura formal. E programas, ele insiste, não são mentes nem são suficientes para ter mentes. E isso é principalmente porque a inteligência humana tende a funcionar com a intuição, em vez de exclusivamente com as regras formais da lógica (Kenaw, 2008).

A proposta original de Turing era de que uma máquina poderia ser tão eficiente quanto um humano em algumas tarefas triviais. E, de acordo com Cullen (2009), esta tarefa é realmente um teste para os seres humanos, em vez de um teste de pensamento entre máquinas. No máximo, a aparente imitação dos humanos pelos computadores sugere o que os psicólogos provavelmente sabiam o tempo todo: alguma coisa que imita exatamente outra coisa não precisa imitá-la exatamente. Além do mais, Collins (2008) argumenta, as máquinas ainda não podem passar em um teste de Turing mal-elaborado – isto é, um teste que requer que uma máquina realmente pense como um ser humano. E eles nunca conseguirão fazer isso, a menos que possamos proporcionar vidas sociais reais a elas.

Portanto, há mais de uma maneira de resolver um problema? De lembrar um poema? De reconhecer o mundo? Será que os estudos da inteligência artificial e das simulações computadorizadas descobrirão uma maneira computacional de pensar muito diferente da humana? Os seres humanos nunca saberão se uma máquina pode pensar até que seja tarde demais?

Está claro para nós o que é o pensamento? O fato de os comportamentos humanos parecerem propositais, ao passo que o comportamento de uma máquina de computar não, prova que os seres humanos podem pensar e a máquina não? Será que a psicologia se convenceria de que uma máquina consegue pensar se pudesse alterar sua "mente"? Se pudesse mentir deliberadamente?

De Volta ao Teste de Turing

Então, foi possível projetar uma máquina capaz de enganar um ser humano até mesmo metade do tempo? A resposta é não. Na verdade, nenhum computador conseguiu passar em um teste de Turing bem-elaborado. Em um desafio recente relatado por Floridi, Taddeo e Turilli (2009), quatro juízes sentam-se em frente a um computador e interagem, durante cinco minutos cada, com duas entidades desconhecidas por meio de mensagens instantâneas. Os juízes precisavam determinar se a entidade era uma pessoa ou uma máquina. As respostas das máquinas a questões como: "Se apertarmos as mãos, de quem são as mãos de quem estou segurando?" "Tenho uma caixa de joias em minha mão; quantos CDs posso guardar nela?" ou "As quatro capitais do Reino Unido são três, Manchester e Liverpool. O que está errado com esta sentença?" são uma demonstração clara. Nas palavras do autor "o computador ficou doido" (2009, p. 147). As máquinas que apresentaram melhor desempenho nesta competição anual enganaram somente 3 de 12 pessoas.

Existem situações em que uma máquina pode consistentemente enganar um homem comum e passar no teste de Turing. Mas como Floridi et al. afirmam "Continua sendo um mistério para nós o motivo pelo qual o comportamento inteligente (artificial) deve ser testado pelo homem comum, que não é treinado, é ingênuo e, muitas vezes, desinformado... A menos que este seja o tipo de pessoa que você deseja enganar" (2009, p. 148).

O Computador Precisa Pensar?

A conclusão de que o computador pode não ser capaz de pensar – que não é uma mente, e que a mente não é um computador – parece não ser tão importante. Como coloca Gunderson, "No fim, a broca a vapor sobreviveu a John Henry como escavadora de túneis de ferrovias, mas não provou que a máquina tinha músculos; provou que os músculos não eram necessários para cavar túneis de ferrovias" (1964, p. 71). E sua máquina de lavar faz um trabalho muito melhor do que você faria ao lavar suas roupas à mão. Mas isso não significa que a máquina de lavar tem mãos.

Do mesmo modo, os computadores não precisam "pensar", sentir alegria ou tristeza, para fazer o que fazem tão bem. Não conseguir pensar nem sentir não significa que os modelos de computador são inúteis ou que estão categoricamente errados. Como destaca De Lancey (2002), a falta de "paixão" deles é uma prova de que *não* são humanos – nem mesmo são *parecidos* com os humanos.

O Computador e o Cérebro

De uma forma caracteristicamente humana, as pessoas aceitaram que um computador inteligente é muito parecido com o ser humano. Portanto, não é acidental o fato de que a maioria dos computadores e dos robôs computadorizados da ficção científica tenha personalidade. Esses computadores são super-hiper "inteligentes" no que diz respeito à memória e às habilidades computacionais e todos têm um certo grau de vontade própria e de idiossincrasias. Seus criadores tentaram fazê-los humanos.[2]

Pessoas e Máquinas: Metáforas do Computador

As metáforas mecânicas, diz Shanks (2002), têm sido uma fonte de inspiração muito rica para cientistas e filósofos. Contudo, essas metáforas não escapam às controvérsias. Há quem argumente que visualizar humanos como máquinas rouba-lhes os mais importantes aspectos da sua humanidade. Afinal, as máquinas não têm emoção nem vontade, metáforas e os modelos baseados em máquinas. Como explica DeLancey (2002), não podem explicar ou dar conta do afeto (emoção).

É importante lembrar que as metáforas são, como o próprio termo define, uma espécie de comparações. Penner (2000-2001) destaca que os modelos são apenas representações conceituais ou físicas de alguma outra coisa. Não precisamos acreditar que os computadores são, de certa forma, humanos para que as metáforas e as analogias a respeito deles sejam úteis. Precisamos aceitar que, em determinados pontos, computadores e humanos são suficientemente parecidos para que certos aspectos de um possam ser usados como modelos para certos aspectos do outro.

As metáforas baseadas em computador são comumente usadas naquilo que chamamos de *ciências cognitivas*. Similaridades que se mostraram historicamente importantes para essas metáforas têm a ver com estrutura e função. No que se refere a aspectos estruturais, os computadores consistem em complexos arranjos de componentes eletrônicos: chips, discos, drives, teclados conectores (**hardware**). O cérebro humano consiste em arranjos complexos de material neural: neurônios, várias outras células, aminoácidos, substâncias químicas transmissoras (***wetware***) etc. A metáfora básica do computador, mostrada na Figura 8.1, compara hardware com *wetware*. E iguala *input* e *output* a estímulos e respostas.

---

[2] "Considero essa intenção presunçosa", disse o professor, explicando que é óbvio para todos os pensadores lúcidos que as formas de vida do tipo humano não podem ser simplesmente inventadas e construídas, não importa o quão disponível esteja uma sofisticada tecnologia de computação. Disse que os robôs de verdade são apenas máquinas; não têm personalidade porque personalidade não é característica de máquinas, é característica das *pessoas*. Disse que esse fato explica por que os robôs da ficção, inventados pelos humanos, serão sempre ficcionais. Ele me pareceu bravo, mas me ignorou quando tentei perguntar se essas coisas o incomodavam. O gato apareceu de repente das sombras e largou um rato aos pés do professor. Cutucou-o uma vez com a pata, mas o animal parecia estar morto. Depois, começou a comê-lo, e o professor disse para eu ligar novamente o gravador. O som dos ossinhos do rato sendo triturados estão bem audíveis na fita.

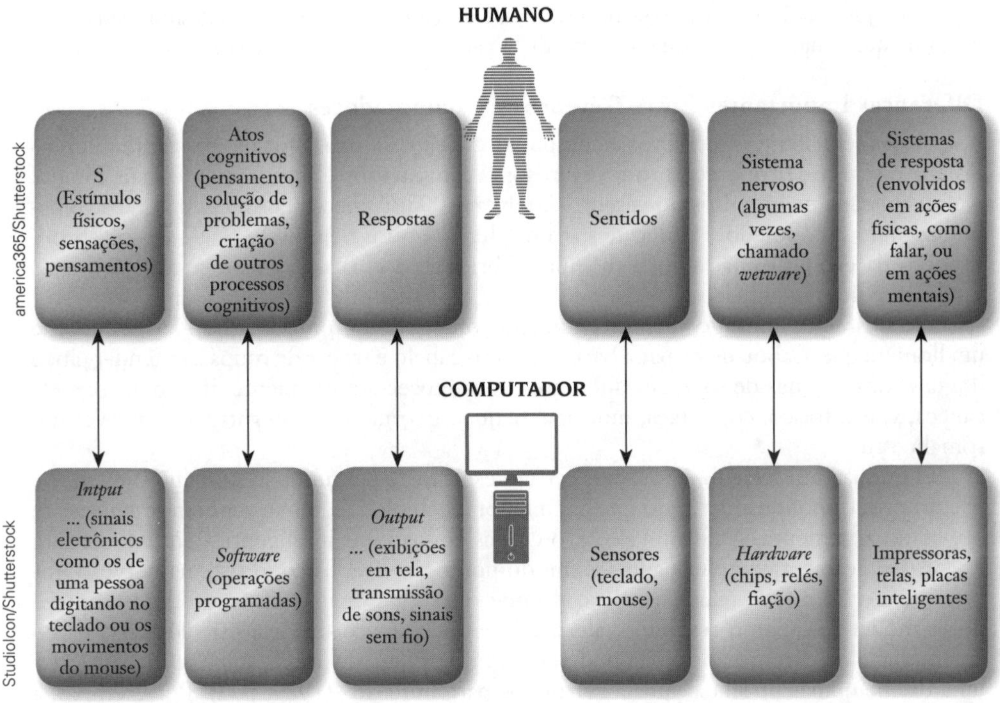

Figura 8.1 Analogias entre o computador e as estruturas e funções humanas. A metáfora básica do computador compara; na ciência cognitiva, o *input* aos estímulos, o *output* às respostas e o funcionamento cognitivo do sistema nervoso às operações do software do computador.

Embora o hardware do computador permita que ele funcione (assim como o *wetware* permite que os humanos funcionem), as instruções ou os programas do computador (**software**) determinam se a máquina funcionará e como o fará. No que diz respeito ao funcionamento, a metáfora básica do computador compara suas operações programadas com processos cognitivos humanos. Por isso, esses processos cognitivos humanos são chamados de **processamento de informação**. Afinal, processar informação é o que fazem os computadores. E da mesma maneira que um computador pode se tornar infectado por **malware**, tais como vírus, cavalos de Troia, *spyware*, *worms*, e assim por diante, o cérebro humano também pode ser atacado por vírus que causam doenças, como encefalite e meningite.

O potencial da comparação entre o funcionamento do computador e o funcionamento humano alicerça-se na possibilidade de que um computador realmente inteligente – que responda como um ser humano inteligente – funcione como um ser humano funciona. Colocado de outra forma, a memória e os programas de um computador verdadeiramente inteligente deveriam, nos seus aspectos mais importantes, assemelhar-se às memórias e aos processos cognitivos dos seres humanos.

Tenha em mente, entretanto, que mesmo um computador que realiza atividades como os humanos usa processos bastante diferentes. A máquina de ordenhar pode tirar leite com muito mais rapidez do que uma avó poderia, mas isso não significa que a máquina tem mãos (ou que a avó de Lefrançois tem tubos de sucção!). E é importante lembrar também que a máquina não canta enquanto ordenha a vaca, mas a avó o faz; e como.

Diferenças Importantes Entre Cérebros e Computadores

Apesar das semelhanças, cérebros e computadores são, de várias formas, bastante diferentes entre si. Primeiro, o cérebro é vagaroso; o computador é infinitamente mais rápido. A transmissão dos impulsos no cérebro é, talvez, 100 mil vezes mais lenta do que a transmissão num computador. Como destacam Churchland e Sejnowski (1992), o cérebro é produto da evolução, não é uma máquina fabricada, e a natureza nem sempre é o mais inteligente dos engenheiros.

Não obstante, um único cérebro humano consegue, num instante, saudar pelo nome um homem que acabou de raspar a barba, tingir o cabelo e trocar de roupas, entender cinco línguas com dezenas de sotaques diferentes, reconhecer um recipiente de bebida, seja ele caneca, vidro, frasco, copo, taça, moringa, béquer, garrafa, pote ou garrafão; escrever um romance etc.

"O que faz um feixe de neurônios ser tão esperto?", pergunta-se Allman (1989, p. 6). Ele próprio responde afirmando que é um fenômeno coletivo; tem a ver com organização; ou, como argumenta Waldrop (1992), o que as coisas vivas inteligentes têm em comum é a organização e a complexidade. Assim, do ponto de vista físico, o sistema nervoso humano é incrivelmente mais complexo do que o maior e mais sofisticado dos computadores modernos. Como resultado, alerta Allman, do ponto de vista psicológico, "a web emaranhada do cérebro apresenta poderes cognitivos que, de longe, sobrepujam qualquer uma das máquinas de silício que construímos para imitá-lo" (1989, p. 3). Por exemplo, a capacidade humana de armazenar informações na memória é virtualmente ilimitada; nenhum computador chega perto disso. Nem a capacidade humana de perceber e reconhecer modelos complexos e mutáveis pode ser igualada pelos computadores. Mesmo no século XXI, o mais sofisticado dos robôs modernos continua a ser risivelmente incompetente se comparado aos humanos no que diz respeito à locomoção, ao reconhecimento de pessoas e objetos, à discriminação de formas e odores etc.[3]

Em contraposição, a capacidade do computador de recuperar sem erros as memórias e realizar cálculos aritméticos rápidos e corretos de longe excede a dos humanos. Os computadores realizam cálculos complexos em arranjos elaborados (como *spread-sheets*) em fração de segundos. Usar o cérebro para fazer o mesmo tipo de coisa é, segundo Allman (1989), usar uma chave-inglesa para arrancar um prego: ela realizará a ação, mas não foi feita para isso.

Portanto, as pessoas não são tão boas quanto os computadores no que fazem, diz Allman, e vice-versa. Como consequência, é um erro tentar comparar o cérebro com um computador digital. Isso, diz Allman, seria como tentar entender de que modo os aeroplanos funcionam estudando os balões de hélio, ou tentar entender de que modo funciona a televisão olhando para o esquema de instalação elétrica do manual de instruções.

---

[3] "Você se preocupa com a possibilidade de que algum dia robôs realmente inteligentes tomem conta do mundo?", perguntou o professor. "Não deveria", ele mesmo respondeu. Brooks (2002) afirma que quando, ou se, os robôs se tornarem realmente inteligentes, você não precisará se preocupar com a possibilidade de eles decidirem que você é tão burro e inútil, e que cabe a eles controlar o mundo. Por quê? Porque, escreve Brooks, "Não haverá nenhum de nós (pessoas) para eles (os robôs) controlarem" (p. ix). "Quer saber a razão disso?" E de novo ele mesmo respondeu. "Porque, até lá, de acordo com Brooks, todos os humanos terão mecanismos robóticos implantados – mecanismos para fazer as juntas e os músculos mais rápidos e mais fortes, tornar a audição mais acurada, a visão mais clara e, sim, até mesmo os cérebros serão incrivelmente mais poderosos. Robôs-humanos", disse o professor "estarão sempre um passo à frente dos apenas robôs".

Processamento Distribuído Paralelo

O problema, diz Rumelhart (1992), é que os cientistas cognitivos baseiam as metáforas em um tipo errado de computador – especificamente, o processamento serial do computador digital. Eles têm se perguntado em que aspectos o cérebro se parece com um computador e, de algumas maneiras, têm distorcido a interpretação do funcionamento do cérebro para compreender o funcionamento do computador. Eles deveriam, ao contrário, perguntar que tipo de computador o cérebro poderia ser.

Uma resposta possível é que o cérebro é um computador que não faz as coisas em sequência com surpreendente rapidez, chegando a soluções em menos tempo do que se levaria para dizer "Bob é seu tio". A verdade é que, se o cérebro realmente funcionasse dessa forma, levaria um tempo considerável para deixar escapar a frase "Bob é seu tio". Em vez disso, explicam O'Brien e Opie (2002), o cérebro se assemelha a um **computador analógico** que faz muitas coisas ao mesmo tempo, também chamado de **computador de processamento distribuído paralelo (PDP).**

Quando os primeiros modelos de computador e de simulação dos processos de pensamento foram inventados, todos os computadores eram digitais. Agora estão disponíveis os computadores PDP. Entretanto, eles são coisas complexas e difíceis. Na maior parte das vezes, o que psicólogos e outros pesquisadores que usam computadores para simular os processos do pensamento humano fazem é tentar superar as máquinas de processamento serial convencionais, como o ubíquo PC, pelos sistemas PDP. Nesses casos, o sistema PDP não é, na verdade, uma máquina de processamento distribuído paralelo diferente. Ao invés disso, é simplesmente um conjunto de instruções que faz a máquina funcionar como um PDP, em vez de funcionar como um sistema serial.

Modelos Simbólico e Conexionista

Quão útil são os computadores no que se refere a estudar o processamento de informação humano? É possível criá-los e programá-los para que percebam o ambiente como o fazem os humanos? Podem ser feitos para aprender e usar a linguagem como os humanos? Podem aprender a ler?

E se um computador fizer essas coisas, seus procedimentos serão de alguma forma semelhantes aos processos cognitivos humanos? Ele será, então, uma "máquina de pensar"? Revelará aspectos sobre o processamento cognitivo humano que ainda não são conhecidos?

Na verdade, há duas abordagens para o estudo dos processos cognitivos humanos com base no computador, e a cada uma das quais foram atribuídos rótulos desnorteantes. De um lado, há o **modelo simbólico** (também conhecido como *sistema de produção* ou *conhecimento declarativo*); de outro, o mais recente **modelo conexionista** (também chamado de *modelo PDP* ou associado a termos como *procedimental*, *automático* e *implícito*).

Modelos Simbólicos

Levando em conta que todos os computadores eram inicialmente máquinas digitais de processamento serial (como o computador pessoal comum), os primeiros modelos dos processos de pensamento humano refletem as características dessas máquinas. Esses modelos consideram as funções intelectuais uma sequência de atos (e não vários atos realizados simultaneamente). O enorme poder do computador serial reside em sua capacidade de realizar um número estarrecedor de operações (cálculos) num intervalo de tempo muito curto – de maneira não simultânea, mas sucessiva. No linguajar dos técnicos, sua força é uma *força bruta*.

O pressuposto básico dos modelos simbólicos é que todo significado e, portanto, todos os processos de pensamento podem ser representados por símbolos como a linguagem. De acordo com esse modelo, todo processamento da informação – portanto, todo pensamento – pode ser interpretado por meio de regras identificáveis. Em outras palavras, o mundo externo é representado mentalmente por símbolos; pensar envolve manipular esses símbolos de acordo com certas regras lógicas. Por consequência, para um programador de computador simular o pensamento, é necessário programá-lo em um sistema simbólico que corresponda aos itens da informação, bem como às regras para lidar com esses símbolos.

O Teórico-Lógico e o Solucionador Geral de Problemas

Um dos primeiros exemplos de modelo simbólico foi proposto por Newell, Shaw e Simon (1958; Newell, 1973; Newell e Simon, 1972) para uma teoria da solução humana de problemas. A proposta tomou a forma de um programa complexo criado para descobrir provas para os teoremas na lógica simbólica. O programa, chamado Teórico-Lógico ou TL, baseou-se no *Principia Mathematica* (Whitehead e Russell, 1925) e consistia no armazenamento dos axiomas do *Principia Mathematica* no computador, junto com todos os processos necessários para descobrir as provas. Os 52 primeiros teoremas do texto foram, então, apresentados ao TL; ele conseguiu provar 38 deles, quase a metade, em menos de um minuto. Chegou até a provar um teorema que não havia sido previamente provado.

Embora tenha se mostrado adequado para solucionar teoremas matemáticos, o programa Teórico-Lógico não pôde ser usado para resolver outros tipos de problemas. Assim, Newell e colaboradores desenvolveram um programa mais abrangente, intitulado *Solucionador Geral de Problemas* ou SGP (Newell e Simon, 1972). Simplificando, o programa usa qualquer número de operações disponíveis para reduzir a diferença entre a situação de eventos presentes (o problema) e a situação de eventos desejada (uma solução para o problema), ou seja, o programa foi criado para permitir comparações entre a situação atual e a situação desejada, e para fazer uma sucessão de mudanças (usando as operações lógicas e matemáticas disponíveis) até alcançar a solução.

O SGP tem sido usado para resolver uma grande variedade de problemas lógicos e matemáticos, e as etapas da solução de problemas utilizadas pelo computador têm sido comparadas com aquelas usadas pelos solucionadores humanos de problemas. Essas comparações, registram Newell e Simon (1972), sugerem que o comportamento do SGP é como o humano em muitos aspectos. Como os humanos, o SGP resolve alguns problemas, embora não todos; ele se sai melhor quando a informação é apresentada sistematicamente; desempenha bem seu papel se as instruções apontam para uma direção; usa processos sugestivos de "*insight*" em vez de tentativa e erro aleatória; usa conceitos para resolver problemas, na medida em que axiomas podem ser considerados conceitos; e se organiza para realizar as tarefas usando descobertas passadas para guiar esforços futuros. Entretanto, o SGP não revelou nada de novo ou de muito importante sobre a solução de problemas por parte dos humanos. Fez apenas aquilo para o que foi programado, ou seja, refletiu o que já se conhecia ou de que se suspeitava sobre o processamento cognitivo. No entanto, ele revelou algo, destaca Wagman (2002): que os sujeitos humanos são muito mais flexíveis do que o SGP. Mais ainda, que os humanos têm um grau de autoconsciência e uma gama de conhecimentos sobre o mundo que não podem ser facilmente programados em um computador para que este resolva um problema novo. No máximo, os computadores tendem a resolver problemas do mesmo modo que um aprendiz da resolução de problemas, aplicando todas as regras e os procedimentos corretos. Por outro lado, especialistas em solucionar problemas tendem a resolvê-los mais intuitivamente, em geral, com base na riqueza de experiências e conhecimentos que eles têm.

SOAR

Se você quisesse desenvolver um sistema de inteligência artificial semelhante ao de um ser humano, uma opção seria um programa de computador projetado para incluir todos os processos e componentes dos principais modelos de processamento de informações baseados em símbolos – um programa denominado **SOAR (Soar)** (Newell, 1989; 1990; Lehman, Laird & Rosembloom, 2001). Soar, inicialmente, era um acrônimo significando *State Operator and Result* – indicando que sua visão da resolução de problemas envolvia a aplicação de uma operação a uma situação (estado) a fim de obter um resultado (isto é, para resolver o problema). Contudo o Soar não é mais considerado um acrônimo e, como resultado, não é mais escrito em maiúsculas, mas, sim, *Soar* (veja o site do Soar, 2011).

Soar é descrito como "uma **arquitetura cognitiva** geral para o desenvolvimento de sistemas, que exibe comportamento inteligente" (site do Soar, 2010). De fato, Soar é um programa de computador projetado para permitir o desenvolvimento de um *agente inteligente* – isto é, de uma *inteligência artificial* – capaz de representar várias formas de conhecimento, de resolver uma gama completa de tipos de problemas que uma inteligência humana pode resolver, de interagir com o mundo externo e de aprender do mesmo modo que um aluno humano. O programa está atualmente em sua nona versão e disponível para download no site do Soar (2010).

A descrição da *arquitetura* da máquina cognitiva humana ainda é, em grande parte, uma metáfora. Simon define a arquitetura cognitiva como uma "descrição do sistema cognitivo em um nível abstrato, geralmente, simbólico" (1990, p. 13). Soar descreve o sistema cognitivo humano, denominado *arquitetura cognitiva*, utilizando uma variedade de componentes, que incluem aspectos similares às informações e processos constantes do SGP original (por exemplo, componentes relacionados a representações do conhecimento, uma maneira de gerar objetivos, processos de aprendizagem e procedimentos de solução de problemas). Também incluem características que se pode esperar encontrar em um modelo de máquina (por exemplo, "racionalidade pretendida" ou "emotividade").

O Soar, informa Newell, "opera como um controlador do organismo humano, portanto, é um sistema completo, com percepção, cognição e componentes motores" (1989, p. 412). Assim como outros modelos de produção de sistemas de símbolos, ele tem como base a suposição fundamental de que todo conhecimento pode ser representado por um sistema de símbolos, "o que significa que a computação é utilizada para criar representações, extrair suas implicações para ação e implementar a ação escolhida" (Newell, 1989, p. 412).

O programa Soar continua a ser desenvolvido e tem sido utilizado em uma ampla variedade de projetos de pesquisa. Por exemplo, Marinier, Laird e Lewis (2009) utilizaram Soar para examinar a relação entre a emoção e o controle comportamental. E Laird (2008) vem tentando ampliar o Soar para incluir representações não simbólicas e memórias de longo prazo.

Xadrez

Há uma tendência a pensar que os computadores, como gênios mecânicos, foram dotados de um tipo de força cognitiva bruta que os humanos nem de longe conseguem alcançar. Entretanto, essa avaliação do computador, embora não totalmente incorreta, é enganosa. Tome-se um jogo fácil de compreender, por exemplo, o xadrez. As regras são explícitas; cada peça pode se mover apenas de determinada maneira e em uma determinada área. O objetivo do jogo – capturar o rei do adversário – é simples e claro. Em qualquer ponto considerado, há um número limitado de movimentos possíveis, um número finito de possíveis contramovimentos, e assim por diante.

Certamente, uma poderosa força bruta como a do computador pode ser programada para considerar e gravar na memória todos os movimentos possíveis, contramovimentos, respostas aos contramovimentos etc., além de implicações finais de cada um desses movimentos. Em outras palavras, um computador bem programado pode jogar uma partida e provavelmente, ganhá-la de qualquer jogador de xadrez do mundo.

Entretanto, não é assim tão fácil. O número total de movimentos possíveis num jogo de xadrez é de aproximadamente 10^{120}, número que pode não parecer tão assustador quando colocado aqui, nesta página de livro, mas que, na realidade, incontestavelmente o é. "Não houve tantos microssegundos desde o big-bang", afirma Waldrop (1992, p. 151). Assim, nenhum computador imaginável poderia representar todas essas possibilidades.

Nessa situação, o computador, como as pessoas, deve se basear na heurística em vez de se basear nos algoritmos. Algoritmo é um procedimento de solução de problemas pelo qual todas as alternativas são sistematicamente consideradas. Uma solução algorítmica para os problemas do xadrez recai na *força bruta* do computador. Já a abordagem heurística para a solução de problemas faz uso de várias estratégias que eliminam e selecionam diversas alternativas, sem levar em consideração cada uma delas separadamente. Um computador programado para jogar xadrez, por exemplo, pode fazer uso da heurística (estratégias) criada para proteger o rei, atacar o inimigo da rainha, controlar o centro do tabuleiro etc.

Quando os pesquisadores da inteligência artificial começaram a programar computadores para jogar xadrez, nenhuma máquina era grande ou rápida o suficiente para fazer bom uso da força bruta; portanto, os pesquisadores foram compelidos a criar seus programas com base nos tipos de estratégias que os humanos usariam para jogar xadrez. Os mestres do xadrez eram capazes de vencer esses primeiros computadores em uma única jogada.

No entanto, hoje os computadores são muito mais rápidos e infinitamente mais capazes, além disso, em questão de segundos ou minutos, podem vislumbrar antecipadamente as implicações dos milhões de diferentes movimentos das peças no tabuleiro. Os programas modernos para jogar xadrez, como explicam Campbell, Hoane e Hsu (2002), há muito desistiram de imitar as estratégias dos jogadores humanos. Reverteram esse procedimento acoplando toda a força bruta a umas poucas estratégias-chave. Agora, a força não reside no fato de "pensar" melhor o xadrez do que a média dos jogadores humanos, mas em calcular mecanicamente milhões de movimentos e contramovimentos em poucos segundos. Na verdade, o computador jogador de xadrez fabricado pela IBM, o Deep Blue, é descrito como uma máquina de "processamento massivamente paralelo" cujos chips são capazes de considerar e avaliar entre 2 e 2,5 milhões de movimentos por segundo. No total, o Deep Blue consegue avaliar mais de 300 milhões de posições por segundo.

Então, como estão hoje os melhores computadores programados para jogar xadrez? Ótimos. Os mestres do xadrez não dão mais risada quando veem essas máquinas jogando umas com as outras ou quando eles próprios são desafiados. Os mestres do xadrez têm de jogar com as duas mãos e correm o risco de perder toda vez que jogarem. Na verdade, o Deep Blue, que numa primeira partida perdeu para o campeão mundial Garry Kasparov, venceu a revanche em maio de 1997 (embora tenha sido por pouco – 3 ½ para 2 ½ numa série de 6 jogos, com 1 ponto por vitória, e ½ ponto por empate). Mais recentemente, o grão-mestre Vladimir Kramnik disputou um torneio de seis partidas de xadrez contra o computador Deep Fritz. E apesar de Kramnik ter estudado o programa do Deep Fritz, terminou perdendo duas das seis partidas, e empatando as outras quatro (*Chessbase News*, 2006). Outro programa de xadrez, Rybka, tem vencido um grande número de torneios mundiais de xadrez de alto nível jogando contra mestres de xadrez, e também contra outros computadores (por exemplo, ICGA Tournaments, 2010).[4]

Avaliação dos Modelos Simbólicos

Modelos simbólicos são baseados na suposição de que o significado, e, portanto, o pensamento, pode ser representado por símbolos como palavras, e que o funcionamento intelectual pode ser descrito em termos de uma sequência de ações – um modelo de *processamento serial*. Estas são suposições que fundamentam muitas simulações que computadores fazem do pensamento humano, como se mostra evidente em computadores programados para jogar xadrez.

Como vimos, um dos problemas com esses modelos é que a mente humana é extraordinariamente lenta em comparação com um computador. O computador pode responder a uma informação em **nanossegundos**; os neurônios do cérebro humano geralmente requerem cerca de 300 **milissegundos** para começarem a responder. Como resultado, para processar a quantidade de informações que processa, o funcionamento do cérebro humano provavelmente é mais bem explicado por um modelo de processamento *paralelo* em vez do processamento *serial*. Como veremos na próxima seção, modelos *conexionistas* proporcionam este modelo alternativo.

Apesar do fato de que modelos simbólicos não podem modelar com muita precisão todo o funcionamento intelectual humano, eles podem ser altamente úteis em modelar e esclarecer atividades mentais específicas, como aquelas envolvidas na resolução de problemas e, talvez, até mesmo no aprendizado de linguagens e no desenvolvimento de estratégias em jogos como xadrez, ou ainda, na descrição do que algumas vezes se chama *arquitetura cognitiva*.

O modelo simbólico denominado Soar, descrito anteriormente, é um de uma série de modelos simbólicos de arquitetura cognitiva – isto é, modelos que desenvolvem programas para representar a inteligência humana e o processamento cognitivo. Chong Tan e Ng (2007) revisaram seis desses modelos e concluíram que, embora nenhum deles tenha

[4] Vitórias pelo Deep Blue, Deep Fritz e Rybka podem não ser triviais, disse o professor, "não é apenas uma partida de xadrez vencida ou perdida". Ele explicou que serve para anunciar o próximo e importante revés para o ego coletivo da humanidade. Esclareceu que já aconteceram pelo menos três outros reveses na história relativamente recente da humanidade. O primeiro foi Copérnico ter descoberto que os homens não são o centro de tudo. O segundo foi Darwin ter sugerido que o animal humano evoluiu de outras formas animais. O terceiro, muito associado à teoria freudiana, foi perceber que os seres humanos não estão no controle racional de todas as coisas. E agora um computador ganha de um campeão de xadrez. Será que o próximo revés seria a relutante aceitação de que sejam quais forem as qualidades que fazem do *Homo sapiens* um humano elas podem ser duplicadas, talvez até aperfeiçoadas, por uma máquina?

obtido sucesso em duplicar a inteligência humana, muitos levaram ao esclarecimento de nossa compreensão de como os seres humanos aprendem, se lembram e resolvem problemas. Newell, desenvolvedor do Soar, é amplamente considerado como um dos principais fundadores do campo da inteligência artificial (Steier & Mitchell, 1996). Talvez, uma de suas maiores contribuições tenha sido a de que ele advogou não uma única teoria de aprendizagem ou comportamento, não apenas uma abordagem da compreensão da *arquitetura cognitiva* humana, mas a "unificação" de várias teorias a fim de proporcionar um modelo altamente abrangente (Newell, 1990).

Modelos Conexionistas

Os mestres do xadrez e os computadores não jogam do mesmo modo. Os seres humanos não se apoiam – na verdade, não conseguem fazê-lo – na força bruta. Suas capacidades computacionais não lhes permitem prever as consequências de muitos movimentos e contramovimentos ao mesmo tempo. O que podem fazer, e que a máquina não pode, é reconhecer os padrões no tabuleiro de xadrez com base em experiências prévias com padrões similares, embora não idênticos. Dessa forma, conseguem selecionar o melhor movimento sintetizando, de certo modo, os efeitos da experiência prévia sem necessariamente seguir regras explícitas. É como se o jogador humano aprendesse da experiência, desenvolvendo regras implícitas, não verbalizadas. Mais do que isso, a lógica que caracteriza o comportamento do jogador de xadrez não é uma lógica formal que sempre resulta numa solução correta. Ao contrário, é uma **lógica *fuzzy***[5] – uma lógica relativista, que considera uma variedade de fatores e não tem probabilidade inteiramente previsível de estar correta (Russo e Jain, 2001).

Se tudo isso for verdade, pode-se supor que o modelo simbólico é inadequado ou incompleto. Lembre que esse modelo está baseado justamente no pressuposto de que toda informação pode ser representada em símbolos (como a linguagem), que a aprendizagem é explícita e que o processamento da informação (o pensamento) envolve a aplicação de regras identificáveis.

Dois Tipos de Aprendizagem

Contudo, como o Capítulo 9 descreverá em detalhes, nem toda aprendizagem é explícita, representável em símbolos, consciente e subordinada a regras definidas. Se Marta treina lançamento de dardos durante algum tempo, ela finalmente conseguirá atingir, várias vezes, os 20 espaços duplos ou triplos do alvo com facilidade, mas continuará sem saber o que de fato aprendeu. Essa aprendizagem é o que se chama de **aprendizagem implícita**. Nesse caso, a aprendizagem pode estar implícita em uma complexa rede de conexões entre o olho e a mão, e envolver milhões de transmissões entre neurônios e músculos.

As habilidades motoras habituais, bem exercitadas, são apenas um exemplo de aprendizagem não consciente implícita. Parece que as pessoas também aprendem todos os tipos de coisas cognitivas de forma inconsciente. Reber (1989), por exemplo, relata uma série de estudos de "gramática-artificial" em que os sujeitos são confrontados com fileiras de letras

[5] Ainda não existe uma tradução consagrada para lógica *fuzzy*. O termo *fuzzy* é aqui empregado com o sentido de "imprecisa", "não totalmente previsível". Segundo a definição do *Oxford Advanced Learner's Dictionary*, a lógica *fuzzy* é um tipo de lógica usada para tentar fazer os computadores comportarem-se como o cérebro humano (NRT).

sem sentido agrupadas (por exemplo, PVKPZ) que foram, na verdade, geradas seguindo regras pseudogramaticais precisas, regras elaboradas para o estudo (denominadas regras *pseudogramaticais*). Em alguns estudos, os sujeitos estão cientes de que regras governam os arranjos dos símbolos; em outros, permanecem sem saber desse fato. Em seguida, pergunta-se a eles se várias outras novas fileiras de letras seguem as mesmas regras (ou seja, se elas são ou não "gramaticais"). Embora os sujeitos humanos raramente tenham boa atuação em tarefas complexas desse tipo, respondem de modo correto muito mais frequentemente do que seria de esperar pelo acaso e, da mesma forma, muito mais frequentemente do que seria de esperar se não tivessem sido expostos a exemplos da assim chamada gramática. O mais surpreendente é que eles raramente conseguem verbalizar as regras pelas quais chegaram aos seus julgamentos. Que aprenderam algo é evidente pelo seu comportamento, mas o que aprenderam é mais implícito do que explícito.

O mesmo acontece quando as crianças aprendem a linguagem. Em pouco tempo elas aprendem a dizer uma porção de coisas que são, na maioria, gramaticalmente corretas. Mesmo assim, não conseguem tornar explícito o conhecimento das regras que lhes permitiriam gerar a linguagem correta, ou reconhecer uma gramática boa ou má.

Em geral os cientistas cognitivos aceitam que a mente usa regras e símbolos para pensar, como afirma St. Julien (1997). E o principal apelo do computador como modelo dos processos cognitivos se apoia na metáfora da informação percorrendo o cérebro na forma de impulsos elétricos, como acontece no computador digital serial. No entanto, argumenta St. Julien, o que sabemos da fisiologia do cérebro não mais sustenta esse tipo de metáfora, não importa o quão útil, instrutiva ou mesmo inspiradora tenha sido. Hoje sabemos que a cognição ocorre no cérebro não como uma série de processos, mas como padrões de ativação (como Hebb havia suspeitado). Sabemos também que esses padrões de ativação requerem que muitas coisas estejam acontecendo tanto de forma simultânea quanto muito rapidamente.[6]

Os cientistas cognitivos também supuseram que a lógica que governa as atividades cognitivas humanas era uma espécie de lógica precisa e previsível – como a de uma máquina. E o resultado poderia, pelo menos em tese, ser duplicado por qualquer máquina que tivesse acesso aos símbolos apropriados e programada para aplicar a lógica subjacente. Como colocam Hamburger e Richards, "Para cada algoritmo possível, independentemente de sua complexidade, há uma MT (máquina de Turing) que o realiza" (2002, p. 305). Em outras palavras, pode-se construir uma máquina para fazer qualquer coisa que consiga ser representada por um algoritmo. A palavra-chave, portanto, é *algoritmo*. Lembrando que algoritmo é um procedimento sistemático, claro e lógico, para solucionar um problema. Embora uma máquina possa ser construída para resolver qualquer problema para o qual se encontre um algoritmo, muitos problemas não se prestam facilmente a algoritmos. Como vimos, alguns problemas são mais heurísticos – exigem estratégias mais generalizadas de solução de problemas pela eliminação de alternativas. A lógica heurística é mais difusa do que a lógica dos algoritmos. Atividades como jogar xadrez, aprender gramática, reconhecer um cachorro, ou confundir um pato colhereiro[7] com um pato selvagem ilustra um modo de pensar tipicamente humano, sujeito a erros e a uma lógica não precisa. Se os cientistas

---

[6] "Você deveria destacar para seus leitores mais atentos", disse o professor, "que os neurocientistas descobriram muito sobre o cérebro e seu funcionamento e os cientistas cognitivos tiveram de adaptar seus modelos a essas descobertas. Como resultado, aconteceu aquilo que Kobes (1991) descreveu como uma coevolução muito íntima entre as neurociências e a psicologia no estudo do processamento da informação".

[7] "Diga-lhes que isso é um tipo de pato", disse o professor – e é mesmo.

da computação querem investigar e modelar esse tipo de pensamento, precisam recorrer a algo mais do que a uma máquina de calcular dirigida por algoritmos, manipuladora de símbolos, que é o **computador digital serial**.

Redes Neurais

O que eles precisam – e têm – é o computador PDP (ou, mais frequentemente, o programa de computador). Esse computador dá origem ao modelo de arquitetura cognitiva PDP (ou conexionista), cujo desenvolvimento foi iniciado por McClelland e Rumelhart (1986). Este é um modelo que tenta duplicar a estrutura e a função das redes de neurônios biológicos que compõem nossos cérebros – nossas reais redes neurais humanas. A atual utilização do termo **rede neural** geralmente se refere a redes neurais artificiais, em vez de redes neurais biológicas.

Todos os modelos de processamento distribuído paralelo, explica Kellogg (2003), consistem num conjunto de unidades de processamento cuja estrutura (arquitetura) foi criada para imitar os neurônios do cérebro. Essas unidades separadas representam palavras, letras, sons, elementos da percepção visual, variáveis relacionadas a mercado financeiro, informações meteorológicas etc. Elas são conectadas umas às outras de forma complexa e mutável, assim como acontece concretamente com os neurônios no cérebro. O padrão de conexões determina o que o sistema conhece e como vai responder. Aprender dentro desse sistema exige mudar a força das conexões entre as unidades – de novo da maneira como Hebb descreveu a formação das assembleias de células.

Modelos de Rede Neural

O computador PDP serve como modelo de funcionamento cerebral – um modelo chamado conexionismo (ou conexionista). Lembre-se que o termo *conexionismo* foi usado pela primeira vez no Capítulo 3 para se referir a teorias como a de Edward Thorndike. Thorndike preocupou-se com a conexão entre estímulos e respostas. Fez inferências sobre essas conexões ao observar o comportamento real. Os novos conexionistas estão preocupados com as conexões entre as unidades neurais. De modo muito semelhante a Hebb (veja o Capítulo 6), eles fazem inferências a respeito dessas conexões. Mas, diferentemente de Hebb, suas inferências são baseadas menos em suposições e especulações e mais na observação do funcionamento de computadores programados como redes neurais artificiais.

O que o modelo conexionista pressupõe é que o conglomerado de neurônios do cérebro é similar às unidades de processamento do computador PDP. Na verdade, essas unidades de processamento formam uma rede neural. Nenhum organizador ou processador central governa suas atividades. Ao contrário, milhares (ou milhões) dessas unidades são ativadas simultaneamente. Elas ativam umas às outras e estabelecem novas conexões, descartando as conexões antigas e modificando a força de conexões. De certo modo, elas aprendem através da experiência, adquirindo então compreensão, tomando decisões e iniciando ações.

É importante não esquecer que, na pesquisa cognitiva, as redes neurais não são arranjos físicos de verdadeiras redes de neurônios. Em vez disso, a pesquisa cognitiva lida com redes neurais artificiais representadas pelo funcionamento dos computadores PDP. Como dizem Hu e Hwang, "Uma rede neural é um paradigma computacional matemático geral que modela as operações dos sistemas neurais biológicos" (2002, p. 2). Na verdade, essa abordagem para entender o pensamento e a aprendizagem humanos usa o hardware físico e o software de computador dos sistemas PDP para modelar o funcionamento das redes neurais reais nos seres humanos.

A aprendizagem pode ocorrer numa rede neural de três maneiras: pelo desenvolvimento de novas conexões, pela perda de velhas conexões ou pela probabilidade de que uma unidade levará a outra a mudar. Os conexionistas têm trabalhado exaustivamente nessa última possibilidade.

Um: NETtalk

É extremamente complexo programar em um computador de processamento serial todas as regras necessárias para ler uma carta ou um poema, como o faria uma criança inteligente de 6 anos. O modo como uma palavra é pronunciada depende de quais vocábulos a precedem ou a seguem, que tipos de sinal de pontuação estão na sentença na qual ela está inserida, quando está sendo pronunciada, por quem, os significados e as ênfases pretendidas pelo leitor etc. Muitas exceções e qualificações têm de ser construídas segundo regras que não têm a unanimidade nem mesmo dos linguistas (Li e MacWhinney, 2002). Na verdade, pode muito bem acontecer de aquela criança inteligente de 6 anos não conseguir aprender a ler na primeira tentativa ou não conseguir aplicar todas as regras e exceções apropriadas como seria necessário (modelo de produção simbólica) já que as "regras" são construídas inconscientemente no processo de aprender emparelhar palavras ditas com os símbolos impressos (modelo conexionista). Esse é, basicamente, o raciocínio que levou Sejnowski e Rosenberg (1987) a desenvolver um programa conexionista que poderia aprender a ler. O resultado, o NETtalk é, ao mesmo tempo, uma máquina e um modelo. É uma máquina composta de unidades de processamento e é o que chamamos de *modelo de rede neural*. Daí suas unidades servirem como uma analogia para os neurônios do cérebro; no modelo eles também são chamados de "neurônios".

Como máquina, o NETtalk consiste em uma "janela" que consegue esquadrinhar sete letras a cada vez. Cada uma das sete aberturas nessa janela está conectada a 29 neurônios (unidades de *input*), que correspondem a 26 letras do alfabeto, mais os sinais de pontuação e marcas de espaços. Como resultado, temos 203 unidades de *input*. No *output* final da máquina há outros 26 neurônios (unidades de *output*), cada um dos quais ligado a um dos 26 fonemas (sons simples) que compõem a língua inglesa. Quando um dos neurônios do *output* seleciona um fonema, ele é emitido por um alto-falante, que dá ao NETtalk sua "voz" (veja a Figura 8.2).

As entranhas – ou melhor, os cérebros – do NETtalk consistem em 80 "unidades ocultas" que intervêm entre as 203 unidades de *input* e as 26 unidades de *output*. Cada um dos 203 neurônios do *input* está conectado a cada uma das 80 unidades ocultas, bem como a cada um dos 26 neurônios do *output*. Assim, há 18.320 conexões nessa rede neural. E cada uma dessas 18.320 conexões tem peso, ou seja, algumas delas são fortes (as importantes) e outras fracas (aquelas que são irrelevantes). As de maior peso (ou seja, as conexões mais fortes) poderiam significar que a ativação de uma unidade sempre resultaria na ativação da próxima; do mesmo modo, as de peso mais baixo poderiam significar que a ativação de uma unidade nunca resultaria na ativação de uma segunda.

A essência da tarefa do NETtalk é muito simples: aprender a ler um texto. Infelizmente, no inglês não há ligação direta, entre uma letra e um som, ou mesmo entre combinações de letras e um som. O *a* em *can* é bastante diferente do *a* em *cane*. Embora exista

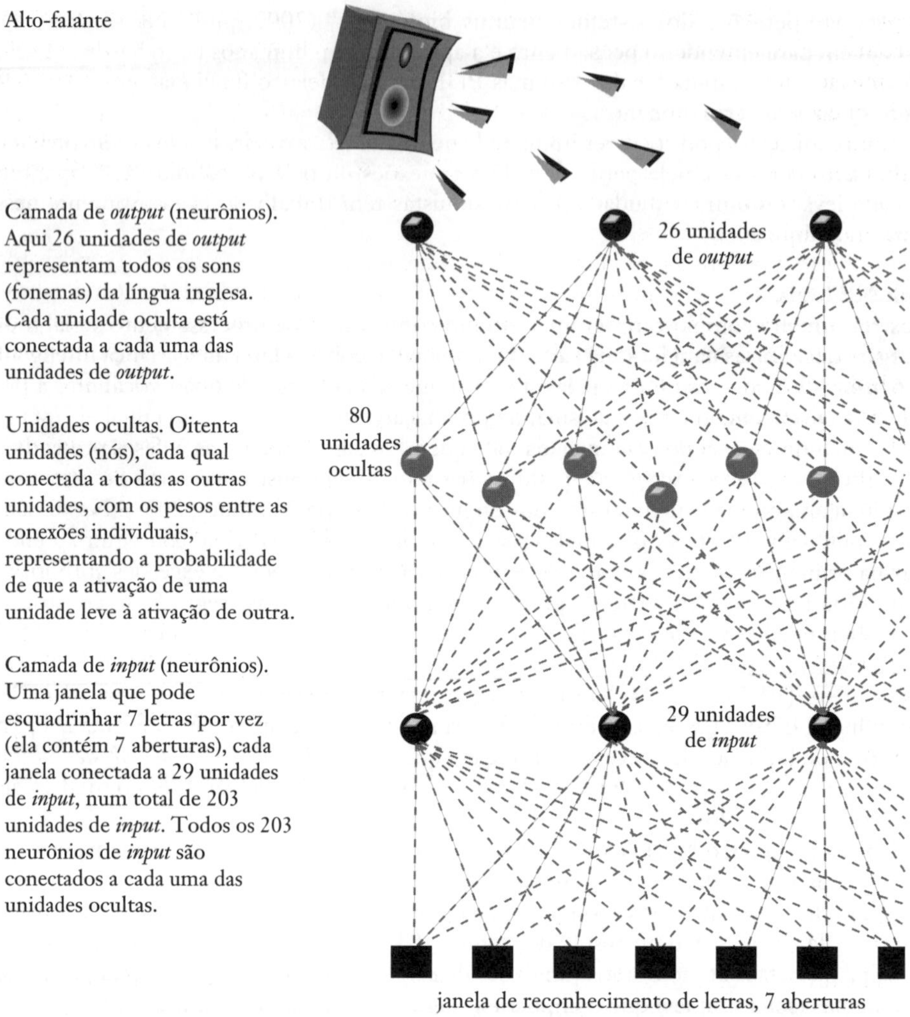

***Figura* 8.2** Representação esquemática do NETtalk, um modelo de rede neural. A máquina é um computador programado para aprender como traduzir textos em língua inglesa em palavras precisamente verbalizadas, ajustando os pesos entre suas unidades interconectadas. Apenas algumas dessas unidades das 18.320 possíveis conexões são mostradas.

uma regra simples para essa situação, o que dizer sobre o *a* em *ah*? Ou em *far*? Ou os *as* em *facade*? Ou ainda em *aaaargh*? Ou como você explica por que, em inglês, as palavras *cough* (tosse), *bough* (galho), *through* (através), *rough* (áspero) e *thorough* (completo) têm pronúncias tão diferentes? Assim, a solução para a tarefa do NETtalk (aprender a ler) não é tão simples. Requer que os pesos entre as unidades ocultas sejam arranjados de tal forma que os padrões ativados pelas letras levem a máquina a selecionar os fonemas corretos. Sejnowski e Rosenberg (1987) não sabiam, claro, quais seriam esses pesos, de modo que propuseram deixar a máquina aprender por si mesma, usando a **regra de propagação retroativa**. Basicamente, um modelo que utiliza a regra de propagação retroativa usa a informação sobre a correção ou a adequação de suas respostas para alterar a si mesma, de modo que a resposta consiga ser mais correta ou mais apropriada. Ao aprender a ler, por exemplo, uma criança já sabe alguma coisa sobre as combinações de sons corretas (e seu significado). Elas sabem que a palavra "*through*" (através) na frase "*The stink is all through the house*" ("O odor está espalhado pela casa toda") soa como "*threw*", e não como "*dough*". O computador não sabe disso.

A solução, ponderaram Sejnowski e Rosenberg, poderia estar em deixar o computador conhecer o que soa como texto falado. Assim eles apresentaram ao NETtalk mil palavras lidas por uma criança do primeiro ano escolar. Deram ao computador a regra de propagação retroativa, pediram-lhe para comparar seu *output* com a leitura da criança do primeiro ano e trabalhar retroativamente por meio de suas unidades ocultas, reajustando os pesos para reduzir a diferença entre o que ele diz e o que a criança disse.

E o computador fez isso. Como os pesos iniciais foram dispostos aleatoriamente, a primeira passagem pelo texto produziu puro lixo. Vez após vez o texto foi passado pelos neurônios de *input* do NETtalk e repetidamente o computador emitiu sons de forma confusa e balbuciou fileiras de fonemas – inicialmente deturpados e sem significado, mas, aos poucos, pronunciou-os de modo mais claro e sistemático. Estava ensinando a si próprio a ler.

Depois de um dia inteiro de prática, o NETtalk conseguiu ler não apenas a maior parte das mil palavras do texto que vinha estudando com afinco, como também outros textos que nunca tinha lido. Aprendeu regras e exceções, aprendeu a generalizar e cometeu o mesmo tipo de erro que as crianças cometem quando estão aprendendo a ler – pronunciam, por exemplo, *have* como se rimasse com *cave* e *rave*. No fim, do mesmo modo como o cérebro humano, o NETtalk utilizava apenas uma pequena porção de suas conexões potenciais.[8]

Avaliação de Modelos Conexionistas

O ponto principal disso tudo é que as redes neurais respondem de forma muito semelhante a dos seres humanos. Sua lógica *fuzzy* leva em conta a imprecisão do mundo real. Na verdade, dizem Jang, Sun e Mizutani (1997), o modelo da lógica que direciona essas redes neurais é a mente humana. Como consequência, explicam, a noção dos sistemas de máquinas realmente inteligentes está se tornando uma realidade.

Do mesmo modo que os seres humanos, as redes neurais podem fazer inferências sem conhecer as regras específicas para tanto. Como destaca Allman (1989), se você vir a palavra *bat*[9] junto com as palavras *ball*, *diamond* e *base* (bola, quadra de beisebol e base) deduz algo bem diferente do que se visse a mesma palavra junto com *witch*, *Halloween* e *cave* (bruxa, halloween e caverna). Como vimos no Capítulo 7, segundo Bruner nossas inferências

---

[8] "Tenho certeza de que os estudantes gostariam de ter mais informação aqui", disse o professor, deixando de lado suas anotações. "Alguns poderiam gostar de saber que outros pesquisadores desenvolveram programas similares ao NETtalk usando regras de propagação proativa em vez de propagação retroativa, ou seja, a rede neural é estruturada de tal forma que o computador tem acesso às regras determinadas para eliminar ou minimizar certos erros. Outros desenvolveram programas similares para capacitar os computadores a ensinar a si próprios a contar. O resultado foi, algumas vezes, bastante significativo" (veja, por exemplo, Ahmad, Casey e Bale, 2002; Chang, 2002).

[9] Na língua inglesa, a palavra *bat* significa tanto bastão de beisebol quanto morcego (NRT).

se baseiam nas experiências que nos permitem categorizar e relacionar coisas e "ir além das informações fornecidas" (Bruner, 1957a). E o computador com rede neural, se abastecido com as séries corretas de experiências, poderá fazer exatamente a mesma coisa. De certo modo, sua estrutura e funcionamento permitem que ele chegue a algo semelhante a um *insight*. Contudo, o computador convencional é bem diferente; não importa a frequência com que seja apresentado aos vários significados de *bat*, ele nunca descobrirá por si mesmo qual deles diz respeito a determinado contexto – a menos que lhe seja apresentada uma regra especificando todas as possibilidades.

Assim, modelos de redes neurais – e os computadores de processamento distribuído paralelo que as tornam possíveis – podem, por fim, ser modelos muito melhores de alguns processos cognitivos humanos do que os modelos baseados em símbolos. Entre outras coisas, esses modelos sugerem que nem todas as pessoas pensam com racionalidade. Não consideram sistematicamente todos os prós e contras, não usam as frias regras da lógica para aplicá-las em cálculos (como o faria um computador convencional) e para saber qual a resposta correta. Esses modelos permitem um tipo de lógica mais imprecisa e enfatizam que muitos aspectos de uma situação (ou de várias situações) podem estar envolvidos numa resposta ou numa conclusão. Além disso, os modelos de rede neural têm a vantagem de refletir mais acuradamente a estrutura fisiológica concreta do sistema nervoso humano, que é um labirinto de neurônios e interconexões – embora as máquinas mais complexas de rede neural sejam ridiculamente simples se comparadas com o funcionamento complexo do cérebro humano.

Os modelos de redes neurais também apresentam uma analogia funcional para a noção de que a experiência altera as ligações do cérebro, como Hebb teorizou há muito tempo. Por exemplo, uma rede neural que ajusta suas próprias conexões é altamente compatível com a noção de Hebb de que os neurônios que repetidamente ativam uns aos outros aumentam a probabilidade de continuarem fazendo isso. Na verdade, a **regra de Hebb** é básica para muitos programas de redes neurais (Wright e Bourke, 2008).

Hoje as abordagens conexionista ou de rede neural dominam os estudos sobre os processos cognitivos humanos. Os modelos conexionistas estão levando a novos *insights* na compreensão do curso do desenvolvimento humano, das diferenças individuais e do desenvolvimento atípico (Lorincz e Szirtes, 2009; Iyer et al., 2009). Eles têm sido aplicados ao estudo do autismo (Mundy, Sullivan & Mastergeorge, 2009), generalizando e discriminando (Igari & Tani, 2009) e lendo e escrevendo (Serrano, del Castillo & Iglesias, 2009). É importante notar também que suas aplicações vão muito além das ciências cognitivas e da psicologia. As redes neurais têm sido aplicadas a uma enorme variedade de campos, incluindo previsões meteorológicas, desempenho do mercado financeiro, diagnósticos médicos e engenharia.

Algumas Precauções e Críticas

Como vimos, há uma espécie de realismo biológico nos modelos conexionistas. Por força de sua íntima semelhança com a estrutura e o funcionamento do sistema nervoso humano, é fácil confundir os modelos conexionistas com a coisa real – ou seja, com o real funcionamento do sistema nervoso. Entretanto eles não são um sistema nervoso; são apenas metáforas. E, como metáforas, descrevem e sugerem, mas seria um engano confundir descrição ou sugestão com explicação.

Modelos conexionistas não são analogias perfeitas dos processos do pensamento humano. Há três críticas-padrão aos modelos de simulação computadorizada dos processos de pensamento humano, explica Benjafield (1996). A primeira é que os computadores não simulam muito bem as emoções humanas. Como coloca De Lancey, o fracasso em imbuir as máquinas de "paixões" torna "insustentável uma estrita versão da teoria computacional da mente" (2002, p. 187).

A segunda é que as simulações computadorizadas não revelam os *insights* dos quais são capazes os solucionadores humanos de problemas. Na óptica da Gestalt, essas simulações são modelos de processos cognitivos humanos deploravelmente inadequados.

A terceira crítica mais comum é que os programas de computador nos ensinam pouco, ou nada, sobre como trabalha o sistema nervoso humano. Por exemplo, Li (2002) destaca que o funcionamento adequado dos modelos conexionistas depende de certas propriedades de suas unidades que não são propriedades do sistema nervoso humano. Assim, ao alterar seus pesos, essas unidades podem inibir a atividade em algumas unidades enquanto as facilitam em outras; os neurônios no cérebro humano não fazem isso.

Há várias outras razões pelas quais os modelos conexionistas nem sempre são informativos ou úteis e porque não deveriam ser tomados de forma demasiadamente literal. Um modelo conexionista com 360 unidades, que duplica com sucesso alguma função cognitiva humana, não revela que a função cognitiva requer 360 unidades neurais no cérebro humano. A mesma atividade cognitiva poderia ser possível com um modelo de apenas 250 unidades, ou talvez 400. Massaro e Cowan (1993) destacam que as redes neurais com unidades ocultas suficientes são capazes de gerar resultados totalmente imprevisíveis, que nunca foram antes observados em laboratório. Na verdade, numa rede neural que usa o modelo da propagação retroativa pode ser possível emparelhar qualquer *input* com o *output* desejado se lhe forem dadas camadas suficientes de unidades ocultas e tempo. Assim, seria viável para uma rede neural ensinar a si mesma a "ler" um texto em espanhol como se fosse inglês. Se o *input* não tem importância, então é fato que o modelo ensina pouco aos psicólogos sobre os processos envolvidos na aprendizagem. Tais modelos, alerta Massaro e Cowan, podem não ser muito informativos.

Outro problema para os modelos de rede neural de autoaprendizado é o da interferência. McCloskey e Cohen (1989) mostraram, por exemplo, que quando os modelos de rede neural treinam a si próprios para reconhecer pares de palavras no que é denominado *aprendizagem de pares associados*, e então lhes é apresentado um segundo conjunto de pares, a aprendizagem inicial impede a aprendizagem subsequente, de forma muito mais frequente do que acontece com os sujeitos humanos. Como diz Estes, "Os modelos conexionistas são construídos para aprender, mas há motivos para perguntar se podem ser construídos para aprender como os seres humanos" (1991, p. 23). Ao mesmo tempo, uma vez que conseguem aprender, são um pouco humanos. E pode haver muito a ser aprendido estudando algumas das formas pelas quais eles aprendem.

Outra pergunta que persiste na modelagem conexionista da atividade cognitiva humana é o debate e a incerteza referente a se as representações mentais são *distribuídas* em conexões neurais em várias partes do cérebro ou se estão *localizadas* em uma conexão neural ou de neurônios específica. Os modelos de processamento distribuído paralelo (conexionistas) geralmente assumem que essa representação é distribuída (por exemplo, veja Plaut & McClelland, 2010). Contudo, existem evidências de respostas altamente seletivas a estímulos familiares – uma observação que tem dado origem à noção de **células da vovó**. As chamadas células da vovó são neurônios hipotéticos que se considera sejam ativados por um estímulo complexo específico – como, por exemplo, uma avó (Jagadeesh, 2009). Elas receberam este nome porque foram, em princípio, introduzidas em referência a uma mãe e, então, a uma avó, por volta de 1969 (Gross, 2002). A teoria é de que a "célula da vovó" se torna ativa quando um estímulo como uma avó é apresentado, quer ela esteja sendo vista de frente, de costas, de cima para baixo, dentro da casa ou perto do celeiro. E talvez seu nome, sua voz, seu cheiro ou a imagem dela evocarão a atividade na mesma célula da vovó.

Os registros de atividades cerebrais indicam que existem neurônios visuais específicos nos cérebros dos seres humanos (e dos macacos) que respondem seletivamente a estímulos como rostos humanos. Contudo, não existem evidências de que essas células não serão ativadas para uma grande variedade de rostos – e talvez para nomes assim como rostos (Gross, 2002). Entretanto, é importante observar que existe uma redundância considerável entre células da vovó, por isso, se uma delas for perdida, a pessoa pode não perder o *percepto* da vovó (Quian & Kreiman, 2010b).

Alguns pesquisadores sugerem que as células da vovó são biologicamente plausíveis e que são incompatíveis com modelos de processamento distribuídos paralelos (por exemplo, Bowers, 2010). Outros argumentam que a pesquisa biológica apoia a noção de representação distribuída e que células da vovó são representações mais simples e *mais escassas*, envolvendo menos células (Quian & Kreiman, 2010a). (São apresentados mais detalhes sobre este assunto no Capítulo 10.)

Implicações Educacionais

A simulação da aprendizagem e do pensamento humano tem óbvias implicações educacionais. Por exemplo, Ilyas e Kumar (1996) e McNamara et al. (2007) descrevem um **sistema tutorial inteligente** (**STI**) que é projetado para obter informações sobre cada aluno de modo que, como um bom tutor humano, pode fazer julgamentos qualitativos a respeito do aluno e modificar suas estratégias de ensino de modo adequado. Sistemas tutoriais inteligentes podem ser utilizados para monitorar o progresso do estudante e atuar como um professor orientando e fazendo perguntas, descobrindo concepções inadequadas, erros e assim por diante.

Simulações computacionais que imitam outros fenômenos que não os processos de pensamento humano têm cada vez mais importantes implicações educacionais. Por exemplo, programas que imitam respostas de aeronaves específicas num simulador são usados para treinar pilotos, e outros que modelam o funcionamento do sistema circulatório são usados em faculdades de medicina. Uma simulação em um laboratório de física ou química pode ser usada para ensinar aos estudantes os prováveis resultados da combinação, do resfriamento, do aquecimento, da pressurização ou, até mesmo, da ingestão de várias substâncias sem o risco de comprometer fisicamente um laboratório, uma escola ou um estudante nesse processo.

Também as simulações computadorizadas interativas de vários ambientes, chamadas de **realidade virtual (RV)**, têm aplicações educacionais. Na educação, a realidade virtual descreve um tipo de aprendizagem interativa computadorizada na qual o aluno experimenta certos eventos e ambientes e faz escolhas dentro desse ambiente. Muitos sistemas de realidade virtual, a maioria dos quais ainda está em estágio experimental e em desenvolvimento, envolvem mais de um sistema sensorial. Por exemplo, sistemas de apresentações computadorizados podem incluir objetos como capacetes e óculos de proteção de forma que a apresentação visual ocupe todo o campo de visão do sujeito e mude conforme ele se movimenta. Do mesmo modo, alunos podem usar fones de ouvido que oferecem sons "ambientes" autênticos, bem como "luvas" que lhes dão a sensação de estar manipulando objetos do mundo virtual. Como Wee-Hin e Subramaniam (2007) indicam, as simulações de realidade virtual fornecem aos estudantes diversas maneiras de explorar conceitos. Além disso, requerem a participação ativa e encorajam o pensamento criativo, a resolução de problemas e questionamentos, e, em geral, também aumentam a motivação incluindo elementos de jogos.

Um exemplo de programa de realidade virtual voltado para propósitos educacionais é aquele do mundo maia, chamado Palenque (Wilson e Tally, 1990). Um aluno que interaja nessa realidade virtual pode escalar uma pirâmide, explorar tumbas dos maias, caminhar por um museu antigo etc.

Sistemas de realidade virtual ainda são experimentais, mas estão disponíveis vários programas interativos de instrução/entretenimento. Por exemplo, um site descreve um programa de realidade virtual no qual os estudantes podem percorrer selvas africanas ou voar sobre partes do continente; outros que fornecem uma visão da história humana levando os alunos em uma jornada através de demonstrações históricas de arte abrangendo desde cavernas primitivas à arte moderna, e outros programas de realidade virtual que lidam com assuntos como estruturas do Egito antigo, história dos Estados Unidos, e o sistema solar (Virtual Reality Programs, 2010). (Para obter mais informações sobre este campo em rápida transformação, veja a publicação *Virtual Reality in the Schools*, 2010.)

Outro uso importante dos computadores nas escolas diz respeito a ensinar aos alunos habilidades de programação, com a ajuda de programas como o Logo, desenvolvido por Papert (1980; 1993). O programa utiliza uma "tartaruga" – criatura que aparece no monitor do computador se movimenta de várias formas. Por exemplo, quando a criança digita FORWARD 40, a tartaruga se move 40 pequenos passos para cima. Se a criança digitar RIGHT 90, a tartaruga executa um giro de 90 graus. Muito rapidamente, a criança aprende a escrever REPEAT 4 FORWARD 40 RIGHT 90 e a tartaruga sobe 40 passos, vira à direita, sobe outros 40 passos, vira de novo, repete esse procedimento quatro vezes até desenhar um quadrado perfeito – que a criança pode rotular de QUADRADO. A criança, dessa forma, com facilidade e quase sem nenhum esforço, criou um programa.

Em um certo nível, o Logo é um instrumento simples que permite à criança explorar a geometria plana. Em outro nível, é sofisticado o suficiente para permitir à criança investigar o mundo das equações diferenciais. Programas do gênero também ensinam às crianças o pensamento claro e sistemático que a programação de computador requer. Oferecem a elas aquilo que é chamado de **alfabetização em computação**.

Um livro organizado por Moore, Redfield e Johnson (2001) descreve dezenas de outras aplicações da inteligência artificial na educação – algumas vezes abreviada em AI-ED. (Lembre que *inteligência artificial* é uma designação geral para modelos, procedimentos, estratégias ou máquinas que pretendem copiar algumas das funções *inteligentes* dos seres humanos.) Várias dessas aplicações já foram mencionadas: sistemas de tutoria inteligente, simulações de laboratório para ensinar reações químicas, programas de realidade virtual para ensinar história, e programas desenvolvidos para ensinar habilidades de programação e alfabetização em computação, como o Logo. Além disso, programas de computador têm sido elaborados para ensinar habilidades de cooperação entre os alunos, para aumentar a competência na descoberta e na resolução de problemas, para desenvolver habilidade de estudo e análise de tarefas, para melhorar a memória, aperfeiçoar as habilidades de interação verbal, imitar modelos etc.

Um Campo em Desenvolvimento

Grande parte deste livro é histórica: lida com teorias, cujos princípios e pressupostos foram analisados detalhadamente, não porque elas são menos atuais ou mais difíceis do que os campos mais novos. É simplesmente porque são mais antigas e, portanto, são mais conhecidas e têm conquistado mais adeptos há mais tempo.

Em contraposição aos capítulos anteriores, o assunto deste capítulo é bem mais novo; ainda não foi totalmente estudado por gerações de estudiosos e pensadores. Portanto, o capítulo não pode ser concluído, nem os modelos e as teorias nele apresentados puderam ser avaliados. A história, como de hábito, fará seu julgamento.

Resumo

1. O ramo da ciência da computação que procura desenvolver modelos, procedimentos ou artefatos destinados a realizar algumas das funções inteligentes da atividade mental humana é chamado *inteligência artificial.* A *simulação computadorizada* tenta imitar o funcionamento cognitivo real.
2. Dois mitos caracterizam a reação humana aos computadores: eles são meras máquinas computacionais e não passam de escravos de seus programas. Os novos computadores PDP, entretanto, conseguem "aprender" e, algumas vezes, surpreendem seus programadores.
3. O Teste de Turing afirma que se A pode fazer X, Y e Z, e B pode fazer X, Y, e Z exatamente, então B deve possuir atributos de A que lhe permite fazer X, Y, e Z. O teste se reduz facilmente ao absurdo e não responde à pergunta: as máquinas podem pensar? Provavelmente elas não precisam fazê-lo.
4. A metáfora básica do computador como um processador cognitivo estabelece paralelos entre o hardware do computador (os componentes físicos) e o sistema nervoso humano e especialmente o cérebro (*wetware*), bem como entre o funcionamento cognitivo humano e os programas de computação (software).
5. O cérebro é muito mais lento do que os computadores e bem mais inferior em fazer cálculos, mas é muito melhor em tarefas de reconhecimento e em raciocínio em que o *insight* e a lógica *fuzzy* são requeridos. Além disso, é extremamente mais complexo em organização e tamanho. Os computadores de processamento distribuído paralelo (PDP) aparentemente funcionam mais como o cérebro, fazem várias coisas ao mesmo tempo.
6. O modelo simbólico é baseado no computador de processamento serial; supõe que o conhecimento pode ser representado simbolicamente e que pode ser manipulado por regras. O Teórico Lógico (TL), de Newell, Shaw Simon, que é capaz de encontrar provas para teoremas na lógica simbólica, e o SGP, um solucionador geral de problemas, são modelos simbólicos, como é o Soar – um programa de computador elaborado como um modelo de *arquitetura cognitiva.* Ele tenta unificar teorias da aprendizagem em um programa que permitiria à máquina (computador) realizar atividades cognitivas do mesmo modo que os seres humanos.
7. Os programas de xadrez são parcialmente heurísticos (ou seja, fazem uso de estratégias e de outros atalhos sistemáticos), mas podem vencer os mestres do xadrez principalmente pelo uso de algoritmos (resolução sistemática de problemas, que usa a força bruta do computador para avaliar um número enorme de alternativas com incrível rapidez).
8. Nem toda aprendizagem humana é explícita e descritível em símbolos ou regras. A maior parte é implícita ou inconsciente, incluindo a aprendizagem de habilidades motoras e a aprendizagem de relações abstratas por meio da experiência. A aprendizagem implícita é mais bem modelada em

máquinas de *processamento distribuído paralelo* (*PDP*) do que em máquinas de processamento serial.

9. Os modelos de rede neural (ou conexionistas), baseados nas máquinas PDP, consistem em unidades interconectadas e não de processadores centrais. Os padrões e a força das conexões representam o conhecimento. O NETtalk de Sejnowski e Rosenberg é um modelo de rede neural desenvolvido de forma que a máquina "ensine" a si mesma a ler, utilizando a regra de propagação retroativa (conhecimento do que deveria ser o *output*) para modificar conexões de forma a, finalmente, emparelhar o *input* (as palavras escritas) com o *output* (palavras faladas).
10. Os modelos conexionistas levaram a máquinas cujo funcionamento assemelha-se ao dos humanos em vários aspectos. Elas levam em consideração o pensamento não lógico e, algumas vezes, levam a resultados não previstos. Elas também refletem alguns aspectos da estrutura neurológica humana. Contudo, são mais descrições do que explicações e nem sempre geram resultados plausíveis ou funcionam como os seres humanos fariam (por exemplo, sofrem mais com os efeitos das interferências, não simulam bem as emoções e não podem ser programadas para terem *insight*).
11. As aplicações da inteligência artificial à educação incluem o uso de sistemas de tutoramento inteligente (que levam em conta as respostas dos estudantes), simulações dos sistemas e das situações para ensinar coisas como dirigir um carro ou conduzir experimentos de química, programas de realidade virtual para ensinar aspectos da história ou da medicina, e uma variedade de programas desenvolvidos para ensinar habilidades de programação e alfabetização em computação, resolução de problemas, aperfeiçoamento da memória, habilidades de interação verbal etc.

CAPÍTULO NOVE

Aprendizagem e Memória

O honorável cavalheiro está em dívida com sua memória por causa de suas brincadeiras e com sua imaginação por causa de seus fatos.
Richard Brinsley Sheridan (em *Sheridiana; um discurso em resposta ao Sr. Dundas*)

É um tipo de memória pobre, que só anda de marcha à ré.
Lewis Carroll (em *Alice através do Espelho e O que Alice Encontrou por Lá*)

O professor disse que hoje escalaríamos o rochedo, que o meu medo de altura era infundado, que ele me indicaria onde colocar o pé, a mão, e que me guiaria como um pai o faria com seu filho. Ele ignorou meus protestos, insistiu que o Capítulo 9 só seria lido no alto do rochedo.

Saímos de madrugada, antes do sol aquecer o ar. O gato ficou enrolado do lado ensolarado das árvores de bétula fitando-nos enquanto caminhávamos na direção da face mais lisa do rochedo. Em poucos minutos minhas mãos estavam empapadas de suor, os músculos, contraídos de pavor. O professor disse que eu precisava prestar atenção, fazer exatamente o que ele fazia, colocar as mãos e os pés nos pontos de apoio que ele usava para os pés e as mãos dele, e confiar na corda que nos unia como se fosse um cordão umbilical. Explicou que confiança era um pensamento, uma conclusão. Ele disse que bastava eu acreditar para tê-la.

Contudo não consegui reprimir meu pavor e, antes de chegar até onde chegaria a mais jovem das árvores de bétula, desisti da escalada, e o professor me baixou para o chão, jogou a corda, inútil, como uma cobra morta aos meus pés. Quando me apoiei, fraco, numa árvore de bétula, o gato já havia ido embora. Olhei de novo para cima, o professor continuava a escalada, o gato esperava por ele lá no topo, embora parecesse impossível que ele tivesse chegado lá tão depressa.

O professor escalava sem hesitação, como uma espécie de símio sem pelo; por fim, chegou onde estava o gato. Foi quando, para meu espanto, ele fez sinal para que eu gravasse o que ia dizer, e começou a gritar as palavras do nono capítulo bem alto, como se sentisse prazer em fazê-lo.

Este Capítulo

Eis o que ele gritou lá do alto do rochedo, naquele início de manhã, enquanto eu ouvia de muito longe, sem poder fazer perguntas.

"Meu corpo sabe como escalar", *gritou ele*. Ele sabe isto em seus músculos e tendões, e talvez, em todas as suas outras partes, mas é o conhecimento que não pode facilmente ser colocado em palavras. "É por isso que não consigo contar a você como se escala ou como se anda de bicicleta." Memórias referentes a ações, como estas, são implícitas. Disse que, no entanto, poderia facilmente explicar como encontrar a raiz quadrada de um número de quatro dígitos.

Este capítulo analisa as diferenças entre as memórias que são implícitas e as que são explícitas. Explora o poder surpreendente da memória, bem como reconhece suas imperfeições e limitações. Como declarou Johnson, "Se colocados na posição de testemunha, podemos jurar perante Deus que diremos a verdade, toda a verdade, nada mais que a verdade. Contudo, o melhor que conseguiremos fazer é discorrer sobre o que ficou na nossa memória, resgates inevitavelmente alterados pelo tempo" (1992, p. 233).

Objetivos

"Diga aos seus leitores", alertou o professor, "que eles entenderão o que isso significa após terem lido e estudado este capítulo – isto é, se lembrarem dele. E se a memória lhes servir bem, estarão aptos a contar histórias fascinantes sobre:

- *Memória sensorial, de curto prazo e de longo prazo.*
- *Memória de trabalho.*
- *Dois tipos de memória de longo prazo.*
- *Atividade cerebral relacionada a eventos.*
- *Teorias do esquecimento.*

Eles também aprenderão alguns truques para impressionar os mais velhos".

Metáforas da Memória

Como já expliquei em várias ocasiões, *o professor gritava lá do alto*, a psicologia cognitiva e, também, são a psicologia comportamental psicologias de metáforas. Buscam compreender a enorme complexidade do funcionamento cognitivo humano não apenas pela descrição precisa do seu mecanismo e pela exposição de suas estruturas e funções, mas também pela invenção das metáforas mais compelidoras[1] e úteis para descrevê-la. No final, entretanto, o valor da metáfora será julgado não somente pelo modo como reflete bem os fatos, mas também pelo modo como explica bem e é útil para fazer previsões. Assim, a busca por metáforas é baseada nos resultados da investigação científica. Se a psicologia não pode confiar em seus fatos, como confiar em suas metáforas?

Convém repetir que as metáforas cognitivas, como as empregadas para descrever a memória, não são as figuras voláteis do discurso literário. Elas não são nada mais que modelos – geralmente modelos simples. O que dizem não é "A atenção é uma donzela com flores no nariz", "A memória é um elefante ancião" ou "A motivação é um anjo de cabelo verde". As metáforas da psicologia cognitiva são prosaicas. Dizem apenas que os humanos se comportam como "sendo" ou como "se fossem" e descrevem o comportamento como "se fosse". Essas, explicam Oswick, Keenoy e Grant (2002), são as metáforas confortáveis da similaridade. Elaboram e explicam dando ênfase à similaridade.

[1] Um dos sentidos desse termo (na língua inglesa, *compelling*) e o que melhor se aplica ao contexto é, segundo *Oxforf Advanced Learner's Dictionary*, "o que faz você pensar que é verdadeiro" (NRT).

Ao longo dos anos, um número significativo de diferentes metáforas vem sendo usado para descrever a memória – testemunhas talvez da dificuldade de descrever o conceito ou de quão inseguros os psicólogos estão em relação a seus modelos. O índice do *Metaphors of Memory* (2000), de Draaisma, por exemplo, lista 43 metáforas diferentes para a memória. A memória, como asseguram diferentes estudiosos, é um mosteiro com muitos aposentos; ou talvez um livro com muitas páginas de informações, tabelas de conteúdos e índice; ou talvez uma biblioteca, ou um espelho, um tear, um palácio, uma máquina fotográfica, uma bolsa, uma arca do tesouro, um cofre, uma adega... e assim por diante (p. 240). Recentemente, claro, a metáfora do computador popularizou-se, já que ele tem sistemas de armazenagem e de recuperação, duas características essenciais da memória. Entretanto, como veremos neste capítulo, a metáfora do computador, como, de resto, todas as metáforas mais comuns, não faz justiça a algo tão rico e complexo como a memória humana.

O que é Memória?

É muito difícil separar atenção, memória e aprendizagem, porque elas estão estreitamente vinculadas. A aprendizagem é uma mudança no comportamento que resulta da experiência; a memória é o efeito da experiência, e ambas são facilitadas pela atenção. Em outras palavras, não haverá evidência de aprendizagem sem que algo tenha acontecido na memória; do mesmo modo, o que fica na memória implica aprendizagem. Estudar a memória é, na verdade, outra forma de estudar a aprendizagem.

Ainda assim, os psicólogos estão longe de um consenso sobre qual memória estudar e como fazê-lo. As metáforas e os modelos de memória mudaram ao longo da história da psicologia e continuam a mudar – bem como as diversas maneiras como a memória vem sendo estudada.

Uma definição simples e clara da **memória** é a seguinte: memória é a capacidade de reter e recuperar lembranças de eventos ou de experiências passadas ou informações adquiridas. Do ponto de vista da psicologia cognitiva, memória é o sistema de processamento de informações envolvido em codificar, armazenar e recuperar informações.

Estudos sobre Memórias Excepcionais

Leonard Euler, registra Draaisma (2000), foi uma criança prodígio e um gênio da matemática. Ele conseguiu memorizar *A Ilíada* (mais de 5.000 linhas) e recitá-la impecavelmente até o dia em que morreu. Dizem que, em uma noite em que não conseguia dormir, calculou as primeiras seis potências para os números de 0 a 99 e gerou uma tabela mental de 600 números que conseguiu repetir semanas depois. Ele tinha a capacidade de lembrar tudo o que ouvia ou lia, tanto que, mesmo tendo ficado completamente cego nos últimos 15 anos de sua vida, não parou de trabalhar. Colocou no meio do seu escritório uma enorme mesa coberta com um quadro-negro, e ficava andando em torno dela escrevendo fórmulas e ideias que seus alunos, incluindo seus filhos e netos, escreviam, organizavam e depois liam para ele. O resultado: durante os 15 anos de cegueira, publicou 355 trabalhos científicos, a maioria deles versava sobre matemática e ciência aplicada.

No entanto, nem todas as pessoas com memórias excepcionais são tão bem ajustadas e produtivas. Algumas dessas memórias podem ser triviais e inúteis. Por exemplo, as dos chamados ***idiot-savant* (idiota sábio)** – pessoa mentalmente limitada que possui um talento impressionante, mas muito específico; por exemplo, o sujeito que ao olhar um trem de carga passar memoriza os números de todos os vagões. Há também o caso, muito bem documentado, de um homem conhecido apenas por S., e descrito por Luria (1968). S., um homem comum, bem-sucedido como músico e jornalista, tinha uma memória prodigiosa. Certa ocasião, Luria mostrou a S. uma sucessão de 50 números (veja a Figura 9.1). Depois de examinar a tabela por 3 minutos, S. reproduziu facilmente, em 40 segundos, todos os números. Quando solicitado a fazer isso, recitava cada um dos números de quatro dígitos nas 12 linhas, bem como os dois números na última linha – de novo, sem errar, e em apenas 50 segundos. O aspecto mais impressionante da memória de S. não era conseguir gravar essa tabela tão rapidamente, mas conseguir se lembrar dela, sem errar, em qualquer momento posterior. Ele conseguia lembrar de listas de palavras que aprendera 16 anos antes, sem lhe ter sido solicitado recordá-las nem uma única vez nesse ínterim. A única diferença era que, ao ser instado a lembrar-se delas meses (ou anos) depois, precisava de uns poucos minutos para "reavivar" a memória. Ele costumava sentar-se com os olhos fechados, conta Luria, e comentar, "Sim, sim... Essa é uma série que você me passou quando estive no seu apartamento... Você estava sentado à mesa e eu na cadeira de balanço... Você usava um terno cinza e me olhava assim... Consigo ver você dizendo..." (1968, p. 12).

A maioria das memórias não é tão fenomenal, como mostram as "curvas de memória" que indicam os resultados de algumas das primeiras experiências em retenção (muitas das quais realizadas por um dos pioneiros na pesquisa da memória, Ebbinghaus [1885/1964]). A Figura 9.2 mostra um resumo idealizado dessas curvas. O aspecto mais surpreendente que as curvas indicam é que as pessoas tendem a esquecer a maior parte do que aprendem quase imediatamente após ter aprendido. Nas investigações originais de Ebbinghaus, ele pedia que os sujeitos aprendessem uma lista de sílabas sem sentido – simples combinações de letras como kiv, gur ou lev. Mesmo quando esses sujeitos conseguiam lembrar perfeitamente de todas as sílabas logo depois de aprendê-las, em 20 minutos já tinham esquecido mais de 40% delas; em uma hora, mais da metade. No entanto, os 20% ou 30% das sílabas sem sentido que tinham sido lembradas durante metade de um dia permaneciam disponíveis na memória, para recuperação, um mês depois. Mesmo que grande parte do que as pessoas aprendem (pelo menos no que diz respeito a itens sem sentido) seja esquecido rapidamente, alguma informação fica retida por longos períodos. Essas características da memória humana são abordadas pelas teorias atuais sobre aprendizagem e esquecimento.

6	6	8	0
5	4	3	2
1	6	8	4
7	9	3	5
4	2	3	7
3	8	9	1
1	0	0	2
3	4	5	1
2	7	6	8
1	9	2	6
2	9	6	7
5	5	2	0
X	0	1	X

Figura 9.1 O sujeito de Luria, S., memorizou esta tabela em 3 minutos. Era capaz de falar de cor qualquer arranjo numérico, incluindo os 12 números de quatro dígitos nas linhas, todas as diagonais de quatro dígitos, ou as quatro colunas verticais. Também podia converter todo o arranjo num único número de 50 dígitos e ler todos os itens, um feito que requeria apenas um minuto e meio. De *The Mind of Mnemonist: A Little Book About a Vast Memory*, de A. R. Luria, p. 17. Copyright © 1968, Basic Books.

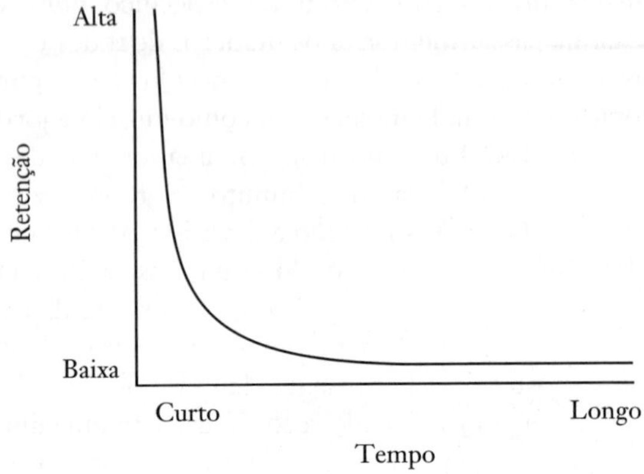

Figura 9.2
Curva idealizada da memória baseada em Ebbinghaus (1885/1964).

Memórias Inconscientes

No linguajar cotidiano, *memória* significa disponibilidade de informação e implica a capacidade de recuperar habilidades ou informações previamente adquiridas. Pressupõe aprendizagem, ou seja, envolve mudança. A metáfora do computador nos leva à noção de que lembrar é ser capaz de recuperar o que foi armazenado. Não é de surpreender, diz Hintzman (1990), que uma das suposições intuitivas a respeito da memória seja a de que, para influenciar o comportamento, ela precisa ser recuperável.

Isso não é tudo. Há numerosos exemplos do que é chamado de *memória implícita* (ou *memória não consciente*). Uma aprendizagem passada que não é lembrada conscientemente pode influenciar um comportamento posterior – como acontece quando alguém reaprende rapidamente um idioma há muito não utilizado e que parecia esquecido. Do mesmo modo, algumas pessoas com amnésia sabem todo o tipo de coisas, mas não conseguem lembrar que as aprendeu.

Goldblum (2001) distingue entre dois tipos de memória. Por um lado, todo o conhecimento geral de uma pessoa – as coisas que ela sabe e que são relativamente permanentes, como seu nome, o número do seu telefone, os nomes dos planetas, uma poesia que aprendeu na escola, para onde viajou nas últimas férias. Por outro, refere-se a uma grande variedade de coisas que a pessoa sabe, mas que são temporárias – como o que ela comeu no café da manhã de hoje, onde planeja almoçar, o que vai fazer quando terminar de ler este capítulo. Modelos conexionistas, baseados na ideia de que experiências repetidas levam a mudanças na probabilidade de os neurônios ativarem uns aos outros, podem ser aplicados na compreensão da memória permanente, destaca Goldblum. Contudo, esses modelos dizem pouco a respeito das memórias temporárias. Como veremos, os modelos atuais de memória levam em consideração tipos diferentes de memória, bem como as diferentes maneiras de armazenar memórias e trabalhar com elas.

Armazenamento e Recuperação

Estudos com pessoas que sofrem de amnésia – e experiências de nossa vida diária – tornam claro que algumas experiências armazenadas não podem ser recuperadas. Explicando de outro modo, geralmente, existem coisas que você *sabe* que não pode se *lembrar* totalmente. Lembrar, no sentido de *recordar*, diz Tulving (1989), não é exatamente o mesmo que conhecer. Ele explica que as árvores, com seus anéis de crescimento, bem como as gravações musicais e os arquivos de cartas, têm memória; isto é, têm um *registro* do passado. Mas não se lembram de nada.

Para esclarecer esses conceitos, Tulving (2002) sugere que os psicólogos atentem para dois aspectos distintos da memória: o armazenamento e a recuperação. O que as árvores e os arquivos de cartas têm é a capacidade de armazenar certos efeitos; o que os humanos têm é a capacidade de armazenar e recuperar. Ser capaz de recuperar pressupõe armazenar, porque as coisas que não foram aprendidas não podem ser recuperadas. Entretanto, nem tudo o que foi armazenado pode ser recuperado. E evidências de estudos que utilizam o **imageamento na ressonância magnética funcional (fMRI)** para indicar atividade cerebral durante tarefas de armazenamento e recuperação sugerem que diferentes partes do cérebro podem estar envolvidas no armazenamento e na recuperação (Baumann, Chan e Mattingley, 2010). Mais adiante neste capítulo observaremos com mais detalhes o papel do cérebro na memória.

Esquecimento

Se a moeda da aprendizagem tem dois lados, um deles é a memória, o outro é o esquecimento. Como a memória, o esquecimento está relacionado tanto ao armazenamento quanto à recuperação. Assim, o esquecimento, que implica uma perda de memória, pode envolver ou uma incapacidade de recuperar, ou uma mudança, ou perda dos efeitos fisiológicos da experiência. É possível que envolva ambos.

Pesquisas Pioneiras sobre a Memória

Pode-se dizer que uma pessoa lembra algo se seu comportamento e suas respostas refletem uma aprendizagem anterior, mesmo que não lembre conscientemente do que aprendeu. Se Ralph quer distância de cobras porque passou por uma experiência assustadora com elas quando tinha três anos, é correto admitir que sua primeira experiência com cobras alterou seu comportamento – ou seja, ele aprendeu algo sobre cobras e se lembra disso por causa daquela experiência. O fato de ele não mais lembrar conscientemente dessa experiência não contradiz o ocorrido. Entretanto, a maioria dos primeiros estudos sobre a memória lidou apenas com a recuperação consciente, com a capacidade ou incapacidade das pessoas de reproduzir os itens de informação que lhes foram apresentados.

Estudos desse tipo podem, às vezes, gerar resultados imprecisos se os participantes aprenderam previamente a relacionar coisas. Uma das maneiras de contornar esse problema é usar material que não seja conhecido pelos aprendizes. Ebbinghaus, por exemplo, resolveu o problema ao inventar mais de 600 **sílabas sem sentido**. Por vários anos, ele se sentou regularmente à sua escrivaninha, a intervalos periódicos, para memorizar listas de sílabas sem sentido e testar o quanto podia reter delas. O esquema montado com os resultados desses experimentos, que teve Ebbinghaus como único sujeito, deu origem às primeiras *curvas de memória* – retratos gráficos de como as pessoas aprendem e esquecem. Como indicado anteriormente (e ilustrado na Figura 9.2), essas curvas mostram que o grande volume do que é esquecido é esquecido rapidamente. O que fica retido na memória por períodos mais longos (digamos, 10 dias) está menos sujeito ao esquecimento, mesmo depois de passado muito tempo (por exemplo, 40 dias).

Tabela 9.1 Testando a Interferência Retroativa

	Grupo experimental (A)	Grupo de controle (B)
Sequência de tempo ↓	1. Aprende X	1. Aprende X
	2. Aprende Y	2. Faz coisas não relacionadas
	3. Recorda X	3. Recorda X

Observação: Resultados mais baixos do grupo A em relação ao grupo B indicam o quanto aprender Y interferiu na lembrança de X.

Tabela 9.2 Testando a Interferência Proativa

	Grupo experimental (A)	Grupo de controle (B)
Sequência de tempo ↓	1. Aprende X	1. Faz coisas não relacionadas
	2. Aprende Y	2. Aprende Y
	3. Recorda Y	3. Recorda Y

Observação: Resultados mais baixos do grupo A comparados com os do grupo B indicam o quanto X interferiu em Y.

As pesquisas seguintes continuaram a fazer uso de sílabas sem sentido em várias situações experimentais. Algumas vezes essas sílabas eram associadas a outras – ou palavras com significado eram emparelhadas com outras palavras –, e os sujeitos tinham de aprender o que estava associado a quê. Isso é chamado de *aprendizagem de pares associados*. Outras vezes, os sujeitos tinham de aprender sequências de estímulos (a chamada *aprendizagem serial*).

Em numerosos estudos, os sujeitos aprendiam dois diferentes conjuntos de material e, então, tinham de se lembrar de um ou do outro, numa tentativa para determinar se a recordação sofreria interferência. Frequentemente sofre. Quando a aprendizagem anterior interfere na recuperação do material aprendido subsequentemente, diz-se que ocorreu uma **interferência proativa** (*proativa* no sentido de mover-se para a frente no tempo). Quando a aprendizagem subsequente reduz a recuperação do material que foi aprendido antes, diz-se que ocorreu uma **interferência retroativa** (veja as Tabelas 9.1 e 9.2). Se você aprendeu um pouco de francês e mais tarde tenta aprender um idioma relacionado como o espanhol, se pegará lembrando palavras francesas quando busca as novas palavras recém-aprendidas do espanhol. Esse é um exemplo de interferência proativa. Mais à frente, quando já dominar o espanhol, vai achar muito difícil lembrar algumas das palavras em francês que antes sabia. Esse é um exemplo de interferência retroativa.

Modelo de Memória de Três Componentes

Uma contribuição importante dos primeiros estudos da memória, além das muitas descobertas isoladas, são os vários modelos de memória humana intimamente relacionados. O mais conhecido deles, proposto primeiramente por Atkinson e Shiffrin (1968), é o **modelo modal de memória** (neste contexto, *modal* significa o mais amplamente aceito). Esse

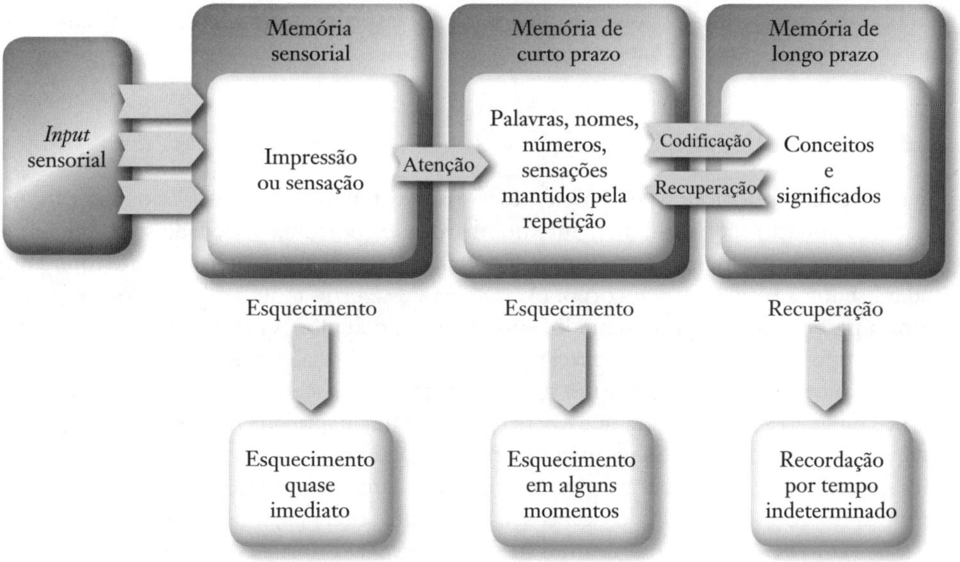

Figura 9.3 *O modelo de memória modal*: um modelo de armazenamento. É importante notar que estes três componentes da memória não se referem a três diferentes locais no cérebro ou outras partes do sistema nervoso, mas ao modo como classificamos o armazenamento de memória. O objetivo de ensinar é gerar mudanças na memória de longo prazo.

modelo faz uma distinção importante entre **memória de curto prazo** e **memória de longo prazo**, bem como entre um terceiro componente relacionado às sensações e chamado de **memória sensorial** (também conhecido como *registro sensorial*). As principais diferenças entre estes três estágios de memória têm a ver com a) a quantidade de informações que cada um pode reter, b) por quanto tempo é possível manter material armazenado, e c) suas funções mais importantes. O modelo modal está resumido na Figura 9.3.

Lembre que esse modelo, como a maioria dos modelos psicológicos, é uma metáfora. Como tal, provavelmente diz mais sobre os meios que os psicólogos escolheram para investigar e discorrer sobre a memória do que sobre a memória propriamente. Em resumo, não há uma "caixa" em particular ou uma estrutura qualquer no cérebro humano que corresponda à memória de curto prazo e outra que corresponda à memória de longo prazo. Elas não são estruturas físicas, mas abstrações.[2] No entanto, como veremos posteriormente neste capítulo, estas são abstrações que permitem aos pesquisadores fazer inferências sobre as reais estruturas e funções no cérebro. Ao mesmo tempo, informações sobre a atividade

[2] "Entende o que eu quero dizer sobre metáforas?", gritou o professor lá do alto do rochedo. Os braços dele estavam abertos como se estivesse prestes a fazer um sermão – ou prestes a lançar-se no espaço e planar até onde eu estava. Contudo, ele não tinha essa intenção. "Veja como esse modelo de memória é mais um exemplo de quão seletivos têm sido os seres humanos nas suas tentativas de explicar o que há dentro da 'caixa preta', e como têm sido guiados pela metáfora da época. No caso da memória, por exemplo, durante muito tempo as explanações sobre ela eram baseadas numa metáfora que entendia a mente humana como um tipo de móvel que acomoda os itens de informação em arquivos logicamente ordenados – muitos dos quais se perdiam. Outra metáfora via a mente humana como uma espécie de filmadora que faz registros contínuos de tudo o que vivencia. Uma metáfora mais atual retrata a memória humana como um sistema de processamento da informação cujo armazenamento é determinado pela natureza do processamento que realiza."

cerebral durante tarefas envolvendo memória podem, algumas vezes, ser utilizadas para apoiar modelos abstratos de memória.

Memória Sensorial

Quando estamos acordados e conscientes, nossos sistemas sensoriais (visão, audição, paladar, tato, olfato) são constantemente bombardeados por uma variedade surpreendentemente ampla de estímulos. Se você pensar *conscientemente* sobre isso, neste exato momento, poderá sentir a roupa em seu corpo. (Mas se não estiver usando nenhuma roupa, poderá sentir a pressão de onde está sentado, encostado ou deitado.) Você também poderá ouvir todos os tipos de ruídos do ambiente; talvez possa perceber algumas das moléculas aromáticas que o cercam; pode até mesmo sentir o gosto remanescente de sua última refeição. E se você olhar ao seu redor verá que existe uma enorme quantidade e variedade de formatos e cores em torno de você. Se permanecer constantemente consciente de todas essas sensações, poderá ficar completamente surpreso. Mas o fato é que você está consciente apenas de um número muito limitado dessas sensações em potencial, e a maioria delas é fugaz. Elas *desaparecem* de sua memória antes mesmo que você se torne consciente delas.

A *memória sensorial* é um termo para os efeitos inconscientes imediatos dos estímulos. Uma das características interessantes e úteis da memória sensorial é que, embora se refira a efeitos inconscientes e fugazes do *input* sensorial, existem evidências convincentes de que as impressões sensoriais têm efeito mesmo quando não estamos conscientes delas. Esta característica da memória sensorial, algumas vezes é denominada **fenômeno do coquetel**. Por quê? Porque este fenômeno é facilmente demonstrado em situações sociais com presença de muitas pessoas, como festas, onde ocorrem muitas conversas simultâneas. Nestas situações, a maioria dos indivíduos pode facilmente desenvolver suas próprias conversas enquanto, aparentemente, ficam alheios a outras conversas simultâneas. Mas se alguém no ambiente mencionar um assunto de interesse de outra pessoa em outra conversa – como dizer seu nome, por exemplo – sua atenção pode mudar de foco imediatamente. Isto parece ser uma indicação clara de que, mesmo aquelas impressões sensoriais às quais um indivíduo não está prestando atenção têm, pelo menos, um efeito momentâneo (Brungart & Simpson, 2007; Clump, 2006).

Cherry (1953) foi um dos primeiros a investigar o fenômeno do coquetel. Num estudo típico, ele usou fones de ouvido em estéreo para transmitir mensagens diferentes a cada um dos ouvidos dos sujeitos. Sob essa circunstância, a maioria deles foi capaz, facilmente, de ativar a audição de cada ouvido, simplesmente porque tinham a intenção de fazê-lo. Em uma variação desse estudo, Broadbent (1952) fez os sujeitos repetirem tudo o que ouviam em um ouvido, à medida que ouviam – processo chamado *sombreamento*. Utilizando essa abordagem, Broadbent descobriu que os sujeitos não se lembravam do que tinham escutado no outro ouvido. Quando o idioma foi mudado do inglês para o alemão no ouvido não atento, os sujeitos nem perceberam. Moray (1959) descobriu que, mesmo repetindo 35 vezes a mesma palavra, o sujeito não era capaz de lembrar de tê-la ouvido. Entretanto, surpreendentemente, o nome do sujeito dito uma única vez geralmente era o suficiente para chamar a atenção dele. Wood e Cowan (1995a, 1995b), que replicaram essa descoberta posteriormente, descobriram que os sujeitos que ouviam seus nomes no canal irrelevante pareciam monitorar esse canal por um curto espaço de tempo depois disso. Moray também

O fenômeno do coquetel

descobriu que, se o investigador interrompesse a gravação, os sujeitos conseguiam lembrar imediatamente o que poucos instantes antes havia sido dito no ouvido não atento (embora com espaços mais longos de tempo, a probabilidade de recordar corretamente declinasse de forma acentuada). Parece claro que os eventos sensoriais têm algum efeito momentâneo mesmo quando não se está prestando atenção a eles. Esses efeitos definem o que se entende por memória sensorial.

A memória sensorial é evidenciada também em estudos como os de Sperling (1963), nos quais foi usado um taquitoscópio (instrumento que acende uma luz por uma fração de segundo) para projetar numa tela três linhas de quatro letras cada. Imediatamente após a apresentação, os sujeitos ouviram um de três tons diferentes sinalizando qual das três linhas tinham de tentar lembrar. Sob essas condições, a maioria dos sujeitos conseguiu, quase sempre, lembrar todas as quatro letras na linha indicada (o acerto foi de cerca de 90%). Quando os sujeitos tinham de lembrar todas as 12 letras, recordavam apenas uma média de 4,5. Quanto maior o espaço entre a apresentação das letras e a solicitação da lembrança, menos acertos ocorriam.

O que este experimento ilustra claramente é que um número limitado de estímulos permanece acessível por um curto espaço de tempo após a apresentação, mesmo que não se esteja atento a eles. Esse tipo de memória sensorial é muito similar a um eco – tanto que Neisser (1976) a chamou de memória *ecoica* (para estímulos auditivos) ou *icônica* (para estímulos visuais).

A memória ecoica é facilmente ilustrada: se eu tivesse de ler para você uma longa lista de números de uma forma monótona, professoral e impessoal e, então, pedisse para repetir os números dez segundos depois, provavelmente você não conseguiria se lembrar de muitos dos números, ou talvez, de nenhum. Mas se eu repentinamente interrompesse minha leitura e perguntasse: "Qual foi o último número que li?", você provavelmente responderia corretamente. É como se o número ainda tivesse uma espécie de eco que acaba desaparecendo dentro de uma fração de segundo, se você não prestar atenção a ele.

Memória de Curto Prazo

A principal função da memória sensorial é manter as impressões sensoriais momentaneamente disponíveis para processamento adicional. Observe que a ênfase está no *momentaneamente*. Para que as impressões estejam disponíveis durante longos períodos, o indivíduo precisa prestar atenção.

Assim, outra forma de encarar a memória sensorial é dizer que ela precede a **atenção** – o que, em outras palavras, diz respeito a algo que ocorre sem que o indivíduo esteja consciente do que está ocorrendo. Quando o indivíduo atenta (torna-se consciente) a um estímulo, este passa para a memória de curto prazo (MCP).

A memória sensorial é um fenômeno que dura milésimos de segundo; a memória de curto prazo é um fenômeno que dura segundos – não horas, nem mesmo minutos. Especificamente, a memória de curto prazo diz respeito à consciência e à lembrança de itens que não mais ficarão disponíveis assim que o indivíduo cessar de resgatá-los. A memória de curto prazo é aquilo que Goldblum (2001) chama de *memória temporária*.

MCP é o que torna possível à secretária Olga encontrar um número numa lista telefônica e discá-lo sem precisar olhar para o segundo dígito após discar o primeiro, para o terceiro após ter discado o segundo e assim por diante. Que ela esqueça o número logo após terminar de discar – e tenha de procurar por ele novamente para rediscar – é característica da MCP. A memória de longo prazo (MLP) diz respeito ao fato de Olga decidir que precisa usar o número de novo e tentar "memorizá-lo"; também estaria envolvido se a simetria e a poética do número a tocasse a ponto de Olga conseguir lembrar-se dele no dia seguinte.

Um Estudo Clássico da MCP

Dentre as primeiras técnicas para estudar a memória de curto prazo está a desenvolvida por Peterson e Peterson (1959), em que é mostrada aos sujeitos uma única sílaba sem sentido e, então, eles têm de recordá-la. A lembrança imediata é de quase 100% (os erros são eventualmente causados pela percepção incorreta da sílaba original). Entretanto, quando há uma demora maior entre a apresentação da sílaba e sua memorização, a recordação diminui e depende das atividades que foram realizadas pelos sujeitos nesse intervalo. Aqueles que nada fizeram e que sabem que serão solicitados a recordar a sílaba repetiram-na para garantir sua fixação. Contudo, os que se envolveram em alguma atividade logo após a apresentação da sílaba sem sentido (como contar de trás para a frente com o tempo marcado por um metrônomo) sofreram interferência na retenção. No estudo de Peterson e Peterson (1959), por exemplo, os sujeitos lembraram sílabas corretamente em 80% das vezes quando tinham 3 segundos para recapitulá-las, mas apenas 60% das vezes quando não tinham nenhuma oportunidade de fazê-lo. Dezoito segundos após o estímulo ter sido apresentado, os sujeitos ainda lembravam dele corretamente em 33% das vezes se tiveram a oportunidade de recapitulá-lo durante 3 segundos; mas conseguiram acertar apenas 14% das vezes quando não tiveram a oportunidade de recapitulá-lo (veja a Figura 9.4).

Capacidade Limitada

A memória de curto prazo refere-se à disponibilidade momentânea de um pequeno número de itens – disponibilidade que começa a se deteriorar em poucos segundos e costuma desaparecer por completo em 20 segundos, na ausência da recapitulação. A memória de

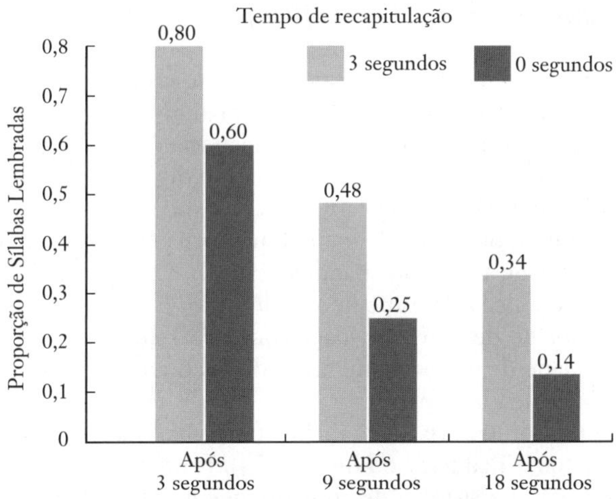

Figura 9.4 Proporção de sílabas sem sentido recordadas corretamente quando aos sujeitos não era dado nenhum tempo para recapitular, em comparação com aqueles que recapitularam durante três segundos. De Peterson, L. R. e Peterson, M. J. (1959), "Short Term Retention of Individual Verbal Items". *Journal of Experimental Psychology*, vol. 58, p. 197. Copyright © 1959, pela American Psychological Association, reimpresso com a permissão da American Psychological Association.

curto prazo é o que torna possível aos leitores "guardar na cabeça" as palavras que estão lendo (ou escrevendo) o tempo suficiente para que ganhem sentido na sentença. Em outras palavras, a memória de curto prazo é aquilo que é consciente em um dado momento. Como Baddeley (2002) explica, é um tipo de "bloco de notas" para o pensamento.

Dando continuidade às investigações sobre a memória de curto prazo, Miller (1956) concluiu que a capacidade média da memória de curto prazo dos adultos é de sete itens, mais ou menos dois. Segundo ele, é como se houvessem sete aberturas na MCP – mais ou menos duas. Quando são preenchidas, não há mais espaço disponível para armazenagem, a menos que um dos espaços seja esvaziado, o que, devido à natureza da MCP, ocorre em segundos.

Ajuntamento

De acordo com Miller (1956), a capacidade limitada da memória de curto prazo não é um problema muito grande para a maioria das pessoas, porque os itens que preenchem cada uma das aberturas não têm de ser unitários (um dígito ou uma letra, por exemplo). Ao contrário, podem ser compostos de vários outros itens – um **ajuntamento** de itens, por assim dizer. Portanto, as aberturas da memória de curto prazo podem ser preenchidas com sete letras ou com sete palavras. As sete palavras representam pedaços de informação que são bem mais econômicos (e provavelmente mais significativos) que sete letras não relacionadas. Miller explica ajuntamento fazendo uma analogia com uma bolsa de moedas que só comporta sete moedas (aqui se usa a metáfora "bolsa de moedas" para descrever memória). Se há sete centavos na bolsa, ela está cheia; mas nela cabem também sete moedas de 25 centavos ou 7 dólares – ou até mesmo sete moedas de ouro.

O Modelo de Memória de Trabalho de Baddeley

Memória de curto prazo é o estágio da memória que descreve a consciência ou a atenção imediata. Sua grande utilidade é que nos permite manter as informações em mente por tempo suficiente para que as sequências de palavras façam sentido, para resolver problemas, tomar decisões, ou fazer coisas corriqueiras, como digitar números de telefone.

Como Baddeley e Hitch (1974) indicam, a memória de curto prazo deve envolver algum tipo de processamento ou atividade mental que torna essas coisas possíveis; portanto, seu modelo de **memória de trabalho** (Baddeley, 2000). O rótulo descreve a *função* deste nível de memória, em vez de simplesmente sua duração. E como veremos em breve, embora a memória de trabalho descreva atividades que ocorrem dentro da memória de curto prazo com sua capacidade de armazenamento e duração altamente limitada, ela também interage com a memória de longo prazo.

E como exatamente a memória de trabalho funciona? Baddeley propõe um modelo intrigante (Baddeley, 2007; Baddeley e Hitch, 1974). Primeiro, ele explica, deve haver alguma espécie de processo ou sistema de controle que administra o processo inteiro. Ele chama esse sistema de **sistema executivo central**.

Em segundo lugar, o que sabemos sobre o funcionamento da memória de curto prazo sugere que deve haver também pelo menos dois outros sistemas para manter informações verbais e visuais/espaciais na consciência imediata. Estes são chamados *servossistemas*, por causa de sua relação com o sistema executivo central. Os dois servossistemass são a **alça fonológica** e o **esboço viso-espacial**.

Por fim, deve haver algum tipo de *buffer*[3] entre memória de curto prazo e de longo prazo, assim como entre dois servossistemas. Este buffer será capaz de integrar informações de dois servossistemas e, talvez, outras informações não abrangidas por esses sistemas (por exemplo, informações musicais) para criar um *episódio* coerente. E também será capaz de lembrar as informações temporariamente. Este sistema é denominado **buffer episódico** (veja a Figura 9.5).

Como a Memória de Trabalho Funciona?

O modelo de memória de trabalho, de Baddeley, descreve o que acontece na memória de curto prazo. Explicando de outra maneira, descreve nossa *consciência* imediata – aquilo de que estamos conscientes (o que estamos pensando). Em certo sentido, tenta esclarecer os processos envolvidos em prestar atenção, em aprender e em se lembrar.

O *sistema executivo central* supervisiona esses processos. As funções mais importantes do sistema executivo central são (1) regular o fluxo de informação do armazenamento sensorial (isto é, trazer a informação para a atenção consciente), (2) processar a informação para a armazenagem de longo prazo e (3) recuperar a informação do armazenamento de longo prazo (Baddeley, 1997; 2007). De certo modo, supervisiona e controla nosso contínuo processamento cognitivo consciente.

A principal função dos servossistemas é manter as informações, de modo que permaneçam disponíveis para a memória de trabalho. Desse modo, a alça fonológica mantém informações verbais, como palavras ou números, e é importante na aprendizagem de coisas como novas palavras. De modo semelhante, o esboço viso-espacial é voltado ao processamento de material que é principalmente visual ou espacial.

---

[3] Em ciência da computação, "buffer" é uma região física de memória utilizada para armazenar temporariamente os dados enquanto eles estão sento transferidos de uma região para outra (NRT).

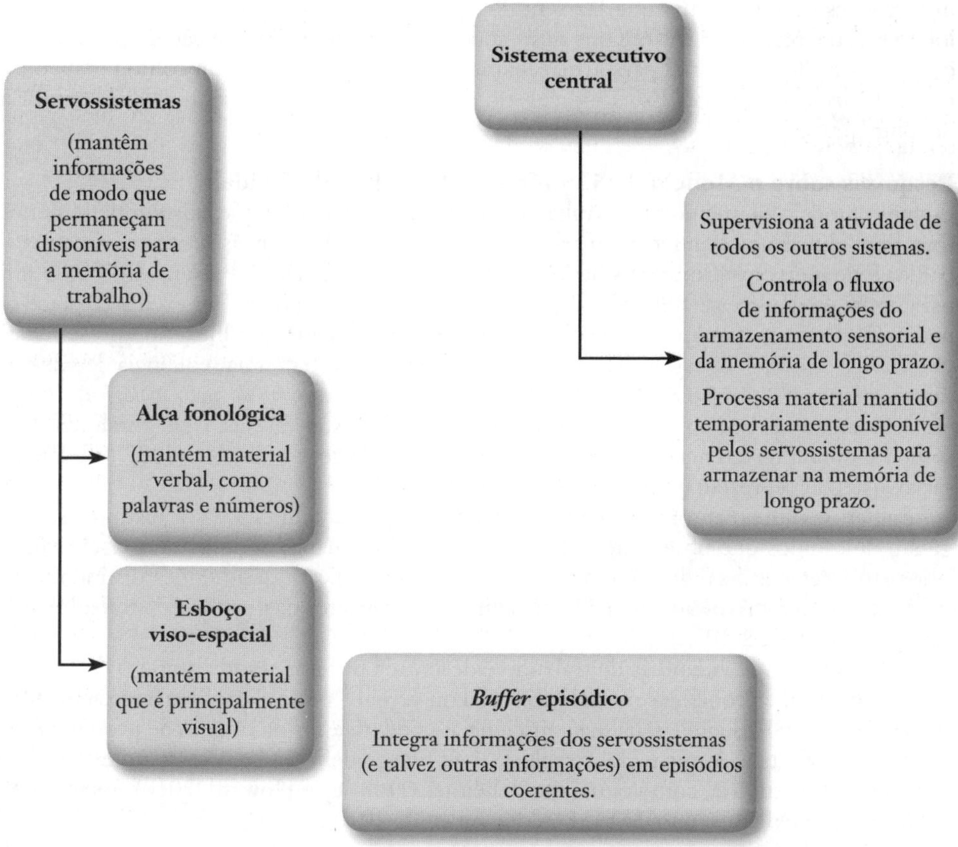

Figura 9.5 Uma representação do modelo de memória de trabalho, de Baddeley. Informações das quais lembramos devem primeiramente ser percebidas e então, de algum modo, ser mantidas e processadas, se tiverem de ser transferidas para a memória de longo prazo. O modelo de Baddeley descreve como a memória funciona. O sistema executivo central supervisiona a atividade na memória de trabalho, controla o fluxo de informações do armazenamento sensorial e da memória de longo prazo e os processa para o armazenamento de longo prazo. Os servossistemas mantêm informações, de modo que estejam disponíveis para processamento. O *buffer* episódico integra informações dos servossistemas em episódios coerentes.

A principal função do *buffer* episódico é integrar informações de dois servossistemas em um *episódio* significativo. Baddeley também sugere que informações adicionais que não estão incluídas nos dois servossistemas poderiam ser processadas pelo *buffer* episódico – por exemplo, informações musicais, semânticas, ou outras informações simbólicas, talvez recuperadas a partir da memória de longo prazo. O *buffer* episódico foi adicionado ao modelo posteriormente, em parte, em resposta à observação de que aparentemente algum material é mantido no armazenamento de curto prazo por períodos relativamente longos. Além disso, os dois outros servossistemas não podem facilmente responder por todos os tipos de informações que processamos.

Na verdade, o que o modelo de Baddeley diz é que os servossistemas mantêm (como um tipo de alça, se você preferir) os efeitos da estimulação sensorial de modo que o sistema executivo central possa ter acesso a eles. Enquanto isso, o *buffer* episódico organiza estas informações de uma forma que faz sentido e que pode ser processada pela memória de longo prazo e recuperada. Note que neste modelo uma importante função do processador central é transferir material para armazenamento de longo prazo, assim como recuperar a partir do armazenamento. Estes tópicos são discutidos na próxima seção, sobre memória de longo prazo.

Pesquisas sobre o Modelo de Memória de Trabalho, de Baddeley

O que o modelo de memória de trabalho, de Baddeley, sugere é que existem pelo menos dois tipos diferentes e independentes de processamento disponíveis na memória de trabalho. Evidências experimentais dessa sugestão podem originar de estudos utilizando um paradigma de dupla tarefa elaborado por Baddeley e colaboradores. Por exemplo, pode-se pedir a indivíduos que aprendam uma lista visual de palavras que lhes são apresentadas (*uma tarefa de esboço viso-espacial*) ao mesmo tempo em que retêm uma sequência de seis números ou menos, que são apresentados foneticamente (*uma tarefa de alça fonológica*). Pode-se esperar que exista uma enorme interferência entre estas tarefas. Mas geralmente há somente uma interferência menor – fortes evidências, sugere Baddeley (2007), de que os servossistemas representam processos independentes.

Evidências adicionais de que os servossistemas representam processos distintos se originam de estudos que observam a atividade cerebral enquanto os indivíduos estão engajados em tarefas utilizando a memória. Estes estudos indicam que regiões distintamente diferentes do cérebro estão envolvidas nos diferentes aspectos da memória de trabalho (por exemplo, Henson, 2001).

A importância da memória de trabalho é destacada por um grande número de estudos indicativos de que problemas na atenção visual ou verbal – ou seja, problemas relacionados a manter material visual e verbal na consciência – podem estar na origem de problemas na matemática (Kyttala, Aunio e Hautamaki, 2010). Eles podem também ser manifestados em disfunções da memória, como o mal de Alzheimer (Huntley e Howard, 2010), assim como distúrbios de atenção, como TDAH (Alderson et al., 2010).

Níveis de Processamento

Há várias teorias para explicar por que a memória de curto prazo é limitada a poucos itens e por que ocorre o esquecimento. A **teoria da deterioração** afirma que os traços da memória desaparecem rapidamente com o passar do tempo (na ausência de repetição contínua). A **teoria do deslocamento** – essencialmente a analogia de Miller (1956) – sugere que há um número limitado de aberturas a serem preenchidas na memória de curto prazo e que a informação que entra desaloja a informação mais antiga. A **teoria da interferência**, bastante parecida com a teoria do deslocamento, antecipa a ideia de que a aprendizagem prévia (mais do que a informação subsequente) pode, de alguma forma, interferir na memória de curto prazo. Estes itens são discutidos em uma seção mais adiante, sobre o esquecimento.

Craik e Lockhart (1972) sugerem que a perda da memória de curto prazo é uma questão de **níveis de processamento**. A principal diferença entre a memória de curto prazo e a de longo prazo, afirmam, reside no modo como se processa o *input*. Por exemplo, um estímulo simples como uma palavra deve ser processado de acordo com sua aparência física – nível relativamente baixo de processamento, conhecido como *ortográfico* ou simplesmente *visual*. Uma palavra poderia ser processada também pelo seu som (*processamento fonológico* – nível de processamento de alguma forma mais profundo) ou pelo seu significado (*processamento semântico* – nível mais profundo de processamento). Craik

(2002) realizou experimentos nos quais os sujeitos se envolviam em tarefas de análise de palavras que exigiam o processamento delas em diferentes níveis, mas esses sujeitos não eram informados de que deveriam recordar as palavras mais tarde. Estes, por exemplo, poderiam ser indagados sobre se a palavra estava ou não em letras maiúsculas (processamento mais superficial: ortográfico); se rimavam ou não com outra palavra (processamento intermediário: fonológico): ou se tinham o mesmo significado de outra palavra (nível mais profundo de processamento: semântico). Como era de se esperar, a proporção de palavras reconhecidas pelos participantes foi maior no processamento profundo. Estas descobertas posteriormente foram confirmadas por Rose et al. (2010), que concluíram que o nível de processamento tinha pouco efeito em testes de memória de trabalho, mas que o processamento semântico melhora significativamente a memória de longo prazo.

No registro sensorial, explica Craik, não ocorre processamento. No nível MCP, ocorre um processamento mais "superficial" que consiste, principalmente, no reconhecimento dos estímulos por meio da análise perceptual. No processamento mais profundo (que envolve atividades como análise, organização e reconhecimento do significado), o material é transferido para a memória de longo prazo e não é imediatamente perdido. O esquecimento, na memória de curto prazo, portanto, parece ser resultado do processamento inadequado (Cermak e Craik, 1979).

A revisão feita por Nairne dos estudos que analisaram o esquecimento na MCP sugere que a explicação dos níveis de processamento de Craik pode ser válida e útil. Nem a deterioração nem a falta de repetição são boas explicações para o esquecimento que ocorre na MCP, diz Nairne. Ao contrário, o esquecimento está mais frequentemente ligado a pistas de recuperação imperfeitas ou à ausência delas. Quando um item de informação é repetido ou processado, o aprendiz cria certas pistas que podem ser, então, usadas na recordação subsequente. Quando essas pistas permitem que a recordação dure mais do que uns poucos segundos, diz-se que o material foi codificado para ser armazenado na memória de longo prazo. Talvez por causa disso, destaca Groeger (1997), a maioria dos pesquisadores não se preocupou com o esquecimento na memória de curto prazo. Afinal, a função da memória de curto prazo é simplesmente reter a informação durante o tempo em que for útil, após isso, ela é descartada. Se as pessoas não funcionassem dessa maneira, é provável que suas memórias de longo prazo fossem atulhadas com todo tipo de informação inútil, e a recuperação da MLP fosse muito mais difícil do que é.

A perda de material armazenado na memória de curto prazo torna-se um problema mais significativo nos casos em que doença, ferimento ou envelhecimento encurtam a MCP a ponto de comprometer o seu funcionamento. É o que acontece quando as pessoas esquecem o que iam dizer assim que começam a dizê-lo, ou o que iriam escrever em seguida...

Memória de Longo Prazo

Antes da década de 1950, a maioria das pesquisas sobre a memória lidava não com as recordações transitórias e instáveis da MCP, mas com as lembranças mais estáveis e, por definição, mais duradouras, da memória de longo prazo. Os psicólogos não reconheciam a utilidade de distinguir MLP de MCP antes de meados dos anos 1950.

Duas outras mudanças na pesquisa sobre a memória foram: a) uma mudança em relação ao uso de sílabas sem sentido e de pares associados para o emprego de material significativo, e b) em relação à ênfase de medir a amplitude da memória e os efeitos da interferência para examinar os modelos de armazenamento e recuperação de longo prazo.

Tudo o que uma pessoa consegue lembrar e que não acabou de ocorrer compõe a memória de longo prazo. Portanto, tudo o que é retido das experiências educacionais, um conhecimento completo da linguagem e toda informação estável sobre o mundo estão na memória de longo prazo. Dentre as características da memória de longo prazo, quatro são especialmente importantes:

1. A Memória de Longo Prazo É Altamente Estável

Muito do que você lembra hoje e amanhã, vai lembrar na próxima semana e, talvez, até no próximo ano. Rostos e outros padrões perceptuais que você reconhece hoje, reconhecerá amanhã. E é muito provável que a informação retida do que estudou permaneça até o mês seguinte (Jenkins, Burton e Ellis, 2002; Magnussen, Greenlee, Aslaksen e Kildebo, 2003).

Algumas lembranças, como aquelas que têm a ver com odores, são incrivelmente resistentes à passagem do tempo (Poncelet et al., 2010). O olfato, lembra Annett (1996), só começou a ser investigado de forma extensa e sistemática há pouco tempo. Antes de meados dos anos de 1970, os modelos de memória cognitivos correntes lidavam principalmente com a informação visual e verbal. Contudo, partir de então, a quantidade de pesquisas sobre a memória olfativa aumentou consideravelmente. Essas pesquisas revelaram que a memória para odores é única, é independente da memória para informação verbal ou visual e é resistente à interferência. Por exemplo, num estudo interessante, Goldman e Seamon (1992) engarrafaram 14 odores, metade deles associados à infância (raspas de lápis, tinta de pintar com os dedos, líquido de bolha de sabão) e a outra metade parcial ou inteiramente associada à idade adulta (chocolate, pipoca, creme de barbear, tabaco). Os adultos identificaram corretamente cerca de 90% dos odores recentes e mais de três quartos dos odores distantes. "A memória significante para as associações odor-nome permanece mesmo após grandes intervalos de tempo", concluem Goldman e Seamon "muito mais do que foi testado até agora" (1992, p. 562).

2. A Memória de Longo Prazo É Gerativa

"A memória", dizem Schacter, Norman e Koutstaal, "não é uma reprodução literal do passado, mas depende de processos construtivos que são, algumas vezes, sujeitos a erros, distorções e ilusões" (1998, p. 290). Noções preconcebidas e crenças sobre o que combina com o quê, denominadas *esquemas* ou *scripts*, influenciam profundamente a memória. Esses esquemas podem levar as pessoas a lembrar coisas que nunca aconteceram – em outras palavras, a gerar, em vez de reproduzir. Por exemplo, Johnson, Bransford e Solomon mostraram aos sujeitos este texto (1973, p. 203):

> John estava tentando fixar a casa de passarinhos. Ele estava batendo um prego quando seu pai chegou para observar e para ajudá-lo no trabalho.

Mais tarde, foram apresentados aos sujeitos as duas sentenças anteriores juntamente com várias outras, uma das quais era:

> John estava usando o martelo para fixar a casa de passarinhos quando seu pai chegou para observar e para ajudá-lo no trabalho.

A maioria dos sujeitos afirmou ter visto essa última sentença em primeiro lugar em vez de qualquer das outras que eles efetivamente viram. Por quê? Porque, dizem Johnson et al., embora a palavra *martelo* não tivesse sido mencionada em nenhuma das duas primeiras sentenças, os sujeitos se lembravam claramente da ideia geral da primeira sentença e, com base no seu conhecimento de que martelo é o que se usa para bater pregos, geraram a palavra nas suas recordações.

O fato de a memória ser altamente gerativa tem implicações importantes no âmbito da justiça, em que há a tendência de confiar cegamente no testemunho das pessoas. Como veremos posteriormente, investigações mostram, por exemplo, que, sob várias circunstâncias, pode-se esperar que as testemunhas lembrem de modo equivocado os eventos ou lembrem coisas que não aconteceram (Loftus, Feldman e Dashiell, 1995; Laney e Loftus, 2010).

3. A Compreensão Influencia a Memória de Longo Prazo

A memória de longo prazo também é influenciada pelo que entendemos e pelas nossas intenções. Como Linderholm (2006) indica, lemos e lembramos de modo muito diferente, dependendo dos propósitos pelos quais lemos. Ler um romance pelo prazer de ler é muito diferente de ler o mesmo romance para uma aula de português. No segundo caso, modificamos nossas estratégias. Analisamos, revisamos, pensamos a respeito, em resumo, processamos o que lemos em um nível muito diferente. Mas Linderholm diz que se tivermos aprendido a ler a fim de *memorizar* o conteúdo em vez de para entendê-lo, poderemos protestar veementemente quando nos pedirem para generalizar o que aprendemos.

Aquilo que as pessoas lembram é geralmente um significado – uma ideia central. Nós não nos lembramos tanto do detalhe quanto do *ponto essencial*, explicam Koriat, Goldsmith e Pansky (2000). Quando Len, por exemplo, ouve uma história e depois a repete, tipicamente o que ele recorda dela é a "orientação" geral – seu contexto e o enredo. Quando repete a história, ele não lembra cada uma das sentenças, pausas e gestos do contador de histórias, mas cria os seus próprios, com base na sua compreensão.

A relação entre compreensão e memória de longo prazo é ilustrada num estudo de Piaget e Inhelder (1956) no qual crianças pequenas são convidadas a desenhar linhas que indicam o nível da água em jarras inclinadas. Embora todas as crianças tenham visto fluidos em vidros ou garrafas inclinadas, elas não conseguem lembrar concretamente como são, o que fica claro a partir de suas reproduções (Figura 9.6). Só depois de as crianças compreenderem que a água permanece na horizontal é que elas se lembram corretamente.

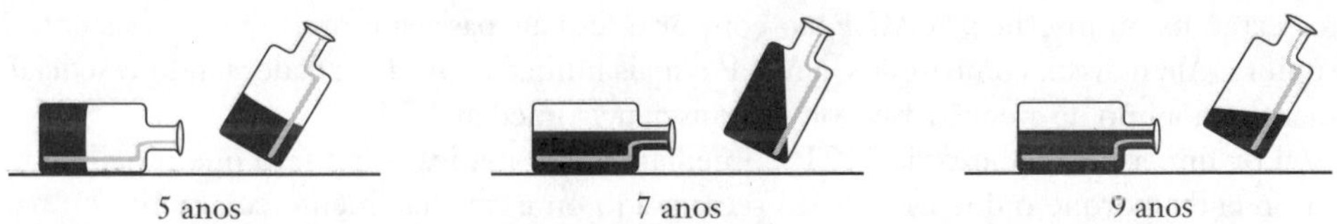

Figura 9.6 As crianças nem sempre desenharam aquilo que viram e de que se lembraram. Elas desenharam corretamente a linha d'água somente quando compreenderam o princípio de que a água tende a permanecer na horizontal.

4. Algumas Coisas São Mais Fáceis de Lembrar

Material mais significativo, como já dissemos, é lembrado com mais facilidade, mesmo depois de muito tempo, do que o material que tem menos significado. A memória para odores também parece ser muito persistente (Zucco, 2007). Como descobriram Wynn e Logie (1998), quando perguntaram a 63 adultos sobre fatos de suas vidas, as lembranças mais precisas e que mudaram relativamente pouco ao longo do tempo foram as lembranças pessoais da vida real e os acontecimentos do dia a dia.

Acontecimentos impressionantes, importantes ou emocionais são, em geral, mais bem lembrados e por muito mais tempo do que os acontecimentos mundanos (Buchanan, 2007). Tais eventos algumas vezes dão origem ao que chamamos de **memórias flash**. Memórias flash são recordações extremamente vívidas associadas à tomada de consciência de alguma informação especialmente emocional. Algumas vezes, as memórias flash são um fenômeno de massa – como ocorreu com o assassinato do presidente Kennedy nos Estados Unidos; a morte da princesa Diana, na Europa, ou os ataques terroristas no dia 11 de setembro – ou podem ser mais pessoais, como quando descobrimos que ganhamos um enorme prêmio da loteria. Estas memórias geralmente incluem a impressão subjetiva de que temos a lembrança extraordinariamente clara das circunstâncias imediatas, nas quais ouvimos a notícia pela primeira vez, do que estávamos fazendo no momento, de como descobrimos o fato, do que sentimos, do que aconteceu em seguida, e assim por diante. Contudo, a maioria das pesquisas sugere que estas lembranças não são exatamente precisas (Cubelli & Della Sala, 2008). Por exemplo, quando Talarico e Rubin (2003; 2007) testaram as lembranças de estudantes universitários dos ataques de 11 de setembro, descobriram que estas lembranças haviam se tornado progressivamente mais confusas com o passar do tempo. Contudo, é surpreendente a crença dos estudantes na ideia de que a exatidão dessas lembranças diminuiu muito pouco.

Comparação entre Memória *de* Curto Prazo *e de* Longo Prazo

A memória de curto prazo é ativa, diz Wickelgren: inclui o que está "presentemente sendo pensado" (1981, p. 46). Como consequência, a memória de curto prazo é equivalente à amplitude de atenção, e a diferença mais importante entre MCP e MLP não é que uma dura muito tempo e a outra apenas alguns segundos, mas que uma é imediatamente consciente, e a outra não.

Outras diferenças entre MCP e MLP (resumidas na Tabela 9.3) incluem o fato de que, como processo ativo, em andamento, a MCP é facilmente interrompida por acontecimentos externos ou internos. A MLP, ao contrário, é mais passiva e muito mais resistente à ruptura. Além disso, como vimos, a MCP é mais limitada em capacidade, sendo essencialmente sinônimo de atenção ativa ou de consciência imediata.

Por fim, a recuperação da MCP é imediata e automática – um fato que dificilmente surpreende, porque o que está sendo recuperado ou é imediatamente consciente ou não está disponível. A recuperação da MLP é muito mais vacilante, pode requerer uma busca e resultar numa distorção do que foi originalmente aprendido.

Tabela 9.3 *Três Níveis de Memória*

	Sensorial	**Curto prazo**	**Longo prazo**
Denominações alternativas	Ecoica ou icônica	Primária ou funcional	Secundária
Duração	Menos de um segundo	Temporária, menos de 20 segundos	Permanente, indefinida
Estabilidade	Transitória	Facilmente desintegrável	Não facilmente desintegrada
Capacidade	Limitada	Limitada (7 ± 2 itens)	Ilimitada
Características gerais	Impressão momentânea, não consciente; uma sensação ou associação passageira	Refere-se ao que estamos prestando atenção; consciência imediata; ativa; mantida por repetição	Todo nosso conhecimento; passiva; resultado da codificação, armazenagem e recuperação da informação

Tipos de Memória de Longo Prazo

Um dos mais importantes *insights* que emergiram da pesquisa da memória é a gradual aceitação de que a memória de longo prazo não é apenas uma coisa – ela consiste de componentes diversos. Pesquisadores e teóricos propuseram vários rótulos como metáforas para esses componentes. Entre os mais úteis e mais amplamente investigados estão aqueles designados como memória *implícita* e memória *explícita* (Davis, 2001).

Memória Explícita (Declarativa) e Implícita (Não Declarativa)

Quando um filósofo intrometido perguntou à centopéia como ela conseguia andar com tamanha elegância com tantas pernas, a pobrezinha ficou totalmente desnorteada. Veja, na verdade ela nunca havia pensado sobre o assunto, ela simplesmente sabia muito bem como andar. Tristemente, depois que a questionei, ela começou a tentar entender o processo, tentar descobrir qual perna iria mover em seguida, quando iria movê-la, e assim por diante; até que, por fim, totalmente perplexa e confusa, ela havia transformado sua centena de pernas na maior dor de cabeça do mundo. Grande parte de nosso conhecimento se parece muito com a conscientização da centopeia de como andar.

Nossas memórias relacionadas a como andar, como se manter equilibrado numa bicicleta, como fazer um gol ou como dar um mortal triplo com um skate são **memórias implícitas** – também chamadas de **memórias não declarativas** porque não podem ser recuperadas rapidamente e explicadas em palavras (ou seja, não podem ser *declaradas*). O tipo de memória que levou o sujeito de Watson, o pequeno Albert, a crispar-se ao ver um rato é implícita.

Mas também temos muitas memórias que podemos expressar em palavras – memórias relativas a nomes e endereços de pessoas, seus números de telefone, o nome de nosso cachorro, a capital da França. Estas são **memórias explícitas** – também chamadas de **me-**

mórias declarativas porque podem ser expressas em palavras (podem ser *declaradas*). Outros exemplos de memória explícita incluem nossas lembranças de nosso último aniversário ou do que aconteceu no Natal do ano passado ou nosso primeiro dia na escola.

"A principal distinção", afirmam Squire, Knowlton e Musen, "é entre a memória consciente para fatos e eventos, e as várias formas de memória não consciente" (1993, p. 457). Uma maneira de entender a diferença entre as memórias implícita e explícita, como destacam Rovee-Collier, Hayne e Colombo (2001), é considerar o que é conhecer e o que é recordar. As memórias explícitas podem ser recordadas e verbalizadas, isto é, podem ser trazidas à mente (tornam-se explícitas). As memórias implícitas, ao contrário, embora envolvam coisas que a pessoa conhece (como andar de bicicleta, por exemplo), não podem ser lembradas e verbalizadas – ou seja, não podem ser explicitadas.

Evidência Fisiológica

A distinção entre as memórias implícita e explícita fica bem ilustrada no caso dos amnésicos, alguns dos quais foram exaustivamente estudados pelos psicólogos. Muitos amnésicos perdem grandes fragmentos da memória declarativa (explícita), frequentemente esquecem quem são, quando foram à escola, o que faziam para viver, com quem se casaram, seus filhos, pais, amigos e assim por diante. No entanto, retêm muitas das memórias implícitas relativas às habilidades motoras e outros itens. É por isso, como mostraram Keane et al. (1997), que em experimentos simples de memória os amnésicos se saem muito bem nas tarefas de memória implícita ao passo que apresentam lembrança reduzida da aprendizagem explícita. O mesmo acontece com pacientes que sofrem do mal de Alzheimer (associado à perda severa de memória). Eles também se saem bem em testes de memória implícita, apesar do dano cerebral severo para tarefas de memória explícita (Monti, Gabrieli, Wilson, Beckett, Grinnell et al., 1997). É curioso o fato de os amnésicos poderem ser classicamente condicionados, registra Hintzman (1990). Essa descoberta é evidência de memória implícita ou não declarativa. Nesses casos, entretanto, eles não conseguem reter absolutamente nenhuma memória do próprio condicionamento, o que é uma prova da fraqueza da memória declarativa.

Como veremos mais adiante neste capítulo, há também clara evidência, com base em estudos da atividade cerebral em sujeitos normais, bem como com base em estudos com pessoas com danos cerebrais, de que diferentes partes do cérebro estão envolvidas na memória implícita e explícita (por exemplo, Broadbent, Clark, Zola e Squire, 2002; Fernandez e Tendolkar, 2009).

Os Dois Tipos de Memória Declarativa: Semântica e Episódica

Os estudos dos amnésicos também oferecem provas de uma importante distinção entre dois tipos de memória declarativa. Há, por exemplo, o caso de K. C., um homem que, quando tinha 30 anos, derrapou numa curva com sua motocicleta e sofreu grave dano cerebral, o que o tornou irreversivelmente amnésico (Tulving, Schacter, McLachlan e Moscovitch, 1988). K. C. é incapaz de trazer à memória consciente qualquer coisa que tenha feito, visto ou sentido no passado. Não consegue se lembrar de ter feito ou experimentado nada. "K. C.", escreve Tulving, "sabe que sua família tem uma casa de veraneio, sabe onde ela fica e aponta a localização num mapa de Ontário, sabe que passou vários verões e finais de semana lá. Contudo, não se lembra de ter estado na casa e nem de um único acontecimento que viveu nela" (1989, p. 363). K. C. se lembra de coisas que dizem respeito à política, geografia e música. Na verdade, ele se lembra bem que sua inteligência avaliada é perfeitamente normal e as pessoas que conversam com ele nem sempre notam algo de errado. Entretanto, não se lembra de nenhum episódio de sua vida pessoal.

Memória Semântica e Episódica

Há pelo menos dois tipos distintos de memória declarativa de longo prazo, afirma Tulving (1989, 2002). Por um lado, o conhecimento estável sobre o mundo, como o conhecimento abstrato, o conhecimento necessário para compreender e utilizar a linguagem, o conhecimento de princípios, leis e fatos, e o de estratégias e heurística. Esses aspectos ilustram a **memória semântica**. As evidências mostram que K. C. reteve sua memória semântica.

Por outro lado, há um conjunto de conhecimentos que diz respeito à memória pessoal dos fatos vividos pelo indivíduo. Essas não são memórias abstratas (como o são as regras e os princípios, por exemplo), mas são memórias específicas ligadas a tempo e espaço. Essas são *memórias autobiográficas*; sempre envolvem a pessoa num certo tempo e espaço. Essas memórias, que a amnésia de K. C. obliterou, são chamadas de **memória episódica**.

Tulving argumenta que esses dois tipos de memória são totalmente distintos e que é preciso considerá-los em separado. Ele sugere que deve haver diferenças importantes no modo como o material é armazenado em cada uma delas, bem como em como ele é lembrado e esquecido. A memória episódica, por exemplo, parece ser bem mais suscetível à distorção e ao esquecimento do que a memória semântica. Temos muito mais dificuldade em lembrar o que comemos no café da manhã, três dias atrás, do que de um poema ou um nome que aprendemos nos primeiros anos de escola.

A memória episódica, de acordo com Tulving (1989), depende da memória semântica. Quando Georgina se lembra da experiência de ter tomado café da manhã hoje, ela pode também lembrar de uma variedade de aspectos abstratos sobre comer, sobre cafés da manhã ou sobre cozinhas e restaurantes. A memória semântica, ao contrário, parece ser capaz de operar independentemente ou mesmo sem a memória episódica. Portanto, K. C. sabe como se joga xadrez – e sabe que sabe como jogar – mesmo sem a lembrança de ter jogado uma única partida. Como coloca Tulving, "É possível que um indivíduo saiba de coisas sem lembrar de tê-las aprendido, mas não é possível lembrar sem saber o que está sendo lembrado" (1989, p. 365).

A memória episódica, explica Tulving (2002), está ligada ao sentido de tempo subjetivo.[4] Quando as pessoas lembram episódios específicos de sua vida, estão também lembran-

---

[4] "Os estudantes mais inteligentes podem querer divagar um pouco aqui", disse o professor, interrompendo a leitura e indicando que eu devia pausar o gravador. "Podem querer gastar um pouco de tempo para pensar sobre o tempo. Talvez devessem ler o livro de Stephen Hawking, *A Brief History of Time* (1996). Pode ser muito difícil. Melhor refletir sobre a possibilidade sugerida por Tulving (2002) de que nenhum animal não humano consegue pensar sobre o tempo subjetivo. Como as lembranças episódicas tomam a forma de 'uma viagem mental através de um tempo subjetivo', são acompanhadas de um tipo especial de autoconsciência (chamada *autonoética*) que, supõe-se, os animais não têm. Em referência à sugestão de que os animais podem ter alguma versão de memória autobiográfica, Harpaz escreve que 'Isso é uma estupidez. Até que um animal tenha inteligência suficiente para ter autoconsciência ele não consegue, por definição, ter memória episódica. E mesmo que a tenha, ele deve ser suficientemente inteligente para discuti-la conosco para que nós a conheçamos'" (2003). Colombo e Hayne concordam com Tulving. "Nenhum estudo individual", eles declaram, "produz evidências conclusivas da memória episódica em animais, bebês, ou mesmo crianças muito pequenas" (2000, p. 617).

do de um tempo e de um lugar específicos. K. C., cuja memória episódica desapareceu com o acidente, perdeu também todo o seu sentido pessoal de tempo. Embora compreenda o conceito de tempo e consiga discuti-lo como o faria uma pessoa normal, ele tão tem o sentido de tempo subjetivo. Nas palavras de Tulving, "O dano não abrangeu apenas o passado; estendeu-se também ao futuro. Portanto, quando indagado, ele [K. C.] não consegue responder o que irá fazer mais tarde naquele dia, ou no dia seguinte, ou em qualquer momento de sua vida futura. Ele não consegue imaginar o futuro, assim como não consegue lembrar o passado" (2000, p. 14).

As diferenças entre os vários tipos de memória de longo prazo estão na Figura 9.7.

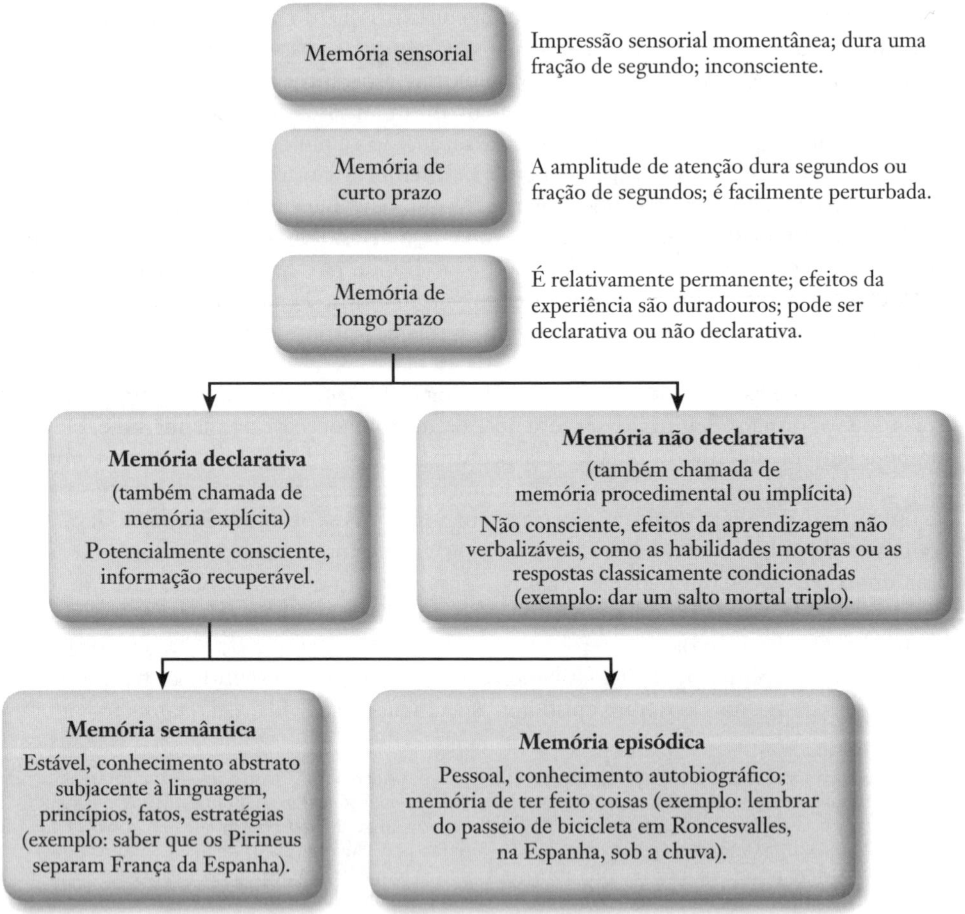

***Figura* 9.7** Um modelo de memória. Os estudos sobre falhas de memória em amnésicos, bem como os estudos com imagens do cérebro, indicam que diferentes partes do cérebro estão envolvidas com cada tipo de memória.

Modelos de Memória Declarativa de Longo Prazo

Uma das primeiras metáforas da memória de longo prazo apresentava a mente como uma espécie de filmadora (completa, com áudio, vídeo, cheiro, toque, sabor etc.; Koffka, 1935). Esse modelo via a memória como um registro sequencial completo das experiências, do qual a pessoa recuperava pedacinhos isolados de informação que permanecem acessíveis após a passagem do tempo. Esse é um modelo *não associacionista* de memória.

Quase sem exceção, os modelos contemporâneos de MLP são *associacionistas*. Isso significa que eles se baseiam na noção de que todos os itens de informação da memória estão associados de várias formas. Assim, quando você "procura" por algum item de informação na sua memória, você não produz aleatoriamente uma longa sequência de respostas não relacionadas; em vez disso, restringe-se ao item perdido por meio de uma rede de informações relacionadas entre si.[5]

Modelos associacionistas de memória de longo prazo são essencialmente modelos cognitivos. Portanto, frequentemente empregam uma variedade de conceitos abstratos, como as *categorias* e os *sistemas de codificação* de Bruner, os *esquemas* de Piaget, as *assembleias de células* e as *sequências de fase* de Hebb ou outras abstrações como *nódulos* (veja a, por exemplo, Wickelgren, 1981). Contudo, *nódulos*, *categorias*, *esquemas*, *assembleias de células* e termos semelhantes são simplesmente metáforas, não estruturas concretas. São metáforas para o que pode ser representado na "mente". Seu atributo identificador singular é o que elas representam. No entanto, há amplos motivos para acreditar que *existem* estruturas e padrões reais de ativação no cérebro, que correspondem aos conceitos representados por essas metáforas.

Um modelo de nódulo da representação mental, por exemplo, é apenas um modelo que diz que as pessoas representam o conhecimento por meio de representações (chamadas *nódulos*, embora possam ser chamadas de qualquer outra coisa) que estão relacionadas de modo ainda pouco conhecido. A Figura 9.8 apresenta uma versão de como poderia ser retratado um modelo de nódulo.

A utilidade do modelo de nódulo é que ele enfatiza os aspectos associativos da memória humana. Observe também que os modelos da MLP são basicamente modelos de processamento de informação. Como tal, têm muito a dizer a respeito dos processos envolvidos na memória (como, atentar a, recapitular e organizar). Não é de surpreender que a maioria dos teóricos cognitivos não mais estuda aprendizagem e memória como assuntos separados.

---

[5] O professor parou de ler abruptamente. Ele ainda estava no alto do rochedo, porém não mais de pé, como um padre a pregar mensagens psicológicas sobre a memória. Sentou-se na beira do rochedo, as pernas balançando no espaço, sem se preocupar, aparentemente, com o risco de cair. Perguntou se eu precisava de um descanso, mas eu não estava fazendo nada, apenas pensava que a bateria do gravador podia acabar, de modo que balancei a cabeça negativamente. O professor disse que talvez eu devesse destacar, para os leitores exigentes, que o conceito de associação é fundamental para a maioria das primeiras teorias behavioristas descrita nos capítulos iniciais deste livro. Afirmou que muitas dessas teorias, por exemplo, explicam como as associações entre estímulos e respostas são afetadas pela repetição ou recompensa. Disse que as associações são também muito importantes na área da psicologia cognitiva. No entanto, os teóricos cognitivos estão mais preocupados com as associações entre ideias (conceitos) e com o modo como são afetadas pelo significado. Então voltou a ler suas notas.

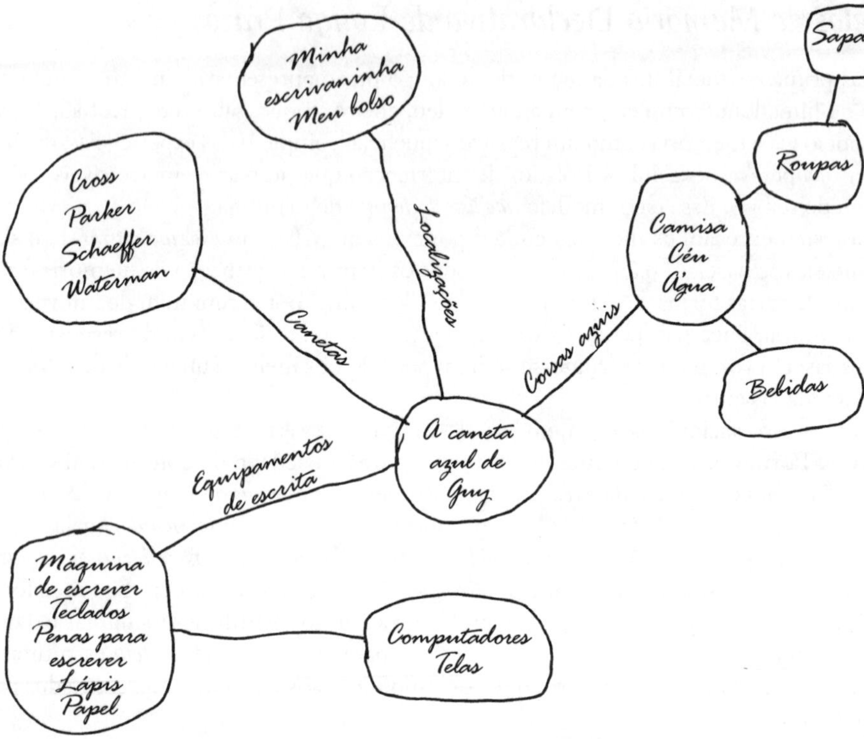

Figura 9.8 Um modelo de uma metáfora. A teoria do nódulo sugere que recordamos abstrações (significados, associações e pontos essenciais, em vez de especificidades). Portanto, a "caneta azul de Guy" é descrita como um "nódulo" encravado numa complexa rede de abstrações (por exemplo, "coisas azuis"), cada uma das quais está relacionada a muitos outros nódulos não mostrados aqui.

Fisiologia da Memória

Como vimos no Capítulo 5, aprendizagem e memorização resultam na mesma espécie de alteração no cérebro. Compreender a natureza precisa e a localização dessa alteração pode ser muito útil para compreender o que são a aprendizagem e a memória.

O *Engrama*

Faz sentido, pensaram os primeiros pesquisadores da memória, que um traço de memória específico e permanente seja deixado no cérebro para cada experiência recordada. A proeza é encontrar esse traço, chamado de **engrama**. A busca por esse código, ou por esse traço de memória, envolve alguns estudos fascinantes.

Os Ratos de Lashley

Karl Lashley (1924), convencido de que as experiências deixam *engramas* específicos no cérebro, estava determinado a encontrá-los. Como vimos no Capítulo 5, Lashley treinou ratos para percorrerem um labirinto. Assim que eles se familiarizaram com a situação, o pesquisador seccionou minúsculos pedaços do cérebro dos animais e manteve um cuidadoso registro do que tinha removido. Então, colocou de novo os ratos no labirinto. Sabia que poderia ter cortado o pedaço certo e, assim, os ratos não teriam ideia de como se movimentar pelo labirinto.

Entretanto não funcionou dessa forma. Independentemente da parte extirpada do cérebro, os ratos continuaram a correr pelo labirinto (embora bem mais devagar) e só não o faziam quando estavam incapacitados fisicamente. Lashley foi então forçado a concluir que as memórias estão dispersas por todo o cérebro, e não localizadas num único lugar.

Depois que Lashley faleceu, um de seus mais próximos colaboradores, R. Thompson, continuou a procurar pelo engrama. Ele também concluiu que as memórias podem ter várias localizações no cérebro (Thorne, 1995).

Os Pacientes de Penfield

Wilder Penfield (1969), um neurocirurgião, pensou que tinha começado a descobrir e mapear as memórias humanas quando estimulou o cérebro de alguns de seus pacientes que estavam conscientes quando submetidos a uma cirurgia cerebral. Pequenas quantidades de estimulação aplicadas com eletrodos diminutos conseguiram estimular lembranças de experiências passadas muito vívidas e detalhadas. Entretanto, um exame cuidadoso, mais tarde, revelou que essas lembranças não eram muito confiáveis: um sujeito que descreveu em detalhes a visita a um depósito de madeira nunca tinha estado lá. Segundo Squire (1987), é como se os pacientes de Penfield estivessem fantasiando, construindo memórias ou, talvez, alucinando.

O Cérebro dos Ratos e os Estudos das Planárias

Uma série de estudos sobre o cérebro de ratos (Krech, Rosenzweg e Bennett, 1960, 1962, 1966) indicou que a aprendizagem causa alterações químicas específicas e mensuráveis no cérebro desses animais. No entanto, as alterações encontradas revelaram-se muito genéricas e pouco esclarecedoras. Além disso, esses estudos quase não foram repetidos e são, de modo geral, considerados inválidos (Johnson, 1992).

McConnell (1962, 1976) também relata estudos que pareciam mostrar que o condicionamento da planária (platelmintos) para se enrolar, em resposta à luz, causa alterações químicas permanentes que podem ser transmitidas para outras planárias simplesmente cortando em pedacinhos as lagartas treinadas e alimentando com eles as lagartas não treinadas. Outros pesquisadores, entretanto, não conseguiram reproduzir esses resultados, e McConnell foi, mais tarde, acusado de "supervalorizar" sua pesquisa com planárias e de se "autopromover" (veja, por exemplo, McKeachie, 1997; Rilling, 1996).[6]

---

[6] "Você conhece o princípio da incerteza de Heisenberg?", gritou o professor na minha direção, como se estivesse falando do céu. Antes que eu pudesse pensar numa resposta, ele já tinha começado a explicar que o princípio da incerteza de Heisenberg foi extraído da mecânica quântica e que ele implica que para nenhum estado de qualquer sistema todas as variáveis dinâmicas podem ser simultânea e exatamente conhecidas. Então, por um bom tempo, ele não disse mais nada, só ficou ali sentado olhando a águia dourada planar numa massa de ar, e eu achei que tinha perdido o fio da meada. Foi quando começou a falar de novo, explicou como os estudos do tipo da pesquisa com planárias são bons exemplos da urgente necessidade de replicação nas ciências humanas. Ele disse que há demasiadas variáveis que os cientistas ainda não aprenderam a controlar em seus experimentos. Disse ainda que os cientistas não aprenderam a contrabalançar todos os efeitos que confundem seus próprios procedimentos investigativos, embora hoje já reconheçam que esses efeitos existem. Esse fenômeno, ressaltou ele, é o princípio da incerteza de Heisenberg, o que, em síntese, significa que os pesquisadores quase sempre têm um efeito considerável, mas nem sempre considerado em suas próprias investigações. Eu quis protestar, dizer-lhe que não era bem assim e pedir-lhe para que explicasse de novo, mas ele se voltou outra vez para as suas anotações.

Imageamento do Cérebro, PREs *e* CREs

Embora a precisa fisiologia da memória permaneça oculta, estudos recentes com amnésicos e com pessoas que apresentam danos cerebrais sugerem que diferentes sistemas cerebrais estão envolvidos em diferentes tipos de memória. Estudos ainda mais recentes receberam enorme ajuda das novas técnicas de imageamento que permitem aos pesquisadores avaliar as funções neurológicas em pacientes normais, e não apenas naqueles que têm algum dano cerebral ou sofrem de amnésia. Como vimos no Capítulo 5, os *registros do EEG* (eletroencefalograma) detectam a atividade neural no cérebro. Os exames de *tomografia por emissão de pósitrons* (PET) detectam alterações no fluxo sanguíneo associadas à atividade neural, ao monitorar a distribuição de partículas radioativas injetadas na corrente sanguínea. E o imageamento por *ressonância magnética funcional* (fMRI) é sensível às alterações mais sutis nos campos magnéticos que se refletem no nível de oxigenação sanguínea.

Potenciais e Campos Relacionados a Eventos

Quando os registros do EEG são tomados enquanto uma pessoa (ou um animal) é exposto a um estímulo específico, é possível detectar a atividade elétrica no cérebro diretamente relacionada com aquele estímulo. Essa atividade é chamada de **potencial relacionado a eventos (PRE)**. Vinculado aos PREs está o **campo relacionado a eventos (CRE)**, medições das alterações no campo magnético que resultam do fluxo das correntes elétricas entre as células nervosas. Essas alterações podem ser detectadas por meio do **magnetoencefalograma (MEG)**, que faz um registro do campo magnético no couro cabeludo, mesmo sendo esse campo um bilhão de vezes menor do que o campo magnético da Terra (Yamagishi, 2008).

PREs e CREs estão entre as variáveis mais frequentemente estudadas nas investigações sobre aprendizagem e memória, bem como nos estudos sobre dificuldades de aprendizagem e transtornos mentais. Muitos desses estudos, por exemplo, usam estímulos auditivos como palavras ou sons. Esses estudos costumam mostrar que PREs relativos ao material verbal ocorrem em *ambos* os hemisférios, mas tendem a ser mais fortes e mais localizados no lobo temporal esquerdo (por exemplo, Gottselig et al., 2004; Okado e Stark, 2005).

Estudos de PREs e CREs têm encontrado anormalidades em vários transtornos mentais como a esquizofrenia (por exemplo, Mathalon, Roacch & Ford, 2010). A descoberta mais comum é a da amplitude *reduzida* de PRE entre os esquizofrênicos. A amplitude reduzida de PRE também está associada a um desenvolvimento mais pobre da personalidade, bem como com as dificuldades de aprendizagem (Greenham, Stelmack e Van der Vlugt, 2003).

As pesquisas que usam algumas dessas novas tecnologias indicam que danos em certas partes do cérebro (especificamente nas porções do lobo temporal) estão associadas a perdas na MLP declarativa (Mayes, 2002). Em particular, parece que o hipocampo é essencial para a consolidação da memória declarativa e para a navegação espacial. Pesquisas conduzidas por Laczo et al. (2009) sugerem que danos no funcionamento do hipocampo, que frequentemente são manifestados em problemas com a navegação espacial, podem ser um indicador inicial do mal de Alzheimer.

Um estudo relacionado, relatado por Gupta et al. (2009) revelou que participantes com danos no hipocampo se mostravam muito prejudicados em sua capacidade de tomar as decisões certas em uma situação de aposta – supostamente, por causa de déficits na memória declarativa.

A memória não declarativa, ao contrário, parece estar associada a outras estruturas cerebrais como o neocórtex, a amídala, e o cerebelo (Da Cunha et al., 2009). Similarmente, acompanhando os estudos do caso K. C., Tulving (1989) concluiu que a memória episódica depende dos lobos frontais intactos do cérebro, mas a memória declarativa semântica não. E os aspectos emocionais da memória tendem a estar intimamente relacionados à amídala (Pouliot, 2010; Rolls, 2000). Note, entretanto, que há forte evidência de que a aprendizagem humana – e por consequência, a memória – raramente está associada a uma única localização no cérebro. Mesmo uma tarefa de aprendizagem tão simples no condicionamento clássico quanto o reflexo de piscar os olhos envolve atividades e alterações em diferentes estruturas cerebrais (Kress e Daum, 2003).

As novas técnicas de formação de imagens que permitem o estudo de cérebros normais têm contribuído muito para o entendimento de memórias normais e anormais. Estas técnicas possibilitam aos pesquisadores monitorar a atividade em diferentes partes do cérebro e até mesmo em células individuais ou em pequenos agrupamentos de células. Como vimos no Capítulo 8, pesquisas com esta nova tecnologia têm levado alguns a propor a existência das **células da vovó** – neurônios que parecem ser ativados por um único estímulo complexo (como uma avó) (Jagadesh, 2009). Todavia, como vimos, a *célula da vovó* parece não ser o engrama pelo qual Lashley estava procurando. Ou seja, não é um traço de memória único, individual, cuja perda resulta na perda das lembranças associadas. Como observamos, existe redundância considerável entre *células da vovó*, portanto, se uma delas é perdida, a pessoa ainda reconhece avós e sabe muito a respeito do que elas representam (Quian & Kreiman, 2010a).

Muitos detalhes da fisiologia e da neuroanatomia da aprendizagem permanecem desconhecidos. Por exemplo, a natureza exata das mudanças que devem ocorrer durante a aprendizagem – e que, portanto, respondem pela memória – continua sendo especulativa. No entanto, pesquisas têm levado a uma visão amplamente aceita de que as memórias são armazenadas em alterações de força sináptica – ou seja, em alterações na probabilidade de que um neurônio ativará outro, de modo muito semelhante à metáfora que Hebb havia especulado há mais de meio século (Mozzachiod & Byrne, 2010). É possível que, quanto mais for aprendido, mais as metáforas se tornarão apropriadas. Com o tempo, a psicologia poderá mover-se da metáfora para a descrição literal.

Resumo e Avaliação de Modelos de Memória

Os modelos de memória mais amplamente aceitos atualmente descrevem um sistema de armazenamento de memória com três componentes (o efeito momentâneo da estimulação sensorial); memória de curto prazo (memória fugaz, imediatamente consciente); e memória de longo prazo (armazenamento relativamente permanente).

Também amplamente aceito e considerado a base de grande parte das pesquisas atuais relativas à memória é o modelo de memória de trabalho, de Baddeley, que é uma tentativa de descrever como as informações são processadas e manipuladas na consciência. O modelo de Baddeley, como vimos, descreve um controlador executivo que interage com dois sistemas que mantêm informações visuais/espaciais (o *esboço viso-espacial*) e auditivas (a *alça fonológica*) disponíveis para processamento, e um terceiro sistema (o *buffer episódico*), que serve para integrar e dar sentido às informações que estão atualmente sendo processadas. É importante notar que a memória de trabalho é distinta da memória de curto prazo no sentido de que inclui *ambos*, armazenamento e processamento de informações. A memória de curto prazo se refere a um tipo de armazenamento que é altamente limitado em duração e capacidade mais do que a qualquer tipo de funcionamento.

Uma vantagem do modelo de três componentes é que ele enfatiza estruturas de armazenamento e destaca a distinção entre o efeito inconsciente da estimulação sensorial, por um lado, e a consciência imediata de curto prazo, por outro lado. Sua desvantagem é que ele diz pouco sobre o funcionamento de nossos sistemas de memória. No entanto, o modelo de memória de trabalho, de Baddeley, enfatiza como a memória funciona.

O modelo de Baddeley tem se mostrado especialmente útil em dirigir, organizar e resumir muito da pesquisa sobre memória que vem sendo realizada desde que foi proposta inicialmente. A adição posterior do *buffer episódico* tornou possível explicar como informações dos dois servossistemas, juntamente com informações da memória de longo prazo, podiam ser integradas para chegar à consciência coerente, significativa.

Modelos de memória de longo prazo, como vimos, são principalmente associacionistas. Pesquisas indicam que nossa memória de longo prazo tende a ser relativamente estável, embora nem sempre excepcionalmente confiável. Isto é, tende a ser altamente *gerativa*; lembramos da essência de determinadas coisas e geramos o restante. E frequentemente nos lembramos de modo errado. Algumas vezes, nos lembramos de coisas que nunca aconteceram; outras vezes, não nos lembramos de coisas que realmente ocorreram. Este modo de analisar a memória tem se mostrado muito útil. Como veremos rapidamente em uma seção sobre esquecimento, o que sabemos sobre a natureza construtiva da memória de longo prazo pode ter implicações importantes em nossas vidas – e em nossos tribunais de justiça.

A atual metáfora cognitiva para a memória se preocupa menos com a fisiologia das estruturas do cérebro do que com a neuroanatomia e a organização de neurônios. Estas mudanças são refletidas em arranjos de associações entre neurônios (em redes neurais, em outras palavras). A visão é, de muitas maneiras, altamente reminiscente da noção de Hebb sobre a facilitação da condução entre neurônios após disparos repetidos. Como vimos, atualmente existem evidências de uma base bioquímica para a teoria de Hebb – evidências de que alterações químicas em receptores neurais ocorrem e facilitam a subsequente transmissão neural (Chen et al., 2007). Mas os psicólogos ainda não sabem exatamente o que acontece quando as pessoas aprendem e se lembram. Será que eles sabem mais sobre o esquecimento?

Esquecimento

Esquecer, no sentido usual do termo, é ser incapaz de trazer [algo] à consciência imediata. O esquecimento não prova – nem mesmo implica – perda completa da memória. Há muitas coisas que as pessoas aprendem implicitamente (como pular corda) e cuja memória subjacente elas não conseguem traduzir em símbolos ou examinar conscientemente. Não conseguir se lembrar de alguma coisa, não significa que essa coisa tenha sido perdida, mas que não pode ser recuperada. Talvez, como um nome que teima em ficar na ponta da língua, seja recuperado mais tarde – ou talvez não.

Muitas respostas já foram propostas à pergunta: por que as pessoas não conseguem se lembrar de certas coisas?

Lesão Cerebral

As lesões cerebrais prejudicam a memória presumivelmente porque afetam o funcionamento normal do cérebro. Elas também podem afetar a memória como uma espécie de mecanismo protetor. Por exemplo, um resultado relativamente comum de experiências de guerra geralmente traumáticas, com lesões cerebrais leves, é a **amnésia**, um dano total ou parcial da memória. Bryant et al. (2009), que estudaram 1.167 sobreviventes de danos traumáticos, sugerem que a amnésia pós-traumática parece proteger o indivíduo da possibilidade de re-experimentar o trauma.

Uma vez que diferentes partes do cérebro estão mais envolvidas do que outras em certos tipos de memória, a lesão cerebral pode resultar em diferentes tipos de danos à memória. Lembremos do caso de K. C., que sofreu um dano cerebral em um acidente de motocicleta e perdeu toda a memória *episódica* (*autobiográfica*). Embora K. C. fosse incapaz de se lembrar de lembranças pessoais, ele se lembrava de todos os tipos de informações mais genéricas. Ou seja, sua memória semântica permanecia intacta.

O caso de K. C. não é totalmente isolado. Knight e O'Hagan (2009) perguntaram a 19 pessoas que haviam sofrido severos danos cerebrais traumáticos pelo menos seis anos antes se elas se lembravam dos nomes de 115 pessoas famosas que haviam se tornado proeminentes entre 1960 e 2005. Em geral, elas apresentavam pouca dificuldade em reconhecer muitas dessas pessoas famosas e em explicar por que elas eram famosas. Contudo, a maioria delas foi incapaz de se lembrar de memórias episódicas específicas conectadas com os nomes – por exemplo, quando eles se familiarizaram com a pessoa famosa, se lembravam de já ter ouvido a pessoa cantar, se assistiram à pessoa atuando, se viram a pessoa dançando, e assim por diante. Em outras palavras, suas memórias episódicas (autobiográficas) estavam bastante prejudicadas, assim como estava K. C., o paciente de Tulving.

Há um tipo de amnésia, reporta Brown (2002), que implica ausência completa de memória para todas as experiências que antecederam o surgimento da amnésia. Porém, mais comum ainda, é a forma de amnésia parcial em que a perda de memória está mais relacionada às recordações recentes do que às antigas. Brown sugere que isso é evidência de que as memórias de longo prazo tornam-se mais resistentes ao esquecimento com a passar do tempo.

Teoria do Desvanecimento

A lesão cerebral é uma causa atípica do esquecimento; há outras causas bem mais comuns. Uma possibilidade, por exemplo, é que as pessoas esqueçam algumas coisas simplesmente em razão do passar do tempo – quaisquer que sejam os traços ou as alterações que a aprendizagem deixa atrás de si, elas se tornam menos distintas à medida que o tempo passa. A evidência para a **teoria do desvanecimento** se alicerça na observação de que as pessoas geralmente lembram com mais clareza os eventos recentes do que os distantes. Nesse momento, Clara consegue lembrar a maioria dos itens de vestuário pendurados no seu *closet*, mas não é capaz de descrever tão bem o que tinha no seu armário seis anos atrás (a menos que estivesse presa, na ocasião). Entretanto, se ela revisar mentalmente, de vez em quando, o que há no seu guarda-roupa, é provável que lembre o que tem nele. Itens que são lembrados ocasionalmente são mais resistentes à devastação do tempo do que os itens que nunca são repassados. Cada repetição é uma espécie de reforço e uma oportunidade para reaprender (Altmann e Gray, 2002).

Huang (1997) relata uma investigação feita com um único sujeito em relação à perda da memória pela passagem do tempo; ela envolveu um professor de 55 anos que tentou relembrar os nomes dos estudantes das classes nas quais ele havia lecionado há mais de 26 anos e há seis meses. Como era de se esperar, houve relação muito próxima entre o tempo e a acuidade da lembrança, refletida no rápido esquecimento do mais antigo, seguido pelo lento esquecimento do mais novo.

É interessante observar que alguns modelos de redes neurais da atividade do cérebro humano simulam a perda de memória incluindo o decaimento relacionado ao tempo na rede (por exemplo, Winder et al., 2009). Reduções na força das conexões com o passar do tempo podem se aproximar do que conhecemos sobre a perda da memória humana.

É válido notar que muitos psicólogos não consideram o desvanecimento, ou a deterioração, uma teoria útil ou correta. Esses profissionais destacam que o tempo não causa esquecimento mais do que causa a erosão nas montanhas, o derretimento dos glaciares ou o enferrujar dos metais. Outras coisas que acontecem (durante a passagem do tempo, claro) causam essas alterações. Essas outras coisas, sugerem as pesquisas do PRE e CRE, podem muito bem ter relação com o funcionamento menos eficiente do cérebro. Em especial, sugere Friedman (2003), os lobos frontais parecem estar envolvidos com declínios relativos à idade na questão da capacidade de aprender e lembrar (Friedman, 2003).

Teoria da Distorção

Memórias esquecidas nem sempre desaparecem completamente. Em vez disso, algumas são distorcidas ou confundidas com outras memórias. Como Loftus (2007) explica, é como se várias características de uma única experiência passada não estivessem adequadamente associadas entre si. Como resultado, quando a pessoa tenta se lembrar da experiência, somente fragmentos estão disponíveis. Estes são combinados com outras memórias em uma recordação que faz sentido, mesmo se for uma distorção da experiência original.

A **teoria da distorção** reconhece que, quando as pessoas buscam na memória, o que lembram são ideias principais e abstrações, o contexto da história, mas não os detalhes. Mais tarde geram os detalhes, geralmente distorcendo o original. Lembre que, no estudo de Johnson, Bransford e Solomon (1973), os sujeitos foram convencidos de que tinham visto uma frase que nunca lhes havia sido apresentada simplesmente porque ela fazia sentido.

As testemunhas oculares, destaca Loftus (1979), não são confiáveis e se confundem com facilidade. Num estudo, ela projetou um filme que mostrava um acidente envolvendo carros esportivos. Logo em seguida, fez aos sujeitos aquele tipo de pergunta que se faz a uma testemunha de um acidente automobilístico. A alguns foi perguntado: "Em que velocidade estava o carro quando passou pelo galpão na estrada?". A outros foi perguntado: "Em que velocidade estava o carro na estrada?". Na verdade, o filme mostrou que não havia nenhum galpão na estrada. Mas, quando se perguntou aos sujeitos se eles tinham visto um galpão, quase metade do grupo que respondeu à primeira pergunta jurou que sim; pouco menos que 3% do segundo grupo pensou ter visto o galpão.

Teoria da Repressão e Falsas Memórias

A noção de repressão de memória remonta à época de Freud, que especulou que os indivíduos, algumas vezes, reprimem, inconscientemente, experiências que são traumáticas (altamente perturbadoras, causadoras de ansiedade). Por exemplo, este pode ser o caso quando um adulto encontra dificuldade em se lembrar de experiências traumáticas sofridas na infância, como abuso sexual (Woodwiss, 2010). A noção de Freud da **teoria da repressão** era de que experiências excessivamente traumáticas são absorvidas pelo subconsciente. Mas embora o indivíduo não mais esteja consciente das experiências, elas podem ter um efeito profundo no bem-estar psicológico. Freud acreditava que recuperar essas memórias, frequentemente, era vital para resolver qualquer psicopatologia resultante delas.

Com que frequência as memórias são reprimidas? E quanto são confiáveis estas memórias recuperadas? Estas são questões difíceis. A pesquisa de Loftus relata inúmeros exemplos de memórias de ocorrências traumáticas que são tão altamente distorcidas que as memórias são, na verdade, muito falsas (Loftus & Cahill, 2007). A **síndrome da falsa memória**, nome que às vezes é dado a este fenômeno, pode ser de considerável importância em tribunais de justiça onde, por exemplo, existem casos nos quais as pessoas precisam se lembrar de experiências traumáticas que ocorreram em um passado distante. Em algumas instâncias, supostas vítimas de abuso sexual apresentaram seu testemunho confirmando o abuso, mas posteriormente se retrataram, aparentemente porque passaram a acreditar que suas recordações iniciais eram falsas (Ashmore & Braun, 2010). Também existem casos de supostas vítimas que aparentemente reprimiram todas as recordações de uma experiência traumática, mas depois pareceu que se lembraram do evento (Colangelo, 2009).

Esta é uma área de considerável pesquisa e debate contínuo. Até o momento, questões relacionadas à validade de memórias reprimidas permanecem altamente controversas (Follette & Davis, 2009; Greenhoot & Tsethlikai, 2009). Uma vez que a repressão inconsciente se aplica somente a experiências raras altamente emocionais e negativas, a teoria da repressão é de valor limitado como uma explicação geral do esquecimento.

Teoria da Interferência

Muitos pesquisadores sugerem que o esquecimento, especialmente referente à memória de trabalho e à memória de curto prazo, tem pouco a ver com a passagem do tempo, mas é mais frequentemente devida à interferência (Lewandowsky, Oberauer & Brown, 2009). A **teoria da interferência** sustenta que nova aprendizagem pode interferir com a lembrança da aprendizagem anterior (*interferência retroativa*) ou que a aprendizagem antiga pode interferir com a recordação da nova aprendizagem (*interferência proativa*). Como vimos anteriormente, esses dois tipos de interferência têm sido um fenômeno consistente em estudos da memória de longo prazo (geralmente empregando sílabas sem sentido). Nesses estudos, aprender uma lista de palavras e depois uma segunda lista relacionada com a primeira: a) torna mais difícil recordar a primeira lista (interferência retroativa), e b) torna mais difícil aprender a segunda lista (interferência proativa) (veja as Tabelas 9.1 e 9.2).

A interferência também tem sido exaustivamente estudada na aprendizagem de idiomas. Isurin e McDonald (2001), por exemplo, encontraram evidência significativa da interferência entre um primeiro e um segundo idioma. Como era de se esperar, a interferência parece ser bem maior para as palavras que são mais semelhantes e decresce com o aumento da exposição ao segundo idioma. As interferências retroativa e proativa também têm sido implicadas em determinados casos de amnésia, assim como no prejuízo gradual da memória relacionado ao envelhecimento (Ebert & Anderson, 2009).

O que acontece com o esquecimento via interferência, sugere Wixted (2004), é que experiências recentes ainda não estão "consolidadas" – ou seja, as alterações neurológicas subjacentes à memória não ocorreram. Até que uma memória se consolide, ela fica vulnerável aos efeitos da interferência da atividade mental em curso e à formação de outras memórias. Isso, diz Wixted, explica por que o sono e mesmo certas drogas geralmente melhoram a memória para a aprendizagem recente. Na verdade, o sono e as drogas, como o álcool, conseguem diminuir a atividade mental competitiva.

Felizmente, a interferência parece descrever melhor o que acontece em laboratório do que o que realmente acontece na vida cotidiana. Embora as pessoas possam ficar confusas por causa da competição entre os itens que estão tentando lembrar, há indicações de que conseguem continuar aprendendo todo tipo de coisa sem correr o risco de se tornar progressivamente mais sujeitas aos efeitos da interferência.

Fracasso na Recuperação de Pistas

Ed Landry, um professor de inglês, frequentemente percebia que havia esquecido alguma coisa exatamente quando estava prestes a entrar na sala de aula. E mesmo que ele ficasse parado por longos minutos, revirando sua memória, geralmente não conseguia se lembrar. Então ele voltava para sua sala porque sabia que lá se lembraria do que havia se esquecido. E assim que entrava na sala, a lembrança chegava à sua mente. "Caramba! É o livro verde que eu queria levar!"

Esta é uma ocorrência comum. Mais de uma vez, Sam Whistler pegou sua vara de pescar, ajustou a linha na carretilha, e quando já estava olhando para a água e calculando o arremesso é que percebia que havia se esquecido da isca.

A sala de Ed Landry assim como o local de pesca de Sam Whistler, serviam como poderosas **pistas de recuperação** – estímulos que facilitam a recordação. Conforme explica Homa (2008), a aprendizagem sempre ocorre em um contexto específico, que inclui o atual humor do indivíduo, pensamentos e preocupações, assim como o ambiente externo. Aspectos como esses podem servir como importantes pistas para a memória. Esta é uma das razões porque as testemunhas, algumas vezes, são levadas de volta à cena do crime – ou porque as próprias vítimas algumas vezes voltam. A esperança é de que algum aspecto da cena possa refrescar a memória – que possa servir como uma pista de recuperação de memória.

O **fracasso na recuperação de pistas** é outra explicação para o esquecimento. Como observamos no início, talvez as pessoas não se esqueçam realmente, mas simplesmente não conseguem se lembrar. O fato de que alguma coisa não pode ser lembrada não é boa evidência de que tenha sido completamente apagada da memória; isto pode apenas significar que não pode ser acessada. O problema pode ser uma questão de recuperação em vez de armazenamento.

Tulving (1974) reconhece essa possibilidade ao descrever dois tipos de esquecimento. Um deles, explica, envolve apenas a incapacidade de lembrar – uma **falha na recuperação de pistas**. Ele aceita que esse tipo de esquecimento está relacionado com a indisponibilidade de pistas apropriadas para lembrar. Segundo o pesquisador, é um **esquecimento dependente de pistas**. Muitos estudiosos (White, 2002, por exemplo) sugerem que essa pode ser uma das causas mais comuns do esquecimento. Não lembrar tem a ver com a incapacidade de discriminar o item entre outras possibilidades *na hora de lembrar e não na hora de aprender*.

Um segundo tipo de esquecimento envolve alterações reais do traço de memória, por isso é chamado de **esquecimento traço-dependente**. As cinco possibilidades descritas (lesões cerebrais, desvanecimento, interferência, distorção e repressão) estão relacionadas primariamente ao esquecimento traço-dependente.

Em relação ao material declarativo (consciente, explícito), a recuperação parece ser melhor com certos tipos de pistas. Tulving (1989), por exemplo, relata que as pistas mais eficientes da memória são aquelas que combinam com o tipo de recuperação exigido. Nos estudos em que os sujeitos eram convidados a lembrar o significado de palavras, as pistas que enfatizavam o significado eram melhores. Entretanto, quando os sujeitos eram solicitados a responder perguntas relacionadas à pronúncia ou aos sons das palavras, as pistas de recuperação que enfatizavam os sons (fonemas) ou as letras nas palavras funcionaram melhor. Outras pistas e estratégias de recuperação que podem melhorar significativamente a memória incluem vários tipos de auxílio bem conhecidos.

Auxílios para a Aprendizagem e a Recordação; Aplicações Educacionais

Um dos principais objetivos da educação é a memorização duradoura. Felizmente, a crença de que os estudantes começam a esquecer muito do que aprenderam logo depois do exame não é válida. Claro, grande número de estudos dá suporte a essa ideia. No entanto, como destacam Semb e Ellis (1994), muitos são estudos realizados em laboratório e, nesse caso, o material a ser aprendido é apresentado e aprendido numa única sessão, para os estudantes serem testados depois, em momentos diferentes. Só que as escolas, sugerem eles, não oferecem aos estudantes apenas uma oportunidade de aprender. Ao contrário, o material é apresentado em momentos diferentes e de maneiras diversas, com várias estratégias (como filmes, computadores, demonstrações, livros etc.). Quando Semb e Ellis examinaram 62 estudos sobre a retenção de longo prazo de material didático, descobriram evidências importantes da retenção de longo prazo. Uma das implicações educacionais mais importantes da pesquisa e da teoria da memória pode ser o reconhecimento óbvio de que a repetição frequente, com o uso de vários tipos de apresentação e aprendizagem, pode ser muito mais eficiente do que os procedimentos únicos mais comuns na aprendizagem de laboratório.

Pode ser importante também para os professores sistematizar e enfatizar e talvez ensinar as várias estratégias que a psicologia mostrou serem eficazes para deslocar o material da memória de curto prazo para a memória de longo prazo e alguns dos dispositivos mnemônicos que pesquisadores e memorizadores profissionais têm desenvolvido.

As mais importantes dessas estratégias para a memória de longo prazo – recapitulação, elaboração e organização – são também os principais processos cognitivos da aprendizagem.

Recapitulação

Recapitular é repetir (seu nome é Greta; seu nome é Greta; Greta; Greta; Greta; Greta...). A **recapitulação**, como dito anteriormente, é o modo mais eficiente de manter a informação na memória de curto prazo. É também o meio pelo qual a informação é transferida para a memória de longo prazo.

Elaboração

Elaborar é ampliar ou adicionar. **Elaboração** implica associar o que tem de ser aprendido a imagens mentais ou relacionar um material novo com um material que já foi aprendido. Bradshaw e Anderson (1982) pediram aos sujeitos que se lembrassem da frase "O homem gordo leu o aviso". Aqueles que elaboraram a sentença para "O homem gordo leu o aviso para tomar cuidado com o gelo fino" tiveram muito mais sucesso em se lembrar da frase do que aqueles que não a elaboraram.[7]

Organização

Organizar é arrumar de acordo com algum sistema. O ajuntamento – colocar o que deve ser aprendido em grupos de itens relacionados entre si – é um exemplo de **organização**. Organizar deliberadamente um material de texto com títulos e subtítulos é outro exemplo. Uma crença fundamental da psicologia cognitiva é que as pessoas parecem ter uma tendência natural para buscar relações – identificar semelhanças e diferenças (ou seja, categorizar e adquirir conceitos).

Recordando seu Livro-Texto

Sabemos que recapitular, elaborar e organizar são tarefas claramente envolvidas na aprendizagem e na recordação. Também sabemos que material significativo é lembrado com maior facilidade, e que materiais visuais, aromas e experiências emocionais profundas em geral são especialmente rememoráveis. Assim, como você pode aplicar o que sabe sobre a memória para, digamos, realizar a tarefa de aprender e lembrar os fatos neste livro?

Eis, a seguir, uma série de sugestões baseadas no que sabemos sobre a memória humana.

1. Destacar passagens importantes, escrever anotações esclarecedoras, fazer resumos nas margens, sublinhar, marcar, circular etc. estas atividades são uma forma de *repetição* de pontos-chave – portanto, uma forma de *memorização*. Além do mais, estas atividades forçam você a se concentrar no *significado* e proporcionam uma maneira simples de organizar o material.
2. Comece lendo os resumos dos capítulos. Eles geralmente enfatizam pontos importantes. Podem também atrair sua atenção para itens de interesse particular para você ou para conceitos e termos que não estão claros.
3. À medida que você estiver lendo e estudando uma seção, um capítulo ou um livro, imagine que precisará apresentar uma palestra sobre o material – ou explicá-lo para sua avó. Se você levar esta tarefa a sério, descobrirá que este é um dos meios mais certos de aprender e se lembrar do material. Preparar uma palestra força você a *organizar*, a entender o *significado* daquilo que está estudando, e a *recapitular*. Todas essas atividades estão centralmente envolvidas na memória de longo prazo.
4. Encontre meios de *elaborar* o que você está estudando. Um dos meios efetivos de fazer isto é definir seus próprios exemplos ilustrativos e demonstrações para conceitos e pro-

[7] Exemplo mais ilustrativo para países frios, nos quais camadas finas de gelo sobre lagos podem levar a acidentes fatais (NRT).

cedimentos importantes. Por exemplo, você pode pensar em um exemplo pessoal de aprendizagem de aversão a sabor em uma única tentativa? Ou seu próprio exemplo de como *elaborar*?

5. Aplique uma técnica de aprendizagem sistemática, como o altamente popular **método SQ3R**. SQ3R é um acrônimo para *survey* (pesquisar), *question* (questionar), *read* (ler), *recite* (recitar) e *review* (revisar). Este método de estudo requer que você primeiro estude o material, prestando atenção particularmente aos cabeçalhos (esta é a razão para a estrutura de tópicos e a lista de objetivos no início de cada capítulo).

   Em seguida, formule questões baseadas em seu estudo. Por exemplo, a maioria dos cabeçalhos pode ser reformulada como questões: *Recordando seu livro-texto* se torna *Como posso melhorar minha recordação do livro-texto*? Geralmente é uma boa ideia anotar as questões sugeridas por seu estudo. Estas, por sua vez, orientam a terceira etapa: *ler*. E embora sua leitura deva ser cuidadosa e completa, ela tem de ser dirigida especificamente a responder às questões que você elaborou.

   Em quarto lugar, você agora deve *recitar* mentalmente as respostas a suas perguntas, talvez, escrevendo-as ou anotando os pontos principais. Recitar é uma forma de *recapitular* o material tornado *significativo* pela sua tentativa de responder a questões reais que você mesmo organizou.

   Por fim, você revê o material, talvez, relendo seções importantes, confirmando suas respostas e recitando-as novamente. Aqui, o resumo no final do capítulo pode ser especialmente útil – como também é útil durante a primeira etapa de estudo do material.
6. Tente aplicar ao seu estudo um dos sistemas mnemônicos descritos na seção seguinte.

Sistemas Mnemônicos

Vários sistemas desenvolvidos especificamente para melhorar a memória são baseados diretamente no que a psicologia sabe sobre recordar. De acordo com isso, os sistemas enfatizam meios de organizar e elaborar, assim como meios de destacar pistas de recuperação. Muitas dessas estratégias exigem considerável habilidade e prática. Pesquisas indicam que elas podem ser altamente efetivas em diversas situações – por exemplo, com estudantes que apresentam dificuldades de aprendizagem (Prevatt et al., 2010), com adultos que têm problemas de memória, como no caso de mal de Alzheimer (Wilson, 2009), e com estudantes normais ou mais dotados.

Rimas e Bordões

Entre os auxílios à memória – ou **recursos mnemônicos** – estão os *acrônimos* (pistas de letras) como NATO, ONU ou Roy G. Biv (colocar as cores de um espectro em ordem).[8] Também incluem acrósticos, frases ou expressões nas quais a primeira letra de cada palavra serve para formar outra. Por exemplo, o acróstico "**M**en **v**ery **e**asily **m**ake **j**ugs **s**erve **u**seful **n**octurnal **p**urposes" lembra o nome, em inglês, dos planetas na ordem em que estão no

[8] Com Plutão agora rebaixado, disse o professor, precisaremos de um novo acróstico. Algo como "Com muita facilidade, os homens conseguem utilizar jarros para atender às suas necessidades".
Evidentemente o acrônimo está se referindo ao nome das cores em inglês: *red*, *orange*, *yellow*, *green*, *blue*, *indigo* e *violet* (NRT).

sistema solar (Mercúrio, Vênus, Terra, Marte etc.). Essa espécie de recurso mnemônico ajuda a lembrar as pistas de recuperação com mais facilidade e são uma forma de elaborar e organizar o material.

Sistema de Localizações

Um recurso mnemônico mais complexo é aquele que recorre às imagens visuais, mais facilmente memorizadas pela maioria das pessoas do que as palavras escritas ou faladas (Kosslyn, Behrmann e Jeannerod, 1995). Quando mostradas rapidamente a alguns sujeitos dez mil figuras e depois só algumas delas – dessa vez junto com outras figuras que não haviam sido incluídas na primeira apresentação – eles conseguiram reconhecer mais de 90% do material (Standing, 1973). Do mesmo modo, quando Bahrick, Bahrick e Wittlinger (1975) apresentaram aos sujeitos fotografias de antigos colegas de classe (tiradas dos álbuns de formatura), conseguiram 90% de acerto dois meses depois do evento, índice que não declinou consideravelmente nem 15 anos depois. A capacidade humana de reconhecimento visual é notável.

Os recursos mnemônicos baseados em imagens visuais sugerem maneiras específicas pelas quais as imagens mentais podem ser associadas visualmente a outras imagens fáceis de lembrar. Muitos desses recursos são bastante antigos, e muito poderosos. O **sistema de localizações**, por exemplo, tem mais de dois mil anos de idade (Hermann, Raybeck e Gruneberg, 2002). Exige apenas que os estudantes criem uma imagem visual vívida do item a ser lembrado e o coloquem em algum lugar familiar como o quarto de casa. Considere uma lista de compras de mercado, por exemplo. Agora coloque seu primeiro item, pão, no corredor. Imagine um pão enorme, a primeira imagem que vier à sua cabeça. Agora coloque um cacho de bananas na maçaneta da porta do banheiro; um pote de ketchup na pia; um peru recheado na sua poltrona favorita; um maço de couve-flor pendurado na extremidade da mesa – e assim por diante. Para lembrar os itens depois, basta que o sujeito faça um "passeio" mental pelos aposentos da casa e visualize cada item que foi colocado ali. Tente fazer isso com uma lista de supermercado. Funciona.

Sistema Fonético

Um sistema de memorização geralmente usado pelos memorizadores profissionais, e que certamente impressiona a todos, é o **sistema fonético**, descrito por Higbee (1977). O primeiro passo para aprendê-lo é formar associações visuais fortes entre números e consoantes. Tradicionalmente, as associações fazem uso da aparência visual das consoantes. Assim, 1 é um *t* (porque tem uma forma parecida); o 2 pode ser o *n*; 3 um *m*; 4 um *q* e assim por diante.

Assim que você tiver associado um número a uma consoante (vogais não valem), pode formar uma palavra para cada número, digamos, de 1 a 25. Por exemplo, o número 12 pode ser "tin"; o número 21, "nut".[9] Agora forme uma forte imagem visual unindo cada uma dessas palavras ao seu número. Aprenda direito isso, pratique e então desafie a sua avó dizendo que você é capaz de memorizar e dizer 25 itens que ela escolher. Enquanto ela estiver escrevendo esses itens num papel, numerando-os consecutivamente, você fecha olhos e, usando da esperteza, liga cada um deles à imagem visual do seu número.

Quando sua avó terminar, você estará pronto: "Então, você quer que eu diga do começo para o fim ou o contrário?". Entretanto, como ela é uma velhinha esperta, vai achar que você está blefando. Então, ela lhe lança um desafio: "Qual foi a palavra 21?". No seu olho

[9] Para compreender este exemplo, é necessário considerar que *nut* em inglês significa 'noz' (NRT).

mental recém-treinado, imediatamente vê a palavra "nut" que lembra ter criado quando sua avó disse "E para o número 21, vamos ver, pode ser o fogão da casa velha", de modo que agora você vê o "nut" incandescente no fogão. Você diz: "O item 21? Bem, pode ser o fogão da outra casa, aquele em cujo forno, um dia, você trancou o gato". Sua avó não vai acreditar.

Resumo

1. A memória é geralmente definida como a disponibilidade de informação (lembrança ou recuperação); entretanto, alguns aspectos da memória não são conscientes (ou seja, são implícitos, e não explícitos). Nem tudo o que é armazenado pode ser recuperado. Ebbinghaus foi um dos pioneiros em investigações sobre a memória; para isso ele utilizou sílabas sem sentido.
2. O modelo modal de memória descreve três estágios de armazenamento na memória: registro sensorial, memória de curto prazo e memória de longo prazo. O registro sensorial descreve o efeito momentâneo da estimulação (inclui memória ecoica ou icônica). Isso está ilustrado nos estudos do fenômeno do coquetel, que demonstra que mesmo aquele material ao qual não se presta atenção permanece disponível por uma fração de segundo.
3. A memória de curto prazo (MCP) se refere à disponibilidade corrente na atenção ou na consciência imediata de um pequeno número de itens (sete, mais ou menos dois). Ela dura apenas segundos (raramente mais do que 20), a menos que haja repetição contínua (caso no qual a informação pode ser codificada na memória de longo prazo). Refere-se essencialmente à disponibilidade transitória de um pequeno número de itens (sete, mais ou menos 2) e é chamada de *memória ativa* ou *de trabalho*, para enfatizar a sua semelhança com a atenção imediata ou consciência. Sua capacidade pode ser **ampliada pelo ajuntamento** – reunião de itens relacionados entre si.
4. O modelo de Baddeley de memória de trabalho descreve dois sistemas: um sistema executivo central concernente ao fluxo de informação que entra e sai da memória de trabalho, e dois servossistemas, a alça fonológica e o esboço viso-espacial, concernentes à manutenção do material auditivo e visual disponível para acesso pelo sistema executivo; e um *buffer* episódico que integra informações dos servossistemas e da memória de longo prazo, e faz com que tenham sentido coerente.
5. O esquecimento na MCP pode estar relacionado ao desvanecimento (perda dos traços de memória), deslocamento (deslocamento do velho material pelo novo por causa de limitações espaciais), interferência (em que a aprendizagem prévia interfere na nova aprendizagem) ou nível de processamento (modelo de Craik e Lochart).
6. A memória de longo prazo é altamente estável (em especial para imagens e odores), é mais gerativa do que simplesmente reprodutiva, influenciada pela compreensão, e é melhor para alguns itens (aqueles que são mais vívidos, mais significativos ou mais emocionais, levando algumas vezes a flashes de memória) do que para outros.
7. Uma comparação entre a memória de curto prazo e a memória de longo prazo revela que a MCP é um processo ativo, contínuo; é facilmente perturbado pelas atividades em andamento; e é altamente limitado em sua capacidade. A MLP, em contraposição, é um processo mais passivo, não facilmente perturbado por atividades em andamento, e ilimitado em capacidade. A recuperação da MCP é imediata ou automática e pode não ocorrer; a recuperação da MLP é mais lenta e mais aleatória.
8. Os sistemas da memória de longo prazo incluem a memória explícita (declarativa), que consiste na informação potencialmente consciente e rememorável; a memória implícita (não declarativa ou procedimental) que consiste nos efeitos não conscientes, não verbalizáveis da aprendizagem (como no caso, por exemplo, da aprendizagem de habilidades ou do condicionamento clássico).

9. A memória declarativa (recordável) é composta da memória semântica e da memória episódica. A memória semântica inclui fatos e princípios gerais, estáveis e abstratos (por exemplo, o conhecimento de línguas ou do mundo). A memória episódica se refere ao conhecimento privado que é de natureza temporal e está ligado a eventos pessoais específicos (daí o termo memória autobiográfica).
10. Alguns dos primeiros modelos de memória eram não associativos (a ideia de Koffka do registro contínuo como um videotape); os modelos atuais enfatizam as associações entre os itens na memória e fazem uso frequente do esquema ou dos modelos de nódulos – um nódulo ou um esquema é simplesmente o que uma ideia representa.
11. Episódios históricos na busca pela fisiologia da memória incluem as ablações realizadas por Lashley no cérebro de ratos (ele não encontrou o engrama); a estimulação realizada por Penfield no cérebro de seus pacientes (suas memórias poderiam ter sido fantasias e alucinações ao invés de memórias específicas); a dissecação de cérebro de ratos treinados (as mudanças eram globais e imprecisas); a criação e ingestão de planárias treinadas por planárias não treinadas (os estudos não foram facilmente reproduzidos e, 30 anos mais tarde, parecem ter resultado em nada); o estudo das memórias de amnésicos (que apoiam as distinções entre os diferentes sistemas de memória de longo prazo e indicam que diferentes sistemas cerebrais podem estar envolvidos em cada um deles); e o desenvolvimento dos modelos conexionistas (que acreditam que as memórias residem em padrões de neurônios, e não em alterações específicas de neurônios únicos).
12. Muitas das pesquisas atuais sobre memória usam os registros do eletroencefalograma (EEG) e do magnetoencefalograma (MEG), que oferecem registro em tempo real do potencial relacionado a eventos (PREs), que são alterações no potencial elétrico das células nervosas quando são disparadas e de campos relacionados a eventos (ERFs), mudanças nos campos magnéticos do couro cabeludo durante a atividade neural. Estas pesquisas sugerem que a memória de longo prazo envolve mudanças estruturais ou químicas permanentes no cérebro. Aparentemente, o hipocampo é essencial para a memória declarativa e a navegação espacial. A memória não declarativa e a memória emocional parecem estar mais associadas com a amígdala e com o cerebelo.
13. Certos esquecimentos podem ser resultado de lesão cerebral; alguns podem ser consequência de um processo mal explicado denominado "desvanecimento" ou processo de deterioração. Além disso, o esquecimento pode ser causado por distorção. Outras explicações para o esquecimento incluem a teoria da repressão (incomum e mais apropriada para experiências relativas a emoções negativas), a teoria da interferência (interferência proativa e retroativa) e o fracasso na recuperação de pistas (ausência de pistas apropriadas para recuperar o material aprendido).
14. A capacidade de aprender e recordar pode ser melhorada por meio da recapitulação, elaboração e organização. As estratégias de memorização incluem rimas e esquemas relacionados, bem como recursos mnemônicos específicos que usam imagens visuais (o sistema de localização e o sistema fonético).

CAPÍTULO DEZ

Motivação

As pessoas que tentarem encontrar um motivo nesta narrativa serão processadas.
Mark Twain

O professor temperou as pombas e as envolveu no que parecia ser uma massa grossa. Empurrou as brasas incandescentes para um lado e colocou os pássaros diretamente nas cinzas, cobrindo-os com mais cinzas e brasas. Depois ele quebrou aquelas conchas enegrecidas e colocou os pássaros fumegantes na travessa, com as batatas assadas, e nós os comemos, um a um. Quando terminamos já estava escuro, os lobos uivavam lá no fundo da floresta, e eu teria colocado mais lenha na fogueira para aquecer a noite e abrandar meus temores, mas o professor disse que não, que naquela noite não queria que nada obscurecesse o céu. Por um bom tempo ele ficou deitado no chão, olhando para o alto. Seus olhos pareciam não se mover; era como se ele estivesse mirando alguma coisa que reconhecera, algo familiar. Entretanto quando examinei cuidadosamente o local para onde ele olhava, não vi nada, apenas uma miscelânea de estrelas na confusão da Via Láctea. Quando os lobos uivaram novamente, me pareceu que estavam tão perto que eu podia sentir a respiração deles. Quis perguntar de novo ao professor se podia avivar um pouco o fogo, mas ele tinha virado o rosto para outra direção, onde a luz da aurora começava a tremeluzir e a dançar na noite fria, pintando o céu com tons de azul e rosa; por um instante os lobos silenciaram.

De repente, o professor levantou-se e jogou no fogo pedaços grandes de gravetos. As chamas saltaram, e minguaram, e espalharam fagulhas que pareciam diamantes a brilhar na escuridão da noite. Então, ele fez um sinal para que eu ligasse novamente o gravador.

Este Capítulo

"Nós fizemos e sentimos muitas coisas esta noite", disse o professor, ao começar a falar sobre o Capítulo 10. Lembrou que tínhamos comido e bebido, inflamado nossos medos e olhado para o esplendor – o mesmo que dizer que tínhamos sido movidos pela sede e pela fome, talvez pelo medo e pelo frio, ou até mesmo pelo amor e pela beleza. As coisas que disse serão exatamente expostas neste capítulo. O que move os seres humanos? Em outras palavras, quais são as razões e os motivos de tudo aquilo que as pessoas fazem?

Objetivos

"Diga aos seus leitores", ordenou o professor enquanto jogava mais lenha no fogo, "que eles entenderão a diferença entre causas e razões assim que terminarem este capítulo – isto é, após o terem lido e traduzido-o cuidadosamente em cada um dos idiomas que conheçam. Quando chegarem a esse ponto, estarão na invejável posição de ser capazes de escrever algumas verdades pequenas, mas brilhantes (do tipo que veem dentro dos biscoitos da sorte), que explicam, entre outras coisas:

- *O significado de motivação.*
- *Como instintos e reflexos se relacionam ao comportamento.*
- *O que são necessidades, impulsos e incentivos.*
- *O significado e a importância da ativação.*
- *As complexidades da teoria da atribuição.*
- *As noções de domínio e orientação sobre desempenho, de Dweck.*

"Além disso", prosseguiu, "eles terão novos insights sobre as causas e as razões de suas próprias ações destituídas de inspiração, mas, mesmo assim, inspiradas." O professor sentou-se perto do fogo e pegou de novo o maço de anotações. "Tópico número um: motivação e emoções", começou.

Motivação e Emoções

Você está motivado para aprender? Motivado para obter sucesso? Motivado para comer mandioca e repolho? Ou você não está motivado?

Uma palavra grande e importante, **motivação**, intrinsecamente vinculada à aprendizagem. Depois da inteligência, afirmam Steinmayr e Spinath (2008), a motivação é uma das mais importantes variáveis na determinação do desempenho escolar. Sua importância em todas as outras iniciativas dificilmente pode ser exagerada.

A palavra latina que deu origem ao vocábulo *motivação* significa *mover*. Daí que motivação tem a ver com ação. Um motivo é uma força consciente ou inconsciente que incita a pessoa a agir ou, algumas vezes, a não agir. Nesse sentido, os motivos são **causas**, porque, como diz o dicionário, causas são os agentes ou as forças que produzem um efeito ou uma ação. Portanto, o estudo da motivação humana é o estudo dos agentes e das forças que causam o comportamento. E o estudo da aprendizagem, como vimos, é o estudo das mudanças no comportamento. E, portanto, o elo entre aprendizagem e motivação.

Contudo, o estudo da motivação humana não trata apenas do estudo de causas: inclui o estudo das **razões** do comportamento. Razões são explicações racionais, que geralmente envolvem deliberação, propósito, antecipação dos resultados do comportamento – em outras palavras, raciocínio. Quando Sherlock Holmes indaga os motivos do assassino, ele está buscando descobrir os propósitos do criminoso – suas razões.

Para ilustrar a diferença entre razões e causas: se Joe, distraído, põe a mão num fogão quente, o calor (ou, mais precisamente, a sensação de calor de Joe) causa a reação de afastar a mão depressa. A razão pela qual Joe mais tarde evita chegar perto do fogão é a sua percepção de que pode ser doloroso fazê-lo. O estudo da motivação humana diz respeito tanto às razões quanto às causas.

É importante perceber que os motivos e a motivação estão intimamente ligados às emoções. As emoções estão no centro das causas e razões da maioria das ações humanas. Do mesmo modo como poderosas emoções negativas acompanham a sensação dolorosa causada pelo calor do fogo, emoções positivas poderosas acompanham a atração que uma pessoa sente quando movida por um interesse amoroso.

As emoções, como vamos ver neste capítulo, são estados complexos não apenas ligados aos motivos mas também refletidos na atividade de nosso sistema nervoso. As emoções podem ser estados gerais vivenciados, como "sentir-se bem", "sentir-se mal", "sentir energia" e assim por diante. Quando esses estados se ligam diretamente a uma causa, que pode ser uma atividade ou um objeto, costumam se transformar em fontes muito poderosas de motivação.

Reflexos, Instintos e Estampagem

A teoria da motivação reconhece que há causas biológicas para comportamentos como a reação de Joe evitar o fogo. Essas causas têm a ver com o sistema nervoso e sua tendência inata a reagir reflexivamente a certas situações. Logo, um **reflexo** é um tipo de motivo, uma espécie de explicação para o comportamento.

Reflexos

Como vimos no Capítulo 2, um reflexo é um ato não aprendido que ocorre em resposta a um estímulo específico. As crianças nascem com um número limitado de reflexos, como o reflexo de piscar em resposta a um sopro nos olhos, o reflexo de levantar a perna quando se bate no joelho, de evitar a dor e as reações de sobressalto. Normalmente, todos esses reflexos estão presentes também nos adultos. Além disso, vários reflexos humanos presentes no nascimento desaparecem pouco tempo depois: o reflexo de Babinsky (curvar os dedos dos pés quando se faz cócegas na sola), o reflexo de agarrar, o de sugar e o reflexo de Moro (arremessar braços e pernas quando sobressaltado ou solto de repente). (A Tabela 2.1 mostra um resumo dos reflexos do bebê.)

Muitos reflexos, como sugar, engolir e se retrair para evitar a dor física, têm utilidade evidente para a sobrevivência. Como vimos no Capítulo 2, alguns acreditam que até o **reflexo de Moro** pode ter sido útil no passado distante para um bebê que morava em árvores: se ele caísse acidentalmente de um galho ou se escorregasse do colo da mãe, abrir os braços poderia ser de grande valia para amortecer a queda ou ficar preso a outro galho.

O Reflexo de Orientação

Outro tipo de comportamento reflexo é o **reflexo de orientação (RO)**, uma tendência geral de responder a uma nova estimulação ficando mais alerta. Tollin, Ruhland e Yin (2009) indicam que, na maioria dos mamíferos, consiste tipicamente de uma mudança no olhar, geralmente acompanhado de movimentos da cabeça e dos olhos. Desse modo, quando cachorros ouvem um som novo, suas cabeças se voltam na direção do ruído, as orelhas ficam em pé e eles assumem uma postura que diz "Que diabos foi isso?". É por essa razão que a resposta de orientação também costuma ser chamada de resposta do "O que é isso?". Aparentemente, está presente mesmo em bebês muito pequenos, que tendem a se orientar na direção de estímulos familiares – uma inclinação que pode muito bem ter valor de sobrevivência, considerando que os estímulos familiares frequentemente estão relacionados à alimentação e aos cuidados com os bebês (Sireteanu, Rettenbach e Wagner, 2009). MacCulloch e Feldman (1996) destacam que a resposta de orientação é um desenvolvimento evolucionário que capacita organismos a avaliar rapidamente o ambiente a fim de descobrir ameaças ou oportunidades potenciais. Portanto, tem implicações muito importantes para a sobrevivência.

Nos seres humanos, a resposta de orientação não é tão óbvia quanto nos gatos ou nos cachorros, mas funciona também como uma função de alerta. Quando expostos a um estímulo desconhecido, a frequência respiratória e cardíaca pode desacelerar momentaneamente (o que explica a expressão "ficar sem ar"), a condutividade da pele aumenta, e a atividade elétrica no cérebro pode se alterar (Rushby e Barry, 2009).

Uma função muito importante do reflexo de orientação nos seres humanos está relacionada diretamente com a aprendizagem e com o desenvolvimento, observam Rushby e Barry (2009). A orientação ocorre em resposta a uma novidade; quando essa novidade se torna familiar (em outras palavras, quando é aprendida), a resposta de orientação cessa. Portanto, em estudos com crianças na fase pré-verbal, o desaparecimento de uma resposta de orientação indica que a aprendizagem ocorreu.

Reflexos como Explicações

Pavlov e Watson fizeram uso extenso dos reflexos nas suas teorias, e tiveram, pelo menos em parte, sucesso na explicação de alguns tipos simples de aprendizagem, como as respostas emocionais ou as aversões ao sabor. Importante destacar que essas duas categorias de aprendizagem podem ser importantes para a sobrevivência do organismo. O medo do som de um rosnado, classicamente condicionado, por exemplo, pode levar um animal – ou até mesmo um ser humano – a evitar um tigre dentes-de-sabre, quando ele está por perto. Uma aversão ao sabor aprendida pode prevenir o animal de ingerir um cogumelo venenoso.

Por força de sua ligação com a sobrevivência, os reflexos são explicações valiosas e biologicamente fundamentadas para alguns comportamentos. Infelizmente para aqueles que preferem que as coisas sejam simples, eles têm generalidade e utilidade limitadas para explicar os comportamentos humanos, a maioria dos quais não é reflexa.

Instintos

Reflexos são comportamentos simples não aprendidos (herdados); **instintos** são padrões complexos de comportamento herdados, comuns a toda uma espécie e associados à sobrevivência. Alguns dos primeiros teóricos, incluindo James, acreditavam que os seres humanos tinham um número enorme de instintos – mais do que qualquer outro animal. Além dos instintos de ciúme, asseio, sugar, apontar, apertar e morder (entre centenas de outros), James incluiu a tendência à cleptomania como um instinto humano (James, 1890/1950)! McDougall (1908) e outros estudiosos foram mais longe; segundo eles, todos os comportamentos humanos resultam de tendências não aprendidas para reagir de determinadas formas – em outras palavras, com base nos instintos. Dessas teorias resultaram longas listas de supostos instintos, como o gregário, o de brigar, o de voar, o de autoafirmação, o de autohumilhação e o de fome. Bernard contabilizou mais de seis mil "instintos" que abrangiam inclinações tão surpreendentes como "a tendência de evitar comer as maçãs que crescem no jardim da própria casa" (1924, p. 212).

Entretanto, a maioria dessas tendências talvez não seja, realmente, instintos. Afinal, instintos são comportamentos complexos (como a migração ou a hibernação), comuns a todos os membros de uma espécie (por exemplo, o comportamento de "seguir" que os patinhos jovens e os gansos apresentam) e relativamente imutáveis (o comportamento dos pássaros de fazer ninhos, por exemplo). Dadas essas observações, muitos psicólogos argumentam que não há evidência convincente de haver quaisquer instintos entre os humanos, embora os instintos sejam evidentes em outros animais e estejam invariavelmente relacionados à sobrevivência e à propagação da espécie.

Mais ainda, nem todos os psicólogos que acreditam que os instintos desempenham algum papel no comportamento humano. A teoria freudiana, por exemplo, tem como premissa a noção de que tendências instintivas poderosas associadas, principalmente à sobrevivência e à procriação (coletivamente denominada **id** e frequentemente manifestada nos impulsos sexuais chamados de **libido**), estão subjacentes ao comportamento (veja, por exemplo, Thurschwell, 2009). De acordo com Freud, esses instintos algumas vezes são aparentes em sonhos, bem como no comportamento real. Como vimos no Capítulo 5, os psicólogos evolutivos encaram a biologia e a genética como importantes fontes de explicação para a aprendizagem e para o comportamento humanos. A sociobiologia, por exemplo, argumenta que o comportamento humano é profundamente influenciado por tendências não aprendidas, que se assemelham a instintos.

Estampagem

Da mesma forma, teóricos como Bowlby (1982) argumentam que a ligação precoce entre mãe e filho humanos tem semelhança com a **estampagem** que acontece entre os animais. Estampagem descreve um comportamento instintivo, não aprendido, específico de uma espécie e que não aparece até o animal ter sido exposto ao estímulo apropriado (chamado de *desencadeador*), desde que essa exposição ocorra no momento certo da vida do animal (o **período crítico**). O exemplo clássico de estampagem é o comportamento de "seguir" dos patos, galinhas e gansos, que se estampa, em geral, depois do primeiro objeto em movimento que eles veem. Por sorte, esse objeto costuma ser a mãe, mas não necessariamente. Lorenz (1952) conta o caso de um filhote de ganso que se estampou nele e o seguia como o faria com a mãe. Quando chegou a época de reprodução, para embaraço de Lorenz, o ganso insistia em manifestar seu afeto por ele. A história é que esse ganso, num gesto de amor e devoção, insistia em depositar vermes picadinhos na orelha de Lorenz. Seu amor, até onde a ciência conhece, ficou sem retribuição (veja a Figura 10.1).

A estampagem entre os animais não se limita à aquisição do comportamento de "seguir" nos pássaros precociais (de rápida maturação); também parece desempenhar papel importante no seu comportamento sexual posterior. Vários estudos mostraram, por exemplo, que o comportamento sexual de pássaros adultos é fortemente influenciado por sua exposição aos estímulos apropriados durante os primeiros períodos críticos do seu desenvolvimento. Talvez seja por causa disso que os pássaros adultos buscam cruzar com membros de sua própria espécie. Quando Plenge, Curio e Witte (2000) criaram aves fêmeas com pais que tinham sido adornados com penas vermelhas brilhantes nas cabeças, essas aves fêmeas escolheram cruzar com machos adultos com as mesmas características. Em um estudo seguinte, machos criados nas mesmas circunstâncias demonstraram preferência significativa por fêmeas adultas que tinham penas vermelhas na cabeça (Witte, Hirschler e Curio, 2000). Curiosamente, entretanto, num terceiro estudo, os filhotes foram estampados por patos adultos de bicos avermelhados, mas, quando chegou a época de cruzarem, não escolheram parceiros que tinham essa característica. Nem todas as características podem servir como estímulos de estampagem.

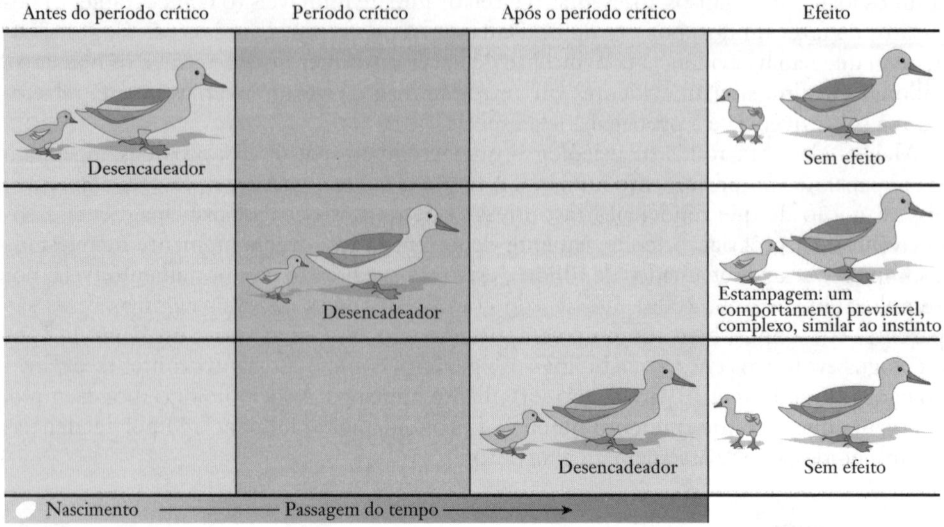

Figura 10.1 Representação da estampagem. Sob circunstâncias apropriadas, a exposição a um desencadeador (a mamãe gansa, por exemplo) durante o período crítico (poucas horas depois da saída do ovo) resulta na estampagem, que é evidente no comportamento de "seguir" dos filhotes. A estampagem não ocorre na ausência do desencadeador ou se o desencadeador for apresentado cedo ou tarde demais.

Embora os humanos não estampem como o fazem outros animais, Bowlby (1982) e outros pesquisadores (Klaus e Kennell, 1983, por exemplo) argumentam que "há um período sensível" durante o qual os vínculos entre mãe e bebê se formam mais facilmente e que isso oferece uma explicação biológica para o apego precoce entre os dois. Outros sugerem que certos comportamentos, como o abuso sexual – dado o fato que, no geral, aqueles que praticam abuso foram abusados quando crianças –, podem ser reflexo de um tipo de estampagem (Eisenman e Kristsonis, 1995). Do mesmo modo, medos profundos (*fobias*) podem, em certos casos, estar ligados a um fenômeno semelhante à estampagem, que resulta da exposição a um apropriado estímulo assustador. Fredrikson, Annas e Wik (1997), por exemplo, dizem que as fobias a cobras e aranhas podem ocorrer por exposição direta (ou seja, depois de um susto por causa de uma aranha ou de uma cobra) ou indireta (ver outra pessoa se assustar ou ser advertida pelos pais sobre os perigos das cobras e das aranhas). Em uma amostragem de 158 mulheres fóbicas, eles descobriram uma estreita relação de fobias entre pais e avós e fobias entre filhos e netos. Isso, argumentam os autores, pode avalizar a noção de que as fobias são aprendidas pela experiência; também pode avalizar a visão de que fatores genéticos contribuem para o desenvolvimento das fobias, e que esses são um exemplo de estampagem entre os humanos.

Hedonismo Psicológico

Há consideráveis evidências intuitivas de que somos atraídos pelo que nos dá prazer e tentamos evitar o que é desagradável (Riediger et al., 2009). À primeira vista, essa ideia, conhecida como **hedonismo psicológico**, poderia ser uma boa explicação geral para quase todo comportamento humano. Infelizmente, não é o caso. O principal problema em relação a essa ideia é que não pode ser usada nem para prever nem para explicar o comportamento, a menos que dor e prazer possam ser definidos de antemão, o que geralmente não acontece. Pode parecer sensato, por exemplo, dizer que uma pessoa enfrenta o frio do Ártico numa cabana isolada porque isso lhe dá prazer, mas é algo completamente diferente prever que essa pessoa se aposentará numa cabana congelada. A dificuldade é que dor e prazer são reações emocionais subjetivas. Embora aceite que as pessoas sejam hedonistas, a teoria motivacional lucraria com esse conhecimento apenas se dor e prazer pudessem ser descritos com mais objetividade. Para tanto, teríamos de saber alguma coisa sobre o cálculo "hedonista" que cada pessoa utiliza para avaliar diferentes decisões. Conforme Milkman e Sunderwirth (2010) definem, as motivações *hedonistas* de algumas pessoas as levam a prazeres falsos – cigarros, álcool, drogas, sexo, comida, apostas etc. – e, algumas vezes, levam na direção da obsessão e do vício. Outros são motivados mais tranquilamente em outras direções.

Redução do Impulso e Incentivos

Uma abordagem para definir dor e prazer mais objetivamente está implícita nas definições da teoria do condicionamento operante de reforçamento e punição. Em um nível simples, os reforços positivos poderiam ser considerados agradáveis, ao contrário da punição e dos reforçadores negativos.

Outra abordagem para esclarecer as noções hedonistas de dor e prazer é focar nas necessidades e nos impulsos humanos básicos – aceita-se o fato de que satisfazer necessidades é agradável e deixá-las insatisfeitas é desagradável. Historicamente tem havido duas maneiras de encarar a motivação, diz Covington (2000). Uma visão muito popular durante longo tempo encara os motivos como impulsos que forçam o indivíduo a agir. Lembrando que **impulso**, como definido por Hull, é uma tendência a comportar-se causada por uma necessidade insatisfeita. Assim, a necessidade de alimento, quando não satisfeita, dá origem ao impulso fome que, então, motiva o comportamento.

A outra visão encara motivos menos como impulsos que impelem o indivíduo a agir e mais como objetivos pelos quais o indivíduo se esforça. A diferença entre essas duas visões é apenas uma questão de ênfase. Impulsos, como o sexual, apresentam objetivos a eles associados. Do mesmo modo, um objetivo – como o desejo de ficar famoso – pode levar a impulsos poderosos para comportar-se. Como veremos mais adiante, a ênfase na maioria das abordagens atuais sobre motivação, que tendem a ser mais cognitivas do que behavioristas, é no sentido de encarar os motivos mais como objetivos do que como impulsos.

Três motivos fisiológicos são centrais na vida dos seres humanos: fome, sede e sexo. Eles têm sido estudados principalmente como impulsos, não como objetivos.

Necessidades e Impulsos

Cada um dos três motivos fisiológicos está ligado a uma **necessidade** – uma falta que dá origem a um desejo de satisfação. A tendência a agir para satisfazer uma necessidade é o que define um impulso. Por exemplo, estar sedento é necessitar de líquidos; essa necessi-

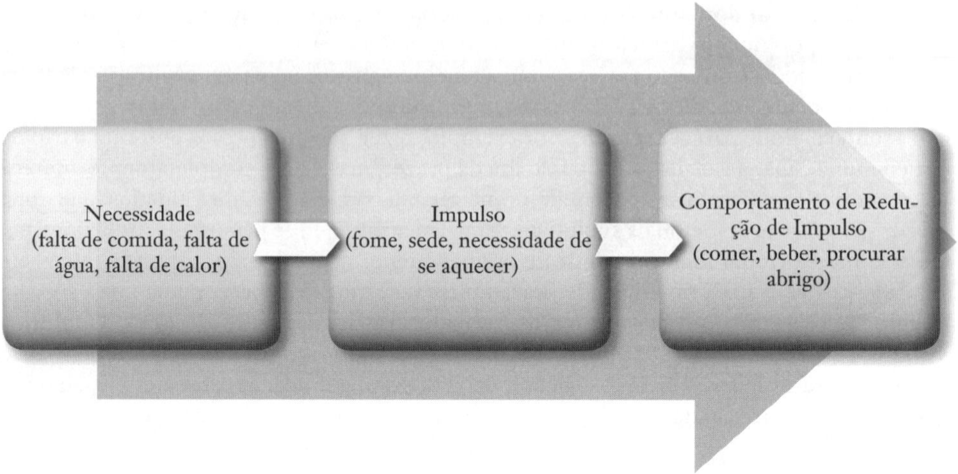

***Figura* 10.2** Modelo de redução de impulso da motivação. Uma necessidade (falta) dá origem a um impulso (anseio), que, por sua vez, resulta num comportamento cujo objetivo é remediar a falta. Esse modelo é útil para explicar muitos comportamentos que têm base fisiológica, mas não explicam efetivamente porque alguns estudantes se dedicam muito a aprender suas matérias, e outros, em vez disso, ficam jogando no computador.

dade leva ao impulso da sede. A sede leva a beber, e a necessidade desaparece. Portanto, as necessidades carregam consigo as sementes de sua própria destruição (veja a Figura 10.2).

Essa explicação do comportamento, chamada de *redução do impulso*, é bem ilustrada na teoria de Hull. Esse estudioso acreditava que a redução do impulso é o que explica os efeitos dos reforçadores e leva à aprendizagem.

Necessidades Psicológicas

Parece claro o que são **necessidades fisiológicas** (ou necessidades físicas): elas incluem a necessidade de alimento, bebida e sexo, conservação da temperatura do corpo etc. A maioria dos psicólogos também acredita que as pessoas têm **necessidades psicológicas**, embora haja menos concordância sobre o que estas possam ser. Possíveis candidatas incluem necessidades de afeição, de pertencimento,[1] de realização, de independência, de reconhecimento social e autoestima. As pesquisas apoiam claramente a noção de que a satisfação de necessidades psicológicas é importante para o bem-estar psicológico e está estreitamente relacionada ao desempenho escolar (Faye e Sharpe, 2008; McDonough e Crocker, 2007). Que animais não humanos também têm necessidades psicológicas é menos claro e, de certo modo, controverso. Alguns, como Jensen e Toates (1993), argumentam que é muito difícil, e nada útil, tentar estabelecer se essas necessidades existem entre os animais.

Uma diferença fundamental entre necessidades físicas e psicológicas é que as necessidades físicas – e sua satisfação – resultam em alterações nos tecidos. As necessidades psicológicas, ao contrário, não se manifestam necessariamente em alterações orgânicas,

1 Pertencimento (do inglês *belonging*) diz respeito à necessidade de fazer parte de um ou mais grupos sociais, de pertencer ou estar integrado a algo que é maior do que o indivíduo (NRT).

mas estão mais relacionadas a aspectos do desempenho intelectual e emocional dos seres humanos. Além disso, as necessidades fisiológicas podem ser completamente satisfeitas, ao passo que as necessidades psicológicas são, de certa forma, insaciáveis. As pessoas podem comer até não estar mais famintas, mas raramente recebem afeição de outra pessoa até não desejarem mais.

As Posições Necessidade/Impulso: Uma Avaliação

Os modelos de necessidade/impulso são explicações importantes nas teorias behavioristas de aprendizagem. As teorias de condicionamento de Skinner e Thorndike são fundamentadas na eficácia dos impulsos básicos como estímulos humanos. Similarmente, Hull confiava na redução do impulso para explicar por que os hábitos são adquiridos e como as respostas fracionárias antecipatórias ao objetivo vêm a ser conectadas. Como seria de se esperar, os reforços comuns da pesquisa animal são comida e bebida – elementos que satisfazem as necessidades básicas não aprendidas. Já entre os reforços mais comuns nos estudos do condicionamento operante humano estão aqueles que satisfazem as necessidades aprendidas ou psicológicas (elogio, dinheiro, prêmio, boas notas etc.).

Alguns Problemas com a Teoria da Necessidade/Impulso

Mesmo parecendo ter considerável relevância para explicar o comportamento humano, a teoria da necessidade/impulso apresenta vários problemas. Primeiro, as teorias de necessidade/impulso, em geral, sugerem que o comportamento resulta de uma necessidade ou de uma deficiência no organismo. Pareceria lógico aceitar, então, que a satisfação das necessidades faria o resto. Entretanto, isso não acontece. Até mesmo os ratos, que presumivelmente não se encontram num estado de necessidade, depois de alimentados, de terem saciado a sede e de terem sido acariciados, não se enrolam e dormem. Ao contrário, eles parecem ficar mais ativos.

Um segundo problema com a teoria da necessidade/impulso é que há muitos exemplos de comportamentos nos quais os seres humanos (e também animais menores) se envolvem sem nenhuma possibilidade de satisfação imediata ou retardada de alguma necessidade – como quando um rato aprende a correr por um labirinto mesmo sem que haja recompensa (Tolman, 1951) ou quando uma pessoa se aborrece e busca por estimulação sensorial (Hebb, 1966). A evidência do comportamento exploratório levou alguns teóricos a sugerir que um impulso de curiosidade, ou exploratório, motiva muitos comportamentos humanos (por exemplo, Berlyne, 1960, 1966).

Uma terceira deficiência importante das teorias de necessidade/impulso e da redução do impulso é que elas tentam explicar o comportamento por meio de estados internos e de anseios (necessidade de comida, por exemplo, é um estado interno, e o impulso da fome é um anseio). Como resultado, elas são fortemente pressionadas a explicar por que os comportamentos também parecem ser afetados pela estimulação externa. Se a fome fosse somente um estado interno, as pessoas comeriam apenas o suficiente para ativar o mecanismo fisiológico relativo a parar de comer. No entanto, a grande maioria das pessoas come muito mais se a comida for apetitosa; outras parecem ficar com mais fome quando antecipam o que vão comer. Mesmo ratos, para os quais se dá apenas um pouco de comida antes de colocá-los na entrada do labirinto, correm mais depressa para o box de chegada do que os ratos que não receberam nenhuma “antecipação” (Zeaman, 1949). Se um estado interno de fome é o motivo, segue-se que provar o alimento, ainda que em pequena quantidade,

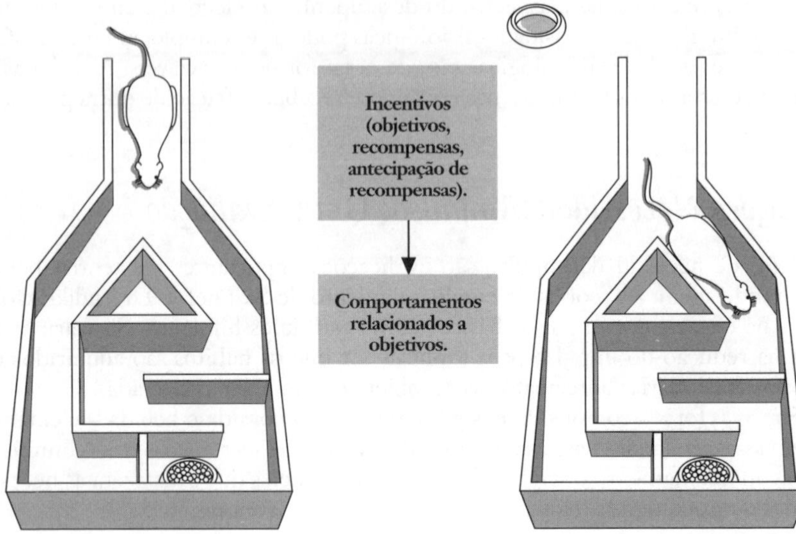

Figura **10.3** Incentivos. Impulsos sozinhos não conseguem explicar o comportamento. No experimento de Zeaman (1949), os ratos que já tinham comido um pouco de alimento (labirinto da direita) tiveram melhor desempenho num labirinto que eles sabiam levar ao alimento do que os famintos (labirinto da esquerda).

deveria reduzir um pouco o impulso fome e fazer os ratos correrem mais lentamente (veja a Figura 10.3).

Incentivos

O que as posições necessidade/impulso precisam levar em conta é o valor do incentivo para a motivação (denominada ***motivação por incentivo***). Mesmo para os ratos, saborear a comida parece servir como incentivo, fazendo-os correr mais rápido. Para os seres humanos, dotados como são da capacidade de imaginar e antecipar, não há necessidade de provar antes. Tudo o que precisamos saber é que o crepe Suzette mais delicioso do mundo pode ser encontrado logo ali, sob a placa púrpura onde se lê "Suzie's", para andarmos um pouco mais depressa.

Basicamente, o termo *incentivo* diz respeito ao valor de um objetivo ou de uma recompensa. Portanto, diz-se que um objetivo tem alto valor de incentivo quando é particularmente poderoso para motivar o comportamento, e que tem baixo valor de incentivo quando não é muito motivador. Como vimos no Capítulo 3, Hull estava entre os primeiros a usar o conceito de incentivo (para o qual ele usou o símbolo K) na sua teoria. Ele reconhecia que o impulso por si só não poderia explicar a motivação. Entre outras coisas, a quantidade de recompensa que um rato recebe afeta seu comportamento, como o faz a sua história passada de recompensas.

A introdução do conceito de incentivo na discussão da teoria necessidade/impulso torna possível explicar o fato de os macacos trabalharem mais ativamente para obter uma banana do que uma folha de alface, e que uma pessoa pague mais para comer um bife do que um hambúrguer. Também aproxima a essência da teoria behaviorista sobre a motivação das posições cognitivas, porque antecipar objetivos e estimar seus valores envolve processos essencialmente cognitivos. Mais adiante neste capítulo, abordaremos em detalhes objetivos e recompensas e veremos como eles se relacionam à motivação.

A *Hierarquia de* Maslow

Segundo Maslow (1970), há dois sistemas principais de necessidades: as necessidades básicas e as **metanecessidades**. As necessidades básicas são chamadas de *necessidades de deficiência*, porque levam ao comportamento se as condições que as satisfazem estão ausentes. As necessidades básicas incluem as fisiológicas (necessidade de alimento, bebida e sexo, por exemplo), de segurança (como a necessidade de proteção), de amor e pertencimento e de autoestima.

Em contraste com as necessidades básicas *de deficiência*, as metanecessidades são *necessidades de crescimento*. São marcadas pelo desejo humano de crescer, conquistar, vir a ser. Incluem a necessidade de conhecer e adquirir valores abstratos, como bondade e verdade, adquirir conhecimento e alcançar a **autorrealização** – discutida em mais detalhes adiante.

Maslow assume que esses sistemas de necessidade são hierarquizados no sentido de que os níveis mais altos de necessidades não são alcançados se os níveis mais baixos não forem satisfeitos. Assim, pessoas famintas não têm fome de conhecimento. Os idosos cujas necessidades básicas tenham sido supridas, mas cujas necessidades de nível superior são ignoradas, podem permanecer infelizes (Harper e Guilbault, 2008) (veja Figura 10.4).

Autorrealização

A mais importante das metanecessidades de Maslow é a autorrealização, um conceito difícil de definir. É mais bem descrito como o processo de vir a ser, de se realizar – ou seja, de tornar real – o seu potencial. Contudo, Maslow admitiu, "A exploração das mais altas conquistas da natureza humana, de suas possibilidades e aspirações últimas, é uma tarefa difícil e tortuosa" (1970, p. 67). Mesmo décadas depois, dizem Leclerc, Lefrançois, Dube, Hebert e Gaulin (1998), o conceito permanece obscuro. Isso, em parte, por ter havido uma tendência a encarar a autorrealização como um estado que o indivíduo alcança quando todo o seu potencial foi explorado. Nas palavras de Maslow, as pessoas autorrealizadas "podem ser grosseiramente definidas como tendo feito uso de todos os seus talentos, capacidades, potencialidades etc., e explorado-os" (1970, p. 150). No entanto, quando Maslow procurou entre três mil estudantes universitários, descobriu apenas um que considerou autorrealizado de acordo com a sua definição.

O problema, diz Rowan (1998), é que a autorrealização não é um estado, mas um processo, uma busca contínua de desenvolvimento e crescimento. Como resultado, o triângulo[2] que tem sido utilizado para representar a hierarquia das necessidades de Maslow é enganador uma vez que é fechado no topo. "O que há de errado com o triângulo", explica Rowan, "é que ele sugere um ponto final no crescimento pessoal" (1998, p. 88). No entanto, nunca atingimos esse ponto final (veja a Figura 10.3).

---

[2] Na verdade, a hierarquia de necessidades de Maslow é mais frequentemente representada por uma pirâmide do que por um triângulo, como pode ser constatado na Figura 10.3 (NRT).

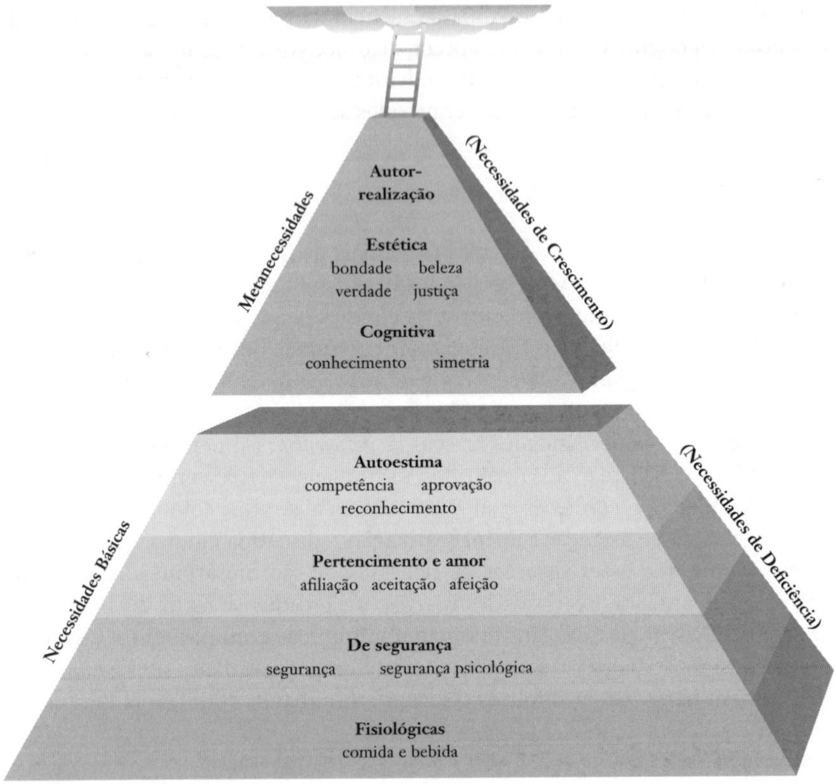

***Figura* 10.4** Hierarquia das necessidades de Maslow. A pirâmide aberta, sugerida por Rowan (1998), indica que a autorrealização é um processo que nunca termina, em vez de ser um objetivo final, alcançável.

Teoria da Ativação

De acordo com Brehm e Self (1989), três coisas afetam a quantidade e o esforço que uma pessoa está disposta a fazer (ou seja, o quanto ela está motivada): estados internos, como necessidades, resultados potenciais e a estimativa individual da probabilidade de que um certo comportamento leve ao objetivo desejado. Isso vale tanto para os aspectos fisiológicos quanto para os aspectos cognitivos do comportamento, como tentou demonstrar o sistema de Hull (veja o Capítulo 3).

Emoção e Motivação: Nível de Ativação

O comportamento é dirigido por um desejo de atingir objetivos, declaram Turner e Goodin (2008). O sucesso de nossas iniciativas leva a **emoções** positivas; o fracasso leva a emoções negativas. Sendo assim, as emoções estão fortemente vinculadas às razões pelas quais fazemos ou não fazemos as coisas. De acordo com esta visão, a motivação é fisiológica (as emoções têm fundamentos fisiológicos) e psicológica. E alguns dos aspectos fisiológicos das emoções podem ser detectados e medidos. Sabemos que as mudanças fisiológicas que acompanham o aumento da motivação e da emoção são mudanças no **sistema nervoso simpático**. Estas mudanças definem o que significa **ativação**.

O termo *ativação* tem significado duplo, psicológico e fisiológico. Como conceito psicológico, parece ter pelo menos duas dimensões, explica Dickman (2002). Uma diz respeito à *tensão* e varia da alta ansiedade até o pânico, num extremo, a uma grande calma, no outro. A outra dimensão tem a ver com *energia* e se refere ao estado de alerta, vigilância ou atenção de uma pessoa ou de um animal. A dimensão energia da ativação também pode se evidenciar no vigor do organismo, destaca Dickman, o que parece ser um pouco diferente da vigilância.

Como conceito fisiológico, a ativação se refere ao grau de ativação do organismo, que geralmente é medido pelas alterações no ritmo cardíaco e na pressão sanguínea, nas alterações da condutividade elétrica da pele (chamada de **resposta eletrodérmica**) e nas alterações na atividade elétrica do cérebro. Especificamente, com o aumento da ativação, a atividade elétrica do córtex (medida por eletroencefalograma, ou EEG) assume a forma de ondas cada vez mais rápidas e superficiais (chamadas de **ondas beta**). Em níveis mais baixos de ativação (como na meditação calma), as ondas são mais lentas e profundas (chamadas **ondas alfa**).

A ativação crescente define a intensidade gradativa da motivação (e da emoção), afirmam Brehm e Self (1989). No entanto, a relação entre ativação e intensidade da motivação não é perfeitamente linear; ou seja, uma pessoa não fica cada vez mais motivada por força de uma ativação crescente.

A Lei de Yerkes-Dodson

No nível mais baixo de ativação, a motivação tende a ser baixa, e o comportamento, ineficiente. Isso é facilmente demonstrado ao se perguntar a alguém que esteja no nível normal mais baixo de ativação (ou seja, dormindo) uma questão simples como "Quanto é cinco?". À medida que a ativação cresce, o comportamento se torna mais motivado e mais interessado; a pessoa consegue, agora, dizer com muita clareza quanto é cinco e qualquer outra coisa que lhe for perguntada.

Contudo, se a ativação prossegue crescendo – como poderia acontecer, por exemplo, se um tremor de terra desperta a pessoa –, o desempenho pode se deteriorar muito. Ativação alta, evidente em situações de grande ansiedade ou mesmo de medo, explica por que os estudantes, na tensão dos exames orais, algumas vezes não conseguem lembrar nada, e nem mesmo falar. A ansiedade durante exames, conclui Hembree (1988) após estudos realizados em separado com 562 alunos, reduz claramente o desempenho nessa situação (Chen, 2009). Algumas evidências mais recentes sugerem que isso pode acontecer porque a capacidade da memória de trabalho parece decrescer com o aumento da ativação (Necka, 2000). Do mesmo modo, ativações exageradamente altas em situações esportivas mostraram ter um efeito negativo no desempenho atlético (Gould, Greenleaf e Krane, 2002).

Em resumo, a relação entre desempenho e ativação, descrita na Figura 10.5, assume a forma de U invertido. Essa observação, descrita pela primeira vez por Yerkes e Dodson (1908), é conhecida como **lei de Yerkes-Dodson**: há um nível ótimo de ativação para o comportamento ser mais eficiente; níveis de ativação acima ou abaixo desse nível ótimo

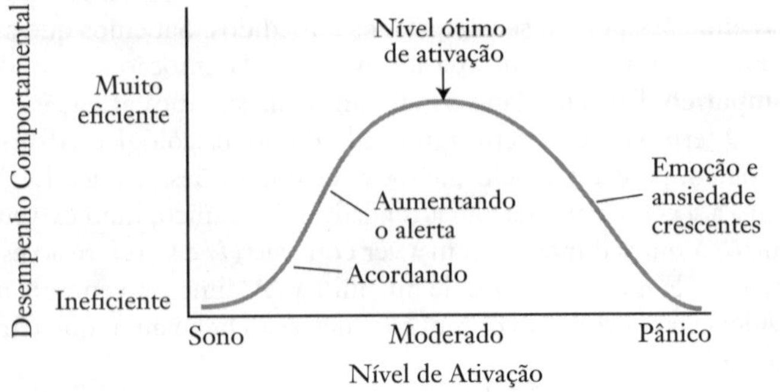

Figura 10.5
A lei de Yerkes-Dodson descreve a relação entre o desempenho comportamental e o nível de ativação. Em geral, o desempenho mais eficiente ocorre num nível intermediário de ativação.

estão associados a comportamento menos eficiente. Esta lei, observa Landers (1980), tem sido amplamente aceita na psicologia.

A *Teoria da* Ativação *de* Hebb

A teoria da ativação da motivação de Hebb baseia-se na lei de Yerkes-Dodson. Essa lei, afirma Hebb (1972), levanta duas importantes suposições. Primeira, o nível ótimo de ativação difere para tarefas diferentes. Assim, as atividades mais intensas, concentradas, como estudar ou competir num programa de perguntas e respostas na televisão, exigem níveis mais altos de alerta (ativação) do que os comportamentos mais habituais, como dirigir um carro. Para a maioria das atividades rotineiras, níveis moderados de ativação são provavelmente os melhores. Segunda, o organismo se comporta de modo a conservar o nível de ativação mais apropriado ao comportamento atual. Se a ativação é muito baixa, o organismo tenta aumentá-la; se é muito alta, tenta baixá-la.

O valor da ativação como conceito motivacional baseia-se principalmente na validade da segunda suposição. Se as pessoas tentam conservar um nível ótimo de ativação, então é possível prever pelo menos alguns comportamentos. Por exemplo, estudantes que estão entediados (nível muito baixo de ativação) numa sala de aula espera-se que façam coisas para aumentar a ativação. É o que acontece quando devaneiam, jogam bolinhas de papel uns nos outros, se distraem com jogos em seus smartphones, leem gibis ou conversam em voz alta com outros colegas entediados.

Duas Funções dos Estímulos

Os estímulos têm duas funções importantes, afirmava Hebb (1972): a **função de pista** e a **função de ativação**. A primeira é a função de mensagem: diz ao organismo como sentir, pensar e reagir. A função de ativação é definida pelo estado de alerta geral, efeito dos estímulos. Interessante notar que Hull fez exatamente a mesma distinção, no que se refere aos componentes de pista e impulso do estímulo – um testemunho do acerto da sua ideia.

Nos termos de Hebb, a função de pista envolve a ativação de assembleias de células específicas que correspondem à estimulação. Em contraste, a função de ativação envolve a ativação – ou mais precisamente a pré-ativação – de grande número de assembleias celulares. Essa pré-ativação é provocada pela **formação reticular** – uma estrutura que é parte do tronco cerebral e através da qual a maioria das vias nervosas se ramifica, em seu caminho desde os sistemas sensoriais até o cérebro. Ativação (pré-ativação das assembleias de células) é essencial para que a pista tenha seus efeitos, afirma Hebb. Em níveis extremamente baixos de ativação, por exemplo, o indivíduo fica sonolento e a estimulação pode não ter efeito perceptível.

A Necessidade de Estimulação

A menos que estejam cansados e necessitando de sono, os seres humanos e muitos outros organismos parecem sentir necessidade de manter níveis relativamente altos de ativação. Quando Hebb e copesquisadores baixavam sensivelmente os níveis de ativação dos alunos e os mantinham assim por longos períodos, eles observavam alguns resultados surpreendentes (Bexton, Heron e Scott, 1954; Zubek, 1969). Nos experimentos originais – hoje clássicos – realizados na McGill University, um grupo de estudantes universitários do sexo masculino ofereceu-se como voluntário para um experimento. Foram informados que receberiam $ 20 por dia para não fazerem absolutamente nada (Heron, 1957) – uma quantia substancial naquele tempo.

Durante o experimento, os participantes foram forçados a se deitar em espreguiçadeiras, levantavam-se apenas para usar o toalete e sentavam-se apenas para as refeições. Cada espreguiçadeira, ficava isolada num cubículo à prova de som, e os sujeitos usavam viseiras translúcidas que não lhes permitiam ver nada além de uma luz difusa. Sobre as orelhas, almofadas de espuma em forma de U para impedir que ouvissem. Como precaução extra contra a percepção sonora, o equipamento de ar-condicionado zumbia seu som de forma monótona e incessante. Além disso, os participantes usavam luvas de algodão com tiras de papelão que se estendiam pelos dedos para desencorajar as sensações táteis. Em resumo, os pesquisadores tentaram assegurar que os participantes experimentariam um mínimo de estimulação sensorial enquanto permanecessem no isolamento.

Nenhum dos sujeitos aguentou mais de dois dias. Em experimentos realizados posteriormente, nos quais as condições de privação eram ainda mais severas (por exemplo, escuridão completa, nenhum som, corpo imerso na água para estimular a sensação de falta de peso), os sujeitos não aguentaram mais do que poucas horas (veja, por exemplo, Barnard, Wolfe e Graveline, 1962; Lilly, 1972).

Uma vez que a sensação é a fonte principal da ativação, a privação sensorial deveria resultar num declínio da ativação. Essa hipótese foi confirmada ao se mensurar a atividade elétrica do cérebro (regitros do EEG) antes, durante e depois do isolamento (Heron, 1957; Zubek e Wilgosh, 1963). Após isolamento prolongado, a atividade cerebral dos sujeitos conscientes é similar àquela normalmente associada ao sono.

Outros efeitos da privação sensorial incluem deterioração no funcionamento perceptivo e cognitivo, evidente no desempenho de simples tarefas numéricas ou visuais (Heron, 1957). Além disso, os sujeitos ficavam irritados, aborrecidos ou preocupados e suas reações aos contatos limitados com os pesquisadores beiravam a infantilidade. Por exemplo, com frequência, tentavam desesperadamente entabular conversa com o pesquisador, como faz a criança quando tenta chamar a atenção do pai preocupado.

Dentre as mais surpreendentes descobertas dos estudos sobre privação sensorial está a de que os sujeitos, algumas vezes, relatavam ter experimentado ilusões de vários tipos – em alguns casos, alucinações – depois de isolamento prolongado. São casos pouco frequentes e acentuadamente afetados pelas experiências prévias de isolamento dos sujeitos (Zubek, 1969). Contudo, pesquisas mais recentes revelam que mesmo curtos períodos de privação sensorial podem levar a distorções na percepção, paranoia, e outros distúrbios, especialmente em indivíduos propensos a ter alucinações (Mason e Brady, 2009).

Esses estudos sobre privação sensorial tendem a acrescentar suporte adicional às explicações sobre o comportamento humano que se baseiam na ativação. Parece haver pouco questionamento sobre o fato de o comportamento estar mais próximo do ideal sob condições de ativação moderada. Além disso, parece que as pessoas tentam manter a ativação nesse nível. Por exemplo, os sujeitos em isolamento frequentemente falam consigo mesmos, assoviam, recitam poesia ou (como destacado antes) tentam induzir os pesquisadores a conversar. Tal comportamento fez Schultz (1965) levantar a hipótese de que a necessidade de ativação é, na realidade, uma necessidade de estimulação.

Fontes de Ativação

Uma fonte importante de ativação alta e baixa é a estimulação. Talvez mais importante ainda para as teorias da motivação seja o significado, a novidade e a surpresa da estimulação que eleva a ativação ou deixa de fazê-lo (Berlyne, 1965, 1966). Muito do comportamento exploratório das pessoas – ou seja, do comportamento destinado a descobrir e aprender coisas – provém de uma necessidade de estimulação, diz Berlyne.

A ativação também está relacionada a uma variedade de fatores pessoais e cognitivos. Geen (1984) relata evidência de que os **introvertidos** são, em geral, mais facilmente ativados do que os **extrovertidos** pela mesma estimulação. Como destacam Brehm e Self (1989), quanto mais difícil e importante é um comportamento, mais alta será a ativação associada a ele. Do mesmo modo, a ativação motivacional pode ser uma função do grau em que o ator assume a responsabilidade pessoal pelos resultados do comportamento (*versus* o grau em que esses são atribuídos à sorte ou a outros fatores sobre os quais a pessoa não tem controle). Esses são alguns aspectos que as teorias cognitivas da motivação buscam esclarecer.

Visões Sociocognitivas da Motivação

Algumas das primeiras teorias behavioristas, tanto sobre aprendizagem quanto sobre motivação, eram caracterizadas por aquilo que tem sido descrito como uma visão passiva e mecanicista do organismo humano (Bolles, 1975). Em teorias como as de Hull, por exemplo, os motivos para o comportamento consistem basicamente no anseio de reduzir os impulsos relativos às necessidades insatisfeitas. O comportamento é visto como uma forma de responder a estimulações internas ou externas às quais o indivíduo reage de maneira relativamente indefesa.

As posições cognitivas, ao contrário, apresentam uma visão mais ativa do comportamento humano. Os indivíduos são vistos como exploradores e manipuladores; capazes de prever e avaliar as consequências do seu comportamento e de agir no ambiente em vez de simplesmente reagir a ele.

Deveríamos destacar, entretanto, que, embora algumas posições behavioristas tendam a ver o indivíduo como mais reativo do que ativo, muitas não o fazem. Skinner, por exemplo, afirma que o organismo age sobre o ambiente, explora e manipula – em resumo, emite respostas e não apenas responde às cegas. Consequentemente, o melhor contraste entre as abordagens behavioristas e cognitivas à motivação é que as teorias cognitivas explicam a efetividade das circunstâncias ambientais (como recompensas e punições) em função da compreensão e da interpretação individuais. As teorias behavioristas não veem nenhuma necessidade de apelar para esses eventos cognitivos.

Uma Teoria de Dissonância Cognitiva

Parece claro que os indivíduos agem com base na informação e nas crenças que possuem, afirma Festinger (1957, 1962), autor de uma intrigante teoria cognitiva da motivação conhecida como teoria da **dissonância cognitiva**. Em termos simples, essa teoria sustenta que, quando uma pessoa possui simultaneamente dois itens contraditórios de informação (situação que define a dissonância cognitiva), será motivada a reduzir a contradição.

Em um estudo, Festinger (1962) submeteu estudantes universitários a uma maçante e exaustiva sessão de uma hora de trabalho que eles acreditavam estar relacionada a funções motoras. Após a sessão, cada participante foi informado de que a experiência tinha acabado, mas cada um deles foi solicitado a ajudar o pesquisador com o próximo sujeito. Os participantes foram informados que era importante para a pesquisa que a pessoa seguinte acreditasse que a experiência seria interessante e agradável. Cada participante concordou em mentir para aquela pessoa. Como resultado, diz Festinger, os estudantes foram forçados a vivenciar um conflito (ou dissonância) entre seu comportamento e suas crenças.

A teoria da dissonância cognitiva prevê que os sujeitos tentarão reduzir a dissonância. Uma forma de fazê-lo seria desdizer a mentira, o que, sob tais circunstâncias, seria impossível. A alternativa seria, então, os sujeitos alterarem suas opiniões pessoais – para modificar suas crenças. Como colocam Petty, Wegener e Fabrigar, "O comportamento dissonante induz a um desconforto geral nas pessoas e a mudança de atitude pode eliminar esse desconforto" (1997, p. 619).

Festinger usou dois tratamentos diferentes nesse experimento. Embora todos os sujeitos tivessem sido pagos para mentir, alguns receberam $ 20 e outros apenas $ 1. O efeito desse tratamento diferenciado foi impressionante. A previsão óbvia (e favorecida pela psicologia do senso comum, como discutido no Capítulo 1) é que os que receberam mais estariam mais predispostos a mudar suas crenças do que aqueles que receberam menos. No entanto, o que aconteceu foi o oposto! Os que receberam somas menores estavam certos de que a sessão de uma hora tinha sido realmente divertida; os que receberam somas maiores permaneceram fiéis às suas crenças originais.

Brehm e Cohen (1962), mais tarde, corroboraram essas descobertas num estudo similar no qual pagaram aos participantes 10, 5, 1 ou 50 centavos de dólar para mentir. Como no estudo de Festinger, os participantes que receberam as menores somas mudaram mais de opinião, ao passo que os que receberam $ 10 não a alteraram significativamente. A explicação para esses resultados inesperados é que a magnitude da dissonância ocasionada por um comportamento contrário às próprias crenças seria diretamente proporcional à justificativa que existe para tal ato. Os estudantes que receberam $ 20 para mentir tinham uma razão mais forte para fazê-lo, portanto, sentiam menos a dissonância. Esses estudos levam à interessante observação de que, se os criminosos (ladrões, por exemplo) soubessem inicialmente que seu comportamento é imoral e se se dessem muito bem na vocação escolhida, seriam pessoas "melhores" do que se fossem malsucedidos. Se conseguem muito dinheiro roubando, a tendência é que continuem a crer que roubar não é um ato imoral, mas que é justificado por suas recompensas materiais.

Reduzindo a Dissonância

A dissonância, explica Festinger (1962), pode levar a uma ativação desconfortavelmente alta. Vários estudos mostraram aumentos significativos nas aferições fisiológicas da ativação que acompanham a dissonância (Zanna e Cooper, 2000; veja também Franken, 2002). A dissonância é um conceito motivacional importante porque oferece uma explicação sobre os comportamentos criados para reduzi-la. Festinger (1957), Brehm e Cohen (1962), além de numerosos estudos experimentais, sugerem várias formas diferentes pelas quais se pode fazer isso (por exemplo, Wan e Chiou, 2010).

1. ***Mudança de Atitude.*** Um meio de reduzir a dissonância, como exemplificaram os experimentos que acabamos de descrever, é mudar crenças (ou atitudes). Considere o caso de Sam Plotkin, que detesta profundamente seus professores mas que, numa danceteria, se apaixona por Mary Rosie. Quando Sam descobre que Mary é professora, ele é forçado a lidar com uma grande dissonância, que desaparecerá quando decidir que ou ele não gosta de Mary ou que os professores não são assim tão ruins.

   A teoria da dissonância cognitiva é largamente utilizada na psicologia social como forma de explicar como e por que as pessoas mudam suas atitudes. Schauss, Chase e Hawkins (1997) sugerem, por exemplo, que os terapeutas conseguem manipular deliberadamente as crenças individuais e fazer aflorar mudanças importantes de atitude usando a dissonância cognitiva. Do mesmo modo, Morwitz e Pluzinski (1996) mostram que as prévias de votação podem causar dissonância entre os eleitores quando apresentam resultados que contradizem as suas expectativas, preferências ou crenças. Tais prévias, argumentam esses autores, podem resultar numa mudança real nas crenças dos eleitores e até nas escolhas que farão nas urnas.
2. ***Compartimentalização.*** Sam Plotkin, apaixonado por Mary, mas com predisposição negativa em relação aos professores, decidiu que Mary não é, na verdade, como outros professores – que ela é uma pessoa diferente, apesar do fato de trabalhar ensinando – colocando-a num "compartimento" diferente. Compartimentalização, diz Festinger (1962), é um redutor positivo comum da dissonância.
3. ***Expor-se à Informação ou Relembrá-la.*** Algumas vezes, quando dois itens de informação são conflitantes, obter mais informação pode reduzir a dissonância. Se está circulando um boato de que a farinha de trigo faz o fígado humano ficar branco, isso

Reduzindo a dissonância

provavelmente vai criar algum conflito naqueles que têm o hábito de comer alimentos feitos com farinha de trigo. No entanto, se essas pessoas são expostas à informação de que fígado branco funciona bem, a dissonância deve desaparecer. Do mesmo modo, a dissonância que resulta de ter feito um exame ruim (discrepância entre expectativas e desempenho real) poderia ser muito reduzida se o estudante soubesse que isso aconteceu com todos os seus colegas.

4. ***Mudança Comportamental.*** As situações caracterizadas pela dissonância levam, algumas vezes, a mudanças no comportamento. Os fumantes cujo comportamento é afetado pela informação sobre os efeitos nocivos do fumo podem parar de fumar, eliminando, assim, toda a dissonância.
5. ***Distorção Perceptual.*** Com muita frequência, entretanto, os fumantes acham mais fácil usar outras técnicas para conviver com esse problema. Por exemplo, podem convencer-se de que ainda não há provas conclusivas de que o fumo faz mal usando, dessa forma, uma estratégia de exposição seletiva à informação, ou uma distorção perceptual. Para evitar a dissonância, esses fumantes podem simplesmente insistir que tudo o que já foi demonstrado pelos numerosos estudos feitos sobre o fumo, com animais, é que o *Rattus norvegicus* faria melhor se ficasse longe das ervas daninhas.

Não surpreendentemente, quando Gibbons, Eggleston e Benthin (1997) estudaram as atitudes dos indivíduos que pararam de fumar, mas depois voltaram a fazê-lo, descobriram que esses relapsos tinham distorcido significativamente sua percepção dos riscos associados ao fumo a que estavam expostos.

Resumo da Teoria da Dissonância

A dissonância cognitiva é um estado motivacional que ocorre quando um indivíduo está em conflito. Fontes comuns de dissonância são incompatibilidades entre crenças, entre comportamento e opinião pessoal ou entre dois itens de informação. A teoria da dissonância afirma que esses estados levam a um comportamento cuja intenção é reduzir o conflito e reflete a quantidade de conflito que existe (veja a Figura 10.6).

A dissonância cognitiva tem se tornado uma técnica de intervenção relativamente comum em diversas situações terapêuticas. Por exemplo, mudanças nos hábitos alimentares de pacientes com diferentes distúrbios alimentícios podem, algumas vezes, ocorrer pela criação de dissonância cognitiva entre esses pacientes – geralmente, através de discussão, exercícios, trabalhos de casa, pressão social etc. (por exemplo, Smith Machin, 2009). De modo similar, Wan e Chiou (2010) sugerem que abordagens baseadas em dissonância podem ser úteis no tratamento de adicção em jogos on-line.

Motivos Intrínsecos e Extrínsecos

Os teóricos cognitivos insistem que o anseio de compreender por que fazemos as coisas e explicar isso a nós mesmos é uma questão fundamentalmente humana. Precisamos ser capazes de atribuir nosso comportamento a uma causa reconhecível para dar sentido às coisas que fazemos.

Algumas razões do comportamento parecem claras. Por exemplo, fazemos muitas coisas motivados por objetivos externos e recompensas, como um bife, um hambúrguer ou uma nota de $ 50. Essas recompensas externas estão ligadas àquilo que chamamos de **motivos extrínsecos**. Os motivos extrínsecos são o que os pesquisadores usam quando dão aos ratos e aos pombos recompensas alimentares pelas suas ações – e quando dão aos estudantes notas

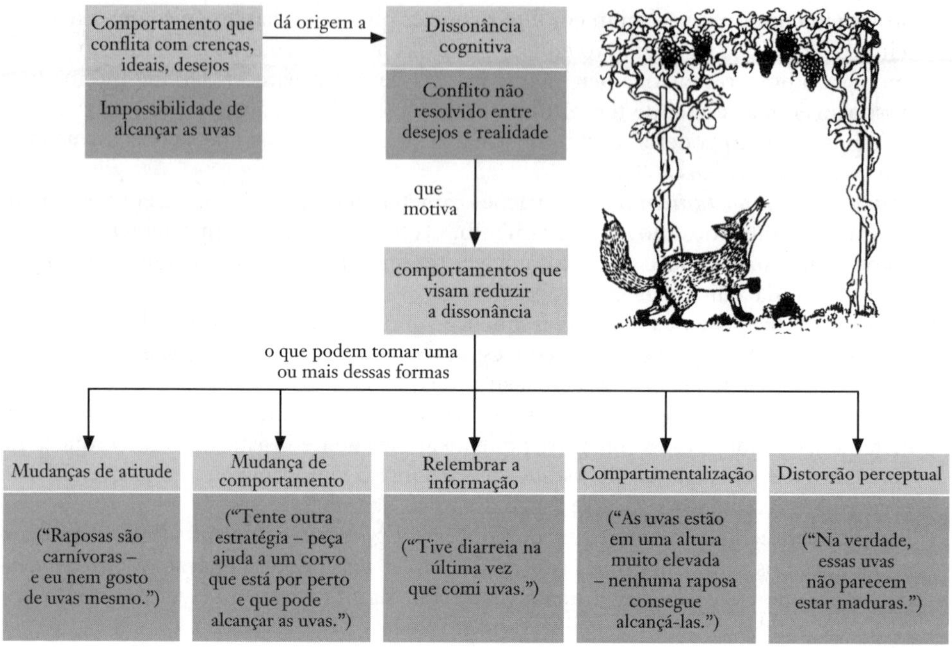

***Figura* 10.6** Modelo de dissonância cognitiva. Todas as pessoas vivenciam conflitos entre suas crenças ou desejos e a realidade. Esse conflito pode ser excitador e perturbador e pode servir como motivo para um comportamento destinado a reduzi-lo. Há muitas maneiras de tentar suavizar a dissonância cognitiva.

altas e elogios verbais pelos seus comportamentos. Contudo, elogio não é algo que se possa comer, como um doce, para satisfazer uma necessidade – por isso, se perde. Elogio, e talvez também o doce, pode fazer bem mais do que apenas satisfazer uma necessidade passageira. Cada um deles pode fazer aflorar a percepção de que a pessoa agiu bem, o que resulta em sentimentos de orgulho e satisfação. Esses sentimentos, insistem os psicólogos cognitivos, podem ser **motivos intrínsecos** extremamente poderosos. Tanto nos negócios quanto na educação, áreas em que motivar as pessoas é extremamente importante, apelar para os motivos intrínsecos pode ser mais valioso do que apelar para motivos extrínsecos.

Recompensas Externas Podem Diminuir a Motivação Intrínseca?

"Quando os indivíduos são motivados intrinsecamente", explicam Eccles e Wigfield, "envolvem-se numa atividade porque estão interessados e gostam de fazê-la. Quando são extrinsecamente motivados, os indivíduos se envolvem em atividades por razões instrumentais ou por outras razões, como receber uma recompensa" (2002, p. 112).

As recompensas externas, como dinheiro, são motivos muito poderosos – testemunham até onde podem ir as pessoas para consegui-las. Entretanto, alertam Deci e Flaste, "Enquanto o dinheiro motiva as pessoas, solapa sua motivação intrínseca..." (1995, p. 27). Embora pareça contraintuitivo, alguns estudos indicam isso. Por exemplo, Lepper e Greene

(1975) deram a dois grupos de crianças um quebra-cabeça geométrico para ser montado. A um grupo foi dito que seriam recompensados sendo-lhes permitido brincar com alguns brinquedos; o outro não tinha nenhuma razão para esperar qualquer recompensa. Em seguida, ambos os grupos receberam permissão para brincar com os brinquedos. Depois os grupos foram observados para verificar se eles estariam suficientemente interessados em brincar de forma espontânea com os quebra-cabeças que eles tinham trabalhado para montar. Surpreendentemente, como mostra a Figura 10.7, mais crianças que não tinham esperado recompensa estavam motivadas a brincar com os quebra-cabeças.

Lepper e Greene (1975) sugerem que a explicação mais plausível para isso talvez seja cognitiva. É importante para nós que nossos comportamentos tenham sentido, que entendamos por que fazemos as coisas. Geralmente, explicam eles, lançamos mão de dois tipos de explicação para nossos comportamentos: intrínseco ou extrínseco. Em outras palavras, reconhecemos que fazemos as coisas por causa das recompensas externas – por dinheiro ou para podermos nos divertir com algum brinquedo – ou por causa das recompensas internas – porque estamos interessados nelas, porque gostamos da atividade e temos satisfação pessoal com elas; ou fazemos as coisas por ambos os motivos, internos e externos.

Quando os motivos externos são grandes, óbvios e esperados somos mais propensos a usá-los para explicar nossos comportamentos, destaca Lepper (1981), ou seja, provavelmente estamos mais extrinsecamente motivados. Quando não esperamos nenhuma recompensa externa, temos de explicar e justificar nosso comportamento com motivos mais intrínsecos. Portanto, aqueles que não esperam recompensa externa apresentam mais motivação intrínseca – mais interesse – na atividade que fazem.

É interessante verificar, segundo pesquisas, que crianças intrinsecamente motivadas tendem a apresentar melhor desempenho na escola do que aquelas que são mais extrinsecamente motivadas (Lepper, Corpus e Iyengar, 2005).

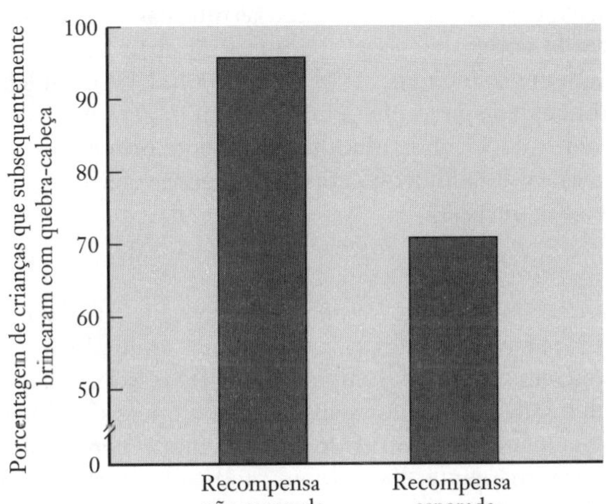

***Figura* 10.7**
Significativamente mais crianças que não esperavam recompensa apresentaram maior interesse intrínseco por escolher posteriormente brincar de forma espontânea com os quebra-cabeças geométricos. Com base em dados de M. R. Lepper e D. Greene (1975), "Turning Play into Work: Effects of Adult Surveillance and Extrinsic Rewards on Children's Intrinsic Motivation", no *Journal of Personality and Social Psychology*, 31, p. 479-486.

Teoria da Autodeterminação

A descoberta de que as recompensas extrínsecas podem, algumas vezes, solapar a motivação intrínseca não está muito clara. Na verdade, uma análise de 96 estudos que examinaram a relação entre motivação intrínseca e extrínseca concluiu que o reforçamento não diminui a motivação intrínseca (Cameron e Pierce, 1994). Talvez, sugerem Ryan e Deci (2008), isso aconteça porque muitos comportamentos que aparentam ser dirigidos por recompensas externas são resultantes de *necessidades internas* básicas do indivíduo. As mais importantes delas são a necessidade de ser competente e a necessidade de ser autodeterminado (autônomo). Deci e Ryan, por exemplo (2008), explicam que o estudante que escolhe uma especialização porque isso lhe possibilitará ganhar muito dinheiro parece estar sendo guiado por motivos extrínsecos, mas, na verdade, pode estar sob a influência das necessidades básicas de autodeterminação e competência. Os indivíduos autodeterminados – que selecionam de forma livre e autônoma suas próprias atividades – são aqueles que internalizaram o que, de outra forma, poderia parecer razões externas para o comportamento.

A suposição mais importante de Deci e Ryan (1985), a **teoria da autodeterminação** da motivação, é, como o termo indica, a necessidade que as pessoas têm de ser autodeterminadas, de sentir que estão no controle de suas próprias ações. Por definição, para sermos intrinsecamente motivados, precisamos ser capazes de atribuir as causas do nosso comportamento a fatores sobre os quais temos controle tais como nosso próprio interesse e ambição pessoais (fatores que são intrínsecos), e não a causas externas, como recompensas monetárias ou sociais esperadas.

Teoria da Atribuição

Essa crença tem relação direta com o que é denominado **teoria da atribuição** – bem como com a teoria da dissonância cognitiva que agora é usualmente reinterpretada pela teoria da atribuição (Westermann, 1989). *Atribuir*, na teoria cognitiva, é assumir responsabilidade ou imputar motivos. Se Rod atribui sua burrice aos pais, está jogando para eles a responsabilidade por essa condição.

Rotter (1954) esteve entre os primeiros a sugerir que as pessoas podem ser diferenciadas pelas suas tendências em atribuir seus sucessos e fracassos a causas internas ou externas. Em suas palavras, há pessoas cujo ***locus* de controle** é externo; outras são mais orientadas internamente. Aquelas que são externamente orientadas, diz Weiner (2008, 1986), tendem a atribuir seus sucessos e fracassos à dificuldade da tarefa, à má sorte ou à boa sorte, ou a outros fatores sobre os quais não têm controle. Os indivíduos internamente orientados, ao contrário, são mais propensos a explicar o resultado de seu comportamento referindo-se a sua própria capacidade e esforço (veja a Figura 10.8).

Atribuição e Dissonância

Se você quer ter um bom desempenho e pensa que deve ter, mas não consegue fazê-lo, então poderá experimentar alguma *dissonância cognitiva*. Mas se você atribui o resultado de seu comportamento – neste caso, seu fracasso em ter bom desempenho – a causas externas, isso significa que você tem pouca responsabilidade pessoal por seus sucessos e fracassos. Como resultado, você não estará sujeito à dissonância cognitiva do mesmo modo como estão os indivíduos que são mais orientados internamente. Do mesmo modo, os internamente orientados são mais propensos a sentir orgulho quando conseguem sucesso e vergonha

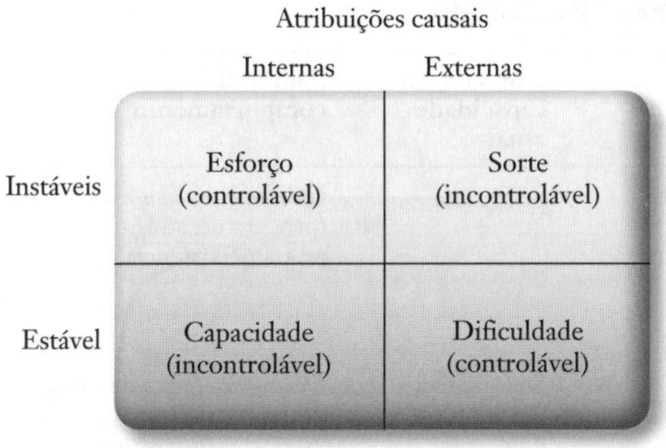

***Figura* 10.8**
Nossas explicações para os motivos pelos quais temos sucesso ou fracassamos podem ser internas ou externas; elas também podem invocar causas que são estáveis ou instáveis, e que são controláveis ou incontroláveis.

quando falham. Porém, tanto a dissonância quanto a orientação interna são mais prováveis de se associarem à emoção, e o poder motivacional da emoção é considerável.

Desenvolvimento das Tendências de Atribuição

Algumas pessoas habitualmente atribuem sucesso e fracasso a causas internas ou externas; a tendência de fazer isso parece ser uma característica de personalidade relativamente previsível e estável. No entanto, este não é o caso para crianças com menos de nove anos. Antes dessa idade, segundo explicam Folmer et al. (2008), as crianças ainda não têm a diferenciação entre fatores como habilidade e esforço. Elas pensam que aqueles que sabem mais são os mais "inteligentes". Em sua visão, aqueles que trabalham muito e obtêm sucesso são os mais inteligentes.

Por volta dos dez anos, as crianças começam a considerar a capacidade como um fator separado que contribui para o sucesso. Mas, mesmo nesta idade, a "inteligência" ainda é igualada a trabalho intenso. Porém, aos onze anos, as crianças geralmente compartilham nossas noções intuitivas quanto às distinções entre capacidade, sorte, esforço e dificuldade da tarefa (Dweck, 2002b).

A Teoria de Dweck: Objetivos de Desempenho *versus* Objetivos de Domínio

Segundo Dweck (1986, 1999), alguns de nós parecem acreditar que a inteligência é fixa e imutável. Temos uma **teoria da entidade** da inteligência (acreditamos que ela é uma *entidade* imutável). Outros se comportam como se pensassem que a inteligência é maleável – como se pudesse se modificar. Essas pessoas creem na **teoria incremental** da inteligência.

Aqueles que defendem a teoria da entidade geralmente tendem a ter aquilo que chamamos **objetivos de desempenho**; eles tentam desempenhar bem para que os outros os julguem competentes – isto é, para que os outros pensem que eles têm uma boa quantidade dessa qualidade fixa que denominamos *inteligência*. Por outro lado, aqueles que defendem a teoria incremental acreditam que podem aumentar sua competência através do esforço. Como resultado seus objetivos serão **objetivos de domínio** (também definidos como *objetivos de aprendizagem*), em vez de objetivos de desempenho.

Tabela 10.1 *Realização de Objetivos e Comportamento de Realização*

Teoria da inteligência	Orientação a objetivos	Confiança na capacidade atual	Padrão de comportamento
Teoria da entidade (a inteligência é fixa)	*Objetivo do desempenho* (o objetivo é obter julgamentos positivos/ evitar julgamentos negativos sobre a competência	Se for alta	*Orientado ao domínio* (procura desafios; muita persistência)
		Se for baixa	*Desamparo* (evita desafios, pouca persistência)
Teoria incremental (a inteligência é maleável)	*Objetivo de aprendizagem* (o objetivo é aumentar a competência)	Se for alta ou baixa	*Orientado ao domínio* (procura desafio que promova a aprendizagem; muita persistência)

Fonte: Adaptado de Dweck; C. S. "Motivational Processes Affecting Learning", *American Psychologist* vol. 41, pp. 1040-1048. Copyright © 1986, pela American Psychological Association. Adaptado mediante permissão da American Psychological Association.

Pesquisas sobre atribuição sugerem veementemente que estudantes cuja orientação básica é em direção a objetivos de desempenho (aqueles que veem a inteligência como sendo fixa) precisam acreditar que têm uma capacidade muito alta de aceitar desafios. Aqueles que têm menos confiança mais provavelmente irão desistir e sofrer sentimentos de "desamparo" porque consideram o fracasso como um reflexo direto de sua falta de capacidade.

Por outro lado, aqueles que consideram a inteligência como maleável e que, portanto, são orientados ao domínio mais provavelmente irão aceitar desafios e ser persistentes. Uma vez que acreditam que o esforço contribui para a capacidade, estes mais provavelmente irão se esforçar para a realização de seus objetivos. Para eles, o custo do fracasso não é tão alto como para aqueles que veem a capacidade como fixa e imutável (Blackwell, Trzesniewski e Dweck, 2007; Dweck e Grant, 2008) (veja a Tabela 10.1).

Atitudes Mentais[3] a Respeito de Inteligência

Dweck argumenta fortemente que a crença na maleabilidade da inteligência e os objetivos orientados ao desempenho, que vêm com a crença, contribuem de maneira importante para atingir o sucesso. Infelizmente, no entanto, muitos de nós ingenuamente acreditam que a inteligência é fixa: Temos esta *mentalidade*, alega Dweck, em um livro com este título (Dweck, 2006). O triste é que nossas *mentalidades* moldam nossos objetivos, nossos esforços, nossas atitudes – até mesmo nossas relações. Aqueles que estão convencidos de que a inteligência é fixa podem dedicar muito tempo para convencer as pessoas de que eles têm muito disso que pensamos ser inteligência. E irão evitar desafios que possam expor suas deficiências. Este, argumenta Dweck, é o caminho para a estagnação. Mas aqueles que sabem que a inteligência é maleável – que têm uma mentalidade de *crescimento*, em vez de

[3] No original "mund-sets", termo para o qual não existe uma tradução consagrada em português. Optou-se por traduzi-lo como "atitude mental", expressando a maneira pela qual as pessoas encaram aspectos do seu mundo, como resultado de suas vivências e/ou experiências particulares.

uma mentalidade fixa – sabem que com esforço podem desenvolver habilidades e talentos surpreendentes.[4]

Atribuição e Metas de Realização

A maneira como as pessoas explicam seus sucessos e fracassos parece estar intimamente relacionada com aquilo que os psicólogos chamam de **motivo de realização** – uma necessidade individual de alcançar um patamar de excelência. Indivíduos que têm grande motivo de realização parecem estar muito mais propensos a atribuir os resultados de seu comportamento a causas internas. Portanto, se são bem-sucedidos, costumam atribuir seu sucesso ao esforço (e talvez também à sua capacidade); se não são bem-sucedidos, continuam a evocar fatores internos, geralmente culpam-se pela falta de esforço.

Em contraposição indivíduos caracterizados por motivo de realização mais baixo, podem atribuir seus sucessos à capacidade, ao esforço, à facilidade da tarefa ou à sorte. Explicando de outra maneira, indivíduos com alto motivo de realização tenderão a ser orientados internamente, ao passo que com baixo motivo mais provavelmente atribuirão seu desempenho a fatores externos (Mueller e Dweck, 1998, Wittrock, 1986). Não surpreendentemente, indivíduos que obtêm elevada pontuação em medidas de motivação para a realização também tendem a ser grandes empreendedores na escola (Capa, Audiffren e Ragot, 2008).

Pessoas com alto motivo de realização geralmente são moderadas ao assumirem riscos. Tarefas que são moderadamente difíceis proporcionam a eles um desafio, ao mesmo tempo em que mantêm a probabilidade de sucesso suficientemente alta (Smith, Sansone e White, 2007; Thrash e Hurst, 2008). Surpreendentemente, no entanto, indivíduos com baixo motivo geralmente tentam tarefas que são muito difíceis ou muito fáceis. Por quê?

A resposta pode estar na teoria da atribuição. Com um baixo motivo de realização, se eu tentar realizar uma tarefa muito difícil e falhar, poderei atribuir meu fracasso à dificuldade da tarefa, um fator sobre o qual não tenho controle; desse modo, não assumirei responsabilidade pessoal e nenhuma experiência (emoção) negativa irá me afetar. Se eu for bem-sucedido, mais uma vez, haverá pouco afeto positivo porque meu sucesso se deve a fatores externos sobre os quais não tenho controle. Contudo, se eu tiver um alto motivo e assumir riscos moderados, poderei atribuir meu sucesso à minha habilidade ou ao meu esforço; de modo semelhante, também poderei atribuir o fracasso a fatores pessoais. De qualquer modo, existe muito mais envolvimento emocional nos resultados do desempenho.

Esta visão social/cognitiva da motivação é baseada na suposição de que as pessoas avaliam continuamente seus comportamentos, procuram motivos para seus sucessos e fracassos, preveem os prováveis resultados futuros de comportamentos pretendidos, e reagem emocionalmente ao sucesso ou ao fracasso. E existe um conceito-chave na teoria da atribuição. Não é a atribuição de comportamento a uma causa ou outra que motiva o comportamento, diz Weiner (1992); são as emoções que ocorrem como respostas a atribuições específicas. Os resultados da atribuição, ele sugere, podem ser raiva, culpa, gratidão, ou uma

[4] Pode ser inteligente, disse o professor, esperando com seu dedo levantado até que eu desligasse o gravador – pode ser inteligente salientar para nossos estudantes que, a menos que eles sejam daqueles tipos narcisistas, que creem piamente que são mais inteligentes (entre outras coisas boas) do que qualquer outra pessoa, acreditar que a inteligência é fixa limita seriamente as possibilidades de que eles possam ver-se a si mesmos e os esforços que eles provavelmente terão de fazer para atingir essas possibilidades. Esta é uma longa sentença, arrisquei. É melhor lê-la novamente caso não a tenha entendido, ele replicou, pegando novamente suas páginas e recomeçando a leitura.

variedade de outras emoções. Parece lógico que, se as emoções são positivas, os comportamentos subsequentes tentarão manter as condições que tornaram a atribuição possível.

Autoeficácia

Teorias sociocognitivas da motivação mostram como nossas explicações para os resultados de nossos comportamentos – isto é, as *atribuições* que fazemos – são fundamentais na determinação do que fazemos e de como nos sentimos a respeito. E nossas estimativas quanto a nossa competência são básicas para nossas explicações e nossas reações – o que Bandura (1991) rotula como **autoeficácia**. Simplificando, a autoeficácia tem a ver com nossas estimativas quanto a nossa efetividade pessoal. "A autoeficácia percebida", escreve Bandura, "se refere às crenças nas capacidades de os indivíduos organizarem e executarem os cursos de ação requeridos para produzir determinadas realizações" (1997, p. 3). Aqueles que têm avaliação elevada de sua autoeficácia veem a si próprios como capazes de lidar com o mundo e com as outras pessoas ou como pessoas eficientes para tanto. (Veja no Capítulo 11 a biografia de Albert Bandura.)

A Importância dos Julgamentos de Autoeficácia

Os julgamentos de autoeficácia são significantes para determinar o que as pessoas fazem; assim, são importantes como motivos. Segundo Schunk (1984), na maioria das vezes, as pessoas não fazem as coisas nas quais elas esperam se sair mal. "A crença na eficácia", diz Bandura, "influencia o modo como as pessoas sentem, pensam, se motivam e se comportam" (1993, p. 118). Não surpreende, por exemplo, que Slanger e Rudestam (1997) descobriram que o nível de autoeficácia era uma das variáveis que mais claramente diferenciava entre os assumidores de risco alto e de risco baixo em esportes como caiaque, esqui, escalada e voo acrobático. Os indivíduos com os mais altos julgamentos de autoeficácia – de poder pessoal – são também aqueles mais propensos a se envolver em atividades que demonstram a validade de seus julgamentos.

Os julgamentos de eficácia pessoal influenciam não apenas aquilo que as pessoas farão mas também quanto esforço e tempo devotarão a uma tarefa, especialmente quando confrontadas com dificuldades. Quanto mais Ann acreditar em si mesma (quanto maior for sua estimativa de eficiência pessoal), mais propensa ela estará a persistir. Ao contrário, se ela não acredita ser capaz, estará mais propensa a se desencorajar e a desistir. É por isso que os julgamentos de autoeficácia são tão importantes na escola. Por exemplo, em um estudo que observava a autoeficácia e o desempenho em matemática em 33 escolas, Williams e Williams (2010) descobriram uma importante relação positiva entre elevada autoeficácia e alta realização. Existe um **determinismo recíproco** em jogo, eles explicam, em que a alta realização contribui para a elevada autoeficácia – e a autoeficácia contribui para a alta realização. Na verdade, julgamentos quanto à autoeficácia estão entre os melhores fatores de previsão da futura realização educacional entre alunos de escolas secundárias (Kerpelman, Eryigit e Stephens, 2008).

A autoeficácia é também um fator significante no local de trabalho. Grant (2010) mostrou que os que têm os julgamentos mais positivos de sua competência pessoal (em outras palavras, aqueles com as noções mais altas de autoeficácia) são os mais propensos a um bom desempenho em posições administrativas nas quais precisam ensinar e treinar empregados. Outra pesquisa indica que a alta-eficácia está positivamente relacionada à capacidade de adaptação em geral e ao desempenho no local de trabalho (Griffin, Parker e Mason, 2010).

Não obstante o papel positivo que a autoeficácia elevada desempenha em relação ao estabelecimento de objetivos e ao desempenho, parece ser verdade que, sob algumas circunstâncias, julgamentos muito elevados de autoeficácia estão associados a um rígido apego a um esforço inútil. Whyte, Saks e Hook (1997), por exemplo, demonstraram que muitos estudantes que se caracterizavam por uma firme convicção de que seriam vitoriosos (marcados por uma elevada autoeficácia) situavam seu empenho num malogrado curso de ação muito além do ponto em que deveria ter ficado claro que eles fracassaram. Isto revela que, embora as avaliações positivas de competência estejam intimamente relacionadas ao estabelecimento de objetivos ambiciosos e ao investimento de esforço para conquistá-los, avaliações irrealistas da própria competência podem estar associadas a objetivos irrealistas e persistência inadequada.

Fatores no Desenvolvimento de Julgamentos da Eficácia

Crenças sobre a autoeficácia frequentemente são avaliadas com testes e questões simples, como "Você acha que é muito bom em matemática?" e "Quão inteligente você pensa que é?" (Bandura, 2006). Frequentemente, as respostas são dadas em uma **escala de Likert** – isto é, uma escala na qual os respondentes escolhem uma entre diversas respostas (digamos, de "muito inteligente" a "não muito inteligente", ou indicam o grau de concordância com uma afirmação, como "Sou muito inteligente" (concordo plenamente, concordo, discordo, discordo totalmente).

Em geral, as crianças começam com noções muito globais de autoeficácia, particularmente em relação a qualidades como "inteligente" ou "não inteligente" – com uma tendência definida para "inteligente" (Harter, 2006). No início do ensino fundamental, as crianças tendem a apresentar noções excessivamente otimistas de sua competência, mas à medida que a experiência aumenta, as noções de autoeficácia se modificam de duas maneiras: primeiro, elas se tornam mais diferenciadas. As crianças não veem mais a si mesmas simplesmente como sendo inteligentes ou não inteligentes; em vez disso, elas desenvolvem noções de si mesmas como sendo efetivas em algumas iniciativas e menos efetivas em outras. Em segundo lugar, suas estimativas gerais de autoefetividade tendem a diminuir e se tornar mais realistas. Contudo, conforme Michaelides (2008) indica, nem sempre julgamos nossa competência com muita exatidão; nossas avaliações de nossas capacidades em geral são superestimadas ou subestimadas.

Por que algumas pessoas geralmente têm julgamentos muito bons de sua eficácia pessoal, enquanto outras têm julgamentos muito menos favoráveis? A resposta, sugere Bandura (1986), está nos efeitos combinados de quatro principais fontes de influência.

A primeira influência se refere às *experiências pessoais* – ou seja, aos efeitos do comportamento do indivíduo, especialmente quando eles são refletidos em sucesso ou fracasso. Em geral, as pessoas bem-sucedidas são mais propensas a desenvolver avaliações positivas de sua eficiência pessoal do que as pessoas que sempre fracassam. Entretanto, como destaca Weiner (1980), as pessoas que atribuem seus sucessos e fracassos a fatores sobre os quais não têm controle (como sorte ou dificuldade da tarefa) são menos propensas a basear os julgamentos de sua eficácia pessoal nos resultados de seus comportamentos. Afinal, não é culpa delas que o exame tenha sido difícil ou que tenham estudado a matéria errada.

A segunda influência é *vicária* (de segunda mão): origina-se da observação do desempenho dos outros. O fato de obtermos ou não um bom desempenho *em comparação* com outras pessoas pode contribuir muito para nossos julgamentos do quanto pensamos que somos competentes. As comparações mais úteis, destaca Bandura (1981), são as que envolvem potenciais iguais. Assim, as crianças que se saem melhor do que as da mesma idade são mais propensas a desenvolver julgamentos mais positivos de autoeficácia. Que essas mesmas crianças sejam superadas por alguém mais velho ou mais experiente é menos importante para seus julgamentos de autoeficiência.

A *persuasão verbal* é o terceiro tipo de influência nos autojulgamentos. Aqueles com menor autoconfiança podem, algumas vezes, ser persuadidos a fazer coisas que, de outra forma, não fariam. Um dos possíveis efeitos da persuasão, argumenta Bandura (1986), é que as pessoas interpretam isso como evidência de que os outros as acham competentes. Conforme Bandura (1997) observa, "É mais fácil manter um sentido de eficácia... se muitos outros expressarem fé na capacidade de uma pessoa do que se estes manifestarem dúvidas" (p. 101).

A *ativação elevada* também pode afetar o autojulgamento, diz Bandura, resultando tanto em alta como em baixa estimativa das capacidades, dependendo da situação e das experiências prévias da pessoa em situações de alta ativação. Alguns atletas, por exemplo, que ficam ansiosos antes da competição, encaram essa emoção como útil para o seu desempenho; para outros, a ativação pode ser interpretada como negativa. Essas experiências pessoais em situações que produzem ansiedade podem, depois, influenciar a extensão e a direção dos efeitos da ativação nos autojulgamentos. Portanto, um medo extremo de se afogar pode levar uma pessoa a decidir que ela é incapaz de praticar alguma ação como atravessar um rio a nado. Em contraposição um medo extremo pode levar outra pessoa a decidir que é capaz de cruzar o mesmo rio a nado para salvar seu filho, que está desamparado na outra margem.

Para resumir, as quatro fontes de influência nos julgamentos de autoeficácia são *enativas* (refletem os resultados das próprias ações do indivíduo), *vicárias* (baseiam-se nas comparações entre si próprio e os outros); *persuasivas* (resultam da persuasão) e *emotivas* (refletem a ativação e a emoção). Exemplos de cada um desses tipos de influência estão na Tabela 10.2.

A Eficácia e a Teoria da Expectativa-Valor

Nossas escolhas de ações, explicam Eccles e Wigfield (2002), bem como nossa persistência e nosso desempenho, são fortemente influenciados pelas nossas expectativas de sucesso (ou fracasso) e pelos valores relacionados a nossas várias opções. A inter-relação entre essas duas variáveis – expectativa e valor – define a **teoria da expectativa-valor** da motivação de Eccles (Wigfield, Tonks e Klauda, 2009).

Nessa teoria, a expectativa é definida quase do mesmo modo como Bandura define a autoeficácia: "as crenças do indivíduo sobre o quanto se sairá bem em tarefas vindouras, quer no futuro imediato, quer no futuro distante" (Eccles e Wigfield, 2002, p. 119). E o *valor* associado a uma escolha, por sua vez, reflete quatro componentes distintos: *valor de aquisição*, *valor intrínseco*, *valor utilitário* e *custo*.

Tabela 10.2 Quatro Fontes de Informação Relacionadas a Julgamentos de Autoeficácia

Fontes de informação	Exemplos de informação que podem levar Joan a desenvolver estimativas positivas sobre a sua eficácia pessoal
Enativa	Ela tira A em Matemática.
Vicária	Ela sabe que Ronald estudou bastante, mas só conseguiu B.
Persuasiva	Seu professor lhe diz que ela pode ganhar uma bolsa de estudos se tentar.
Emotiva	Ela fica muito ansiosa antes da prova, mas posteriormente se sente estimulada .

O valor de aquisição é a importância pessoal da tarefa para o indivíduo. Entre outras coisas, o valor de aquisição reflete quão bem uma atividade se encaixa nos planos do indivíduo e quão bem ela reflete a autoimagem da pessoa. Uma pessoa que se enxerga como "boa" e respeitadora das leis não está propensa a atribuir valor à opção de acompanhar seu sobrinho para que ele roube algo da loja de conveniência.

O valor intrínseco se refere à satisfação pessoal e à satisfação que o indivíduo extrai de uma atividade. Como destaca Deci, as pessoas tendem a buscar atividades desafiadoras em relação às quais elas têm expectativa de sucesso – um sentimento de competência ou de autoeficácia (Deci e Flaste, 1995). Tais atividades, diz ele, tendem a ter um alto valor intrínseco, ou seja, são muito motivadoras em sua essência.

O valor utilitário é medido pela adequação da atividade aos objetivos presentes e futuros. Se Robert, cujo objetivo é ser aceito num programa de doutorado, está motivado a fazer uma série de cursos de física no verão quando poderia descansar no campo, essa escolha pode ter sido definida pelo alto valor utilitário da opção.

O custo de uma opção, um fator muito crítico na determinação das escolhas individuais, tem a ver com as várias possibilidades negativas associadas à tarefa. Isso inclui aspectos como a probabilidade de falhar, o estresse e a ansiedade associados à tarefa, o esforço requerido e demais opções conflitantes etc.

Em resumo, a teoria da expectativa-valor é uma abordagem cognitiva da motivação que sustenta que os humanos fazem escolhas com base em uma espécie de cálculo mental, no qual os fatores mais importantes são a expectativa de sucesso e o sentimento de competência de um lado (sentimentos de autoeficácia, em outras palavras) e, de outro, os valores associados às várias opções (sua importância pessoal; como elas se encaixam nos planos, objetivos e na autoimagem; seu valor intrínseco; e o custo associado a cada uma das opções em termos de esforço, perda de outras oportunidades, estresse etc.). (veja a Tabela 10.3).

Aplicações Educacionais e Outras Aplicações da Teoria da Motivação

O conhecimento a respeito do porquê de as pessoas agirem de determinada maneira pode facilitar enormemente a tarefa do psicólogo em relação a prever o que uma pessoa fará

Tabela 10.3 *Principais Conceitos da Teoria Expectativa-Valor da Motivação, de Eccles*

Resumo da teoria	Escolha, persistência e realização estão diretamente ligadas às expectativas do indivíduo – e as crenças relativas às tarefas (relativas a valor).
Expectativa	Crenças pessoais em relação a se o indivíduo se sairá bem hoje e no futuro.
Valor	Crenças relacionadas às tarefas que definem o valor associado a cada opção.
Componentes dos julgamentos de valor	
1. Valor de aquisição	Importância pessoal de fazer bem; a opção se ajusta à autoimagem?
2. Valor intrínseco	A opção é agradável e pessoalmente satisfatória?
3. Valor utilitário	A opção se ajusta aos objetivos imediatos e futuros?
4. Custo	Quanto esforço será requerido? Quão estressante será cada opção? Do que o indivíduo estará abrindo mão?

em determinada situação e em relação a como controlar o comportamento (caso não seja antiético fazê-lo).

Prevendo o Comportamento

A interação social normal depende principalmente da capacidade de prever muitas das atividades comuns das outras pessoas. Se essas atividades não fossem pelo menos em parte, previsíveis, as relações sociais seriam caóticas e confusas. Quando Jack encontra sua avó e diz "Oi", ele espera de volta a mesma saudação (ou alguma outra saudação apropriada) ou que, na pior das hipóteses que ela o ignorará. Ele ficaria compreensivelmente surpreso se em vez de sua avó lhe responder como seria de se esperar, ela o chutasse na canela, fugisse dele, desmaiasse ou disparasse a falar num idioma estrangeiro.

Controlando e Mudando o Comportamento

O conhecimento sobre a motivação tem implicações importantes para o controle do comportamento – um assunto que gerou considerável debate entre os psicólogos. O comportamento deve ser controlado? Como deveria ser controlado? Quem o controlaria e com que finalidade? Em resumo, qual é a ética do controle do comportamento (veja a Rogers e Skinner, 1956)?

Apesar dos argumentos humanísticos, de certa forma apelativos, que se opõem ao controle comportamental, o controle deliberado do comportamento não é apenas uma realidade mas também, em muitos casos, altamente desejável – como bem sabem os pais de crianças pequenas que passaram recentemente pelo treinamento do uso do banheiro. O treino para usar o banheiro é um dos muitos exemplos que envolvem tentativas sistemáticas e deliberadas de modificar o comportamento.

A motivação desempenha um papel-chave na mudança e no controle do comportamento. O treino do uso do banheiro, por exemplo, envolve manipular objetivos (fazer com que o pequeno Sammy encare a higiene como uma condição desejável). Além disso, recompensas e punições, que também estão relacionadas à motivação (e à aprendizagem), podem ser empregadas. A dissonância cognitiva pode estar implicada nesse treinamento: as crianças que pensam que estar limpa é algo desejável podem sentir considerável dissonância quando passam por aquilo que eufemisticamente chamamos de "um acidente".

Motivação em Sala de Aula

A teoria da motivação é bastante relevante para professores, cuja função primordial é mudar a motivação e o comportamento dos estudantes (lembrando que a aprendizagem é definida como mudanças relativamente permanentes no comportamento). É importante que os professores saibam alguma coisa sobre necessidades individuais e objetivos dos estudantes, sobre os efeitos da dissonância cognitiva, sobre o papel da ativação na aprendizagem e no comportamento, e sobre os fatores cognitivos envolvidos nas tomadas de decisão.

Necessidades e Hedonismo Psicológico

As teorias baseadas no reconhecimento da importância das necessidades e na tendência humana de buscar resultados prazerosos e evitar os menos prazerosos têm óbvias implicações instrucionais. Fica claro, por exemplo, que as necessidades psicológicas básicas, como a necessidade de comida e bebida – precisam estar razoavelmente bem satisfeitas se quisermos que a aprendizagem seja otimizada. É menos óbvio, mas não menos verdadeiro, que as necessidades psicológicas das crianças – por exemplo, as necessidades de crescimento descritas por Maslow – também precisam ser atendidas.

Como vimos no Capítulo 4, o uso criterioso de recompensas (elogios, notas etc.) e talvez de punições (perda de privilégios, uso de estímulos nocivos) desempenham papel importante na orientação dos professores no que se refere à aprendizagem e à motivação.

Ativação

O papel da ativação no comportamento pode ser crucial no ensino. Lembre que é a combinação de novidade, intensidade e significado dos estímulos o que mais afeta o nível de ativação. Os professores estão entre as mais importantes fontes de estimulação (ativação-indução) para os estudantes. O impacto do que dizem e fazem, e como dizem e como fazem, é importante na determinação de se os estudantes ficam entediados, sonolentos (baixa ativação) ou atentos (alta ativação). Essa observação leva diretamente a uma alegação em prol do significado, da variedade e da intensidade das apresentações na sala de aula.

Dissonância Cognitiva

A dissonância cognitiva é uma possível fonte de ativação. A teoria da motivação sugere que os estudantes que estão vivenciando uma dissonância cognitiva tentarão reduzir a dissonância – e consequentemente a ativação que a segue. A dissonância pode, por exemplo, ocorrer quando os estudantes estão cientes da discrepância entre seu comportamento e o comportamento que o professor ou outro modelo importante (um livro, por exemplo) descreve como ideal. Tal dissonância pode levar os estudantes a tentarem se tornar mais parecidos com a descrição do que é ideal, de acordo com o professor. Como vimos, a dissonância pode ser reduzida de muitos modos, incluindo mudanças de comportamento, de atitude ou pela exposição a uma nova informação. Os professores podem desempenhar um importante papel no que se refere a identificar situações dissonantes, motivar os estudantes e ajudá-los a encontrar meios de reduzir a dissonância.

Atribuições Intrínsecas e Extrínsecas

A tendência para atribuir sucesso e fracasso a causas internas ou externas pode ser uma característica relativamente estável da personalidade, diz Dweck (1986). As crianças mais propensas a fazer atribuições internas – ou seja, a assumir a responsabilidade pessoal pelos seus sucessos e fracassos, são também mais propensas a esforçar-se para aumentar sua competência. As crianças externamente orientadas são menos dispostas a aceitar desafios e menos propensas a esforçar-se para melhorar suas competências. Um dos objetivos das escolas e dos professores é tornar as crianças mais internamente orientadas – mais intrinsecamente motivadas. Nessa conexão, lembre que o uso excessivo de recompensas externas pode, algumas vezes, ter efeito danoso na motivação interna. Ames (1992) sugere que os professores cuidem de assegurar que os estudantes percebam, nas aulas, que estão sendo orientados para melhorar (em vez de simplesmente desempenhar) e cuidem que as experiências de aprendizagem ajudem todos os alunos a desenvolver sua competência pessoal e autoeficácia. Entre outras coisas, Ames sugere que os professores apresentem aos estudantes vários objetivos de curta duração, desafiadores, mas que podem ser conquistados com esforço razoável, que se esforcem para que o trabalho escolar seja pessoalmente envolvente, que se atenham mais aos processos de aprendizagem e menos aos resultados, que enfatizem o progresso individual e minimizem as comparações com os outros estudantes.

Objetivos e Crenças sobre a Inteligência

Entre as grandes ideias que, nas palavras de Dweck, "tornam burras as pessoas inteligentes", acreditar que a inteligência é fixa está entre as principais (Dweck, 2002a) (veja a Tabela 10.4). Uma das tarefas das escolas, segundo Dweck, é instilar crenças que neguem ideias "burras". Isto não significa dizer que todas as ideias "burras" são inteiramente falsas. Por exemplo, sabemos que a inteligência medida tem uma substancial base hereditária e é um forte fator de previsão da conquista acadêmica. Mas o foco de Dweck (2006), conforme ela explica, refere-se menos à real natureza da inteligência e mais às consequências daquilo que as pessoas acreditam quanto à inteligência. "Uma visão fixa da inteligência", ela escreve, "desencoraja os estudantes da iniciativa de se encarregarem ativamente de sua aprendizagem, ao passo que uma visão maleável da inteligência incentiva os estudantes a se encarregarem, regularem e motivarem seus próprios processos de aprendizagem" (Dweck e Master, 2008, p. 31).

Autodeterminação, Autoeficácia e Teoria da Expectativa-Valor

As pessoas precisam ser autodeterminadas, explicam Deci e Ryan (1985). Elas necessitam sentir autonomia e competência pessoal. Em outros termos, a competência pessoal se traduz em estimativas pessoais de autoeficácia.

Vale a pena repetir que os julgamentos de autoeficácia são motivadores poderosos – eles influenciam profundamente os pensamentos e as emoções da pessoa. Os que têm julgamentos baixos de autoeficácia estão mais propensos a se ver piores em relação a si mesmos, a evitar enfrentar tarefas difíceis e, no final, a ser menos bem-sucedidos. Nossas escolhas, se-

Tabela 10.4 *Três Grandes Ideias de Dweck que Tornam Burras as Pessoas Inteligentes*

Crenças que tornam burras pessoas inteligentes	Consequências da ideia burra	Crença contrária
"Teoria da entidade": a inteligência é fixa e imutável.	Esforços são dirigidos para "comprovar" a inteligência. Fuga de desafios que podem expor deficiências intelectuais.	A inteligência é maleável; pode ser desenvolvida pelo esforço.
O desempenho reflete a inteligência e o valor.	Medo do fracasso. Sentimento de desvalorização face ao fracasso. Evitar desafios. Evitar a oportunidades de aprender por causa dos riscos associados.	Seu desempenho atual diz onde você está e quais esforços precisa fazer.
Pessoas realmente inteligentes não precisam fazer esforço para realizar seu potencial.	Não fazer o esforço necessário para realizar seu potencial. É menos provável converter alta inteligência em alta realização.	Todo mundo precisa se esforçar para ter o melhor desempenho possível.

Fonte: Baseado parcialmente em Dweck (2002a, 2006).

gundo Eccles e os adeptos de sua teoria da expectativa-valor, são o resultado de um cálculo mental no qual consideramos nossas expectativas de sucesso ou fracasso (ou julgamentos de autoeficácia) e pesamos essas expectativas levando em conta nossos julgamentos pessoais a respeito do valor das opções que contemplamos.

Os professores desempenham papel crucial ao oferecer às crianças aquele tipo de experiência que contribui para julgamentos positivos de autoeficácia. Os professores também podem desempenhar papel importante na determinação dos objetivos dos estudantes e da autoimagem deles, fatores essenciais para a maneira como os alunos julgam o valor dos diferentes resultados e do custo potencial dos esforços requeridos para alcançar esses resultados.

Diferenças Individuais e Estilos Intelectuais

Vale a pena observar novamente que nossas teorias tendem a descrever o desempenho *médio*, em vez de o desempenho *excepcional*. A maioria das pessoas faz a suposição implícita de que os processos que respondem pela aprendizagem são genéricos e que os princípios que fundamentam os motivos que impulsionam nosso comportamento são relativamente universais.

Contudo, a psicologia está bem consciente de que o indivíduo médio é uma invenção – que cada um de nós é único. Não apenas somos movidos em diferentes direções e por forças distintas, mas cada um de nós traz diferentes qualidades para a vida. Temos, nas palavras de Sternberg, diferentes **estilos intelectuais** (também chamados *estilos de aprendizagem*). Por exemplo, alguns aprendem bem no período da manhã; outros acordam relutantes e funcionam "devagar" até bem mais tarde. Alguns se realizam com abordagens altamente estruturadas, dirigidas pelos professores; outros se dão muito melhor com abordagens individuais, criadas pela autoiniciativa. Alguns preferem trabalhar individualmente; outros atuam melhor em grupos; alguns absorvem material auditivo com extrema facilidade; outros preferem aprender com recursos visuais e "colocando a mão na massa".

"O estilo intelectual", explica Sternberg, "é utilizado como um termo geral que abrange os significados de todos os conceitos de 'estilo' postulados na literatura, como o estilo cognitivo, tempo conceitual, tomada de decisão e estilo de pensamento... Em vários níveis, um estilo intelectual é cognitivo, afetivo, fisiológico, psicológico e sociológico" (Zhang e Sternberg, 2006, p. 3).

Defensores de abordagens referentes a estilos de aprendizagem para ensinar argumentam que a instrução mais efetiva requer que seja desenvolvido um perfil dos estilos intelectuais de cada estudante. Uma grande variedade de inventários e testes está disponível para fazer exatamente isso (veja Dunn e Griggs, 1988; Dunning, 2008). Mas a extensão em que as ofertas educacionais podem se adequar aos estilos intelectuais individuais – isto é, *estilos de aprendizagem*, *estilos de personalidade*, *diferenças comportamentais*, e outras preferências aparentes que afetam como o estudante pensa, age e aprende – é geralmente muito limitada por fatores sobre as quais os professores têm pouco controle.

Resumo

1. Motivos são as forças que incitam a pessoa a agir. As teorias psicológicas da motivação tratam tanto das razões quanto das causas do comportamento.
2. Os reflexos são respostas simples e não aprendidas a um estímulo específico que explicam alguns comportamentos humanos elementares. O reflexo de orientação (RO), referente à ativação, é o reflexo geral de resposta que um organismo apresenta a um estímulo novo. Os instintos são padrões de comportamentos não aprendidos mais complexos e mais relevantes para o comportamento animal do que para o humano. A estampagem é um padrão de comportamento complexo, semelhante ao instinto, que se manifesta após a exposição a um estímulo apropriado durante o período crítico.
3. Hedonismo psicológico é noção de que as pessoas agem para evitar a dor e para obter ou manter o prazer. Necessidades fisiológicas são estados de deficiência ou de falta que dão origem a impulsos, os quais, por sua vez, impelem o organismo para atividades que reduzirão suas necessidades. Necessidades psicológicas são, algumas vezes, descritas como necessidades aprendidas. O incentivo se refere ao valor de um objetivo ou uma recompensa para o indivíduo.
4. Maslow, psicólogo humanista, descreve uma hierarquia de necessidades que inclui tanto as necessidades básicas ou de deficiência (fisiológicas, de segurança, de pertencimento e de autoestima) quanto às metanecessidades – ou necessidades de crescimento (cognitivas, estéticas e de autorrealização). Autorrealização é mais um processo (de desenvolver os níveis mais altos possíveis do potencial humano) do que um estado que pode ser alcançado.
5. Ativação refere-se ao grau de alerta de um organismo. Sua relação com a motivação está implícita na suposição de que ativação muito alta ou muito baixa está relacionada a comportamentos menos ótimos do que o nível moderado de ativação (lei de Yerkes-Dodson).
6. A teoria de Hebb sobre motivação alega que existe um nível ótimo de ativação que maximiza a eficiência do comportamento e de que as pessoas agirão para manter esse nível. Consequentemente, os estímulos têm tanto a função de pista (mensagem) quanto de ativação. Estudos sobre a privação sen-

sorial dão suporte à crença de que os seres humanos necessitam de estimulação sensorial variada.

7. As teorias sociocognitivas apresentam uma visão mais ativa do organismo humano do que as teorias behavioristas tradicionais. Uma dessas teorias, a da dissonância cognitiva, afirma que o conflito entre crenças, comportamentos e expectativas leva a um comportamento adequado para reduzir o conflito (por exemplo, mudança de atitude, compartimentalização, aquisição ou recordação de informação, mudança comportamental ou distorção perceptiva).
8. Motivos extrínsecos dizem respeito a recompensas externas; motivos intrínsecos têm a ver com satisfação pessoal e interesse numa atividade. Algumas evidências indicam que a confiança excessiva nas recompensas externas pode minar a motivação intrínseca.
9. A teoria da autodeterminação é baseada na suposição de que os indivíduos têm necessidade de autonomia pessoal – ou seja, necessidade de ser responsável pelas próprias ações (estar intrinsecamente motivado).
10. A teoria da atribuição descreve como os indivíduos assumem responsabilidade pelos resultados dos seus comportamentos. Os indivíduos internamente orientados costumam atribuir o sucesso ou o fracasso à capacidade ou ao esforço; os indivíduos externamente orientados são mais predispostos a invocar a sorte ou a dificuldade das tarefas pelos seus sucessos e fracassos. Os indivíduos internamente orientados são caracterizados por sentirem maior necessidade de realização.
11. Algumas pessoas agem como se acreditassem que a inteligência é fixa (teoria da entidade); outros, como se fosse maleável (teoria incremental). A teoria da entidade está associada a objetivos de desempenho (elaborados para comprovar grande inteligência); a teoria incremental está vinculada a objetivos de domínio (elaborados para aprender e se tornar mais competente). Uma atitude mental comum considera a inteligência como fixa e limita as possibilidades dos indivíduos escolheram. Aqueles que apresentam grande motivo de realização tendem a ser orientados ao domínio em vez de ao desempenho.
12. Os julgamentos de autoeficácia têm a ver com as estimativas pessoais de competência e eficiência. Altas avaliações de eficácia são associadas a persistência, alto nível de realização e autoconceito positivos. Noções de autoeficácia influenciadas pelos resultados dos comportamentos, comparações com os outros, persuasão e ativação.
13. A teoria da expectativa-valor é uma teoria motivacional cognitiva que descreve algumas das variáveis que são consideradas nos cálculos mentais que levam a escolher entre várias opções: especificamente, expectativas de sucesso ou fracasso (autoeficácia) decomposta nos valores de cada uma das opções (valor de aquisição, valor intrínseco, valor utilitário e custo).
14. O conhecimento sobre a motivação humana é importante para prever o comportamento, para controlá-lo e para alterá-lo. Num sentido prático, é especialmente importante para os professores.

CAPÍTULO ONZE

Aprendizagem Social: A Teoria Cognitiva Social de Bandura

As crianças precisam mais de modelos do que de críticas.
Joseph Joubert

Quando cheguei à cabana, o professor pediu que eu entrasse e sentasse; queria me mostrar algo. Agia como se a cabana fosse dele, e eu, apenas um convidado, embora a tivesse construído e fosse seu dono. Entrei e puxei uma cadeira para perto da mesa. Senti o cheiro do feijão que o professor tirava do fogo. Sobre a mesa estavam dois pães que ele acabara de assar. De repente, me deu muita fome. Ele me disse para não sentar na cadeira, e sim em um dos bancos. Então, pegou uma travessa na qual despejou o feijão; cortou um pedaço fino de pão e passou manteiga nele, vagarosamente. Pensei que ele ia me oferecer um prato e que tivesse passado manteiga no pão para me dar, mas não, ele não me ofereceu nada. Sentou-se à mesa e começou a devorar o feijão, socava a comida na boca o mais rápido que podia, com ambas as mãos, parava de vez em quando para colocar um pedaço de pão dentro das bochechas até que ficassem grotescamente estufadas dos dois lados do rosto vincado de rugas. Quando o prato já estava quase vazio, ele enfiou o rosto nele, para abocanhar o feijão, emitiu grunhidos e resfôlegos estranhos. Quando o último dos grãos foi devorado, lambeu o prato até deixá-lo limpo. Então, apertando as narinas entre os dedos, assoprou com força nele. Depois fez sinal para que eu ligasse o gravador. Estava pronto para ler o próximo capítulo.

Este Capítulo

"Você está chocado e com nojo, não?", indagou o professor enquanto secava o nariz com o dorso da mão; havia vestígios de feijão pendurados na bochecha e nas sobrancelhas dele. Disse que eu não deveria ficar surpreso, prosseguiu, porque o modo como comeu poderia ser considerado normal e educado para alguma tribo amazônica que conhecera. Segundo ele, entenderíamos melhor tudo isso depois do Capítulo 11.

Objetivos

"Diga aos seus leitores", orientou o professor, "que, ao acabar este capítulo, terão uma compreensão bastante clara dos seguintes aspectos:

- *O que é aprendizagem social.*
- *Os três efeitos da modelação.*
- *A perspectiva do agente e o determinismo recíproco.*
- *Os vários sistemas que controlam o comportamento humano.*
- *A importância do sentido de poder e eficiência pessoais.*

Diga-lhes também que terão um entendimento aguçado do significado da força de vontade e da intenção em suas vidas. Eles também compreenderão por que as grandes empresas pagam alegremente somas obscenas às 'estrelas' para que elas endossem seus produtos."

Aprendizagem Social

Os psicólogos costumam usar a expressão **aprendizagem social** sem defini-la, como se todo mundo já soubesse o que significa. Na verdade, ele possui pelo menos dois sentidos diversos.

Aprendizagem social pode significar toda a aprendizagem que ocorre como resultado da interação social, ou que, de alguma forma, envolva interação social. Pode significar também o tipo de aprendizagem envolvido na descoberta de quais comportamentos são socialmente esperados e aceitos nas situações sociais – por exemplo, descobrir que sugar a comida de outra pessoa e lamber o prato de outra pessoa é totalmente apropriado em uma remota ilha ao Sul do oceano Pacífico, mas nem tanto em Des Moines, no estado norte-americano de Iowa. Em outras palavras, *aprendizagem social* poderia se referir ao *processo* pelo qual aprendemos (um processo que envolve, especificamente, interação social) ou ao *produto* da aprendizagem (isto é, a aprendizagem de comportamentos socialmente adequados).

Comportamentos Socialmente Aceitos: O Produto

O produto da aprendizagem social é o conhecimento do que é socialmente aceitável. Por meio do processo de aprendizagem social as crianças aprendem que é aceitável pedir aos pais ou ao avô para levá-las até uma loja e lhes comprar balas de goma – pedido que é inaceitável fazer a um estranho. É também por meio de um extenso processo de **socialização** que os humanos aprendem a comer um prato cheio de feijão – dentre uma grande variedade de outros comportamentos sociais. Aprendem que comportamentos aceitáveis podem variar de cultura para cultura e que podem ser muito diferentes dependendo da idade e do sexo. Por exemplo, em alguns países asiáticos, é perfeitamente aceitável – talvez até esperado – que os alunos se curvem em reverência a seus professores e talvez lhes ofereçam pequenos presentes. Na América do Norte, ao contrário, poucos estudantes se sentem inclinados a reverenciar professores ou lhes oferecer presentes. Fazer isso poderia indicar falta de inteligência social.

Do mesmo modo como os comportamentos socialmente aceitáveis são diferentes entre as culturas, eles variam em relação à idade e ao sexo. Por exemplo, ao passo que os adultos podem chamar uns aos outros pelos primeiros nomes, raramente é permitido às crianças pequenas chamar os adultos pelo primeiro nome. Para Charles, de 8 anos de idade, chamar

Albert Bandura (1925-)

Albert Bandura nasceu numa pequena comunidade rural a cerca de 80 quilômetros de Edmonton, Alberta.[1] Mais tarde mudou-se para uma região costeira no sul da Colúmbia Britânica, onde completou a graduação, na University of British Columbia (UBC), em 1949.

"O que o influenciou para que se tornasse psicólogo?", perguntou Evans a Bandura. "Cheguei à conclusão", respondeu ele, "de que alguns dos fatores mais determinantes para a escolha da carreira e dos caminhos da vida ocorrem por força das circunstâncias mais triviais" (Evans, 1989, p. 3). Explicou que na universidade trocou o horário com um grupo de estudantes de medicina e engenharia que tinham de entrar mais cedo, por essa razão, resolveu fazer um curso de psicologia para ocupar o tempo no período das manhãs. O assunto o fascinou e, três anos depois de se graduar na UBC, Bandura obteve o título de doutor em psicologia clínica na Iowa State University. Um ano mais tarde, integrava o corpo docente da Stanford University, onde se tornou professor e chefe de departamento.

Os primeiros trabalhos e teorizações de Bandura derivaram das teorias predominantes na época: as formas de behaviorismo skinnerianas e hullianas. Contudo, mesmo no início de carreira, já se afastava da rejeição dos behavioristas à importância dos pensamentos e das intenções. A abordagem de Bandura era orientada mais para o aspecto social; ele se interessava em saber como as pessoas influenciam umas às outras e como são adquiridos os comportamentos sociais por imitação. Sua abordagem também era mais cognitiva, atribuía papel cada vez maior à capacidade humana de antecipar as consequências do comportamento.

Acabou por formular uma teoria social cognitiva do comportamento humano, resumida em seu livro *Social Foundations of Thought and Action: A Social Cognitive Theory* (1986).

Artino (2007) observa que Bandura tem poucos colegas que se equiparam a ele em termos de contribuição e prêmios. Ele publicou mais de 200 artigos e um grande número de livros e capítulos de livros. Ele mantém escritórios em mais de uma dezena de organizações científicas e recebeu um grande número de prêmios e honras estaduais e nacionais. Entre eles, estão o E. I. Thorndike Award e o APA Award for Outstanding Lifetime Contribution, em psicologia. Assim como Watson, Tolman, Thorndike, Guthrie, Hebb, Hull e Bruner, antes dele, atuou também como presidente da American Psychological Association. (Baseado parcialmente em Bandura, 2007; Evans, 1989; Pajares, 2004; e Zimmerman e Schunk, 2003.)

---

sua avó de Rhonda pode ser tomado como falta de respeito (ou de precocidade excepcional – ou de senso de humor bem desenvolvido).

Uma das mais importantes tarefas do processo de acompanhar o crescimento infantil é *socializar* os mais jovens – ou seja, ensinar-lhes comportamentos apropriados no que se refere ao aspecto social. Os principais agentes de socialização são as instituições: família, escola, igreja, parquinhos, meios de comunicação etc. Essas instituições transmitem às crianças **costumes**, valores, hábitos, crenças e outros aspectos exteriores que definem as **culturas** humanas.

[1] "Você sabia disso?", perguntou o professor. "Alguns de seus leitores podem estar interessados em saber que a cidade em que Bandura cresceu é Mundare, em Alberta, no Canadá. Mundare fica tão perto daqui que quase é possível ir a pé até lá. E talvez eles também queiram saber que sua universidade deu a ele um grau honorário. Ou pode ser que eles não se importem com nada disso, acrescentou ele cinicamente, mexendo novamente em suas anotações desorganizadas."

Aprendizagem de Comportamentos Sociais: O Processo

Devido à importância e à prevalência do comportamento social, uma questão de fundamental relevância para uma teoria da aprendizagem é saber como crianças e adultos aprendem o comportamento socialmente apropriado.

Uma das respostas mais amplamente aceita baseia-se na teoria da aprendizagem social pela **imitação** de Albert Bandura, também chamada de **aprendizagem por observação**. A teoria de Bandura foi parcialmente derivada da teoria de Miller e Dollard (1941). A teoria original de Miller e Dollard era uma abordagem genuinamente behaviorista que seguia de perto a noção de Hull de redução do impulso. Basicamente, essa teoria defendia que o comportamento ocorre em resposta a impulsos específicos (como a fome). Esses impulsos estão ligados a estímulos (como a sensação de fome). Reduzido o impulso, livra-se do estímulo; isso é reforçador e resulta em aprendizagem.

O problema com a teoria da redução do impulso, como vimos no Capítulo 10, é que tanto os organismos humanos quanto os não humanos apresentam muitos comportamentos que não parecem estar direcionados para eliminar ou reduzir a estimulação, como aconteceu, por exemplo, nas pesquisas sobre privação sensorial realizadas por Hebb, nas quais os participantes buscavam ativamente pela estimulação quando se sentiam entediados.

O que Bandura fez foi modificar a teoria da imitação de Miller e Dollard ao se livrar do componente de redução do impulso hulliano. A teorização inicial de Bandura foi baseada na teoria do condicionamento operante de B. F. Skinner (Bandura e Walters, 1963); e mais tarde, ampliou-se quando reconheceu a importância das atividades cognitivas como a imaginação e a antecipação (Bandura, 1977, 1986, 2001). A teoria é, hoje, considerada uma **teoria social cognitiva**.

Visão Geral da Teoria Social Cognitiva de Bandura

Por meio do condicionamento operante aprendemos muito, explica Bandura no início do desenvolvimento de sua teoria (Bandura e Walters, 1963). Entretanto, de muitas maneiras, a aprendizagem operante, por si mesma, pode ser uma maneira altamente ineficiente e até mesmo não efetiva de aprender. Imagine se tudo o que podemos fazer é esperar que um comportamento socialmente desejável seja emitido como operante, e depois aguardar que as circunstâncias que o seguem ofereçam reforçamento para ele. Tome-se, por exemplo, o comportamento social simples de aprender a cumprimentar com um aperto de mãos. Como seria possível que o jovem Peter emitisse espontaneamente um "aperto de mãos" operante um dia, sob circunstâncias apropriadas, e tivesse certeza de que alguém imediatamente o reforçaria? Considere-se a situação de aprender a dirigir um carro. Não seria razoável esperar que Sheila, ao receber um molho de chaves e um carro, saia dirigindo; ou que, apenas por sorte, ela consiga emitir a sequência correta de operantes – e ser reforçada por esses operantes antes de se chocar contra a parede de uma casa.

Na verdade, seria muito difícil para um aprendiz inexperiente dar um aperto de mãos ou dirigir um carro se tivesse de emitir espontaneamente a série apropriada de respostas para esses comportamentos sem nenhuma orientação. No entanto, poucos aprendizes das ações exemplificadas são totalmente inexperientes. Quase todos os jovens já viram seus pais ou outras pessoas dando apertos de mãos e dirigindo. Muitos podem até ter lido manuais que ensinam a dirigir, e já ter ouvido colegas ou irmãos conversando sobre como dar partida em um carro e guiá-lo. Nos termos de Bandura, eles já foram expostos a muitos **modelos** diferentes.

Muito da nossa aprendizagem, diz Bandura, é a chamada *aprendizagem por observação* (ou aprendizagem por meio da imitação). Resulta da imitação de modelos. A aprendizagem por meio da imitação, diz Bandura, é, na verdade, uma forma de aprendizagem operante. É por isso que um comportamento imitativo é tão parecido com um operante; não uma resposta a um estímulo específico (como é o caso de um *respondente*), mas uma resposta emitida. Comportamentos imitativos, como veremos, são geralmente reforçados; portanto, tornam-se aprendidos.

Modelos

Embora haja uma tendência de pensar em modelos como pessoas cujo comportamento é copiado pelos outros, o termo é, na verdade, muito mais inclusivo do que isso. Modelos são mais bem definidos como qualquer representação de um padrão de comportamento. Portanto, embora um modelo possa ser uma pessoa de verdade (talvez bem comum), cujo comportamento serve de guia, de cópia ou de inspiração para outra pessoa qualquer, muitos modelos são simbólicos. **Modelos simbólicos** incluem a grande variedade de modelos representados, por exemplo, por instruções orais ou escritas, fotos, caracteres de um livro, imagens mentais, desenhos ou filmes, atores de televisão etc. Os modelos simbólicos também incluem aqueles baseados no computador, muitos dos quais são usados para vários tipos de programa de treinamento, como no caso de pilotos e simuladores computadorizados de controle de voo.

Geralmente, os modelos não são exemplos de habilidades e competências muito avançadas, como aquelas demonstradas por pessoas idosas ou por especialistas. Mesmo crianças de 2 anos ou 3 anos de idade se imitam e aprendem umas com as outras, explicam Abravanel e Ferguson (1998). E, como vimos no Capítulo 3, vários estudos têm demonstrado que macacos, cachorros e muitos pássaros e golfinhos podem aprender uma variedade de comportamentos observando outros animais treinados desempenhar esses comportamentos (por exemplo, Miller, Rayburn-Reeves e Zentall, 2009; Ferrari et al., 2009). Em muitos desses estudos, óbvias recompensas na forma de alimento estão associadas ao comportamento imitado. Por exemplo, macacos-prego que observam outros macacos realizando uma tarefa complexa para obter alimento tendem a aprender a tarefa muito mais facilmente do que aprenderiam, se fosse de outra maneira (Dindo, Whiten e de Waal, 2009).

Quatro Processos na Aprendizagem por Observação

Os modelos nos informam não apenas como fazer certas coisas mas, frequentemente, eles também nos dizem quais serão as prováveis consequências de nosso comportamento. De acordo com isso, a aprendizagem por observação é muito mais um processo *cognitivo*. Segundo Bandura (1977), quatro processos distintos estão envolvidos na aprendizagem por observação.

Processos de Atenção

Para começar, temos de prestar atenção. Aprendemos pouco observando comportamentos que não têm muito valor para nós e aos quais, portanto, prestamos pouca atenção. Robert, de 30 anos, pode ter visto sua mãe preparar crepes para o café da manhã milhares de vezes, mas se lhe pedissem para fazer a mesma coisa estaria completamente perdido. Apesar de ele dar muito valor a comer crepes com geleia de fruta, o comportamento de sua mãe fazer crepes teve tão pouco valor para Robert que ele não aprendeu nada ao observá-la nessa tarefa incontáveis vezes.

Estar atento ou não ao comportamento de um modelo em potencial, afirma Bandura, depende muito do valor que damos a esse comportamento. (É importante para quem observa saber cantar uma canção tão bem? Fazer crepes tão delicados? Lançar uma bola de golfe tão longe? Dançar salsa ou tango dessa maneira?)

Prestar atenção ou não também depende de quanto um comportamento é nítido, complexo, prevalente e útil. Tendemos a prestar menos atenção a comportamentos que são bastante comuns e não muito nítidos, que ocorrem raramente, ou que são complexos e difíceis de desempenhar. Não é à toa que os modelos mais eficientes – aqueles que chamam mais a atenção – são mais atraentes, valiosos e poderosos (em termos de poder social, que pode advir de conhecimento, dinheiro ou prestígio) (Brewer e Wann, 1998). Essa é uma das razões pelas quais atores e atletas são modelos tão eficientes – algumas vezes, positivos e, talvez, outras, negativos.[2] Por exemplo, o problema do alcoolismo e do uso de drogas, às vezes, tem sido explicado pela referência ao efeito do modelo no caso de atletas famosos. Contudo, existem evidências de que amigos e normas sociais são melhores previsores do alcoolismo do que a influência de ídolos do esporte (O'Brien et al., 2010).

Processos de Retenção

Para aprender com base em um modelo, o observador precisa não somente prestar atenção mas também ser capaz de lembrar o que foi observado. Isso, explica Bandura, envolve um dos dois tipos diferentes de representação: visual ou verbal. Por exemplo, para aprender uma complexa habilidade motora, às vezes é útil observar alguém desempenhando a habilidade e, então, tentar lembrar uma sequência visual do comportamento. Já o atleta aspirante que observa um atleta olímpico representa e retém o comportamento do modelo por meio de uma série de imagens visuais, não por meio de uma série de palavras. Bandura (1977) menciona pesquisa indicando que ensaiar mentalmente uma complexa sequência motora (como salto em altura, mergulho, ginástica ou golfe, por exemplo) pode melhorar significativamente o desempenho. Ele sugere que a melhor maneira de aprender com um modelo é organizar e ensaiar mentalmente o comportamento observado e então reproduzi-lo.

Embora uma sequência motora, às vezes, seja mais facilmente representada visualmente, grande parte do que o observador vê pode ser descrito em palavras (representação verbal). Desse modo, um motorista novato aprendendo como operar as mudanças de marcha em um veículo padrão pode muito bem ser capaz de verbalizar a sequência de ações requerida – pressionar a embreagem, colocar o câmbio na primeira marcha, lentamente soltar a embreagem ao mesmo tempo em que pressiona o acelerador, e assim por diante. Uma

[2] "É por causa de seu poder como modelo que as empresas lhes pagam somas absurdas para que usem suas marcas ou finjam comer suas batatas fritas", disse o professor, mal-humorado, acrescentando que ninguém estava pagando nenhum centavo a ele para usar aquela jaqueta. Na verdade, a jaqueta que ele pegou detrás da porta era minha, e trazia estampado o logotipo da Coca-Cola. Eu também não tinha recebido nada para usá-la.

representação visual do comportamento do instrutor de direção pode não ser especialmente útil nesse caso.

Processos de Reprodução Motora
Imitar requer transformar ações imaginadas (visual ou verbalmente representadas) em comportamentos concretos. Para fazê-lo, é preciso ter certas capacidades motoras e físicas, ou talvez capacidades verbais e intelectuais. Além disso, uma imitação bem-sucedida implica capacidades de monitorar e corrigir o desempenho. Por exemplo, um técnico pode demonstrar repetidamente como fazer uma jogada de hockey no gelo ou como lançar uma bola de basquete no cesto, mas isso não terá validade nenhuma para o observador se lhe faltar a combinação de habilidades físicas requeridas para imitar corretamente o técnico. Do mesmo modo, se o atleta não tiver noções de patinação ou se não conseguir pular alto o suficiente para alcançar a cesta – em outras palavras, se não conseguir monitorar e corrigir seu desempenho –, não conseguirá imitar direito seu modelo. A reprodução bem-sucedida de sequências motoras geralmente requer monitoramento, avaliação e o aperfeiçoamento gradual dos comportamentos componentes.

Processos Motivacionais
Por fim, o observador tem de estar motivado. Motivos, como vimos no Capítulo 10, impelem e direcionam nosso comportamento. Quando a mãe de Robert anunciou que, por causa de sua recusa em sair de casa, ela se mudaria, Robert, de repente, teve uma razão importante para aprender a fazer crepes. Essa motivação recém-descoberta tornou-se aparente quando ele começou a prestar atenção na mãe e aprendeu a fazer crepes em apenas duas ou três manhãs.

A distinção entre aquisição e desempenho é importante na teoria da aprendizagem social porque, como notamos, grande parte do que é observado e supostamente adquirido nunca é desempenhado. Se o comportamento modelo será ou não desempenhado alguma vez é uma função da motivação – um conceito estreitamente relacionado ao reforço ou, talvez, mais precisamente, do reforço antecipado.

Resumindo, a aprendizagem por observação inicia com um evento modelado (talvez, um modelo da vida real em alguma atividade, um modelo simbólico, ou uma combinação de ambos) e culmina em algum tipo de desempenho correspondente por parte do observador. Aqui, quatro processos são realizados: primeiro, o observador deve prestar atenção; em segundo, o observador deve representar cognitivamente o comportamento observado, armazená-lo e, talvez, ensaiá-lo; terceiro, considerando as habilidades requeridas, reproduzir e refinar o comportamento observado; e quarto, em condições motivacionais adequadas (definidas principalmente em termos do reforço previsto), o observador desempenha o comportamento aprendido. (Veja a Figura 11.1, para um resumo desses quatro processos.)

Condicionamento Operante na Aprendizagem por Observação

Colocado de maneira simples, o modelo de condicionamento operante de Skinner descreve a aprendizagem como um aumento na probabilidade de ocorrência de um operante

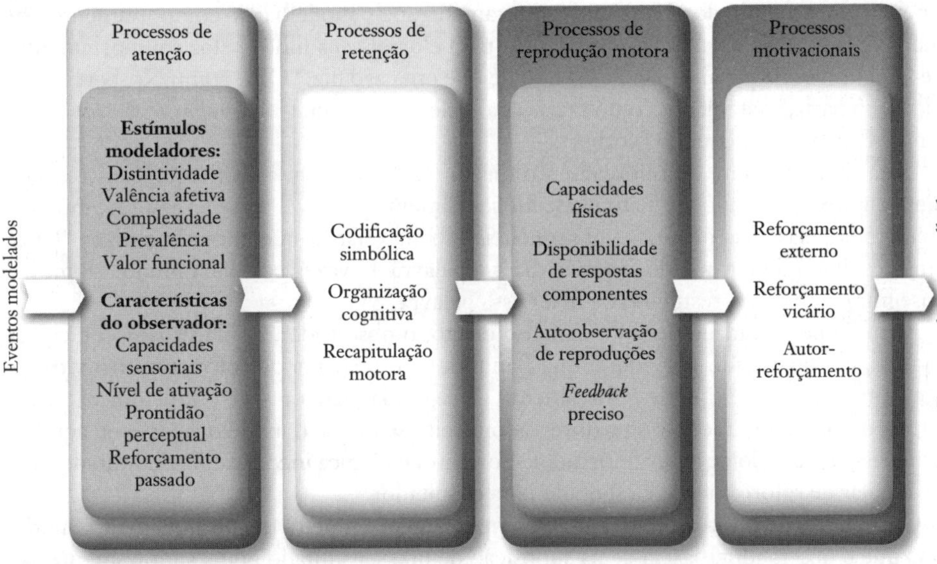

Figura 11.1 Os quatro processos envolvidos na aprendizagem por observação. De A. Bandura, *Social Learning Theory*, © 1977, p. 23. Reproduzido com permissão de Pearson Education, Inc.

(resposta emitida) em função do reforçamento. Como vimos, a teoria da aprendizagem social de Bandura aceita que a imitação é um tipo de comportamento emitido que ocorre em função da observação de um modelo, e que isso é reforçado. Consequentemente, comportamentos imitativos são aprendidos da mesma maneira que os operantes.

Comportamentos imitativos, explica Bandura, são extremamente comuns. As similaridades no modo como as pessoas se vestem, comem, andam e conversam, e as diferenças entre culturas são testemunhos da prevalência e do poder da imitação. A imitação destaca-se como explicação para a aprendizagem social, porque oferece uma boa explicação para a aprendizagem complexa. Habilidades, como a de aprender a pilotar um avião, não podem ser adquiridas facilmente apenas por meio da contiguidade ou da tentativa e erro; elas requerem a apresentação de modelos (geralmente outros pilotos, bem como instruções verbais e escritas). Do mesmo modo, as crianças provavelmente nunca aprenderiam a falar se tivessem de fazê-lo por meio de tentativa e erro, sem os benefícios de modelos que lhes são apresentados por outros seres humanos falantes. Além disso, como vimos, parece claro que as pessoas aprendem o que é aceitável e inaceitável no que se refere a falar, vestir-se e comportar-se principalmente ao observar os modelos apresentados pelos outros.

Fontes de Reforçamento na Imitação

Na aprendizagem por observação, há duas fontes potenciais de reforçamento para o observador, explicam Bandura e Walters (1963). Além disso, o modelo também pode ser reforçado.

Primeira fonte, os comportamentos imitados estão frequentemente sujeitos ao **reforçamento direto**, quando suas consequências imediatamente aparentes são o reforçamento.

Por exemplo, um imitador é reforçado, diretamente, pelo modelo cujo comportamento está sendo copiado. Pais orgulhosos são rápidos para elogiar seus filhos pelos comportamentos que lembram os de papai e mamãe. O fato de que uma avó diz: "Olhe como Norbert coloca o dedo no nariz, exatamente como fazia o pai dele" pode muito bem *reforçar diretamente* o comportamento do pequeno Norbert.

Uma segunda fonte de reforçamento direto tem a ver com as consequências reais do comportamento imitado. Se a atividade for socialmente aceitável ou se levar à recompensa, é reforçada pelas suas próprias consequências. Uma criança que aprende a dizer "leite" como resultado de ter ouvido sua mãe dizer a palavra 40 vezes por dia, durante 18 meses, conseguirá leite como resultado de dizer essa palavra.

Além da possibilidade de reforçamento direto, o observador, numa situação de copiar modelos, é influenciado por aquilo que Bandura (1969) chama de **reforçamento vicário**. Este é um importante tipo de reforçamento de segunda mão, ou seja, o imitador não é reforçado diretamente. É como se o observador aceitasse que se o modelo faz isso ou aquilo é porque isso ou aquilo deve ser reforçador. Portanto, na lógica inconsciente do imitador, um tipo similar de reforçamento é esperado para o imitador.

Outra fonte de reforçamento para o comportamento imitativo, que afeta mais o modelo do que o observador, baseia-se na suposição de que ser imitado pode, simplesmente, ser reforçador. É o caso dos artistas que usam roupas ou cabelos bizarros. Por serem imitados pelos fãs, eles tendem a persistir nos gostos estranhos.

Condicionamento Clássico na Aprendizagem por Observação

O comportamento imitativo, como vimos, é uma resposta operante típica, cuja probabilidade aumenta ou decresce em função das contingências de reforçamento a ele associadas. Portanto, o condicionamento operante está envolvido nesse tipo de aprendizagem.

Como destacam Powell, Symbaluk e Macdonald (2002), o condicionamento clássico também está implícito na aprendizagem pela imitação. Especificamente, muitas das respostas emocionais associadas a modelos são adquiridas por meio do condicionamento clássico. Se você vê um grupo de colegas rindo ruidosamente, divertindo-se à beça, é provável que essa manifestação de alegria e felicidade desperte emoções semelhantes em você. Por quê? Simplesmente porque ver e ouvir as pessoas rindo ou sorrindo é algo que foi repetidamente associado às próprias reações emocionais de alegria que começaram na infância. Como resultado, o comportamento alegre de outras pessoas serve, agora, como estímulo condicionado (CS) para a própria resposta condicionada (CR) de alegria.

Nem todas as **reações emocionais condicionadas (RECs)** são positivas. Muitos comportamentos e gestos sociais, como choro, lágrimas, desaprovação, espanto, negação e sinais com os dedos, são estímulos condicionados para poderosas RECs negativas. Esses comportamentos estiveram ligados a emoções negativas por bastante tempo, de modo que, pelo condicionamento clássico, rapidamente evocam emoções negativas nos observadores.

As reações emocionais condicionadas podem ter uma profunda influência na maneira como um modelo será imitado. Se você vê Edward sendo punido por subir no telhado, as RECs que você experimentou podem desencorajá-lo a imitar o comportamento de subir

Tabela 11.1 *Três Efeitos da Imitação, Segundo a Teoria de Bandura*

Tipo de efeito	Descrição	Ilustração
Efeito modelador	Aquisição de um novo comportamento como resultado da observação de um modelo.	Após assistir a um programa de artes marciais na televisão, Robert tenta fazer alguns movimentos novos com sua irmã caçula, Jenna.
Efeito inibitório-desinibitório	Cessar ou iniciar algum comportamento após ver um modelo ser punido ou recompensado por comportamento semelhante.	Depois de observar Robert, Dick, que já conhecia todos aqueles movimentos, mas não os praticava havia muito tempo, tenta alguns deles com o gato da casa (efeito desinibidor). Dick desiste de lutar com o gato quando a mãe de Jenna responde a seus gritos e pune Robert sonoramente (efeito inibitório).
Efeito eliciador	Apresentar um comportamento relacionado com aquele modelo.	Robin começa a ter aulas de piano depois que o primo foi muito aplaudido ao cantar numa reunião de família.

no telhado. Ao contrário, se Edward estiver se divertindo lá no telhado e, além disso, Cindy sorri para ele e o elogia pela coragem, você poderá ter vontade de imitá-lo.[3]

Três Efeitos da Imitação

Nas sociedades tecnológicas avançadas, explica Bandura, os modelos simbólicos, como aqueles apresentados pela televisão, pelos livros, pelas orientações verbais e coisas semelhantes, são muito importantes. Na verdade, explica Bandura, o problema das teorias mais antigas de aprendizagem é que "muitas foram criadas antes da tremenda revolução tecnológica nas comunicações... Essas teorias não acompanharam o enorme poder do ambiente simbólico" (Evans, 1989, p. 6).

Por meio da aprendizagem por observação, as crianças (e os adultos) aprendem três diferentes classes de respostas, que Bandura e Walters (1963) descrevem como três efeitos da imitação. Eles são descritos a seguir e resumidos na Tabela 11.1.

Efeito Modelador

Quando os observadores aprendem algo novo por meio da imitação, diz-se que eles foram modelados. Portanto, o **efeito modelador** envolve a aquisição de novas respostas. Quando as avós contam como seus netos adquiriram hábitos indesejáveis com os amiguinhos indisciplinados da vizinhança – hábitos inéditos, já que os netos nunca haviam feito essas coisas antes –, elas estão descrevendo o efeito modelador.

[3] "Lembre-se do carro", disse o professor, interrompendo a leitura para mostrar a revista que eu vira algumas semanas antes, aquela com a modelo deitada em cima de um carro. Surpreendeu-me que ele ainda tivesse a revista. "Se medíssemos as alterações na sua pressão sanguínea, na frequência cardíaca, na transpiração etc.", disse ele, "descobriríamos que você teve uma REC quando olhou para o anúncio. É exatamente isso que os anunciantes desejam provocar". Embora eu soubesse que ele não fuma – pelo menos não muito –, mostrou-me um maço de cigarros com aquelas advertências médicas impressas no verso, ao lado da figura de um pulmão canceroso. "Essa", disse ele, "é um tipo diferente de REC, mas o princípio de aprendizagem é o mesmo."

As ilustrações experimentais clássicas do efeito modelador são, frequentemente, experimentos replicados referentes a comportamentos agressivos em crianças pequenas, conhecidos como experimentos com o boneco "João Bobo". No primeiro e mais famoso desses experimentos, Bandura, Ross e Ross (1961) expuseram 72 crianças (entre 37 e 69 meses) a modelos adultos interagindo com um grande boneco de plástico, chamado João Bobo. Alguns grupos viram o modelo sendo fisicamente agressivo com o boneco (socando, batendo, chutando o boneco, sentando em cima dele, e assim por diante). Esta agressão física também foi acompanhada por comentários verbais agressivos, como "Jogue ele no chão...", "Dê um soco no nariz dele...", "Jogue ele pra cima..." etc. (Bandura, Ross e Ross, p. 567).

Outros grupos viram o experimentador ignorar totalmente o boneco (modelo não agressivo). E outros grupos, ainda, não foram expostos ao João Bobo até a parte de testes do estudo, na qual o modelo é levado da sala e os participantes são expostos ao mesmo boneco e observados durante 20 minutos através de um vidro espelhado. Os participantes não recebem instruções. Eles são livres para brincar com o João Bobo ou com outros brinquedos na sala.

Os resultados deste e de muitos outros estudos subsequentes parecem claros: quando deixadas sozinhas com o boneco, as crianças expostas a modelos agressivos se comportam muito mais agressivamente do que as crianças expostas a modelos não agressivos ou não expostas a quaisquer modelos. Além disso, os comportamentos agressivos das crianças em geral são precisamente imitativos. Se o modelo chutou o boneco, isso é o que mais provavelmente a criança irá fazer (veja a Figura 11.2).

Estudos como este têm sido amplamente utilizados para apoiar a crença de que a agressão geralmente é aprendida por meio da imitação e da televisão, porque seu conteúdo violento é altamente influente no estímulo ao comportamento agressivo. Outros indicam que esses estudos envolvem situações de laboratório que são, de algum modo irrealistas, e que a agressão direcionada a um objeto inanimado é bem diferente da agressão contra pessoas na vida real. Contudo, considerações éticas proíbem o uso de bebês (ou mesmo adultos muito pequenos) no lugar de bonecos nestes experimentos. Portanto, é difícil ilustrar a aquisição de respostas agressivas experimentalmente significativas. Porém, resumos gerais de pesquisas sobre televisão sugerem que assistir à violência na TV aumenta a violência dos

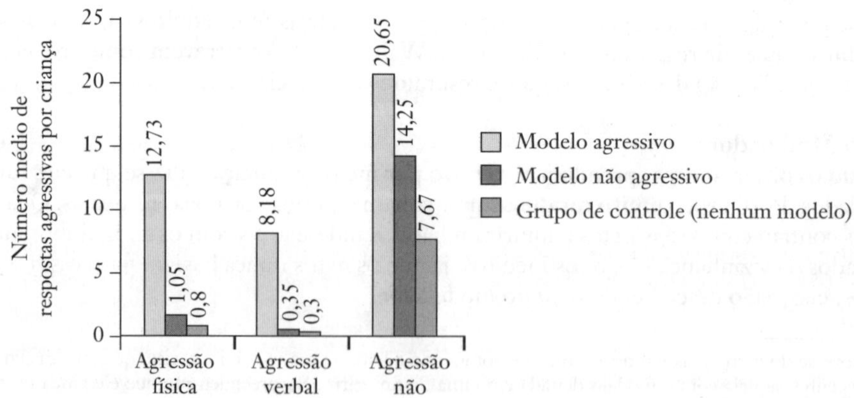

***Figura* 11.2** Alguns resultados do estudo de Bandura, Ross e Ross das interações de crianças com o João Bobo, após a exposição a modelos que interagiram de forma agressiva ou não agressiva com o boneco.

espectadores (Huesmann et al., 2003). Pesquisas também sugerem que existe uma relação positiva entre assistir à televisão e uma variedade de atributos de personalidade negativos (Association for Psychological Science, 2008).[4]

Efeitos Inibitório e Desinibitório

As imitações, algumas vezes, não resultam na aprendizagem de novas respostas, mas na supressão ou desibinição de um comportamento desviante previamente aprendido. Inibição ou desinibição costumam ocorrer como resultado de ver um modelo punido ou recompensado por ter feito algo desviante. Por exemplo, um grupo de ladrões pode parar de roubar depois de ver um membro do grupo ser preso e punido (**efeito inibitório**). Por outro lado, o mesmo grupo pode começar a roubar por ter visto um dos membros ficar rico por meio dessa prática (**efeito desinibitório**). O efeito desinibitório envolve se engajar em um comportamento desviante, previamente inibido, como resultado da observação de um modelo. O efeito inibitório implica abster-se de um comportamento desviante.

Há um exemplo ilustrativo do poder dos modelos no comportamento desinibitório desviante em alguns estudos clássicos sobre punição (Walters e Llewellyn, 1963; Walters, Llewellyn e Acker, 1962). Nesses estudos, os sujeitos atuaram como se fossem voluntários em um experimento sobre a memória. Foram mostradas a eles uma de duas sequências de filmes: uma cena violenta de *Juventude transviada* ou um trecho de um filme com adolescentes ocupados com um trabalho artístico. Posteriormente, os sujeitos foram convidados a ajudar o pesquisador em outro estudo destinado a investigar os efeitos da punição no comportamento de solução de problemas.

Então, um estudante, que se passou por sujeito, mas que na realidade era cúmplice do pesquisador, sentou-se diante de um painel para resolver problemas e foi assinalando suas respostas, pressionando um botão. Cada vez que respondia corretamente, uma luz verde acendia em um segundo painel; quando errava, acendia uma luz vermelha. Esse segundo painel tinha 15 botões rotulados como 15, 30, 45 volts e assim por diante. Aparentemente os botões estavam conectados a eletrodos presos aos punhos desse sujeito impostor. Um sujeito real, então, foi instruído a administrar punição na forma de choque elétrico cada vez que o sujeito cúmplice cometesse um erro (após ele próprio ter se autoadministrado um choque suave para assegurar que o outro percebia o que estava fazendo).

Os resultados desse estudo mostraram que a exposição a filmes com conteúdo violento aumentou significativamente a intensidade dos choques que os sujeitos tinham permissão de aplicar (o cúmplice, na verdade, não levou choques, porque um eletrodo estava sempre desconectado). Como vimos anteriormente, estudos como este geralmente têm sido citados como evidência dos efeitos potencialmente prejudiciais da violência transmitida pela televisão.

---

[4] "Tenho outro exemplo de modelação para seus leitores mais inteligentes", disse o professor, indicando que eu desligasse o gravador. Contou que é um exemplo descrito por Bandura. É a respeito do filme *Pânico no voo das seis*, no qual uma bomba sensível à altitude é usada na tentativa de extorquir dinheiro de uma empresa aérea. Bandura escreveu para a Federal Aviation Administration para descobrir possíveis tentativas de extorsão após o lançamento desse filme. Como ele esperava, essas tentativas aumentaram drasticamente no dia seguinte ao do lançamento do filme. Talvez mais surpreendente seja o fato de muitas dessas tentativas de extorsão envolverem a modelação precisa, incluindo o uso alegado de bombas sensíveis à altura e projetadas para explodir numa altitude abaixo de 1.500 metros. A ação de um suposto chantagista que voava de Montreal para Londres foi frustrada quando a empresa aérea decidiu aterrissar em Denver (altitude de 1.600 metros). No Alasca, porém, um chantagista recebeu US$ 25 mil; na Austrália, outro conseguiu tirar US$ 560 mil dólares da Qantas Airlines (Evans, 1989).

Efeito Eliciador

Uma terceira manifestação da influência dos modelos sobre o comportamento humano, o **efeito eliciador**, envolve respostas eliciadas que, em vez de estarem emparelhadas ao comportamento do modelo, são simplesmente relacionadas a ele. Em um certo sentido, é como se o comportamento do modelo encorajasse comportamento similar no observador. Por exemplo, um elogio feito a um rapaz por ter vencido competições atléticas poderia encorajar seu irmão a tentar superá-lo no âmbito acadêmico. Do mesmo modo, os gostos e os estilos dos heróis do cinema e da televisão podem influenciar os gostos e os estilos de seus admiradores. O efeito eliciador, explica Bandura, "é função da facilitação social... Toda a indústria da moda e alimentícia se apoia no funcionamento da modelação" (Evans, 1989, p. 5).

Influências Cognitivas na Teoria Social Cognitiva de Bandura

Como vimos, embora a teoria da aprendizagem por observação (ou imitação) de Bandura se baseie em um modelo de condicionamento operante, seus textos posteriores tiveram, decididamente, um toque cognitivo (Bandura, 1986; 2007). No Capítulo 10, vimos este outro lado da teorização de Bandura – este aspecto de sua teoria social cognitiva que lida com o que é denominado **pensamento autorreferente**, que é o pensamento que envolve nossos próprios processos mentais. Lembre-se de que um aspecto fundamentalmente importante do pensamento autorreferente diz respeito às avaliações pessoais do indivíduo sobre competência e efetividade. O que Juan pensa a respeito de si mesmo (seu senso de **autoeficácia**) está intimamente ligado às decisões que toma sobre o que fará, bem como à quantidade de esforço e tempo que estará disposto a devotar às diferentes atividades. Se ele acredita firmemente que é burro e incapaz de entender os conceitos deste livro, é provável que não o leia. São as cognições, portanto, que impulsionam as ações.

Mesmo na aprendizagem operante, afirma Bandura, o essencial é a capacidade de pensar, simbolizar, perceber as implicações das relações de causa e efeito e antecipar as consequências do próprio comportamento (bem como do comportamento dos outros). Além disso, diz Bandura, as pessoas se empenham para controlar os acontecimentos que as afetam. "Ao exercer influência nas esferas sobre as quais elas podem ter algum controle", afirma Bandura, "ficam mais aptas a perceber os efeitos futuros desejados e evitar os indesejados" (1995, p. 1). Este é o *determinismo recíproco*, do qual falamos anteriormente. O indivíduo controla e influencia o ambiente – algumas vezes, modificando-o – e as punições e reforços que caracterizam o ambiente afetam o indivíduo. Mas, embora punições e recompensas afetem o comportamento, não exercem controle sobre ele, como se as pessoas fossem marionetes. Ao contrário, esses efeitos são, principalmente, funções da percepção das relações e expectativas sobre os resultados – expectativas que podem durar dias, ou mesmo anos. É assim com os fazendeiros, que plantam o trigo na primavera sem nenhuma possibilidade de reforçamento imediato; sabem que o reforçamento virá no outono (se chover).[5]

Sistemas de Controle do Comportamento

Bandura (1969) defende a ideia de que é impossível explicar o comportamento humano apenas pela referência ou aos estímulos internos ou aos externos, ambos estão inevitavelmente envolvidos na maior parte dos comportamentos humanos. O behaviorismo pode ser definido pela sua preocupação com os acontecimentos externos; o cognitivismo lida principalmente com os eventos internos. A perspectiva de Bandura tende a integrar as duas abordagens.

Quando o autor se refere aos estímulos externos, ele quer dizer simplesmente que o ambiente físico é, pelo menos em parte, responsável pelo comportamento humano. As pessoas respondem ao ambiente. Não fazê-lo seria indicativo de um ser não funcional. Mesmo as formas filogeneticamente mais simples de vida, como a planária, respondem à estimulação externa.

A estimulação interna se refere a eventos mais cognitivos (na forma de imagens, memórias, sentimentos, orientações, verbalizações etc.) que compõem os processos de pensamento humano. Que esses eventos influenciam o comportamento é claro: uma avó não se convenceria do contrário. Interessante notar, entretanto, que os psicólogos às vezes o fazem. Com essa finalidade, Bandura (1969) cita um experimento desenvolvido por Miller (1951) no qual um grupo de sujeitos foi condicionado, por meio de eletrochoques, a reagir negativamente à letra T e positivamente ao número 4. Depois do condicionamento, os sujeitos apresentaram evidências consistentes de uma maior reação autônoma (ativação) aos estímulos associados ao choque (nesse caso, o T). Miller, em seguida, instruiu os sujeitos para que pensassem nos estímulos alternadamente quando uma sequência de pontos lhes era mostrada (T para o primeiro ponto, 4 para o segundo, T para o terceiro e assim por diante). Houve reação autônoma maior aos pontos ímpares, o que demonstra os efeitos dos processos internos no comportamento.

Ao descrever as forças que afetam o comportamento humano, Bandura destaca três sistemas de controle separados, que interagem um com o outro para determinar o comportamento.

---

[5] "Os alunos estudam dia e noite", resmungou o professor, indicando que isso era apenas um comentário e que não precisava ser gravado. "Eles estudam e estudam", disse ele, "mesmo sem a possibilidade imediata de recompensa por seus esforços. Sabem que poderão ter carreiras fascinantes e recompensadoras no futuro". Ele fez uma pausa e acrescentou: "Pelo menos os mais brilhantes".

Controle de Estímulo

Alguns comportamentos humanos consistem em atividades que estão sob o controle de estímulos. Tais comportamentos incluem a grande quantidade de ações autônomas (reflexas) nas quais as pessoas se envolvem ao responder a certos estímulos específicos. Espirrar, evitar a dor, ter medo ou se espantar são exemplos de comportamentos controlados por estímulos externos.

Os comportamentos sob controle de estímulos também incluem as respostas aprendidas por meio do reforçamento. Quando um estímulo específico está sempre presente por ocasião do reforçamento, adquire controle sobre o comportamento no sentido de que finalmente serve, como sinal para uma resposta. Um exemplo desse tipo de controle é encontrado no contraste entre os comportamentos de alguns estudantes quando os professores estão presentes e quando não estão. Ao oferecer recompensa pelo bom comportamento e punição pelas atividades menos desejáveis, os professores se tornam estímulos capazes de evocar obediência, medo, cuidado, respeito, amor ou uma combinação de respostas.

Controle de Resultado

Alguns comportamentos, explica Bandura, ficam sob controle de suas consequências, e não de seus antecedentes – ou seja, não parecem estar sob controle de estímulo. O sistema de controle de resultado, que foi exaustivamente investigado por Skinner, está relacionado, especificamente, às atividades que se tornam mais prováveis como função do reforçamento, ou menos prováveis em função, ou de punição, ou do não reforçamento. Nesse sistema de controle comportamental, o controle é adquirido por meio do condicionamento operante.

Controle Simbólico

O terceiro sistema de controle do comportamento inclui a ampla variedade de atividades humanas que são influenciadas pela "mediação" ou processos internos. Processos de pensamento podem afetar o comportamento humano de muitas maneiras. A verbalização interna de regras (autoinstrução) pode dirigir o comportamento, como no experimento de Miller (1951), no qual os sujeitos instruíram a si mesmos para pensar T, depois 4 e assim por diante.

Uma segunda maneira pela qual os processos simbólicos dirigem o comportamento tem a ver com o fato de que imaginar as consequências do comportamento afeta as atividades em andamento. Se não houvesse essa capacidade de representar simbolicamente resultados de longo prazo (em outras palavras, prever resultados), muitas tarefas que não são associadas a um estímulo imediato, ou a uma recompensa imediata, não seriam realizadas. Por que semear um campo de milho se você não pode antecipar a colheita no outono? Por que estudar medicina se você não consegue se imaginar como médico?

A importância da simbolização para o comportamento humano parece ser bem maior do que os dois outros sistemas de controle comportamental. Ao que parece, à medida que se desce na escala filogenética, aumenta a importância do controle de resultado e do controle de estímulo direto. Formas de vida animal simples parecem reagir mais à estimulação externa específica do que aos resultados comportamentais. Além disso, a simbolização, aparentemente, não desempenha um papel importante (ou qualquer papel) no direcionamento do comportamento de muitos animais.

Sistemas de Controle do Comportamento Exemplificados

Embora os controles de estímulo, de resultado e simbólico sejam distintos um do outro no que se refere a aspectos teóricos, não estão necessariamente separados na prática. Muito da atividade humana é dirigida por uma combinação dos três. Considere, por exemplo, uma mulher que se apaixona por um homem ruivo, magrinho, dentuço, vesgo, cambaio, com pés de pombo. Por causa da generalização do estímulo, essa mulher reage a esse homem como o faria com qualquer outro (o estímulo homem esteve presente no momento de muitos reforçamentos anteriores).

Contudo, o comportamento humano não é tão simples. A mulher não responde ao estímulo de maneira cega, como seria de se esperar de um rato, sem nenhuma sofisticação. Se sua abordagem inicial encontra forte resistência, ela pode modificá-la; se é recompensada, pode intensificá-la. Se a intensificação leva a mais recompensa, pode ser mais intensificada; se o reforçamento cessa, a abordagem enfraquece. Portanto, as mulheres são capazes de mudar seu comportamento de acordo com os resultados imediatos.

A direção da atividade é ainda mais complexa porque os processos simbólicos também guiam as ações. Por exemplo, a mulher é capaz de representar na sua imaginação as consequências de conseguir namorar esse homem ruivo tão sem atrativos. Ela pode imaginar que esse homem tem talentos ocultos que podem suprir a falta óbvia de qualidades físicas. Talvez ela antecipe que ele pode ser um excelente cozinheiro (veja a Tabela 11.2).

***Tabela* 11.2** *Sistemas de Controle de Comportamento na Teoria de Bandura**

Sistema de controle	Definição	Exemplo
Controle de estímulos	Comportamentos controlados diretamente por condições antecedentes (por estímulos).	Reflexos e respostas classicamente condicionadas (por exemplo, o experimento realizado por Watson com um bebê, que ficou conhecido como pequeno Albert, que chorava ao ver um rato branco).
Controle de resultados	Comportamentos controlados por suas consequências.	Comportamentos aprendidos através de condicionamento operante (por exemplo, Sarah, que ocasionalmente ganhava pequenos prêmios colocando um dólar após outro em máquinas caça-níqueis – até que finalmente ela gastou seu último dólar).
Controle simbólico	Comportamentos controlados por processos mentais, como a capacidade de visualizar e prever.	Comportamentos sem recompensas imediatas, mas associados com a previsão de recompensas de longo prazo (por exemplo, Edward estuda como louco a semana inteira na esperança de obter um A no exame e ganhar uma bolsa de estudos).

* Note que muitos comportamentos podem ser influenciados (controlados) por dois ou mais desses sistemas ao mesmo tempo. Portanto, o comportamento de um jovem rapaz que corre para se sentar à frente em um ginásio durante a apresentação de um filme pode ser controlado por 1) reações emocionais condicionadas (RECs) negativas relativas à punição que ele recebeu por ter se comportado mal certa ocasião em que estava no fundo do ginásio (controle de estímulos); 2) o fato de que quando ele se sentou à frente ficou entre os primeiros a receber um saquinho de pipoca (controle de resultados); 3) sua previsão de que se sentar à frente permitirá que ele veja a ação mais claramente (controle simbólico).

A Perspectiva do Agente de Bandura

As pessoas são agentes de suas próprias ações, insiste Bandura: "Elas são agentes das experiências, e não apenas submissas a elas. Os sistemas sensorial, motor e cerebral são ferramentas que as pessoas usam para realizar tarefas e objetivos que dão sentido, direção e satisfação às suas vidas" (2001, p. 4).

Há três aspectos principais da atuação humana, explica Bandura – três características humanas que definem a **perspectiva do agente**.

Intencionalidade

As pessoas só podem ser agentes de suas ações se desempenham as ações intencionalmente, explica Bandura (2008b).[6] Se Graciela é empurrada na direção do seu professor, o que faz com que ele, acidentalmente, derrame o seu café, ela não poderia ser considerada a agente dessa ação. Entretanto, se Consuelo, que empurrou Graciela, faz isso deliberadamente, é Consuelo a agente.

Previsão

Intencionalidade implica planejamento e antecipação, ou seja, implica previsão. Como vimos, a capacidade de simbolizar permite que as pessoas antecipem as consequências de suas ações. Não fosse pela capacidade de prever as prováveis consequências do comportamento, seria muito difícil para nós tentar realizá-las. Assim, se Consuelo não conseguiu antever as consequências de empurrar a infeliz Graciela, não tinha como saber que a estava colocando em dificuldade ao empurrá-la.

Autorreatividade e Autorreflexão

Como coloca Bandura: "Pelo exercício da previsão, as pessoas motivam a si mesmas e orientam suas ações em antecipação a acontecimentos futuros" (2001, p. 7). Isso requer que sejam capazes de examinar e reagir ao seu próprio funcionamento. Como agente de suas próprias ações, Consuelo não só pode pretender empurrar Graciela e antever as consequências de fazê-lo, como também pode refletir sobre suas próprias ações e sobre as consequências e, então, reagir a elas; ou seja, ela consegue refletir (pensar a respeito) sobre os resultados mais prováveis de seu comportamento tanto no longo prazo quanto logo depois de ocorrido. Pode também mudar suas intenções e suas ações enquanto reflete e reage.

O ponto mais importante, de acordo com Bandura, é que nós estamos no comando. Somos os *agentes*. Como Bandura (2008a) explica, ser um agente é tentar deliberadamente influenciar nosso próprio comportamento e o curso dos eventos ambientais. Isso não nega as forças biológicas poderosas que moldam muitos dos nossos comportamentos nem nega que muito do que fazemos está sob controle de vários estímulos e de resultados antecipados. Da mesma forma, há resultados acidentais, comportamentos não intencionais e eventualidades inesperadas sobre os quais exercemos pouco controle – principalmente porque não os antecipamos. Se Graciela esperava ser empurrada por Consuelo, as coisas teriam sido bem diferentes.

---

[6] Seus alunos mais brilhantes terão percebido "interrompeu o professor", que a descrição de Bandura do ser humano como um *agente* novamente pressupõe que este ser é dotado de livre arbítrio. Esta é uma questão difícil na psicologia, mas Bandura não a evita. O título de seu capítulo escrito em 2008 é 'Reconstrual of 'Free Will' from the Agentic Perspective of Social Cognitive Theory'."

Eficácia Pessoal

Se tivermos, verdadeiramente, que ser agentes de nossas próprias ações, declara Bandura (2008a), nada é mais importante do que nossas crenças sobre nossa eficácia pessoal. Como vimos anteriormente, julgamentos sobre autoeficácia parecem ter profunda influência sobre o que fazemos ou deixamos de fazer. Se Sarah acha que é muito boa para falar em público – ou seja, se o seu julgamento de autoeficácia relativo a falar em público é altamente positivo –, ela pode se sentir muito motivada a procurar e aceitar oportunidades nessa área. Se, ao contrário, ela faz uma baixa avaliação de sua autoeficácia, tenderá a evitar ocasiões nas quais seja necessário falar em público.

Claro que os julgamentos de autoeficácia nem sempre são acurados. Há aquelas pessoas que continuam a se ver como eficientes e capazes em atividades nas quais o seu desempenho é evidentemente medíocre. Outros experimentam o oposto – vêem-se como incapazes e tentam evitar atividades nas quais se dariam surpreendentemente bem.

Como vimos no Capítulo 10, os julgamentos de autoeficácia refletem quatro influências distintas: *enativas* (os efeitos diretos do comportamento), vicárias (os efeitos das comparações com os comportamentos dos outros), *persuasivas* (os efeitos da persuasão) e *emotivas* (os efeitos das emoções).

Os efeitos de nossos comportamentos sobre os outros, ou seus efeitos em um sentido mais objetivo, geralmente nos dizem o quanto somos eficazes. Se Samuel fracassa muito na escola, isso seria evidência objetiva de baixa eficiência. Se seus pais, professores ou amigos fazem comentários desabonadores sobre a sua eficiência, os efeitos de seu comportamento sobre os outros seria uma influência social adicional muito poderosa, que contribuiria para baixar sua avaliação de autoeficácia.

De modo similar, as comparações que Samuel faz entre seu desempenho e o de seus colegas lhe diz algo sobre sua eficiência. Se pessoas importantes, como pais, professores ou colegas, conseguem persuadi-lo de que ele é competente e eficiente, o que ele precisa é apenas se esforçar para melhorar.

Eficácia Coletiva

Bandura fala não apenas de *autoeficácia*, que é a percepção *pessoal* da competência e da provável efetividade, mas também da **eficácia coletiva**, que é uma crença compartilhada sobre a eficácia de um grupo. Nas palavras de Bandura, a "Eficácia coletiva percebida é definida como uma crença compartilhada do grupo em sua capacidade conjunta de organizar e executar os cursos de ação necessários para produzir determinados níveis de aquisições" (1997, p. 477).

Não vivemos em isolamento social, explica Bandura. Como resultado disso, independentemente do quanto somos poderosos e efetivos como *agentes* de nossas próprias vidas, existem aspectos de nossos ambientes – e, portanto, de nossas vidas – sobre os quais temos pouco controle individual. Mas como membros de vários grupos, às vezes, podemos exercer poder considerável. Por exemplo, decisões e movimentos políticos importantes, que algumas vezes podem ter profunda influência nas vidas individuais frequentemente são resultado da ação concentrada de grupos. Grupos de lobistas organizados, ativistas, pessoas unidas em virtude de crenças religiosas comuns – estes são exemplos de apenas alguns dos muitos diferentes *coletivos* que podem ser descritos em termos de seu senso de *eficácia coletiva*. Grupos caracterizados por um elevado senso de eficácia *política* são aqueles que mantêm a convicção de que têm o poder de efetuar uma mudança política.

A crescente globalização econômica e social associada à mudança tecnológica, explica Bandura (1997), está rapidamente criando um mundo no qual o exercício da agência coletiva se torna cada vez mais importante se os indivíduos mantiverem um senso de controle sobre suas vidas – e, portanto, um senso de autoeficácia pessoal.

Determinismo recíproco

As explicações anteriores de Bandura sobre a aprendizagem social, baseadas em um modelo de condicionamento operante, podem ser resumidas da seguinte maneira:

- *Grande parte da aprendizagem humana é uma função da observação e da imitação de comportamentos dos outros ou de modelos simbólicos, como personagens de ficção em livros ou programas de televisão. Nos termos de Skinner, os comportamentos imitativos podem ser considerados operantes.*
- *Quando os comportamentos imitativos têm resultados positivos ou resultam na eliminação ou prevenção de consequências negativas, eles se tornam mais prováveis.*

Todavia, como vimos, ao longo de um período de anos, a teoria de Bandura se modificou de importantes maneiras, à medida que ele incorporou novas ideias e respondeu a interesses e ênfases em constante transformação. No final, além de ser baseada nos princípios do condicionamento operante e, talvez, ainda mais importantes, a teoria se torna mais cognitiva e também mais social. Agora, é uma teoria que reconhece a importância fundamental da capacidade do indivíduo de simbolizar, de entender as relações de causa e efeito, e de prever os resultados dos comportamentos.

Fiel às suas raízes skinnerianas, Bandura afirma que o ambiente afeta claramente nosso comportamento. Existem poucas dúvidas de que nos engajamos em muitos comportamentos por causa das consequências reforçadoras de fazer isso e de que evitamos outros comportamentos por causa de suas consequências negativas. Mas reforço e punição não nos controlam cegamente, empurrando-nos inconscientemente para esta ou aquela direção. Seus efeitos dependem muito do que sabemos da relação entre nosso comportamento e seus resultados. É a *antecipação* do indivíduo em relação às consequências futuras que afeta a aprendizagem e o comportamento (Grusec, 2006).

Não somente prevemos as consequências de nosso comportamento e nos regemos de acordo, como também, frequentemente, moldamos nossos ambientes deliberadamente. Isto é, no que se refere a *escolhermos* o que fazemos, onde e com quem fazemos, criamos aspectos significativos de nossos ambientes. Por exemplo, se soubermos cavalgar bem – e, portanto, recebermos muito incentivo para fazer isso –, poderemos escolher uma carreira como peão em uma fazenda. Agora, nos encontramos em um ambiente que selecionamos e que, talvez, moldamos, e o ambiente, por sua vez, nos afeta e nos molda. Aqueles como vocês, que são estudantes maravilhosos, *escolhem* estar em um ambiente acadêmico. Este ambiente restringe e molda seus comportamentos, e define suas recompensas imediatas e de longo prazo.[7]

---

[7] "Existem muitas coisas que podiam ser ditas", aqui afirmou o professor, interrompendo sua leitura. Muitas coisas. "E então, por um longo tempo, ele ficou em silêncio. Sobre o quê? Perguntei, e por um segundo, pensei que ele parecia desapontado quando olhou para mim, mas no brilho ofuscante da lâmpada de querosene, não pude ter certeza. Sobre livre arbítrio, ele respondeu." Que você pode escolher estar lá ou aqui, e que pode escolher como comer seus feijões – bem, isso não significa que você tem poder de decisão?

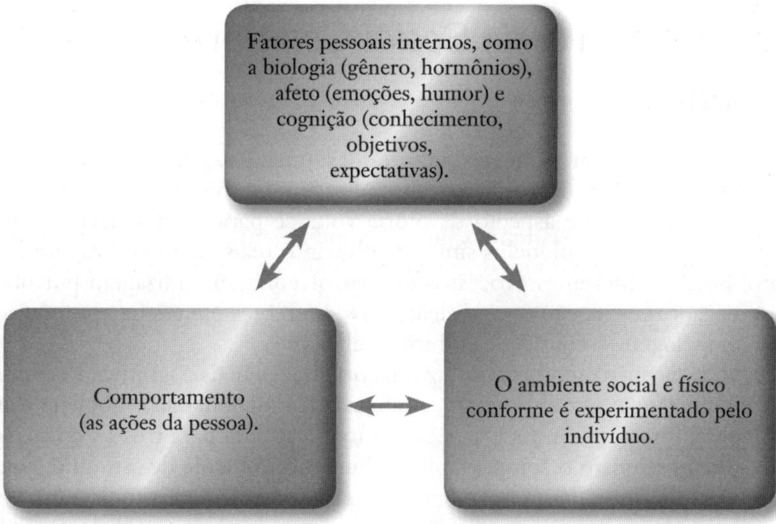

***Figura* 11.3** A noção de determinismo recíproco triádico, de Bandura. O comportamento, a pessoa e o ambiente, todos se influenciam e se modificam mutuamente.

Esta, a inter-relação aparentemente causal entre ambiente, comportamento e pessoa, é a fonte do conceito de **determinismo recíproco**, de Bandura. Simplificando, este conceito se refere à noção de como afetamos e somos afetados por nosso ambiente. Na verdade, explica Bandura, os três principais componentes de nossas realidades sociais cognitivas – fatores pessoais (tais como o que sabemos e sentimos), nossas ações e nossos ambientes – se influenciam reciprocamente para determinar nossos comportamentos (Bandura, 1997).

Bandura (1997) se refere a este tipo de *determinismo recíproco* como uma **causação triádica recíproca**. As três pontas dessa tríade, mostradas na Figura 11.3, são a pessoa, as ações da pessoa e o ambiente. Fatores pessoais – como nosso humor, nosso conhecimento e, talvez, nossas características de personalidade – afetam claramente nosso comportamento. Eles também podem afetar nossos ambientes. Mas também tão claramente, aspectos de nossos ambientes, como os sistemas sociais nos quais operamos, afetam nossos comportamentos do mesmo modo que os fatores pessoais, por exemplo, o modo como nos sentimos. Mas nem todas essas forças, Bandura explica, são sempre igual e simultaneamente recíprocas. Como vimos, qualidades como elevada autoeficácia podem levar as pessoas a fazer esforços consideráveis para controlar seus ambientes, aqueles com menores estimativas de eficácia pessoal podem ser mais controlados do que controladores.

Alguns de seus alunos brilhantes podem querer verificar o capítulo de Miller e Atencio (2008), onde eles argumentam que o poder de decisão é um dos fatores que respondem por parte da variância no comportamento. Mas a maioria dos psicólogos não está certa sobre o que fazer com o livre arbítrio. Assim, não fazem nada com ele. Com algumas exceções, como o livro de Skinner, de 1971, denominado *Beyond Freedom and Dignity*. "Então, nós temos livre arbítrio?", perguntei. "Faça alguma pesquisa, pense a respeito", replicou o professor, e iniciou a leitura mais uma vez.

Aplicações da Teoria Social Cognitiva de Bandura

A teoria de Bandura tem várias facetas importantes: uma, baseada no modelo de aprendizagem operante de Skinner, diz respeito à aprendizagem por observação – ou seja, à aprendizagem pela imitação. Esse aspecto da teoria volta-se para a influência extremamente poderosa e difusa tanto dos modelos simbólicos quanto reais na aprendizagem e no comportamento. Foca os diferentes processos que envolvem a aprendizagem por observação (atenção, retenção, reprodução e motivação) e os diferentes efeitos da aprendizagem por observação (modelagem, inibição-desinibição e eliciação).

Uma segunda faceta da teoria introduz uma orientação mais cognitiva. Reconhece que, mesmo na aprendizagem por observação, a capacidade individual de simbolizar e antecipar é de fundamental importância. Esse aspecto da teoria aponta para três sistemas diferentes de controle que direcionam o comportamento humano: controle de estímulo, controle de resultado e controle simbólico. O primeiro deles, o controle de estímulo, tem a ver com comportamentos classicamente condicionados; o segundo, o controle de resultado, lida com a aprendizagem operante e, o terceiro, o controle simbólico, refere-se ao papel das atividades cognitivas, como pensamento e imaginação.

Um terceiro aspecto da teoria, ainda mais cognitivo, permeia a crença de Bandura de que não somos apenas joguetes, impulsionados por nossos reflexos, nossos impulsos ou pelas contingências de nossos comportamentos. Nós estamos no comando, insiste Bandura. Apesar de existirem forças biológicas poderosas e consequências comportamentais que moldam nossos comportamentos, somos os agentes de nossas próprias ações. Nós as pretendemos, antecipamos suas consequências e refletimos sobre nossos comportamentos, nossa eficiência e sobre nós mesmos, como seres humanos que somos.

Cada uma dessas facetas tem aplicações óbvias.

Aprendizagem por Observação

A aprendizagem por observação diz respeito à aprendizagem pela imitação de modelos. Como vimos, a imitação fica evidenciada nos novos comportamentos (efeito modelador), na supressão ou aparecimento de comportamentos desviantes (efeito inibidor-desinibidor), ou no aparecimento de comportamentos relacionados àqueles dos modelos (efeito eliciador). Lembre-se também de que alguns dos modelos mais importantes nas sociedades tecnológicas avançadas são *simbólicos*, não reais. Isso inclui livros, atributos imaginários, instruções verbais etc.

Os professores usam exaustivamente modelos em sala de aula. As instruções e orientações que oferecem são, com efeito, modelos. Também o são o comportamento do professor e o dos outros estudantes. Pesquisas sugerem que nem todos os modelos influenciam as crianças da mesma forma. As crianças tendem a imitar as pessoas que são importantes para elas e com as quais se identificam – como pais, irmãos, amigos próximos e professores respeitados. Como vimos, elas têm mais propensão a imitar comportamentos altamente valorizados. Cada um dos três efeitos da imitação descritos por Bandura pode ser usado de forma sistemática, tanto para promover o comportamento desejável, quanto para eliminar comportamentos desviantes.

Por exemplo, pode-se ensinar às crianças algo novo mostrando-lhes o que fazer (efeito modelador); elas poderiam ser desencorajadas a fazer algo pela observação de outra pessoa ser punida pelo comportamento (efeito inibitório); ou poderiam ser encorajadas a se empenhar em certo tipo de comportamento após terem sido expostas a um modelo relevante (efeito eliciador).

Um exemplo do uso de modelos para modificar o comportamento vem de um estudo de Martens e Hiralall (1997) no qual um professor foi instruído em um procedimento de três etapas para mudar comportamentos inadequados de brincar entre crianças de uma escola maternal: (1) identificar sequências de comportamento inadequado; (2) repensar esses comportamentos para que resultem em interações mais aceitáveis; (3) representar para as crianças, por meio de um teatro, os procedimentos modificados. Esses pesquisadores descobriram que o professor, rapidamente, conseguiu aprender e implementar esse procedimento, e que o efeito foi um aumento considerável do comportamento aceitável de brincar.

Sistemas de Controle do Comportamento

Alguns comportamentos em sala de aula parecem estar sob o controle relativamente direto de estímulos específicos. Portanto, logo no início do ano escolar, a maioria dos professores estabelece regras e rotinas que visam assegurar o funcionamento harmonioso e ordenado de suas classes. Um sinal verbal, um sino, uma campainha ou um gesto podem ser um estímulo específico que diz, "Sim, pode ir ao banheiro", "É hora de fechar os livros", "Você está liberado para o recreio", "Abram seus livros de matemática" e assim por diante. Essas rotinas, diz Doyle (1986), são fundamentais para a administração eficiente de uma classe. Trazê-la sob o controle de estímulos claros pode facilitar bastante o ensino.

Muitos dos comportamentos em sala de aula são afetados pelos resultados, não exatamente pelos estímulos precedentes. Dentre os resultados importantes estão aqueles sob o controle do professor, por exemplo, elogios e críticas, bem como a enorme variedade de outros reforçamentos e punições que as escolas oferecem às crianças (veja no Capítulo 4 a discussão a respeito de alguns deles). Por exemplo, procedimentos que recorrem à **pausa** (*time-out*) são baseados no princípio comportamental de que os resultados afetam o comportamento. Assim, quando Roberta é excluída das atividades de classe que estão em andamento porque insistiu em usar repetidamente seu celular para enviar mensagens de texto para Camilla, a expectativa é de que por ser excluída de uma situação da qual poderia esperar reforço positivo, seu comportamento subsequente será afetado. Como Friman (2008) explica, a pausa é a técnica disciplinar baseada no comportamento mais utilizada nos Estados Unidos. A pesquisa e a teoria de Bandura e Skinner ilustram que mudanças no comportamento resultam da relação que existe entre o que a criança fez, o que aconteceu antes que ela o fizesse, e o que acontece depois.

Intimamente relacionados ao estímulo ou ao controle pelo resultado, explica Bandura, estão os efeitos da capacidade do indivíduo de simbolizar e antecipar – ou seja, imaginar – as consequências prováveis dos vários comportamentos. O fato de Vladimir seguir tão cuidadosamente todas as regras e rotinas de sua classe tem a ver com a sua capacidade de imaginar quais seriam as consequências de não fazê-lo. Da mesma forma, o fato de Ishmael estudar tanto pode estar relacionado à sua capacidade de antecipar como seus pais e professores reagiriam ao seu desempenho nas provas. E o estudar também pode estar ligado à antecipação de um futuro brilhante como físico nuclear.

Esforço Pessoal e Autoeficácia

Ishmael tem noções bem firmes e altamente positivas de autoeficácia. Os julgamentos de autoeficácia são um aspecto muito importante do autoconhecimento, diz Bandura (1977). Entre outros aspectos, nossos julgamentos de autoeficácia são determinantes essenciais para o que fazemos e para o que não fazemos. Além disso, julgamentos positivos de autoeficácia estão associados à boa saúde física e mental. Bandura explica que uma elevada autoeficácia fornece às pessoas as ferramentas que necessitam para lidar com as situações que a vida oferece. Como resultado, ansiedades e fobias, importantes manifestações do sofrimento humano, são muito menos comuns entre aqueles cujos julgamentos de autoeficácia são positivos. Ao contrário, os que fazem avaliações baixas de sua competência pessoal estão mais sujeitos a julgar negativamente a si mesmos e a ter baixa autoestima (Bandura, Pastorelli, Barbaranelli, Caprara e Gian, 1999).

Não é surpresa que intervenções terapêuticas baseadas nas noções de Bandura sobre autoeficácia têm se tornado cada vez mais comuns. Por exemplo, Scott e Cervone (2008) descrevem como as intervenções projetadas para fortalecer sentimentos de autoeficácia não somente são efetivas em fazer isso como também geralmente resultam na redução do comportamento de esquiva. Estas terapias, algumas vezes, identificadas como **terapia de domínio guiado**, têm se mostrado especialmente efetivas no combate a fobias. Sua efetividade é mais frequentemente explicada em termos da suposição de que as fobias geralmente resultam da falta de um sentido de autoeficácia dos indivíduos – isto é, a falta de um sentimento de confiança com o qual eles podem lidar com o objeto de sua fobia.

Desenvolver nas crianças autoconceitos positivos (avaliações positivas de autoeficácia) e senso de poder pessoal (ou esforço pessoal) é uma tarefa importante para pais e professores. Bandura descreve as quatro fontes principais de influência que podem afetar esses conceitos, cada uma das quais está, pelo menos parcialmente, sob o controle de pais e professores. Por exemplo, as influências enativas, relacionadas aos efeitos das ações das crianças – que enfatizam a importância de apresentar-lhes tarefas que lhes permitam experimentar o sucesso.

As influências vicárias são aquelas relacionadas aos efeitos da comparação de suas próprias conquistas com as dos outros. Nessa conexão, muitos educadores recomendam que os professores evitem situações por demais competitivas na escola, nas quais os alunos possam ser submetidos a muito esforço para ganhar ou perder e para ver quem é o melhor (Johnson e Johnson, 1994). Os professores, ao contrário, devem ser encorajados a suprir os alunos com seus próprios objetivos de aprendizagem de modo que possam trabalhar individual e cooperativamente no seu próprio ritmo, de forma a assegurar que cada estudante se saia bem nas tarefas e se sinta pessoalmente responsável por fazê-las (Schmuck e Schmuck, 1997).

Os professores são também importantes agentes daquilo que Bandura chama de influência persuasiva – efeitos da confiança ou da dúvida de outras pessoas. Se o professor de Sarah lhe sugere que ela não tente fazer uma determinada tarefa de matemática porque seria muito difícil, isso contribuirá muito pouco para que ela crie um autojulgamento positivo de competência pessoal.

Estados psicológicos de ativação, evidentes na alta ou na baixa excitação ou ansiedade, influenciam os julgamentos de autoeficácia, explica Bandura. Como vimos no Capítulo 10, a ativação está também, pelo menos parcialmente, sob o controle do professor ou dos pais. Os professores estão dentre as fontes mais importantes de estimulação na sala de aula.

O que eles dizem e fazem, bem como as tarefas que apresentam aos seus comandados, pode fazer muito para aumentar ou diminuir a ativação. Bandura sugere que a ativação elevada afeta o autojulgamento de diferentes formas. Por exemplo, um medo muito grande pode resultar em avaliação de baixa competência pessoal. Se Jessica tiver um medo mortal de sentir medo, se tentar subir no rochedo, poderá se considerar incapaz de fazer isso. Por outro lado, se Jessica tiver um medo mortal de ser atacada por um urso agressivo, poderá se julgar capaz de fugir dele ou de despistá-lo.

Teoria Social Cognitiva de Bandura: Uma Avaliação

A teoria social cognitiva de Bandura serve como elo importante entre as teorias behavioristas e as teorias mais cognitivas. Suas raízes behavioristas são evidentes no uso que faz do modelo de condicionamento operante para explicar a aprendizagem pela imitação. Sua orientação cognitiva é aparente no reconhecimento do poder de nossa capacidade de imaginar as consequências de nossas ações e na insistência de Bandura de que somos os agentes de nossas próprias ações e no papel central atribuído ao pensamento autorreferente na motivação e no direcionamento do comportamento.

A teoria de Bandura também serve como ótimo exemplo de como as teorias psicológicas não precisam ser – e nem deveriam ser – algo estático e imutável. À medida que os tempos mudam e a ciência provê aos teóricos novas informações e possibilidades, as boas teorias podem se alterar. Afinal, nossas teorias psicológicas não são julgadas por um critério absoluto de acerto ou erro. Ao contrário, nós as julgamos pelo quanto refletem bem os fatos como os conhecemos e talvez, mais importante ainda, pelo quanto elas podem ser úteis em qualquer um dos seus vários modos de aplicação.

Bandura propôs uma teoria que não transgride os fatos como os conhecemos. Tende a refletir bem as descobertas das pesquisas e incorporou com sucesso as novas descobertas e as novas ideias no espaço de tempo de algumas décadas. As noções de Bandura sobre a autoeficácia, por exemplo, e sua afirmação de que somos agentes de nossas próprias ações estão em total concordância com as noções correntes de expectativa de valor e de autodeterminação da teoria da motivação (veja Capítulo 10).

O fato de que a teoria é útil em um sentido prático também está claro. Como Artino (2007) indica, "O trabalho de Albert Bandura e seus coautores tem tido um impacto imensurável no campo da psicologia em geral e na psicologia educacional mais especificamente" (p. 2). Por exemplo, a aprendizagem por observação tem sido extensivamente usada no esforço de compreender a influência da televisão sobre a agressão e a violência entre crianças e adultos. A teoria também sugere explicações úteis para a eficiência – ou a falta dela – do encarceramento ou de outras formas de punição.

Muitos aspectos da teoria de Bandura têm tido profunda influência no desenvolvimento de terapias. Por exemplo, suas noções de esforço pessoal e o papel do pensamento autorreferente, e especialmente do sentido de autoeficácia dos indivíduos, fundamentam uma variedade de terapias sociais cognitivas, as quais têm se mostrado especialmente efetivas no tratamento de fobias.

Os textos de Bandura também têm exercido enorme influência sobre o estudo da motivação, da aprendizagem e da psicologia social. Por exemplo, sua teoria da aprendizagem pela observação se tornou quase um sinônimo da teoria da aprendizagem social; suas noções referentes à autoeficácia têm estimulado uma enorme quantidade de pesquisas recentes em personalidade e motivação; e o impacto dos estudos envolvendo o uso do João Bobo continua intacto quase meio século depois de terem sido reportados pela primeira vez.

Talvez, isso justifique o fato de que em seus estudos sobre os mais eminentes psicólogos do século XX, Haggbloom et al. (2002) tenham classificado Bandura na quarta posição. Em primeiro lugar, ficou Skinner, seguido de Piaget e depois por Freud.

Resumo

1. Aprendizagem social pode significar a aprendizagem que ocorre como resultado da interação social (uma definição de *processo*) ou o tipo de aprendizagem que está envolvido na descoberta de quais comportamentos são esperados e aceitáveis nas diferentes situações sociais (uma definição de *produto*). Os comportamentos socialmente aceitos variam de uma cultura para a outra, bem como em decorrência da idade e, algumas vezes, do sexo.
2. Os agentes centrais da socialização são as principais instituições culturais: a família, a escola, a igreja etc.
3. A teoria de Bandura da aprendizagem social é uma teoria da imitação (aprendizagem por observação), derivada da teoria da imitação por redução do impulso de Miller e Dollard e baseada principalmente na teoria do condicionamento operante de Skinner, com claro reconhecimento da importância das variáveis cognitivas.
4. Os comportamentos imitativos são respostas operantes sujeitas às leis da aprendizagem operante. Modelos podem ser pessoas ou padrões mais simbólicos para o comportamento, como aqueles proporcionados por livros, orientações, religiões, televisão etc.
5. Determinismo recíproco se refere ao fato de que moldamos e controlamos nossos ambientes mesmo quando estes nos controlam. Isto também é evidente no sentido de que somos produzidos pela cultura e produzimos cultura.
6. A aprendizagem por observação depende de quatro processos relacionados entre si: atenção (necessidade de prestar atenção); retenção (necessidade de ser capaz de lembrar e representar o que foi observado), reprodução motora (necessidade de ser capaz de produzir o comportamento observado) e motivação (necessidade de estar motivado, de ter uma razão para imitar).
7. A imitação pode ser reforçada direta (pelo modelo ou pelas suas próprias consequências) ou vicariamente (como resultado de ver outra pessoa ser recompensada ou punida).
8. As respostas emocionais condicionadas (RECs) adquiridas por meio do condicionamento clássico geralmente estão envolvidas na determinação da possibilidade de um comportamento ser imitado ou não.
9. A aprendizagem por observação é aparente no efeito de modelação (respostas novas, precisamente imitadas), no efeito inibitório ou no desinibitório (supressão ou aparecimento de comportamento desviante) e no efeito eliciador (facilitação social de respostas relacionadas). Os experimentos com o João Bobo são ilustrações clássicas da aprendizagem por observação.
10. Bandura integra os modelos behavioristas e cognitivos ao descrever três sistemas de controle de comportamento que envolvem três classes diferentes de respostas: as que estão sob o controle direto do estímulo, as que são afetadas pelas suas consequências e as que são dirigidas pelos processos simbólicos. Processos simbólicos estão altamente envolvidos no pensamento autorreferente, nossa capacidade de pensar sobre *nós mesmos* e avaliar nossa efetividade pessoal (nossa autoeficácia).
11. Somos agentes de nossas próprias ações, diz Bandura, como fica evidente na nossa intencionalidade, na nossa capacidade de previsão, na nossa autoreatividade e autoreflexão.

12. Um dos mais importantes aspectos do autoconhecimento está refletido no julgamento pessoal de competência, chamado de autoeficácia. Avaliações positivas estão associadas a grandes realizações e à boa saúde mental e física. A autoeficácia é influenciada pelos resultados do nosso comportamento (influências enativas), pelas comparações com o comportamento de outras pessoas (influências vicárias), pelos efeitos da persuasão (influências persuasivas) e pela ativação (influências emotivas).
13. A teoria de Bandura reflete bem as descobertas científicas, é altamente compatível com o desenvolvimento atual da teoria da aprendizagem social e da motivação; além disso, tem importantes aplicações práticas para a educação familiar, o ensino e a terapia.

Resumo, Síntese e Integração

O teórico é um artista, alguém com talento para depurar o essencial do não essencial e construir ordenações maravilhosas.
George Johnson

Passamos a manhã descendo de barco o rio Beaver, à deriva, silenciosamente, para bem além das últimas cabanas vazias. O professor ia sentado sobre o seu salva-vidas, na proa, nenhum de nós falava muito, apenas olhávamos e apontávamos para os patos selvagens, que grasnavam nas margens, e para os gansos de cores hibernais, que deslizavam na água à sombra dos salgueiros. Águias atrevidas patrulhavam o rio lá de cima; o professor pediu que não ligasse o motor ainda, para não estragar aquele momento.

Quando a correnteza nos carregou para além de um riacho sem nome, às margens das corredeiras que indicavam o início das cachoeiras, o professor disse que podíamos parar porque meus inimigos não me encontrariam ali, fiquei imaginando como ele sabia disso. Então, tomou os remos das minhas mãos e foi vigorosamente na direção do banco de areia na margem da ilha. Fiz uma fogueira enquanto ele arremessava a linha de pesca na água; pegou um peixe que depois assou e comeu; um gato cinza apareceu, como sempre fazem, para ver se deixaríamos restos de comida, o que fizemos.

Depois, o professor disse que tinha chegado a hora do último capítulo; mais uma vez, liguei o gravador. Nessa gravação pode-se ouvir o som do rio, dos patos e passarinhos.

Este Capítulo

O professor disse que este capítulo tem uma tarefa muito complexa: resumir e avaliar as teorias relativas à aprendizagem apresentadas nos capítulos anteriores. Há duas técnicas para lidar com questões complexas, prosseguiu ele; não sabia se falava sério ou não: simplificar ao extremo ou mentir. Disse que usou uma delas repetidamente neste ambicioso capítulo, mas não disse qual. Explicou que o capítulo apresenta um resumo das principais teorias da aprendizagem discutidas e que a ele segue-se uma rápida avaliação, finalizando com duas sínteses, ou seja, o capítulo é um resumo, uma análise e uma integração do conteúdo dos onze capítulos anteriores.[1]

Objetivos

"Se eu estivesse falando diretamente a seus leitores", disse o professor, "eu lhes diria (se eles se preocupassem em ouvir): 'Muito da ciência é uma alucinação compartilhada, uma rede de crenças que se autorreforçam' (Johnson, 1992, p. 53).

Creio que eles balançariam a cabeça e diriam 'Isso significa que perdemos tempo estudando as teorias sobre aprendizagem e comportamento, essas alucinações compartilhadas?'. Eu responderia que não, porque não há nada mais útil do que uma teoria, mesmo que seja uma invenção, uma fantasia. Uma teoria não tem de ser verdadeira, embora tenha de ter outros elementos importantes: utilidade, lógica, consistência, clareza etc.".

"Diga a seus leitores que continuem estudando", recomendou o professor, enquanto arremessava, distraidamente, um seixo no rio. "Peça-lhes que leiam e reflitam bem sobre este capítulo. E quando terminarem, cada estudante deveria discuti-lo com sua avó, porque existem neles verdades ocultas e insights *que podem impressionar até pessoas tão sábias como ela. Depois que avó e estudante conversarem, eles entenderão:*

- *Por que precisamos tanto de teorias.*
- *Como as teorias realmente funcionam.*
- *A essência das principais teorias que compõem este texto.*
- *Por que as teorias sobre aprendizagem e comportamento são, na verdade, modelos de aprendizes humanos.*
- *Como este texto todo poderia ser sintetizado.*

Há também uma pequena chance de que tenham aprendido a simplificar – sem mentir".

As Duas Principais Abordagens à Teoria da Aprendizagem

As teorias são inventadas não apenas porque podem ser úteis, *leu o professor nas suas anotações*. Os seres humanos parecem ter ânsia por elas – ou pelo menos parecem querer a ordenação das coisas que as teorias propiciam. Você sabe, muito do que há neste planeta e no comportamento humano é caótico; mas os seres humanos querem as coisas em ordem. "Há um desejo ancestral humano", diz Johnson, "de impor uma ordem racional a um mundo caótico. O detetive faz isso, o mago faz isso. É por essa razão que as pessoas amam Sherlock Holmes. A ciência partiu da magia. A ciência é a expressão moderna do que os magos ancestrais faziam. O mundo é confuso, e as pessoas querem organizá-lo" (1992, p. 114).

Contudo, a ciência não funciona do modo como a pintamos, informa Johnson. Não é apenas uma questão de ter uma teoria, gerar hipóteses com base nela, testá-la e jogá-la

[1] O professor disse que eu poderia contar a vocês que muito do que consta neste capítulo poderia, e talvez até deveria, estar no início do livro. Explicou que este capítulo final é como se fosse o esqueleto da obra – sua estrutura. Como um imperador sem as suas roupas; os primeiros onze capítulos são os vários trajes imperiais. Se primeiro tivéssemos visto o imperador de relance, poderíamos avaliar como as vestimentas ficariam sobre o seu esqueleto. "Entretanto", disse ele, "ver o imperador nu poderia chocar demais, ser muito ultrajante, ou desconcertar um estudante novato e sensível". Disse para avisá-los que aqui, finalmente, vocês vão encontrar a essência do poder imperial – o imperador despido.

fora se as hipóteses não se confirmam. Muitos teóricos se apegam tanto às suas teorias que raramente as abandonam. Algumas vezes se agarram a elas mesmo depois que todos já as abandonaram.

Uma teoria, explica Johnson, é uma forma de arquitetura, talvez com algo de catedral. Quando a teoria envelhece e ameaça se tornar inútil, os teóricos não constroem outra novinha. Os teóricos inteligentes fazem o contrário: escoram as velhas ideias; colocam mais vigas, novos caibros, reforçam as antigas paredes, refazem os alicerces decadentes, remendam o telhado, pintam um pouco aqui, um pouco ali, dão uma polida nos metais e assim por diante. Os menos espertos tentam criar com aquilo que têm (e, então, os ratos instalam-se).

A aprendizagem, como indicado no início, envolve mudanças reais ou potenciais no comportamento, que resultam da experiência. Portanto, as designações *teoria da aprendizagem* e *teoria do comportamento* são quase sempre usadas como sinônimos.

Dentre as várias maneiras de encarar o comportamento humano e a aprendizagem, duas amplas orientações podem ser identificadas; elas dão origem às divisões tradicionais entre as teorias psicológicas. Uma orientação aceita que o comportamento humano é, pelo menos em certa medida, influenciado por atividades como pensar, sentir, pretender, querer, ter expectativas, raciocinar, lembrar e avaliar. Esses processos definem o que é considerado como "mente". São processos cognitivos (ou intelectuais); portanto, essa orientação é a dos psicólogos cognitivos.

A outra orientação não contradiz a primeira, mas insiste que pouco conhecimento de valor científico sobre o comportamento humano pode ser obtido pela investigação dos nebulosos processos da mente. Os defensores dessa orientação concentram-se no exame do comportamento real e nas condições observáveis que levam ao comportamento. Estes são os psicólogos behavioristas.

Resumos das Teorias-Chave

Poucas são as posições consideradas inteira e exclusivamente behavioristas ou cognitivas; dizer que elas são, pode ser considerado uma supersimplificação vergonhosa. No entanto, esses rótulos são úteis para indicar a orientação geral de um teórico e os tipos de assunto com os quais a teoria se ocupa. Por definição, as teorias behavioristas lidam principalmente com as investigações das relações entre os estímulos, as respostas e as consequências do comportamento. Em contraposição, os psicólogos cognitivos estão menos interessados em estímulos e respostas, e mais nos processos intelectuais: solução de problemas, tomada de decisão, percepção, processamento da informação, formação de conceitos, autoconsciência e memória, entre outros. Na Tabela 12.1 (adaptada da Tabela 1.2) estão as distinções entre as principais correntes da teoria da aprendizagem. Cada uma das posições está resumida nos itens que se seguem.[2]

Primeiras Abordagens: Estruturalismo e Funcionalismo

O interesse na mente humana provavelmente é tão antigo quanto, digamos, a mente humana. É improvável que remonte aos filósofos da Grécia ou de Roma, que tinham a visão de futuro de fazer registros por escrito de seus pensamentos. Não temos razão para acreditar que nossos ancestrais habitantes das cavernas não se preocupavam, nem mesmo ocasionalmente, com coisas de aspecto psicológico – como o que é uma ideia, um sonho, um sentimento, um desejo, de onde eles se originam; porque somos levados a fazer isto, aquilo, ou aquela outra coisa. Talvez eles, assim como Aristóteles e a maioria dos outros filósofos gregos e romanos que pegaram a pena nas mãos a fim de registrarem seus pensamentos para a posteridade, acreditassem que a mente deve ser encontrada no coração.

Não acreditamos mais nisso, atualmente, o cérebro é nosso órgão preferido.

Não rastreamos os primórdios da psicologia até chegarmos aos nossos primeiros antepassados – nem aos filósofos gregos e romanos.

Estruturalismo

Voltamos apenas até Wundt que, ao estabelecer um laboratório de psicologia em Leipzig, na Alemanha, em 1879, foi considerado como o criador dos primórdios da psicologia "científica". Não que Wundt tenha sido especialmente científico de acordo com nossos padrões. Seu método investigativo preferido era a *introspecção* – uma espécie de iniciativa de olhar para dentro de si mesmo, em que o único assunto é o investigador, e naturalmente existe um único investigador. O objetivo do estruturalismo era analisar a estrutura da consciência, eventualmente, chegando a uma compreensão dos elementos dos quais ela é composta.

---

[2] O professor apontou para o gravador, isso significava que eu tinha de desligá-lo, porque ele ia parar um pouco; achei que ele queria ir ao banheiro. Não. Disse que acreditava que alguns estudantes poderiam estar interessados em outro pensamento de Blaise Pascal, aquele por meio do qual esse estudioso afirma que a ciência está entre dois extremos: um, a pura e natural ignorância, estado no qual todos os homens nascem; o outro, o estágio alcançado por almas elevadas que aprenderam tudo o que é possível aos humanos e que, finalmente, chegaram à conclusão de que não sabem nada, que estão, mais uma vez, no estado de ignorância. Entretanto, esse é um tipo de ignorância bem diferente daquela do primeiro estágio, uma ignorância que vê e julga as coisas com mais clareza. Os desafortunados, diz Pascal, são os que só alcançaram o meio do caminho entre os dois extremos – aqueles que aprenderam muito do que a ciência sabe, mas não conseguiram compreender que não sabem nada. Essas almas são as que mais atrapalham o mundo e que veem as coisas de modo mais obscuro (Pascal, 1820, p. 121). Eu quis protestar e explicar que você não é ignorante nem meio ignorante, mas o professor começou a ler o manuscrito mais uma vez, e eu corri para ligar o gravador; mesmo assim, perdi algumas palavras do que ele disse.

Tabela 12.1 *Principais Divisões na Teoria da Aprendizagem*

	Variáveis de interesse	Teóricos representativos
Primeiras abordagens estruturalismo	A mente Sentimentos Sensações Experiência imediata "Elementos do pensamento"	Wundt Titchener
Funcionalismo	A mente Propósito do comportamento Adaptação ao ambiente Fluxo da consciência	James Dewey
Abordagens posteriores behaviorismo	Estímulos Respostas Reforçamento Punição	Thorndike Pavlov Guthrie Watson Skinner Hull
Uma transição: o início do cognitivismo moderno	Psicologia evolucionista Sociobiologia Estímulos Respostas Reforçamento Mediação Propósito Objetivos Expectativa Representação	Rescorla-Wagner Wilson Hebb Tolman Koffka Köhler Wertheimer
Cognitivismo	Representação Autoconsciência Processamento da informação Percepção Organização Tomada de decisão Solução de problemas Autoconsciência Atenção Memória Cultura Linguagem	Bruner Piaget Vygotsky Bandura Processamento da informação Modelos computacionais Redes neurais Modelos de memória e motivação

Os estruturalistas, como Wundt, na Alemanha, e Titchener, nos Estados Unidos, fizeram amplo uso de conceitos altamente mentalistas (como sensação, sentimento, formação de imagens) em suas discussões da psicologia.

Funcionalismo

James não argumentou contra os métodos do estruturalismo, ele também dependia muito da introspecção para descobrir como a mente humana funciona. Mas ele pensou que a pesquisa para entender a estrutura da *mente* era equivocada, e que seria muito mais frutífero observar seu funcionamento (por isso, o rótulo *funcionalismo*). Seu foco estava nos propósitos do comportamento, e muitos dos conceitos que ele investigou eram menos *mentalistas* do que os dos estruturalistas. Ele foi altamente influenciado por Darwin e, consequentemente, mais preocupado com eventos objetivos (estímulos) que parecem causar o comportamento. Tanto o estruturalismo como o funcionalismo logo foram abandonados em favor de posições mais *behavioristas*.

Posições Predominantemente Behavioristas

Pavlov, Watson, Guthrie, Thorndike, Hull e Skinner estão entre os que oferecem uma abordagem predominantemente behaviorista. Cada uma delas está brevemente resumida aqui.

Pavlov: Condicionamento Clássico

O fisiologista russo Ivan P. Pavlov, em grande parte, como resultado de um único estudo com um cachorro treinado para salivar em resposta a uma campainha, sedimentou a base para a maior parte das pesquisas e teorizações a respeito da aprendizagem e do comportamento humanos, elaboradas nos 100 anos seguintes no mundo inteiro. O modelo de condicionamento clássico descrito por Pavlov, e ilustrado pelos seus famosos cachorros, faz parte de quase todos os cursos atuais de introdução à psicologia. Mais do que isso, serviu de base para o desenvolvimento das primeiras posições claramente behavioristas em psicologia. Por quê? Em parte, porque ofereceu o que parecia ser um modo simples de explicar tanto o comportamento humano quanto o animal; talvez até mais, porque apontou na direção de uma abordagem baseada em métodos científicos objetivos e replicáveis, em contraste com as abordagens mais subjetivas e introspectivas até então conhecidas. Interessante notar que muitos dos princípios do condicionamento clássico (generalização e extinção, por exemplo) continuam a ser aplicados na psicologia clínica, na educação, na indústria e em muitos outros setores.

Watson: Behaviorismo Norte-Americano

O condicionamento clássico de Pavlov foi abraçado e defendido por John B. Watson, um dos primeiros psicólogos norte-americanos a definir a ciência da psicologia segundo critérios objetivos. Ele encarava a psicologia como uma ciência que lida com o que é observável, e não com o que é meramente hipotético – definição que deu impulso ao behaviorismo nos Estados Unidos. Watson aceitava que os indivíduos nascem com um repertório comportamental que consiste apenas em uns poucos reflexos, e que essas respostas iniciais tornam-se condicionadas a outros estímulos por terem sido repetidamente associadas a eles.

Watson foi também um importante porta-voz do ambientalismo: a crença de que o ambiente (o lado criação na histórica disputa entre natureza e criação) determina a personalidade, a inteligência e todas as outras qualidades humanas. Uma de suas mais conhecidas declarações foi a de que ele seria capaz de fazer o que quisesse com uma dúzia de bebês saudáveis se lhe fosse dada liberdade para criá-los.

Guthrie: Aprendizagem em uma Única Tentativa

Como Watson, Edwin R. Guthrie era behaviorista convicto. Sua teoria pode ser resumida em várias leis principais, das quais a mais importante afirma que sempre que uma resposta segue-se a um estímulo, o resultado será uma tendência de que a mesma resposta ocorra novamente na próxima vez em que o estímulo for apresentado. Guthrie afirmava que a aprendizagem completa-se na primeira associação de um estímulo e uma resposta, e que a prática adicional não fortalecerá a resposta, embora isso ajude a assegurar que a pessoa (ou o animal) aprenda-a em muitas situações diferentes.

Embora a aprendizagem ocorra, complete-se e mantenha-se relativamente permanente após uma única tentativa, disse Guthrie, é possível remover hábitos indesejáveis simplesmente pela aprendizagem de novos hábitos que são incompatíveis com os antigos. Guthrie sugeriu três maneiras de fazer isso: a técnica da fadiga, a abordagem do limiar e o método dos estímulos incompatíveis.

Importante notar que, tanto para Watson quanto para Guthrie, as consequências do comportamento não são importantes para ocasionar a aprendizagem. De acordo com Guthrie, o efeito da punição ou da recompensa é mudar a situação estímulo, evitando, dessa forma, a não aprendizagem de uma resposta.

Thorndike: Tentativa e Erro e a Lei do Efeito

Contudo, as consequências podem ser extremamente importantes, argumenta o behaviorista Edward L. Thorndike, que introduziu a noção de reforçamento na teoria da aprendizagem contemporânea por meio da *lei do efeito*. Essa lei diz que a aprendizagem é uma consequência do efeito do comportamento. Especificamente, as respostas que resultam em uma situação de eventos satisfatórios tendem a ser repetidas. No início, Thorndike também pensou que as situações que causavam aborrecimento ou eram desagradáveis teriam efeito oposto, mas ele rejeitou essa crença após 1930. Antes disso, acreditava que os eventos estímulo-resposta praticados tendiam a se tornar mais ligados, e que aqueles que caíam em desuso tendiam a ser esquecidos (a lei do exercício). Mais tarde Thorndike também rejeitou essa ideia. Esse pesquisador é, portanto, um exemplo de teórico cujas ideias mudaram como resultado de novas descobertas e de novos *insights*.

Para Thorndike, a aprendizagem consiste na formação de vínculos entre estímulos e respostas principalmente em função das consequências das respostas. Ele denominou o processo de aprendizagem de processo de *gravação*; e o esquecimento, de *eliminação*. O seu sistema inclui várias leis subsidiárias, sendo a mais importante delas a lei das respostas múltiplas. Esta sustenta que, quando confrontadas com uma situação-problema, as pessoas tendem a responder a ela de várias maneiras, até que uma das respostas emitidas é reforçada; em outras palavras, a aprendizagem ocorre por meio de um processo de tentativa e erro. Outras leis subsidiárias destacam que o comportamento é generalizável, que as pessoas respondem aos aspectos mais destacáveis do ambiente, que os antecedentes culturais afetam o comportamento e que a aprendizagem ocorre por meio da contiguidade.

Hull: Sistema Hipotético-Dedutivo

Clark L. Hull levou ao extremo as abordagens científicas de behavioristas como Watson, Guthrie e Thorndike, desenvolvendo um sistema hipotético-dedutivo resolutamente objetivo e bastante complexo. Ele se dedicou a uma das tarefas mais monumentais até agora realizadas por um psicólogo – formalizar todo o conhecimento sobre o comportamento humano para tornar possível prever respostas com base no conhecimento sobre os estímulos. O sistema nunca foi completado; apesar disso, o trabalho de Hull permanece sendo uma tentativa abrangente e ambiciosa de construir uma teoria formal.

As investigações de Hull e as fórmulas e equações delas derivadas lidam com três aspectos do comportamento humano: variáveis de *input* (incluem estímulos físicos – assim como fatores como a condição do impulso –, os hábitos previamente aprendidos e a quantidade de recompensa disponível), as variáveis intervenientes (consistem principalmente em supostos efeitos das variáveis de *input* sobre o organismo) e as variáveis de *output* (características do comportamento real no que se refere à latência da resposta, frequência da resposta e tempo de sua extinção). Esse sistema pode ser parcialmente resumido pela equação $_SE_R = {_SH_R} \times D \times V \times K$.

Um dos conceitos centrais da teoria de Hull é o *hábito*, que é uma conexão S-R. Um agrupamento dessas conexões forma uma *hierarquia de família de hábitos*, que é uma ordenação hipotética preferencial de comportamentos alternativos relacionados entre si. Os hábitos se relacionam quando têm objetivos comuns, representados pelo conceito de resposta fracionária antecipatória ao objetivo. Uma reação antecipatória ao objetivo é qualquer uma das respostas relacionadas com alguma recompensa, que um organismo apresenta quando se aproxima de um objetivo. Por exemplo, quando o rato lambe os beiços ao virar na última esquina de um labirinto, onde sabe que vai encontrar comida. Respostas fracionárias antecipatórias ao objetivo são importantes porque representam a definição behaviorista de Hull da *expectativa* ou do *propósito* e prenunciam preocupações cognitivas importantes.

O uso que Hull faz do conceito de variáveis intervenientes pode parecer um elo entre seu sistema e interesses mais cognitivos. Observe, porém, que estas variáveis estão ligadas diretamente a variáveis de *input* e *output*.

Skinner: Condicionamento Operante

B. F. Skinner continua sendo apontado como um dos grandes construtores da psicologia do século XX. Ele desenvolveu um modelo de condicionamento operante – baseado na noção de que a aprendizagem resulta do reforçamento das respostas emitidas por um organismo. Muito do trabalho de Skinner lidou com os efeitos das diferentes maneiras de apresentar o reforçamento (em outras palavras, esquemas de reforçamento), sobre a taxa de aprendizagem, de resposta e de extinção (extinção refere-se à cessação de uma resposta depois que o reforçamento foi descontinuado). Dentre suas descobertas mais importantes está a que mostra que a aprendizagem é facilitada, nos seus estágios iniciais, pelo reforçamento contínuo, e que a extinção é mais lenta após o reforçamento intermitente. Embora Skinner tenha feito várias experiências com animais, muitos dos seus resultados também são geralmente aplicáveis ao comportamento humano.

Uma técnica desenvolvida por Skinner para ensinar comportamentos complexos aos animais é a modelagem, que envolve reforçar aproximações sucessivas do comportamento desejado. É muito empregada pelos adestradores profissionais.

Skinner discute a aplicação de seu trabalho ao comportamento humano em vários livros, incluindo *Walden Two*[3] (1948), *Science and Human Behavior* (1953) e *Beyond Freedom and Dignity* (1971). Além disso, muitos dos princípios da teoria de Skinner têm sido extensamente aplicados na educação, na medicina, na publicidade, na psicoterapia e outras atividades humanas. A modificação do comportamento, que inclui vários programas sis-

[3] Os três livros foram traduzidos para o português. O último deles com o título *O mito da liberdade* (NRT).

temáticos para alterar e controlar o comportamento, e que está apoiada nos princípios skinnerianos, é amplamente usada na educação e na psicoterapia.

Transições para o Cognitivismo Moderno

A insistência de Watson na ideia de que o behaviorismo deveria se limitar aos eventos que podem ser observados criou um embaraço difícil de ser superado, até mesmo para aqueles behavioristas mais leais como Thorndike e Hull. Hull, por exemplo, viu-se na contingência de inventar o conceito de *respostas fracionárias antecipatórias* para explicar as conexões observáveis. Thorndike (1931) – que no início atacara vigorosamente os gestaltistas por terem recorrido ao *insight* como explicação para a aprendizagem – descobriu-se falando da "aprendizagem ideacional" para explicar a aprendizagem por *insight*.

Psicologia Evolucionista

As teorias de Thorndike e Skinner sofreram forte influência das ideias de Darwin. Num certo sentido, são teorias das respostas à sobrevivência do mais apto – uma noção refletida na *psicologia evolucionista*, cuja principal característica é sua atenção à biologia e à genética como fontes de explicação para a aprendizagem e para o comportamento humanos. Fenômenos como *automodelagem* e *derivação instintiva*, nos quais os animais revertem para padrões instintivos de comportamento apesar das contingências do reforçamento exigirem respostas diferentes fornecem grande apoio às explicações biológicas. É como se as restrições biológicas, herdadas fizessem com que certos tipos de aprendizagem (e de comportamento) se tornassem altamente prováveis, enquanto outros se tornaram improváveis.

A sociobiologia, precursora da psicologia evolucionista, volta-se para as predisposições herdadas como causas que fundamentam todo o comportamento social. Retira grande parte de suas evidências da etologia, estudo do comportamento dos animais em seus ambientes naturais.

Como Wright (1994) observa, psicólogos evolucionistas acreditam que existe uma "natureza humana" herdada, que é aparente nas similaridades encontradas entre as muitas culturas humanas: por exemplo, na tendência humana de se preocupar com o *status* social; num certo número de diferenças básicas entre homens e mulheres; na tendência humana de sentir culpa, buscar justiça e retribuição, sentir orgulho, remorso, amor, empatia.

Mas, contrariamente às alegações dos psicólogos evolucionistas, nossos ancestrais de muito tempo atrás não deixaram registros de seu comportamento social ou do desenvolvimento de sua cultura e sua linguagem. Como resultado disso não podemos realmente traçar a evolução das características e dos comportamentos que os psicólogos evolucionistas atualmente tentam explicar. Por causa do apelo intuitivo das explicações biológicas para comportamentos, tais como altruísmo e acasalamento – para mencionar apenas dois exemplos –, uma espécie de aceitação não questionada dessas explicações tem levado a uma *forma de psicologia evolucionista pop*.

Entretanto, o psicólogo evolucionista de hoje não acredita que todas as explicações residem em uma natureza humana geneticamente determinada. A maleabilidade, destaca Wright, é parte da natureza humana. Maleabilidade – a receptividade em relação ao ambiente e às realidades culturais – é o que torna a aprendizagem e a adaptação possíveis. Permeando essa maleabilidade está o cérebro humano, maravilhosamente complexo, cujos segredos químicos e elétricos estamos apenas começando a desvendar.

Hebb: Neurofisiologia da Aprendizagem

A tentativa de Donald O. Hebb de explicar os processos mentais superiores é um afastamento ainda mais evidente de alguns dos embaraços do behaviorismo. Sua proposta é neurofisiológica, de certa forma especulativa, criada para explicar pensamento e aprendizagem pela atividade dos neurônios. O pensamento, sugere ele, envolve atividade entre grupos de neurônios dispostos em circuitos fechados (chamados *assembleias de células*) ou de atividade em arranjos mais complexos de tais circuitos (chamados *sequências de fases*). Rigorosamente central na teoria de Hebb é a noção de que a transmissão entre os neurônios parece ser facilitada pelo resultado do disparo repetido entre eles – uma noção ainda popular, atualmente conhecida como *regra de Hebb*. Esse fenômeno da atividade neural explica aparentemente a aprendizagem. Uma assembleia de células corresponde a um *input* sensorial simples (por exemplo, a cor de um objeto ou uma parte de uma de suas dimensões), ao passo que a atividade em uma sequência de fases corresponde ao objeto. Por meio da aprendizagem, as assembleias de células e as sequências de fases finalmente adquirem alguma correspondência com o ambiente: uma vez que diferentes partes de um objeto são, em geral, percebidas em contiguidade, as assembleias de células relacionadas aos diferentes aspectos de um objeto estarão, com frequência, ativas simultaneamente, portanto, estarão relacionadas. Interessante notar que muitas das noções de Hebb sobre a atividade neural foram endossadas por pesquisas mais recentes que utilizaram técnicas sofisticadas de imageamento cerebral (EEGs e MEGs, por exemplo), as quais apresentam medidas da mudança dos potenciais relacionados a eventos (PREs) e dos campos relacionados a eventos (CREs).

Hebb teve grande responsabilidade no desenvolvimento de uma teoria da motivação com base na ativação. Essa teoria parte da premissa de que o funcionamento humano ideal é possibilitado por um nível moderado de ativação e que, portanto, um organismo comporta-se de forma a manter esse nível. Outros teóricos (por exemplo, Bruner), posteriormente, incorporaram essas mesmas noções em seus sistemas.

Tolman: O Comportamento Tem um Propósito

Edward C. Tolman esteve entre os primeiros psicólogos norte-americanos a começar com uma orientação behaviorista e, no final, acabar por desenvolver um sistema mais cognitivo do que behaviorista – a teoria do *comportamento intencional*.

O sistema de Tolman reflete três crenças básicas. Primeira, todo comportamento é intencional. Com isso, Tolman queria dizer que o comportamento é dirigido, guiado na direção de objetivos, não pelos estímulos (como no sistema de Hull), mas pelas cognições – pelo estar consciente. Essas cognições assumem a forma de expectativas que o organismo desenvolve em relação à recompensa.

Segunda, Tolman enfatizou mais os aspectos *molares* do comportamento do que os *moleculares*. Em outras palavras, ele não estava preocupado com os discretos eventos S-R, mas com os aspectos globais do comportamento.

Terceira, Tolman insistiu que aquilo que é aprendido como uma função do reforçamento não é uma ligação estímulo-resposta ou uma ligação resposta-reforçamento, mas uma cognição – a consciência de que uma recompensa pode se seguir a certos comportamentos. Essa consciência ou expectativa guia o comportamento, tornando aceitável a descrição de Tolman de seu sistema como um behaviorismo intencional.

Gestaltistas: O Cognitivismo Alemão

A primeira posição cognitiva na psicologia norte-americana estava associada à *escola da Gestalt*. Esse era o nome aplicado ao sistema criado por um grupo de psicólogos alemães – Wolfgang Köhler, Kurt Koffka e Max Wertheimer. Todos finalmente emigraram para os Estados Unidos, onde realizaram a maior parte de suas pesquisas, aulas e escritos.

A posição da Gestalt é cognitiva por causa de sua preocupação com a percepção e pela sua rejeição às explicações da aprendizagem humana por tentativa e erro. Segundo a Gestalt, as pessoas aprendem por *insight*.

A abordagem gestaltista pode ser sintetizada assim: mesmo os objetos físicos não podem ser completamente conhecidos ou compreendidos pela análise de suas partes. "O todo é maior do que a soma de suas partes" tornou-se o *slogan* mais conhecido da Gestalt.

O principal foco da psicologia da Gestalt era descobrir as leis que governam a percepção. Os gestaltistas foram responsáveis pela elaboração de "leis" como as do fechamento, da proximidade, simetria, continuidade e *prägnanz*.[4]

O fato de que os gestaltistas, na metade do tempo, utilizavam pessoas para suas pesquisas representa uma importante transição na história das teorias da aprendizagem; psicólogos behavioristas conduziam a maioria de suas pesquisas em animais. Além disso, o interesse da teoria da Gestalt na experiência particular do indivíduo – o campo *behaviorista* ou *fenomenológico* – apresenta um drástico abandono das principais preocupações da maioria das posições behavioristas. Este interesse tem levado a aplicações contínuas da teoria de Gestalt no aconselhamento e na terapia.

Cognitivismo Moderno

A cronologia deste texto (do behaviorismo ao cognitivismo) pode passar a ideia de que as formulações teóricas mais recentes são mais esclarecidas, acuradas e úteis, e que substituíram as antigas teorias. Não é bem assim. Muitos aspectos das primeiras posições teóricas sobreviveram e continuam a aparecer nas teorias e aplicações atuais, embora nem sempre de modo reconhecível. O behaviorismo ainda é uma orientação vigorosa na psicologia, bem representado na literatura profissional atual e nos incontáveis programas terapêuticos e educacionais em que é aplicado. Contudo, as metáforas cognitivas são, atualmente, a maioria.

Bruner: Indo Além da Informação Dada

Jerome S. Bruner desenvolveu uma teoria cognitiva com a intenção de explicar vários fenômenos na percepção, na tomada de decisão, no processamento da informação, na conceitualização e no desenvolvimento. Seus primeiros trabalhos versaram sobre aprendizagem de conceitos; seus interesses mais recentes estão principalmente na área do desenvolvimento.

A teoria de Bruner é algumas vezes qualificada como uma *teoria da categorização*. Categorizar é tratar os objetos como se fossem, de alguma forma, equivalentes; assim, uma categoria pode ser considerada uma regra para classificar objetos pelas suas propriedades (atributos). Bruner devotou muito de seus primeiros estudos à investigação das estratégias que as pessoas utilizam na aprendizagem de como classificar os estímulos.

A abordagem de Bruner para a aprendizagem e a solução de problemas está baseada na pressuposição de que o valor do que é aprendido pode ser medido por quão bem ele permite ao aprendiz ir além da informação dada. Bruner argumenta que os conceitos e as

---

[4] O significado de *prägnanz* é boa forma (NRT).

percepções são úteis quando organizados em sistemas de categorias relacionadas entre si (sistemas de codificação), os quais têm ampla generalidade. Uma das maiores contribuições de Bruner é o papel que desempenhou na assim chamada revolução cognitiva – sua defesa das abordagens que rejeitam as restrições do behaviorismo. Além disso, suas teorias encontraram ampla aplicação em abordagens *construtivistas* da educação.

Piaget: Desenvolvimento e Adaptação

A teoria de Jean Piaget é um sistema que não é fácil de comparar com outras posições teóricas. Embora o principal foco desse autor esteja no desenvolvimento, muito do que ele diz é relevante para a aprendizagem e para o comportamento, por força da íntima relação entre aprendizagem e desenvolvimento.

Piaget descreve o desenvolvimento como a evolução da capacidade da criança para interagir com o mundo de modo cada vez mais apropriado, realista e lógico. Daí que parte do seu trabalho é a descrição de crianças nos diferentes estágios do desenvolvimento: o estágio sensório-motor (do nascimento aos 2 anos), o estágio pré-operacional (dos 2 anos aos 7 anos, abrange o pensamento preconceitual e intuitivo), o período das operações concretas (dos 7 anos aos 11 ou 12 anos) e o estágio das operações formais (dos 11 ou 12 anos aos 14 ou 15 anos). Cada estágio é marcado por capacidades e erros característicos na solução de problemas, resulta das atividades e capacidades do estágio precedente e é uma preparação para o próximo estágio.

Outro aspecto do trabalho de Piaget discute as características das crianças que as habilitam a progredir no seu desenvolvimento. Assim, ele descreve a inteligência como um processo biologicamente orientado, que envolve uma combinação da utilização de capacidades previamente aprendidas (assimilação) e da modificação do comportamento quando necessário (acomodação). O equilíbrio ideal entre esses processos (*equilibrium*) constitui o comportamento maximamente adaptativo. Maturação, experiência ativa, experiência social e uma tendência de atingir equilíbrio entre acomodação e assimilação moldam a aprendizagem e o desenvolvimento.

As crianças constroem uma visão da realidade, diz Piaget, em vez de simplesmente descobri-la ou aprendê-la de forma passiva. Elas constroem noções de tempo, espaço, causalidade, lógica, geometria e assim por diante.

O impacto de Piaget na psicologia e na educação tem sido enorme.

Vygotsky: Cultura e Linguagem

Se Lev Vygotsky, psicólogo soviético, tivesse vivido além de seus breves 34 anos de vida, seu impacto poderia ter sido ainda maior que o de Piaget. Certamente, ele estaria entre os gigantes da psicologia. Esse "Mozart" da área dominou todas as teorias mais importantes de sua época e quase desenvolveu uma teoria da aprendizagem e do desenvolvimento humano muito abrangente. Sua teoria dá especial relevância ao papel da cultura e principalmente à invenção mais importante dela: a linguagem. A interação cultural, junto com a linguagem que a cultura nos oferece, insiste Vygotsky, é o que possibilita todos os processos mentais superiores.

Vygotsky teve especial interesse pelo desenvolvimento intelectual das crianças. Ele trabalhou no campo da pedologia, disciplina soviética em vigor na época, que usava testes para determinar o nível de desenvolvimento das crianças. Uma das mais importantes noções de Vygotsky era a de que crianças que são capazes de fazer X por si mesmas podem ser capazes de fazer X mais Y com o auxílio de um adulto competente ou de uma criança mais velha. Este "Y", especificamente aquilo que a criança é capaz de alcançar com o estímulo e outros tipos de assistência, é a *zona do desenvolvimento proximal*. Um bom ensino e uma boa aprendizagem, explica Vygotsky, requerem que o educador ou os pais apresentem às crianças tarefas que caiam nessa zona – nem tão simples que possam ser realizadas facilmente pela criança, nem tão difíceis que, mesmo com auxílio, a criança seja incapaz de resolvê-las. *Suporte* é um termo genérico para todo tipo de assistência que pais e educadores qualificados oferecem às crianças. Pode incluir demonstração, explicação, oferta de modelos escritos ou reais, desenvolvimento sistemático de pré-requisitos qualificados, perguntas significativas, sugestões, correção de erros e assim por diante – tudo dentro da zona de crescimento proximal.

Modelos Simbólicos da Mente e Redes Neurais

O computador, com seus sistemas e funções, tornou-se uma metáfora cada vez mais comum para a atividade cognitiva humana. Essa metáfora compara a neurologia humana e especialmente o cérebro (*wetware*) ao *hardware* (componentes físicos), e o *software* do computador (programas) ao funcionamento cognitivo humano. As duas formas mais comuns de metáfora de computador são a *simbólica* (baseada no funcionamento do computador digital) e a *conexionista* (baseada no funcionamento do computador com processamento paralelo distribuído). Os modelos simbólicos supõem que todo conhecimento pode ser representado em símbolos e manipulado com o uso de regras; os modelos conexionistas reconhecem que uma parte da aprendizagem é implícita (mais do que explícita) e não pode ser facilmente verbalizada.

Os modelos conexionistas consistem em unidades interconectadas, e não em processadores centrais, por isso são chamados de *redes neurais*. Nas redes neurais, o padrão e a força das conexões representam o conhecimento. Os modelos conexionistas resultam em máquinas cujo funcionamento é, de certa forma, similar ao dos humanos, no sentido de que não são totalmente lógicos ou previsíveis. Entretanto, esses modelos são descrições em vez de explicações, nem sempre geram resultados plausíveis e funcionam como os seres humanos.

Mesmo assim, alguns argumentam que os seres humanos estão prestes a desenvolver máquinas que podem pensar de verdade – levando em conta todas as variáveis, as contingências e as qualificações que um ser humano poderia considerar. Essas máquinas não pensam de modo completamente previsível, linear e nem obedecem a uma lógica do tipo tradicional, mas a uma lógica *fuzzy*, um modo de rede neural no qual o programador realmente não sabe de antemão o que o computador decidirá, porque o problema é complexo demais para ser programado simbolicamente.[5]

Fatores que Afetam a Aprendizagem

Dentre os fatores importantes indissoluvelmente ligados ao comportamento humano estão a memória e a motivação. Na verdade, estudar a memória é apenas outra forma de estu-

[5] O professor colocou o manuscrito na areia e fez sinal para que eu colocasse mais lenha no fogo. Enquanto eu punha os gravetos na brasa, perguntei-lhe que papel ele achava que os computadores desempenhariam para esclarecer o pensamento humano, digamos, em dez anos. Por um instante, ele me olhou como se ignorasse a pergunta, então respondeu uma pergunta que eu não havia feito. Disse que essas máquinas pensantes não são ameaçadoras, que não nos substituiriam, porque elas não sentem nada. Essas máquinas não se importam, não têm emoção. Explicou que apesar da falta de sentimentos, chegará o dia em que os computadores agirão como se realmente se importassem, e muitas pessoas ficarão assustadas com eles, como se oferecessem algum perigo. Então voltou a ler o manuscrito, e eu liguei o gravador.

dar a aprendizagem. A motivação, por definição, lida com as causas e as razões do comportamento e das alterações do comportamento (e a mudança de comportamento, é bom lembrar, definem a aprendizagem). As teorias em cada uma dessas áreas incluem ambas as orientações behavioristas e cognitivas, embora as investigações recentes sobre memória e motivação tendam a se basear mais nos modelos cognitivos.

Memória

Um modelo comum de memória é um modelo de armazenamento em três estágios que diz que as pessoas processam e recebem informação como se tivessem três áreas separadas de armazenagem, ou processos: uma delas envolve os efeitos momentâneos, inconscientes da sensação (*memória sensorial*); a outra, está associada à memória de curto prazo (MCP, que dura segundos, não minutos), e a terceira, lida com a memória de longo prazo (MLP). A MCP é um processo em andamento, ativo, facilmente perturbável e muito limitado no que se refere à capacidade; a MLP é mais passiva, relativamente estável e praticamente ilimitada na sua capacidade.

Atualmente, o modelo de Baddeley de *memória de trabalho* é muito popular; trata-se do modelo que tenta descrever não tanto como ou onde as memórias são armazenadas, mas como são processadas – isto é, como a memória *funciona*. Este modelo descreve um *sistema executivo central* que supervisiona o funcionamento de dois *servossistemas* que mantêm as informações disponíveis para processamento (a *alça fonológica* e o *esboço visual-espacial*) e um *buffer episódico* que integra informações em um episodio coerente.

Os modelos atuais de memória de longo prazo tendem a ser associacionistas (ou seja, assumem que todo o conhecimento está relacionado) e com frequência fazem distinção entre memória explícita, potencialmente consciente (chamada memória *declarativa*) e os efeitos da aprendizagem implícitos, inconscientes e não verbalizáveis (chamados *não declarativos* ou *procedimentais*). A memória explícita ou declarativa inclui a *memória semântica* (conhecimento abstrato, estável) e a *memória episódica* (memória pessoal, *autobiográfica*, ligada a um tempo e a um lugar específicos). Estudos de amnésicos e do imageamento neural da atividade cerebral indicam que diferentes partes do cérebro podem estar envolvidas em cada um desses tipos de memória.

As causas do esquecimento são variadas e nem sempre óbvias. Elas incluem danos cerebrais, desvanecimento ou decaimento ao longo do tempo, distorção, repressão, interferência e a falta de recuperação de indicações. Diversos dispositivos mnemônicos podem tornar a lembrança mais fácil.

Motivação

A teoria da motivação pergunta o porquê do comportamento – uma questão que suscita muitas respostas. Alguns comportamentos são reflexos: respostas simples não aprendidas para situações específicas. Outros podem resultar de instintos, tendências hereditárias mais complexas, comuns a todos os membros de uma espécie. Há, ainda, os que podem resultar de pulsões (chamados *impulsos*) associados às necessidades biológicas básicas como a necessidade de alimento e bebida, ou talvez às necessidades psicológicas como as de realização, afeição ou autoestima.

As teorias sociais cognitivas da motivação apresentam uma visão mais ativa do comportamento humano – bastante distinta daquela de um organismo reativo empurrado e incitado por necessidades e por impulsos sobre os quais tem pouco ou nenhum controle. A teoria de Maslow reconhece a importância de ambas, as necessidades básicas (deficiência) e as metanecessidades (necessidades de crescimento); a mais alta necessidade humana é a de autorrealização. A teoria da ativação volta-se para as consequências motivacionais da ativação muito baixa ou muito alta. A teoria da dissonância cognitiva descreve como os conflitos entre crenças, comportamentos e expectativas dão origem a comportamentos destinados a reduzir ou a eliminar os conflitos. A teoria da autodeterminação volta-se para a necessidade humana de autonomia e de ter livre escolha. A teoria da atribuição explora as tendências sistemáticas das pessoas de atribuir os resultados de seus comportamentos a causas que podem ou não controlar. A teoria de Carol Dweck observa como nossas noções implícitas (*atitudes mentais*) sobre a inteligência contribuem para nossos objetivos (*domínio* ou *desempenho*) e nossos esforços de atingir tais objetivos. A teoria da expectativa-valor descreve como nossos motivos são determinados por uma espécie cálculo mental que utilizamos para determinar os benefícios e custos pessoais associados a nossas várias opções. A descrição de Albert Bandura do papel dos julgamentos de *autoeficácia* mostra como as estimativas das competências pessoais e da eficiência estão associadas à persistência, realização e autoconceitos positivos. O que essas abordagens cognitivas mais recentes sobre a motivação têm em comum é que descrevem o comportamento como tentativa consciente de criar sentido para o *self* e para o ambiente.

Aprendizagem Social

Aprendizagem social diz respeito à aprendizagem do comportamento socialmente apropriado, bem como aos processos pelos quais os seres humanos aprendem por meio da interação social. A designação *aprendizagem social* tornou-se quase sinônimo de aprendizagem por imitação ou aprendizagem por observação. A teoria de Bandura sobre a aprendizagem por observação descreve três efeitos possíveis da observação de modelos: (1) aprendemos novos comportamentos como resultado de ver os outros (modelos) apresentando esses comportamentos (efeito *modelador*), (2) comportamentos desviantes podem ser encorajados ou desencorajados principalmente como resultado das consequências que observamos derivarem de tais comportamentos (efeito *inibitório* ou *desinibitório*) e (3) ver modelos envolvidos em comportamentos altamente recompensados pode estimular nos observadores comportamentos similares, mas necessariamente não idênticos (o efeito *eliciador*).

De início, a teoria da aprendizagem por observação elaborada por Bandura baseou-se no modelo skinneriano de condicionamento operante: comportamentos imitativos são aprendidos porque são reforçados tanto direta (pelo modelo, por exemplo, ou pelas consequências diretas do comportamento imitado) quanto vicariamente (um tipo de reforçamento de segunda mão, no qual as consequências de um comportamento para o modelo parecem ser reforçadoras para o observador).

Bandura explica que nem todos os comportamentos humanos estão sob controle direto de seus resultados – como Skinner teria argumentado. Alguns comportamentos são controlados mais diretamente pelos estímulos – como no caso do condicionamento clássico, por exemplo. Outros, talvez bem mais importantes para compreender o comportamento humano, estão sob controle simbólico. Realmente importante, diz Bandura, não são as consequências diretas e imediatas de nossa ação ou de um estímulo, mas a peculiar capacidade humana de imaginar as consequências da ação, de descobrir as relações de causa e efeito entre elas, de antecipar. Como resultado de fazer tudo isso, nós entusiasticamente nos engajamos, hoje, em comportamentos que não têm possibilidade de ser reforçados por semanas, meses e até mesmo anos.

Esses três sistemas de controle do comportamento – controle do estímulo, controle do resultado e controle simbólico – oferecem um resumo claro e útil das principais teorias da aprendizagem discutidas neste texto. Eles ilustram a progressão das primeiras ênfases em compreender a relação entre estímulos e comportamento (evidente nas teorias baseadas no modelo do condicionamento clássico) para uma ênfase nas consequências do comportamento (aparente nas teorias como as de Thorndike e Skinner) e, por fim, para uma orientação progressivamente mais cognitiva. Em uma análise final, diz Bandura, os seres humanos são agentes de suas próprias ações. Como agentes, expressam intencionalidade, previsão e autorreflexão.

Resumo e Avaliação

As seções anteriores resumiram a maioria das posições teóricas sobre a aprendizagem descritas neste texto. A Tabela 12.2 e a Figura 12.1 sintetizam essa informação. A Tabela 12.2 lista palavras-chave associadas a cada posição teórica. A Figura 12.1 é mais visual; consiste em representações esquemáticas ou simbólicas dos aspectos de cada teoria. Nenhuma delas pretende ser uma representação completa das teorias em questão.

Forças e Fraquezas

Uma seção de avaliação acompanha cada uma das principais teorias da aprendizagem descritas neste livro. Esta seção não repete todas essas avaliações, mas junta, num único lugar, algumas das características mais importantes das avaliações anteriores. Os comentários não têm a pretensão de ser um catálogo exaustivo de todos os aspectos, bons e ruins, característicos de cada teoria. Além disso, crítica e avaliação são, antes de tudo, quase sempre subjetivas – geralmente uma questão de gosto, de educação, de religião. Portanto, essas avaliações são apresentadas apenas como sugestões.

Behaviorismo

Uma crítica comum ao behaviorismo é que a mecanização que essa teoria aplicou à humanidade desumanizou o animal homem. Os críticos ressaltam que os seres humanos possuem consciência, que o sentimento é parte do comportamento e que, certamente, a interação humana com o ambiente vai além da simples questão de estímulos e respostas. Esses críticos afirmam, além disso, que o condicionamento, em todas as suas variedades, deixa muito do comportamento humano sem explicação. Alguns também reagem negativamente ao uso dos animais em estudos cujos resultados são generalizados para o comportamento humano. Outros se sentem amedrontados com a ideia de aplicar uma ciência do comportamento humano para modelar e controlar pensamento e ação.

Os behavioristas, em sua própria defesa, afirmam que apenas lidando com aqueles aspectos do funcionamento humano claramente mensuráveis e definíveis podem validar e tornar confiáveis suas conclusões. Os behavioristas reagem com escárnio à natureza caótica e confusa da psicologia mais "mentalista". Perguntam o que são imagens, sentimentos e sensações, e que valor podem ter no desenvolvimento de uma ciência do comportamento.

De maneira muito clara, o behaviorismo enfatiza a objetividade e perde alguma relevância ao fazê-lo. Mesmo assim, a abordagem gerou uma grande quantidade de pesquisas e

Tabela 12.2 Palavras-Chave

Posições fundamentalmente behavioristas				
Watson	**Guthrie**	**Thorndike**	**Hull**	**Skinner**
Behaviorismo	Contiguidade	Efeitos	Força do hábito	Operante
Condicionamento clássico	Aprendizagem em uma única tentativa	Satisfatórios	Hipotético-dedutivo	Respondente
Reflexos	Hábitos	Insatisfatórios	Potencial de reação	Esquemas
Ambientalismo	Limiar	Gravação interna	Impulso	Extinção
Contiguidade	Fadiga	Gravação externa	Reações ao objetivo	Ratos
	Estímulos incompatíveis	Tentativa e erro	Famílias de hábitos	Modelagem
	Estímulos produzidos por movimentos	Conexionismo	Variáveis intervenientes	Superstição
			Resposta fracionária antecipatória ao objetivo	Modificação comportamental

Transição		*Posições fundamentalmente cognitivas*				
Hebb	**Tolman**	**Gestaltistas**	**Bruner**	**Piaget**	**Vygotsky**	**Modelos de processamento da informação**
Assembleia de células	Propósito	Percepção	Categorização	*Equilibrium*	Cultura	Redes neurais
Sequência de fase	Molar	Todo	Formação de conceitos	Assimilação	Linguagem	Conexionismo
Neurofisiologia	Intenção	Fechamento	Atributos	Sensório-motora	Fala social	Processamento distribuído paralelo
Ativação	Expectativa	*Prägnanz*	Sistemas de codificação	Operações concretas	Fala interna	Modelos simbólicos
	Signo-significado	*Insight*	Estratégias	Operações formais	Fala egocêntrica	Inteligência artificial
	Aprendizagem de lugar	Campo comportamental	Narrativas	Acomodação	Zona de desenvolvimento proximal	*Wetware*
				Lógica	Suporte	*Hardware*
				Conservação		*Software*

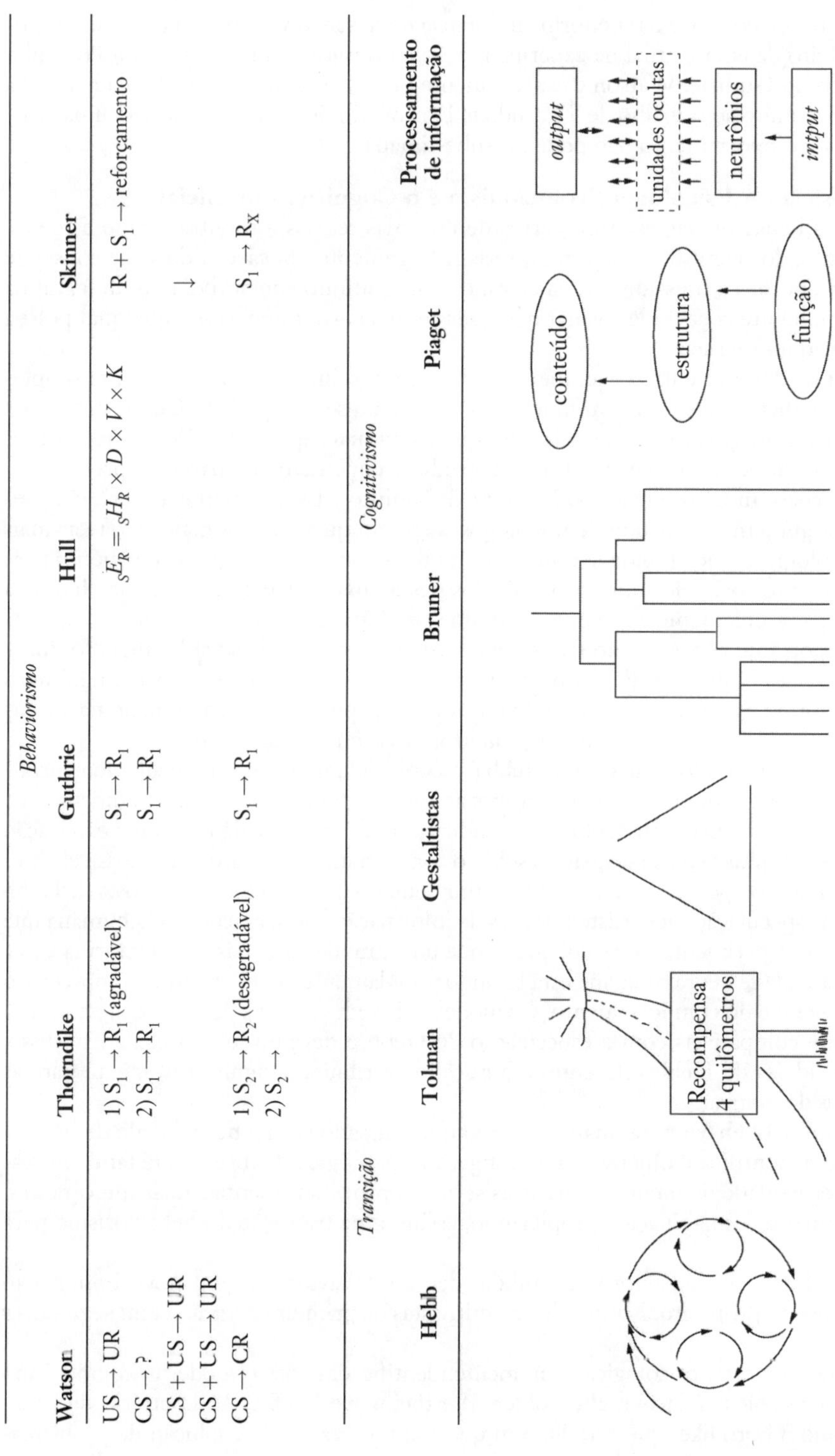

Figura 12.1 Representações diagramática e simbólica do conteúdo principal dos onze capítulos anteriores.

teorias aplicáveis e continua a ter enorme influência no desenvolvimento da teoria da aprendizagem. Muito da ênfase atual na experimentação e no rigor científico deriva do trabalho de pessoas como Guthrie, Watson e especialmente Hull. A ênfase na aplicabilidade prática da teoria deve muito ao trabalho de Thorndike. E a contribuição de Skinner para uma ciência prática do comportamento não pode ser subestimada.

Uma Transição: A Psicologia Evolucionista e o Cognitivismo Inicial

Os primeiros behavioristas estavam certos de que suas teorias, ou outras como as deles, baseadas em dados científicos objetivos, seriam largamente aplicáveis. Se você consegue condicionar um rato a pressionar uma alavanca, um golfinho a jogar bola ou um cavalo a ajoelhar, certamente você pode ensinar qualquer animal e – por que não? – qualquer pessoa a fazer o que quer que seja.

Nem tanto. Mesmo entre os animais, alguns comportamentos aparentemente simples podem ser condicionados mas com muita dificuldade, ou sequer podem. Certas limitações biológicas parecem governar muito daquilo que os animais aprendem. Porcos reforçados para depositar "moedas" de madeira num cofrinho frequentemente parecem preferir enterrá-las no chão, mesmo que ao fazê-lo fiquem famintos. Essas e outras observações semelhantes, argumenta um grupo de psicólogos, sugerem que a psicologia deveria dar mais atenção à biologia. A sociobiologia, uma tentativa de oferecer uma explicação genética para o comportamento social, foi um dos resultados dessa ênfase. Atualmente, a sociobiologia tem dado lugar amplamente ao que se denomina *psicologia evolucionista*.

Uma importante contribuição da psicologia evolucionista e da sociobiologia foi focar atenção nas raízes biológicas do comportamento humano. Relacionado a isso, um número cada vez maior de psicólogos está levando em conta o papel do cérebro humano na aprendizagem e no comportamento. Um dos pioneiros dessa ênfase foi Hebb.

A proposta da teoria formulada por Hebb é reconhecidamente uma especulação neurofisiológica, assim como um fato. Alguns críticos argumentam que tal abordagem dificilmente resultaria em novas descobertas sobre a aprendizagem ou em algo além de uma explicação para o que já se conhecia ou se suspeitava sobre o comportamento. Claro que é possível apresentar o argumento oposto. Pode ser contra-argumentado que nem toda a proposta de Hebb baseia-se em especulação, que existem fontes de informação sobre a neurologia humana que são distintas da experimentação psicológica e que uma grande parte das novas informações a respeito da atividade neural humana está levando, rapidamente, a uma melhor compreensão da aprendizagem e do comportamento. Os modelos de redes neurais do novo conexionismo são altamente compatíveis com a especulação de Hebb e devem muito a ele. Além disso, algumas das ideias de Hebb referentes à ativação contribuíram significativamente para as teorias atuais de motivação.

Hebb, um neobehaviorista, manteve-se compromissado com a necessidade de preservar a natureza científica e objetiva da investigação psicológica. Contudo, ele também respondeu à necessidade de incluir inferências sobre os processos mentais mais importantes, como pensamento e imaginação, propiciando, assim, uma transição do behaviorismo para o cognitivismo.

Tolman, outro neobehaviorista, também deu ao behaviorismo um novo impulso ao aceitar o papel do propósito. Muitos dos cognitivistas da primeira geração eram seguidores de Tolman.

As primeiras teorias psicológicas claramente identificadas com o moderno cognitivismo foram as dos psicólogos da Gestalt, Köhler, Wertheimer e Koffka. Ao contrário de behavioristas como Thorndike, que acreditavam que a aprendizagem e a solução de problemas ocorriam por tentativa e erro, os gestaltistas pensavam que as pessoas aprendem por *insight*. Consequentemente, suas principais preocupações eram com aspectos cognitivos como *insight*, percepção e solução de problemas. Algumas vezes essas teorias são criticadas por serem vagas. Mesmo assim, contribuíram significativamente para a prática do aconselhamento e para o desenvolvimento subsequente das teorias cognitivas.

Cognitivismo

Os críticos das abordagens cognitivas aplicáveis à aprendizagem humana baseiam suas objeções nas abordagens cognitivas frequentemente consideradas menos precisas e mais subjetivas no levantamento de informações e na teorização. O uso extensivo do jargão por muitos cognitivistas contemporâneos e a aparente falta de concordância entre as diferentes posições também causam confusão e suscitam críticas.

Tanto Bruner quanto Piaget têm sido criticados porque às vezes a terminologia deles é confusa e porque as metáforas que usam são frequentemente obscuras e pouco práticas. Piaget também tem sido muito criticado pelos seus métodos experimentais imprecisos, suas amostragens não representativas, pelo número extremamente pequeno de sujeitos empregados na maioria de seus estudos, pela falta de análise estatística no seu trabalho inicial e pela tendência de supergeneralizar e suprateorizar com base em seus próprios dados. Vygotsky tem sido criticado pela falta de precisão e pela natureza global e extremamente abrangente de sua teorização. Os teóricos cognitivos contrapõem a essas críticas o argumento de que estão lidando com tópicos que são mais relevantes para o comportamento humano do que as questões relacionadas apenas a estímulos, respostas e consequências das respostas, e que investigar esses tópicos requer fazer inferências com base em informações limitadas.

Bruner, Piaget e Vygotsky continuam a influenciar a educação de crianças e especialmente as práticas escolares. Piaget é responsável por converter uma geração inteira de professores e pais em fascinados observadores de crianças e de seu desenvolvimento. Nas últimas décadas, a teoria de Vygotsky cresceu em popularidade no ambiente educacional.

Uma Integração

Historicamente, a busca na teoria da aprendizagem tem sido por uma maneira melhor de explicar o comportamento humano – uma busca baseada claramente na suposição de que há uma explicação melhor. E se não houver? O que aconteceria se a psicologia supusesse que por existir muitos tipos diferentes de aprendizagem humana haveria necessidade de muitas explicações diferentes?

Vários teóricos já fizeram essa suposição, e as teorias resultantes são tipicamente integração de uma variedade de conceitos que têm sido tradicionalmente associados a posições separadas. Entre esses pensadores está Jerome Bruner. Aspectos de sua teorização podem ser encaradas como uma síntese extremamente útil de várias teorias discutidas neste livro.

Jerome Bruner: Modelos do Aprendiz

As teorias da aprendizagem, diz Jerome Bruner (1985), são, na verdade, modelos do aprendiz. Se olharmos para as várias teorias da aprendizagem propostas, descobriremos traços dos modelos do aprendiz humano que existem nelas.

Tabula Rasa

Um dos mais antigos modelos de aprendiz é o da *tabula rasa* ("lousa em branco"). Essa visão baseia-se na premissa de que o ser humano nasce sem nenhum conhecimento, com poucas inclinações e nenhum pensamento e, talvez, uns poucos reflexos. Todos são iguais ao nascer, diz o modelo: a experiência subsequentemente escreve suas mensagens nessa lousa em branco, molda gradualmente o bebê numa criança e depois num adulto, o que explica todas as diferenças finais entre as pessoas.

O modelo da *tabula rasa* é algumas vezes ilustrado com a metáfora da jarra vazia. A mente do bebê, diz essa metáfora, é como uma jarra que está completamente vazia por ocasião do nascimento; ela tem a mesma capacidade de qualquer outra jarra de qualquer outro bebê. Com o tempo, as águas da experiência são derramadas dentro dessa jarra até que, no final, algumas jarras enchem mais do que outras. Algumas acabam transbordando.

O modelo da *tabula rasa* está claramente refletido nas teorias dos behavioristas, que se encarregaram de descobrir e explicar as regras pelas quais a experiência escreve suas mensagens ou derrama suas águas – ou seja, as regras do condicionamento operante clássico. Quando Watson insistiu que poderia fazer o que quisesse com dezenas de bebês saudáveis, é porque ele acreditava que todos os bebês são iguais quando nascem e igualmente suscetíveis às influências da experiência.[6]

Gerador de Hipóteses

Alguns teóricos objetaram à visão mecanicista do aprendiz apresentada pelo modelo da *tabula rasa*. Os aprendizes humanos não chegam a ser tão passivos, argumentaram esses teóricos; os aprendizes não são simplesmente empurrados em uma ou em outra direção pelos estímulos, pelas recompensas e pelas punições. Ao contrário, eles são caracterizados pela intencionalidade. Escolhem as experiências e, talvez ainda mais importante, as interpretam por meio de suas próprias noções sobre o mundo (suas hipóteses pessoais).

As respostas antecipatórias ao objetivo, sugeridas por Hull, oferecem uma primeira visão – embora cautelosamente behaviorista – do aprendiz como um **gerador de hipóteses**. O behaviorismo intencional de Tolman oferece uma visão do comportamento ainda mais claramente dirigido pela intenção, e não apenas por acontecimentos externos.

Nativismo

A complexidade do que o bebê e a criança têm de aprender, e a facilidade e a rapidez com que o fazem, sugere um outro modelo – aquele que concebe o aprendiz humano não como uma lousa em branco, mas como possuidor de uma mente caracterizada por capacidades e limitações previamente estabelecidas. O **nativismo** sustenta que a mente já está modelada por tendências importantes antes que qualquer aprendizagem ocorra. Bruner argumenta que a mente do bebê não é a "confusão crescente e alvoroçada" que James pensou. Ao contrário, é incrivelmente sofisticada e muito bem preparada para se tornar a mente altamente complexa, produtora e consumidora de cultura do adulto (Bruner, 2000).

Os modelos nativistas são centrais no trabalho dos etologistas, que estudam e tentam compreender o comportamento dos organismos em seus hábitats naturais. Os compor-

---

[6] "Quero que você diga aos seus leitores superinteligentes", disse o professor, um tanto imperiosamente, "que é um pouco caricatural, um exagero errôneo, sugerir que a maioria dos behavioristas adotou o modelo da *tabula rasa*. Embora seja verdade que alguns aspectos do modelo da *tabula rasa* estejam refletidos na crença behaviorista na 'condicionabilidade' dos seres humanos, até mesmo o primeiro deles, Watson aceitou que os bebês nascem com reflexos simples – portanto, não inteiramente em branco. Do mesmo modo, a metáfora darwiniana de Skinner (a sobrevivência de respostas reforçadas) apela para a importância do repertório comportamental herdado."

tamentos estampados, como os da resposta de "seguir" apresentada pelos gansos jovens, explicam os etologistas, são evidência clara de uma neurologia pré-instalada que limita e determina o comportamento. Muito do mesmo modelo permeia a descoberta dos psicólogos de que alguns comportamentos são mais facilmente condicionados do que outros, bem como a crença dos sociobiólogos de que diversos comportamentos sociais importantes são pré-programados geneticamente.

As teorias dos psicólogos gestaltistas também refletem esse modelo nativista. A tendência de perceber o todo em vez de partes, de ver da melhor forma possível, de buscar padrões e similaridades ilustram tendências predeterminadas. Do mesmo modo, Chomsky (1972) argumenta que os seres humanos têm tendências neurológicas inatas em relação à linguagem, isso explica como os bebês aprendem a falar com tanta facilidade e rapidez.

Construtivismo

Não se pode encontrar ou descobrir o mundo, afirmam psicólogos como Bruner, Piaget e Vygotsky; ele é construído. O modelo resultante, o **construtivismo**, encara o aprendiz como um construtor do conhecimento. Sustenta que é por meio das interações com o mundo que as crianças descobrem como dar significado à experiência. As crianças vão conhecendo progressivamente as regras que governam as relações entre acontecimentos, objetos e fenômenos do mundo real, bem como as regras para abstrair significados e gerar conceitos. O aprendiz construtivista é automotivado e orientado para o domínio, impulsionado pela necessidade de saber, organizar, compreender e construir significados. Mesmo os adultos seguem empenhados em construir significados e, talvez mais do que as crianças, compreender o significado de suas vidas. Com essa finalidade, contam para si mesmos histórias e narrativas pessoais. Esforçam-se para entender o início, o meio e o fim dessas histórias, de modo que façam sentido para eles e para suas próprias vidas (Bruner, 2002).

Como vimos no Capítulo 7, a descrição de Bruner do aprendiz como aquele que examina minuciosamente os dados da experiência para formar conceitos e organizar estruturas mentais elaboradas correspondentes ao mundo é a de um modelo construtivista. O mesmo é verdade em relação à visão de Piaget sobre o aprendiz como aquele que assimila e acomoda para inventar e construir representações progressivamente mais avançadas e sistemas de regras para lidar com o mundo.

Modelo do Novato a Especialista

Um modelo mais recente de aprendiz, diz Bruner (1985), é aquele menos preocupado com a teoria e mais focado na prática de transformar novatos em especialistas. Uma abordagem sugerida por esse modelo de **novato a especialista** consiste em analisar especialistas e novatos, descrever as diferenças entre eles e, então, arquitetar formas de tornar o novato mais parecido com o especialista. O modelo de novato a especialista é evidente nas abordagens de processamento da informação que usam computadores para simular aspectos da aprendizagem. O conexionismo, por exemplo, tenta imitar, por meio de modelos de redes neurais, o funcionamento da mente humana; em outras palavras, tenta criar um sistema especialista. Quase da mesma forma, os modelos simbólicos do computador, como os programas para jogar xadrez, tentam descobrir as estratégias que explicam a perícia nesse jogo.

Em contraposição a outros modelos, o do novato a especialista tende a ser mais específico do que geral, ou seja, modelos diferentes são desenvolvidos para áreas diferentes (como jogar xadrez ou ler um livro).

Esses cinco modelos de aprendiz humano estão resumidos na Tabela 12.3.

Tabela 12.3 *Modelos do Aprendiz*

Modelo	Definição	Teorias que refletem o modelo*
Tabula rasa	O aprendiz é uma jarra vazia que aguarda ser preenchida.	Watson, Guthrie, Pavlov, Skinner, Thorndike
Gerador de hipóteses	O aprendiz é caracterizado pela intencionalidade e avalia experiências por meio de expectativas e suposições pessoais.	Tolman, Hull
Nativismo	O aprendiz nasce com algumas limitações e predisposições que tornam a aprendizagem de algumas coisas (tais como a linguagem) altamente prováveis.	Etologistas, sociobiólogos, psicólogos gestaltistas
Construtivismo	O aprendiz inventa regras, forma conceitos e constrói representações do mundo.	Piaget, Bruner, Vygotsky
De novato a especialista	O aprendiz é um novato em domínios específicos e torna-se especialista à medida que as diferenças entre a atuação de especialistas e novatos são eliminadas.	Modelos de processamento de informações; conexionismo (modelos de redes neurais).

* Observe que a maioria das teorias também inclui elementos de outros modelos.

A Última Palavra

Como este livro deixa claro, surgiram várias explicações para a aprendizagem e, como consequência, uma variedade de modelos de aprendiz. Ao longo da história, subsistiu a ideia de que um modelo ou um grupo de teorias deve ser mais correto, mais útil e melhor do que outros. "Foi vaidade da geração anterior", diz Bruner, "acreditar que a batalha entre as teorias da aprendizagem terminaria finalmente com um vencedor" (1985, p. 8).

Nenhuma delas venceu talvez porque não exista apenas um tipo de aprendizagem. No final, os modelos mais úteis podem ser aqueles que reconhecem isso mais claramente e admitem os diversos tipos de aprendizagem possíveis na riqueza das circunstâncias sob as quais a aprendizagem ocorre. Um tal modelo deveria reconhecer que a força do aprendiz humano repousa no enorme espectro de competências e adaptações possíveis.

Idealmente, o aprendiz humano é flexível, não rígido; é aberto, não fechado; é inventivo, não receptivo; é mutável, não fixo; é poético, não prosaico. Os modelos de aprendiz e as teorias que deles resultam deveriam refletir esse fato.

Resumo

1. Parece existir uma necessidade humana de simplificar, colocar ordem no caos, inventar teorias. Um dos problemas de resumir a teoria da aprendizagem é simplificar sem mentir.

2. As principais divisões da teoria da aprendizagem refletem diferentes preocupações e diferentes abordagens para a coleta de dados e a construção científica. Os behavioristas estão, antes de mais nada, preocupados com

eventos objetivos, observáveis (estímulos, respostas, reforçamentos); os cognitivistas estão mais preocupados com os processos mentais (pensamento, solução de problemas, percepção, tomada de decisão).[7]

3. Pavlov, Watson, Guthrie, Thorndike, Hull e Skinner são behavioristas. Os psicólogos evolucionistas e psicólogos como Hebb e Tolman representam o início da transição entre behaviorismo e cognitivismo. A psicologia da Gestalt reflete as primeiras tentativas de desenvolver teorias em bases cognitivas. Bruner, Piaget, Vygotsky e os teóricos, cujos modelos são baseados no computador, são psicólogos cognitivos.
4. Estudar a memória é outra maneira de estudar a aprendizagem. A motivação volta-se para as causas e razões do comportamento e para a mudança do comportamento. Os modelos de memória são principalmente cognitivos; os modelos de motivação incluem abordagens behavioristas (necessidades, impulsos) e cognitivas (atribuições, autoconceitos, necessidade de realização, teoria da expectativa-valor). A teoria da aprendizagem social lida, principalmente, com a maneira como aprendemos comportamentos apropriados do ponto de vista social. A teoria da aprendizagem social de Bandura representa uma importante e integrativa explicação da aprendizagem por observação.
5. As principais críticas ao behaviorismo dizem respeito à mecanização dos seres humanos e seu fracasso em explicar eventos mentais como pensamento, sentimento e compreensão. As principais críticas ao cognitivismo dizem respeito à sua abordagem menos precisa e mais subjetiva e ao uso de termos técnicos nem sempre definidos com clareza.
6. Tanto os modelos behavioristas quanto os cognitivistas continuam a influenciar a teoria e a prática psicológicas, como também o fazem aqueles biologicamente orientados. As principais contribuições das posições behavioristas incluem várias abordagens importantes para tratar problemas comportamentais e desordens emocionais, bem como para alterar o comportamento em sala de aula.
7. Bruner descreve cinco modelos de aprendiz, refletidos em diferentes teorias da aprendizagem: *tabula rasa* (a jarra vazia, behaviorista), gerador de hipóteses (intenção e previsão; Tolman, Hull), nativismo (predisposições e limitações preexistentes; etologistas, gestaltistas), construtivismo (invenção e construção de representações cognitivas; Piaget, Bruner, Vygotsky) e de novato a especialista (simulação computadorizada, modelos de processamento da informação e redes neurais).
8. Ninguém ganhou a batalha das teorias da aprendizagem. Contudo, exceto por divergências menores entre facções radicais, este confronto foi abandonado depois do reconhecimento de que não há apenas um tipo de aprendizagem e que não há probabilidade de haver apenas um tipo de explicação.

[7] "Você deve indicar para nossos leitores", disse o professor, "que esta declaração denota uma falsa dicotomia. cognitivistas, por um lado, que acreditam que a aprendizagem ocorre dentro da cabeça; e behavioristas, por outro lado, que por implicação devem acreditar que a aprendizagem acontece em outro lugar. Na verdade, nenhum dos teóricos discutidos em todo este livro negaria que a aprendizagem ocorre dentro da cabeça. A questão é que a ênfase cognitiva tem mudado em direção aos eventos dentro da cabeça. Em contrapartida, behavioristas tem considerado mais frutífero lidar com eventos fora da cabeça."

Epílogo de Lefrançois

O professor foi embora, o que é triste. "Aonde você vai?", gritei, quando ele me deu as costas e se pôs a andar penosamente pela neve em direção ao dique do castor, com o gato amarelo e caolho nos seus calcanhares. "De onde você é?", gritei, quando ele não me respondeu à primeira pergunta.

"Eu vou voltar", disse ele, como se eu tivesse perguntado outra coisa. Certo! Já ouvi isso antes.

Então ele parou, tirou alguma coisa do bolso e a pendurou num galho de árvore. O gato disparou na frente dele e sumiu no meio das árvores, como se soubesse aonde o professor estava indo. Ele acenou uma vez, sem se voltar, e então também desapareceu. Nunca mais vi nenhum dos dois.

O que o professor pendurou na árvore, no setor noroeste da Seção 15, Distrito 48, Área 23, a oeste do 4º Meridiano, foi uma bandeira, exatamente como as outras duas que eu tinha guardado, dobradas, nas caixas de sapato colocadas sob a minha cama, de modo que agora eu tenho três. Você pode ver uma imagem disso na contracapa deste livro.

As cores desbotaram, mas ainda é possível ver o porco rampante no lado direito do brasão, olhando para o peru gritão em algum tipo inexplicável de interação íntima. Ambos estão num campo florido que poderia ser de dentes-de-leão. As cuecas de Kongor ostentavam o mesmo desenho, disse minha tia Lucy.

A inscrição na bandeira, fronti nulla fides, *está agora parcamente legível, mas seu significado ficou impresso para sempre no meu cérebro. "Nunca confie nas aparências", que também significa "Você não deve julgar um livro pela sua capa". Isso é verdade. Nunca julgue um livro pelo seu autor, ou um autor pelo seu livro.*

Kongor – não é uma foto muito boa, mas, também, foi tirada há 40 anos.

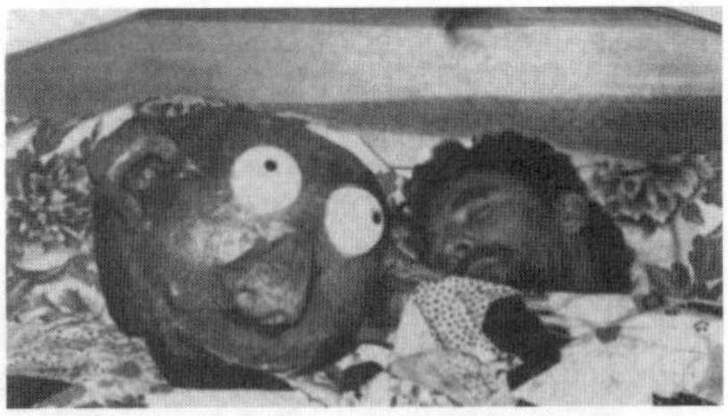

Kro e eu, os dois dormindo. Não se deixe enganar pelos olhos esbugalhados e pelo sorriso estúpido estampado no rosto dele; é assim que os Korons dormem.

O Velho. Sempre que havia uma máquina fotográfica por perto ele dava um jeito de esconder o rosto.

A Velha Senhora gostava de cozinhar na cabana, mas se via ou ouvia a minha máquina fotográfica, não me dava comida.

Quando as crianças conseguiam fotografar a Velha Senhora, ela estava sempre indo, nunca vindo.

Ela acenou uma vez sem olhar para trás. Então desapareceu entre as árvores. Foi a última vez que a vi.

Fotos: De Claire Lefrançois e Liam Sakovsky.

O Professor, apanhado num raro ingênuo momento. Ele aparentemente tinha esquecido da câmera infravermelha, sensível ao movimento, que eu havia colocado no canto da cabana, no meio do mato.

Glossário

Acetilcolina Um neurotransmissor presente no sistema nervoso periférico e também no sistema nervoso central; está envolvido nas atividades voluntárias assim como nas funções fisiológicas (tais como a frequência cardíaca e a respiratória). Além disso, está envolvido no sistema nervoso central, em atividades relacionadas à aprendizagem e à memória.

Acomodação Modificação de uma atividade ou capacidade em face de demandas ambientais. Na descrição do desenvolvimento de Piaget, assimilação e acomodação são os meios pelos quais os indivíduos interagem com o mundo e se adaptam a ele. (*Ver* Assimilação.)

Adaptação Mudança que acontece em um organismo em resposta ao ambiente. Supõe-se que tal mudança facilita a interação com determinado ambiente. A adaptação desempenha papel central na teoria de Piaget. (*Ver* Assimilação, Acomodação.)

Agonista Agente ou droga que acentua a atividade natural de alguma substância. Por exemplo, a cocaína é agonista da dopamina, na medida em que parece estimular a atividade dessa substância.

Agrupamento Processo da memória pelo qual itens relacionados entre si são agrupados em torno de "pedaços"[1] mais facilmente recordáveis (por exemplo, um prefixo e quatro dígitos para um número de telefone, em vez de sete números dispersos).

Alça fonológica No modelo de Baddeley sobre a memória de trabalho, é um dos servossistemas responsáveis por conservar a informação verbal, como palavras ou números, na consciência.

Aleatório Quando o resultado não pode ser previsto e é atribuível tão somente ao acaso. Em uma amostra aleatoriamente selecionada, cada um dos seus componentes tem a mesma probabilidade de ser escolhido.

Alfabetização digital Habilidades mínimas exigidas para propiciar uma efetiva interação com os computadores. Não é necessário saber como o computador funciona ou como programá-lo.

Algoritmo Uma estratégia ou regra que leva a uma solução correta para um problema. Problemas matemáticos simples são resolvidos através de algoritmos. (*Ver* Heurística.)

Altruísmo Generosidade. No sentido evolucionário, poderosa tendência de fazer coisas que aumentem a probabilidade de sobrevivência de outras pessoas, mesmo se isso colocar em risco o autor da ação.

Amídala Pequena estrutura no sistema límbico (parte do prosencéfalo) relacionada com a emoção e a agressão e que desempenha importante papel no processamento e armazenamento de memórias ligadas às emoções.

Amnésia Perda de memória, parcial ou total, frequentemente associada a contusões na cabeça ou a doenças que resultam em lesões cerebrais.

Amostra Subconjunto de uma população. Seleção representativa de indivíduos com características similares, retirada de um grupo maior. Por exemplo, uma amostra constituída de 1% de todas as crianças que estão no primeiro grau, na América do Norte. (*Ver* População.)

Amplitude da resposta (A) No sistema de Hull, é a força física de uma resposta.

Amplitude do efeito Observação de Thorndike segundo a qual as recompensas algumas vezes fortalecem as conexões entre um estímulo e uma resposta específica, e entre o estímulo e outras respostas fortemente relacionadas.

Análise experimental do comportamento Denominação tipicamente associada às teorias de Skinner. Reflete a ênfase do behaviorismo radical na análise objetiva das variáveis envolvidas com o comportamento – especificamente o que o organismo faz, as circunstâncias sob as quais a ação ocorreu e as consequências dela (e se o comportamento ocorre novamente sob circunstâncias similares). (*Ver* Behaviorismo radical.)

Antropomorfismo Tendência de atribuir sentimentos e características humanos a objetos inanimados, animais e deuses.

Aprendizagem Todas as mudanças comportamentais relativamente permanentes que resultam da experiência, mas não são causadas por fadiga, maturação, drogas, lesões ou doença.

Aprendizagem implícita Aprendizagem não consciente, não representada por símbolos ou analisável por regras.

Aprendizagem instrumental Aprendizagem de respostas voluntárias como função de suas consequências. Associada à teoria da aprendizagem de Thorndike e algumas vezes usada alternadamente com condicionamento operante. (*Ver* Condicionamento operante.)

Aprendizagem por descoberta Aquisição de nova informação ou conhecimento em virtude, principalmente, do esforço próprio do aprendiz. A aprendizagem pela descoberta é um conceito quase sempre associado a Bruner e contrasta com a *aprendizagem por recepção*. (*Ver* Aprendizagem por recepção.)

Aprendizagem de esquiva Um fenômeno de condicionamento que geralmente envolve estimulação aversiva (desagradável). O organismo aprende a evitar situações associadas com circunstâncias desagradáveis específicas. (*Ver* Aprendizagem de fuga.)

Aprendizagem de fuga Um fenômeno de condicionamento pelo qual o organismo aprende os significados de escapar de uma situação, geralmente após a

[1] O termo "pedaço" refere-se a uma unidade de informação constituída por itens de informação menores (NRT).

apresentação de um estímulo aversivo (desagradável). (*Ver* Aprendizagem de esquiva.)

Aprendizagem por observação Designação usada como sinônimo da expressão "aprendizagem por meio da imitação". (*Ver* Imitação.)

Aprendizagem por recepção Tipo de aprendizagem que envolve instrução ou ensino, em vez do esforço próprio do aprendiz. Geralmente associada a Ausubel, a aprendizagem por recepção implica métodos didáticos ou expositivos, ou seja, o instrutor estrutura o material e o apresenta aos aprendizes de uma forma relativamente definitiva, em vez de pedir-lhes que descubram essa forma. (*Ver* Aprendizagem pela descoberta.)

Aprendizagem social Aquisição de padrões de comportamento que estão de acordo com as expectativas sociais; aprender o que é ou não aceitável em determinada cultura. Também significa aprendizagem que implica interação entre indivíduos.

Aptidão Medida do sucesso reprodutivo de uma variação num traço. Traços que se tornam mais comuns ao longo de gerações são considerados de elevado grau de aptidão. (*Ver* Aptidão inclusiva.)

Aptidão inclusiva Na sociobiologia, refere-se à aptidão de grupos geneticamente relacionados, no tocante à sua probabilidade de procriação e, em última instância, à sobrevivência.

Arquitetura cognitiva Expressão utilizada para descrever um modelo ou uma planta do funcionamento cognitivo humano. Tipicamente assume a forma de um programa de computador projetado para duplicar ações humanas inteligentes. (*Ver* SOAR.)

Arquitetura cognitiva Um termo utilizado na pesquisa cognitiva para se referir a descrições abstratas, simbólicas, do sistema de processamento cognitivo humano. A arquitetura cognitiva inclui todos os sistemas e processos assumidos como necessários para a percepção, o pensamento, a resolução de problemas e outras atividades cognitivas.

Assembleia de células Estrutura hipotética da teoria de Hebb que consiste em um circuito de neurônios que reativam um ao outro. Corresponde a um *input* sensorial relativamente simples. (*Ver* Sequência de fase.)

Assimilação Ato de incorporar objetos ou aspectos de objetos em atividades previamente aprendidas. Assimilar é, em certo sentido, absorver ou usar algo previamente aprendido. (*Ver* Acomodação.)

Atenção Estado de reação do organismo que implica estreitamento e focalização da percepção – seleção e ênfase em relação ao que o organismo responde. A atenção pode ser equiparada à memória de curta duração.

Atitude Tendência consistente e predominante de reagir de uma certa forma. As atitudes podem ser positivas e negativas e são importantes forças motivacionais.

Ativação Como conceito fisiológico, refere-se a alterações nas funções, por exemplo, na frequência cardíaca, no ritmo respiratório, na atividade elétrica no córtex e na condutividade elétrica da pele. Como conceito psicológico, refere-se a níveis de alerta, atenção, vigilância, vigília. A ativação varia de níveis muito baixos (coma ou sono) até muito altos (pânico ou ansiedade elevada).

Atributo Característica de um objeto; uma qualidade ou um valor. (*Ver* Atributo criterial.)

Atributo criterial Expressão de Bruner para descrever as características de objetos, acontecimentos ou experiências que definem a inclusão em uma categoria – em outras palavras, que são essenciais para serem o que são.

Autoatualização Processo ou ato de transformar-se em si mesmo, desenvolver seu potencial, adquirir a consciência da própria identidade ou de se autorrealizar. É uma ideia central da psicologia humanista.

Autoeficácia Julgamentos que fazemos sobre o quanto somos eficazes em determinadas situações. As avaliações de autoeficácia são importantes na determinação da escolha de uma atividade por parte do indivíduo e em influenciar a quantidade de interesse e de esforço dispendidos. (*Ver* Eficácia coletiva).

Automodelagem Refere-se a respostas aprendidas nas situações experimentais, ainda que elas não sejam necessárias para obter reforço. Comportamentos automodelados (como a bicada dos pombos) geralmente fazem parte do repertório de comportamentos "naturais" do organismo tipicamente vinculados a alimento, acasalamento ou sobrevivência.

Aversão ao sabor Forte aversão a ingerir certas substâncias. Aversões ao sabor são facilmente aprendidas – às vezes, depois de uma única exposição – difíceis de ser extintas e indicam restrições biológicas.

Axônio Extensão alongada do neurônio, semelhante a um tronco. Impulsos neurais geralmente partem do corpo da célula e percorrem o axônio.

Behaviorismo Termo geral para abordagens de teorias da aprendizagem preocupadas principalmente com elementos observáveis do comportamento (como estímulos e respostas).

Behaviorismo mecanicista Expressão usada algumas vezes para descrever as primeiras teorias behavioristas. Denota preocupação com aspectos mecânicos, previsíveis, do comportamento e recusa em considerar explicações *mentalistas* para o comportamento.

Behaviorismo radical Designação aplicada ao behaviorismo de Skinner para distingui-lo de outras posições behavioristas menos radicais sobre *não* fazer inferências a respeito dos estados mentais. Nesse aspecto, radical significa *raiz.* O behaviorismo radical defende a ideia de que a "raiz" (ou origem) do conhecimento psicológico é o comportamento observável.

Biofeedback Informação que obtemos sobre o nosso funcionamento biológico. Refere-se também a procedimentos por meio dos quais os indivíduos obtêm informação sobre seu funcionamento fisiológico de modo a desenvolver controle sobre aspectos dele.

Blocos de Vygotsky Um conjunto de 22 blocos de madeira de cores, alturas, formatos e tamanhos diferentes. Utilizados para o estudo do desenvolvimento do pensamento e da linguagem.

Bloqueio Fenômeno do condicionamento clássico no qual o condicionamento a um estímulo específico torna-se difícil ou impossível por causa do condicionamento anterior a outro estímulo.

Botão sináptico Ligeiros alargamentos nas pequenas ramificações nas extremidades dos axônios.

Botão terminal Também chamado de nó sináptico, é um ligeiro alargamento na extremidade delicada nos ramos dos axônios.

Buffer episódico O componente no modelo de memória de trabalho de Baddeley que é utilizado para ligar informações fonológicas e viso-espaciais e para recordar informações temporariamente.

Caixa de Skinner Um dos vários ambientes experimentais que Skinner usou em suas pesquisas sobre condicionamento operante. A caixa de Skinner típica é uma estrutura parecida com uma gaiola, equipada com uma barra e um comedouro ligado a um mecanismo de liberação de comida. Permite ao pesquisador estudar operantes (por exemplo, pressionar a barra) e a relação entre o operante e o reforçamento.

Caixa-preta Pode ser aquela caixa quadrada, enegrecida (mencionada no Capítulo 8), na qual as avós guardam as joias de família. Na psicologia, frequentemente é uma metáfora para a mente, uma alusão a sua natureza desconhecida (não passível de ser conhecida) – metáfora essa adotada pelos behavioristas "radicais" que se recusam a especular sobre os processos mentais.

Campo comportamental Conceito da Gestalt definido em termos da percepção pessoal da realidade pelo indivíduo; também chamado de *campo psicológico.*

Campo Relacionado a Eventos (CRE) Medição de campos magnéticos no couro cabeludo relacionados à atividade neural tipicamente associada a estímulos específicos. Muito útil para estudar o funcionamento cerebral.

Categoria Termo usado por Bruner para descrever um grupamento de objetos ou eventos relacionados entre si. Nesse sentido, categoria é tanto um conceito quanto um percepto. Bruner também define categoria como uma regra para classificar coisas como equivalentes. (*Ver* Sistema de codificação.)

Categorização Termo que Bruner utiliza para referir-se ao processo de identificação de objetos ou eventos com base nos atributos que eles compartilham com outras instâncias. (*Ver* Categoria.)

Causa Agentes ou forças que produzem um efeito ou um resultado. Causas são um dos aspectos da motivação. (*Ver* Razões; Motivação.)

Célula da vovó Um neurônio que se considera que seja ativado por um único estímulo complexo. A noção de células da vovó reflete uma crença de que memórias podem ser localizadas em neurônios ou conexões neurais específicos em vez de se expandir por uma rede de neurônios, como em um sistema de processamento paralelo distribuído.

Centro do prazer Designação usada por Olds e Milner para descrever a área do cérebro que se acredita estar envolvida com o reforçamento – especificamente, a parte do hipotálamo que inclui um grupo de fibras nervosas conhecido como *feixe medial anterior*, o qual se localiza no sistema *límbico* (região do cérebro que inclui o hipotálamo e o tálamo, dentre outras estruturas).

Cerebelo Literalmente "pequeno cérebro"; estrutura localizada na parte posterior e profunda do cérebro, ligada ao tronco cerebral. Controla os movimentos rápidos e habituais e coordena a atividade motora.

Cerebrum[2] A maior, mais complexa e mais altamente desenvolvida parte do cérebro humano comparativamente ao cérebro dos outros animais. Sua camada exterior, o *córtex cerebral*, está profundamente envolvida com o funcionamento dos processos mentais superiores.

Choque simbólico Uma rara condição entre estudantes expostos a uma enorme variedade de símbolos abstratos, cujos sintomas são bizarros e indescritíveis. Não existe cura barata para esse problema.

Ciência Abordagem e atitude diante do conhecimento, que enfatiza a objetividade, a precisão e a replicabilidade. Diz respeito também a um dos vários corpos de conhecimento relacionados.

Cognições Ter cognições é conhecer. Disso se deduz que cognições referem-se a coisas que são conhecidas. Similarmente, cognição diz respeito a conhecimento, compreensão, solução de problemas e processos intelectuais relacionados.

Cognitivismo Termo amplo usado para referir-se a abordagens teóricas da aprendizagem preocupadas com eventos intelectuais, como solução de problemas, processamento de informações, pensamento e imaginação.

Compensação Regra lógica relacionada ao fato de que algumas mudanças podem ser compensadas por mudanças contrárias, anulando, assim, o efeito.

Computador analógico Computador que, em contraste com o digital, representa variáveis que se alteram de forma contínua, em vez de discreta.

Computador digital Computador que, em contraste com o analógico, substitui variáveis por valores que mudam discretamente (de um a zero, por exemplo). O computador digital pode ser programado para operar como se fosse analógico.

Conceito Abstração ou representação das propriedades comuns de eventos, objetos ou experiências; ideia ou noção.

Conceito de objeto Expressão de Piaget para o entendimento da criança de que o mundo é composto por objetos que continuam a existir mesmo quando ela não os percebe.

Condicionamento Tipo de aprendizagem descrita em termos de mudança de relação entre estímulos, entre respostas, ou entre ambos, estímulos e respostas. (*Ver* Condicionamento clássico; Condicionamento operante.)

Condicionamento clássico Envolve a repetição emparelhada de dois estímulos, de tal modo que um estímulo previamente neutro (condicionado) vem a eliciar uma resposta (resposta condicionada) similar àquela originalmente eliciada por um estímulo não neutro (incondicionado). Processo originalmente descrito por Pavlov. (*Ver* Condicionamento, Condicionamento operante.)

---

[2] Cerebrum refere-se às partes média e anterior do cérebro (NRT).

Condicionamento de ordem superior Fenômeno no condicionamento em que um estímulo condicionado faz o papel de um estímulo incondicionado. Assim, um cachorro condicionado a salivar quando ouve um som pode, na sequência, aprender a salivar quando submetido a outro estímulo, como a luz, que foi pareado ao som, mas nunca à comida. (*Ver* Condicionamento de segunda ordem.)

Condicionamento de segunda ordem No condicionamento clássico, a formação de associações entre EC (estímulos condicionados) e outros estímulos que tomam o lugar dos EI (estímulos incondicionados) – geralmente os que foram emparelhados com eles.

Condicionamento interoceptivo Condicionamento de ações que envolvem glândulas ou músculos involuntários, como a vasoconstrição ou a dilatação.

Condicionamento operante Processo de alterar o comportamento pela manipulação de suas consequências. A maior parte do trabalho de Skinner investiga os princípios do condicionamento operante. (*Ver* Condicionamento clássico; Condicionamento.)

Conexionismo Termo cunhado por E. L. Thorndike para sua teoria de aprendizagem, baseia-se na noção de que a aprendizagem é a formação de conexões neurais entre estímulos e respostas.

Conhecimento Termo genérico para a informação, para as maneiras como o indivíduo lida com ela, como a adquire, e assim por diante. Gagné define conhecimento como informação verbal.

Conhecimento popular Crenças largamente mantidas sobre as características de pessoas e os significados de seus comportamentos, e sobre os princípios subjacentes de fenômenos naturais.

Conservação Termo piagetiano para o tornar-se consciente de que certos atributos quantitativos dos objetos permanecem imutáveis, a menos que se tire algo deles ou que se lhes acrescente algo. Características como massa, número, área e volume dos objetos são passíveis de ser conservadas.

Construtivismo Um termo geral para abordagens de ensino centradas no estudante, tais como abordagens orientadas a descobertas, aprendizagem recíproca ou instrução cooperativa – assim denominada por causa de sua suposição de que os aprendizes devem criar (construir) conhecimento para eles mesmos. (*Ver* Instrução direta.)

Construto lógico Também denominado *construto hipotético*. Denominação para entidades inventadas ou presumidas que não podem ser observadas e cuja existência não pode ser provada. Nas teorias científicas, os construtos lógicos seguem-se às observações e são postulados como tentativas de explicá-las.

Contiguidade Ocorrência simultâneas de duas coisas em um mesmo espaço. A contiguidade é muito usada para explicar o condicionamento clássico.

Contingência Uma consequência. O resultado de um comportamento. Aquilo que se segue a um comportamento. Contingências positivas e negativas definem os vários tipos de reforçamento e punição. Contingência implica dependência. Acontecimentos são chamados de contingentes quando a ocorrência de um deles depende da ocorrência de outro. Por exemplo, a luz do dia é contingente do amanhecer; boas notas são contingência do estudo (ou da inteligência, ou da sorte, ou do que mais se queira).

Continuidade Princípio da Gestalt evidente em nossa tendência de perceber padrões como contínuos. (*Ver* Fechamento; *Prägnanz*; Proximidade; Similaridade.)

Contracondicionamento Técnica de modificação do comportamento (similar à técnica do limiar de Guthrie, ou ao seu método de estímulos incompatíveis) na qual estímulos associados a uma resposta indesejável são apresentados abaixo do limiar ou em momentos em que a ocorrência da resposta indesejável seria improvável. A finalidade é condicionar uma resposta desejável para substituir a indesejável.

Controle aversivo O controle do comportamento humano, geralmente através do uso de estímulos aversivos (desagradáveis), em comparação com técnicas de controle positivo, que geralmente utilizam reforço positivo.

Controle do comportamento Aplicação deliberada e sistemática de princípios psicológicos na tentativa de mudar o comportamento. Os programas de controle comportamental são quase sempre baseados nos princípios do behaviorismo. (*Ver* Modificação do comportamento, Terapia comportamental.)

Controle positivo O controle do comportamento humano por meio da apresentação de estímulos agradáveis. Contraste com técnicas de controle aversivo, que geralmente utilizam reforço negativo.

Controvérsia natureza-criação Antiga questão em psicologia sobre se é a genética (natureza) ou o ambiente (criação) o maior responsável pela determinação do desenvolvimento. Também denominada questão hereditariedade-ambiente.

Córtex cerebral Camada externa e densa, de aproximadamente três milímetros de espessura, que recobre o cérebro. Suas quatro divisões principais (uma em cada lado), os lobos cerebrais, estão envolvidas na sensação, audição, linguagem, fala e processos mentais superiores.

Crença Aceitação de uma ideia como exata ou verdadeira. As crenças costumam ser muito pessoais e resistentes à mudança. (*Ver* Lei; Princípio; Teoria.)

Cultura Soma total das aquisições e dos costumes, crenças e práticas acumulados de um grupo. As culturas humanas são marcadas tipicamente pelo compartilhamento de linguagens, crenças espirituais, hábitos e assim por diante.

Custo da resposta Forma suave de punição na qual os reforços tangíveis que foram dados por bom comportamento são retirados em face do mau comportamento. O sistema de custo da resposta é frequentemente usado em programas de controle sistemático do comportamento.

De novato a especialista Modelo de processamento da informação do aprendiz que reflete a concepção de que as diferenças entre os que sabem (especialistas) e os que não sabem (novatos) podem ser determinadas e usadas para tornar os novatos mais semelhantes aos especialistas. Modelo menos geral e mais específico ao domínio do que outros modelos.

Dedutivo Um tipo de raciocínio que envolve fazer inferências a partir de princípios gerais.

Definição operacional Definição que descreve uma variável por ações precisas (operações) que podem ser observadas e medidas.

Dendritos Formações semelhantes a fios de cabelo, encontradas no corpo da célula nervosa. Sua função é receber os impulsos.

Depressão de longa duração (DLD) Alteração neurológica definida por um declínio duradouro na força da conexão entre dois neurônios (declínio na força da sinapse).

Derivação instintiva Refere-se à tendência dos organismos de retornar a comportamentos não aprendidos, instintivos.

Desempenho Comportamento real. A aprendizagem nem sempre se manifesta em mudanças óbvias no comportamento (isto é, em um desempenho real); em vez disso, pode ser latente.

Desvanecimento Técnica de condicionamento na qual certas características dos estímulos são gradualmente esmaecidas, resultando em discriminações que não existiam originalmente.

Detalhamento Na psicologia da Gestalt, a tendência, evidente com o passar do tempo, de exagerar os aspectos mais distintivos de uma lembrança.

Determinismo Crença baseada na ideia de que todas as coisas têm causas enraizadas em eventos antecedentes. Na psicologia, diz respeito à ideia de que todos os comportamentos humanos são causados por eventos e condições precedentes, não pelo exercício do livre-arbítrio.

Determinismo recíproco A noção de Bandura de que características pessoais, comportamento e ambiente, todos afetam uns aos outros reciprocamente – que os indivíduos são produtos e produtores de seus ambientes.

Diferença apenas perceptível (DAP) A menor quantidade de mudança que pode ser detectada na intensidade da estimulação.

Dinamismo da intensidade do estímulo (V) Designação cunhada por Hull para indicar o efeito da intensidade de um estímulo sobre o indivíduo. Em geral, quanto mais intenso um estímulo, mais alta a probabilidade de uma resposta.

Discriminação Emitir respostas diferentes em situações intimamente relacionadas propiciando, assim, evidências da discriminação entre os estímulos (também chamada de *discriminação de estímulos*). É o oposto de generalização. (*Ver* Generalização.)

Discriminação de estímulo (*Ver* Discriminação.)

Disposições Atitudes ou inclinações. Mudanças nas disposições estão frequentemente envolvidas na aprendizagem.

Dissonância cognitiva Estado de conflito que envolve crenças, comportamentos ou expectativas. Festinger argumentava que a dissonância cognitiva é uma importante motivação para o comportamento.

Distúrbio de Hiperatividade e Déficit de Atenção (DHDA) Um distúrbio caracterizado por atividade geral excessiva para a idade da criança, problemas de atenção, grande impulsividade e pouca tolerância à frustração. Também denominada hiperatividade.

Dopamina Substância química que existe no cérebro e está relacionada à transmissão neural. As células dopaminérgicas (as que usam dopamina como transmissor) são encontradas em pelo menos um dos centros de prazer do cérebro, bem como em algumas áreas que controlam os movimentos físicos. A perda de dopamina nessas áreas resulta naquilo que se denomina *mal de Parkinson*. A atividade excessiva de dopamina nos centros cerebrais do prazer pode ser resultado de ingestão de cocaína, de estimulação elétrica e de recompensas como bebida e comida, relacionadas a reações prazerosas.

Dualismo Crença de Descartes segundo a qual mente e corpo são entidades separadas.

Educação holística Expressão usada para denominar as abordagens educacionais que tentam remediar aquilo que é visto como o fracasso da educação tradicional em educar o cérebro todo. Os que defendem a educação holística creem que o hemisfério direito – especulativamente ligado à música, à arte e à emoção – é negligenciado pelos currículos que priorizam a razão, a lógica, a linguagem, a ciência e a matemática.

Efeito de modelação Tipo de comportamento imitativo que implica aprender uma nova resposta. (*Ver* Efeito eliciador; Efeito desinibitório.)

Efeito desinibitório Implica envolver-se em um comportamento desviante, previamente inibido, como resultado da observação de um modelo. O efeito inibidor implica abster-se de um comportamento desviante. (*Ver* Efeito desinibitório.)

Efeito eliciador Comportamento imitativo no qual o observador não copia as respostas do modelo, apenas se comporta de modo similar. (*Ver* Efeito desinibitório; Efeito de modelação.)

Efeito Hawthorne Denominação para o fato de que os sujeitos conscientes de pertencerem a um grupo experimental geralmente se saem melhor (ou de forma diferente) do que sairiam se não tivessem essa informação.

Efeito inibitório/desinibitório Tipo de comportamento imitativo que resulta ou na supressão (inibição) ou no aparecimento (desinibição) de comportamentos desviantes previamente adquiridos. (*Ver* Efeito eliciador; Efeito de modelação.)

Eficácia coletiva A crença de que os membros de um grupo compartilham suas habilidades para influenciar eventos assim como para atingir objetivos comuns.

Egocentrismo Modo de funcionamento caracterizado pela incapacidade de assumir o ponto de vista dos outros. O pensamento da criança pequena é bastante egocêntrico.

Elaboração Estratégia da memória que possibilita formar novas associações. A elaboração relaciona ideias e imagens umas às outras.

Eletroencefalograma (EEG) Recurso usado para medir a atividade elétrica no cérebro.

Emoção Um sinônimo de sentimento. Um estado cognitivo e fisiológico que pode ser descrito com palavras tais como ansioso, com raiva, triste, confuso, cauteloso, solitário, e um grande número de termos similares.

Emparelhamento de traço No condicionamento clássico, é a apresentação e o término do estímulo condicionado (EC) antes do estímulo incondicionado (EI), de modo a deixar um lapso de tempo entre os dois. (*Ver* Emparelhamento invertido; Emparelhamento retardado; Emparelhamento simultâneo.)

Emparelhamento invertido No condicionamento clássico, é a apresentação do EI (estímulo incondicionado) antes do EC (estímulo condicionado). (*Ver* Emparelhamento retardado, Emparelhamento de traço, Emparelhamento simultâneo.)

Emparelhamento retardado No condicionamento clássico, é a apresentação do EC (estímulo condicionado) antes do EI (estímulo incondicionado), com ambos terminando ao mesmo tempo. (*Ver* Emparelhamento invertido; Emparelhamento simultâneo; Emparelhamento de traço.)

Emparelhamento simultâneo No condicionamento clássico, a apresentação do EC (estímulo condicionado) e do EI (estímulo incondicionado) exatamente no mesmo momento. (*Ver* Emparelhamento invertido; Emparelhamento retardado; Emparelhamento de traço.)

Encadeamento Explicação skinneriana para a ligação de sequências de respostas ativada pela ação dos estímulos discriminativos que atuam como reforços secundários. De acordo com Skinner a maioria dos comportamentos envolve esses encadeamentos.

Engrama Mudança permanente no cérebro presumidamente subjacente à memória.

Ensino direto Uma abordagem de ensino relativamente autoritária. Professores são considerados a principal fonte de informações. (*Ver* Construtivismo.)

Entrevistas Método de coleta de dados em que os pesquisadores apresentam questões aos participantes.

Epistemologia Ramo da filosofia envolvido com questões relativas à natureza do conhecimento e do conhecedor.

Epistemologia genética Um dos rótulos de Piaget para sua teoria. Literalmente, epistemologia genética se refere às origens e à ampliação do conhecimento.

Epônimo Quando se dá o nome de uma pessoa a alguma coisa com a finalidade de homenageá-la – como o termo caixa de Skinner utilizado para homenagear Skinner.

Equilibração Termo piagetiano para o processo pelo qual as pessoas mantêm um equilíbrio entre a assimilação (uso da aprendizagem antiga) e a acomodação (mudança de comportamento; aprendizagem de novas coisas). A equilibração é essencial para a adaptação e para o desenvolvimento cognitivo.

Esboço viso-espacial Um dos servossistemas do modelo de memória de trabalho, de Baddeley, refere-se ao processamento de material primariamente visual ou espacial.

Escala Likert Uma escala amplamente utilizada na pesquisa psicológica, em que os respondentes indicam seu nível de concordância com uma afirmação.

Esquecimento Perda de memória com o passar do tempo. Pode envolver incapacidade de recuperar a perda efetiva de traços ou alterações que definem o armazenamento. (*Ver* Memória.)Em contraste com a extinção, que ocorre como resultado da cessação do reforço. (*Ver* Memória; Extinção.)

Esquecimento dependente de pistas Esquecimento devido à indisponibilidade de pistas apropriadas para possibilitar a lembrança. Ilustrado pelo fracasso na recuperação de pistas. (*Ver* Fracasso na recuperação de pistas; Esquecimento dependente de rastreamento.)

Esquecimento dependente de rastreamento Esquecimento relacionado a mudanças reais nos presumidos vestígios de memória neurológica. Ilustrados pelo esquecimento devido a danos cerebrais ou esquecimento gradual com a passagem do tempo. (*Ver* Esquecimento dependente de pistas.)

Esquema Termo usado por Piaget para descrever uma unidade na estrutura cognitiva. Esquema é, em certo sentido, uma atividade que tem relação com tudo aquilo que lhe é subjacente do ponto de vista biológico ou neurológico. Em outro sentido, um esquema pode ser considerado uma ideia ou um conceito.

Esquema aleatório Também chamado de esquema variável; um tipo de esquema de reforçamento intermitente. Pode ser de intervalo ou de razão variável e é caracterizado pela apresentação de recompensas a intervalos ou tentativas aleatórias. Embora ambos os esquemas, o fixo e o aleatório, sejam baseados nos mesmos intervalos ou nas mesmas razões, somente sob o esquema fixo é possível prever quando ocorrerá uma recompensa, ao passo que é impossível fazê-lo sob um esquema aleatório.

Esquema combinado Combinação de vários tipos de esquemas de reforço.

Esquema de intervalo Esquema de reforçamento intermitente baseado na passagem de tempo. (*Ver* Esquema fixo; Esquema aleatório.)

Esquema de razão Esquema de reforçamento intermitente baseado em uma proporção de respostas corretas. (*Ver* Esquema fixo; Esquema aleatório.)

Esquema de reforçamento O tempo e a frequência de apresentação do reforçamento aos organismos. (*Ver* Reforçamento contínuo; Reforçamento intermitente.)

Esquema fixo Tipo de esquema intermitente de reforçamento no qual ele acontece em intervalos fixos de tempo (esquema de intervalo) ou após um número especificado de tentativas (esquema razão). (*Ver* Reforçamento contínuo; Esquema de intervalo; Esquema de razão.)

Esquema de reforço concorrente Uma situação na qual duas ou mais diferentes agendas de reforço, cada uma tipicamente relacionada a um comportamento diferente, são apresentadas simultaneamente (ao mesmo tempo).

Esquema supersticioso Espécie de esquema que usa reforços a intervalos fixos. O reforço ocorre sempre após um intervalo de tempo prefixado, não importa o que o organismo esteja fazendo – ou seja, é um reforço *não contingente* ao comportamento. Os esquemas supersticiosos de reforçamento podem acarretar comportamentos imprevisíveis e estranhos.

Estampagem Comportamentos não aprendidos, semelhantes aos instintos, que não estão presentes no nascimento, mas tornam-se parte do repertório de um animal após sua exposição a um estímulo apropriado, durante um *período crítico*. O comportamento de "seguir" apresentados por patos jovens, gansos e galinhas é um exemplo.

Estilo intelectual Um termo geral que pretende incluir, estilos de personalidade, diferenças comportamentais e outras preferências aparentes que afetam como o indivíduo pensa, age e aprende. (*Ver* Estilos de aprendizagem.)

Estilos de aprendizagem Rótulo dado a uma abordagem de aprendizado habitual ou preferencial do aprendiz. Refere-se a um modo característico de processar ou adquirir informações. (*Ver* Estilo intelectual.)

Estimulação exteroceptiva Diz respeito às sensações relacionadas a estímulos externos e envolve os sentidos da visão, da audição, do olfato e do paladar. (*Ver* Estimulação proprioceptiva.)

Estimulação proprioceptiva Refere-se a sensações internas (relacionadas ao que se denomina sensações cinéticas), como as associadas aos movimentos musculares. (*Ver* Estimulação exteroceptiva.)

Estímulo condicionado (EC) Estímulo que inicialmente não elicia nenhuma resposta (ou que elicia uma resposta global, de orientação), mas que, como função de ser emparelhado a um estímulo incondicionado e sua resposta, adquire a capacidade de eliciar essa mesma resposta. Por exemplo, um estímulo sempre presente por ocasião de uma reação de medo pode se tornar um estímulo condicionado para o medo.

Estímulo discriminativo (S_D) Designação usada por Skinner para aspectos de uma situação que o organismo pode discriminar para distinguir entre ocasiões que podem ou não ser reforçadas.

Estímulo incondicionado (EI) Estímulo que elicia uma resposta antes da aprendizagem. Todos os estímulos capazes de eliciar comportamentos reflexos são exemplos de estímulos incondicionados. O alimento, por exemplo, é um estímulo incondicionado para a resposta de salivação.

Estímulos produzidos pelo movimento (EPM) No sistema de Guthrie, é a estimulação proprioceptiva (interna) resultante da atividade de músculos, glândulas e tendões.

Estratégias cognitivas Processos envolvidos na aprendizagem e na recordação. Estratégias cognitivas incluem procedimentos para identificar problemas, selecionar abordagens, monitorar progressos na solução de problemas e para usar o *feedback*.

Estrutura cognitiva Um termo empregado como referência ao conteúdo da mente – na verdade, as representações mentais do indivíduo, que incluem o conhecimento de coisas como o modo de fazer as coisas.

Estruturalismo A primeira "escola" de psicologia, associada com Wilhelm Wundt, baseado na noção de que a mente pode ser mais bem compreendida analisando-se seus elementos (observando sua estrutura componente) e utilizando a introspecção. Estudou "elementos" da consciência, como sensações, sentimentos e imagens. (*Ver* Funcionalismo.)

Etologista Cientista que estuda o comportamento do organismo em situações naturais e a adaptação a essas situações.

Eugenia Tipo de engenharia genética que seleciona indivíduos específicos para a reprodução. Embora seja uma prática amplamente aceita e utilizada em animais, levanta sérias questões morais e éticas quando aplicada a seres humanos.

Experimento Arranjo deliberadamente controlado de circunstâncias sob as quais um fenômeno é observado.

Extinção No condicionamento clássico, é a cessação de uma resposta que se segue à apresentação repetida do estímulo condicionado (EC) sem o estímulo incondicionado (EI). No condicionamento operante, é a cessação de uma resposta após a retirada do reforçamento.

Extrovertidos Termo usado para descrever indivíduos orientados predominantemente para fora em vez de para dentro. As principais características dos extrovertidos são a preocupação e o envolvimento com atividades sociais. São pessoas expansivas e sociáveis.

Fala egocêntrica Estágio intermediário no desenvolvimento da linguagem, segundo Vygotsky, comum entre 3 e 7 anos de idade. Durante esse período as crianças falam para si mesmas em um aparente esforço de controlar seu próprio comportamento. (*Ver* Fala interior; Fala social.)

Fala interior Estágio final do desenvolvimento da linguagem, segundo Vygotsky, atingido por volta dos 7 anos e caracterizado pelo "falar para si mesmo" silencioso, o *fluxo de consciência* que emana das verbalizações dá direção e substância ao nosso pensamento e ao nosso comportamento. A fala interior está presente em todo o funcionamento mental superior. (*Ver* Fala egocêntrica; Fala social.)

Fala social Na teoria de Vygotsky, é o estágio mais primitivo do desenvolvimento da linguagem, evidente antes dos 3 anos de idade. Durante esse estágio a criança expressa pensamentos e emoções simples em voz alta. A função da fala social é controlar o comportamento alheio. (*Ver* Fala egocêntrica; Fala interior.)

Falácia nominal Suposição de que nomear alguma coisa é suficiente para explicá-la.

Fechamento Princípio da Gestalt que se refere à nossa tendência de perceber como completos os padrões incompletos. (*Ver* Continuidade; *Prägnanz*; Proximidade; Similaridade.)

Feixe medial do prosencéfalo Grupo de fibras nervosas no sistema límbico associado com o reforçamento.

Fenda sináptica Denominação do espaço entre os botões terminais da extremidade dos axônios e os dendritos ou os corpos celulares dos neurônios contíguos.

Fenômeno do coquetel Uma expressão que descreve a memória sensorial. A disponibilidade fugaz e inconsciente para o processamento de estímulos aos quais o indivíduo não está prestando atenção.

Fenômenos paranormais Referem-se a experiências que não se baseiam nos sentidos comuns, que estão além do normal. Fenômenos que são inconsistentes com o mundo como o entendemos através da ciência. (*Ver* Pseudociência.)

Força do hábito ($_SH_R$) No conceito behaviorista de Hull, é a força do vínculo entre um estímulo específico e a resposta, refletindo o quão frequentemente os dois foram emparelhados e reforçados no passado.

Formação reticular Porção superior do tronco cerebral que parece estar envolvida de maneira importante na estimulação fisiológica do córtex e no controle do dormir e do acordar. É parte do cérebro médio.

Fracasso na recuperação de pistas Incapacidade de lembrar em razão da não disponibilidade de pistas apropriadas (em oposição a alterações nos "traços" da memória).

Função de ativação Nas teorias de Hebb e Hull, é a função motivadora de um estímulo. Aquele aspecto do estímulo relacionado à atenção ou ao estado de alerta. (*Ver* Função de pista.)

Função de pista Nas teorias de Hebb e Hull, é a função mensageira de um estímulo – o aspecto do estímulo que diz ao organismo como reagir. (*Ver* Função de ativação.)

Funcionalismo Movimento norte-americano na psicologia associado a William James. Em contraste com o estruturalismo, insiste que a psicologia deve considerar o propósito da atividade mental, em vez de sua estrutura. (*Ver* Estruturalismo.)

Generalização Transferência da resposta de um estímulo a um estímulo similar (generalização de estímulo) ou transferência de uma resposta similar para outra, diante do mesmo estímulo (generalização de resposta). Também chamada de *transferência*. (*Ver* Discriminação.)

Generalização de estímulo (*Ver* Generalização.)

Gerador de hipótese Modelo que traz no seu cerne a noção de que o aprendiz é caracterizado pela intencionalidade e capacidade de gerar hipóteses (suposições ou previsões), bem como de interpretar a experiência à luz dessas hipóteses.

Gestalt Palavra germânica que significa "todo" ou "configuração". Descreve um enfoque da psicologia que diz respeito à percepção de todos, com *insight* e com consciência. A psicologia da Gestalt é precursora da psicologia cognitiva contemporânea.

Glândula pineal Pequeno órgão cônico, avermelhado, localizado próximo à base do cérebro. Sua função ainda permanece desconhecida.

Grupo de controle Em um experimento, o grupo composto de indivíduos os mais semelhantes possíveis aos indivíduos do grupo experimental, exceto pelo fato de que eles não serão expostos ao tratamento experimental. (*Ver* Grupo experimental.)

Grupo experimental Grupo de participantes que em um experimento é exposto a um tratamento. (*Ver* Grupo de controle.)

Hábito No sistema de Guthrie, é uma combinação de vínculos estímulo-resposta que se torna estereotipada e previsível.

Habituação Forma de aprendizagem muito comum, na qual as respostas do organismo à estimulação diminuem ou cessam gradualmente. No geral, ocorre após estimulação repetitiva suave. (*Ver* Sensibilização.)

Hardware Componentes físicos de um computador, incluindo monitores, controles, teclados, chips, cartões, circuitos, drives, impressoras etc. (*Ver* Software, *Wetware*.)

Hedonismo psicológico Crença segundo a qual os humanos agem primariamente para evitar dor e obter prazer.

Heurística Uma abordagem de resolução de problemas que serve como um guia para resolver o problema, mas que leva a uma solução especulativa, em vez de uma solução definitivamente correta. Uma teoria com elevado valor heurístico, que sugere novos caminhos de pesquisa, novas relações e novas descobertas. (*Ver* Algoritmo.)

Hierarquia de família de hábitos Expressão cunhada por Hull para um conjunto de hábitos (vínculos estímulo-resposta) que se relacionam porque compartilham objetivos comuns.

Hipocampo Estrutura do sistema límbico que fica na parte frontal do cérebro e está envolvida com a aprendizagem e a memória.

Hipotálamo Pequena estrutura na parte profunda do cérebro próxima do topo do tronco cerebral, envolvida com uma variedade de funções orgânicas, incluindo o funcionamento das glândulas endócrinas.

Hipótese Suposição fundamentada, geralmente baseada em alguma teoria, que pode ser testada. Previsão baseada em evidência parcial de algum efeito, processo ou fenômeno, que deve, então, ser verificada experimentalmente.

Hipótese de Sapir-Whorf Em sua forma forte, é a crença de que a linguagem é essencial para o pensamento e de que diferentes linguagens levam as pessoas a pensarem e se comportarem diferentemente. Em uma forma fraca, a crença de que a linguagem limita, mas não determina o pensamento.

Homunculus Literalmente, "homem pequeno" ou "anão". Termo usado para a entidade imaginária que os antigos gregos acreditavam ser causadora do comportamento humano.

Id Um dos três níveis da personalidade humana, de acordo com a teoria freudiana. O id inclui todos os impulsos instintivos que os humanos herdaram e que são a fonte de todas as suas motivações.

Identidade Regra lógica que especifica o fato de certas atividades deixarem objetos ou situações inalterados.

Idiot-savant Literalmente, uma pessoa que é idiota e genial, ao mesmo tempo. Termo utilizado para descrever indivíduos excepcionalmente dotados em alguma habilidade específica – como a capacidade de lembrar longas sequências de números – mas com deficiência severa em outros aspectos. Atualmente, se dá preferência ao termo idiota-prodígio.

Imagem de ressonância magnética funcional (fMRI) Técnica de diagnóstico por imagem que detecta alterações muito sutis nos campos magnéticos do corpo humano, permitindo aos técnicos ver, em tempo real, imagens computadorizadas nítidas dos tecidos moles. Muito utilizada para diagnosticar doenças, bem como para estudar atividades neurais no cérebro.

Imitação Comportamento de copiar. Imitar uma pessoa é simplesmente usar o comportamento dela como um padrão. Bandura e Walters descrevem três efeitos diferentes da imitação. (*Ver* Efeito eliciador; Efeito inibitório/desinibitório; Efeito de modelação.)

Imitação diferida Capacidade de imitar pessoas ou acontecimentos na ausência dos mesmos. Piaget afirma que a imitação diferida é crucial para o desenvolvimento das capacidades da linguagem.

Impulso Tendência comportamental resultante de uma necessidade insatisfeita; por exemplo, a necessidade de alimento está associada ao impulso fome. É um conceito central na teoria de Hull.

Indutivo Um tipo de raciocínio que parte de determinadas instâncias para chegar a uma conclusão geral.

Inibição latente Descreve a observação de que, a pré-exposição não reforçada a um estímulo de condicionamento, reduz a probabilidade de que ele será associada com uma resposta condicionada subsequente.

Insight Percepção das relações entre elementos de uma situação-problema. É um método de solução de problemas que contrasta com o de tentativa e erro; um dos pilares da psicologia da Gestalt.

Instintos Padrões de comportamento complexos, específicos da espécie, relativamente imutáveis, como a migração ou a construção de ninhos no caso de algumas aves e animais. Comportamentos herdados menos complexos são, usualmente, chamados de reflexos.

Instrução direta Uma frase utilizada para descrever abordagens de ensino dirigidas por professores – em comparação com abordagens mais centradas nos estudantes, tais como ensino recíproco e aprendizagem cooperativa (geralmente incluída entre abordagens construtivistas). (*Ver* Construtivismo; Abordagens construtivistas.)

Inteligência artificial (IA) Descreve modelos, procedimentos, artefatos ou mecanismos criados para simular ou duplicar algumas funções inteligentes da atividade mental humana.

Inteligência sensório-motora Primeiro estágio do desenvolvimento na classificação de Piaget. Vai do nascimento até aproximadamente os 2 anos de idade e é assim chamada porque nesse período as crianças entendem o mundo principalmente por meio das suas atividades e sensações.

Interferência proativa Interferência da aprendizagem anterior sobre retenção da aprendizagem subsequente. (*Ver* Interferência retroativa.)

Interferência retroativa Interferência do material subsequentemente aprendido na retenção de material aprendido antes. (*Ver* Interferência proativa.)

Internalização Conceito piagetiano que se refere aos processos pelos quais as atividades, os objetos e os acontecimentos do mundo real são representados mentalmente.

Introspecção Método popular em certa época da pesquisa psicológica, que envolve autoexame criterioso seguido de tentativas de chegar a leis e princípios que explicam o comportamento do próprio introspector e que podem ser generalizados para outras pessoas.

Introvertidos Termo utilizado para descrever os indivíduos que se voltam mais para dentro do que para fora de si mesmos. Tais pessoas tendem a ser mais interessadas em seus estados internos e menos em atividades sociais. São pessoas sóbrias, reservadas e retraídas.

Latência da resposta ($_{S}T_{R}$) Intervalo de tempo entre a apresentação de um estímulo e o aparecimento de uma resposta.

Latente Não evidente; presente, mas escondido; potencial. A aprendizagem latente envolve alterações nas atitudes e capacidades que não são imediatamente aparentes no desempenho.

Lateralização Termo referente à divisão de funções e capacidades entre os dois hemisférios cerebrais.

Lei Afirmação cuja exatidão está além da dúvida razoável. (*Ver* Crença; Princípio.)

Lei da correspondência Uma expressão da observação de Herrnstein de que em uma situação de escolha, as respostas de um organismo tendem a ser orientadas pela probabilidade de reforço.

Lei da predisposição ou da atitude Lei de Thorndike referente à aprendizagem; segundo ela, como resultado de nossas experiências e atitudes previamente aprendidas, quase sempre estamos predispostos a responder de certa maneira a um estímulo.

Lei da preponderância dos elementos Lei de aprendizagem de Thorndike; afirma que as pessoas tendem a responder ao mais distintivo dos elementos que constituem uma situação estimulatória.

Lei da prontidão Lei da aprendizagem de Thorndike segundo a qual certos tipos de aprendizagem são difíceis ou impossíveis, a menos que o aprendiz esteja pronto. Nesse contexto, prontidão se refere a nível de maturação, aprendizagem anterior, fatores motivacionais e outras características do indivíduo relacionadas à aprendizagem.

Lei da resposta por analogia Analogia é fundamentalmente uma explicação, comparação ou ilustração baseada na similaridade. No sistema de Thorndike, resposta por analogia significa resposta que acontece devido às similaridades entre duas situações. (*Ver* Teoria dos elementos idênticos.)

Lei das respostas múltiplas Conceito baseado nas observações de Thorndike de que a aprendizagem implica a emissão de uma variedade de respostas (respostas múltiplas) até que uma delas (presumivelmente a mais adequada) seja reforçada. Em virtude dessa lei, a teoria de Thorndike é frequentemente denominada teoria da aprendizagem por tentativa e erro.

Lei de Moore A previsão amplamente correta, feita em 1965, de que a capacidade de computação de um chip de silício duplicaria a cada dois anos.

Lei de Weber Diferenças apenas perceptíveis (DAP) requerem aumentos proporcionalmente maiores à medida que cresce a intensidade do estímulo.

Lei de Yerkes-Dodson Afirma que a eficácia do desempenho é uma função da estimulação simbolizada por um U invertido, indicando que tanto os níveis muito baixos quanto os muito altos de estimulação estão associados a comportamentos menos eficazes.

Lei do efeito Conceito desenvolvido por Thorndike, segundo o qual o efeito de uma resposta pode resultar em aprendizagem ou não aprendizagem.

Lei do exercício Uma das leis da aprendizagem de Thorndike, básica no seu sistema anterior aos anos 1930, mas essencialmente repudiada mais tarde. Defendia a ideia de que, quanto mais frequente, recente e vigorosamente uma conexão fosse exercitada, mais forte ela se tornaria.

Levantamentos Conjuntos de observações baseadas em uma amostra representativa (geralmente grande) de alguma população.

Libido Termo freudiano que designa o impulso sexual. Diz-se que a libido é a fonte de energia para os impulsos sexuais que são, por sua vez, a força motivadora humana mais importante que existe.

Limiar absoluto Ponto médio entre um nível de intensidade do estímulo, abaixo do qual nunca é detectado, e o ponto acima do qual sempre é detectado.

Limiar de Reação ($_SL_R$) No sistema de Hull, é a magnitude do potencial de reação líquido necessário para a resposta ocorrer.

Limiar diferencial (*Ver* Diferença apenas perceptível [DAP].)

Lobo frontal Parte dianteira do córtex cerebral envolvida principalmente com os processos superiores de pensamento.

Lobo occipital Parte do córtex cerebral localizada na área posterior do cérebro e que está envolvida com a visão.

Lobo parietal Lobos cerebrais localizados logo acima dos lobos temporais, entre os lobos frontal e occipital. Os lobos parietais estão relacionados com as sensações.

Lobo temporal Estrutura cerebral localizada nos dois lados do cerebrum; associada primariamente à fala, à linguagem e à audição.

***Locus* de controle** Expressão utilizada por Rotter para definir a tendência do indivíduo de atribuir a fontes externas (culpar os outros por seus fracassos, por exemplo) ou internas (aceitar a responsabilidade pelos seus sucessos e fracassos), responsabilidade pelo seu comportamento e pelos resultados dele.

Lógica *fuzzy* Lógica relativista que considera uma variedade de fatores e não tem probabilidade inteiramente previsível de estar certa. Característica de modelos conexionistas de processamento paralelo.

Logo Linguagem de computador criada por Seymour Papert para permitir às crianças pequenas desenvolverem habilidades de programação de computador da maneira mais fácil e menos dolorosa possível, como fazem quando tentam aprender um novo jogo. O programa usa uma "tartaruga" – o aprendiz descobre como mover de diferentes maneiras essa criatura enquanto traça figuras geométricas na tela do computador.

Magnetoencefalograma (MEG) Registro de campos magnéticos que correspondem à atividade elétrica do cérebro. Os registros MEG são obtidos no couro cabeludo por meio do *magnetoencefalógrafo* que reconhece os *campos relacionados a eventos* (CRE).

Malware Literalmente, um software malicioso. Refere-se a um software projetado para entrar sub-repticiamente em um computador para dar lucro ao seu criador, causar danos ao computador infectado, ou ambos. Tipos de malware incluem vírus, worms, spyware etc.

Mapa cognitivo Expressão usada por Tolman para a representação mental de um ambiente físico no qual se localizam os objetivos, bem como para a representação interna das relações entre comportamento e objetivos.

Maturação O processo de desenvolvimento físico e psicológico. A maturação é definida como ocorrendo independentemente de experiências particulares.

Memória A capacidade de reter e recuperar recordações de eventos passados e informações. O sistema de processamento de informações envolvido na codificação, no armazenamento e na recuperação de informações. (*Ver* Esquecimento.)

Memória de curta duração Também chamada de memória primária ou memória de trabalho; tipo de memória no qual o material fica disponível para recuperação em questão de segundos. Memória de curta duração envolve principalmente a repetição, em vez de um processamento mais profundo. Define nossa consciência imediata.

Memória de longa duração Tipo de memória em que, com a repetição e a recodificação contínua do *input* sensorial (processado no que se refere a significado, por exemplo), o material fica disponível para recuperação durante longo tempo.

Memória de trabalho Modelo de Baddeley que descreve como as informações são processadas na memória de curto prazo por meio de um sistema de controle (sistema executivo central) e de sistemas que mantêm material verbal (alça fonológica) e material visual (esboço visoespacial). (*Ver* Sistema executivo central; Alça fonológica; Esboço visoespacial.)

Memória declarativa É a memória de longa duração, explícita, consciente, em contraposição à memória implícita. A memória declarativa pode ser semântica ou episódica. (*Ver* Memória explícita.)

Memória episódica Tipo de memória declarativa, autobiográfica (consciente, de longa duração) cujo conteúdo são experiências pessoais ligadas a locais e épocas específicos.

Memória explícita Também chamada de *memória declarativa*. É a memória de longa duração, consciente, explícita, que contrasta com a memória implícita. A memória explícita pode ser tanto semântica quanto episódica. (*Ver* Memória episódica; Memória semântica.)

Memória implícita Também chamada de *memória não declarativa* ou *memória procedimental*. Refere-se aos efeitos não conscientes, não expressáveis da experiência, que podem se manifestar em habilidades motoras adquiridas ou no condicionamento clássico.

Memória não declarativa Também chamada de memória implícita ou processual. Refere-se àqueles efeitos não conscientes ou não verbalizados da experiência, como os que podem se manifestar em habilidades motoras adquiridas ou no condicionamento clássico.

Memória semântica Tipo de memória declarativa (consciente, de longa duração) que consiste em conhecimento estável sobre o mundo, sobre princípios, regras e procedimentos e sobre outros aspectos verbalizáveis do conhecimento, incluindo a linguagem.

Memória sensorial Reconhecimento sensorial simples de estímulos, como um som, um sabor ou uma imagem. Também chamada de armazenamento sensorial de curta duração.

Memórias flashes Recordações especialmente vívidas e permanentes dos detalhes que cercam o primeiro registro de notícias significativas do ponto de vista emocional.

Mente Consciência humana; com base no cérebro e evidente no pensamento, na percepção, nos sentimentos, na imaginação e em outros processos mentais.

Metanecessidades Termo usado por Maslow para necessidades superiores – aquelas que dizem respeito mais às funções psicológicas e autorrelacionadas do que à biologia. Isso inclui "necessidades" de conhecer a verdade, beleza e justiça, bem como de autoatualização.

Método clínico Método experimental de Piaget. Consiste em uma técnica de entrevista na qual as perguntas são determinadas principalmente pelas respostas do sujeito. A flexibilidade desse método o distingue de outras técnicas comuns de entrevista.

Método dos estímulos incompatíveis Uma das técnicas de Guthrie para quebrar hábitos, envolve apresentar o complexo de estímulos associados a um hábito indesejado, em conjunção com outros estímulos que produzem uma resposta incompatível com ele. (*Ver* Técnica do desvanecimento; Técnica do limiar.)

Método SQ3R Uma técnica de estudo, especialmente valiosa para material de livros e anotações para palestras, que requer que o estudante pesquise, questione, leia, recite e revise conteúdo importante.

Milissegundo Um milésimo de um segundo. Portanto, 1.000 milissegundos equivalem a 1 segundo.

Mnemonista Memorizador profissional.

Modelagem Técnica para treinar animais e pessoas a apresentar comportamentos que não existiam previamente em seu repertório. Implica reforçar respostas progressivamente mais próximas do comportamento desejado. Também chamado de *método das aproximações sucessivas* ou *método de reforçamento diferencial das aproximações sucessivas*.

Modelo Representação, geralmente abstrata, de algum fenômeno ou sistema. Alternativamente, um padrão de comportamento que pode ser copiado por alguém.

Modelo conexionista Rótulo para modelos de processamento distribuído paralelo (PDP) do sistema de processamento cognitivo humano. Tais modelos reconhecem a aprendizagem não consciente, automática, implícita e não simbólica. Estão baseados não na aplicação de regras previamente determinadas, mas na geração (aprendizagem) de novas regras. A metáfora básica é a do processamento cognitivo que envolve arranjos complexos e modificações nas conexões entre as unidades neurais. (*Ver* Modelo simbólico; Redes neural.)

Modelo de memória modal Um modelo geral de memória proposto por Atkinson e Shiffrin, em 1968. Descreve a memória em termos de três tipos de armazenamento: sensorial, de curto prazo e de longo prazo.

Modelo de Rescorla-Wagner Modelo baseado na noção de que a contiguidade não é nem suficiente nem necessária para explicar o condicionamento clássico. Em vez disso, afirma que o que é aprendido no condicionamento clássico são relações entre eventos (expectativas).

Modelo dos exemplares Modelo de aprendizagem de conceitos segundo o qual as pessoas aprendem se recordam dos melhores exemplos de um conceito, e depois comparam novas instâncias com esses exemplos. (*Ver* Modelo prototípico.)

Modelo prototípico Modelo original que serve como base para outros modelos. Na aprendizagem de conceitos, protótipo é uma abstração das características mais frequentes ou representativas de um conceito, com as quais novos exemplos podem ser comparados. (*Ver* Modelos dos exemplares.)

Modelo simbólico Modelo outro que não o de uma pessoa da vida real. Livros, televisão e instruções escritas são importantes modelos simbólicos.

Modificação do comportamento Aplicação deliberada dos princípios do condicionamento operante para mudar o comportamento. (*Ver* Terapia comportamental, Controle do comportamento.)

Mores Costumes e convenções sociais de um grupo geralmente considerados essenciais para sua identificação e preservação como grupo cultural distinto.

Motivação Causas do comportamento. Forças conscientes ou inconscientes que resultam em certos atos. (*Ver* Causa; Razões.)

Motivação por incentivo Termo geral para o ramo da pesquisa motivacional dedicada a como os objetivos são avaliados pelo indivíduo – isto é, com os diferentes incentivos associados a diferentes objetivos.

Motivo de realização Expressão que define uma característica de personalidade evidente na aparente necessidade de um indivíduo obter sucesso (de conquistar, dar-se bem, vencer ou ganhar) e evitar o fracasso.

Motivo extrínseco Motivo associado a fontes externas de reforçamento – como alimento, dinheiro, notas altas, elogio e assim por diante.

Motivo intrínseco Motivo associado a fontes internas de reforçamento – como satisfação e sentimentos de competência e valor.

Movimento de mudança conceitual Movimento na educação orientado para descoberta; altamente compatível com a teoria de Bruner, na qual a ênfase está na descoberta encorajada e na reorganização mental, em vez de na ampliaçao da quantidade de fatos e procedimentos aprendidos.

Mudança associativa Conceito de Thorndike que descreve o processo pelo qual uma resposta é deslocada de forma gradual para uma situação inteiramente diversa daquela na qual foi aprendida. Um modo de fazer isso é mudar o estímulo inicial bem lentamente (processo chamado *desvanecimento*).

Nanossegundo Mil milionésimos de segundo – ou um bilionésimo de segundo. Portanto, um bilhão de nanossegundos é igual a um segundo.

Narrativas Literalmente, histórias que transmitem os detalhes de uma ocorrência ou de uma série de eventos; uma forma de recontar. Na psicologia, as narrativas pessoais recontam a história de nossas vidas, seja para nós mesmos ou para os outros. Na teoria de Bruner, as narrativas representam um papel fundamental na construção da realidade e do significado pessoal.

Nativismo Modelo que reflete a crença de que o aprendiz nasce com restrições e predisposições biológicas e neurológicas que moldam suas reações ao mundo e facilitam certos tipos de aprendizagem e comportamento (como a estampagem nos gansos ou a aprendizagem da linguagem nas pessoas).

Navalha de Occam Também denominada *lei da parcimônia*. Segundo esse princípio, atribuído a Guilherme de Occam, a menos que seja absolutamente necessário, as coisas cuja existência não pode ser comprovada não deveriam ser admitidas como existentes. Expressão cuja interpretação leva à ideia de que a mais simples dentre as explicações propostas deve ser a preferida.

Necessidade Refere-se ordinariamente à falta ou insuficiência no organismo humano. As necessidades podem ser tanto não aprendidas (denominadas básicas ou *fisiológicas* – por exemplo, a necessidade de alimento ou água) quanto aprendidas (denominadas *psicológicas* – por exemplo, a necessidade de prestígio ou dinheiro).

Necessidades fisiológicas Necessidades biológicas básicas, como a necessidade de alimento e de água.

Necessidades psicológicas As necessidades humanas vão além daquelas necessidades físicas básicas, como alimento, sexo, água e regulagem de temperatura (necessidades fisiológicas). As necessidades psicológicas descritas por Maslow incluem a necessidade de pertencer, de se sentir seguro, de amar e ser amado, de manter uma boa opinião a respeito de si próprio e de se autoatualizar. (*Ver* Autoatualização.)

Neobehaviorista Termo cunhado por Hull para enfatizar que, ao contrário dos primeiros behavioristas, ele não limitava sua teoria a estímulos e respostas observáveis, mas levava em consideração o que ocorre entre a apresentação de um estímulo e a ocorrência da resposta.

Nervos Feixes de neurônios.

Neurofeedback Forma de *biofeedback* na qual são dadas aos participantes informações sobre o seu funcionamento neurológico. Envolve informação específica sobre a atividade elétrica no cérebro. (*Ver Biofeedback*.)

Neurogênese O processo pelo qual novas células nervosas (neurônios) são formadas.

Neurônio Uma célula nervosa, o bloco de construção básico do sistema nervoso humano. É composto de quatro partes principais: corpo da célula, núcleo, dendritos e axônio.

Neurotransmissores Substâncias químicas produzidas naturalmente e liberadas pelas células nervosas; sua função é iniciar ou facilitar a transmissão das mensagens entre as células nervosas. O número de neurotransmissores conhecidos se aproxima de 100, e os mais citados são serotonina, dopamina, norepinefrina e acetilcolina.

Níveis de processamento Sugestão de Craik e Lockhart de que a recordação é basicamente uma função da natureza e da extensão do processamento do material a ser lembrado. No nível do armazenamento sensorial, pouco ou nenhum processamento ocorre e o esquecimento acontece quase imediatamente. O material armazenado na memória de longa duração foi codificado (processado) pelo significado e pode ser retido indefinidamente.

Nivelamento Na teoria da Gestalt, é a tendência de atenuar certas peculiaridades de um padrão perceptivo. Também se aplica à aprendizagem e à memorização.

Norepinefrina Um neurotransmissor vinculado a excitação, memória e aprendizagem. Também chamada noradrenalina. Anomalias no funcionamento do sistema da norepinefrina podem estar associados a algumas manifestações de depressão.

Normalização Princípio da Gestalt que descreve a tendência de mudança da memória, de modo a tornar-se mais próxima de outras memórias relacionadas.

Objetivo de desempenho Um objetivo dirigido por ter um bom desempenho, em vez de dominar um assunto e aumentar a competência de uma pessoa. (*Ver* Teoria da entidade, Teoria incremental, Objetivo de domínio.)

Objetivo de domínio Um objetivo dirigido ao aumento da competência de uma pessoa. (*Ver* Teoria da entidade, Teoria incremental, Objetivo de desempenho.)

Ondas alfa Ondas cerebrais associadas a repouso, mas em estados de vigília consciente. São caracteristicamente profundas e regulares. (*Ver* Ondas beta.)

Ondas beta Ondas cerebrais caracteristicamente rápidas e superficiais, associadas ao estado de alerta. (*Ver* Ondas alfa.)

Operação Termo piagetiano que se refere essencialmente a um processo de pensamento. Uma operação é uma ação que foi internalizada no sentido de que pode ser "pensada" e é reversível no sentido de que pode ser "não pensada".

Operações concretas Terceiro dos quatro principais estágios de Piaget, que vai dos 7 ou 8 anos até aproximadamente os 11 ou 12 anos de idade, caracterizado, principalmente, pela capacidade de a criança lidar com problemas ou objetos concretos, ou objetos e problemas facilmente imaginados.

Operações formais Último dos quatro principais estágios de desenvolvimento de Piaget. Começa por volta dos 11, 12 anos e vai até 14 ou 15 anos. É um estágio caracterizado pela crescente capacidade infantil de usar os processos lógicos de pensamento.

Operante Termo de Skinner para uma resposta não eliciada por nenhum estímulo óbvio ou conhecido. A maior parte dos comportamentos humanos aparenta ser operante (por exemplo, escrever uma carta ou sair para uma caminhada).

Organização Estratégia da memória que envolve agrupar itens por similaridades e diferenças, a fim de serem lembrados.

Paradigma Um padrão ou modelo. Um quadro teórico, filosófico ou científico que orienta investigações, teorias e conclusões.

Parcimônia Evitar complexidades e detalhes excessivos capazes de criar confusão. Teorias parcimoniosas explicam todas as relações importantes da maneira mais simples e sucinta possível.

Pedologia Disciplina soviética sobre o desenvolvimento infantil. Muito popular na União Soviética na década de 1930, usava testes ocidentais para avaliações psicológicas. Vygotsky e Luria eram pedologistas. Na metade dos anos 1930, o governo soviético decretou que a pedologia era "uma pseudociência burguesa" e ordenou que nada mais deveria ser escrito sobre ela, nem pesquisado, nem mesmo discutido. Todos os centros de pedologia foram fechados e os profissionais dessa área foram impedidos de trabalhar.

Pensamento autorreferente Um pensamento que pertence a si mesmo. O pensamento autorreferente diz respeito a nossos próprios processos mentais (por exemplo, pensamentos que avaliam nossas habilidades ou monitoram nosso progresso na resolução de problemas).

Pensamento intuitivo Um dos subestágios do pensamento pré-operacional de Piaget, que começa por volta dos 4 anos de idade e se estende até os 7 ou 8 anos. É marcado pela capacidade da criança de solucionar intuitivamente vários problemas e pela incapacidade de responder corretamente quando confrontada com aspectos perceptivos enganosos dos problemas.

Pensamento preconceitual Primeiro subestágio da fase de pensamento pré-operacional, que se inicia por volta dos 2 anos de idade e se prolonga até os 4 anos. É assim denominado porque a criança ainda não desenvolveu a capacidade de classificar.

Pensamento pré-operacional O segundo dos quatro principais estágios de Piaget, que vai dos 2 aos 7 ou 8 anos de idade, caracterizado por certas limitações da lógica infantil. Tem dois subestágios: pensamento intuitivo e pensamento preconceitual. (*Ver* Pensamento intuitivo; Pensamento preconceitual.)

Pensamento produtivo A expressão de Wertheimer para o tipo de pensamento que resulta do *insight*, e não da aprendizagem rotineira. Frequentemente utilizado como sinônimo de pensamento criativo.

Pensamento proposicional Denominação piagetiana para o pensamento da criança que está no estágio das operações formais. Uma proposição é uma afirmação que pode ser verdadeira ou falsa; daí tem-se que pensamento proposicional é a capacidade de pensar sobre estados de coisas abstratos ou hipotéticos.

Percepto Termo usado por Bruner para identificar o efeito das experiências sensoriais. No sistema criado por ele, perceptos equivalem a conceitos. (*Ver* Conceito.)

Período crítico Período do desenvolvimento no qual a exposição a estímulos ou experiências apropriadas resultará em estampagem. (*Ver* Estampagem.)

Período refratário Breve período após um disparo durante o qual um neurônio está "descarregado" e é incapaz de produzir novo disparo.

Perspectiva do agente Orientação postulada por Bandura que enfatiza o grau em que as pessoas são atores (agentes) das próprias ações (em vez de simplesmente vivenciarem o que acontece com elas), como evidenciado no uso que fazem da intenção, da previsão, da autorreação e da autorreflexão.

Pistas de recuperação Estímulos como sons, palavras, locais, aromas, e assim por diante, que facilitam a lembrança (que lembram o indivíduo de algo).

População Agrupamentos de indivíduos (ou objetos ou circunstâncias) com características similares. Por exemplo, a população de todas as crianças que cursam o ensino fundamental na América do Norte. (*Ver* Amostra.)

Potenciação de longa duração (PLD) Alteração neurológica duradoura, definida pelo fortalecimento da resposta neural.

Potencial de ação Descarga elétrica similar a um pulso, ao longo de um neurônio. Sequências de potenciais de ação são a base da transmissão das mensagens neurais.

Potencial de reação ($_{S}E_{R}$) No sistema de Hull, a probabilidade de que condições de estímulo produzam uma resposta. O potencial de reação é uma função combinada de variáveis intervenientes específicas, que refletem a história do indivíduo bem como de condições de estímulo presentes.

Potencial de reação líquido ($_{S}E_{R}$) No sistema de Hull, é o resultado da subtração da tendência de não resposta (chamado de potencial inibitório) da tendência de resposta (chamado potencial de reação).

Potencial inibitório agregado ($_{S}I_{r}$) No sistema de Hull, variável interveniente que reduz a probabilidade de resposta. Reflete hábitos conflitantes, bem como a quantidade de trabalho envolvido na resposta.

Potencial relacionado a eventos (PRE) Medição da atividade elétrica do cérebro em áreas que correspondem a estímulos específicos. Eletroencefalogramas (EEG) são usualmente utilizados nos estudos de PRE.

Prägnanz Palavra germânica que significa "boa forma". O mais importante princípio da Gestalt; afirma que aquilo que percebemos (e pensamos) tende a adquirir a *melhor* forma possível em que o melhor refere-se geralmente a um princípio, como fechamento, continuidade, similaridade, proximidade. (*Ver* Fechamento; Continuidade; Similaridade; Proximidade.)

Predisposição Tendência a responder, ou perceber, de maneira predeterminada.

Pressuposição Crença importante no raciocínio, aceita como fato, mas frequentemente não provada.

Princípio Afirmação relativa a alguma uniformidade ou previsibilidade. Os princípios estão mais sujeitos à dúvida do que as leis, mas são mais confiáveis do que as crenças. (*Ver* Crença; Lei; Teoria.)

Princípio de Premack Reconhecimento de que os comportamentos frequentemente escolhidos por um indivíduo (e que são, portanto, preferidos) podem ser usados para reforçar outros comportamentos escolhidos com menor frequência. (Por exemplo, "Você pode ver televisão quando terminar de fazer sua lição".)

Princípio do controle oposto Descreve a tendência de sensações e movimentos em ambos os lados do corpo serem controlados pelo hemisfério cerebral oposto.

Princípio do pertencimento Crença de Thorndike de que certas respostas são mais fáceis de aprender porque, por razões culturais ou lógicas, parecem acompanhar (pertencer a) certos estímulos.

Privação sensorial Refere-se a experiências nas quais os sujeitos são mantidos em situações invariáveis de estimulação sensorial por longos períodos.

Problema mente-corpo Expressão usada para questões relativas à relação entre mente e corpo.

Procedimento duplo-cego Tipo de investigação no qual nem os sujeitos nem os pesquisadores sabem quem são os membros do grupo experimental e do grupo de controle. (*Ver* Procedimento simples-cego.)

Procedimento simples-cego Procedimento experimental em que o participante ou o pesquisador não sabe quem pertence ao grupo experimental ou ao grupo de controle. (*Ver* Procedimento duplo-cego.)

Processamento da informação (PI) Refere-se a como a informação é modificada (ou processada) resultando em conhecimento, percepção ou comportamento. É um modelo dominante nas abordagens cognitivas, que faz uso extensivo de metáforas computacionais.

Processamento distribuído paralelo (PDP) Descreve um processamento de computador no qual várias funções são realizadas simultaneamente e relacionadas a conjuntos comuns de *input* e *output*. Os sistemas PDP são a base para os modelos conexionistas do pensamento humano.

Processos mentais superiores Designação usada para indicar processos não observáveis que ocorrem na "mente" (na falta de um termo mais preciso). Aquilo que normalmente chamamos de "pensamento".

Proximidade Princípio da Gestalt manifestado na nossa tendência de perceber os elementos que estão próximos uns dos outros como relacionados entre si. (*Ver* Fechamento; Continuidade; *Prägnanz*; Similaridade.)

Pseudociência Literalmente, ciência falsa. Abordagens ou crenças que se propõem a ser científicas, mas violam as regras e abordagens da ciência. (*Ver* Ciência.)

Psicofísica Mensuração dos estímulos físicos e de seus efeitos.

Psicologia Ciência que estuda o comportamento humano (e também o de outros animais).

Psicologia do senso comum Expressão usada para crenças populares da psicologia, também conhecida como teoria *ingênua* (*naive*) ou *implícita*.

Psicologia evolucionista Abordagem psicológica definida pela atenção dada à biologia e à genética como fontes de explicação para a aprendizagem e o comportamento humanos. Alguns ramos da psicologia evolucionista abrangem conceitos da sociobiologia e da genética comportamental.

Psicoterapia Termo bastante amplo que designa as várias técnicas usadas para aliviar desordens mentais e problemas emocionais. Usualmente restrito aos procedimentos aplicados por psiquiatras, psicólogos e outros indivíduos especialmente treinados.

Punição Diz respeito tanto à apresentação de um estímulo desagradável quanto à retirada de um estímulo agradável como consequência de um comportamento. Punição não deve ser confundida com reforço negativo.

Punição corporal Punição que utiliza força física para infligir dor.

Questionários Instrumento de coleta de informações que consiste em uma lista de perguntas predeterminadas às quais as pessoas respondem.

Raciocínio transdutivo Tipo de raciocínio que procede do particular para o particular, em vez de do particular para o geral ou do geral para o particular. Um exemplo de raciocínio transdutivo: vacas dão leite; cabras dão leite; portanto, cabras são vacas.

Rastreamento de sinais Descreve a tendência de organismos responderem a sinais relacionados à sobrevivência, alimentação, acasalamento, e outras tendências geneticamente programadas. Pode levar à automodelagem rotulada como aprendizagem. (*Ver* Automodelagem.)

Razões Explicações para uma ação ou defesa em relação a ela. Em psicologia, as razões são frequentemente tratadas como motivos. (*Ver* Causa, Motivação.)

Reações emocionais condicionadas (RECs) Reação emocional difícil de evitar associada a um estímulo condicionado, adquirida pela repetida exposição a situações específicas, relacionadas a emoções.

Realidade virtual (RV) Simulação, feita em computador, que utiliza estímulos sensoriais (como sensações orgânicas, imagens visuais e sinais auditivos) para produzir sensação de realismo.

Recapitulação Estratégia da memória baseada na repetição simples. É a principal maneira de manter os itens na memória de curta duração.

Recuperação espontânea Reaparecimento aparentemente espontâneo de uma resposta já extinta. (*Ver* Extinção.)

Recursos mnemônicos Auxílios sistemáticos para a recordação, tais como rimas, acrósticos ou sistemas que usam imagens visuais. (*Ver* Sistema de localização; Sistema fonético.)

Rede neural Modelo conexionista do funcionamento cerebral baseado no funcionamento do computador de processamento distribuído paralelo (PDP). Redes neurais são agrupamentos complexos de unidades que ativam umas às outras, modificando os padrões de conexões. Nesse modelo, o significado reside nos padrões internos da rede, os quais determinam também as respostas.

Reducionismo Termo utilizado para descrever teorias que tentam compreender um processo ou um fenômeno *reduzindo*-o a seus menores componentes.

Reductio ad absurdum Uma expressão em latim que significa, literalmente, reduzido ao absurdo. Refere-se a um argumento no qual um caso é refutado seguindo suas implicações até uma conclusão absurda.

Reflexo Ligação estímulo-resposta simples e não aprendida, tal como salivar em resposta ao alimento ou piscar em resposta a um assopro no olho.

Reflexo de Moro Reação de sobressalto do recém-nascido. A criança estica os braços e as pernas simetricamente ao sentir súbita falta de apoio.

Reflexo de orientação (RO) Resposta inicial dos humanos e de outros organismos a uma nova estimulação. Componentes da resposta de orientação incluem alterações na atividade elétrica do cérebro, na respiração, no ritmo cardíaco e na condutividade elétrica da pele. O reflexo de orientação é uma resposta de alerta.

Reflexo de sucção Resposta automática do recém-nascido quando a região da boca é estimulada.

Reforçador Evento associado a uma resposta, que altera a probabilidade de que aquela resposta ocorra novamente. (*Ver* Reforçamento.)

Reforçador generalizado Qualquer um dos reforçadores poderosos, aprendidos, que são reforçadores de vários tipos de comportamento em muitas situações (consequências comportamentais, como elogio, prestígio, dinheiro, fama etc.).

Reforçador negativo Evento cujo efeito é aumentar a probabilidade da ocorrência de resposta que o precedeu imediatamente. No geral, o reforçamento negativo toma a forma de um estímulo desagradável ou nocivo que é removido como resultado de uma resposta específica.

Reforçador positivo Evento acrescentado a uma situação qualquer, imediatamente após ter ocorrido uma resposta, que aumenta a probabilidade de que essa resposta volte a ocorrer. No geral, toma a forma de um estímulo agradável (recompensa) que resulta de uma resposta específica.

Reforçador secundário Evento que se torna reforçador como resultado de ter sido emparelhado com outros reforçadores.

Reforçamento Efeito de um reforçador; especificamente, o aumento da probabilidade de que uma resposta volte a ocorrer. (*Ver* Reforçamento negativo; Reforçamento positivo.)

Reforçamento contínuo Esquema de reforçamento no qual cada resposta correta é seguida de um reforço.

Reforçamento diferencial das aproximações sucessivas Procedimento de reforçar apenas algumas respostas e não outras. O reforçamento diferencial é utilizado na modelagem de comportamentos complexos. (*Ver* Modelagem.)

Reforçamento direto Reforçamento que ocorre como consequência direta de um comportamento – como ser pago por um trabalho. (*Ver* Reforçamento vicário.)

Reforçamento intermitente Esquema de reforçamento que não apresenta um reforçador para todas as respostas corretas. (*Ver* Esquema de intervalo; Esquema de razão.)

Reforçamento negativo Aumento na probabilidade de que uma resposta seja repetida após eliminar ou remover uma condição, como uma consequência do comportamento. Reforçamento negativo é geralmente o efeito de um estímulo desagradável ou nocivo que é removido como resultado de uma resposta específica.

Reforçamento positivo Aumento na probabilidade de que determinada resposta ocorrerá como resultado de consequências positivas advindas daquele comportamento (ou seja, como resultado da adição de algo). Geralmente, é o efeito de um estímulo agradável (recompensa) que resulta de uma resposta específica.

Reforçamento vicário Resulta da observação de outra pessoa sendo reforçada. No comportamento imitativo, os observadores geralmente agem como se estivessem sendo reforçados, quando de fato não estão, no entanto, eles pensam que o modelo está.

Reforço primário Evento que é reforçador na ausência de qualquer aprendizagem. Estímulos como comida e bebida são reforços primários porque, presumivelmente, não é necessário que o organismo aprenda que são prazerosos.

Registro acumulado Representação gráfica do número de respostas ao longo do tempo (ou seja, a taxa de respostas); usado amplamente por Skinner em suas investigações do pressionar a barra e bicar a chave.

Regra da propagação Retroativa Tipo de modelo de rede neural no qual o sistema usa a informação sobre a adequação de seu *output* para ajustar a força das conexões entre as unidades intervenientes.

Regra de Hebb Suposição de Hebb de que o disparo repetido de dois neurônios relacionados resulta em uma mudança permanente na força da sinapse (conexão) entre eles.

Representação enativa Designação usada por Bruner para descrever como as crianças pequenas tendem a representar seu mundo em termos de sensações e ações (daí o termo enativo). (*Ver* Representação icônica; Representação simbólica.)

Representação icônica Um dos estágios no desenvolvimento da representação infantil do mundo, caracterizado, de acordo com Bruner, pelo uso de imagens mentais (ícones) referentes a coisas concretas. (*Ver* Representação enativa; Representação simbólica.)

Representação simbólica No sistema de Bruner, é o estágio final no desenvolvimento da representação do mundo por parte da criança. A representação simbólica utiliza símbolos arbitrários, como a linguagem. (*Ver* Representação enativa; Representação icônica.)

Reprimendas Forma branda de punição que consiste em indicações de desaprovação – geralmente verbais, mas algumas vezes gestuais (como balançar a cabeça para indicar não).

Respondente Termo utilizado por Skinner para a resposta eliciada por um estímulo conhecido e específico (ao contrário da operante). Respostas incondicionadas são exemplos de respondentes. (*Ver* Resposta Incondicionada.)

Resposta condicionada (RC) Resposta eliciada por um estímulo condicionado. De algum modo, assemelha-se, mas não é idêntica, à correspondente resposta incondicionada.

Resposta eletrodérmica Medida de resistência da pele a uma corrente elétrica (também conhecida como *resposta galvânica da pele*). A condutividade da pele aumenta com o aumento da ativação – elevando a transpiração.

Resposta Fracionária Antecipatória ao Objetivo (rG) Uma dentre um conjunto de respostas relacionadas entre si, emitida por um organismo antes da efetiva resposta ao objetivo.

Resposta incondicionada (R) Resposta eliciada por um estímulo incondicionado.

Restrições biológicas Limitações na aprendizagem que resultam de fatores biológicos, não da experiência.

Reversibilidade Propriedade lógica manifestada na capacidade de reverter ou desfazer uma atividade, tanto no sentido conceitual quanto no sentido empírico. Diz-se que uma ideia é reversível quando uma criança percebe as consequências lógicas de uma ação oposta.

Sensibilização Forma comum de aprendizagem na qual a resposta do organismo à estimulação aumenta de intensidade. Ocorre mais frequentemente após estimulação intensa. (*Ver* Habituação.)

Senso comum Ampla e diversificada gama de crenças que nos parecem intuitivamente corretas. Algumas vezes elas são; outras não.

Sequência de fase No sistema de Hebb, é um arranjo integrado de assembleia de células relacionadas. Corresponde a um conceito ou percepto. (*Ver* Assembleia de células.)

Serotonina Um neurotransmissor, a maioria do qual é encontrada no intestino, onde regula a atividade intestinal. Também muito implicado na emoção humana e na atividade cognitiva. Níveis de serotonina muito baixos podem estar associados à depressão.

Significante Em pesquisa, refere-se a resultados que não são esperados por acaso, a não ser em uma pequena porcentagem (por exemplo, 5% ou 1%) das vezes.

Sílabas sem sentido Combinações de consoantes e vogais que são legíveis, mas não têm significado, geralmente consistindo de uma única sílaba, como: lirvor, ou kev; frequentemente utilizadas em estudos de memória.

Similaridade Princípio da Gestalt que reconhece nossa tendência de perceber itens similares como partes de um grupo. (*Ver* Fechamento; Continuidade; *Prägnanz*; Proximidade.)

Simulação computadorizada Tentativas de desenvolver sistemas de computador capazes de imitar as funções inteligentes dos humanos (incluindo erros e vieses). Na simulação computadorizada, a ênfase é no processo; no campo da inteligência artificial, ao contrário, a ênfase é no resultado. (*Ver* Inteligência artificial.)

Sinapse Ponte ou junção entre neurônios. Na verdade, o espaço entre neurônios passível de ser atravessado por um impulso elétrico.

Síndrome da falsa memória Rótulo algumas vezes utilizado para descrever a possibilidade de que uma memória – especialmente a de um evento altamente traumático – possa ser uma lembrança de algo que na verdade não ocorreu.

Sistema de codificação Conceito bruneriano que diz respeito à disposição hierárquica de categorias relacionadas entre si.

Sistema de localização Sistema mnemônico pelo qual os itens a ser memorizados são associados às imagens visuais de lugares específicos.

Sistema executivo central No modelo da memória de trabalho de Baddeley (memória de curta duração ou MCD), esse sistema regula o fluxo de informação, originado do armazenamento sensorial, processando-o para o armazenamento de longa duração e recuperando-o desse armazenamento. (*Ver* Memória de trabalho).

Sistema fonético Sistema mnemônico particularmente poderoso que faz uso de associações entre números e letras combinados para formar palavras; imagens visuais associadas a essas palavras são, então, ligadas a itens a serem memorizados. Os profissionais que trabalham com a memorização geralmente fazem uso de alguma variação do sistema fonético.

Sistema hipotético-dedutivo Sistema teórico que consiste em leis gerais das quais derivam princípios e com base nos quais eles podem ser testados. A teoria de aprendizagem de Hull é hipotético-dedutiva.

Sistema límbico Agrupamento de estruturas cerebrais localizado abaixo do córtex cerebral. Essas estruturas estão associadas, principalmente, às emoções, à memória, ao reforçamento e à punição.

Sistema nervoso Parte do corpo composta por neurônios. Seus principais componentes são o cérebro e a coluna vertebral (sistema nervoso central), os sistemas receptores associados aos principais sentidos e os sistemas efetores associados ao funcionamento de músculos e glândulas.

Sistema nervoso central (SNC) O cérebro e a medula espinhal.

Sistema nervoso simpático Parte do sistema nervoso que provoca respostas fisiológicas associadas à emoção.

Sistema tutor inteligente (STI) Um sistema de aprendizagem baseado em computador que leva em conta os pontos fortes e fracos do aprendiz individualmente e modifica suas apresentações em conformidade.

SOAR (Soar) Rótulo para um programa de computador baseado em símbolos e regras, que modela o sistema de processamento cognitivo humano (um modelo de arquitetura cognitiva).

Socialização Processo complexo de aprender tanto os comportamentos que são apropriados em determinada cultura quanto os que não o são. Os agentes primários da socialização são o lar, a escola e os grupos de iguais.

Sociobiologia Disciplina que se utiliza das descobertas da biologia, antropologia e etologia para entender o comportamento social humano. A sociobiologia busca explicações biológicas para o comportamento.

Software Instruções ou programas de computador. (*Ver Hardware*; *Wetware*.)

Soma Rótulo para o corpo celular de um neurônio. A parte principal do neurônio, que contém o núcleo.

Status socioeconômico (ESE) Posição relativa em uma escala que reflete fatores como educação, rendimento, tipo de ocupação, *status* social etc.

Suporte Conceito de Vygotsky para descrever os vários tipos de apoio que professores e cuidadores necessitam oferecer à criança que precisa aprender. No geral, o suporte toma a forma de orientações, sugestões e outros tipos de assistência verbal e é mais efetivo quando envolve tarefas que estão dentro da zona de crescimento proximal. (*Ver* Zona de crescimento proximal.)

Tabula rasa Literalmente, "lousa em branco". Modelo de aprendiz baseado na suposição de que as pessoas nascem iguais, sem nenhuma aprendizagem anterior, inclinações ou pensamentos, os quais estão prontos para serem moldados pela experiência – como lousas em branco idênticas à espera de serem preenchidas com escritos.

Tálamo Estrutura estreita localizada na base do cérebro; atua como o principal centro de retransmissão da estimulação sensorial.

Taxa de aprendizagem Medida da quantidade de tempo requerida para aprender uma resposta correta, ou a medida do número de tentativas realizadas antes da emissão da resposta correta.

Taxa de extinção O lapso de tempo entre a cessação de uma resposta e a retirada do reforço.

Técnica do desvanecimento Um dos métodos de Guthrie para substituir hábitos; envolve apresentação repetida dos estímulos que levam ao hábito indesejado, de tal forma que o organismo, finalmente fatigado, emite (e aprende) uma resposta diferente. (*Ver* Método dos estímulos incompatíveis; Técnica do limiar.)

Técnica do limiar Método para eliminar hábitos, descrito por Guthrie, em que o complexo de estímulos associado a um hábito indesejável é apresentado de forma tão suave que o hábito não é eliciado. A intensidade do estímulo é aumentada gradualmente. (*Ver* Técnica do desvanecimento; Método dos estímulos incompatíveis.)

Tentativa e erro Explicação de Thorndike para a aprendizagem baseada na ideia de que, quando colocado em uma situação-problema, um indivíduo emitirá uma série de respostas, mas finalmente aprenderá a correta como resultado de reforço. Explicações utilizando tentativa e erro para a aprendizagem são, algumas vezes, contrastadas com explicações sobre percepção.

Teoria Corpo de informações pertinentes a um assunto específico; método de adquirir ou lidar com a informação ou com o conjunto de explicações para fenômenos relacionados.

Teoria cognitiva social Designação da teoria de Bandura que explica a aprendizagem social por meio da imitação usando os princípios do condicionamento operante, ao mesmo tempo que reconhece a importância de atividades cognitivas como imaginação, simbolismo e antecipação.

Teoria da aprendizagem Tentativa sistemática de explicar e compreender de que forma o comportamento muda. A designação *teoria do comportamento* é usada como sinônimo.

Teoria da ativação Teoria motivacional que avalia como a intensidade da motivação se relaciona a alterações fisiológicas. (*Ver* Ativação.)

Teoria da atribuição Teoria que busca regularidades nas formas pelas quais as pessoas atribuem certas causas às coisas que acontecem, sejam elas internas ou externas.

Teoria da autodeterminação Teoria cognitiva da motivação de Deci e Ryan. Baseia-se na suposição de que as pessoas precisam ser autodeterminadas, precisam se sentir autônomas e competentes e desenvolver relações íntimas com os outros. É uma teoria altamente compatível com a da atribuição.

Teoria da distorção Teoria do esquecimento; reconhece que aquilo que é recordado é frequentemente alterado ou reconstruído.

Teoria da entidade Rótulo dado por Dweck para a crença de que a capacidade é uma entidade fixa e imutável. Associada com objetivos de desempenho – isto é, apresentar bom desempenho para ser julgado positivamente pelos outros. (*Ver* Teoria incremental, Objetivo de domínio, Objetivo de desempenho.)

Teoria da expectativa-valor Abordagem cognitiva para motivação que descreve a tomada de decisão como uma ação que envolve um tipo de cálculo mental no qual os fatores mais importantes são, por um lado, a expectativa de sucesso (sentimentos de autoeficácia) e, por outro, os valores associados a várias opções.

Teoria da interferência Crença em que aprendizagens anteriores podem interferir na retenção na memória de curta duração. (*Ver* Interferência proativa; Interferência retroativa.)

Teoria da repressão Teoria do esquecimento baseada na noção de que as experiências desagradáveis e que provocam ansiedade podem ser bloqueadas de modo a não chegarem à consciência, em um movimento de autoproteção.

Teoria da seleção natural Noção de Darwin de que as mutações que garantem aos indivíduos de determinada espécie uma vantagem que lhes assegura a sobrevivência e a reprodução tendem a se tornar mais comuns ao longo das sucessivas gerações.

Teoria da distorção Explicação para a perda de informação na memória de curta duração baseada na noção de que os efeitos fisiológicos da estimulação desaparecem com o tempo. Similar ao *desvanecimento* no que se refere ao processo de esquecimento na memória de longa duração. (*Ver* Desvanecimento.)

Teoria do deslocamento Crença de Miller segundo a qual existe um número limitado de "fendas" na memória de curta duração (7, ±2) e que a informação nova substitui a mais antiga.

Teoria do desvanecimento Crença de que a incapacidade para recordar na memória de longa duração aumenta com a passagem do tempo, à medida que os "traços" de memória se desvanecem.

Teoria dos elementos idênticos Teoria de Thorndike segundo a qual estímulos similares são relacionados porque duas situações possuem um número de elementos idênticos, os quais possibilitam a transferência de respostas de uma situação para outra.

Teoria incremental Rótulo dado por Dweck para a crença de que a capacidade é mutável por meio do trabalho e do esforço. Esta teoria está associada com objetivos de domínio – isto é, com uma crescente competência pessoal. (*Ver* Teoria da entidade, Objetivo de domínio, Objetivo de desempenho.)

Terapia orientada pelo domínio Uma abordagem a terapias largamente baseada na teoria social cognitiva, em que o terapeuta tenta impulsionar sentimentos relevantes de autoeficácia. Amplamente utilizada no tratamento de fobias.

Terapia comportamental Aplicação sistemática de procedimentos e ideias pavlovianos no esforço de mudar o comportamento. (*Ver* Modificação do comportamento, Controle do comportamento.)

Terapia da aversão Uma terapia na qual um comportamento indesejável é vinculado a estímulos associados a náusea ou mal-estar (utilizando drogas ou radiação, por exemplo). Amplamente utilizada para tratar adicções (álcool, nicotina, drogas, perversões sexuais) ou para modificar outros hábitos indesejáveis.

Teste de Turing Presunção de que se A reproduzir exatamente as funções de B, então A deve ter as mesmas qualidades de B.

Time-in Um procedimento de reforço, às vezes, utilizado em combinação com procedimentos de time-out. O *time-in* envolve incluir crianças e expô-las a reforços, tais como elogios e contato físico (ao contrário do *time-out*, que envolve excluir e não reforçar). (*Ver Time-out.*)

Timeout[3] Procedimento no qual estudantes são retirados de situações nas quais normalmente seriam recompensados. Procedimentos de *timeout* são largamente utilizados na disciplina da sala de aula.

Tomografia por emissão de pósitron (PET) Técnica de imageamento amplamente usada na medicina e nas pesquisas fisiológica e neurológica. Registra alterações no fluxo sanguíneo pela detecção da distribuição das partículas radioativas injetadas na corrente sanguínea.

Traço Uma característica de personalidade distintiva. Uma qualidade pessoal descritível em termos de um nome específico, como meigo, generoso, impulsivo, tranquilo etc.

Transferência Um termo geral para a aplicação de um antigo aprendizado a uma situação nova. Também chamada generalização. (*Ver* Generalização.)

Trato periventricular Grupo de fibras nervosas do sistema límbico associadas à punição.

Treino ao comedouro (ou bebedouro) O processo de ensinar um organismo sobre a recompensa disponível em uma câmara de condicionamento experimental de modo que possa ocorrer o condicionamento de algum operante específico.

Tronco cerebral Conjunto de estruturas cerebrais que reúne o cérebro e a coluna vertebral.

Vale Alguma coisa indicativa de outra coisa. Nos programas de controle do comportamento, os sistemas de reforçamento por vales constituem objetos sem valor, como fichas, mas podem ser trocados mais tarde por reforçadores significativos.

Variáveis de *input* Expressão criada por Hull para definir o complexo de estímulos ao qual o organismo responde – o estímulo. São características das variáveis de *input* a intensidade do estímulo, o estado motivacional do organismo, a quantidade de trabalho envolvida na resposta e a quantidade de recompensa associada.

Variáveis de *output* Expressão de Hull para aquilo que o organismo faz (ou seja, a resposta). Variáveis de *output* incluem a latência da resposta, a amplitude da resposta e o número de respostas necessárias antes da extinção.

Variáveis intervenientes Denominação de Hull para o complexo de supostas variáveis que intervêm entre a apresentação de um estímulo e a ocorrência de uma resposta. Inclui os hábitos do organismo, as expectativas de recompensa e outros fatores relacionados a respostas prévias em situações similares.

Variável Propriedade, medida ou característica que pode variar de uma situação para outra. Nas pesquisas psicológicas, dados como inteligência, sexo, personalidade, idade e assim por diante, podem ser variáveis importantes.

Variável dependente Variável (medida, resultado, comportamento) que reflete os supostos efeitos das manipulações da(s) variável(eis) independente(s) em um experimento. A parte "então" da equação "se-então" implícita na hipótese experimental. (*Ver* Variável independente.)

Variável independente A variável que é manipulada em um experimento para verificar se causa alterações na variável dependente. É a parte do "se" da equação "se-então" implícita em um experimento. (*Ver* Variável dependente.)

Wetware Neurônios cerebrais e suas interconexões. De acordo com a metáfora do computador, corresponde ao *hardware*. (*Ver* Hardware; Software.)

Zeitgeist Uma palavra alemã que significa o espírito dos tempos. Refere-se à definição de características intelectuais, políticas ou culturais de um período histórico.

Zona de crescimento proximal (também chamada de zona de desenvolvimento proximal) Designação de Vygotsky referente ao potencial atual do indivíduo para um desenvolvimento intelectual mais avançado. Medidas convencionais de inteligência avaliam o desenvolvimento intelectual presente em vez do potencial para o futuro desenvolvimento. Vygotsky acreditava que a zona do crescimento proximal (potencial futuro) deveria ser avaliada por um questionamento mais extenso e pelo uso de sugestões e pistas enquanto se administra um teste de inteligência convencional.

[3] Termo ainda não traduzido para a língua portuguesa. É utilizado no sentido de suspender, retirar, remover (NRT).

Referências

Abbott, L. F., & Dayan, P. (2001). *Theoretical neuroscience: Computational and mathematical modeling of neural systems. Cambridge*, MA: MIT Press.

Abitz, M., Nielsen, R. D., Jones, E. G., Laursen, H., Graem, N., & Pakkenberg, B. (2007). Excess of neurons in the human newborn mediodorsal thalamus compared with that of the adult. *Cerebral Cortex*, *17*(11), 2573-2578.

Abravanel, E. Ferguson, S. A. (1998). Observational learning and the use of retrieval information during the second and third years. *Journal of Genetic Psychology*, *159*, 455-176.

Aguado, L. (2003). Neuroscience of Pavlovian conditioning: A brief review. *Spanish Journal of Psychology*, *6*, 155-167.

Ahmad, K.; Casey, M.; Bale, T. (2002). Connectionist simulation of quantification skills. *Connection Science*, *14*, 165-201.

Alcock, J. (2001). *The triumph of sociobiology*. Oxford: Oxford University Press.

Alderson, R. M., Rapport, M. D., Hudec, K. L., Sarver, D. E., & Kofler, M. J. (2010). Competing core processes in attention-deficit/hyperactivity disorder (ADHD): Do working memory deficiencies underlie behavioral inhibition deficits? *Journal of Abnormal Child Psychology: An Official Publication of the International Society for Research in Child and Adolescent Psychopathology*, 38(4), 497-507.

Alferink, L. A., Critchfield, T. S., Hitt, J. L., & Higgins, W. J. (2009). Generality of the matching law as a descriptor of shot selection in basketball. *Journal of Applied Behavior Analysis*, 42(3), 595-608.

Allman, W. F. (1989). *Apprentices of wonder: Inside the neural network revolution*. Nova York: Bantam.

Altmann, E. M.; Gray, W. D. (2002). Forgetting to remember: The functional relationship of decay and interference. *Psychological Science*, *13*, 27-33.

Ames, C. (1992). Classrooms: Goals, structures, and student motivation. *Journal of Educational Psychology*, *84*, 261-271.

Amnett, J. M. (1996). Olfactory memory: A case study in cognitive psychology. *Journal of Psychology*, *130*, 309-319.

Amsel, A. (1989). *Behaviorism, neobehaviorism, and cognitivism in learning theory: Historical and contemporary perspectives*. Hillsdale, NJ: Erlbaum.

Amsel, A. (1992). B. F. Skinner and the cognitive revolution. *Journal of Behavior Therapy and Experimental Psychiatry*, *23*, 67-70.

Amsterdam, A. G., & Bruner, J. S. (2000). *Minding the law. Cambridge*, MA: Harvard University Press.

Annerback, E. M., Svedin, C. G., & Gustafsson, P. A. (2010). Characteristic features of severe child physical abuse – A multi-informant approach. *Journal of Family Violence*, 25(2), 165-172.

Anscombe, E.; Geach, P. T. (Eds.). (1954). *Descartes: Philosophical writings*. Nova York: Thomas Nelson.

APA Guidelines for Ethical Conduct in the Care and Use of Animals. (2002). Washington, DC: American Psychological Association.

Apa Guidelines For Ethical Conduct In The Care And Use of Animals. (2010). Washington, DC: American Psychological Association.

Arnone, D., Horder, J., Cowen, P. J., & Harmer, C. J. (2009). Early effects of mirtazapine on emotional processing. *Psychopharmacology*, 203(4), 685-691.

Arnulf, I., & Leu-Semenescu, S. (2009). Sleepiness in Parkinson's disease. *Parkinsonism & Related Disorders*, 15(Supl. 3), S101-S104.

Artino A. R., Jr. (2007). *Bandura, Ross, and Ross: Observational learning and the Bobo doll*. Online submission. (ERIC Document Reproduction Service nº ED499095).

Asensio, S., Romero, M. J., Romero, F. J., Wong, C., Alia-Klein, N., Tomasi, D., et al. (2010). Striatal dopamine D2 receptor availability predicts the thalamic and medial prefrontal responses to reward in cocaine abusers three years later. *Synapse*, 64(5), 397-402.

Ashmore, M., & Brown, S. D. (2010). On changing one's mind twice: The strange credibility of retracting recovered memories. In J. Haaken & P. Reavey (Eds.). *Memory matters: Contexts for understanding sexual abuse recollections* (pp. 17-40). Nova York: Routledge/Taylor & Francis.

Association for Psychological Science. (6 out. 2008). Television viewing and aggression: Some alternative perspectives. *Science Daily*. Recuperado em 17 maio, 2010, em: http://www.sciencedaily.com/releases/2008/10/081001145030.htm.

Atkins, M. S.; Osborne, M. L.; Benn, D. S.; Hess, L. E.; Halperin, J. M. (2001). Children's competitive peer aggression during reward and punishment. *Aggressive Behavior*, *27*, 1-13.

Atkinson, J. W.; Shiffrin, R. M. (1968). Human memory: A proposed system and its control processes. In: K. W. Spence; J. T. Spence (Eds.). *The psychology of learning and motivation* (vol. 2, pp. 89-195). Nova York: Academic Press.

Aubrey, C. (1993). An investigation of the mathematical knowledge and competencies which young children bring into school. *British Educational Research Journal*, *19*, 27-41.

Ausubel, D. P. (1977). The facilitation of meaningful verbal learning in the classroom. *Educational Psychologist*, *12*, 162-178.

Ausubel, D. P.; Robinson, F. G. (1969). *School learning: An introduction to educational psychology*. Nova York: Holt, Rinehart & Winston.

Baddeley, A. D. (1997). *Human memory: Theory and practice* (Ed. rev.). East Sussex, Reino Unido: Psychology Press.

Baddeley, A. D. (2000). Short-term and working memory. In E. Tulving & F. I. M. Craik (Eds.). *The*

Oxford handbook of memory (pp. 77-92). Nova York: Oxford University Press.

Baddeley, A. D. (2002). Is working memory still working? *European Psychologist*, 7, 85-97.

Baddeley, A. D. (2007). *Working memory, thought, and action*. Nova York: Oxford University Press.

Baddeley, A. D.; Hitch, G. J. (1974). Working memory. In: G. Bower (Ed.). *The psychology of learning and motivation* (vol. 8, pp. 47-89). Nova York: Academic Press.

Baeyens, E.; Vansteenwegen, D.; Hermans, D.; Eelen, P. (2001). Human evaluative flavor-taste conditioning: Conditions of learning and underlying processes. *Psychologica Belgica*, *41*, 169-186.

Bahrick, H. P.; Bahrick, P. O.; Wittlinger, R. P. (1975). Fifty years of memory for names and faces: A cross-sectional approach. *Journal of Experimental Psychology*, *104*, 54-75.

Baillargeon, R. (1987). Object permanence in 31/2-and 41/2-month-old infants. *Developmental Psychology*, *23*, 655-664.

Baillargeon, R. (1993). The object concept revisited. In: C. Granrud (Ed.). *Visual perception and cognition in infancy: Carnegie-Mellon Symposia on Cognition* (vol. 23, pp. 265-315). Hillsdale, NJ: Erlbaum.

Bakhurst, D.; Shanker, S. G. (2001). Introduction: Bruner's way. In: D. Bakhurst; S. G. Shanker (Eds.). *Jerome Bruner: Language, culture, self.* Thousand Oaks, CA: Sage.

Balfour, M. E.; Yu, L.; Coolen, L. M. (2004). Sexual behavior and sex-associated environmental cues activate the mesolimbic system in male rats. *Neuropsychopharmacology*, *29*, 718-730.

Ballou, M.; Matsumoto, A.; Wagner, M. (2002). Toward a feminist ecological theory of human nature: Theory building in response to real-world dynamics. In: M. Ballou; L. S. Brown (Eds.). *Rethinking mental health and disorder: Feminist perspectives* (p. 99-141). Nova York: Guilford Press.

Bandura, A. (1969). *Principles of behavior modification.* Nova York: Holt, Rinehart & Winston.

Bandura, A. (1977). *Social learning theory.* Englewood Cliffs, NJ: Prentice-Hall.

Bandura, A. (1981). Self-referent thought: A developmental analysis of self-efficacy. In: J. H. Flavell; L. Ross (Eds.). *Social cognitive development: Frontiers and possible futures* (pp. 200-239). Cambridge, Reino Unido: Cambridge University Press.

Bandura, A. (1986). Social foundations of thought and *action: A social cognitive theory.* Englewood Cliffs, NJ: Prentice-Hall.

Bandura, A. (1991). Social cognitive theory of self-regulation. *Organizational Behavior and Human Performance*, *50*, 248-287.

Bandura, A. (1993). Perceived self-efficacy in cognitive development and functioning. *Educational Psychologist*, *28*, 117-148.

Bandura, A. (1995). Exercise of personal and collective efficacy in changing societies. In: A. Bandura (Ed.). *Self-efficacy in changing societies* (pp. 1-45). Nova York: Cambridge University Press.

Bandura, A. (2001). Social cognitive theory: An agentic perspective. *Annual Review of Psychology*, *52*, 1-26.

Bandura, A. (2006). Guide for constructing self-efficacy scales. In F. Pajares & T. Urdan (Eds.). *Self-efficacy beliefs of adolescents* (pp. 307-337). Charlotte, NC: Information Age Publishing.

Bandura, A. (2007). Albert Bandura. In G. Lindzey & W. M. Runyan (Eds.). *A history of psychology in autobiography*, (Vol. IX, pp. 43-75). Washington, DC: American Psychological Association.

Bandura, A. (2008a). An agentic perspective on positive psychology. In S. J. Lopez (Ed.). *Positive psychology: Exploring the best in people*, Vol 1: Discovering human strengths (pp. 167-196). Westport, CT: Praeger Publishers/Greenwood Publishing Group.

Bandura, A. (2008b). Reconstrual of "free will" from the agentic perspective of social cognitive theory. In J. Baer, J. C. Kaufman, & R. F. Baumeister (Eds.). *Are we free? Psychology and free will* (pp. 86-127). Nova York: Oxford University Press.

Bandura, A., Ross, D., & Ross, S. A. (1961). Transmission of aggression through imitation of aggressive models. *Journal of Abnormal and Social Psychology*, 63, 575-582.

Bandura, A.; Pastorelli, C.; Barbaranelli, C.; Caprara, G. V.; Gian, V. (1999). Self-efficacy pathways to childhood depression. *Journal of Personality and Social Psychology*, *76*, 258-269.

Bandura, A.; Walters, R. (1963). *Social learning and personality development.* Nova York: Holt, Rinehart e Winston.

Barnard, C. W.; Wolfe, H. D.; Graveline, D. E. (1962). Sensory deprivation under null gravity conditions. *American Journal of Psychiatry*, *118*, 92-125.

Barnett, W. S., Jung, K., Yarosz, D. J., Thomas, J., Hornbeck, A., Stechuk, R., et al. (2008). Educational effects of the tools of the mind curriculum. *A randomized trial. Early Childhood Research Quarterly*, 23(3), 299-313.

Barrett, L.; Dunbar, R.; Lycett, J. (2002). *Human evolutionary psychology.* Nova York: Palgrave.

Baumann, O., Chan, E., & Mattingley, J. B. (2010). Dissociable neural circuits for encoding and retrieval of object locations during active navigation in humans. *NeuroImage*, 49(3), 2816-2825.

Beckers, T., Miller, R. R., De Houwer, J., & Urushihara, K. (2006). Reasoning rats: Forward blocking in pavlovian animal conditioning is sensitive to constraints of causal inference. *Journal of Experimental Psychology*: General, 135(1), 92-102.

Beilin, H.; Fireman, G. (2000). The foundation of Piaget's theories: Mental and physical action. In: H. W. Reese (Ed.). *Advances in child development and behavior* (vol. 27, pp. 221-246). San Diego: Academic Press.

Bender, H. L., Allen, J. P., McElhaney, K. B., Antonishak, J., Moore, C. M., Kelly, H. O., et al. (2007). Use of harsh physical discipline and developmental outcomes in adolescence. *Development and Psychopathology*, 19(1), 227-242.

Benefits of chewing gum. (2010). Recuperado em 2 jun. 2010, em: http://www.wrigley.com/global/benefitsof-chewing.aspx?utm_source=gumisgood.com&utm_medium=domain&utm_content=boc&utm_campaign=wrigley.

Benjafield, J. G. (1996). *A history of psychology*. Boston: Allyn & Bacon.

Berch, D. B. (2007). Instructing evolved minds: Pedagogically primary strategies for promoting biologically secondary learning. In J. S. Carlson & J. R. Levin (Eds.). *Educating the evolved mind: Conceptual foundations for an evolutionary educational psychology* (pp. 109-118). Charlotte, NC: Information Age Publishing.

Berlyne, D. E. (1960). *Conflict, arousal, and curiosity*. Nova York: McGraw-Hill.

Berlyne, D. E. (1965). *Structure and direction in thinking*. Nova York: Wiley.

Berlyne, D. E. (1966). Curiosity and exploration. *Science, 153*, 25-33.

Bernard, L. L. (1924). *Instinct: A study in social psychology*. Nova York: Holt, Rinehart e Winston.

Bernstein, I. L.; Webster, M. M. (1980). Learned taste aversion in humans. *Physiology & Behavior, 25*, 363-366.

Bevins, R. A. (2009). Altering the motivational function of nicotine through conditioning processes. In R. A. Bevins & A. R. Caggiula (Eds.). *The motivational impact of nicotine and its role in tobacco use* (pp. 111-129). Nova York: Springer Science.

Bexton, W. H.; Heron, W.; Scott, T. H. (1954). Effects of decreased variation in the sensory environment. *Canadian Journal of Psychology, 8*, 70-76.

Bhaduri, N. P., Sarkar, K., Sinha, S., Chattopadhyay, A., & Mukhopadhyay, K. (2010). Study on DBH genetic polymorphisms and plasma activity in attention deficit hyperactivity disorder patients from Eastern India. *Cellular and Molecular Neurobiology*, 30(2), 265-274.

Bickerton, D., & Szathmary, E. (Eds.). (2009). *Biological foundations and origin of syntax*. Cambridge, MA: MIT Press.

Bieliauskas, Linas A. (2008). The preparation of the clinical neuropsychologist: Contemporary training models and specialization. In J. E. Morgan & J. H. Ricker (Eds.). *Textbook of clinical neuropsychology* (pp. 18-24). Nova York: Psychology Press.

Bijou, S. W.; Sturges, P. S. (1959). Positive reinforcers for experimental studies with children: Consumables and manipulatables. *Child Development, 30*, 151-170.

Bitterman, M. E. (2006). Classical conditioning since Pavlov. *Review of General Psychology*, 10(4), 365-376.

Bjorklund, D. F. (1997). In search of a metatheory for cognitive development (or Piaget is dead and I don't feel so good myself). *Child Development, 68*, 144-148.

Blackwell, L. S., Trzesniewski, K. H., & Dweck, C. S. (2007). Implicit theories of intelligence predict achievement across an adolescent transition: A longitudinal study and an intervention. *Child Development*, 78(1), 246-263.

Blakemore, S. J., & Frith, U. (2005). *The learning brain: Lessons for education*. Nova York: Wiley-Blackwell.

Bogacz, R. (2007). Optimal decision network with distributed representation. *Neural Networks*, 20(5), 564-576.

Bolles, R. C. (1970). Species-specific defense reactions and avoidance learning. *Psychological Review*, 77, 32-48.

Bolles, R. C. (1975). *Theory of motivation* (2. ed.). Nova York: Harper & Row.

Bolles, R. C. (1979). *Learning theory* (2. ed.). Nova York: Holt, Rinehart & Winston.

Bond, T. G., & Parkinson, K. (2010). Children's understanding of area concepts: Development, curriculum and educational achievement. *Journal of Applied Measurement*, 11(1), 60-77.

Boring, E. G. (1950). *A history of experimental psychology* (2. ed.). Nova York: Appleton-Century-Crofts.

Borrero, J. C., Frank, M. A., & Hausman, N. L. (2009). Applications of the matching law. In W. T. O'Donohue & J. E. Fisher (Eds.). *General principles and empirically supported techniques of cognitive behavior therapy* (pp. 415-424). Hoboken, NJ: John Wiley & Sons.

Boujabit, M'B.; Bontempi, B.; Destrade, C.; Gisquet-Verrier, P. (2003). Exposure to a retrieval cue in rats induces changes in regional brain glucose metabolism in the amygdala and other related brain structures. *Neurobiology of Learning & Memory, 79*, 57-71.

Bowers, J. S. (2010). More on grandmother cells and the biological implausibility of PDP models of cognition: A reply to Plaut and McClelland (2010) and Quian Quiroga and Kreiman (2010). *Psychological Review*, 117(1), 300-306.

Bowlby, J. (1982). *Attachment and loss: vol. 1. Attachment* (2. ed.). Londres: Hogarth.

Bradshaw, G. L.; Anderson, J. R. (1982). Elaborative encoding as an explanation of levels of processing. *Journal of Verbal Learning and Verbal Behavior, 21*, 165-174.

Brandon, T. H. (2001). Behavioral tobacco cessation treatments: Yesterday's news or tomorrow's headlines? *Journal of Clinical Oncology*, 19(18S), 64s-68s.

Brans, R. G., Kahn, R. S., Schnack, H. G., van Baal, G. C., Posthuma, D., van Haren, N. E., et al. (2010). Brain plasticity and intellectual ability are influenced by shared genes. *The Journal of Neuroscience*, 30 (16), 5519-5524.

Bransford, J. D., Brown, A. L. & Cocking, R. R. (Eds.). (2000). *How people learn: Brain, mind, experience, and school.* Washington, DC: National Academy Press.

Brehm, J. W.; Cohen, A. R. (1962). *Explorations in cognitive dissonance*. Nova York: Wiley.

Brehm, J. W.; Self, E. A. (1989). The intensity of motivation. *Annual Review of Psychology, 40*, 109-131.

Breland, K.; Breland, M. (1951). A field of applied animal psychology. *American Psychologist, 6*, 202-204.

Breland, K.; Breland, M. (1961). The misbehavior of organisms. *American Psychologist, 16*, 681-684.

Breland, K.; Breland, M. (1966). *Animal behavior*. Nova York: Macmillan.

Brewer, K. R.; Wann, D. L. (1998). Observational learning effectiveness as a function of model characteristics: Investigating the importance of social power. *Social Behavior and Personality, 26*, 1-10.

Broadbent, D. E. (1952). Speaking and listening simultaneously. *Journal of Experimental Psychology, 43*, 267-273.

Broadbent, N. J.; Clark, R. E.; Zola, S.; Squire, L. R. (2002). The medial temporal lobe and memory. In: L. R. Squire; D. L. Schacter (Eds.). *Neuropsychology of memory* (3. ed., pp. 3-23). Nova York: Guilford Press.

Brockmeier, J. (2009). Reaching for meaning: Human agency and the narrative imagination. *Theory & Psychology*, 19(2), 213-233.

Brody, B. A. (2001) Defending animal research: An international perspective. In: E. F. Paul; J. Paul (Eds.). *Why animal experimentation matters: The use of animals in medical research. New studies in social policy* (pp. 131-147). New Brunswick, NJ: Transaction.

Bronfenbrenner, U. (1989). Ecological systems theory. In R. Vasta (Ed.). *Annals of child development* (Vol. 6, pp. 187-249). Greenwich, CT: JAI Press.

Brooks, R. A. (2002). *Flesh and machines: How robots will change us*. Nova York: Pantheon Books.

Brown, A. S. (2002). Consolidation theory and retrograde amnesia in humans. *Psychonomic Bulletin & Review, 9*, 403-425.

Brown, P. L.; Jenkins, H. M. (1968). Auto-shaping of the pigeon's key peck. *Journal of the Experimental Analysis of Behavior, 11*, 1-8.

Brown, R. E.; Milner, P. M. (2004). The legacy of Donald O. Hebb: More than the Hebb Synapse. *Nature Reviews Neuroscience, 4*, 1013-1019.

Brownell, P. (2009). Gestalt therapy. In I. Marini & M. A. Stebnicki (Eds.). *The professional counselor's desk reference* (pp. 399-407). Nova York: Springer Publishing.

Bruce, V., Green, P. R., & Georgeson, M. A. (2003). *Visual perception: Physiology, psychology and ecology* (4. ed.). Hove, NY: Psychology Press.

Bruer, J. T. (2006). Points of view: On the implications of neuroscience research for science teaching and learning: Are there any? *CBE Life Science Education*, 5(2), 104-110.

Bruner, J. S. (1957a). On going beyond the information given. In: J. S. Bruner et al. (Eds.). *Contemporary approaches to cognition* (pp. 41-69). Cambridge, MA: Harvard University Press.

Bruner, J. S. (1957b). On perceptual readiness. *Psychological Review, 64*, 123-152.

Bruner, J. S. (1964). The course of cognitive growth. *American Psychologist, 19*, 15.

Bruner, J. S. (1966). Toward a theory of instruction. Cambridge, MA: Harvard University Press.

Bruner, J. S. (1983). *In search of mind: Essays in autobiography*. Nova York: Harper & Row.

Bruner, J. S. (1985). Models of the learner. *Educational Researcher, 14*, 5-8.

Bruner, J. S. (1986). *Actual minds, possible worlds*. Cambridge, MA: Harvard University Press.

Bruner, J. S. (1990a). *Acts of meaning*. Cambridge, MA: Harvard University Press.

Bruner, J. S. (1990b). Metaphors of consciousness and cognition in the history of psycology. In D. E. Leary (Ed.). *Metaphors in the history of psychology* (pp. 230-238). Nova York: Cambridge University Press.

Bruner, J. S. (1990c). *The proper study of man*. Cambridge, MA: Harvard University Press.

Bruner, J. S. (1991). The narrative construction of reality. *Critical Inquiry*, 18(1), 1-21.

Bruner, J. S. (1996a). Frames for thinking: Ways of making meaning. In: D. R. Olson; N. Torrance (Eds.). *Modes of thought: Explorations in culture and cognition* (pp. 93-105). Nova York: Cambridge University Press.

Bruner, J. S. (1996b). *The culture of education*. Cambridge, MA: Harvard University Press.

Bruner, J. S. (1997a). Celebrating divergence: Piaget and Vygotsky. *Human Development, 40*, 63-73.

Bruner, J. S. (1997b). Comment on "Beyond competence". *Cognitive Development, 12*, 341-343.

Bruner, J. S. (1997c). A narrative model of self-construction. In: J. G. Snodgrass; R. L. Thompson (Eds.). The self across psychology: Self-recognition, self-awareness, and the self-concept. *Annals of the New York Academy of Sciences, 818*, pp. 145-161. Nova York: New York Academy of Sciences.

Bruner, J. S. (1997d). Will the cognitive revolutions ever stop? In: D. M. Johnson; C. E. Erneling (Eds.). *The future of the cognitive revolution*. Nova York: Oxford University Press.

Bruner, J. S. (2000). Human infancy and the beginnings of human competence. In: J. A. Bargh,; D. K. Apsley (Eds.). *Unraveling the complexities of social life: A festschrift in honor of Robert B. Zajonc*. Washington, DC: American Psychological Association.

Bruner, J. S. (2002). *Making stories: Law, literature, life*. Nova York: Farrar, Straus & Giroux.

Bruner, J. S. (2004). Life as narrative. *Social Research*, 71(3), 691-710.

Bruner, J. S.; Goodnow, J. J.; Austin, G. A. (1956). *A study of thinking*. Nova York: Wiley.

Brungart, D. S., & Simpson, B. D. (2007). Cocktail party listening in a dynamic multitalker environment. *Perception and Psychophysics*, 69(1), 79-91.

Bryant, R. A., Creamer, M., O'Donnell, M., Silove, D., Clark, C. R., & McFarlane, A. C. (2009). Posttraumatic amnesia and the nature of posttraumatic stress disorder after mild traumatic brain injury. *Journal of the International Neuropsychological Society*, 15(6), 862-867.

Buchanan, T. W. (2007). Retrieval of emotional memories. *Psychological Bulletin*, 133(5), 761-779.

Buckley, K. W. (1994). Misbehaviorism: The case of John B. Watson's dismissal from Johns Hopkins University. In: J. T. Todd; E. K. Morris (Eds.). *Modern perspectives on John B. Watson and classical behaviorism*. Westport, CT: Greenwood Press.

Buller, D. J. (2008). Four fallacies of pop evolutionary psychology. *Scientific American*, 300, 74-81.

Burnham, J. C. (1994). John B. Watson: Interviewee, professional figure, symbol. In: J. T. Todd; E. K. Morris (Eds.). *Modern perspectives on John B. Watson and classical behaviorism* (pp. 65-73). Westport, CT: Greenwood Press.

Burns, J. D.; Malone Jr., J. C. (1992). The influence of "preparedness" on autoshaping, schedule performance, and choice. *Journal of the Experimental Analysis of Behavior, 58*, 399-413.

Buss, D. M. (2009). How can evolutionary psychology successfully explain personality and individual differences? *Perspectives on Psychological Science*, 4(4), 359-366.

Buxton, C. E. (1940). Latent learning and the goal gradient hypothesis. [Special issue]. *Duke University: Contributions to Psychological Theory, 2.*

Byrne, R. W., & Tanner, J. E. (2006). Gestural imitation by a gorilla: Evidence and nature of the capacity. *International Journal of Psychology & Psychological Therapy*, 6, 215-231.

Cameron, J.; Pierce, W. D. (1994). Reinforcement, reward, and intrinsic motivation: A meta-analysis. *Review of Educational Research, 64*, 363-423.

Campbell, F. A., & Ramey, C. T. (1990). The relationship between Piagetian cognitive development, mental test performance, and academic achievement in high-risk students with and without early educational intervention. *Intelligence*, 14, 293-308.

Campbell, M.; Hoane Jr., A. J.; Hsu, F-h. (2002). Deep blue. In: J. Schaeffer; J. van den Herik (Eds.). *Chips challenging champions: Games, computers and artificial intelligence* (pp. 97-124). Nova York: Elsevier.

Capa, R. L., Audiffren, M., & Ragot, S. (2008). The effects of achievement motivation, task difficulty, and goal difficulty on physiological, behavioral, and subjective effort. *Psychophysiology*, 45(5), 859-868. .

Carlson, J. S., & Levin, J. R. (Eds.). (2007). *Educating the evolved mind: Conceptual foundations for an evolutionary educational psychology*. Charlotte, NC: Information Age Publishing.

Carroll, John B. (Ed.). (1997) [1956]. *Language, thought, and reality: Selected writings of Benjamin Lee Whorf.* Cambridge, MA: Technology Press of Massachusetts Institute of Technology.

Casteel, C. A. (1997). Attitudes of African American and Caucasian eighth grade students about praises, rewards, and punishments. *Elementary School Guidance and Counseling, 31*, 262-272.

Cermak, L. S.; Craik, F. I. (Eds.). (1979). *Levels of processing in human memory.* Hillsdale, NJ: Erlbaum.

Chang, F. (2002). Symbolically speaking: Aconnectionist model of sentence production. *Cognitive Science, 26*, 609-651.

Charles, E. P., & Rivera, S. M. (2009). Object permanence and method of disappearance: Looking measures further contradict reaching measures. *Developmental Science*, 12(6), 991-1006.

Chen, L. Y., Rex, C. S., Casale, M. S., Gall, C. M., & Lynch, G. (2007). Changes in synaptic morphology accompany acting signaling during LTP. *The Journal of Neuroscience*, 27, 5363-5372.

Chen, W. C. (2009). Test anxiety and underperformance: An analysis examination process. *Bulletin of Educational Psychology*, 40(4), 597-618.

Cherry, E. C. (1953). Some experiments on the recognition of speech, with one and with two ears. *Journal of the Acoustical Society of America, 25*, 975-979.

Chessbase News (2006). Kramnik vs Deep Fritz: Computer wins match by 4:2. Recuperado em 7 maio 2010, em: http://www.chessbase.com/newsdetail.asp? newsid=3524.

Chiao, J. Y., Harada, T., Komeda, H., Li, Z., Mano, Y., Saito, D., et al. (2009). Neural basis of individualistic and collectivistic views of self. *Human Brain Mapping*, 30(9), 2813-2820.

Chiao, J. Y., Harada, T., Komeda, H., Li, Z., Mano, Y., Saito, D., et al. (2010). Dynamic cultural influences on neural representations of the self. *Journal of Cognitive Neuroscience*, 22(1), 1-11.

Chiesa, M., & Hobbs, S. (2008). Making sense of social research: How useful is the Hawthorne effect? *European Journal of Social Psychology*, 38(1), 67-74.

Chomsky, N. (1972). *Language and mind* (Ed. rev.). Nova York: Harcourt Brace Jovanovich.

Chong, H. Q., Tan, A. H., & Ng, G. W. (2007). Integrated cognitive architectures: A survey. *Artificial Intelligence Review*, 28(2), 103-130.

Chotro, M. G.; Alonso, G. (2003). Stimulus preexposure reduces generalization of conditioned taste aversions between alcohol and non-alcohol flavors in infant rats. *Behavioral Neuroscience, 117*, 113-122.

Churchland, P. S.; Sejnowski, T. J. (1992). *The computational brain.* Cambridge, MA: MIT Press.

Clark L. Hull. (2 abr. 2008). *New World Encyclopedia*. Recuperado em 12 abr. 2010, em: http://www.newworldencyclopedia.org/entry/Clark_L._Hull?oldid=680368.

Clarke, D. O. (2005). From philosopher to psychologist: The early career of Edwin Ray Guthrie, Jr. *History of Psychology*, 8, 235-254.

Clarke, W. F. (2010). Little utopias. *Journal of Psychiatric and Mental Health Nursing*, 17(1), 73-78.

Clump, M. A. (2006). An active learning classroom activity for the "cocktail party phenomenon." *Teaching of Psychology*, 33(1), 51-53.

Coben, R., & Myers, T. E. (2010). The relative efficacy of connectivity guided and symptom based EEG biofeedback for autistic disorders. *Applied Psychophysiology and Biofeedback*, 35(1), 13-23.

Cohen-Yavin, I., Yoran-Hegesh, R., Strous, R. D., Kotler, M., Weizman, A., & Spivak, B. (2009). Efficacy of reboxetine in the treatment of attention deficit/hyperactivity disorder in boys with intolerance to methylphenidate: An open-label, 8-week, methylphenidate-controlled trial. *Clinical Neuropharmacology*, 32(4), 179-182.

Cohler, B. J., & Hammack, P. L. (2009). Lives, times, and narrative engagement: Multiplicity and meaning in sexual lives. In P. L. Hammack & B. J. Cohler (Eds.). *The story of sexual identity: Narrative perspectives on the gay and lesbian life course* (pp. 453-465). Nova York: Oxford University Press.

Colangelo, J. J. (2009). The recovered memory controversy: A representative case study. *Journal of Child Sexual Abuse: Research, Treatment & Program Innovations for Victims, Survivors & Offenders*, 18(1), 103-121.

Cole, S. O. (2002). Evolutionary psychology: Sexual ethics and our embodied nature. *Journal of Psychology & Theology, 30*, 112-116.

Coleman, S. R. (2007). Pavlov and the equivalence of associability in classical conditioning. *Journal of Mind and Behavior, 28*(2), 115-133.

Collins, H. M. (2008). Response to Selinger on Dreyfus. *Phenomenology and the Cognitive Sciences*, 7(2), 309-311.

Colombo, M., & Hayne, H. (2010). Episodic memory: Comparative and developmental issues. In M. S. Blumberg, J. H. Freeman, & S. R. Robinson (Eds.). *Oxford handbook of developmental behavioral neuros-*

cience (pp. 617-636). Nova York: Oxford University Press.

Confer, J. C., Easton, J. A., Fleischman, D. S., Goetz, C. D., Lewis, D. M. G., Perilloux, C., et al. (2010). Evolutionary psychology: Controversies, questions, prospects, and limitations. *American Psychologist*, 65(2), 110-126.

Cosmides, L., & Tooby, J. (1997). *Evolutionary psychology: A primer*. Recuperado em 1 jun. 2010, em: http://www.psych.ucsb.edu/research/cep/primer.html .

Covington, M. V. (2000). Goal theory, motivation, and school achievement: An integrative review. *Annual Review of Psychology*, 51, 171-200.

Cowley, G. (março 1989). How the mind was designed. *Newsweek*, 113, 56-58.

Craig, C. R., & Stitzel, R. E. (2006). *Modern pharmacology with clinical applications* (6. ed.). Filadélfia: Lippincott.

Craik, F. I. M. (2002). Levels of processing: Past, present ... and future? *Memory*, *10*, 305-318.

Craik, F. I. M.; Lockhart, R. S. (1972). Levels of processing: A framework for memory research. *Journal of Verbal Learning and Verbal Behavior*, *11*, 671-684.

Craske, M. G. (2009). *Cognitive-behavioral therapy*. Washington, DC: American Psychological Association.

Crespi, L. (1942). Quantitative variation of incentive and performance in the white rat. *American Journal of Psychology*, 55, 467-517.

Cubelli, R., & Della Sala, S. (2008). Flashbulb memories: Special but not iconic. *Cortex*, 44(7), 908-909.

Cubero, M., de la Mata, M., & Cubero, R. (2008). Activity settings, discourse modes and ways of understanding: On the heterogeneity of verbal thinking. *Culture & Psychology*, 14(4), 403-430.

Cullen, J. (2009). Imitation versus communication: Testing for human-like intelligence. *Minds and Machines*, 19(2), 237-254.

Cusac, A.-M. (2009). *Cruel and unusual: The culture of punishment in America*. New Haven, CT: Yale University Press.

Czerny, E., Koenig, S., & Turner, N. E. (2008). Exploring the mind of the gambler: Psychological aspects of gambling and problem gambling. In M. Zangeneh, A. Blaszczynski, & Turner N. E., (Eds.). *In the pursuit of winning: Problem gambling theory, research and treatment* (pp. 65-82). Nova York: Springer Science.

Da Cunha, C., Wietzikoski, E. C., Dombrowski, P., Bortolanza, M., Santos, L. M., Boschen, S. L., et al. (2009). Learning processing in the basal ganglia: A mosaic of broken mirrors. *Behavioural Brain Research*, 199(1), 157-170.

Darley, J. M.; Latané, B. (1968). Bystander intervention in emergencies: Diffusion of responsibility. *Journal of Personality and Social Psychology*, *8*, 377-383.

Darwin, C. (1859/1962). *The origin of species by means of natural selection, or the preservation of favoured races in the struggle for life*. Nova York: Collier.

Darwin, C. (1871). *The descent of man and selection in relation to sex* (Vols. 1 e 2). London: John Murray.

Darwin, C. (1872). *The expression of emotions in man and animals*. London: John Murray.

Dasen, P. R. (1972). Cross-cultural Piagetian research: A summary. *Journal of Cross-Cultural Psychology*, *3*, 23-29.

Dasen, P. R. (Ed.). (1977). *Piagetian psychology: Cross-cultural contributions*. Nova York: Gardner.

Davis, J. T. (2001). Revising psychoanalytic interpretations of the past: An examination of declarative and non-declarative memory processes. *International Journal of Psychoanalysis*, *82*, 449-462.

Davydov, V. V. (1995). The influence of L. S. Vygotsky on education theory, research, and practice. *Educational Researcher*, *24*, 12-21.

De Giacomo, P., De Giacomo, A., Margari, F., Masellis, R., & Santamato, W. (2008). Methodological psychotherapy. In L. L'Abate (Ed.). *Toward a science of clinical psychology: Laboratory evaluations and interventions* (pp. 321-336). Hauppauge, NY: Nova Science Publishers.

Deci, E. L., & Ryan, R. M. (2008). Facilitating optimal motivation and psychological well-being across life's domains. *Canadian Psychology*, 49, 14-23.

Deci, E. L.; Flaste, R. (1995). *Why we do what we do: The dynamics of personal autonomy*. Nova York: G. P. Putnam's Sons.

DeLancey, C. (2002). *Passionate engines: What emotions reveal about mind and artificial intelligence*. Nova York: Oxford University Press.

Delius, J. D. (1992). Categorical discrimination of objects and pictures by pigeons. *Animal Learning and Behavior*, *20*, 301-311.

Demorest, A. P.; Siegel, P. F. (1996). Personal influences on professional work: An empirical case study of B. F. Skinner. *Journal of Personality*, *64*, 243-261.

Desgranges, B., Sevelinges, Y., Bonnefond, M., Levy, F., Ravel, N., & Ferreira, G. (2009). Critical role of insular cortex in taste but not odour aversion memory. *European Journal of Neuroscience*, 29(8), 1654-1662.

Dewsbury, D. A. (2002). The Chicago Five: A family group of integrative psychobiologists. *History of Psychology*, *5*, 16-37.

Dickman, S. J. (2002). Dimensions of arousal: Wakefulness and vigor. *Human Factors*, *44*, 429-442.

DiClemente, D. F., & Hantula, D. A. (2000). John Broadus Watson, I-O psychologist. *The Industrial-Organizational Psychologist*, 37(4), 47-55.

Didion, J. (1979). *The white album*. Nova York: Simon & Schuster.

Dindo, M., Whiten, A., & de Waal, F. B. M. (2009). Social facilitation of exploratory foraging behavior in Capuchin monkeys (*Cebus apella*). *American Journal of Primatology*, 71(5), 419-426.

Dittrich, A., Strapasson, B. A., da Silveira, J. M., & Abreu, P. R. (2009). On observation as a methodological procedure in behavior analysis: Logical positivism, operationism and radical behaviorism. *Psicologia: Teoria e Pesquisa*, 25(2), 179-187.

Domjan, M.; Huber-McDonald, M.; Holloway, K. S. (1992). Conditioning copulatory behavior to an artificial object: Efficacy of stimulus fading. *Animal Learning and Behavior*, *20*, 350-362.

Doyle, W. (1986). Classroom organization and management. In: M. C. Wittrock (Ed.). *Handbook of research on teaching* (3. ed.), Nova York: Macmillan.

Draaisma, D. (2000). *Metaphors of memory: A history of ideas about the mind.* (P. Vincent, trad.). Nova York: Cambridge University Press.

Dulit, E. (1972). Adolescent thinking à la Piaget: The formal stage. *Journal of Youth and Adolescence, 1*, 281-301.

Dunlap, G., Iovannone, R., Wilson, K. J., Kincaid, D. K., & Strain, P. (2010). Prevent-teach-reinforce: A standardized model of school-based behavioral intervention. *Journal of Positive Behavior Interventions*, 12(1), 9-22.

Dunn, R., & Griggs, S. A. (1988). *Learning styles: Quiet revolution in American secondary schools.* Reston, VA: National Association of Secondary School Principals.

Dunning, D. (2008). Learning styles. In N. J. Salkind (Ed.). *Encyclopedia of educational psychology* (Vol. 2, pp. 597-603). Thousand Oaks, CA: Sage Publications.

Durant, J. E. (2008). Physical punishment, culture, and rights: Current issues for professionals. *Journal of developmental and Behavioral Pediatrics*, 29, 55-66.

Dweck, C. S. (1986). Motivational processes affecting learning. *American Psychologist, 41*, 1040-1048.

Dweck, C. S. (1999). Caution: Praise can be dangerous. *American Educator*, 23(1), 4-9.

Dweck, C. S. (2002a). Beliefs that make smart people dumb. In R. J. Sternberg (Ed.). *Why smart people can be so stupid* (pp. 24-41). New Haven, CT: Yale University Press.

Dweck, C. S. (2002b). The development of ability conceptions. In A. Wigfield & J. S. Eccles (Eds.). *Development of achievement motivation* (pp. 57-88). San Diego, CA: Academic Press.

Dweck, C. S. (2006). Mindset: *The new psychology of success.* Nova York: Random House.

Dweck, C. S., & Grant, H. (2008). Self-theories, goals, and meaning. In J. Y. Shah & W. I. Gardner (Eds.). *Handbook of motivation science* (pp. 408-416). Nova York: Guilford Press.

Dweck, C. S., & Master, A. (2008). Self-theories motivate self-regulated learning. In D. H. Schunk & B. J. Zimmerman (Eds.). *Motivation and self regulated learning: Theory, research, and applications* (pp. 31-51). Mahwah, NJ: Lawrence Erlbaum.

Ebbinghaus, H. (1885/1964). *Memory* (H. A. Ruger; C. E. Busenius, trad.). Nova York: Dover.

Ebert, P. I., & Anderson, N. D. (2009). Proactive and retroactive interference in young adults, healthy older adults, and older adults with amnestic mild cognitive impairment. *Journal of the International Neuropsychological Society*, 15(1), 83-93.

Eccles, J. S.; Wigfield, A. (2002). Motivational beliefs, values, and goals. *Annual Review of Psychology, 53*, 109-132.

Eckland, B. K. (1977). Darwin rides again. *American Journal of Sociology, 82*, 693-697.

Edward C. Tolman. (2010). In Encyclopædia Britannica. Recuperado em 30 abr. 2010, em: http://www.britannica.com/EBchecked/topic/598668/Edward-C-Tolman.

Eisenman, R.; Kristsonis, W. (1995). How children learn to become sex offenders. *Psychology: A Quarterly Journal of Human Behavior, 32*, 25-29.

Enserink, M. (2008). Brazilian scientists battle animal experimentation bans. Science, 319(5868), 1319.

Estes, W. K. (1991). Cognitive architectures from the standpoint of an experimental psychologist. *Annual Review of Psychology, 42*, 1-28.

Ethical principles of psychologists and code of conduct. (2010). American Psychological Association. Recuperado em 29 mar. 2010, em: http://www.apa.org/ethics/code/index.aspx.

Evans, G. W. (2004). The environment of childhood poverty. *American Psychologist*, 59, 77-92.

Evans, R. I. (1989). *Albert Bandura: The man and his ideas - a dialogue.* Nova York: Praeger.

Ewen, R. B. (2010). *An introduction to theories of personality* (7. ed.). Nova York: Psychology Press.

Eysenck, H. J. (1982). Neobehavioristic (S-R) theory. In: G. T. Wilson; C. M. Franks (Eds.). *Contemporary behavior therapy: Conceptual and empirical foundations.* Nova York: Guilford.

Farah, M. J., Betancourt, L., Shera, D. M., Savage, J. H., Giannetta, J. M., Brodsky, N. L., et al. (2008). Environmental stimulation, parental nurturance and cognitive development in humans. *Developmental Science*, 11(5), 793-801.

Faye, C., & Sharpe, D. (2008). Academic motivation in university: The role of basic psychological needs and identity formation. *Canadian Journal of Behavioural Science*, 40(4), 189-199.

Fechner, G. (1860/1966). *Elements of psychophysics* (vol. 1; H. E. Adler, trad.). Nova York: Holt Rinehart.

Fernandez, G., & Tendolkar, I. (2009). Declarative memory consolidation. In F. Rosler, C. Ranganath, B. Roder, & R. H. Kluwe (Eds.). *Neuroimaging of human memory: Linking cognitive processes to neural systems* (pp. 109-125). Nova York: Oxford University Press.

Fernandez, M.; Wegerif, R.; Mercer, N.; Rojas-Drummond, S. (2002). Re-conceptualizing "scaffolding: and the zone of proximal development in the context of symmetrical collaborative learning. *Journal of Classroom Interaction, 36*, 40-54.

Ferrari, P. F., Paukner, A., Ruggiero, A., Darcey, L., Unbehagen, S., & Suomi, S. J. (2009). Interindividual differences in neonatal imitation and the development of action chains in rhesus macaques. *Child Development*, 80(4), 1057-1068.

Festinger, L. A. (1957). *A theory of cognitive dissonance.* Stanford, CA: Stanford University Press.

Festinger, L. A. (1962, out.). Cognitive dissonance. *Scientific American, 207*, 93-106.

Feuzi V.; Erg (p. 398).

Flavell, J. H. (1985). *Cognitive development* (2. ed.). Englewood Cliffs, NJ: Prentice-Hall.

Floridi, L., Taddeo, M., & Turilli, M. (2009). Turing's imitation game: Still an impossible challenge for all machines and some judges—an evaluation of the 2008 Loebner Contest. *Minds and Machines*, 19(1), 145-150.

Follette, W. C., & Davis, D. (2009). Clinical practice and the issue of repressed memories: Avoiding an ice patch on the slippery slope. In W. O'Donohue & S. R. Graybar (Eds.). *Handbook of contemporary psychotherapy: Toward an improved understanding of effective psychotherapy* (pp. 47-73). Thousand Oaks, CA: Sage Publications.

Folmer, A. S., Cole, D. A., Sigal, A. B., Benbow, L. D., Satterwhite, L. F., Swygert, K. E., et al. (2008). Age-related changes in children's understanding of effort and ability: Implications for attribution theory and motivation. *Journal of Experimental Child Psychology*, 99(2), 114-134.

Franken, R. E. (2002). *Human motivation.* Belmont, CA: Wadsworth/Thompson Learning.

Fredrikson, M.; Annas, P.; Wik, G. (1997). Parental history, aversive exposure and the development of snake and spider phobia in women. *Behaviour Research and Therapy, 35*, 23-28.

Freeman, D. (1983). *Margaret Mead and Samoa: The making and unmaking of an anthropological myth.* Boston: Harvard University Press.

Freeman, W. J. (2003). Neurodynamic models of brain in psychiatry. *Neuropsychopharmacology, 28*, S54-S63.

Friedman, D. (2003). Cognition and aging: A highly selective overview of event-related potential (ERP) data. *Journal of Clinical & Experimental Neuropsychology, 25*, 702-720.

Friman, P. C. (2008). Time-out, time-in, and task based grounding. In W. T. O'Donohue & J. E. Fisher (Eds.). *Cognitive behavior therapy: Applying empirically supported techniques in your practice* (2. ed., pp. 557-564). Hoboken, NJ: John Wiley & Sons.

Fuller, R. G., Campbell, T. C., Dykstra, D. I., Jr. & Stevens, S. M. (2009). Theoretical foundations for college learning—Piaget & Vygotsky: Sorting fact from fiction. In R. G. Fuller, T. C. Campbell, D. I. Dykstra Jr., & S. M. Stevens (Eds.). *College teaching and the development of reasoning* (pp. 183-202). Charlotte, NC: Information Age Publishing. .

Fuson, K. C. (2009). Avoiding misinterpretations of Piaget and Vygotsky: Mathematical teaching without learning, learning without teaching, or helpful learning-path teaching? *Cognitive Development*, 24(4), 343-361.

Gabler, I. C.; Schroeder, M. (2003a). *Constructivist methods for the secondary classroom.* Boston: Allyn & Bacon.

Galanter, M. (2009). Review of spiritual evolution: A scientific defense of faith. *The American Journal of Psychiatry*, 166(2), 239-240.

Gale Group. (2001). *Bruner, Jerome S.* (1915-). Gale Encyclopedia of Psychology. Recuperado em 3 maio 2010, em: http://www.findarticles.com/cf_dls/g2699/0000/2699000048/print.jhtml.

Gallo, A.; Duchatelle, E.; Elkhessaimi, A.; Le Pape, G.; Desportes, J-P (1995). Topographic analysis of the rat's bar behaviour in the Skinner box. *Behavioural Processes, 33*, 319-328.

Galton, F. (1870). *Hereditary genesis: An inquiry into its laws and consequences.* Nova York: Appleton.

Gamez, A. M., & Rosas, J. M. (2007). Associations in human instrumental conditioning. *Learning and Motivation*, 38(3), 242-261.

Garcia, J.; Ervin, F. E.; Koelling, R. A. (1965). Learning with prolonged delay of reinforcement. *Psychonomic Science, 5*, 121-122.

Garcia, J.; Koelling, R. A. (1966). Relation of cue to consequence in avoidance learning. *Psychonomic Science, 4*, 123-124.

Garcia-Perez, M. A. (2005). Is the De Vries-Rose to Weber transition empirically possible with sine wave gratings? *The Spanish Journal of Psychology*, 8(2), 113-118.

Gardner, A., & Foster, K. R. (2008).The evolution and ecology of cooperation—history and concepts. In J. Korb & J. Heinze (Eds.). *Ecology of social evolution* (pp. 1-36). Nova York: Springer Science + Business Media.

Gardner, H. (1987). *The mind's new science: A history of the cognitive revolution.* Nova York: Basic Books.

Garnham, A. (2009). Cognitivism. In J. Symons & P. Calvo (Eds.). *The routledge companion to philosophy of psychology* (pp. 99-110). Nova York: Routledge/ Taylor & Francis.

Gathercole, S. E.; Baddeley, A. D. (1993). *Working memory and language.* Mahwah, NJ: Erlbaum.

Geary, D. C. (2007). *Educating the evolved mind: Conceptual foundations for an evolutionary educational psychology.* In J. S. Carlson & J. R. Levin (Eds.). Educating the envolved mind: Conceptual foundations for an evolutionary educational psychology (pp. 1-100). Charlotte, NC: Information Age Publishing.

Geen, R. G. (1984). Preferred stimulation levels in introverts and extroverts: Effects on arousal and performance. *Journal of Personality & Social Psychology, 46*, 1303-1312.

Gelman, R. (1978). Cognitive development. *Annual Review of Psychology, 29*, 297-332.

Gelman, R.; Meek, E.; Merkin, S. (1986). Young children's numerical competence. *Cognitive Development, 1*, 1-29.

Gentile, B. F., & Miller, B. O. (2009). *Foundations of psychological thought: A history of psychology.* Thousand Oaks, CA: Sage.

Gershoff, E. T., & Bitensky, S. H. (2007). The case against corporal punishment of children: Converging evidence from social science research and international human rights law and implications for U.S. public policy. *Psychology, Public Policy, and Law*, 13(4), 231-272.

Gibbons, F. X.; Eggleston, T. J.; Benthin, A. C. (1997). Cognitive reactions to smoking relapse: The reciprocal relation between dissonance and self-esteem. *Journal of Personality and Social Psychology, 72*, 184-195.

Gibbs, R. W., Jr. (Ed). (2008). *The Cambridge handbook of metaphor and thought.* Nova York: Cambridge University Press.

Gifford, E. V., & Shoenberger, D. (2009). Rapid smoking. In W. T. O'Donohue & J. E. Fisher (Eds.). *General principles and empirically supported techniques of cognitive behavior therapy* (pp. 513-519). Hoboken, NJ: John Wiley & Sons.

Gillen, J. (2000). Versions of Vygotsky. *British Journal of Educational Studies*, 48(2), 183-198.

Gilovich, T. (1991). *How we know what isn't so: The fallibility of human reason in everyday life.* Nova York: Free Press.

Glick, J. (1975). Cognitive development in cross-cultural perspective. In: F. D. Horowitz; E. M. Hetherington, S. Scarr-Salapatek; G. M. Siegel (Eds.). *Review of child development research* (vol. 4, pp. 595-654). Chicago: University of Chicago Press.

Goldblum, N. (2001). *The brain-shaped mind: What the brain can tell us about the mind.* Nova York: Cambridge University Press.

Goldman, W. P.; Seamon, J. G. (1992). Very long-term memory for odors: Retention of odor-name associations. *American Journal of Psychology, 105*, 549-563.

Goldstein, S., & Brooks, R. (2007). Applying behavior modification. In S. Goldstein & R. B. Brooks (Eds.). *Understanding and managing children's classroom behavior: Creating sustainable, resilient classrooms* (pp. 226-278). Nova York: John Wiley.

Golimbet, V., Alfimova, M., Korovaitseva, G., Abramova, L. I., & Kaled, V. G. (2009). Emotional distress in parents of psychotic patients is modified by serotonin transporter gene (5-HTTLPR)-brain-derived neurotrophic factor gene interactions. *The Spanish Journal of Psychology*, 12(2), 696-706.

Goodwin, C. J. (2010). Annotated readings in the history of modern psychology. Hoboken, NJ: John Wiley & Sons.

Gottselig, J. M.; Brandeis, D.; Hofer-Tinguely, G.; Borbely, A. A.; Achermann, P.; Gottselig, J. M. (2004). Human central auditory plasticity associated with tone sequence learning. *Learning & Memory, 11*, 162-171.

Gould, D.; Greenleaf, C.; Krane, V. (2002). Arousal-anxiety and sport behavior. In: T. Horn (Ed.). *Advances in sport psychology* (2. ed., pp. 207-241), Champaign, Il.: Human Kinetics.

Gould, J. E. (2002). *Concise handbook of experimental methods for the behavioral and biological sciences.* Boca Raton, FL: CRC Press.

Gould, S. J. (2002a). *I have landed: the end of a beginning in natural history.* Nova York: Harmony Books.

Gould, S. J. (2002b). *The structure of evolutionary theory.* Cambridge, MA: Belknap Press of Harvard University Press.

Grakalic, I.; Riley, A. L. (2002). Asymmetric serial interactions between ethanol and cocaine in taste aversion learning. *Pharmacology, Biochemistry & Behavior, 73*, 787-795.

Grant, A. M. (2010). It takes time: A stages of change perspective on the adoption of workplace coaching skills. *Journal of Change Management*, 10(1), 61-77.

Gredler, M. E., & Shields, C. C. (2008). *Vygotsky's legacy: A foundation for research and practice*. Nova York: The Guilford Press.

Greenham, S. L.; Stelmack, R. M.; Van der Vlugt, H. (2003). Learning disability subtypes and the role of attention during the naming of pictures and words: An event-related potential analysis. *Developmental Neuropsychology, 23*, 339-358.

Greenhoot, A. F., & Tsethlikai, M. (2009). Repressed and recovered memories during childhood and adolescence. In K. Kuehnle & M. Connell (Eds.). *The evaluation of child sexual abuse allegations: A comprehensive guide to assessment and testimony* (pp. 203-244). Hoboken, NJ: John Wiley & Sons.

Gregory, R. L. (2009). Prior beliefs. *Perception*, 38(2), 163.

Griffin, A. S., & Galef, B. G., Jr. (2005). Social learning about predators: Does timing matter? *Animal Behaviour*, 69(3), 669-678.

Griffin, M. A., Parker, S. K., & Mason, C. M. (2010). Leader vision and the development of adaptive and proactive performance: A longitudinal study. *Journal of Applied Psychology*, 95(1), 174-182.

Gross, C. G. (2002). Genealogy of the "grandmother cell." *Neuroscientist*, 8(5), 512-518..

Grusec, J. E. (Ed.). (2006). *Handbook of socialization.* Nova York: Guilford Publications.

Guidelines for the treatment of animals in behavioural research and teaching (2006). *Animal Behaviour*, *79* (1), 245-253.

Gunderson, K. (1964). The imitation game *Mind*, *73*, New Series, n. 260.

Gupta, R., Duff, M. C., Denburg, N. L., Cohen, N. J., Bechara, A., & Tranel, D. (2009). Declarative memory is critical for sustained advantageous complex decision-making. *Neuropsychologia*, 47(7), 1686-1693.

Guthrie, E. R. (1935). *The psychology of learning.* Nova York: Harper.

Guthrie, E. R. (1952). *The psychology of learning* (Ed. rev.). Nova York: Harper.

Guthrie, E. R.; Horton, G. P. (1946). *Cats in a puzzle box.* Nova York: Rinehart.

Guthrie, E. R.; Powers, F. F. (1950). *Educational psychology.* Nova York: Ronald Press.

Haggbloom, S. J., Warnick, R., Warnick, J. E., Yarbrough, G. L., Borecky, C. M., Powell, J. L., III, et al. (2002). The 100 most eminent psychologists of the 20th century. *Review of General Psychology*, 6(2), 139-152.

Hahn, N., Jansen, P., & Heil, M. (2010). Preschoolers' mental rotation: Sex differences in hemispheric asymmetry. *Journal of Cognitive Neuroscience*, 22(6), 1244-1250.

Haile, C. N., Kosten, T. R., & Kosten, T. A. (2009). Pharmacogenic treatments for drug addiction: Cocaine, amphetamine, and methamphetamine. *The American Journal of Drug and Alcohol Abuse*, 35(3), 161-177.

Hall, L. J., Grundon, G. S., Pope, C., & Romero, A. B. (2010). Training paraprofessionals to use behavioral strategies when educating learners with autism spectrum disorders across environments. *Behavioral Interventions*, 25(1), 37-51.

Halpern, D. F.; Coren, S. (1990). Laterality and longevity: Is left-handedness associated with younger age at death? In: S. Coren (Ed.). *Left-handedness: Behavioral implications and anomalies* (pp. 509-545). Amsterdam: Elsevier.

Hamburger, H.; Richards, D. (2002). *Logic and language models for computer science.* Upper Saddle River, NJ: Prentice-Hall.

Hamilton, W. D. (1970). Selfish and spiteful behaviour in an evolutionary model. *Nature, 228*, 1218-1220.

Hamilton, W. D. (1971). Geometry for the selfish herd. *Journal of Theoretical Biology, 31*, 295-311.

Hamilton, W. D. (1972). Altruism and related phenomena, mainly in social insects. *Annual Review of Ecology and Systematics, 3*, 193-232.

Hamza, K. M., & Wickman, P.-O. (2008). Describing and analyzing learning in action: An empirical study of the importance of misconceptions in learning science. *Science Education*, 92(1), 141-164.

Harnish, R. M. (2002). *Minds, brains, computers: An historical introduction to the foundations of cognitive science*. Malden, MA: Blackwell.

Harpaz, Y. (2003). *Human cognition in the human brain*. Recuperado em 12 maio 2010, em: http://humanbrain.org.

Harper, F. D., & Guilbault, M. (2008). Maslow's hierarchy of basic needs. In N. J. Salkind (Ed.). *Encyclopedia of educational psychology* (Vol. 2, pp. 633-639). Thousand Oaks, CA: Sage Publications.

Harris, B. (1979). Whatever happened to little Albert? *American Psychologist, 34*, 151-160.

Harter, S. (2006). Developmental and individual difference perspectives on self-esteem. In D. K. Mroczek & T. D. Little (Eds.). *Handbook of personality development* (pp. 311-334). Mahwah, NJ: Lawrence Erlbaum.

Haselgrove, M. (2010). Reasoning rats or associative animals? A common-element analysis of the effects of additive and subadditive pretraining on blocking. *Journal of Experimental Psychology: Animal Behavior Processes*, 36(2), 296-306.

Hastie, R. (2001). Problems for judgment and decision making. *Annual Review of Psychology, 52*, 653-683.

Hawking, S. (1996). *A brief history of time* (Edição de 10 anos revista e ampliada.). Nova York: Bantam Books.

Hays, R. (Ed.). (1962). Psychology of the scientist: IV. Passages from the "idea books" of Clark L. Hull. *Perceptual and Motor Skills, 15*, 807-882.

Hebb, D. O. (1949). *The organization of behavior*. Nova York: Wiley.

Hebb, D. O. (1958). *A textbook of psychology* (1. ed.). Filadélfia: Saunders.

Hebb, D. O. (1960). The American revolution. *American Psychologist, 15*, 735-745.

Hebb, D. O. (1966). *A textbook of psychology* (2. ed.). Filadélfia: Saunders.

Hebb, D. O. (1972). *A textbook of psychology* (3. ed.). Filadélfia: Saunders.

Hebb, D. O. (1980). D. O. Hebb. In: G. Lindzey (Ed.). *A history of psychology in autobiography* (vol. 7). San Francisco: Freeman.

Henson, R. (2001). Neural working memory. In: J. Andrade (Ed.). *Working memory in perspective* (pp. 151-173). Filadélfia: Psychology Press.

Hermann, D.; Raybeck, D.; Gruneberg, M. (2002). *Improving memory and study skills: Advances in theory and practice*. Seattle: Hogrefe & Huber.

Heron, W. (1957, jan.). The pathology of boredom. *Scientific American, 196*, 52-56.

Herrnstein, R. J. (1974). Formal properties of the matching law. *Journal of the Experimental Analysis of Behavior*, 21(1), 159-164.

Herrnstein, R. J. (1997). *The matching law: Papers in psychology and economics* (edited by R. J. Herrnstein, H. Rachlin, & D. I. Laibson). Nova York: Russell Sage.

Herrnstein, R. J.; Loveland, D. H.; Cable, C. (1976). Natural concepts in the pigeon. *Journal of Experimental Psychology: Animal Behavior Processes*, 2, 285-302.

Higbee, K. L. (1977). *Your memory: How it works and how to improve it*. Englewood Cliffs, NJ: Prentice -Hall.

Hinde, R. A.; Stevenson-Hinde, R. (Eds.). (1973). *Constraints on learning: Limitations and predispositions*. Nova York: Academic Press.

Hintzman, D. L. (1990). Human learning and memory: Connections and dissociations. *Annual Review of Psychology, 41*, 109-139.

Hoerster, A.; Curio, E.; Witte, K. (2000). No sexual imprinting on a red bill as a novel trait. *Behaviour, 137*, 1223-1239.

Hogan, K.; Pressley, M. (1997). Scaffolding scientific competencies within classroom communities of inquiry. In: K. Hogan; M. Pressley (Eds.). *Scaffolding student learning: Instructional approaches and issues*. Albany: State University of New York.

Holland, S. K., Vannest, J., Mecoli, M., Jacola, L. M., Tillema, J. M., Karunanayaka, P. R., et al. (2007). Functional MRI of language lateralization during development in children. *International Journal of Audiology*, 46, 533-551.

Holyoak, R. J., & Spellman, B. A. (1993). Thinking. *Annual Review of Psychology*, 44, 265-315.

Homa, D. (2008). Long-term memory. In N. J. Salkind (Ed.). *Encyclopedia of educational psychology* (Vol. 2, pp. 620-624). Thousand Oaks, CA: Sage Publications.

Homicide trends in the U.S. (2010). Recuperado em 1 jan. 2011, em: http://bjs.ojp.usdoj.gov/content/homicide/gender.cfm.

Horne, C. (2009). *The rewards of punishment: A relational theory of norm enforcement*. Stanford, CA: Stanford University Press.

Horst Köhler. (2010). In Encyclopædia Britannica. Recuperado em 30 abr. 2010, em: http://www.britannica.com/EBchecked/topic/711087/Horst-Kohler.

Hu, Y. H.; Hwang, J.-N. (2002). Introduction to neural networks for signal processing. (Chapter 1). Recuperado em 21 maio 2010, em: http://www.crcnetbase.com/isbn/9780849323591. Boca Raton, FL: CRC Press.

Huang, I.-N. (1997). Recognition of student names past: A longitudinal study with N = 1. *Journal of General Psychology*, 124(1), 35-47.

Huesmann, L. R., Moise-Titus, J., Podolski, C. L., & Eron, L. D. (2003). Longitudinal relations between children's exposure to TV violence and their aggressive and violent behavior in young adulthood: 1977-1992. *Developmental Psychology*, 39(2), 201-221.

Hull, C. L. (1933). *Hypnosis and suggestibility: An experimental approach*. Nova York: Appleton Century Crofts.

Hull, C. L. (1943). *Principles of behavior*. Nova York: Appleton-Century-Crofts.

Hull, C. L. (1951). *Essentials of behavior*. New Haven, CT: Yale University Press.

Hull, C. L. (1952). *A behavior system*. New Haven, CT: Yale University Press.

Hunt, E. (2007). What is the meaning of evolutionary psychology for education? In J. S. Carlson & J. R. Levin (Eds.). *Educating the evolved mind: Conceptual foundations for an evolutionary educational psychology* (pp. 141-154). Charlotte, NC: Information Age Publishing.

Hunt, M. M. (2007). *The story of psychology*. Nova York: Anchor Books.

Huntley, J. D., & Howard, R. J. (2010). Working memory in early Alzheimer's disease: A neuropsychological review. *International Journal of Geriatric Psychiatry*, 25(2), 121-132.

ICGA Tournaments. (2010). Tournaments between computer programs. Recuperado em 7 maio 2010, em:http://www.grappa.univ-lille3.fr/icga/game.php?id=1 .

Igari, I., & Tani, J. (2009). Incremental learning of sequence patterns with a modular network model. *Neurocomputing: An International Journal*, 72(7-9), 1910-1919.

Iliescu, B. F., & Dannemiller, J. L. (2008). Brain behavior relationships in early visual development. In C. A. Nelson & M. Luciana (Eds.). *Handbook of developmental cognitive neuroscience* (2. ed., pp. 127-145). Cambridge, MA: MIT Press.

Ilyas, M.; Kumar, H. (1996). Building intelligence into computer-based systems: Some methodological problems of educational computing. *Indian Journal of Psychometry and Education*, 27, 99-106.

Inhelder, B. (1982). Outlook. In: S. Modgil; C. Modgil (Eds.). *Jean Piaget: Consensus and controversy*. Londres: Praeger.

Inhelder, B.; Piaget, J. (1958). *The growth of logical thinking from childhood to adolescence*. Nova York: Basic Books.

Isurin, L.; McDonald, J. L. (2001). Retroactive interference from translation equivalents: Implications for first language forgetting. *Memory & Cognition*, *29*, 312-319.

Iyer, L. R., Doboli, S., Minai, A. A., Brown, V. R., Levine, D. S., & Paulus, P. B. (2009). Neural dynamics of idea generation and the effects of priming. *Neural Networks*, 22(5-6), 674-686.

Jagadeesh, B. (2009). Recognizing grandmother. *Nature Neuroscience*, 12(9), 1083-1085.

James, W. (1890/1950). *Principles of psychology* (vol. 1). Nova York: Holt.

Jang, J. S. R.; Sun, C. T.; Mizutani, E. (1997). *Neurofuzzy and soft computing: A computational approach to learning and machine intelligence*. Upper Saddle River, NJ: Prentice-Hall.

Jean Piaget Society. (2007). A brief biography of Jean Piaget. Recuperado em 3 maio 2010, em: http://www.piaget.org/aboutPiaget.html.

Jean Piaget Society. (2010). Recuperado em 5 maio 2010, em: http://www.piaget.org.

Jenkins, R.; Burton, A. M.; Ellis, A. W. (2002). Long-term effects of covert face recognition. *Cognition*, *86*, B43-B52.

Jensen, E. P. (2008). A fresh look at brain-based education. *Phi Delta Kappan*, 89(6), 408-417.

Johanson, D. J.; Shreeve, J. (1989). *Lucy's child*. Nova York: Morrow.

Johnson, A. J., & Miles, C. (2008). Chewing gum and context-dependent memory: The independent roles of chewing gum and mint flavour. *British Journal of Psychology*, 99(2), 293-306.

Johnson, D. W.; Johnson, R. T. (1994). *Learning together and alone: Cooperative, competitive, and individualistic learning* (4. ed.). Boston: Allyn & Bacon.

Johnson, G. (1992). *In the palaces of memory: How we build the worlds inside our heads*. Nova York: Vintage.

Johnson, M. K.; Bransford, J. D.; Solomon, S. (1973). Memory for tacit implications of sentences. *Journal of Experimental Psychology*, *98*, 203-205.

Johnson, S. (2004). *Mind wide open: Your brain and the neuroscience of everyday life*. Nova York: Scribner.

Joncich, G. (1968). *The sane positivist: A biography of Edward L. Thorndike*. Middleton, CT: Wesleyan University Press.

Jones, M. C. (1974). Albert, Peter, and John B. Watson. *American Psychologist*, *29*, 581-583.

Jones, P. E. (2009). From "external speech" to "inner speech". In Vygotsky: A critical appraisal and fresh perspectives. *Language and Communication*, 29(2), 166-181.

Kalat, J. W. (2009). *Biological psychology* (10. ed.). Belmont, CA: Cengage/Thomson/Wadsworth.

Kamil, A. C.; Mauldin, J. E. (1988). A comparative ecological approach to the study of learning. In: R. C. Bolles; M. D. Beecher (Eds.). *Evolution and learning* (pp. 117-133). Hillsdale, NJ: Erlbaum.

Kamin, L. J. (1968). "Attention-like" processes in classical conditioning. In: M. R. Jones (Ed.). *Miami Symposium on the Prediction of Behavior: Aversive stimulation* (pp. 9-33). Miami, FL: University of Miami Press.

Kamin, L. J. (1969). Predictability, surprise, attention and conditioning. In: B. A. Campbell; R. M. Church (Eds.). *Punishment and aversive behavior* (pp. 279-296). Nova York: Appleton-Century-Crofts.

Kandel, E. R. (1985). Cellular mechanisms of learning and the biological bases of individuality. In: E. R. Kandel; J. R. Schwartz (Eds.). *Principles of neural science* (2. ed.) (pp. 816-833). Nova York: Elsevier.

Kandel, E. R.; Schwartz, J. H.; Jessell, T. M. (Eds.). (2000). *Principles of neural science* (4. ed.). Nova York: McGraw-Hill.

Kazdin, A. E. (2008). Time-out. In N. J. Salkind (Ed.). *Encyclopedia of educational psychology* (Vol. 2, pp. 980-981). Thousand Oaks, CA: Sage Publications.

Keane, M. M.; Gabrieli, J. D.; Monti, L.; Fleischman, D. A.; Cantor, J. M.; Noland, J. S. (1997). Intact and impaired conceptual memory processes in amnesia. *Neuropsychology*, *11*, 59-69.

Keith-Lucas, T.; Guttman, N. (1975). Robust single-trial delayed backward conditioning. *Journal of Comparative and Physiological Psychology*, *88*, 468-476.

Keller, F. S. (1969). *Learning: Reinforcement theory* (2. ed.). Nova York: Random House.

Kelley, H. H. (1992). Common-sense psychology and scientific psychology. *Annual Review of Psychology*, *43*, 1-23.

Kellogg, R. T. (2003). *Cognitive psychology* (2. ed.). Thousand Oaks, CA: Sage.

Kelsey, S. E., & St. Amant, K. (Ed.). (2008). *Handbook of research on computer mediated communication* (Vols. 1-2). Hershey, PA: Information Science Reference/ IGI Global.

Kenaw, S. (2008). Hubert L. Dreyfus's critique of classical AI and its rationalist assumptions. *Minds and Machines*, 18(2), 227-238.

Kenrick, D. T.; Maner, J. K.; Butner, J.; Li, N. P.; Becker, D. V. (2002). Dynamical evolutionary psychology: Mapping the domains of the new interactionist paradigm. *Personality and Social Psychology Review, 6*, 347-356.

Keri, S. (2003). The cognitive neuroscience of category learning. *Brain Research Reviews, 43*, 85-109.

Kerpelman, J. I., Eryigit, S., & Stephens, C. J. (2008). African American adolescents' future education orientation: Associations with self-efficacy, ethnic identity, and perceived parental support. *Journal of Youth and Adolescence*, 37(8), 997-1008.

Kerson, C., Sherman, R. A., & Kozlowski, G. P. (2009). Alpha suppression and symmetry training for generalized anxiety symptoms. *Journal of Neurotherapy*, 13(3), 146-155.

Ketterer, J. J. (2008). Zone of proximal development. In N. J. Salkind (Ed.). *Encyclopedia of educational psychology* (Vol. 2, pp. 1017-1022). Thousand Oaks, CA: Sage Publications.

Kiianmaa, K.; Hyytia, P.; Samson, H. H.; Engel, J. A.; Svensson, L.; Soderpalm, B. et al. (2003). New neuronal networks involved in ethanol reinforcement. *Alcoholism: Clinical & Experimental Research, 27*, 209-219.

Killeen, P. R. (2003). Complex dynamic processes in sign tracking with an omission contingency (negative automaintenance). *Journal of Experimental Psychology: Animal Behavior Processes, 29*, 49-60.

Kim, S.-I. (2008). Computer judgment of main color in a drawing for art psychotherapy assessment. *The Arts in Psychotherapy*, 35(2), 140-150.

Kincheloe, J. L., & Horn, R. A., Jr. (Eds.). (2007). *The Praeger handbook of education and psychology*. Westport, CT: Praeger.

Klaus, M.; Kennell, J. (1983). *Bonding: The beginnings of parent-infant attachment* (Ed. rev.). St. Louis: Mosby.

Klosterhalfen, S., Kellermann, S., Stockhorst, U., Wolf, J., Kirschbaum, C., Hall, G., & Enck, P. (2005). Latent inhibition of rotation chair-induced nausea in healthy male and female volunteers. *Psychosomatic Medicine*, 67(2), 335-340.

Knight, A. (2008). The beginning of the end for chimpanzee experiments? *Philosophy, Ethics, and Humanities in Medicine*, 3(16). Recuperado em 18 fev. 2008, em: http://www.peh-med.com/content/3/1/16.

Knight, R. G., & O'Hagan, K. (2009). Autobiographical memory in long-term survivors of severe traumatic brain injury. *Journal of Clinical and Experimental Neuropsychology*, 31(5), 575-583.

Koffka, K. (1922). Perception: An introduction to Gestalt theory. *Psychological Bulletin, 19*, 531-585.

Koffka, K. (1925). *The growth of the mind.* Nova York: Harcourt, Brace & World.

Koffka, K. (1935). *Principles of Gestalt psychology.* Nova York: Harcourt, Brace & World.

Köhler, W. (1929). *Gestalt psychology.* Nova York: Liveright.

Köhler, W. (1969). *The task of Gestalt psychology.* Princeton, NJ: Princeton University Press.

Köhler, W. 1927. *The mentality of apes*. Nova York: Harcourt, Brace & World.

Kolstad, A. (2010). Time for paradigmatic substitution in psychology. What are the alternatives? *Integrative Psychological & Behavioral Science*, 44(1), 58-64.

Koriat, A., Goldsmith, M., & Pansky, A. (2000). Toward a psychology of memory accuracy. *Annual Review of Psychology*, 51, 481-537.

Kornack, D., & Rickey, R. (2001). No evidence of new neurons in adult primate cortex. *Daily University Science News*. Recuperado em 19 maio 2010, em: http://www.unisci.com/stories/20014/1207014.htm.

Kosslyn, S. M.; Behrmann, M.; Jeannerod, M. (1995). The cognitive neuroscience of mental imagery. *Neuropsychologia, 33* (11), 1335-1344.

Kozulin, A. (1990). *Vygotsky's psychology: A biography of ideas*. Cambridge, MA: Harvard University Press.

Kozulin, A.; Gindis, B.; Ageyev, V. S.; Miller, S. M. (Eds.). (2003). *Vygotsky's educational theory in cultural context.* Nova York: Cambridge University Press.

Krech, D.; Rosenzweig, M.; Bennett, E. L. (1960). Effects of environmental complexity and training on brain chemistry. *Journal of Comparative and Physiological Psychology, 53*, 509-519.

Krech, D.; Rosenzweig, M.; Bennett, E. L. (1962). Relations between brain chemistry and problem-solving among rats in enriched and impoverished environments. *Journal of Comparative and Physiological Psychology, 55*, 801-807.

Krech, D.; Rosenzweig, M.; Bennett, E. L. (1966). Environmental impoverishment, social isolation, and changes in brain chemistry and anatomy. *Physiology and Behavior, 1*, 99-104.

Kress, T.; Daum, I. (2003). The principle of learning based on multiple brain structures. In: R. H. Kluwe, G. Lüer; F. Rösler, (Eds.). *Principles of learning and memory.* Cambridge, MA: Birkhauser.

Kuhn, D. (1972). Mechanisms of change in the development of cognitive structures. *Child Development, 43*, 833-844.

Kurcz, I. (1995). Inevitability and changeability of stereotypes: A review of theories. *Polish Psychological Bulletin, 26*,113-128.

Kurt Koffka. (2010). In Encyclopædia Britannica. Recuperado em 30 abr. 2010, em: http://www.britannica .com/EBchecked/topic/320995/Kurt-Koffka.

Kyttala, M., Aunio, P., & Hautamaki, J. (2010). Working memory resources in young children with mathematical difficulties. *Scandinavian Journal of Psychology*, 51(1), 1-15.

Laczo, J., Vlcek, K., Vyhnalek, M., Vajnerova, O., Ort, M., Holmerova, I., et al. (2009). Spatial navigation testing discriminates two types of amnestic mild cognitive impairment. *Behavioural Brain Research*, 202(2), 252-259.

Laird, J. E. (2008). Extending the Soar cognitive architecture. *Frontiers in Artificial Intelligence and Applications*, 171, 224-235.

Lambert, E. B.; Clyde, M. (2003). Putting Vygotsky to the test. In: D. E. Lytle (Ed.). *Play and educational theory and practice. Play and culture studies* (vol. 5, pp. 59-98). Westport, CT: Praeger.

Lana, R. E. (2002). The behavior analytic approach to language and thought. *Journal of Mind & Behavior, 23*, 31-49.

Landers, D. M. (1980). The arousal-performance relationship revisited. *Research Quarterly for Exercise and Sport*, 51, 77-90.

Laney, C., & Loftus, E. F. (2010). Truth in emotional memories. In B. H. Bornstein & R. L. Wiener (Eds.). *Emotion and the law: Psychological perspectives* (pp. 157-183). Nova York: Springer Publishing.

Langford, P. E. (2005). *Vygotsky's developmental and educational psychology*. Nova York: Psychology Press.

Lantolf, J. P. (2003). Vygotsky's psychology-philosophy. A metaphor for language theory and learning. *Modern Language Journal, 87*, 137-138.

Larsen, D. J. (1999). Eclecticism: Psychological theories as interwoven stories. *International Journal for the Advancement of Counselling, 21*, 69-83.

Lashley, K. S. (1924). Studies of cerebral function in learning. *Archives of Neurological Psychiatry, 12*, 249-276.

Latimer, C.; Stevens, C. (1997). Some remarks on wholes, parts, and their perception. *Psycology, 8* (13), artigo 1.

Leahey, T. H. 2000. *A history of modern psychology*. Englewood Cliff, NJ: Prentice Hall.

Lear, J. (1996). The introduction of Eros: Reflections on the work of Hans Loewald. *Journal of the American Psychoanalytic Association, 44*, 673-698.

Leask, S. J.; Crow, T. J. (1997). How far does the brain lateralize? An unbiased method for determining the optimum degree of hemispheric specialization. *Neuropsychologia, 35*, 1381-1387.

Leclerc, G.; Lefrançois, R.; Dube, M.; Hebert, R.; Gaulin, P. (1998). The self-actualization concept: A content validation. *Journal of Social Behavior and Personality*, 13, 69-84.

Lee, M. D., & Vanpaemel, W. (2008). Exemplars, prototypes, similarities, and rules in category representation: An example of hierarchical Bayesian analysis. *Cognitive Science: A Multidisciplinary Journal*, 32(8), 1403-1424.

Lefrançois, G. R. (1968). A treatment hierarchy for the acceleration of conservation of substance. *Canadian Journal of Psychology, 22*, 277-284.

Lefrançois, G. R. (2011). *Psychology for teaching: The bear* (11. ed.). San Diego, CA.: Bridgepoint Education.

Lehar, S. (2003). *The world in your head: A Gestalt view of the mechanism of conscious experience*. Mahwah, NJ: Erlbaum.

Lehman, J. F., Laird, J., & Rosenbloom, P. (2010). A gentle introduction to Soar, an architecture for human cognition: 2006 update. Recuperado em 7 maio 2010, em: http://ai.eecs.umich.edu/soar/sitemaker/docs/misc/GentleIntroduction-2006.pdf.

Lepper, M. R. (1981). Intrinsic and extrinsic motivation in children: Detrimental effects of superfluous social controls. In: W. A. Collins (Ed.). *Aspects of the development of competence: The Minnesota Symposium on Child Psychology* (vol. 14, pp. 155-213). Hillsdale, NJ: Erlbaum.

Lepper, M. R., Corpus, J. H., & Iyengar, S. S. (2005). Intrinsic and extrinsic motivational orientations in the classroom: *Age differences and academic correlates. Journal of Educational Psychology*, 97(2), 184-196.

Lepper, M. R.; Greene, D. (1975). Turning play into work: Effects of adult surveillance and extrinsic rewards on children's intrinsic motivation. *Journal of Personality and Social Psychology, 31*, 479-486.

Lerman, D. C.; Iwata, B. A.; Shore, B. A.; DeLeon, I. G. (1997). Effects of intermittent punishment on self-injurious behavior: An evaluation of schedule thinning. *Journal of Applied Behavior Analysis, 30*, 187-201.

Leslie, J. C. (2006). Herbert Spencer's contributions to behavior analysis: A retrospective review of *Principles of Psychology. Journal of the Experimental Analysis of Behavior*, 86, 123-129.

Letourneau, E. J.; O'Donohue, W. (1997). Classical conditioning of female sexual arousal. *Archives of Sexual Behavior, 26*, 63-78.

Levran, O., Londono, D., O'Hara, K., Randesi, M., Rotrosen, J., Casadonte, P., et al. (2009). Heroin addiction in African Americans: A hypothesis-driven association study. *Genes, Brain & Behavior, 8*(5), 531-540.

Lewandowsky, S., & Oberauer, K. (2009). No evidence for temporal decay in working memory. *Journal of Experimental Psychology: Learning, Memory, and Cognition*, 35(6), 1545-1551.

Lewandowsky, S., Oberauer, K., & Brown, G. D. A. (2009). No temporal decay in verbal short-term memory. *Trends in Cognitive Sciences*, 13(3), 120-126.

Li, P.; MacWhinney, B. (2002). PatPho: A phonological pattern generator for neural networks. *Behavior Research Methods, Instruments, & Computers, 34*, 408-415.

Li, X. (2002). Connectionist learning: A comparison of neural networks and an optical thin-film multilayer model. *Connection Science: Journal of Neural Computing, Artificial Intelligence & Cognitive Research, 14*, 49-63.

Liben, L. (1975). Perspective-taking skills in young children: Seeing the world through rose-colored glasses. *Paper presented at the meeting of the Society for Research in Child Development*, Denver, CO.

Lilly, J. C. (1972). *The center of the cyclone: An autobiography of inner space*. Nova York: Julian.

Lindblom, J.; Ziemke, T. (2003) Social situatedness of natural and artificial intelligence: Vygotsky and beyond. *Adaptive Behavior, 11*, 79-96.

Linderholm, T. (2006). Reading with purpose. *Journal of College Reading and Learning*, 36(2), 70-80.

Liu, F., Quek, C., & Ng, G. S. (2007). A novel generic Hebbian ordering-based fuzzy rule base reduction approach to Mamdani neuro-fuzzy system. *Neural Computation*, 19(6), 1656-1680.

Loftus, E. F. (1979). *Eyewitness testimony*. Cambridge, MA: Harvard University Press.

Loftus, E. F. (2007). Memory distortions: Problems solved and unsolved. In M. Garry & H. Hayne (Eds.). *Do justice and let the sky fall: Elizabeth Loftus and her contributions to science, law, and academic freedom* (pp. 1-14). Mahwah, NJ: Lawrence Erlbaum.

Loftus, E. F., & Cahill, L. (2007). Memory distortion: From misinformation to rich false memory. In J. S. Nairne (Ed.). *The foundations of remembering: Essays in honor of Henry L. Roediger, III.* (pp. 413-425). Nova York: Psychology Press.

Loftus, E. F.; Feldman, J.; Dashiell, R. (1995). The reality of illusory memories. In: D. L. Schacter; J. T. Coyle; G. D. Fischbach; M. M. Mesulam; L. E. Sullivan (Eds.). *Memory distortion: How minds, brains and societies reconstruct the past* (pp. 47-68). Cambridge, MA: Harvard University Press.

Lorenz, K. (1952). *King Solomon's ring.* Londres: Methuen.

Lorincz, A., & Szirtes, G. (2009). Here and now: How time segments may become events in the hippocampus. *Neural Networks*, 22(5-6), 738-747.

Lourenco, O.; Machado, A. (1996). In defense of Piaget's theory: A reply to 10 common criticisms. *Psychological Review, 103*, 143-164.

Low, B. S. (2009). Marriage and family: The evolutionary ecological context. In H. E. Peters & C. M. K. Dush (Eds.). *Marriage and family: Perspectives and complexities* (pp. 33-55). Nova York: Columbia University Press.

Lubow, R. E. (2009). Conditioned taste aversion and latent inhibition: A review. In S. Reilly & T. R. Schachtman (Eds.). *Conditioned taste aversion: Behavioral and neural processes* (pp. 37-57). Nova York: Oxford University Press.

Luders, E., Gaser, C., Narr, K. L., & Toga, A. W. (2009). Why sex matters: Brain size independent differences in gray matter distributions between men and women. *The Journal of Neuroscience*, 29(45), 14265-14270.

Luria, A. R. (1968). *The mind of a mnemonist.* Nova York: Avon.

MacCulloch, M. J.; Feldman, P. (1996). Eye movement desensitisation treatment utilises the positive visceral element of the investigatory reflex to inhibit the memories of post-traumatic stress disorder: A theoretical analysis. *British Journal of Psychiatry, 169*, 571-579.

Macfarlane, D. A. (1930). The role of kinesthesis in maze learning. *University of California Publications in Psychology, 4*, 277-305.

Macmillan, M. (2008). Phineas Gage – Unravelling the myth. *The Psychologist*, 21(9), 828-831.

Magnussen, S.; Greenlee, M. W.; Aslaksen, P. M.; Kildebo, O. O. (2003). High-fidelity perceptual long-term memory revisited - and confirmed. *Psychological Science, 14*, 74-16.

Malm, L. (1993). The eclipse of meaning in cognitive psychology: Implications for humanistic psychology. *Journal of Humanistic Psychology*, 33(1), 67-87.

Malone Jr., J. C.; Cruchon, N. M. (2001). Radical behaviorism and the rest of psychology: A review/precis of Skinner's About Behaviorism. *Behavior & Philosophy, 29*, 31-57.

Malone, J. C. (2009). *Psychology: Pythagoras to present.* Cambridge, MA: MIT Press.

Mandler, G. (1996). The situation of psychology: Landmarks and choice points. *American Journal of Psychology*, 109, 1-35.

Mandler, G. (1996). The situation of psychology: Landmarks and choicepoints. *American Journal of Psychology, 109*, 1-35.

Mann, E. O., & Paulson, O. (2009). Cellular mechanisms underlying network synchrony in the medial temporal lobe. In C. Holscher & M. Munk (Eds.). *Information processing by neuronal populations* (pp. 21-48). Nova York: Cambridge University Press.

Marinier, R. P., III, Laird, J. E., & Lewis, R. L. (2009). A computational unification of cognitive behavior and emotion. *Cognitive Systems Research*, 10(1), 48-69.

Markman, A. B., & Gentner, D. (2001). Thinking. *Annual Review of Psychology*, 52, 223-247. .

Martens, B. K., & Hiralall, A. S. (1997). Scripted sequences of teacher interaction: A versatile, low impact procedure for increasing appropriate behavior in a nursery school. *Behavior Modification*, 21, 308-323.

Martin, D. J. (2007). *Building teachers: A constructivist approach to introducing education.* Belmont, CA: Thomson/Wadsworth.

Maslow, A. H. (1970). *Motivation and personality* (2. ed.). Nova York: Harper & Row.

Mason, O. J., & Brady, F. (2009). The psychotomimetic effects of short-term sensory deprivation. *Journal of Nervous and Mental Disease*, 197(10), 783-785.

Massaro, D. W (p. 406).

Mathalon, D. H., Roach, B. J., & Ford, J. M. (2010). Automatic semantic priming abnormalities in schizophrenia. *International Journal of Psychophysiology*, 75(2), 157-166.

Mathur, V. A., Harada, T., Lipke, T., & Chiao, J. Y. (2010). Neural basis of extraordinary empathy and altruistic motivation. *NeuroImage*, 51(4), 1468-1475.

Mattingly, C. (2008). Reading minds and telling tales in a cultural borderland. *Ethos*, 36(1), 136-154.

Mattingly, C., Lutkehaus, N. C., & Throop, C. J. (2008). Bruner's search for meaning: A conversation between psychology and anthropology. *Ethos*, 36(1), 1-28.

Max Wertheimer. (2010). In Encyclopædia Britannica. Recuperado em 30 abr. 2010, em: http://www.britannica.com/EBchecked/topic/639896/Max-Wertheimer.

Mayes, A. R. (2002). Exploring the neural bases of complex memory. In: L. R. Squire; D. L. Schacter (Eds.). *Neuropsychology of memory* (3. ed., pp. 73-87). Nova York: Guilford Press.

McAdams, D. P. ... (p. 406).

McClelland, J. L.; Rumelhart, D. E. (Eds.). (1986). *Parallel distributed processing: Explorations in the microstructure of cognition* (vol. 2). Cambridge, MA: Bradford/MIT Press.

McCloskey, M.; Cohen, N. J. (1989). Catastrophic interference in connectionist networks: The sequential learning problem. *Psychology of Learning and Motivation: Advanced Research and Theory, 24*, 109-165.

McConnell, J. V. (1962). Memory transfer through cannibalism in planarians. *Journal of Neuropsychiatry, 3* (supl. 1), 542-548.

McConnell, J. V. (1976). Worm-breeding with tongue in cheek and the confessions of a scientist hoist by his own petard. *UNESCO Courier, 32*, 12-15.

McCune, L. (2010). Developing symbolic abilities. In B. Wagoner (Ed.). *Symbolic transformation: The mind in movement through culture and society* (pp. 193-208). Nova York: Routledge/Taylor & Francis Group.

McDonough, M. H., & Crocker, P. R. E. (2007). Testing self-determined motivation as a mediator of the relationship between psychological needs and affective and behavioral outcomes. *Journal of Sport and Exercise Psychology*, 29(5), 645-663.

McDougall, W. (1908). *An introduction to social psychology*. Londres: Methuen.

McDowell, J. J. (2010). Behavioral and neural Darwinism: Selectionist function and mechanism in adaptive behaviour dynamics. *Behavioural Processes*, 84(1), 358-365.

McDowell, J. J., Caron, M. L., Kulubekova, S., & Berg, J. P. (2008). A computational theory of selection by consequences applied to concurrent schedules. *Journal of the Experimental Analysis of Behavior*, 90(3), 387-403.

McGoey, K. E., & Rezzetano, K. (2008). Token reinforcement programs. In N. J. Salkind (Ed.). *Encyclopedia of educational psychology* (Vol. 2, pp. 981-983). Thousand Oaks, CA: Sage Publications.

McHugh, B., Dawson, N., Scrafton, A., & Asen, E. (2010). "Hearts on their sleeves": The use of systemic biofeedback in school settings. *Journal of Family Therapy*, 32(1), 58-72.

McKeachie, W. J. (1997). McConnell: Mischievous but not malevolent? *American Psychologist, 52*, 269.

McNamara, D. S., O'Reilly, T., Rowe, M., Boonthum, C., & Levinstein, I. (2007). START: A web-based tutor that teaches self-explanation and metacognitive reading strategies. In D. S. McNamara (Ed.). *Reading comprehension strategies: Theories, interventions, and technologies* (pp. 397-420). Mahwah, NJ: Lawrence Erlbaum.

Mead, H. K., Beauchaine, T. P., & Shannon, K. E. (2010). Neurobiological adaptations to violence across development. *Development and Psychopathology*, 22(1), 1-22.

Mead, M. (1935). *Sex and temperament in three primitive societies*. Nova York: Morrow.

Medin, D. L.; Florian, J. E. (1992). Abstraction and selective coding in exemplar-based models of categorization. In: A. F. Healy; S. M. Kosslyn; R. M. Shiffrin (Eds.). *From learning processes to cognitive processes: Essays in honor of William K. Estes* (vol. 2). Hillsdale, NJ: Erlbaum.

Medin, D. L.; Lynch, E. B.; Solomon, K. O. (2000). Are there kinds of concepts? *Annual Review of Psychology, 51*, 121-147.

Medin, D. L.; Ross, B. H. (1992). *Cognitive psychology*. Fort Worth, TX: Harcourt Brace.

Mellor, D. H. (1989). How much of the mind is a computer. In: P. Sleak; W. R. Albury (Eds.). *Computers, brains and minds*. Boston: Kluwer.

Meltzoff, A. N.; Moore, M. K. (1989). Imitation in newborn infants: Exploring the range of gestures imitated and the underlying mechanisms. *Developmental Psychology, 25*, 954-962.

Merten, K., & Nieder, A. (2009). Compressed scaling of abstract numerosity representations in adult humans and monkeys. *Journal of Cognitive Neuroscience*, 21(2), 333-346.

Mervis, C. B.; Rosch, E. (1981). Categorization of natural objects. *Annual Review of Psychology, 32*,89-115.

Mesoudi, A. (2009). How cultural evolutionary theory can inform social psychology and vice versa. *Psychological Review*, 116(4), 929-952.

Michaelides, M. P. (2008). Emerging themes from early research on self-efficacy beliefs in school mathematics. *Electronic Journal of Research in Educational Psychology*, 46(1), 219-234.

Michalski, R. L., & Shackelford, T. K. (2010). Evolutionary personality psychology: Reconciling human nature and individual differences. *Personality and Individual Differences*, 48(5), 509-516.

Milkman, H. B., & Sunderwirth, S. G. (2010). *Craving for ecstasy and natural highs: A positive approach to mood alteration*. Thousand Oaks, CA: Sage Publications.

Miller, G. A. (1956). The magical number seven, plus or minus two: Some limits on our capacity for processing information. *Psychological Review, 63*, 81-97.

Miller, H. C., Rayburn-Reeves, R., & Zentall, T. R. (2009). Imitation and emulation by dogs using a bidirectional control procedure. *Behavioural Processes*, 80(2), 109-114.

Miller, N. E. (1951). Learnable drives and rewards. In: S. S. Stevens (Ed.). *Handbook of experimental psychology* (pp. 435-472). Nova York: Wiley.

Miller, N. E. (1969). Learning of visceral and glandular responses. *Science, 163*, 434-445.

Miller, N. E.; Carmona, A. (1967). Modification of a visceral response, salivation in thirsty dogs, by instrumental training with water reward. *Journal of Comparative and Physiological Psychology, 63*, 1-6.

Miller, N. E.; Dollard, J. C. (1941). *Social learning and imitation*. New Haven, CT: Yale University Press.

Miller, W. R., & Atencio, D. J. (2008). Free will as a proportion of variance. In J. Baer, J. C. Kaufman, & R. F. Baumeister (Eds.). Are we free? *Psychology and free will* (pp. 275-295). Nova York: Oxford University Press.

Mills, J. A. (1998). *Control: A history of behavioral psychology*. Nova York: New York University Press.

Milner, P. M. (1989). A cell assembly theory of hippocampal amnesia. Special Issue: Memory. *Neuropsychologia, 27*, 23-30.

Mironenko, I. A. (2009). "Great ideas" in Russian psychology: Personality impact on psychophysiological functions and causal approach to self-determination. *Psychology in Russia: State of the Art*, 2, 225-238.

Miskin, M. (1995). Cerebral memory circuits. In: J. King; K. H. Pribram (Eds.). *Scale in conscious experience: Is the brain too important to be left to specialists to study?* Mahwah, NJ: Erlbaum.

Mitchell, C. J.; Lovibond, P. F. (2002). Backward and forward blocking in human electrodermal conditioning: Blocking requires an assumption of outcome additivity. *Quarterly Journal of Experimental Psychology, 55B*, 311-329.

Modgil, S.; Modgil, C. (Eds.). (1982). *Jean Piaget: Consensus and controversy*. Londres: Praeger.

Monti, L. A.; Gabrieli, J. D.; Wilson, R. S.; Beckett, L. A.; Grinnell, E.; Lange, K. L.; et al. (1997). Sources of priming in text rereading: Intact implicit memory for new associations in older adults and in patients with Alzheimer's disease. *Psychology and Aging, 12*, 536-547.

Moore, J. (2010). Philosophy of science, with special consideration given to behaviorism as the philosophy of the science of behavior. *The Psychological Record*, 60(1), 137-150.

Moore, J. D., Redfield, L. W., & Johnson, L. W. (Eds.). (2001). *Artificial intelligence in education: AI-ED in the wired and wireless future*. Amsterdam: IOS Press.

Moray, N. (1959). Attention in dichotic listening: Affective cues and influence of instruction. *Quarterly Journal of Experimental Psychology, 11*, 56-60.

Morcom, A. M., Bullmore, E. T., Huppert, F. A., Lennox, B., Praseedom, A., Linnington, H., et al. (2010). Memory encoding and dopamine in the aging brain: A psychopharmacological neuroimaging study. *Cerebral Cortex*, 20(3), 743-757.

Morgado, L. (2003). The role of representation in Piagetian theory: Changes over time. In: T. Brown; L. Smith (Eds.). *Reductionism and the development of knowledge* (pp. 159-175). Mahwah, NJ: Erlbaum.

Morgan, D. L. (2010). Schedules of reinforcement at 50: A retrospective appreciation. *The Psychological Record*, 60(1), 151-172.

Morrison, A. R. (2001). A scientist's perspective on the ethics of using animals in behavioral research. In: M. E. Carroll; J. Bruce Overmier (Eds.). *Animal research and human health: Advancing human welfare through behavioral science* (pp. 341-356). Washington, DC: American Psychological Association.

Morwitz, V. G.; Pluzinski, C. (1996). Do polls reflect opinions or do opinions reflect polls? The impact of political polling on voters' expectations, preferences, and behavior. *Journal of Consumer Research, 23*, 53-67.

Mozzachiodi, R., & Byrne, J. H. (2010). More than synaptic plasticity: Role of nonsynaptic plasticity in learning and memory. *Trends in Neurosciences*, 33(1), 17-26.

Mueller, C. M., & Dweck, C. S. (1998). Praise for intelligence can undermine children's motivation and performance. *Journal of Personality and Social Psychology*, 75, 33-52.

Mulvaney, M. K., & Mebert, C. J. (2007). Parental corporal punishment predicts behavior problems in early childhood. *Journal of Family Psychology*, 21, 389-397.

Mundy, P., Sullivan, L., & Mastergeorge, A. M. (2009). A parallel and distributed-processing model of joint attention, social cognition and autism. *Autism Research*, 2(1), 2-21.

Murawski, D. A. (1993). Passion vine butterflies: A taste for poison. *National Geographic, 184*, 123-137.

Murchison, C. (Ed.). (1936). *A history of psychology in autobiography* (vol. 3). Worcester, MA: Clark University Press.

Murray, D. J. (1995). *Gestalt psychology and the cognitive revolution*. Nova York: Harvester Wheatsheaf.

Nairne, J. S. (2002). Remembering over the short-term: The case against the standard model. *Annual Review of Psychology, 53*, 53-81.

Necka, E. (2000). Intelligence, cognitive strategies, and arousal: Can we control non-cognitive factors that influence our intellect? In: U. von Hecker, S. Dutke; G. Sedek (Eds.). *Generative mental processes and cognitive resources: Integrative research on adaptation and control* (pp. 95-112). Boston: Kluwer Academic.

Neisser, U. (1976). *Cognition and reality: Principles and implications of cognitive psychology*. San Francisco: Freeman.

Neruda, P. (1972). *The captain's verses*. Nova York: New Directions.

Nestler, E. J. (2006). The addicted brain: Cocaine use alters genes. *Paradigm*, Summer, 12-22.

Nestler, E. J., & Malenka, R. C. (2004). The addicted brain. *Scientific American*, 290, 78-85.

Neuroscience, 7, 697-709.

Newell, A. (1973). Artificial intelligence and the concept of mind. In: R. C. Schank; C. M. Colby (Eds.). *Computer models of thought and language* (pp. 1-60). San Francisco: Freeman.

Newell, A. (1989). Putting it all together. In: D. Klahr; K. Kotovsky (Eds.). *Complex information processing: The impact of Herbert A. Simon* (pp. 399-440). Hillsdale, NJ: Erlbaum.

Newell, A. (1990). *Unified theories of cognition*. Cambridge, MA: Harvard University Press.

Newell, A., Shaw, J. C., & Simon, H. A. (1958). Elements of a theory of human problem-solving. *Psychological Review*, 65, 151-166.

Newell, A.; Simon, H. A. (1972). *Human problem solving*. Englewood Cliffs, NJ: Prentice-Hall.

Nilsson, N. J. (2010). *The quest for artificial intelligence: A History of ideas and achievements*. Nova York: Cambridge University Press.

Nithianantharajah, J., & Hannan, A. J. (2006). Enriched environments, experience dependent plasticity and disorders of the nervous system. *Nature Reviews*.

Norcross, J. C.; Tomcho, T. J. (1994). Great books in psychology: Three studies in search of a consensus. *Teaching of Psychology, 21*, 86-90.

Nucci, L.; Turiel, E. (2001). Message from the Jean Piaget Society. *Cognitive Development, 16*, 657-658.

O'Brien, G.; Opie, J. (2002). Radical connectionism: Thinking with (not in) language. *Language & Communication, 22*, 313-329.

O'Brien, K. S., Kolt, G. S., Weber, A., & Hunter, J. A. (2010). Alcohol consumption in sport: The influence of sporting idols, friends and normative drinking practices. *Drug and Alcohol Review*. Recuperado em 17 maio 2010, em: http://www3.interscience.wiley.com/cgi-bin/fulltext/123358202/PDFSTART.

O'Donohue, W.; Ferguson, K. E. (2001). *The psychology of B. F. Skinner*. Thousand Oaks, CA: Sage.

O'Leary, K. D.; Kaufman, K. F.; Kass, R. E.; Drabman, R. S. (1970). The effects of loud and soft reprimands on the behavior of disruptive students. *Exceptional Children*, *37*, 145-155.

O'Neil, W. M. (1991). In what sense do Tolman's intervening variables intervene? *Australian Journal of Psychology*, *43*, 159-162.

Öhman, A., Carlsson, K., Lundqvist, D., & Ingvar, M. (2007). On the unconscious subcortical origin of human fear. *Physiology & Behavior*, 92(1-2), 180-185.

Okado, Y., & Stark, C. E. L. (2005). Neural activity during encoding predicts false memories created by misinformation. *Learning & Memory*, 12(1), 3-11.

Olds, J. (1956). Pleasure centers in the brain. Scientific American, 195, 105-116.

Olds, J., & Milner, P. (1954). Positive reinforcement produced by electrical stimulation of septal area and other regions of rat brain. *Journal of Comparative and Physiological Psychology*, 47, 419-427.

Olton, D. S. (1992). Tolman's cognitive analyses: predecessors of current approaches in psychology. *Journal of Experimental Psychology: General*, *121*, 427-428.

Opper, S. (1977). Concept development in Thai urban and rural children. In: P. R. Dasen (Ed.). *Piagetian psychology: Cross-cultural contributions* (pp. 89-122). Nova York: Gardner.

Oswick, C.; Keenoy, T.; Grant, D. (2002). Metaphor and analogical reasoning in organization theory: Beyond orthodoxy. *Academy of Management Review*, 27, 294-303.

Overman, A. A., Sun, J., Golding, A. C., & Prevost, D. (2009). Chewing gum does not induce context dependent memory when flavor is held constant. *Appetite*, 53(2), 253-255.

Page, R. A. (1992). Clark Hull and his role in the study of hypnosis. *American Journal of Clinical Hypnosis*, 34, 178-184.

Pajares, F. (2004). Albert Bandura: Biographical sketch. Recuperado em 16 maio 2010, em: http://des.emory.edu/mfp/bandurabio.html.

Papert, S. (1980). *Mindstorms: Children, computers, and powerful ideas*. Nova York: Basic Books.

Papert, S. (1993). *The children's machine: Rethinking school in the age of the computer*. Nova York: Basic Books.

Pascal, B. (1820). *Pensées de Blaise Pascal*. Paris: Ledentu, Libraire, quai des Augustins, n. 31.

Pashler, H.; Medin, D. (Eds.). (2002). *Steven's handbook of experimental psychology* (3. ed.), vol. *2: Memory and cognitive processes* (3. ed.). Nova York: Wiley.

Pass, S. (2007). When constructivists Jean Piaget and Lev Vygotsky were pedagogical collaborators: A viewpoint from a study of their communications. *Journal of Constructivist Psychology*, 20, 277-282.

Pear, J. J. (2007). *A historical and contemporary look at psychological systems*. Mahwah, NJ: Lawrence Erlbaum.

Pearce, J. M.; Bouton, M. E. (2001). Theories of associative learning in animals. *Annual Review of Psychology*, *52*, 111-139.

Penfield, W. (1969). Consciousness, memory and man's conditioned reflexes. In: K. H. Pribram (Ed.). *On the biology of learning* (pp. 129-168). Nova York: Harcourt Brace Jovanovich.

Penner, D. E. (2000-2001). Cognition, computers, and synthetic science: Building knowledge and meaning through modeling. In: W. G. Segada (Ed.). *Review of research in education*, *25*, 1-35.

Perinat, A. (2007). La teoria historico-cultural de Vygotsky: Algunas acotaciones a su origen y su alcance. *Revista de Historia de la Psicología*, 28, 19-25.

Perrin, J. S., Leonard, G., Perron, M., Pike, G. B., Pitiot, A., Richer, L., et al. (2009). Sex differences in the growth of white matter during adolescence. *Neuro-Image*, 45(4), 1055-1066.

Perry, P., Pasnak, R., & Holt, R. W. (1992). Instruction on concrete operations for children who are mildly mentally retarded. *Education and Training in Mental Retardation*, 27, 273-281.

Peterson, G. B. (2008). Shaping. In N. J. Salkind (Ed.). *Encyclopedia of educational psychology* (Vol. 2, pp. 903-905). Thousand Oaks, CA: Sage Publications.

Peterson, L. R.; Peterson, N. J. (1959). Short-term retention of individual verbal items. *Journal of Experimental Psychology*, *58*, 193-198.

Piaget, J. (1926). *The language and thought of the child*. Nova York: Harcourt, Brace & World.

Piaget, J. (1929). *The child's conception of the world*. Nova York: Harcourt, Brace & World.

Piaget, J. (1930). *The child's conception of physical causality*. Londres: Kegan Paul.

Piaget, J. (1932). *The moral judgment of the child*. Londres: Kegan Paul.

Piaget, J. (1946). *Le dévelopement de la notion de temps chez l'enfant*.

Piaget, J. (1950). *The psychology of intelligence*. Nova York: Harcourt, Brace & World.

Piaget, J. (1951). *Play, dreams and imitation in childhood*. Nova York: Norton.

Piaget, J. (1961). *On the development of memory and identity*. Worcester, MA: Clark University Press.

Piaget, J. (1972). Intellectual development from adolescence to adulthood. *Human Development*, *15*, 1-12.

Piaget, J. (1976). *The grasp of consciousness*. Cambridge. MA: Harvard University Press.

Piaget, J. (1980). *Les formes élémentaires de la dialectique*. Paris: Gallimard.

Piaget, J. (2001). *Studies in reflecting abstraction*. (R. Campbell, Ed. e Trad.) Sussex, Reino Unido: Psychology Press.

Piaget, J.; Inhelder, B. (1941). *Le développement des quantités chez l'enfant*. Neuchatel: Délachaux et Niestlé.

Piaget, J.; Inhelder, B. (1956). *The child's conception of space*. Nova York: Norton.

Platão. (427-347 a. C.) *Republic 5*. (1993, tradução e introdução de S. Halliwell). Warminster: Aris & Phillips.

Plaut, D. C., & McClelland, J. L. (2010). Locating object knowledge in the brain: Comment on Bowers's (2009) attempt to revive the grandmother cell hypothesis. *Psychological Review*, 117(1), 284-288.

Plenge, M.; Curio, E.; Witte, K. (2000). Sexual imprinting supports the evolution of novel male traits by transference of a preference for the colour red. *Behaviour*, *137*, 741-758.

Ploeger, A., van der Maas, H. L. J., & Raijmakers, M. E. J. (2008). Is evolutionary developmental biology a viable approach to the study of the human mind? *Psychological Inquiry*, 19(1), 41-48.

Poncelet, J., Rinck, F., Bourgeat, F., Schaal, B., Rouby, C., Bensafi, M., et al. (2010). The effect of early experience on odor perception in humans: Psychological and physiological correlates. *Behavioural Brain Research*, 208(2), 458-465.

Pope, D. J., & Whiteley, H. E. (2003). Developmental dyslexia, cerebellar/vestibular brain function and possible links to exercise-based interventions: A review. *European Journal of Special Needs Education*, 18, 109-123.

Pothakos, K., Robinson, J. K., Gravanis, I., Marsteller, D. A., Dewey, S. L., & Tsirka, S. E. (2010). Decreased serotonin levels associated with behavioral disinhibition in tissue plasminogen activator deficient (tpa-/-) mice. *Brain Research*, 1326, 135-142.

Pouliot, S. (2010). Recognition memory for emotionally arousing odors: A neuropsychological investigation. Dissertation Abstracts International: Section B: *The Sciences and Engineering*, 70(8-B), 5214.

Powell, R. A.; Symbaluk, D. G.; Macdonald, S. E. (2002). *Introduction to learning and behavior*. Belmont, CA: Thomson Learning.

Premack, D. (1965). Reinforcement theory. In: D. Levine (Ed.). *Nebraska Symposium on Motivation*. Lincoln: University of Nebraska Press.

Prevatt, F., Welles, T. L., Li, H., & Proctor, B. (2010). The contribution of memory and anxiety to the math performance of college students with learning disabilities. *Learning Disabilities Research & Practice*, 25(1), 39-47.

Pritchard, A., & Woollard, J. (2010). *Psychology for the classroom: Constructivism and social learning*. Nova York: Routledge.

Prytula, R. E.; Oster, G. D.; Davis, S. F. (1977). The "rat rabbit" problem: What did John B. Watson really do? *Teaching of Psychology*, *4*, 44-46.

Pulvermuller, F. (1996). Hebb's concept of cell assemblies and the psychophysiology of word processing. *Psychophysiology*, *33*, 317-333.

Quian, Q. R., & Kreiman, G. (2010a). Measuring sparseness in the brain: Comment on Bowers (2009). *Psychological Review*, 117(1), 291-297.

Quian, Q. R., & Kreiman, G. (2010b). Postscript: About grandmother cells and Jennifer Aniston neurons. *Psychological Review*, 117(1), 297-299.

Quigley, J. (2001). Psychology and grammar: The construction of autobiographical self. *Theory & Psychology*, *11*, 147-170.

Rakic, P. (2002). Neurogenesis in adult primate neocortex: An evaluation of the evidence. *Nature Reviews Neuroscience*, 3, 65-71.

Ramsay, J. R. (2010). Neurofeedback and neurocognitive training. In J. R. Ramsay (Ed.). *Nonmedication treatments for adult ADHD: Evaluating impact on daily functioning and well-being* (pp. 109-129). Washington, DC: American Psychological Association.

Raphael, B. (1976). *The thinking computer: Mind inside matter*. San Francisco: Freeman.

Rayner, R. (1930). I am the mother of a behaviorist's sons, *Parents Magazine*, 5, 16-18.

Reber, A. S. (1989). Implicit learning and tacit knowledge. *Journal of Experimental Psychology: General*, *118*, 219-235.

Reese, E. P. (1966). *The analysis of human operant behavior*. Dubuque, IA: Brown.

Reiber, R. W., Blumenthal, A. L., Danziger, K., & Diamond, S. (Eds.). (1980). *Wilhelm Wundt and the making of a scientific psychology*. Nova York: Plenum Press. .

Rescorla, M. (2009). Chrysippus' dog as a case study in non-linguistic cognition. In R. W. Lurz (Ed.). *The philosophy of animal mind* (pp. 52-71). Nova York: Cambridge University Press.

Rescorla, R. A. (1980). *Pavlovian second-order conditioning: Studies in associative learning*. Hillsdale, NJ: Erlbaum.

Rescorla, R. A. (1988). Pavlovian conditioning: It's not what you think it is. *American Psychologist*, *43*, 151-160.

Rescorla, R. A.; Holland, P. C. (1976). Some behavioral approaches to the study of learning. In: M. R. Rosenzweig; E. L. Bennet (Eds.). *Neuromechanisms of learning and memory*. Boston: MIT Press.

Revusky, S. (2009). Chemical aversion treatment of alcoholism. In S. Reilly & T. R. Schachtman (Eds.). *Conditioned taste aversion: Behavioral and neural processes* (pp. 445-472). Nova York: Oxford University Press.

Richey, R. C. (Ed.). (2000). *The legacy of Robert M. Gagné*. Syracuse, NY: ERIC Clearinghouse on Information & Technology.

Riediger, M., Schmiedek, F., Wagner, G. G., & Lindenberger, U. (2009). Seeking pleasure and seeking pain: Differences in prohedonic and contra-hedonic motivation from adolescence to old age. *Psychological Science*, 20(12), 1529-1535.

Riesen, A. H.; Chow, K. L.; Semmes, J.; Nissen, H. W. (1951). Chimpanzee vision after four conditions of light deprivation. *American Psychologist*, *6*, 282.

Rilling, M. (1996). The mystery of the vanished citations: James McConnel's forgotten 1960's quest for planarian learning, a biochemical engram, and celebrity. *American Psychologist*, *51*, 589-598.

Rivalta, M., Sighinolfi, M. C., Micali, S., De Stefani, S., & Bianchi, G. (2010). Sexual function and quality of life in women with urinary incontinence treated by a complete pelvic floor rehabilitation program (biofeedback, functional electrical stimulation, pelvic floor muscles exercises, and vaginal cones). *Journal of Sexual Medicine*, 7(3), 1200-1208.

Robertson, R.; Garcia Y.; Garcia, J. (1988). Darwin was a learning theorist. In: R. C. Bolles; M. D. Beecher (Eds.). *Evolution and learning* (pp. 17-38). Hillsdale, NJ: Erlbaum.

Robles, J. R., & Vargas-Irwin, C. (2008). Sensitivity to initial conditions in the route-finder model. *Behavioural Processes*, 78(2), 297-301.

Rockwell, W. T. (1994). Beyond determination and indignity: A reinterpretation of operant conditioning. *Behavior & Philosophy*, *22*, 53-66.

Roethlisberger, S. J.; Dickson, W. J. (1939). *Management and the worker*. Cambridge, MA: Harvard University Press.

Rogers, C. R.; Skinner, B. F. (1956). Some issues concerning the control of human behavior: A symposium. *Science, 124*, 1057-1066.

Rolls, E. T. (2000). Memory systems in the brain. *Annual Review of Psychology, 51*, 599-630.

Roma, P. G., Rinker, J. A., Serafine, K. M., Chen, S. A., Barr, C. S., Cheng, K., et al. (2008). Genetic and early environmental contributions to alcohol's aversive and physiological effects. *Pharmacology, Biochemistry and Behavior*, 91(1), 134-139.

Romanes, G. J. (1883). *Animal intelligence*. Nova York: D. Appleton. Republicado como Robinson, D. W. (Ed.). (1977). *Animal intelligence: George John Romanes*. Washington, DC: University Publications of America.

Rosch, E. (1973). Natural categories. *Cognitive Psychology, 4*, 328-350.

Rosch, E. (1977). Human categorization. In: N. Warren (Ed.). *Advances in cross-cultural psychology* (vol. 1, pp. 1-72). Londres: Academic Press.

Roscoe, J. A., Morrow, G. R., & Hickok, J. T. (2004). Biobehavioral factors in chemotherapy-induced nausea and vomiting. *Journal of the National Comprehensive Cancer Network* [JNCCN], 2(5), 501-508.

Rose, N. S., Myerson, J., Roediger, H. L., III, & Hale, S. (2010). Similarities and differences between working memory and long-term memory: Evidence from the levels-of-processing span task. *Journal of Experimental Psychology: Learning, Memory, and Cognition*, 36(2), 471-483.

Rose, S. P. R. (2008). Memory beyond the synapse. In R. D. Fields & R. Douglas (Eds.). *Beyond the synapse: Cell-cell signaling in synaptic plasticity* (pp. 7-13). Nova York: Cambridge University Press.

Rosenzweig, M. R.; Leiman, A. L.; Breedlove, M. S. (1999). *Biological psychology: An introduction to behavioral, cognitive, and clinical neuroscience*. Sunderland, MA: Sinauer Associates.

Rotter, J. B. (1954). *Social learning and clinical psychology*. Englewood Cliffs, NJ: Prentice Hall. .

Rovee-Collier, C., Hayne, H., & Colombo, M. (2001). *The development of implicit and explicit memory*. Filadélfia: John Benjamins.

Rowan, J. (1998). Maslow amended. *Journal of Humanistic Psychology*, 38, 81-92.

Rozin, P. (2010). Towards a cultural/evolutionary psychology: Cooperation and complementarity. In M. Schaller, A. Norenzayan, S. J. Heine, T. Yamagishi, & T. Kameda (Eds.). *Evolution, culture, and the human mind* (pp. 9-22). Nova York: Psychology Press.

Rozin, P.; Kalat, J. W. (1971). Specific hungers and poison avoidance as adaptive specializations of learning. *Psychological Review, 78*, 459-486.

Rueschemeyer, D. (2009). *Useable theory: Analytic tools for social and political research*. Princeton, NJ: Princeton University Press.

Rumelhart, D. E. (1992). Towards a microstructural account of human reasoning. S. Vosniadou & A. Ortony (Eds.). *Similarity and analogical reasoning* (pp. 298-312). Nova York: Cambridge University Press.

Rush, K. S.; Crockett, J. L.; Hagopian, L. P. (2001). An analysis of the selective effects of NCR with punishment targeting problem behavior associated with positive affect. *Behavioral Intervention, 16*, 127-135.

Rushby, J. A., & Barry, R. J. (2009). Single-trial event related potentials to significant stimuli. *International Journal of Psychophysiology*, 74(2), 120-131.

Russell, J. (1999). Cognitive development as an executive process - in part: A homeopathic dose of Piaget. *Developmental Science, 2*, 247-295.

Russell, J. A. (2003). Core affect and the psychological construction of emotion. *Psychological Review, 110*, 145-172.

Russell, S., & Norvig, P. (2010). *Artificial intelligence: A modern approach* (3. ed.). Upper Saddle River, NJ: Pearson Education.

Russo, M.; Jain, L. C. (2001). *Fuzzy learning and applications*. Boca Raton, FL: CRC Press.

Rutherford, A. (2009). Beyond the box: B. F. *Skinner's technology of behavior from laboratory to life*, 1950s-1970s. Toronto: University of Toronto Press.

Rutter, M. (2006). *Genes and behavior: Nature-nurture interplay explained*. Malden, MA: Blackwell Publishers.

Ryan, R. M., & Deci, E. L. (2008). Self-determination theory and the role of basic psychological needs in personality and the organization of behavior. In O. P. John, R. W. Robins, & L. A. Pervin (Eds.). *Handbook of personality psychology: Theory and research* (3. ed., pp. 654-678). Nova York: Guilford Press.

Sabbatini, R. M. E. (2010). Are there differences between the brains of males and females? Recuperado em 2 jun. 2010, em: http://www.cerebromente.org.br/n11/mente/eisntein/cerebro-homens.html.

Sagan, C. (1977). *The dragons of Eden*. Nova York: Ballantine Books.

Sahakian, W. S. (1981). *Psychology of learning: Systems, models, and theories* (2. ed.). Chicago: Markham.

Sakagami, S. E.; Akahira, Y. (1960). Studies on the Japanese honeybee, Apis cerafabricius: 8. Two opposing adaptations in the post-stinging behavior of honeybees. *Evolution, 14*, 29-40.

Sakamoto, K., Nakata, H., & Kakigi, R. (2009). The effect of mastication on human cognitive processing: A study using event-related potentials. *Clinical Neurophysiology*, 120(1), 41-50.

Samelson, F. (1980). J. B. Watson's little Albert, Cyril Burt's twins, and the need for a critical science. *American Psychologist, 35*, 619-625.

Samoilov, V. O., & Zayas, V. [Trans.]. (2007). Ivan Petrovich Pavlov (1849-1936). *Journal of the History of the Neurosciences*, 16, 74-89.

Santiago-Delefosse, M. J.; Delefosse, J. M. O. (2002). Spielrein, Piaget and Vygotsky: Three positions on child thought and language. *Theory & Psychology, 12*, 723-747.

Sapir, E. (1921). Language: An introduction to the study of speech. Nova York: Harcourt, Brace and company.

Sasaki, A. (2001). Influence of mastication on the amount of hemoglobin in human brain tissue. *Kokubyo Gakkai Zasshi*, 68(1), 72-81.

Schacter, D. L.; Norman, K. A.; Koutstaal, W. (1998). The cognitive neuroscience of constructive memory. *Annual Review of Psychology, 49*, 289-318.

Schauss, S. L.; Chase, P. N.; Hawkins, R. P. (1997). Environment-behavior relations, behavior therapy and the process of persuasion and attitude change. *Journal of Behavior Therapy and Experimental Psychiatry, 28*, 31-40.

Schmajuk, N. A., & Bushnell, P. J. (2009). A computational model reveals classical conditioning mechanisms underlying visual signal detection in rats. *Behavioural Processes*, 82(3), 340-351.

Schmuck, R. A.; Schmuck, P. A. (1997). *Group processes in the classroom* (7. ed.). Madison, WI: Brown & Benchmark.

Schultz, D. P. (1965). *Sensory restriction: Effects on behavior*. Nova York: Academic Press.

Schunk, D. H. (1984). Self-efficacy perspective on achievement behavior. *Educational Psychologist, 19*, 48-58.

Scientific American book of the brain. (1999). Nova York: Scientific American. .

Scott, W. D., & Cervone, D. (2008). Self-efficacy interventions: Guided mastery therapy. In W. T. O'Donohue & J. E. Fisher (Eds.). *Cognitive behavior therapy: Applying empirically supported techniques in your practice* (2. ed., pp. 390-395). Hoboken, NJ: John Wiley & Sons.

Scrimsher, S.; Tudge, J. (2003). The teaching/learning relationship in the first years of school: Some revolutionary implications of Vygotsky's theory. *Early Education and Development, 14*, 293-312.

Searle, J. (1980). Minds, brains, and programs. *Behavioral and Brain Sciences, 3*, 417-424.

Searle, John R. (2008/1984). Can computers think? In W. G. Lycan & J. J. Prinz (Eds.). *Mind and cognition: An anthology* (3. ed., pp. 213-219). Malden: Blackwell Publishing. (Original work published 1984).

Sejnowski, T. J.; Rosenberg, C. R. (1987). Parallel networks that learn to pronounce English text. *Complex Systems, 1*, 145-168.

Self, D. W., & Staley, J. K. (Eds.). (2010). *Behavioral neuroscience of drug addiction*. Nova York: Springer.

Seligman, M. E. P. (1975). *Helplessness: On depression, development, and death*. San Francisco: Freeman.

Seligman, M. E. P.; Hager, J. L. (1972). *Biological boundaries of learning*. Nova York: Appleton-Century-Crofts.

Semb, G. B.; Ellis, J. A. (1994). Knowledge taught in school: What is remembered? *Review of Educational Research, 64*, 253-286.

Serrano, J. I., del Castillo, M. D., & Iglesias, A. (2009). Dealing with written language semantics by a connectionist model of cognitive reading. *Neurocomputing: An International Journal*, 72(4-6), 713-725.

Seung, H. S. (2000). Half a century of Hebb. *Nature Neuroscience, 3*, 1166.

Shanks, N. (2002). *Animals and science: A guide to the debates*. Santa Barbara, CA: ABC-Clio.

Shebilske, W. L.; Jordan, J. A.; Goettle, B. P.; Paulus, L. E. (1998). Observation versus hands-on practice of complex skills in dyadic, triadic, and tetradic training teams. *Human Factors, 40*, 525-540.

Shionoya, K., & Datiche, F. (2009). Inactivation of the basolateral amygdala impairs the retrieval of recent and remote taste-potentiated odor aversion memory. *Neurobiology of Learning and Memory*, 92(4), 590-596.

Shotter, J. (2001). Towards a third revolution in psychology: From inner mental representations to dialogically-structured social practices. In: D. Bakhurst; S. G. Shanker (Eds.). *Jerome Bruner: Language, culture, self* (pp. 167-183). Thousand Oaks, CA: Sage.

Siegel, P. F. (1996). The meaning of behaviorism for B. F. Skinner. *Psychoanalytic Psychology, 13*, 343-365.

Siegler, R. S.; Liebert, R. M. (1972). Effects of presenting relevant rules and complete feedback on the conservation of liquid quantity task. *Developmental Psychology*, 7, 133-138.

Silberberg, A., Goto, K., Hachiga, Y., & Tanno, T. (2008). Schedule discrimination in a mixed schedule: Implications for models of the variable-ratio, variable-interval rate difference. *Behavioural Process*, 78, 10-16.

Simon, H. A. (1990). Invariants of human behavior. *Annual Review of Psychology, 41*, 1-19.

Sireteanu, R., Rettenbach, R., & Wagner, M. (2009). Transient preferences for repetitive visual stimuli in human infancy. *Vision Research*, 49(19), 2344-2352.

Skinner, B. F. (1938). *The behavior of organisms: An experimental analysis*. Nova York: Appleton-Century-Crofts.

Skinner, B. F. (1948). *Walden two*. Nova York: Macmillan.

Skinner, B. F. (1950). Are theories of learning necessary? *Psychological Review, 57*, 193-216.

Skinner, B. F. (1951, dez.). How to teach animals. *Scientific American, 185*, 26-29.

Skinner, B. F. (1953). *Science and human behavior*. Nova York: Macmillan.

Skinner, B. F. (1961). *Cumulative record* (Ed. rev.). Nova York: Appleton-Century-Crofts.

Skinner, B. F. (1969). *Contingencies of reinforcement: A theoretical analysis*. Nova York: Appleton-Century-Crofts.

Skinner, B. F. (1971). *Beyond freedom and dignity*. Nova York: Knopf.

Skinner, B. F. (1973). Answers for my critics. In: H. Wheeler (Ed.). *Beyond the punitive society: Operant conditioning: Social and political aspects* (pp. 256-266), San Francisco: Freeman.

Skinner, B. F. (1976). *Particulars of my life*. Nova York: Knopf.

Skinner, B. F. (1979). *The shaping of a behaviorist*. Nova York: Knopf.

Skinner, B. F. (1983). *A matter of consequences*. Nova York: Knopf.

Skinner, B. F. (1986). Why I am not a cognitive psychologist. In: T. J. Knapp; L. C. Robertson (Eds.). *Approaches to cognition: Contrasts and controversies* (pp. 79-90). Hillsdale, NJ: Erlbaum.

Skinner, B. F. (1989). *Recent issues in the analysis of behavior*. Columbus, OH: Merrill.

Skinner, B. F. (1996). Some responses to the stimulus "Pavlov". *Integrative Physiological and Behavioral Science, 31*, 254-257.

Slanger, E.; Rudestam, K. E. (1997). Motivation and disinhibition in high risk sports: Sensation seeking and self-efficacy. *Journal of Research in Personality, 31*, 355-374.

Slifer, K. J., Avis, K. T., & Frutchey, R. A. (2008). Behavioral intervention to increase compliance with electroencephalographic procedures in children with developmental disabilities. *Epilepsy & Behavior*, 13(1), 189-195.

Slomski, A. (2006). The addicted brain. *Proto: Massachusetts General Hospital Dispatches from the Frontiers of Medicine*. Recuperado em 1 jun. 2010, em: http://protomag.com/assets/the-addicted-brain.

Smith Machin, Ariane Leigh (2009). Reducing the risk of disordered eating among female college students: A test of alternative interventions. *Dissertation Abstracts International: Section B: The Sciences and Engineering*, 70(4-B), 2588.

Smith, A. (2009). Effects of chewing gum on mood, learning, memory and performance of an intelligence test. *Nutritional Neuroscience*, 12(2), 81-88.

Smith, B. (1988). Gestalt theory: An essay in philosophy. In: B. Smith (Ed.). *Foundations of Gestalt theory*. Munich, Germany: Philosophia Verlag München Wien.

Smith, J. C. (2010). *Pseudoscience and extraordinary claims of the paranormal: A critical thinker's toolkit*. Nova York: John Wiley & Sons.

Smith, J. D., Redford, J. S., & Haas, S. M. (2008). Prototype abstraction by monkeys (*Macaca mulatta*). *Journal of Experimental Psychology: General*, 137(2), 390-401.

Smith, J. L., Sansone, C., & White, P. H. (2007). The stereotyped task engagement process: The role of interest and achievement motivation. *Journal of Educational Psychology*, 99(1), 99-114.

Smith, L. D. (1990). Metaphors of knowledge and behavior in the behaviorist tradition. In: D. E. Leary (Ed.). *Metaphors in the history of psychology* (pp. 239-266). Nova York: Cambridge University Press.

Smith, L. D. (2002). On prediction and control: B. F. Skinner and the technological ideal of science. In: W. E. Pickren; D. A. Dewsbury, A. Donald (Eds.). *Evolving perspectives on the history of psychology*. Washington, DC: American Psychological Association.

Smith, N. W. (2010). *Review of Foundations of evolutionary psychology*. *The Psychological Record*, 60(1), 177-180.

Soar homepage. (2010). University of Michigan. Recuperado em 7 maio 2010, em: http://sitemaker.umich.edu/soar/home.

Sommer, C. (2004). Serotonin in pain and analgesia: Actions in the periphery. *Molecular Neurobiology*, 30(2), 117-125.

Sommer, R.; Sommer, B. (2002). *A practical guide to behavioral research*. Nova York: Oxford University Press.

Sonderegger, T. B. (1970). Intracranial stimulation and maternal behavior. *APA Convention Proceedings, 78th meeting*, 245-246.

Sonnier, I. L. (1995). Nurturing hemispheric preference through affective education. *Journal of Instructional Psychology*, 22, 182-185.

Sonnier, I. L., & Sonnier, C. B. (1992). The Sonnier model of educational management: Implementing holistic education. *Journal of Instructional Psychology*, 19, 135-140.

Sousa, D. A. (2006). *How the brain learns* (3. ed.). Thousand Oaks, CA: Corwin Press. .

Sperling, G. (1963). A model for visual memory tests. *Human Factors*, 5, 19-31.

Spratt, D. (2007). Sex differences in the brain. *British Society for Neuroendocrinology*. Recuperado em 2 jun. 2010, em: http://www.neuroendo.org.uk/content/view/17/11.

Sprenger, M. B. (2002). *Becoming a "Wiz" at brain-based teaching: How to make every year your best year*. Thousand Oaks, CA: Corwin Press.

Squire, L. R. (1987). *Memory and brain*. Nova York: Oxford University Press.

Squire, L. R.; Knowlton, B.; Musen, G. (1993). The structure and organization of memory. *Annual Review of Psychology, 44*, 453-495.

St. Julien, J. (1997). Explaining learning: The research trajectory of situated cognition and the implications of connectionism. In: D. I. Kirshner; J. A. Whitson (Eds.). *Situated cognition: Social, semiotic, and psychological perspectives* (pp. 261-280). Mahwah, NJ: Erlbaum.

Stagner, R. (1988). *A history of psychological theories*. Nova York: Macmillan.

Standing, L. (1973). Learning 10,000 pictures. *Quarterly Journal of Experimental Psychology, 25*, 207-222.

Steier, D.; Mitchell, T. M. (Eds.). (1996). *Mind matters: A tribute to Allen Newell*. Mahwah, NJ: Erlbaum.

Steinmayr, R., & Spinath, B. (2008). Sex differences in school achievement: What are the roles of personality and achievement motivation? *European Journal of Personality*, 22(3), 185-209.

Sternberg, R. J.; Ben-Zeev, T. (2001). *Complex cognition: The psychology of human thought*. Nova York: Oxford University Press.

Stokes, D., & Lappin, M. (2010). Neurofeedback and biofeedback with 37 migraineurs: A clinical outcome study. *Behavioral and Brain Functions*, 6, 9.

Sweller, J. (2007). Evolutionary biology and educational psychology. In J. S. Carlson & J. R. Levin (Eds.). *Educating the evolved mind: Conceptual foundations for an evolutionary educational psychology* (pp. 165-176). Charlotte, NC: Information Age Publishing.

Talarico, J. M., & Rubin, D. C. (2003). Confidence, not consistency, characterizes flashbulb memories. *Psychological Science*, 14(5), 455-461.

Talarico, J. M., & Rubin, D. C. (2007). Flashbulb memories are special after all; in phenomenology, not accuracy. *Applied Cognitive Psychology*, 21(5), 557-578.

Tamas, B. (2008). Nature of virtue: Evolutionary strategies underlying human prosocial behaviour. *Magyar Pszichologiai Szemle*, 63(4), 613-631.

Tennie, C., Glabsch, E., Tempelmann, S., Brauer, J., Kaminski, J., & Call, J. (2009). Dogs, *Canis familiaris*, fail to copy intransitive actions in third-party contextual imitation tasks. *Animal Behaviour*, 77(6), 1491-1499.

The ten-percent myth. (2010). Recuperado em 19 maio 2010, em: http://www.snopes.com/science/stats/10percent.asp.

Thomas, M.; Karmiloff-Smith, A. (2003). Connectionist models of development, developmental disorders, and individual differences. In: R. J. Sternberg; J. Lautrey (Eds.). *Models of intelligence: International perspectives* (pp. 133-150). Washington, DC: American Psychological Association.

Thomas, R. K. (1997). Correcting some Pavloviana regarding "Pavlov's bell" and Pavlov's "mugging". *American Journal of Psychology, 110*, 115-125.

Thomas, R. K. (2007). Recurring errors among recent history of psychology textbooks. *American Journal of Psychology*, 120(3), 477-495.

Thomas, R. M. (2005). *Comparing theories of child development* (6. ed.). Belmont, CA: Cengage/Wadsworth.

Thompson, L., Thompson, M., & Reid, A. (2010). Functional neuroanatomy and the rationale for using EEG biofeedback for clients with Asperger's Syndrome. *Applied Psychophysiology and Biofeedback*, 35(1), 39-61.

Thorndike, E. L. (1898). Animal intelligence: An experimental study of the associative processes in animals. *Psychological Review Monograph Supplement*, 2(8).

Thorndike, E. L. (1911). *Animal intelligence: Experimental studies.* Nova York: Hafner (edição facsimilar de 1911; publicada em 1965).

Thorndike, E. L. (1913-1914) *Educational Psychology* (Vols. 1-3). Nova York: Teachers College Press.

Thorndike, E. L. (1913a). *Educational psychology: Vol. 1. The psychology of learning.* Nova York: Teachers College Press.

Thorndike, E. L. (1913b). *Educational psychology: Vol. 2. The original nature of man.* Nova York: Teachers College Press.

Thorndike, E. L. (1922). *The psychology of arithmetic.* Nova York: Macmillan.

Thorndike, E. L. (1923). The influence of first year Latin upon the ability to read English. *School and Society, 17*, 165-168.

Thorndike, E. L. (1931). *Human learning.* Cambridge, MA: MIT Press.

Thorndike, E. L. (1935). *The psychology of wants, interests, and attitudes.* Nova York: Appleton-Century-Crofts.

Thorndike, E. L. (1936/1949). *Selected writings from a connectionist's psychology.* Nova York: Appleton-Century-Crofts. (Originalmente publicado em 1936.).

Thorne, B. M. (1995), Robert Thompson: Karl Lashley's heir? *Journal of the History of the Behavioral Sciences, 31*, 129-136.

Thrash, T. M., & Hurst, A. L. (2008). Approach and avoidance motivation in the achievement domain: Integrating the achievement motive and achievement goal traditions. In A. J. Elliot (Ed.). *Handbook of approach and avoidance motivation* (pp. 217-233). Nova York: Psychology Press.

Thurschwell, P. (2009). *Sigmund Freud.* Florence, KY: Taylor and Francis.

Tinklepaugh, O. L. (1928). An experimental study of representative factors in monkeys. *Journal of Comparative Psychology, 8*, 197-236.

Todd, J. T.; Morris, E. K. (Eds.). (1994). *Modern perspectives on John B. Watson and classical behaviorism.* Westport, CT: Greenwood Press.

Tollin, D. J., Ruhland, J. L., & Yin, T. C. T. (2009). The vestibulo-auricular reflex. *Journal of Neurophysiology*, 101(3), 1258-1266.

Tolman, E. C. (1932). *Purposive behavior in animals and men.* Berkeley: University of California Press.

Tolman, E. C. (1951). *Collected papers in psychology.* Berkeley: University of California Press.

Tolman, E. C. (1952). Autobiography. In: E. G. Boring; H. S. Langfeld; H. Werner; R. M. Yerkes (Eds.). *A history of psychology in autobiography* (vol. 4) (pp. 323-339). Worcester, Reino Unido: Clark University Press.

Tolman, E. C. (1959). Principles of purposive behavior. In: S. Koch (Ed.). *Psychology: A study of a science* (vol. 2) (pp. 92-157). Nova York: McGraw-Hill.

Tolman, E. C. (1967). *Purposive behavior in animals and men.* Nova York: Appleton-Century-Crofts.

Tolman, E. C.; Honzik, C. H. (1930). Insight in rats. *University of California Publications in Psychology, 4*, 215-232.

Tolman, E. C.; Ritchie, B. F.; Kalish, D. (1946). Studies in spatial learning: II. Place learning versus response learning. *Journal of Experimental Psychology, 36*, 221-229.

Tomasello, M. (1996). Piagetian and Vygotskian approaches to language acquisition. *Human Development, 39*, 269-276.

Topál, R. W., Byrne, Á. M., & Csányi, V. (2006). Reproducing human actions and action sequences: 'Do as I do!' in a dog. *Animal Cognition*, 9, 355-367.

Toulmin, S. (1978). The Mozart of psychology. *New York Review of Books, 25*, 51-57.

Trivers, R. (2002). *Natural selection and social theory: Selected papers of Robert Trivers.* Nova York: Oxford University Press.

Trivers, R. L. (1974). Parent-offspring conflict. *American Zoologist, 14*, 249-264.

Troffa, R., Mura, M., Fornara, F., & Caddeo, P. (2009). Cognitive mapping analysis and regional identity. *Cognitive Processing*, 10(Supl. 2), S328-S330.

Tropea, D.; Capsoni, S.; Tongiorgi, E.; Giannotta, S.; Cattaneo, A.; Domenici, L. (2001). Mismatch between BDNF mRNA and protein expression in the developing visual cortex: The role of visual experience. *European Journal of Neuroscience, 13*, 709-721.

Tulving, E. (1974). Cue-dependent forgetting. *American Scientist, 62*, 74-82.

Tulving, E. (1989). Remembering and knowing the past. *American Scientist*, 77, 361-367.

Tulving, E. (2002). Episodic memory: From mind to brain. *Annual Review of Psychology, 53*, 1-25.

Tulving, E.; Schacter, D. L.; McLachlan, D. R.; Moscovitch, M. (1988). Priming of semantic autobiographical memory: A case study of retrograde amnesia. *Brain and Cognition, 8*, 3-20.

Turing, A. M. (1950) Computing machinery and intelligence. *Mind, 59*, 433-460.

Turner, J. E., & Goodin, J. B. (2008). Motivation and emotion. In N. J. Salkind (Ed.). *Encyclopedia of educational psychology* (Vol. 2, pp. 692-696). Thousand Oaks, CA: Sage Publications. .

Uswatte, G., & Taub, W. (2010). You can teach an old dog new tricks: Harnessing neuroplasticity after brain injury in older adults. In P. S. Fry & C. L. Keyes (Eds.). *New frontiers in resilient aging: Life strengths and well-being in late life* (pp. 104-129). Nova York: Cambridge University Press.

Uttal, W. R. (2002). *A behaviorist looks at form recognition.* Mahwah, NJ: Erlbaum.

Van der Veer, R. (1996). Vygotsky and Piaget: A collective monologue. *Human Development*, 39, 237-242.

van Honk, J., Harmon-Jones, E., Morgan, B. E., & Schutter, D. J. L. G. (2010). Socially explosive minds: The triple imbalance hypothesis of reactive aggression. *Journal of Personality*, 78(1), 67-94.

Van Leeuwen, M. S. (2002). Of hoggamus and hogwash: Evolutionary psychology and gender relations. *Journal of Psychology & Theology, 30*, 101-111.

van Praag, H., Kempermann, G., & Gage, F. H. (2000). Neural consequences of environmental enrichment. *Nature Reviews Neuroscience*, 1, 191-198.

Vanpaemel, W., & Storms, G. (2008). In search of abstraction: The varying-abstraction model of categorization. *Psychonomic Bulletin & Review*, 15(4), 732-749.

Vargas, J. (2001). Foreward. In W. O'Donohue & K. E. Ferguson (Eds.). *The psychology of B. F. Skinner*. (pp. v-vii) Thousand Oaks, CA: Sage.

Verhagen, A. P., Damen, L., Berger, M. Y., Passchier, J., & Koes, B. W. (2009). Behavioral treatments of chronic tension-type headache in adults: Are they beneficial? *CNS Neuroscience & Therapeutics*, 15(2), 183-205.

Virtual Reality in the Schools. (2010). Magazine published by the Virtual Reality and Education Laboratory, College of Education, East Carolina University, Greenville, NC. Recuperado em 7 maio 2010, em: http://vr.coe.ecu.edu.

Virtual Reality Programs. (2010). Recuperado em 7 maio 2010, em: http://www.mrfreefree.com/free_software/free_virtual_reality_programs.html.

Vogel, J. J.; Bowers, C. A.; Vogel, D. S. (2003). Cerebral lateralization of spatial abilities: A meta-analysis. *Brain & Cognition, 52*, 197-204.

Von Glasersfeld, E. (1997). Homage to Jean Piaget (1896-1980). *Irish Journal of Psychology, 18*, 293-306.

Vosniadou, S. (Ed.). (2008). *International handbook of research on conceptual change*. Nova York: Routledge/ Taylor & Francis Group.

Vrooman, J. R. (1970). *René Descartes: A biography.* Nova York: G. P. Putnam's Sons.

Vygosky, L. S. (1997). The problem of the development of higher mental functions. In R. W. Rieber (Ed.). *Collected works of L. S. Vygotsky: Vol. 4: The history of the development of higher mental functions* (pp. 83-96). Nova York: Plenum. (Original work published 1960).

Vygotsky, L. (1962). *Thought and language* (E. Hamsman; G. Vankan, Ed. e trad.). Cambridge, MA: MIT Press.

Vygotsky, L. (1987). The historical meaning of the crisis in psychology: a methodological investigation. In: R. Van Der Veer (trad.), *The Collected Works of Vygotsky*. Nova York: Plenum. (Originalmente publicado em 1927.).

Vygotsky, L. S. (1978). *Mind in society*. Cambridge, MA: Harvard University Press.

Wagman, M. (2002). *Problem-solving process in humans and computers: Theory and research in psychology and artificial intelligence.* Westport, CT: Praeger.

Wainryb, C., Komolova, M., & Florsheim, P. (2010). How violent youth offenders and typically developing adolescents construct moral agency in narratives about doing harm. In K. C. McLean & M. Pasupathi (Eds.). *Narrative development in adolescence: Creating the storied self* (pp. 185-206). Nova York: Springer Science + Business Media.

Waldrop, M. M. (1992). *Complexity: The emerging science at the edge of order and chaos.* Nova York: Simon & Schuster.

Walker, J. E.; Shea, T. M. (1991). *Behavior management: A practical approach for educators* (5. ed.). Nova York: Merrill.

Walters, R. H.; Llewellyn, T. E. (1963). Enhancement of punitiveness by visual and audiovisual displays. *Canadian Journal of Psychology, 17*, 244-255.

Walters, R. H.; Llewellyn, T. E.; Acker, W. (1962). Enhancement of punitive behavior by audiovisual displays. *Science, 136*, 872-873.

Wan, C. S., & Chiou, W. B. (2010). Inducing attitude change toward online gaming among adolescent players based on dissonance theory: The role of threats and justification of effort. *Computers & Education*, 54(1), 162-168.

Wang, C. C., Chai, S. C., & Holahan, M. R. (2010). Effect of stimulus pre-exposure on inhibitory avoidance retrieval-associated changes in the phosphorylated form of the extracellular signal-regulatedkinase-1 and -2(pERK1/2). *Neurobiology of Learning and Memory*, 93(1), 66-76.

Watanabe, S. (2010). Pigeons can discriminate "good" and "bad" paintings by children. *Animal Cognition*, 13(1), 75-85.

Watson, J. B. (1913). Psychology as the behaviorist views it. *Psychological Review, 20*, 158-177.

Watson, J. B. (1914). *Behavior: An introduction to comparative psychology.* Nova York: Holt.

Watson, J. B. (1916). The place of the conditioned reflex in psychology. *Psychological Review*, 23, 89-116.

Watson, J. B. (1928). *The ways of behaviorism.* Nova York: Harper.

Watson, J. B. (1930). *Behaviorism* (2. ed.). Chicago: University of Chicago Press.

Watson, J. B.; Rayner, R. (1920). Conditioned emotional reactions. *Journal of Experimental Psychology, 3*, 1-14.

Watson, R. (1996). Rethinking readiness for learning. In: D. R. Olson; N. Torrance (Eds.). *The handbook of education and human development: New models of learning, teaching and schooling* (pp. 148-172). Oxford, Reino Unido: Blackwell.

Watson, R. I. (1971). *The great psychologists* (3. ed.). Filadélfia: Lippincott.

Waxman, S. R., & Lidz, J. L. (2006). Early word learning. In D. Kuhn, R. S. Siegler, W. Damon, & R. M. Lerner (Eds.). *Handbook of child psychology: Vol. 2: Cognition, perception, and language* (6. ed., pp. 299-335). Hoboken, NJ: John Wiley & Sons.

Webster, S.; Coleman, S. R. (1992). Contributions to the history of psychology: LXXXVI. Hull and his critics: The reception of Clark L. Hull's behavior theory, 1943-1960. *Psychological Reports, 70*, 1063-1071.

Wee-Hin, L. T., & Subramaniam, R. (2007). Use of virtual exhibits for promoting science learning on the Webs of science centers. In B. H. Khan (Ed.). *Flexible learning in an information society* (pp. 99-109). Hershey, PA: Information Science Publishing.

Weiner, B. (1980). *Human motivation*. Nova York: Holt Rinehart.

Weiner, B. (1986). *An attributional theory of motivation and emotion*. Nova York: Springer-Verlag.

Weiner, B. (1992). *Human motivation: Metaphors, theories and research*. Newbury Park, CA: Sage.

Weiner, B. (2008). Reflections on the history of attribution theory and research: People, personalities, publications, problems. *Social Psychology*, 39(3), 151-156.

Weiner, I., & Arad, M. (2009). Using the pharmacology of latent inhibition to model domains of pathology in schizophrenia and their treatment. *Behavioural Brain Research*, 204(2), 369-386. .

Weiss, K. M. (2009). Having a jolly good time – together! Evolution by cooperative interaction. *Current Anthropology*, 50(2), 235-245.

Wertheimer, M. (1959). *Productive thinking* (Ed. rev.). Nova York: Harper & Row.

Westby, G. (1966). Psychology today: Problems and directions. *Bulletin of the British Psychological Society, 19(65)*.

Westermann, R. (1989). Festinger's theory of cognitive dissonance: A revised structural reconstruction. In: H. Westmeyer (Ed.). *Psychological theories from a structuralist point of view* (pp. 33-62). Nova York: Springer-Verlag.

White, K. G. (2002). Psychophysics of remembering: The discrimination hypothesis. *Current Directions in Psychological Science, 11*, 141-145.

Whitehead, A. N.; Russell, B. (1925). *Principia mathematica* (vol. 1, 2. ed.). Cambridge, Reino Unido: Cambridge University Press.

Whyte, G.; Saks, A. M.; Hook, S. (1997). When success breeds failure: The role of self-efficacy in escalating commitment to a losing course of action. *Journal of Organizational Behavior; 18*, 415-432.

Wickelgren, W. A. (1981). Human learning and memory. *Annual Review of Psychology, 32*, 21-52.

Wigfield, A., Tonks, S., & Klauda, S. L. (2009). Expectancy-value theory. In K. R. Wenzel & A. Wigfield (Eds.). *Handbook of motivation at school* (pp. 55-75). Nova York: Routledge/Taylor & Francis Group.

Wilcoxon, H. C.; Dragoin, W. B.; Kral, P. A. (1971). Illness-induced aversions in rat and quail: Relative salience of visual and gustatory cues. *Science, 171*, 826-828.

Williams, S. T., Mastergeorge, A. M., & Ontai, L. L. (2010). Caregiver involvement in infant peer interactions: Scaffolding in a social context. *Early Childhood Research Quarterly*, 25(2), 251-266.

Williams, T., & Williams, K. (2010). Self-efficacy and performance in mathematics: Reciprocal determinism in 33 nations. *Journal of Educational Psychology*, 102(2), 453-466.

Wilson, B. A. (2009). Memory rehabilitation: *Integrating theory and practice*. Nova York: Guilford Press.

Wilson, E. O. (1975). *Sociobiology: The new synthesis*. Cambridge, MA: Belknap.

Wilson, E. O. (1976). Academic vigilantism and the political significance of sociobiology. *Bio-Science, 183*, 187-190.

Wilson, K.; Tally, W. (1990). The "Palenque" project: Formative evaluation in the design and development of an optical disc prototype. In: B. Flagg (Ed.). *Formative evaluation for educational technologies* (pp. 86-103). Hillsdale, NJ: Erlbaum.

Winder, R. K., Reggia, J. A., Weems, S. A., & Bunting, M. F. (2009). An oscillatory Hebbian network model of short-term memory. *Neural Computation*, 21(3), 741-761.

Windholz, G. (1996a). Hypnosis and inhibition as viewed by Heidenhain and Pavlov. *Integrative Physiological and Behavioral Science, 31*, 155-162.

Windholz, G. (1996b). Pavlov's conceptualization of paranoia within the theory of higher nervous activity. *History of Psychiatry*, 7, 159-166.

Windholz, G. (1997). Ivan P. Pavlov: An overview of his life and psychological work. *American Psychologist, 52*, 941-946.

Witte, A. V., Savli, M., Holik, A., Kasper, S., & Lanzenberger, R. (2010). Regional sex differences in grey matter volume are associated with sex hormones in the young adult human brain. *Neuro Image*, 49(2), 1205-1212.

Witte, K.; Hirschler, U.; Curio, E. (2000). Sexual imprinting on a novel adornment influences mate preferences in the Javanese mannikin Lonchura leucogastroides. *Ethology, 106*, 349-363.

Wittrock, M. C. (1986). Students' thought processes. In M. C. Wittrock (Ed.). *Handbook of research on teaching* (3. ed., pp. 297-314). Nova York: Macmillan.

Wixted, J. T. (2004). The psychology and neuroscience of forgetting. *Annual Review of Psychology, 55*, 235-269.

Wolfgang Köhler. (2010). In *Encyclopædia Britannica*. Recuperado em 30 abr. 2010, em: http://www.britannica.com/EBchecked/topic/321102/Wolfgang-Kohler.

Wolpe, J. (1958). *Psychotherapy by reciprocal inhibition*. Stanford, CA: Stanford University Press.

Wong, S. E. (2008). Operant learning theory. In B. A. Thyer, K. M. Sowers, & C. N. Dulmus (Eds.). *Comprehensive handbook of social work and social welfare. Volume 2: Human behavior in the social environment* (pp. 69-99). Hoboken, NJ: John Wiley & Sons.

Wood, N.; Cowan, N. (1995a). The cocktail party phenomenon revisited: Attention and memory in the classic selective listening procedure of Cherry (1953). *Journal of Experimental Psychology: General*, 124, 243-262.

Wood, N.; Cowan, N. (1995b). The cocktail party phenomenon revisited: How frequent are attention shifts to one's name in an irrelevant auditory channel? *Journal of Experimental Psychology: Learning, Memory, and Cognition*, 21, 255-260.

Woodiwiss, J. (2010). "Alternative memories" and the construction of a sexual abuse narrative. In J. Haaken & P. Reavey (Eds.). *Memory matters: Contexts for understanding sexual abuse recollections* (pp. 105-127). Nova York: Routledge/Taylor & Francis.

Woodworth, R. S.; Sheehan, M. R. (1964). *Contemporary schools of psychology* (3. ed.). Nova York: Ronald Press.

Workman, L., Chilvers, L., Yeomans, H., & Taylor, S. (2006). Development of cerebral laterlisation for recognition of emotions in chimeric faces in children aged 5 to 11. *Laterality: Asymmetries of Body, Brain and Cognition*, 11, 493-507.

Wright, J. J., & Bourke, P. D. (2008). An outline of functional self-organization in V1: Synchrony, STLR and Hebb rules. *Cognitive Neurodynamics*, 2(2), 147-157.

Wright, R. (1994). *The moral animal: Evolutionary psychology and everyday life*. Nova York: Pantheon.

Wulf, S. (1938). Tendencies and figural variations. In: W. D. Ellis (Ed.). *A source book of Gestalt psychology* (pp. 136-148). Nova York: Harcourt, Brace & World. (Originalmente publicado em 1922.).

Wynn, V. E.; Logie, R. H. (1998). The veracity of long-term memories - Did Bartlett get it right? *Applied Cognitive Psychology, 12*, 1-20.

Yamagishi, N. (2008). Investigation of attention mechanisms using brain imaging techniques. *Japanese Psychological Review*, 51(2), 347-355.

Yerkes, R. M.; Dodson, J. D. (1908). The relationship of strength of stimulus to rapidity of habit formation. *Journal of Comparative Neurological Psychology, 18*, 459-482.

Yousefi, N., Etemadi, O., Bahrami, F., Fatehizadeh, M. A., Ahmadi, S. A., Mavarani, A. A., et al. (2009). Efficacy of Logo therapy and Gestalt therapy in treating anxiety, depression and aggression [Farsi (Iranian)]. *Journal of Iranian Psychologists*, 5(19), 251-259.

Zanna, M. P.; Cooper, J. (2000). Dissonance and the pill: An attribution approach to studying the arousal properties of dissonance. In: E. T. Higgins; A. W. Kruglanski (Eds.). *Motivacional science: Social and personality perspectives: Key reading in social psychology*. Filadélfia: Psychology Press.

Zeaman, D. (1949). Response latency as a function of amount of reinforcement. *Journal of Experimental Psychology*, 39, 466-483.

Zemke, R. (1999). Toward a science of training. *Training, 36*, 32-36.

Zhang, L. J., Xiao, Y., Qi, X. L., Shan, K. R., Pei, J. J., Kuang, S. Z., et al. (2010). Cholinesterase activity and mRNA level of nicotinic acetylcholine receptors (alpha 4 and beta 2 subunits) in blood of elderly Chinese diagnosed as Alzheimer's disease. *Journal of Alzheimer's Disease*, 19(3), 849-858.

Zhang, L., & Sternberg, R. J. (2006). The nature of intellectual styles. Mahwah, NJ: Lawrence Erlbaum. .

Zimmerman, B. J., & Schunk, D. H. (2003). Albert Bandura: The scholar and his contributions to educational psychology. In B. J. Zimmerman & D. H. Schunk (Eds.). Educational *psychology: A century of contributions* (pp. 431-457). Mahwah, NJ: Lawrence Erlbaum Associates.

Zimmerman, B. J.; Bandura, A.; Martinez-Pons, M. (1992). Self-motivation for academic attainment: The role of self-efficacy beliefs and personal goal setting. *American Educational Research Journal, 29*, 663-676.

Zubek, J. P. (1969). *Sensory deprivation: Fifteen years of research*. Nova York: Appleton-Century-Crofts.

Zubek, J. P., & Wilgosh, L. (1963). Prolonged immobilization of the body: Changes in performance in the electroencephalogram. *Science, 140*, 306-308.

Zucco, G. M. (2007). Odor memory: The unique nature of a memory system. In M. Plumacher & P. Holtz (Eds.). *Speaking of colors and odors* (pp. 155-165). Amsterdam, Netherlands: John Benjamins Publishing Company.

Índice Onomástico

Índice Remissivo

R

Impressão e acabamento:

Orgrafic
Gráfica e Editora
tel.: 25226368